如皋年鉴

2022

如皋市地方志编纂委员会办公室 编

方志出版社
Publishing House of Local Records

图书在版编目（CIP）数据

如皋年鉴. 2022 / 如皋市地方志编纂委员会办公室编. —北京 : 方志出版社, 2022.12
ISBN 978-7-5144-5473-4

Ⅰ. ①如… Ⅱ. ①如… Ⅲ. ①如皋－2022－年鉴
Ⅳ. ①Z525.33

中国版本图书馆 CIP 数据核字(2022)第 252647 号

责任编辑：顾洁
责任校对：刘玉霞
责任印制：梅中英
出 版 者：方志出版社
地　　址：北京市朝阳区潘家园东里 9 号（国家方志馆 4 层）
邮　　编：100021
网　　址：http://www.zgfzcb.cn
发　　行：方志出版社图书营销中心（010-67110500）
印　　刷：北京中科印刷有限公司
开　　本：889 毫米×1194 毫米　1/16
印　　张：29.25
字　　数：971 千字
版　　次：2022 年 12 月第 1 版
印　　次：2022 年 12 月第 1 次印刷
定　　价：210.00 元

《如皋年鉴（2022）》编纂委员会

主　　任　王鸣昊

副 主 任　高　峰　刘晓洁　顾　凡　张亚鸾　丛　越

委员单位　市纪委监委、市人武部、市委组织部、市委宣传部、市委统战部、市委政法委、市发展改革委、市教育局、市科创办、市科技局、市公安局、市民政局、市司法局、市财政局、市人力资源社会保障局、市自然资源和规划局、市住房城乡建设局、市城管局、市交通运输局、市水务局、市农业农村局、市商务局、市文体广电和旅游局、市卫健委、市退役军人事务局、市应急管理局、市审计局、市统计局、市市场监管局、市行政审批局、市医保局、市信访局、市地方金融监管局、市政府国资办、市档案馆、如皋开发区（城北街道）、如皋高新区（如城街道、城南街道）、长江镇、东陈镇、丁堰镇、白蒲镇、下原镇、吴窑镇、磨头镇、九华镇、石庄镇、江安镇、搬经镇

《如皋年鉴（2022）》

主　　审　吴小平　陈建军

主　　编　丛　越

副 主 编　侯　晖　顾小平　范小华

编辑部主任　姜小燕

编　　辑　王小星　黄　亮　周志翔　何晓燕

封面摄影　徐卫元

封面题字　陈大羽

编　　务　陈　燕

1月16日，香港立讯有限公司“智能终端精密模组”项目签约落户长江镇，计划总投资超100亿元，其中设备投资68亿元
（邱宇　摄）

1月30日，如皋市被省政府命名为江苏省生态园林城市。图为古城一角生态美景　（顾美华　摄）

2月27日，龙游河三期项目开工建设。至年末，该项目水系畅通工程竣工，实现与龙游河一期、二期工程水系勾连贯通，形成“在循环中改善、在改善中循环”的城市水生态体系。图为建成后的龙游河三期水系畅通工程　　（市住房城乡建设局供图）

3月2日，龙游河宝塔河水环境治理工程被省住房城乡建设厅授予江苏人居环境范例奖。图为宝塔河景观　　（吴树建　摄）

3 月 24 日，南通星球石墨股份有限公司在上交所科创板正式挂牌上市，成为如皋市首家科创板上市企业　　（邱宇　摄）

3 月 31 日，位于长江镇的新加坡金鹰集团（如皋）产业园项目奠基。项目计划总投资 410 亿元，致力于打造绿色、节能、环保的智能制造产业基地　　（邱宇　摄）

6月9日，全国半导体材料标准暨技术研讨会在如皋举行　　（邱宇　摄）

6月18日，江苏力星通用钢球股份有限公司风电大球扩产项目投产。图为投产仪式　　（邱宇　摄）

6 月 23 日，全国红军小学建设工程理事会在江安镇东燕小学举行“中国工农红军南通如皋红军小学”授旗授牌仪式
（江安镇　供图）

图为“中国共产党江苏如皋县委印”正面照
（市档案馆　供图）

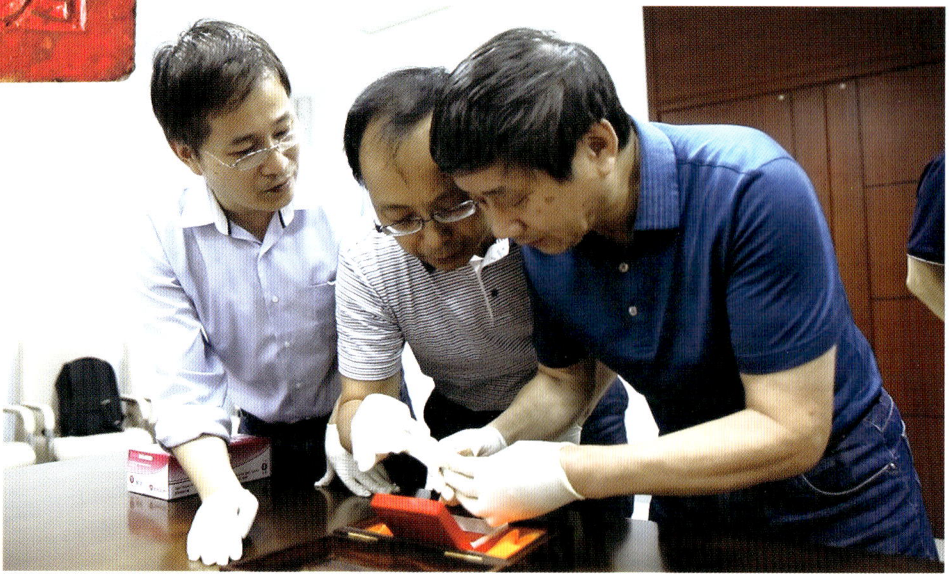

6 月 28 日，“中国共产党江苏如皋县委印”经省文物局组织的专家组鉴定后，被认定为国家一级文物
（市档案馆　供图）

6月28日，全国“两优一先”（全国优秀共产党员、全国优秀党务工作者和全国先进基层党组织）表彰大会在北京人民大会堂举行，市委宣讲团成员，市人大常委会党组成员、专职委员姚呈明作为全国优秀党务工作者表彰对象出席大会　　（市人大办　供图）

6月28日，如皋市举行“永远跟党走”庆祝中国共产党成立100周年文艺晚会。图为晚会现场　　（邱宇　摄）

7 月 28 日至 29 日，中国共产党如皋市第十三次代表大会召开。图为大会现场　　（邱宇　摄）

7 月 28 日，如皋市入围国家电子商务进农村综合示范县名单。图为小微盆景蟠扎直播现场　　（邱宇　摄）

8 月 23 日，东大街历史文化街区被认定为首批省级夜间文化和旅游消费集聚区。图为国庆假期，游人在东大街历史文化街区留影
（陈正祥　摄）

10 月 26 日，惠政路龙游河桥梁工程主线正式通车　（邱宇　摄）

10月至11月，如皋市举办科技人才洽谈会系列活动，活动主题为“智汇皋地、创新未来”。图为10月28日，如皋科技人才洽谈会开幕仪式

（市科技局 供图）

10 月 28 日，如皋科技人才洽谈会签约项目 45 个，投资总额 562 亿元。图为项目集中签约仪式　（邱宇　摄）

10 月 29 日，如皋市举行如皋科技人才洽谈会集中开工活动暨正海磁材高性能稀土永磁体研发生产基地开工仪式　（邱宇　摄）

12 月 6 日，省科技厅公布全省首批创新型示范县（市、区）建设名单，全省仅 10 家，如皋市榜上有名。图为 10 月 28 日，上海交大闵行科技园如皋联合创新中心等 3 家科技创新平台项目在如皋科技人才洽谈会上揭牌　（市科技局　供图）

12 月 21 日，中国江苏乡土人才技艺技能大赛盆景制作项目决赛在江苏盆景博物馆举行。图为选手竞技场景　（刘海燕　摄）

12 月 23 日，南通超达装备股份有限公司在深圳证券交易所创业板上市　　（如皋高新区　供图）

12 月 30 日，南通市西北片引江区域供水三期水厂扩建及深度处理工程通水仪式在如皋长青沙举行　　（邱宇　摄）

地区生产总值（万元）

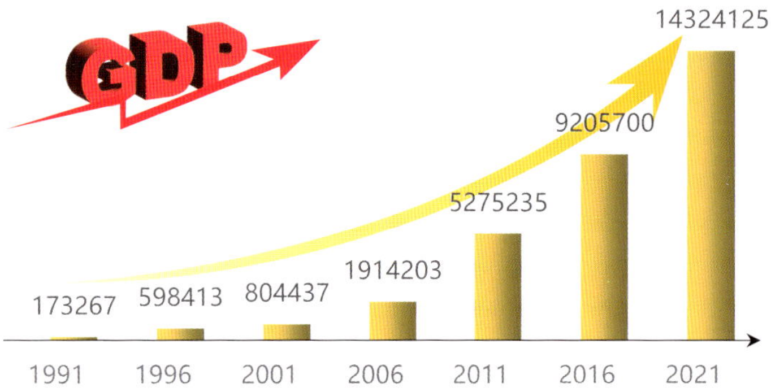

财政总收入（万元）

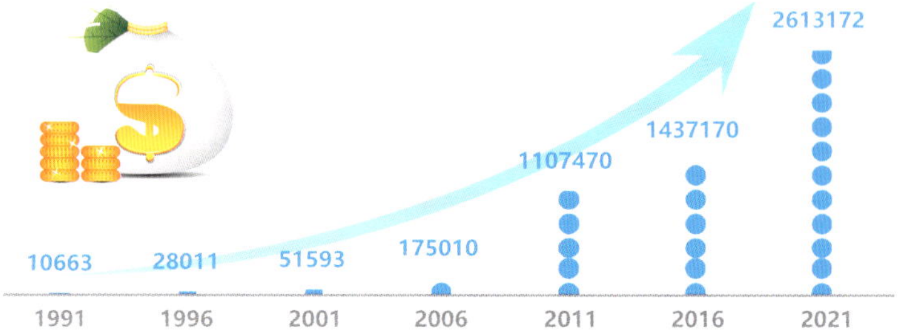

农林牧渔业总产值（亿元）

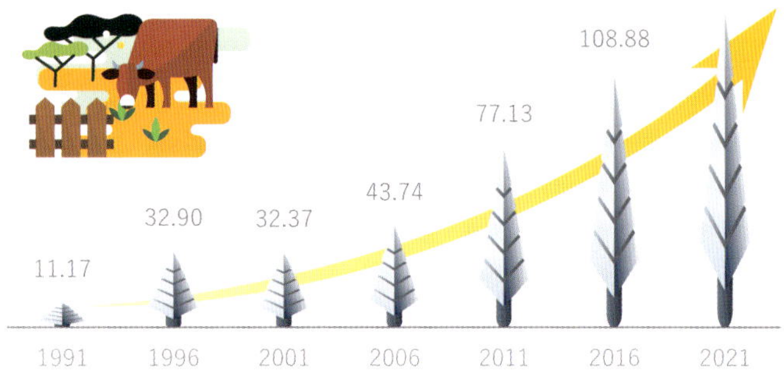

社会消费品零售总额（万元）

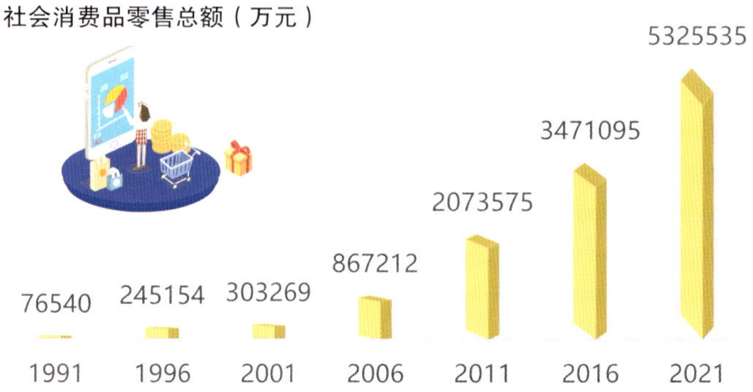

居民储蓄存款（万元）

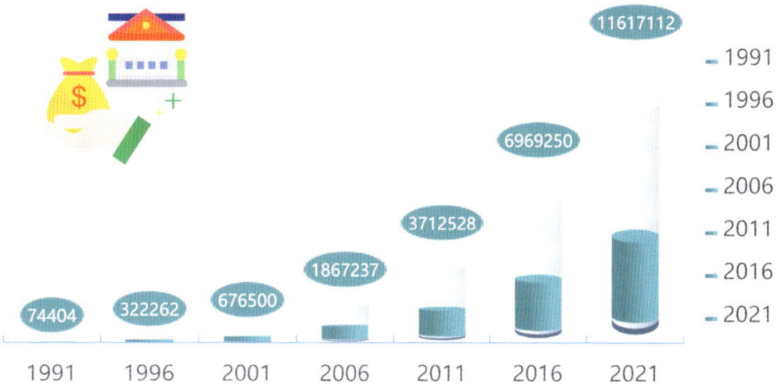

城镇非私营单位从业人员平均工资（元）

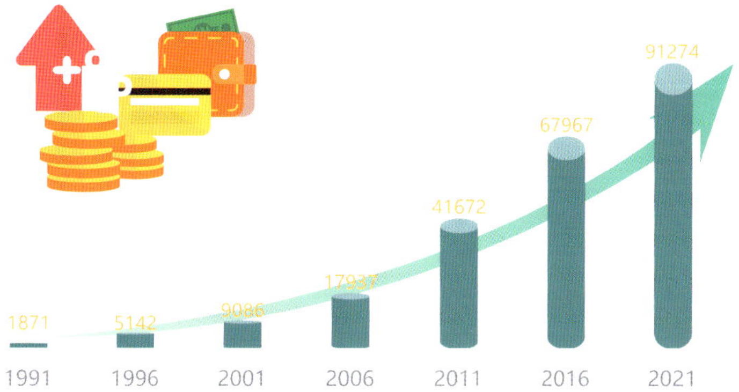

农村居民人均可支配收入（元）

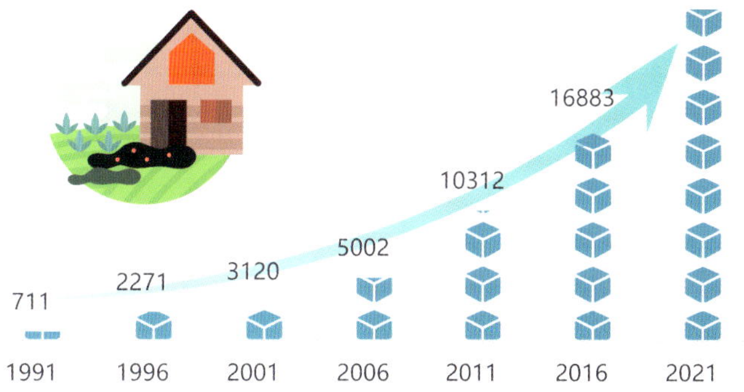

城镇居民人均可支配收入（元）

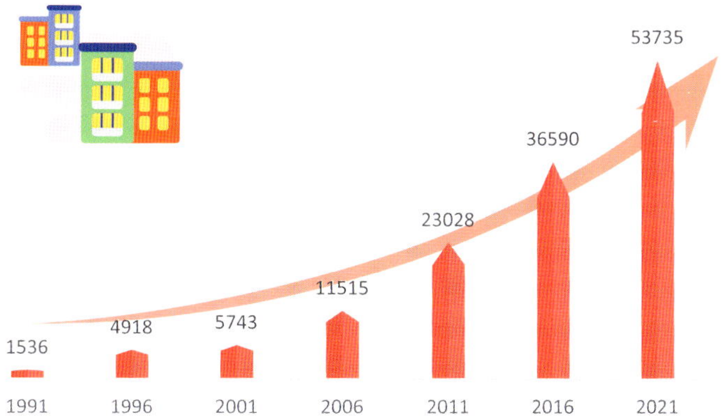

1922 年 8 月 27 日，如皋第一个革命团体平民社在江苏省第二代用师范附属小学（今如皋师范附属小学）诞生。图为 1923 年 8 月 15 日如皋平民社第一届年会会员合影

（市委党史办　供图）

1926 年 9 月，经中共江浙区委批准，中共如皋独立支部在江安鄂家埭小学成立。图为中共如皋独立支部成立遗址

（陈圣银　摄）

1927 年 7 月，中共如皋县委员会于如皋城西南隅福成庵成立。图为福成庵旧照

（市委党史办　供图）

1928 年 4 月初，中共江苏省委常委、农民运动委员会主任王若飞到如皋指导农民运动。图为王若飞在如皋休憩处百花亭旧照（市档案馆　供图）

1928 年 5 月 1 日，中共如皋县委率领群众发起五一农民暴动，首攻文武殿并取得胜利。图为五一农民暴动首攻文武殿遗址

（市委党史办　供图）

1929 年 8 月 28 日，如泰工农红军成立大会在如皋西乡戈家堡宝庆寺召开。图为如泰工农红军成立遗址

（市委党史办　供图）

1930 年 4 月 3 日，中央军委在江苏组建的唯一一支红军正规武装——中国工农红军第十四军（简称“红十四军”）在如皋西乡贲家巷举行建军大会。图为红十四军建军纪念碑　　（市委党史办　供图）

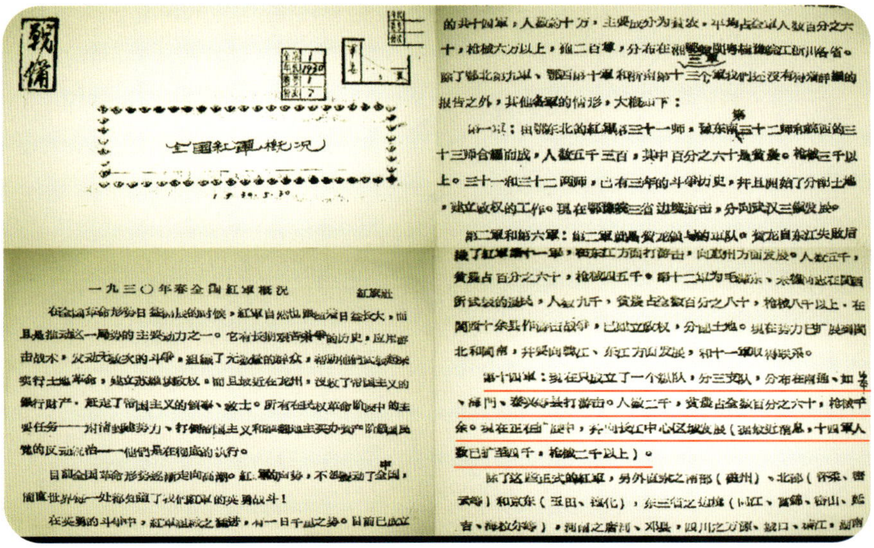

全国红军概况

一九三〇年春全国红军概况　　红旗社

在全国革命形势日益高涨的时候，红军自然也跟着日益长大，而且是推动这一局势的主要动力之一。它有长期艰苦斗争的历史，应用游击战术，发动广大的斗争，组织了广大的群众，帮助他们武装起来实行土地革命，建立苏维埃政权。而且[illegible]在龙州，没收了帝国主义的银行财产，赶走了帝国主义的领事、教士。所有在民权革命阶段中的主要任务——削清封建势力、打倒帝国主义和推翻地主买办资产阶级国民党的反动统治——他们是在彻底的执行。

目前全国革命形势逐渐走向高潮。红军的声势，不但震动了全中国，简直世界每一处都知道了我们红军的英勇战斗！

在英勇的斗争中，红军组织之猛进，有一日千里之势。目前已成立的共十四军，人数约十万，主要成分为贫农，平均占全体人数百分之六十，枪械六万以上，炮二百尊，分布在[illegible]各省。除了鄂北的九军、鄂西的十军和赣南的十三军我们还没有得到详细的报告之外，其他各军的情形，大概如下：

第一军：由鄂东北的红军第三十一师，豫东南第三十二师和皖西的三十三师合编而成，人数五千三百，其中百分之六十是贫农。枪械三千以上。三十一和三十二两师，已有三年的斗争历史，并且开始了分配土地、建立政权的工作。现在鄂豫皖三省边境游击，分向武汉三镇发展。

第二军和第六军：[illegible]

第十四军：现在只成立了一个纵队，分三支队，分布在南通、如皋、海门、泰兴等县打游击。人数二千，贫农占全数百分之六十，枪械千余。现在正在扩展中，并向长江中心区域发展（据最近消息，十四军人数已扩至四千，枪械二千以上）。

除了这些正式的红军，另外在[illegible]

1930 年 4 月 26 日，中共中央刊物《红旗》在《全国红军概况》一文中，记载红十四军基本情况　　（市档案馆　供图）

红十四军使用过的旗帜　　（市档案馆　供图）

红十四军使用过的武器　　（市档案馆　供图）

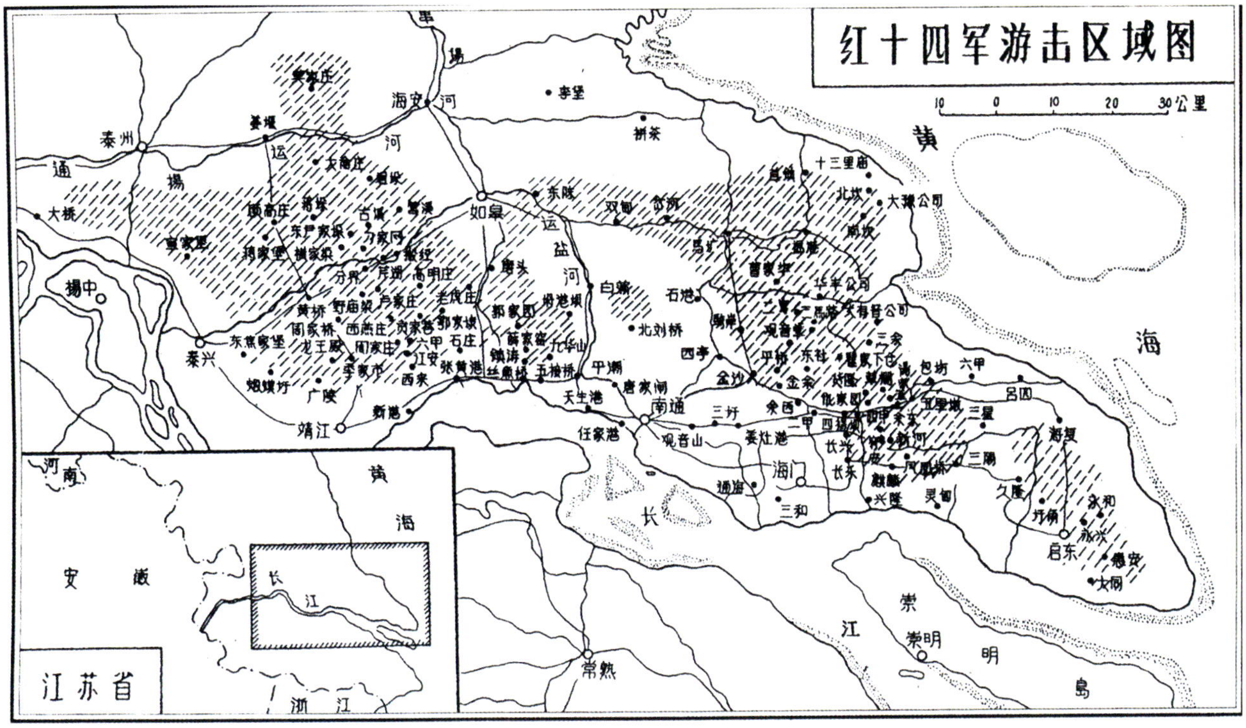

随着红十四军军事斗争胜利发展，红十四军游击区地跨南通、如皋、泰兴、海门、启东、泰县、靖江7个县，被列为全国15块红军游击区之一。图为红十四军游击区域图（市委党史办　供图）

从中共如皋县委成立至1933年革命转入低潮，如皋8任县委书记先后牺牲7位（徐芳德、吴亚苏、韩铁心、汤士伦、穆子奇、于咸、吴汝连），牺牲时平均年龄25岁。图为2021年，如皋7位牺牲的县委书记生平，入展“百年征程、初心永恒”中国共产党在江苏历史展（市委党史办　供图）

位于磨头镇的日军侵华地堡群子堡之一（市委党史办　供图）

1941 年 11 月 14 日，如皋地方武装配合叶飞率领的新四军一旅发起高明庄战斗。此战，创新四军东进后大规模歼灭日伪军战例。图为高明庄战斗遗址（市委党史办　供图）

1938 年 3 月 18 日，日军飞机轰炸如皋城。19 日，如皋沦陷。图为当年被插上日军战旗的中山钟楼（市档案馆　供图）

1945 年 9 月 21 日，如皋全境解放，结束如皋人民被日本侵略者奴役的苦难生活。图为 2005 年 9 月，市委、市政府在新四军收复如皋城战斗中，首先攻破的南城门遗址旁，建立抗战胜利墙（市委党史办　供图）

1945 年 12 月 1 日，苏皖边区第一行政区专员公署于如皋城成立，领辖如皋、南通、海门、启东、崇明、如东、紫石（今海安）、泰县、泰兴、靖江、东台、台北（今大丰）12 县，其机关设在如皋城城西街党治巷原国民党县党部内。图为苏皖边区第一行政区专员公署旧照　　　　（市委党史办　供图）

1946 年 1 月 13 日晚，国民党军队向驻白蒲的华中野战军发起挑衅，在苏中打响破坏国共《停战协定》第一枪，震惊全国的“白蒲事件”暴发。图为 3 月 15 日下午，由美方代表、国民党代表和中共代表组成的北平军调处执行部淮阴执行小组抵达如皋白蒲

（市委党史办　供图）

1946 年 5 月，新四军华中野战军第八纵队扩编为第一师，华中野战军司令员粟裕兼任师长、政治委员，师部设于如皋水绘园内准堤庵。图为新四军华中野战军第一师师部遗址　　　　（市委党史办　供图）

1946 年 7 月 13 日至 8 月 27 日，华中野战军在地方武装配合下，在苏中地区积极防御，取得七战七捷重大胜利，史称“苏中战役”，其中三战 [皋南战斗、丁（堰）林（梓）战斗、如黄路战斗] 发生在如皋境内

华中野战军司令员粟裕在如皋发表备战讲话　　（市委党史办　供图）

皋南战斗中，华中野战军某部机枪手向增援的国民党军扫射　（市委党史办　供图）

如黄路战斗中，华中野战军某部战士展示其缴获的 8 支枪
（市委党史办　供图）

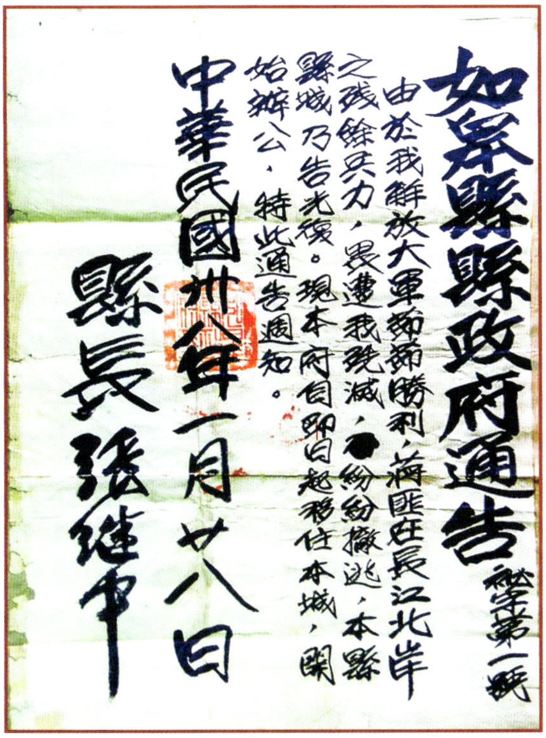
如皋縣縣政府通告 縣字第一號

由於我解放大軍節節勝利，蔣匪在長江北岸之殘餘兵力，畏遭我殲滅，紛紛撤逃，本縣縣城乃告光復。現本府自即日起移住本城，開始辦公，特此通告週知。

中華民國卅八年一月廿八日

縣長 張维申

1949 年 1 月 28 日，如皋全境解放。图为如皋县政府通告，宣布如皋县城解放，县政府移至如皋城办公

（市档案馆　供图）

華東支前司令部政治部獎狀

為南通分區七峯縣江安區村民工顧焕章同志在渡江戰役中勝利完成任務經羣眾評議為特等功特發獎狀

右給 顧焕章

司令員 傅秋濤
政治委員 宋任窮
副司令員 曹荻秋
副政治委員 陳丕顯
後勤部主任 魏思文

中華民國三十八年八月 日

1949 年 8 月，江安区村民顾焕章获华东支前司令部、政治部颁发特等功奖状　（市档案馆　供图）

1949 年 4 月 21 日夜，全县 1.7 万名支前民工支援渡江战役，随人民解放军突破长江天险南下。图为如皋支前民工驶出的第一只船　（市委党史办　供图）

渡江战役亲历者、时任如皋县支前总队部秘书徐勋山日记《渡江战役——我的日记》入展 2021 年“百年征程、初心永恒”中国共产党在江苏历史展

（市档案馆　供图）

1951 年年末，如皋首届农业劳模代表大会召开。图为与会人员合影　　　（市档案馆　供图）

如皋全面解放后，县委、县政府积极组织复工复业、恢复经济，实行发展国营和合作工商业、改造和扶持私营工商业的经济发展方针。图为 1951 年 10 月建立的南通地区如皋毛猪加工厂旧照　　　（市档案馆　供图）

1960 年 7 月，如皋县召开工商界代表会议。图为与会全体代表合影　　　（市档案馆　供图）

朝鲜战争爆发后，县委在全县掀起抗美援朝运动热潮。图为 1951 年 1 月，如皋中学欢送参加军事干校同学留影

（市档案馆　供图）

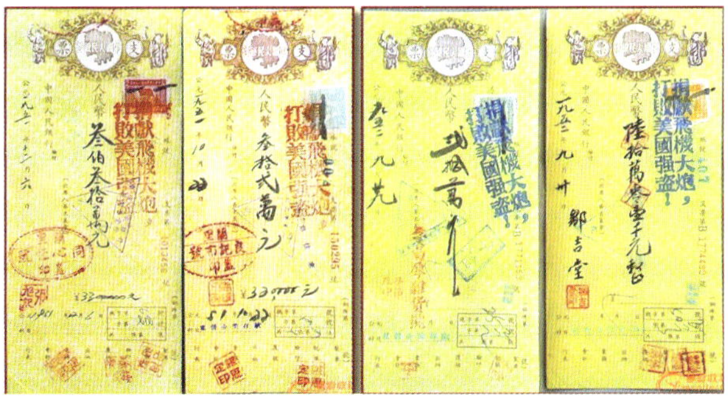

如皋人民积极捐献飞机大炮款支援朝鲜凭证

（市档案馆　供图）

1953 年 8 月 15 日，抗美援朝一等功臣、二级战斗英雄，朝鲜民主主义人民共和国国旗勋章获得者陆昌荣（前排右二），作为中国人民志愿军功臣代表，应邀出席朝鲜战斗英雄大会

（市档案馆　供图）

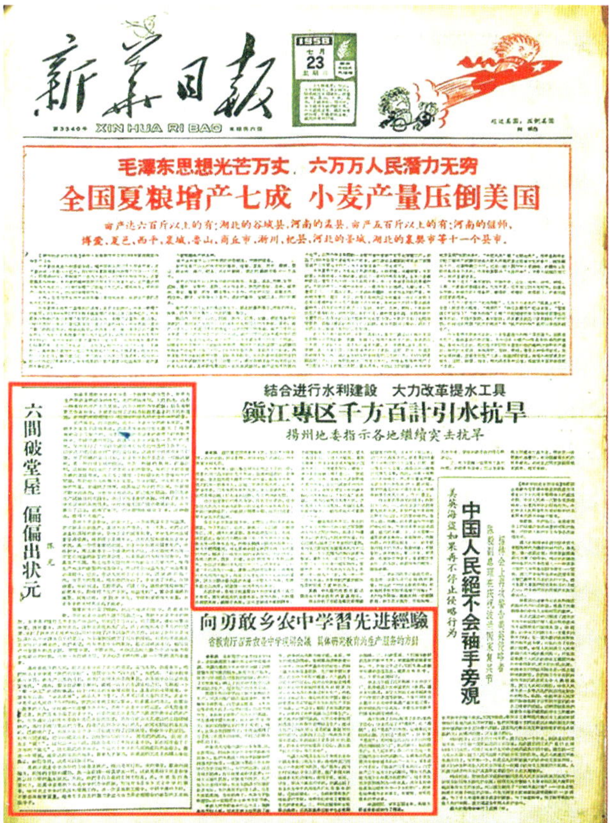

新華日報

1958 七月 23

XIN HUA RI BAO

毛澤东思想光芒万丈，六万万人民潛力无穷

全国夏粮增产七成　小麦产量压倒美国

結合进行水利建設　大力改革提水工具

鎮江專区千方百計引水抗旱

揚州地委指示各地继续突击抗旱

六間破堂屋　偏偏出狀元

向勇敢乡农中学習先进經驗

中国人民絕不会袖手旁观

1958 年 7 月 23 日，《新华日报》发表省委书记陈光署名文章《六间破堂屋，偏偏出状元》，介绍全国第三所农业中学——如皋勇敢农业中学先进办学经验

（市档案馆　供图）

20 世纪 50 年代后期，县委领导全县人民相继开挖疏浚焦港河、如海运河、通扬运河、如泰运河等骨干河道，建成焦港闸、碾砣港闸，同时实施支线河流疏浚，形成旱能引、涝能排的河网涵闸体系　　　　　　　　　　　　　　　　　　　　　（市档案馆　供图）

1957 年 7 月 21 日建成的焦港闸旧照

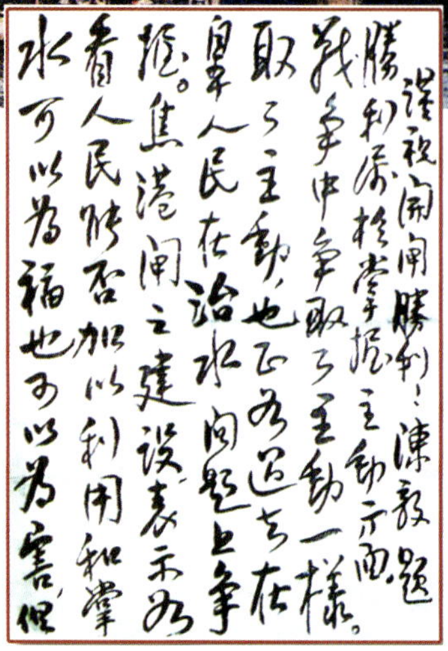

陈毅为焦港闸所题词

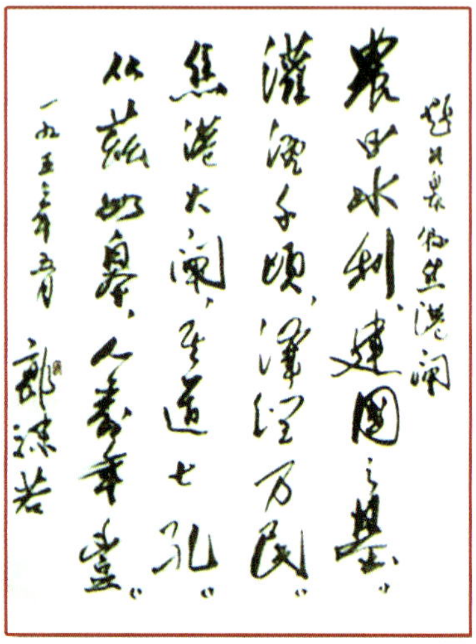

郭沫若为焦港闸所题词

1959 年 7 月 15 日建成的碾砣港闸

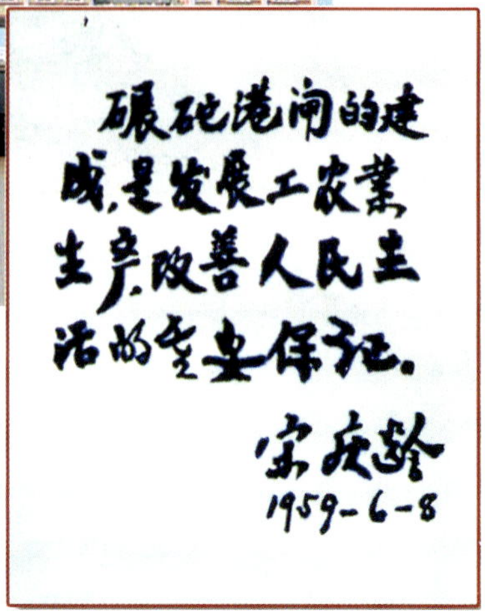

宋庆龄为碾砣港所题词

1958 年 12 月 31 日，如皋县、如皋县邓白人民公社分别被国务院表彰为农业社会主义建设先进单位　　（市档案馆　供图）

1973 年夏，蒲西公社马港河出土唐代水密九舱木船 1 艘，存于南京博物馆。图为唐代水密九舱木船出土现场　　（康健　摄）

20 世纪 50 年代末，如皋县委带领全县人民掀起轰轰烈烈的“削平高沙土、改良土壤”战高沙运动。战高沙运动持续近半个世纪，2000 年圆满收官，累计削平高沙土、改良土壤 7.6 万公顷，彻底改变如皋中西部“高低不平、沙粗且厚、漏水漏肥、十年九荒”状况

1972 年，县革委会主任唐如浴（前一）等机关干部蹲点治沙一线，在磨头西河湾工地上挑红河泥　（市档案馆　供图）

1977 年吴窑公社土地平整现场，孙女为爷爷朗读《毛泽东选集》中《愚公移山》一文　（康健　摄）

1974 年，吴窑公社众人战高沙场景　（康健　摄）

20 世纪六七十年代，如皋积极响应党中央号召，兴起工业学大庆、农业学大寨运动。图为如皋县工业学大庆劳模表彰大会

（康健　摄）

1976 年，县委在如皋灯光球场举办“学大赛”大型文艺宣传活动

（康健　摄）

1977 年 3 月 7 日，县委、县革委会召开万枝银花植棉竞赛先进代表大会。图为大会文艺演出场景　（康健　摄）

1976 年早稻丰收之后，丁北公社六大队组织社员总结生产经验，讨论晚秋生产措施　（康健　摄）

1978 年，县人民医院参与研制的“蟾力酥”获全国科学大会奖　（市卫健委　供图）

1979 年，如皋县产茧量 2425.9 吨，位居全省各县（区）第二，被列入全国蚕桑生产重点县。图为茧站工作人员分装蚕茧的场景
（市委党史办　供图）

1980 年，如皋水明楼古建筑被中国古建筑园林学家、上海同济大学教授陈从周称赞为“徽派园林之孤本”。图为水明楼一角
（市委党史办　供图）

1981 年 9 月 18 日，如皋动力机厂与上海内燃机研究所共同研制的“275”型柴油机被第六机械工业部列入船用柴油机系列型谱。图为如皋动力机厂生产车间　　　（市档案馆　供图）

1982 年，全县开始推行家庭联产承包责任制。图为农技人员在田头为农户传授棉花种植技术
（康健　摄）

1983 年，全县棉花总产量 2.36 万吨，为历史最高水平。图为农民踊跃上缴棉花
（市档案馆　供图）

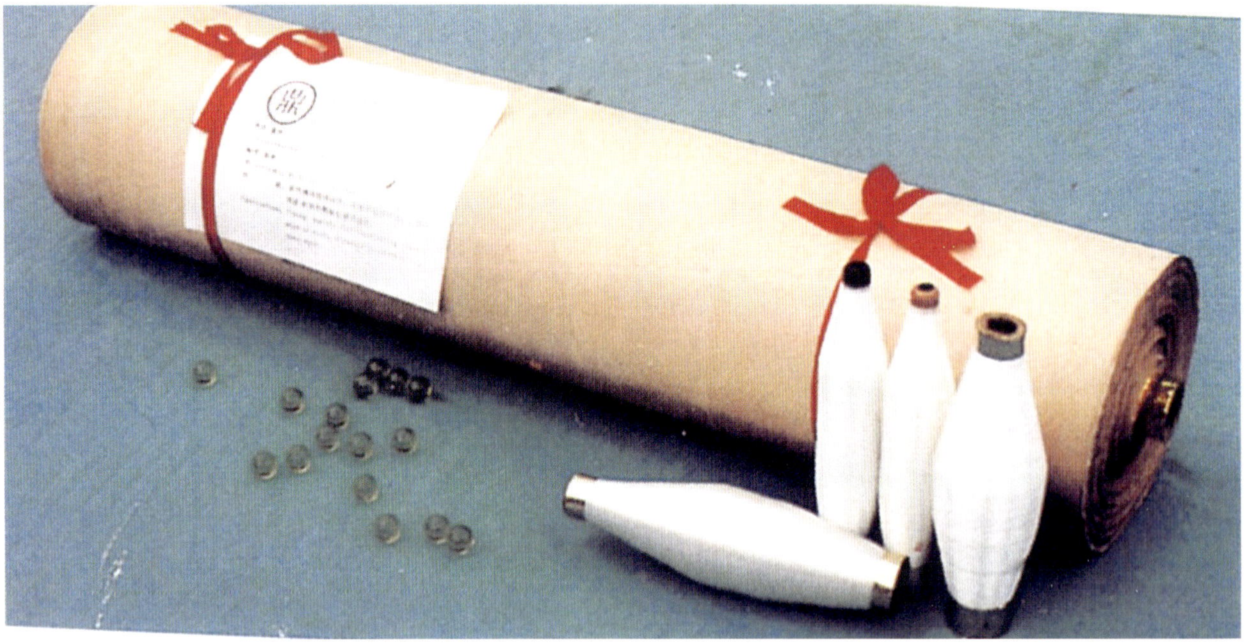

1984年4月8日，如皋玻璃纤维厂受中共中央、国务院、中央军委联合表彰。图为该厂生产并被应用于长征三号火箭和试验通信卫星的无碱无蜡玻纤布 （市档案馆 供图）

1985年3月20日，如皋肉联厂生产的“金梅”牌肉松，在法国巴黎获国际美学与旅游观光委员会授予的金质奖章。图为如皋肉联厂生产的肉松等肉制品 （市档案馆 供图）

1986年7月3日，县纺织厂引进西德工程技术设备建成的“气流纺”车间投产 （市档案馆 供图）

1987年2月27日，中国联合航空公司增设北京至南通（如皋）航线。图为北京至南通（如皋）航线航班抵达如皋机场

（市委党史办　供图）

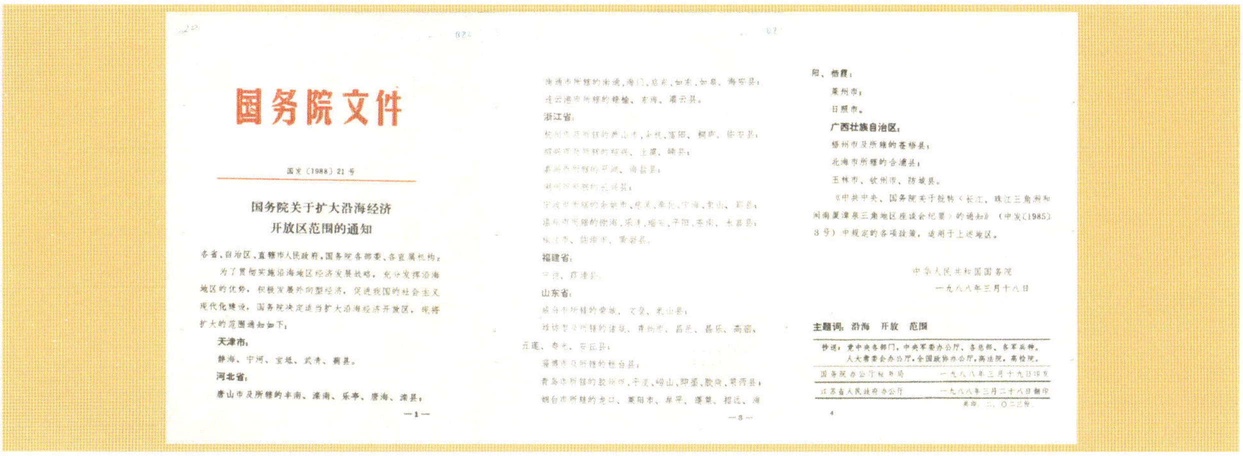

国务院文件

国发〔1988〕21号

国务院关于扩大沿海经济开放区范围的通知

各省、自治区、直辖市人民政府，国务院各部委、各直属机构：

为了贯彻实施沿海地区经济发展战略，充分发挥沿海地区的优势，积极发展外向型经济，促进我国的社会主义现代化建设，国务院决定适当扩大沿海经济开放区，现将扩大的范围通知如下：

天津市：

静海、宁河、宝坻、武清、蓟县。

河北省：

唐山市及所辖的丰南、滦南、乐亭、唐海、滦县；

—1—

南通市所辖的南通、海门、启东、如东、如皋、海安县；

连云港市所辖的赣榆、东海、灌云县。

浙江省：

杭州市及所辖的萧山市，余杭、富阳、桐庐、临安县；

绍兴市及所辖的绍兴、上虞、嵊县；

嘉兴市所辖的平湖、海盐县；

湖州市所辖的长兴县；

宁波市所辖的余姚市、慈溪、奉化、宁海、象山、鄞县；

温州市所辖的瓯海、乐清、瑞安、平阳、苍南、永嘉县；

椒江市、临海市、黄岩县。

福建省：

宁德、霞浦县。

山东省：

威海市所辖的荣成、文登、乳山县；

潍坊市及所辖的诸城、青州市、昌邑、昌乐、高密、五莲、寿光、安丘县；

淄博市及所辖的桓台县；

青岛市所辖的胶州市、平度、崂山、即墨、胶南、莱西县；

烟台市所辖的龙口、莱阳市、牟平、蓬莱、招远、海阳、栖霞；

—3—

莱州市；

日照市。

广西壮族自治区：

梧州市及所辖的苍梧县；

北海市所辖的合浦县；

玉林市、钦州市、防城县。

《中共中央、国务院关于批转〈长江、珠江三角洲和闽南厦漳泉三角地区座谈会纪要〉的通知》（中发〔1985〕3号）中规定的各项政策，适用于上述地区。

中华人民共和国国务院

一九八八年三月十八日

主题词：沿海　开放　范围

抄送：党中央各部门，中央军委办公厅、各总部、各军兵种。人大常委会办公厅，全国政协办公厅，高法院，高检院。

国务院办公厅秘书局　一九八八年三月十九日印发

江苏省人民政府办公厅　一九八八年三月二十八日翻印

4

1988年3月28日，国务院批准如皋县对外开放

（市档案馆　供图）

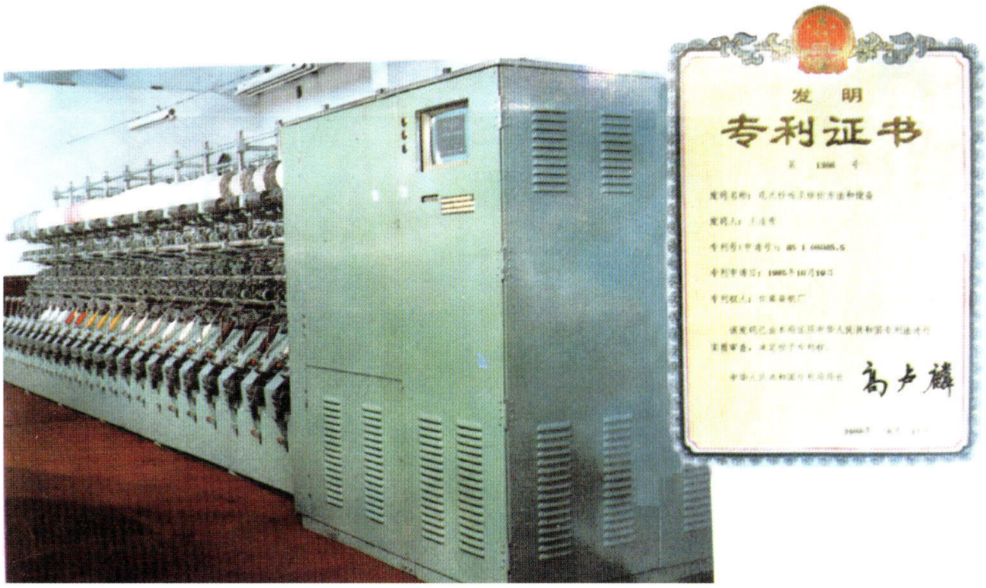

1989年10月，县染织厂王连贵研制的空心锭多功能花式纺捻机，获世界知识产权组织和国家专利局颁发的发明金奖

（市档案馆　供图）

1990 年 9 月 27 日，如皋籍运动员周玲美在第十一届亚运会女子自行车 1 千米计时赛中，以 1 分 13 秒 899 成绩夺得冠军，并打破世界纪录　　（市档案馆　供图）

1991 年 2 月 6 日，经国务院批准，如皋撤县设市，计划单列。6 月 1 日，如皋市正式成立。图为如皋撤县设市揭牌仪式　　（市委党史办　供图）

1992 年，如皋市在第一届全国农村综合实力百强县评比中跻身百强县行列，列第 92 位

（市档案馆　供图）

1993 年 12 月，省政府批复设立江苏省如皋经济开发区　（市档案馆　供图）

1994 年 10 月，第一届国际风筝节暨“乔士杯”第四届全国风筝比赛在如皋举行。图为中国参赛队伍入场

（市委党史办　供图）

1995 年 5 月 26 日，如皋市启动海阳北路打通工程。图为开工誓师大会

（市档案馆　供图）

海阳路与中山路交叉口今昔对比照

（黄友谊、邱宇　摄）

1996 年 9 月 18 日，如皋无线电厂“塑封高压硅堆技术改造”项目被国家经贸委列入国家“95 双加”工程。图为如皋无线电厂塑封高压硅堆生产线技术人员对硅堆进行化学处理

（康健　摄）

1997 年 2 月，如皋民间舞蹈《木虾舞》在文化部“群星奖”评比中，获编导、音乐、演出 3 项优秀奖。图为《木虾舞》舞台照　　　（市文体广电和旅游局　供图）

1998 年，如皋市完成农村集体土地二轮发包。图为农民喜领农村集体土地承包经营权证（市档案馆　供图）

1999 年 5 月，受文化部委派，市木偶剧团大型神话儿童木偶剧《大禹治水》参加在罗马尼亚阿拉德市举行的第四届欧洲木偶艺术节，获特别奖。图为《大禹治水》演出照　　　（市档案馆　供图）

2000年10月26日，宁通公路如皋段高速化完善工程竣工，实现如皋市高速公路零突破。图为宁通高速九华枢纽　　　　　　（市委党史办　供图）

2001年5月24日，新长铁路首发列车驶入如皋，沿线群众喜迎列车　　　　　　（市委党史办　供图）

2003年8月，如皋市在全省15个沿江县（市）中率先完成沿江开发总体规划编制，并通过市人大常委会审议批准实施。图为同年6月18日，如皋市在南京举行如皋沿江开发总体规划论证评审会　　　　（市档案馆　供图）

2005 年 10 月，皋张汽渡通航　　　　（市委党史办　供图）

2006 年 4 月，如皋“爱心邮路”被中宣部确定为全国精神文明建设重大典型。图为 2008 年 4 月，“爱心邮路”被民政部授予中华慈善奖颁奖现场　　　　（邮政如皋分公司　供图）

2007 年 12 月 26 日，江苏九鼎新材料股份有限公司在深圳证券交易所挂牌上市，成为全市首家上市企业

（市委党史办　供图）

2008 年 11 月 23 日，如皋港经国务院批准为国家一类开放口岸。图为同年 12 月 18 日，如皋市纪念改革开放 30 周年暨如皋港一类口岸开放庆祝大会文艺演出现场

（长江镇　供图）

2009 年 6 月 26 日，如皋软件园被省科技厅批准为省级软件园。图为如皋软件园一角（如皋高新区　供图）

2010 年 10 月 28 日，如皋市获评世界长寿乡。图为 2011 年 10 月 25 日，世界长寿乡——中国如皋授牌仪式暨新闻发布会现场　（市委党史办　供图）

2011 年 11 月 1 日，如皋市被命名为中国花木之乡。图为花木专业村如城街道大明社区春景

（如城街道大明社区　供图）

2012 年 2 月，如皋市被住房城乡建设部命名为国家园林城市。图为古城一角　（阚斌斌　摄）

2013 年 1 月，如皋经济开发区升格为国家级经济技术开发区。图为 2013 年 9 月如皋经济技术开发区俯瞰图

（如皋开发区　供图）

2013 年 5 月 3 日，如皋公立简易师范学堂旧址被国务院列为全国重点文保单位，成为继水绘园后，如皋第二个全国重点文保单位

（市委党史办　供图）

2013 年 12 月 8 日，如皋长江大桥正式通车。图为长江大桥通车仪式　　（市委党史办　供图）

2014 年 2 月，如皋市被国务院教育督导委员会确认为全国义务教育发展基本均衡县（市、区）。图为如皋经济技术开发区何庄小学社团活动剪影　　（沈小平　摄）

2015 年 2 月，南通农业科技园区被科技部认定为国家农业科技园区，其核心区在如皋。图为南通国家农业科技园区核心区新农村建设示范园一景（黄友谊　摄）

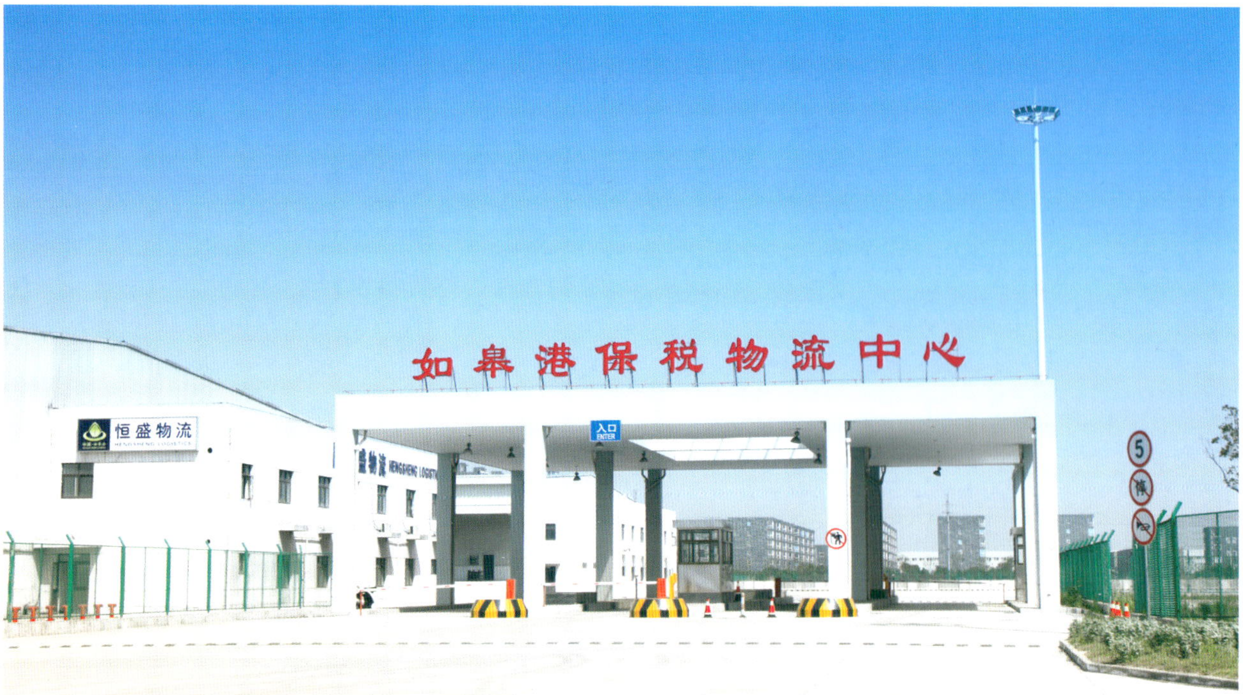

2015 年 12 月 15 日，如皋港保税物流中心（B 型）建设项目通过国家级验收（长江镇　供图）

2016 年 4 月 17 日，中国足球协会乙级联赛开幕式和揭幕战在市奥林匹克体育中心举行。图为开幕式现场　　（黄友谊　摄）

2016 年 5 月 15 日上午 8 时 26 分，南通至南京间首次开行的动车组 D5508 次列车停靠如皋火车站，如皋正式跨入“动车时代”
（邱宇　摄）

2016 年 6 月 29 日，如皋市被环保部命名为国家生态县（市、区）。图为如城街道钱长村田间，农民劳作、白鹭相伴美景

（吴树建　摄）

2017 年 10 月 16 日，如皋市在苏中苏北县级市中首家获中国人居环境奖。图为被外城河拥抱的如皋城区

2017年11月14日，如皋在苏中、苏北县（市、区）中首家获全国文明城市称号。图为实现困难人群“微心愿”志愿活动现场，市民踊跃认领、圆梦“微心愿”（黄友谊　摄）

（冯世涛　摄）

2017年12月7日至11日，中国爵——中国盆景作家国家大赛系列活动在如皋国际园艺城举办。图为初赛现场（市委党史办　供图）

2018 年 4 月 17 日，省政府办公厅发布 2017 年简政放权创业创新环境评价情况通报，如皋在全省 96 个县（市、区）中综合排名第一。图为市行政审批局工作人员指导服务对象“不见面审批”业务 （市行政审批局 供图）

2018 年 9 月 21 日，如皋高新区获省政府批复为省级开发区。图为如皋高新区俯瞰图 （高继东 摄）

2018 年 11 月 27 日，全市首个国家级科技类重点研发计划——“全海深地质绞车系统研制”项目启动建设。图为项目承担单位南通力威机械有限公司大型龙门铣加工中心　（邱宇　摄）

2019 年 3 月 8 日，如皋市融媒体中心在全省首家挂牌运行。图为 6 月 12 日，全省县级融媒体中心建设培训班学员到如皋参观融媒体生产指挥中心　（邱宇　摄）

2019 年 6 月 5 日，工业和信息化部公布第一批专精特新“小巨人”企业名单，江苏入选企业 18 家，其中南通企业 3 家，均位于如皋市，分别为南通星球石墨股份有限公司、江苏万达特种轴承有限公司、江苏明德玩具股份有限公司。图为江苏明德玩具股份有限公司检品车间　　（市发展改革委　供图）

2020 年年初新冠肺炎疫情发生后，全市上下坚定信心、同舟共济，按照“科学防治、精准施策”总要求，落实外防输入、内防扩散措施。图为 2 月 15 日深夜，交通卡口人员雪中坚守岗位　　（沈群山　摄）

如皋市地图

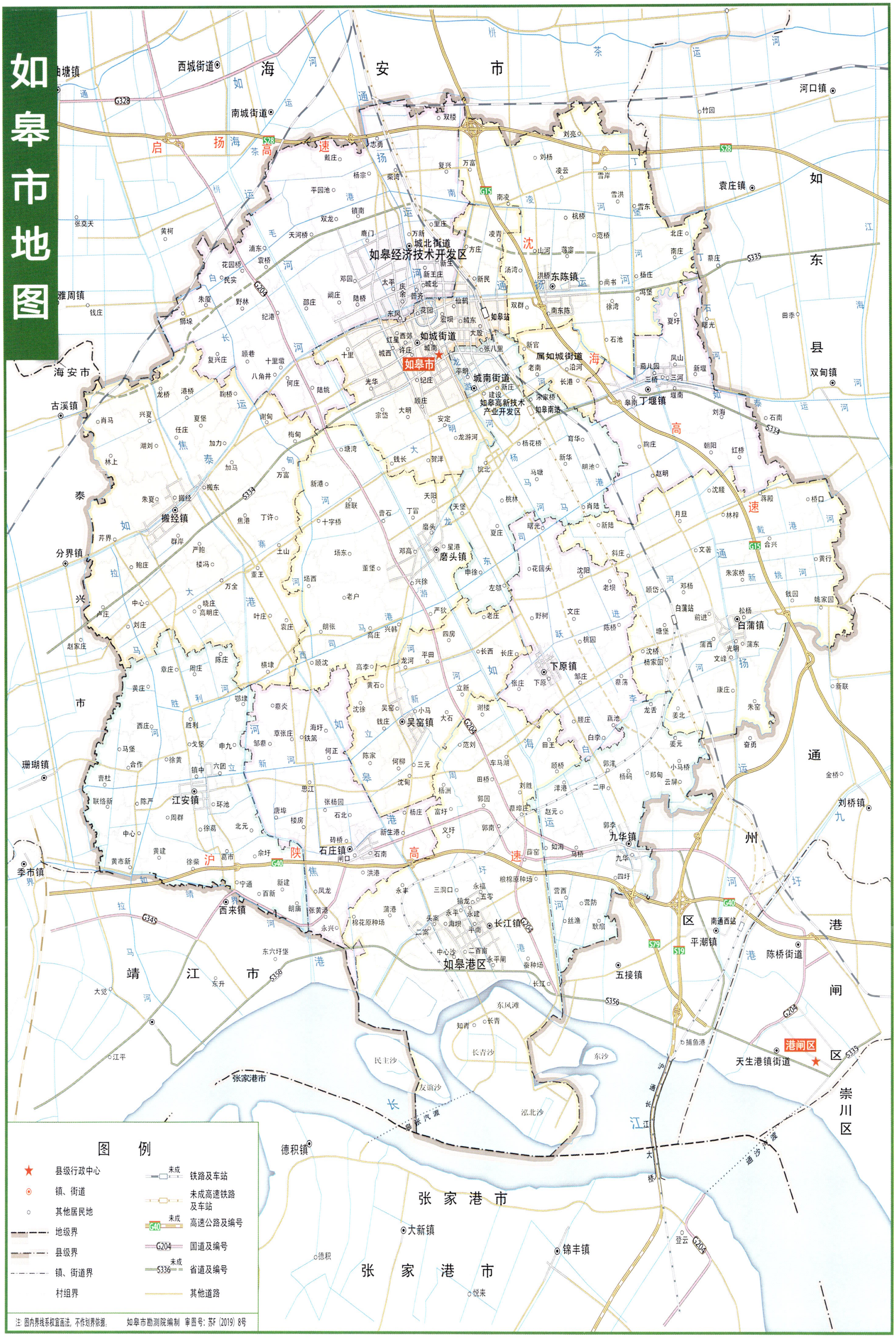
如皋市
如城街道
城北街道
城南街道
如皋经济技术开发区
如皋高新技术产业开发区
东陈镇
丁堰镇
白蒲镇
下原镇
九华镇
吴窑镇
磨头镇
搬经镇
江安镇
石庄镇
长江镇
如皋港区
袁庄镇
双甸镇
河口镇
刘桥镇
五接镇
平潮镇
陈桥街道
天生港镇街道
港闸区
西城街道
南城街道
雅周镇
古溪镇
分界镇
珊瑚镇
季市镇
西来镇
德积镇
大新镇
锦丰镇
海安市
泰兴市
靖江市
张家港市
如东县
通州区
港闸区
崇川区
图例
县级行政中心
镇、街道
其他居民地
地级界
县级界
镇、街道界
村组界
铁路及车站
未成高速铁路及车站
高速公路及编号
国道及编号
省道及编号
其他道路
注：图内界线系权宜画法，不作划界依据。 如皋市勘测院编制 审图号：苏F（2019）8号

如皋城区图

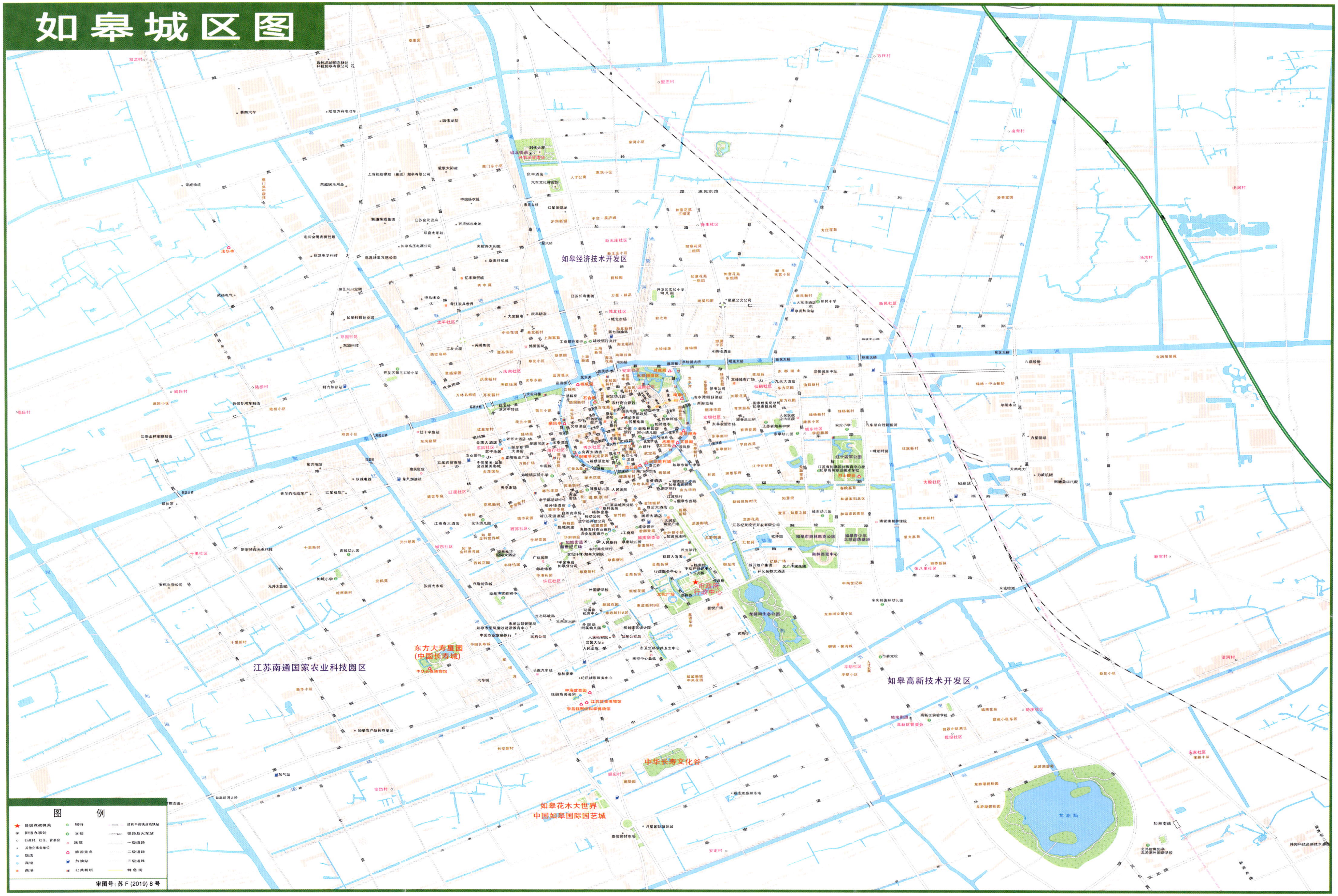
如皋经济技术开发区
江苏南通国家农业科技园区
东方大寿星园
(中国长寿城)
如皋高新技术开发区
中华长寿文化谷
如皋花木大世界
中国如皋国际园艺城
市政府
行政中心
龙游湖
图　例
审图号：苏 F (2019) 8 号

2020 年 9 月 30 日，如皋至南通快速通道通皋大道一期工程主线通车　（徐慧　摄）

2020 年 12 月 30 日上午，盐通高铁全线正式通车，如皋南站正式启用。图为盐通高铁首发列车 G8321 次复兴号列车驶进如皋南站　（邱宇　摄）

2021 年 6 月 11 日，全国最大的水上绿色综合服务区如皋水上绿色综合服务区正式运营　　（如皋海事处　供图）

2021 年 11 月 9 日，水利部、财政部发文公布 2022 年水系连通及水美乡村建设试点县名单，全省 2 个县市上榜，如皋市名列其中。图为如皋母亲河龙游河美景　　（吴树建　摄）

编辑说明

一、《如皋年鉴》坚持以马克思列宁主义、毛泽东思想、邓小平理论、“三个代表”重要思想、科学发展观、习近平新时代中国特色社会主义思想为指导，坚持辩证唯物主义和历史唯物主义的立场、观点和方法，坚持解放思想、实事求是的原则，全面、系统、真实地逐年记载如皋自然、政治、经济、文化、社会和生态建设情况，旨在充分发挥存史、资政、教化功能，为领导决策提供依据，为如皋经济社会发展服务，为各界人士了解和研究如皋提供翔实、准确的信息。

二、《如皋年鉴》是由中共如皋市委领导、如皋市人民政府主办，如皋市地方志编纂委员会办公室负责编纂的地方综合性、资料性年度文献。首次出版于1989年，2022卷为第34卷。

三、《如皋年鉴（2022）》内容收录时限原则上为2021年1月1日至12月31日。个别事物加以追溯记述，以便读者了解其始末；为突出时效性，“附录”中“重要文献”选用了2022年资料。

四、《如皋年鉴（2022）》仍采用分类编辑法，一般按类目、分目、条目三个层次设置，少数分目下增设副分目。个别条目包含多方面资料，为了便于阅读，对条目加以分段。全书前设卷首彩页，后设附录、索引，正文设特载、大事记、如皋概览、中国共产党如皋市委员会、如皋市人民代表大会、如皋市人民政府、中国人民政治协商会议如皋市委员会、中国共产党如皋市纪律检查委员会·如皋市监察委员会、群众团体、法治·军事、中国花木之乡、长寿之乡、经济管理、开放合作、农业、工业、建筑业、服务业、交通·水利、城市建设与管理、乡村振兴、生态环境、科学技术、教育、文化·体育、卫生健康、人民生活、社会事务、公共安全、街道·镇、人物·荣誉31个类目。设分目218个、副分目18个、条目1157条，随文图片125张、表格93张。

五、《如皋年鉴（2022）》对人民生活、公共安全类目下分目进行了调整，取消社会治理类目，新设法治·军事、社会事务两个类目。在卫生健康类目增设新冠肺炎疫情防控、职业健康分目；将人民生活类目下劳动就业分目调整为就业创业，增设劳动人事争议仲裁分目归到法治·军事类目下。对类目进行重新排序，对部分类目名、分目名进行了完善。

六、文中均使用法定计量单位。一次性文献中人称、行文语言、数据、计量单位等保持原状。全市综合性数据由市统计局提供，个别数据因统计口径不同而有所差异；部分数据因四舍五入等原因，总计和分项之间存在合理范围内误差。

七、对所涉及的部分机构名称使用简称，机构全称与简称对照表列于目录后；缩略语在首次出现时给予注释或标注全称。文中“全市”指“全如皋市”，“年内”指2021年。民国前历史纪年括注公元纪年，括注时省略“年”，如“清咸丰元年（1851）”。

八、为便于检索，卷首设目录，卷末设索引，所载信息均可由目录、索引、书眉查检。

总　目

目　录

如皋市人民代表大会

如皋市人民政府

中国人民政治协商会议如皋市委员会

中国花木之乡

长寿之乡

经济管理

开放合作

农　业

工　业

建筑业

服务业

交通·水利

城市建设与管理

科学技术

教育

文化·体育

卫生健康

人民生活

社会事务

公共安全

街道·镇

人物·荣誉

附 录

如皋市部分机构全称、简称对照表

简称	全称	简称	全称
市委	中共如皋市委员会	如皋边检站	如皋市边防检查站
市人大	如皋市人民代表大会	市工商联	如皋市工商业联合会
市政府	如皋市人民政府	团市委	共青团如皋市委员会
市政协	中国人民政治协商会议如皋市委员会	市妇联	如皋市妇女联合会
市纪委监委	中共如皋市纪律检查委员会·如皋市监察委员会	市侨联	如皋市归侨侨眷联合会
市委办	中共如皋市委办公室	市科协	如皋市科学技术协会
市人大办	如皋市人民代表大会常务委员会办公室	市文联	如皋市文学艺术界联合会
市政府办	如皋市人民政府办公室	市残联	如皋市残疾人联合会
市政协办	中国人民政治协商会议如皋市委员会办公室	市社科联	如皋市哲学社会科学界联合会
市委统战部	中共如皋市委统一战线工作部	如皋开发区	如皋经济技术开发区
市委政法委	中共如皋市委政法委员会	如皋高新区	如皋高新技术产业开发区
市编办	如皋市机构编制工作委员会办公室	市税务局	国家税务总局如皋市税务局
市台办	中共如皋市委台湾工作办公室	人行如皋市支行	中国人民银行如皋市支行
市级机关工委	如皋市市级机关工作委员会	工行如皋市支行	中国工商银行股份有限公司如皋市支行
市文明办	如皋市精神文明建设指导委员会办公室	农行如皋市支行	中国农业银行股份有限公司如皋市支行
市委党史办（市地方志办）	中共如皋市委党史工作办公室（市地方志编纂委员会办公室）	建行如皋市支行	中国建设银行股份有限公司如皋市支行
市委网信办	中共如皋市委网络安全和信息化委员会办公室	中行如皋支行	中国银行股份有限公司如皋支行
市发展改革委	如皋市发展和改革委员会	农发行如皋市支行	中国农业发展银行如皋市支行
市科技局	如皋市科学技术局	如皋农商行	江苏如皋农村商业银行股份有限公司
市人力资源社会保障局	如皋市人力资源和社会保障局	邮储银行如皋市支行	中国邮政储蓄银行如皋市支行
市住房城乡建设局	如皋市住房和城乡建设局	电信如皋分公司	中国电信股份有限公司如皋分公司
市市场监管局	如皋市市场监督管理局	移动如皋分公司	中国移动通信集团江苏有限公司如皋分公司
市地方金融监管局	如皋市地方金融监督管理局	联通如皋分公司	中国联合网络通信有限公司如皋市分公司
市城管局	如皋市城市管理局	邮政如皋分公司	中国邮政集团有限公司江苏省如皋市分公司
市卫健委	如皋市卫生健康委员会	市关工委	如皋市关心下一代工作委员会
市国资办	如皋市政府国有资产监督管理办公室	市老龄委	如皋市老龄工作委员会
市民宗局	如皋市民族宗教事务局	市老科协	如皋市老科技工作者协会
市外事办	中共如皋市委外事委员会办公室	市老建会	如皋市老区建设促进会
市人武部	如皋市人民武装部	人保财险如皋支公司	中国人民财产保险股份有限公司如皋支公司
武警如皋中队	中国人民武装警察部队如皋市武警中队	人寿保险如皋支公司	中国人寿保险股份有限公司如皋支公司

特　　载

庆祝中国共产党成立 100 周年

2021 年，全市上下以庆祝中国共产党成立 100 周年为主线，深入学习革命战争年代先辈们不惧牺牲、勇往直前的斗争精神，社会主义建设时期开拓者们自力更生、艰苦奋斗的奉献精神，改革开放以来建设者们解放思想、抢抓机遇的创业精神和新时代先进典型们主动作为、奋发有为的进取精神，采取灵活多样的方式，精心组织庆祝活动，让伟大建党精神深入人心。

做大做强主流舆论，大力营造浓厚舆论氛围。持续开展重点专题专栏，推出红色印记、红色征途、红色岁月、红色日历、红色基因、红色诵读、红色歌曲、红色瞬间、红色流韵、红色剪影“十大红色策划”新闻宣传，通过短视频、电视纪录片、电视日播节目、系列报道、图片等形式，生动讲好如皋故事。完善新闻精品生产机制和考核激励机制，推动新闻精品生产，《红色阅读主题公交车正式发车》《红色木偶戏进校园，党史教育润童心》《一条小黑鱼“游”出完整产业链》等新闻报道被中央电视台播出。推动市融媒体中心提升融合生产能力和可持续发展能力，建成面向基层的主流舆论阵地、综合服务平台和社区信息枢纽。建立健全信息发布和舆论引导机制，围绕重要政策、重点工作及热点敏感问题及时发布权威信息，全年召开新闻发布会 10 余场，回应社会关切。全面把握新形势下对外宣传工作总体要求，进一步做好对外宣传工作，提升如皋美誉度。

广泛开展庆祝建党百年群众性主题宣传教育活动。在城市醒目位置增设庆祝建党百年活动标识和“奋进现代化，跑赢新赛程”公益小品。充分发挥爱国主义教育基地作用，广泛开展入党宣誓、讲党课、红色故事宣讲等群众性主题宣传教育活动。4 月 2 日，如皋电影史料馆“党报记录的党史”专题展开展，展出 1941 年至 1949 年期间党报 1000 余份。6 月 10 日，在红十四军纪念馆举办南通市“永远跟党走”夏夜千场红色主题文化活动启动仪式暨如皋市“永远跟党走”雉水之夜主题文艺晚会，吸引 3000 余名群众参与。10 月 19 日，以“永远跟党走，奋进新征程”为主题，举办第四届“百姓名嘴”理论宣讲比赛决赛。以“童心向党”为主题，通过开展“我唱队歌给党听”快闪视频征集展示、“经典咏流传”诵读、“我把党来比母亲”亲子红色文化教育、“立志报国展风采”军事体验等系列活动，激发青少年听党话、跟党走的光荣感和使命感。

促进文化改革发展，推动文艺精品创作和文化产业发展。精心组织“永远跟党走”庆祝建党百年文艺演出、“同心向党，砥砺奋进”统一战线庆祝建党百年主题活动、“百年华诞，群心向党”朗诵比赛、“红色足迹”美术书法摄影展、“党啊，亲爱的妈妈”主题快闪活动，歌颂中国共产党诞生以来的丰功伟绩。举办“百年足迹，光辉历程”——如皋档案中的党史展览，回顾如皋革命、建设、改革、发展的伟大历史进程。举办“党史上的今天”短视频展播等活动。制作播出《百年风华、如皋印迹》微纪录片 104 集，解读中国共产党百年发展历程中“如皋元素”和“红色血脉”。制作播出专题片《党旗“皋”扬映初心》，展示在党的领导下，红色如皋走过的峥嵘岁月。

（市委宣传部　供稿）

党史学习教育

3月11日，市委召开党史学习教育动员会议，在全市全面启动党史学习教育。年内，如皋市紧扣学党史、悟思想、办实事、开新局目标，聚焦“六专题两实践”（专题学习、专题培训、专题党课、专题宣讲、专题宣传教育、专题民主生活会和组织生活会，“我为群众办实事”实践活动、“奋进现代化 跑赢新赛程”主题实践活动）重点任务，建立组织体系、科学制订方案、完善工作机制，先后召开动员部署、领导小组及办公室会议、现场推进会7次，全市党史学习教育取得积极成效。

聚焦学深悟透，专题学习务实求真。按照“读原著、学原文、悟原理”要求，以上率下领学、创新载体活学、真督实导促学，市委常委会、市委理论中心组开展专题集中学习、实地情境学习38次，研讨交流11次。市委书记为全市党员干部上“七一”专题党课，科级以上党员领导干部全员参加专题组织生活会。各级党组织依托主题党日、“三会一课”等载体多层次学习研讨。在全省党史知识竞赛中，如皋选手作为南通县（市）唯一代表参赛并获三等奖。创新采取“三学”（党建指导员导学、行业党委送学、“红领党务通工作室”联学）模式，实现“两新”党组织、流动党员党史学习教育全覆盖。市级10个巡回指导组开展巡学督导503次，访谈交流3262人次，考学2016人次，提出问题建议274条，现场督导重点实事716项。

聚焦入脑入心，专题宣讲精准精彩。围绕百年党史、习近平总书记“七一”讲话、中共十九届六中全会精神宣讲要求，统筹全市宣讲力量，采取“集中+点单”“专家+草根”“文艺+党课”“线上+线下”等方式，开展2轮宣讲3469场次，覆盖党员群众30余万人次。挖掘如皋红色资源“富矿”，编写《百年足迹、光辉历程》《中国共产党在如皋一百年大事记》等鲜活教材，用中共如皋地方史和各行业典型事迹传承红色基因、讲好如皋故事。编发《理论宣讲微故事》，组织第四届“百姓名嘴”理论宣讲比赛。承办南通市主题理论宣讲比赛，如皋市选手获一等奖。培育“趴趴凳课堂”“百姓茶馆”“小巷党课”等乡土特色宣讲品牌，让档案里的党史、党报中的党史、电影里的党史、邮票上的党史、木偶剧里的党史“现身说话”，让党员群众在看中受熏陶，在听中受鼓舞。

聚焦立德树人，青少年宣教有声有色。将“四史”宣传教育融入课堂教学、校园文化、关爱工程，创新开展“宣传部长思政课”，实现91所学校全覆盖。组织“共产党员为什么这么帅”宣讲，打造“图说党史”“何豆豆讲党史”等青少年党史宣教品牌。用好中共如皋独立支部诞生遗址、红十四军纪念馆等红色打卡路线，开展“学党史·寻访红色记忆”研学实践。策划主题团日、主题队日、视频展播、百场宣讲进校园等活动，引导青少年在重温历史中赓续红色血脉。花园小学学生李宇辉获“我心向党”全省中小学生诵读大赛第一名，红军小学“开学第一课”被《江苏党史学习教育简报》推送。

聚焦人民至上，实事项目惠民利民。融合推进“两在两同”（同人民想在一起、干在一起，风雨同舟、同甘共苦）建新功、“攻坚有我”显担当行动与“我为群众办实事”实践活动，发挥“两代表一委员”（党代表、人大代表，政协委员）工作机制和“有事好商量”平台作用，通过结对全覆盖、清单全亮晒、责任全落实，组织2万名党员志愿者一线“报到”，听民声、查实情、疏堵点、破难题，百分百办结实事3097项，项目数列南通县（市）第一位。梳理发布常态长效运行实事项目368个。治水惠民、龙游河生态廊道建设等实事项目被《人民日报》报道7次，“老旧小区改造”案例被江苏党史学习教育官网推广。12月30日，如皋市“我为群众办实事”亮点创新工作在南通“我为群众办实事”新闻发布会上被发布。

聚焦质量提升，“红色引擎”助推发展。开展窗口服务和项目一线“三亮三比”（亮责任、比担当，亮实绩、比贡献，亮作风、比形象）活动。围绕聚力打造“如意”一流政务服务环境，在政务服务窗口单位扎实开展“一争双创”主题活动，深化“不见面审批”“一件事”等系列改革，打好服务企业“组合拳”，市场主体登记和项目建设审批均提速70%以上。在42个市级重大项目设立党员服务先锋岗，开展“学习‘七一’讲话——解放思想、转变作风、抓牢项目”主题大讨论，深入推进重大项目质态提升年活动。科技·人才洽谈会签订投资意向、协议45个，总投资562亿元，如皋市在南通地区唯一入选省首批创新型示范县（市、区）。

聚焦凝心聚力，舆论宣传亮点纷呈。南通市“永远跟党走”夏夜千场红色主题文化活动在如皋启动，跟进举办主题宣教活动100余场。创作木偶剧《抗战小英雄》、音诗画《军长的机枪》等红色剧目巡演120余场。推出党史学习教育专题报道，生动讲好如皋党史故事。在省级及以上媒体刊发党史学习教育信息1220篇，被“学习强国”平台刊发262篇，中央电视台《朝闻天下》栏目播出如皋市党史学习教育特色做法3次。编发简报228期，被南通市委党史学习教育领导小组办公室录用54次，《江苏党史学习教育简报》录用6次，被录用稿件数均列南通各县（市）第一位，《1927年中共如皋县委印章》获省委常委、宣传部部长批示，被《江苏党史学习教育简报》全文推送。

（市委宣传部　供稿）

如皋市被命名为江苏省生态园林城市

如皋市通过保护性修复历史文化名城、消除黑臭水体、打造生态绿道等举措，全方位推进生态园林城市创建工作，形成较完善的绿地生态系统。2021 年 1 月，如皋市被省政府办公厅命名为省生态园林城市，为南通县（市、区）中首家。至年末，全市建成区绿地率 40.52%，绿化覆盖率 42.67%，人均公园绿地面积 15.38 平方米。

以城市蓝绿规划为基础，着眼城市系统性统筹发展。按照“生态城市、海绵城市、宜居城市”建设要求，重新修编城市绿地系统规划，重点增加口袋公园、滨水绿带、交通绿廊、林荫道路等绿地，构建“三环两带五廊多节点”（“三环”即建成内外城河、如泰运河、茅雉河生态廊道；“两带”即建成宁启铁路周边防护林和花城大道绿化林；“五廊”即推进龙游河宝塔河、如泰运河、大明河、通扬运河、如海运河景观带建设；“多节点”指新建口袋公园）绿地系统格局。均衡城市公园绿地分布，坚持在老城区做“减法”，通过减少仓储用地、单位用地、闲置用地等举措，建设育贤园、大司马憩园、东皋小游园等口袋公园 15 座；在新城区建设中做“加法”，打造龙游河生态公园、龙游湖公园、奥林匹克体育公园等综合公园 4 座，实现公园绿地 500 米服务半径覆盖率 92.62%。打造“夏荫浓绿、冬阳落地”闭环生态绿道，1999—2021 年，建成滨水绿道 17 千米，增设沿线林荫道路 30 千米。

以城市原有风貌为基础，着眼保护修缮留下乡愁。在城市化进程中秉持“既要守住历史的根，又要传承文化的魂，还要注入现代活力”核心理念，特邀国家历史文化名城保护专家阮仪三牵头编制保护利用规划，聘请传统建筑大师路秉杰担纲街区改造设计，逐步推进历史文化街区功能置换、历史建筑保护整治、文物古迹修缮、非物质文化遗存挖掘传承等工作，修缮、修复文物保护单位、历史建筑、传统民居等 5.6 万平方米。在保护内外城河形态格局前提下，通过清理河道污泥、截污纳管、一体化泵站循环等工程，重建水系生态链，恢复水域自净能力，达到水质观感提升、水环境质量长期保持、水体生态功能逐步恢复效果。对内外城河实施综合提升，提升沿线景观绿化、活动设施，打造城河沿线慢行步道系统，实现滨水步道全线贯通，串联定慧禅寺、水绘园等名胜古迹和水景观平台 17 个、小游园 9 个。

以生态综合治理为基础，着眼美丽宜居城市建设。推进宜居城市建设，开展生态综合治理，实现城市水系东西贯通、南北顺畅，水流能够循环流动的格局，融合生态之美与城市之韵，打造水在城中、城在绿中、人在景中魅力城市。在公园绿地、市政道路、公共建筑、水系统等工程建设中贯彻海绵城市理念，修复宝塔河生态“海绵体”，治理城区易淹易涝地区，海绵城市试点区域年径流总量控制率 75%、面源污染削减率 60%。如皋市跻身省级绿色建筑和建筑节能综合提升奖补城市试点，新建建筑可再生能源应用率 33.97%，城市绿地建筑物、构筑物建设积极利用绿色建筑技术。太阳能等再生能源得到合理应用，园林植物废弃物循环利用率 13%。城市生活垃圾分类设施覆盖率 73.11%，城市污水处理率 96.5%，经污水处理厂无害化处理的污泥有效利用率百分之百。推进城区道路互联互通，城市道路完好率超过 99%，道路保洁机械化作业率 83.5%。

以土地自然属性为基础，着眼构建城乡一体化生态格局。始终以不侵犯土地自然属性为底线，充分发挥全国花木生产基地产业优势，逐步将城区以外村庄纳入城市大生态格局中，通过构建城市生态网络，将乡村自然景观带入城市，创造和谐完整的景观体系，结合斑块、廊道、生物群落等构建城乡良好大生态安全格局。挖掘村庄特色产业，高标准打造生态宜居村庄，顾庄社区的庭院盆景、钱长村的草坪白鹭、平园池村的千亩莲藕千亩菊……让村庄既有外在“美”的颜值，又有内在“绿”的寓意，更有“宜居宜游”功能。出台《如皋市城市绿化养护管理考核办法》，提高绿地精细化养护水平。对全市古树名木进行 GPS 定位，实现古树名木实时监管；开展古树名木认养活动，管理责任及养护资金落实到位。

（市住房城乡建设局　供稿）

大事记

1月

4日　红十四军纪念馆获省文物局博物馆备案确认，正式进入博物馆序列。

14日　如皋市法律援助标准化国家级试点项目通过国家级服务业标准化试点项目考评专家组终期考核验收。

16日　香港立讯有限公司智能终端精密模组项目签约落户长江镇，计划总投资超100亿元，其中设备投资68亿元。

22日　市融媒体中心获省广播电视政府奖，为南通唯一一家获该奖项的县级媒体。

27日　全市首台老小区加装电梯——如城街道武定苑202幢1单元加装电梯建成运行。

28日　如皋作为教育部遴选的全国7家教育高质量发展代表县（市、区）之一，参加全国县域管理与教育质量视频研讨会，并在会上交流如皋教育高质量发展典型经验。

30日　如皋市被省政府命名为江苏省生态园林城市。

2月

1日　即日起，如皋市免收小微企业不动产登记费，在全市范围内实施小微企业免收不动产登记费告知承诺制。

7日　全市新冠肺炎疫情防控应急处置演练在如城街道如城小学举行。

18日　省人力资源和社会保障厅发布关于享受国务院政府特殊津贴人员名单，中如建工集团有限公司江林上榜。

27日　如皋市举行城市建设大会战暨龙游河三期项目开工仪式，龙游河三期、汪明路新建、72号D安置房建设、春晖苑改造、宏济苑改造、如港路改造提升、长江镇敏学路建设7个重点城市建设项目集中开工。

28日　中央电视台新闻频道《一起云赏春》直播节目组走进如城街道顾庄社区，直播如皋花卉苗木春耕。

3月

2日　龙游河宝塔河水环境治理工程被省住房城乡建设厅授予江苏人居环境范例奖。

16日　如泰运河如皋段被省水利厅评为生态河道建设示范样板。

24日　南通星球石墨股份有限公司在上交所科创板挂牌上市，成为如皋市首家科创板上市企业。

29日　“德美江苏”全国网络媒体江苏行走进如皋。来自中央新闻网站和江苏省（市）新闻网站、全国重点商业网站记者编辑及网络知名人士代表到如皋，了解、宣传如皋市推进诚信建设亮点和成效。

30日　冒小驰当选敬业奉献类中国好人。

31日　位于长江镇的金鹰（如皋）产业园项目奠基。

4月

11日 2021年如皋黑塌菜专场推介会在北京天泰宾馆三楼报告厅举行。

20日 省文化和旅游厅、省文物局公布全省第一批革命文物名录，包括不可移动革命文物447处，其中如皋不可移动革命文物上榜9处，数量居南通县（市、区）首位。

22日 在首届中国慢行交通大会上，如皋市与浙江省杭州市、山东省济宁市、河北省唐山市、河南省郑州市共同被评为共享慢行出行服务优秀城市，如皋市共享单车管理做法入选全国慢行交通优秀城市案例。

23日 中国工程院2021年院士增选有效候选人名单出炉，2名如皋籍人才入选，分别是中国地质大学（北京）校长孙友宏和中国科学院过程工程研究所研究员、博士生导师曹宏斌。

27日 市铁路建设指挥部盐通铁路项目部被中华全国总工会表彰为全国工人先锋号。

29日至5月5日 第四届“MLILY梦百合0压床垫杯”世界围棋公开赛决赛在如皋举办，芈昱廷九段夺得冠军。

5月

10日 江苏思源赫兹互感器有限公司、江苏汤臣汽车零部件有限公司入围财政部、工业和信息化部第一批建议支持的国家级专精特新“小巨人”企业公示名单。

12日 长江镇田王村王家庄获评省级特色田园乡村。

15日 全省首批省级绿色蔬菜产业特色县评选结果出炉，如皋市以地方传统特色蔬菜产业——黑塌菜产业入选。

28日至31日 由中国盆景艺术家协会主办的“中国羽”全国小微盆景展暨盆景交易大会在如皋举行。

29日 人类首台航天微波炉由天舟二号送上中国空间站，其核心部件之一高压二极管由如皋企业南通皋鑫电子股份有限公司制造。

是月 市自然资源和规划局发放首批农村“房地一体”不动产权证书，全市农村不动产确权登记发证工作全面启动。

6月

1日至3日 全省新型农村集体经济发展培训班及工作座谈会在如皋举办，全省13个设区市农业农村局分管负责人、业务处（站）长及各县（市、涉农区）分管负责人参加培训。

2日 南通如皋、南京玄武、无锡江阴三地法院在位于长江镇的长江流域环境资源第二法庭审判大楼签署《长江流域（江苏段）生态环境保护司法协作框架协议》。

9日 全国半导体材料标准暨技术研讨会在如皋举行。如皋高新区推介半导体产业发展规划和高端人才、产业配套、激励等方面政策，与会专家围绕高纯红磷行业，磷化铟单晶衬底量产技术、碳化硅衬底产业技术状况及发展态势等方面进行研讨。

10日 白蒲镇获中华诗词之镇授牌。

11日 如皋水上绿色综合服务区正式运营暨如皋市港航综合调度中心试运行启动、“智信皋港”平台上线仪式举行。

17日 如皋市举办“张謇与如皋”座谈会，弘扬张謇精神，进一步挖掘张謇与如皋历史渊源。

18日 江苏力星通用钢球股份有限公司举行风电大球扩产项目投产仪式。该项目总投资1.38亿元，重点发展5兆瓦级以上风力发电专用钢球、海洋工程装备用大型精密轴承钢球等，新增月产1200吨高端大型滚动体生产能力。

19日 李昌钰刑侦科学博物馆二期工程启动建设。

同日 全市首家乡村振兴培训学院——平园池乡村振兴培训学院揭牌成立。

22日 “永远跟党走”书画摄影展在市文化馆揭幕。

23日 在第三届中国杯盆景大赛颁奖仪式上，如皋

6月10日，白蒲镇获中华诗词之镇授牌。图为白蒲镇明清民居 （白蒲镇 供图）

市参赛盆景获特等奖1件、金奖3件，市政府获特别贡献奖。

同日 全国红军小学建设工程理事会在江安镇东燕小学，举行“中国工农红军南通如皋红军小学”授旗授牌仪式。

24日 如皋籍运动员李彤入选东京奥运会中国代表团（皮划艇项目）。

28日 正海磁材高性能稀土永磁体研发生产基地项目在如皋高新区开工建设，项目总投资50亿元。

同日 “中国共产党江苏如皋县委印”经省文物局组织的专家组鉴定后，被认定为国家一级文物。

同日 “华诞百年，翰墨千秋”职工书画摄影展在市文化馆举行。

同日 市委宣讲团成员，市人大常委会党组成员、专职委员姚呈明被中共中央表彰为全国优秀党务工作者。

同日 如皋市举行“永远跟党走”庆祝中国共产党成立100周年文艺晚会。

29日 全省鲜食玉米品鉴与现场观摩活动在磨头镇丁冒村金旺家庭农场内举行。

7月

1日 全国优秀党务工作者姚呈明、如派盆景大师王如生应邀参加中共中央庆祝中国共产党成立100周年大会。

5日 江苏力星通用钢球股份有限公司“陶瓷新材料滚动体战略性新兴产业”、江苏弘玖水产有限公司“乌鳢（黑鱼）全产业链”标准化项目获批省标准化试点项目，其中“乌鳢（黑鱼）全产业链”标准化试点项目为唯一获批的全产业链农业标准化试点项目。

14日 市关工委选送原创情景剧《血沃春泥》，在“颂建党百年，做时代新人”江苏省庆祝中国共产党成立100周年老少同台节目展演中获一等奖。

15日 第六届江苏“十大”见义勇为好司机颁奖典礼在南京举行，集中表彰2018年后全省各类机动车驾驶人中涌现出的见义勇为先进典型43人。如皋市市民严怀岗获评江苏“十大”见义勇为好司机，市公安局搬经中心派出所辅警陈文飞获提名奖。

16日 江安镇周庄社区贲家巷入选省第四批传统村落公示名录。

同日 如皋市召开省级农业高新技术产业示范区创建动员大会，对省级农业高新技术产业示范区创建工作做动员和部署。

28日 如皋市入围2021年国家电子商务进农村综合示范县名单（第一批）。

28日至29日 中国共产党如皋市第十三次代表大会召开。

8月

4日 赛迪顾问县域经济研究中心发布2021年赛迪百强县榜单，如皋市列第22名。

7日至8日 市新冠肺炎疫情防控指挥部组织开展全市首轮全员核酸检测，采集核酸样本120.64万份，结果均为阴性。

12日 如皋市新增5家省级节水型载体，分别为江苏泰慕士针纺科技股份有限公司、江苏大唐国际如皋热电有限责任公司、市河道堤防管理所、焦港闸管理所、如皋港闸管理所。至此，全市拥有省级节水型载体总数36家。

18日 如皋师范附属小学开发区校区（筹）开工建设。

19日 市文化馆入选2021年度省“最美公共文化空间”打造对象。

同日 日达智造科技（如皋）有限公司5G数采智能制造系统入选省工业信息化厅“5G+工业互联网”融合应用优秀案例。

23日 东大街历史文化街区被认定为首批省级夜间文化和旅游消费集聚区，成为南通地区首家夜间文旅消费集聚区。

24日 如皋市召开市委人大工作会议暨纪念如皋市人大设立常委会40周年大会。

30日 《如皋年鉴（2020）》在全省年鉴质量评审中获评一等年鉴，为南通唯一获此奖项的县级年鉴。

同日 省文明办发布8月“江苏好人榜”，市人大常委会退休干部石秀峰、市青年志愿者协会会长、绿缘素公益餐厅负责人何建军分别被评为见义勇为类江苏好人、助人为乐类江苏好人。

9月

3日 江苏惠沣环保科技有限公司“纳米级聚烯烃熔喷网胶”研发项目获省中小企业创新创业大赛总决赛企业组三等奖。

8日 如皋市被国家能源局确定为全国整县（市、区）屋顶分布式光伏开发试点。

同日 竞争力智库、中国经济导报社和北京中新城市规划设计研究院等机构联合发布《中国乡镇综合竞争力报告2020》，长江镇上榜2020年中国百强镇，位列第

10 月 26 日，惠政路龙游河桥梁工程主线正式通车　　（市融媒体中心　供图）

62，较 2019 年排名提升 2 名。

16 日　江苏弘远晶体科技有限公司半导体金刚石基片项目签约落户如皋高新区。

17 日　市融媒体中心《破题“媒体 +”提升可持续发展能力》案例入选全省 18 个县级融媒体中心建设优秀案例。

24 日　在由科技部、中国科学院、北京市政府等联合主办的中关村论坛上，如皋农商行与中科聚信信息技术（北京）有限公司签约“三农”金融创新试点项目，利用数字化手段推进农村信用信息体系建设，解决农民“数字足迹”缺失等问题。

26 日　教育部公布全国首批教育世家名单，全省 5 个家庭入选，李继东家庭上榜，为南通市唯一入选家庭。

28 日　中国中小城市高质量发展指数研究课题组、国信中小城市指数研究院联合发布《2021 年中国中小城市高质量发展指数研究成果》，如皋市上榜 2021 年全国综合实力百强县市名单，位列第 21，排南通县（市）第一。

10 月

14 日至 16 日　在人力资源社会保障部和吉林省政府共同主办的第三届全国创业就业服务展示交流活动中，“如皋花木园艺师”劳务品牌被命名为行业引领类劳务品牌，创建工作经验在活动中被推介。

19 日　如城街道孔庙社区被国家卫健委评为全国示范性老年友好型社区。

20 日　如皋市举行首届快递员职业技能大赛，邮政、申通、中通、顺丰等 8 家品牌快递企业代表队参加禁寄物品识别、易碎品防震包装、快件揽收等项目比赛。

25 日　如皋市举办第七届梦想之星“农商行杯”创业大赛决赛，先进制造、新材料、生物医药等高科技产业领域的 12 个项目参加决赛，江苏融至新材料有限公司“复合材料防弹技术开发及国防应用”项目获一等奖。

26 日　惠政路龙游河桥梁工程主线正式通车。

27 日　第四届中国如皋第三代半导体晶体及装备论坛在如皋开元名都大酒店召开。论坛主题为“新机遇、芯发展”，重点探讨国内产业链短板环节晶体材料及装备发展状况、存在掣肘因素及解决方案，分析第三代半导体领域面临机遇与挑战，探讨特色发展路径。在论坛上，如皋高新区集中签约产业、人才项目 12 个，如皋 · 创源上海科创孵化基地、如皋高新区科技企业孵化器、如皋高新区众创空间等科研基地揭牌。

同日　如皋市举行“才聚雉水、智汇皋地”高层次人才项目产业融合汇巅峰对决活动。

28 日　如皋科技 · 人才洽谈会开幕。全国近 80 所知名高校院所 200 余位专家学者和国内外部分知名企业、院校、机构、协会负责人参会。会议主题为“智汇皋地、创新未来”，揭牌科技创新平台项目 3 个，表彰如皋市 2021 年科技强企人物 5 人，签约项目 45 个、投资总额 562 亿元。

29 日　如皋市举行科技 · 人才洽谈会重大项目集中开工活动暨高性能稀土永磁体研发生产基地开工仪式。活动采取“主会场 + 分会场”形式举行，集中开工产业项目 16 个，孵化器开园 4 个，青年人才公寓国际社区开工建设。

11 月

2 日　市花木盆景产业联合会申报的国家花木盆景

11月18日，如皋市首次应用加载北斗定位系统的蔬菜移栽机

（市融媒体中心　供图）

标准化区域服务和推广平台项目，被国家标准化委员会批准为国家农业标准化区域服务和推广平台项目。

9日　水利部、财政部发文公布2022年水系连通及水美乡村建设试点县名单，全省仅如皋、江阴2个县（市）入选。

18日　君和民现代农业发展有限公司应用加载北斗定位系统的移栽机，在全市首次实现大规模自动化移栽黑塌菜。

19日　市人民检察院挂牌成立刑事执行“云检察室”，为全省首家。

24日　省水利厅公示全省首批省级水利遗产名录，如皋城东水关上榜。

12月

1日　江苏北环生物科技有限公司入选2021年度全国巾帼现代农业科技示范基地，为南通唯一入选企业，全省仅3家单位上榜。

3日　新城吾悦广场双拥示范街区被省双拥办命名为省双拥示范基地。

6日　省科技厅公布首批省创新型示范县（市、区）建设名单，全省仅10家，如皋市榜上有名。

7日　中国社会科学院财经战略研究院在北京举行《中国城市品牌影响力报告（2021）》重大成果发布会，对外发布2021年全国营商环境百强县（市）排名，如皋市在百强榜单中列第28位。

11日　国网江苏综合能源有限公司与搬经镇政府签订市人民医院第八分院能源站服务项目合同，全省首个公共机构多能一体化供应项目落户如皋。

14日　央广网报道如皋市吴窑镇陈伟，在其所经营水果店因新冠肺炎疫情亏损倒闭后，同时打3份工，诚信退还300余名顾客8万余元会员充值费的事迹。

17日　南通中铁华宇电气有限公司LED隧道灯、江苏长寿集团如皋广兴米业有限公司大米在全市首批获“江苏精品”认证，其中LED隧道灯成为全省质量大会发布产品。

21日　中国江苏乡土人才技艺技能大赛盆景制作项目决赛在如皋江苏盆景博物馆举行。

23日　南通超达装备股份有限公司在深圳证券交易所创业板上市。

同日　城北街道新生社区被全国“扫黄打非”工作小组办公室命名为全国“扫黄打非”进基层示范点。

24日　如皋市2021年标准创新奖获奖名单出炉，评选项目创新奖2个（江苏万达特种轴承有限公司制定的中国机械行业推荐标准“JB/T 7360—2019《滚动轴承　叉车门架用滚轮、链轮轴承技术条件》”、市司法局法律援助省标准化试点项目）和个人创新奖1个（南通力威机械有限公司葛杨元）。

30日　南通西北片引江区域供水三期工程建成通水。

同日　如皋医学中心（市人民医院新院区）开工奠基仪式在如皋高新区举行。

同日　如皋长江大桥（长青沙大桥）在“水韵江苏”最美乡村桥评选中获评诗情画意桥。

如皋概览

自然地理

【地理位置】 如皋地处长江三角洲北翼，北纬 32°00′ ~ 32°30′、东经 120°20′ ~ 120°50′。南临长江、与张家港市隔江相望，北与海安市、东与如东县、东南与通州区毗邻，西与泰兴市、西南与靖江市接壤。根据市自然资源和规划局提供数据，全市总面积 1573.96 平方千米，其中，陆地面积 1451.85 平方千米，占 92.24%；水域面积 122.11 平方千米，占 7.76%。

【地质地貌】 如皋位于扬子准地台的下扬子台褶带上，为苏北拗陷中的苏南—勿南沙中新生代相对隆起区。地质构造主要特征为北东向切割呈带状，北西向切割成块。境内为平原地带，整体水平面高于邻县。地势由西北向东南略有倾斜（海拔 2 ~ 6 米），如泰运河中段两岸地势最高，沿江以东地势最低。地域酷似桑叶，地形如覆釜。

【水运口岸】 如皋港地处长江入海口北侧长江三角洲中心位置，位于如皋市南端。如皋拥有长江岸线 48 千米，如皋港可直接利用长江深水岸线 18.6 千米。拥有国家级长江主航道 2 条，是联结长江南岸与北岸、中游与下游重要水运枢纽。岸线深水逼岸，微冲不淤，河势相对稳定，可建万吨级泊位 30 余座。如皋境内有内河自然岸线 394 千米，其中通扬运河、如海运河、如泰运河、焦港河 4 条一级河道纵横全境，总长 158.52 千米；规划港口岸线 50.32 千米，其中开发利用 19.8 千米。

（《如皋年鉴》编辑部）

【气象要素】 如皋的气候基本特征是四季分明，气候温和，雨水充沛，日照充足，无霜期较长。1937 年版《江苏乡土志》称：“如皋因滨于海洋，受海洋影响显著，无酷暑剧热，温和湿润，最适宜于人之生存、物之繁殖。”《中国气象区划》载：“如皋属北亚热带湿润气候区，季风环流为支配境内气候主要因素，一般高温季节多雨，寒冷季度相对较干。”和常年（1991—2020 年，下同）相比 2021 年，全市年平均气温偏高，全年总降水量正常，日照偏多。

气温　全年平均气温 16.8 摄氏度，偏高 1.4 摄氏度。全年各月平均气温均偏高，其中，2 月异常偏高 3.8 摄氏度，9 月异常偏高 2.4 摄氏度。年极端最高气温 36.6 摄氏度（7 月 14 日），极端最低气温 –9.3 摄氏度（1 月 8 日）；全年气温超过 35 摄氏度（含 35 摄氏度）7 天。

降水　年降水总量 1105 毫米，比常年值偏少 5.3 毫米。5 月、7 月、10 月降水量偏多，其余各月降水量均偏少，其中，5 月显著偏多 62.3 毫米，7 月异常偏多 188.2 毫米，9 月显著偏少 53.1 毫米，12 月异常偏少 33.1 毫米。全年日降水量超过 25 毫米（含 25 毫米）14 天；日降水量超过 50 毫米（含 50 毫米）3 天，一日最大降水量 69 毫米 (7 月 27 日）。

日照　年日照时数 1969.2 小时，比常年偏多 89.4 小时。1 月、2 月、11 月、12 月日照时数偏多，8 月日照时数偏少。

梅雨　6 月 13 日入梅，入梅偏早；7 月 11 日出梅，出梅正常。梅期长 28 天，梅雨量 280.8 毫米，比常年偏多 30%。

（王剑林）

【水文水情】 通扬运河丁堰站年最高水位 3.32 米（7 月 28 日），年最低水位 2.2 米（12 月 16 日）。如泰运河搬经站年最高水位3.49米（7月28日），最低水位2.17米（12月16日）。焦港闸年最高水位3.5米（7月28日），年最低水位2.28米（12月30日）；如皋港闸年最高水位3.35米（7月28日），年最低水位2.08米（12月15日）；碾砣港闸年最高水位3.21米（7月28日），年最低水位2.22米（12月14日）。焦港闸、如皋港闸、碾砣港闸沿江三闸全年引水761潮次，引水10.98亿立方米；排水22潮次，排水1.69亿立方米。其中碾砣港闸引水234潮次，引水量4.24亿立方米；排水8潮次，排水量7935万立方米。焦港闸引水251潮次，引水4亿立方米；排水7潮次，排水5467万立方米。如皋港闸引江调水276潮次，引水2.74亿立方米；排水7潮次，排水3545万立方米。焦港泵站开机历时15202.9台时，提水量9.04亿立方米。

（贾浩珍）

【自然资源】 *土地资源* 截至2021年年末，全市有湿地54.82公顷、耕地76509.21公顷、种植园用地3213.44公顷、林地10076.2公顷、草地847.66公顷，商业服务业用地1010.28公顷、工矿用地7591.22公顷、住宅用地23517.91公顷、公共管理与公共服务用地1526.77公顷、特殊用地421.42公顷、交通运输用地8452.33公顷、水域及水利设施用地23401.76公顷、其他土地772.77公顷。

矿产资源 如皋地下资源主要有煤、沼气。煤主要蕴藏于石庄—车马湖（位于长江镇）—带的二叠系地层中，埋藏深，难开采，储量不大。沼气主要蕴藏于长江镇车马湖、下原镇及沿江一带地下15～30米地层中，为古代沼泽环境所形成，蕴藏量小，难开采，开采价值不高。

（郑淑一）

水资源 如皋引用长江水条件优越，焦港、碾砣港、如皋港三大引江口门最大引流量共1847立方米/秒。境内浅层地表水资源约1.18亿立方米，境内浅层地下水资源约0.81亿立方米，地表水、地下水资源均水量大，水质较好。

（贾浩珍）

动植物资源 境内有陆生维管植物111科354属538种（含变种），其中，蕨类植物5科6属7种、裸子植物7科11属13种（含变种）、被子植物99科337属518种；水生维管束植物27科50属71种，其中，蕨类植物2种、被子植物69种；浮游植物17目34科61属99种。有野生两栖动物1目5科6种、爬行动物2目6科12种、鸟类14目40科68属108种、哺乳动物6目7科9种、蝴蝶类群7科30种、其他陆生昆虫9目59科134种、底栖动物4门23科35属44种、浮游动物6目18科28属51种。白萝卜、半夏、三黄鸡等为如皋地方特产。

（郑淑一）

建置区划

【建置】 上古时，如皋属扬州之域；商周时称海阳。周初名发阳，春秋属吴，吴亡归越，战国时属楚，秦时归九江郡，汉属海陵县。东晋义熙七年（411）已置如皋县，隋时并入扬州宁海县。唐大和五年（831）置如皋场。南唐保大十年（952）升为如皋县，隶属泰州。后历代沿袭县制，宋时为中下县，元时升为上等县。明清仍隶属泰州，清雍正二年（1724）划归通州直隶州。民国时为一等县，与湖南邵阳同被列为全国最大县。1940年8月，新四军东进至如皋西乡，在卢港建立如皋县政府。同年10月，县政府随军继续东进至如皋东乡接管国民党如皋县政府。1941年3月，在如皋西乡成立如西县政府。至此，原如皋县以通扬运河为界划分为如西、如皋两个县，如西县隶属苏中第三行政区专员公署，如皋县隶属苏中第四行政区专员公署。1945年9月21日，新四军收复如皋城，如西县复名如皋县，原设于如皋东乡的如皋县更名为如东县。同年12月1日，苏皖边区第一行政专员公署于如皋城成立。1949年1月28日，如皋全境解放；5月12日，苏皖边区第一行政专员公署改称苏北泰州行政区专员公署，如皋属其管辖；5月29日，如皋被核定为一等县。1950年1月，如皋县划归苏北南通行政区专员公署；1952年，上升为特等县。1983年，如皋县由南通市管辖。1991年6月1日，如皋撤县设市。

（《如皋年鉴》编辑部）

【区划】 如皋市辖如城、城南、城北3个街道和长江、东陈、白蒲、石庄、丁堰、下原、九华、吴窑、江安、搬经、磨头11个镇。全市有村（社区）347个，其中村166个、社区181个。

（冒爱锋）

2021年如皋市行政区划一览表

表1

名称	类别	名称	数量（个）
如城街道	村	凌青、方庄、新官、沿河、长港、老南、钱长、龙游河、安定、宗岱、光华	11
	社区	安定、花园、陆桥、蒲行、长巷、秀水、孔庙、迎新、城东、城西、红星、西郊、许庄、城南、仙鹤、宏坝、纪庄、十里、新民、贺洋、顾庄、大明、大殷	23

续表 1

名称	类别	名称	数量（个）
城南街道	村	明池、育华、肖陆、杨花桥、桃北、申徐、左邹	7
	社区	天堡、夏庄、新华、桃林、马塘、张八里、新庄、建设、宋家桥、平明	10
城北街道	村	万新、天河桥、桥港、戴庄、双楼庄、志勇、平园池、复兴、里庄、纪港、八角井、顾巷、复兴庄、狮垛、朱夏、民实、野林、邵庄、陆桥、阚庄	20
	社区	镇南、双龙、杨宗、柴湾、袁桥、陆姚、何庄、十里墩、花园桥、浦东、新生、新王庄、太平、鹿门、邓园、城北、东风、庆余、普济	19
长江镇	村	谢楼、刘胜、田王、富圩、郭南、蔡埠庄	6
	社区	二案、永平、三洞口、永建、永平闸、平南、头案、中心沙、海坝、二百亩、知青、长青、长江、蒲港、永丰、永福、五零、镇龙、场东、郭园、顾桥、范刘、杨洲、义圩、田桥、车马湖、薛窑	27
东陈镇	村	南庄、北庄、尚书、石池、范桥、蒋宗、杭桥、汤湾、刘亮、刘杨、雪洪	11
	社区	杨庄、洪桥、南东陈、山河、冯堡、徐湾、双群、雪岸、南凌、凌云、雪东、万富	12
白蒲镇	村	朱家桥、朱窑、康庄、姜北、杨家园、沈桥、唐堡、邓杨、黄行、姚家园、新陆、顾岱、沈腰、合兴、桥口	15
	社区	跃进、勇敢、光明、松杨、蒲东、文峰、蒲西、前进、钱园、林梓、蒋殿、月旦、文著、斜庄	14
石庄镇	村	何正、思江、楼房、唐埠、洪港、凤龙、杨庄、海圩、邹蔡、蔡炎	10
	社区	张黄港、永兴、石庄、石北、张杨园、砖桥、石南、闸口、新生港、铁篱、草张庄	11
丁堰镇	村	夏圩、红桥、朝阳、刘海、赵明	5
	社区	三桥、三河、茄儿园、皋南、凤山、新堰、堰南、鞠庄	8
下原镇	村	老坝、陈桥、张庄、蔡荡、藕池、曙光、花园头	7
	社区	下原、沈阳、邹庄、白李、腰庄、桃园、野树、文庄	8
九华镇	村	二甲、洋港、赵元、马桥、龙舌、杨码、郭洋、小马桥、姜园、云屏、丝渔、耿扇、营西、如海	14
	社区	九华、郭李、郑甸、营防、四圩	5
吴窑镇	村	沈徐、陈家、何柳、沈甸、龙河、平田、长西、长庄、老庄	9
	社区	吴窑、立新、黄石、钱庄、小马、三元、大石、四房	8
江安镇	村	百新、佘圩、葛市、北园、六团、申九、鄂埭、朗庙、新建、徐柴、黄建、曹杜、陈严、合作、马堡、陈庄、黄庄、西庄	18
	社区	镇中、宁通、中心、环池、徐葛、徐黄、黄市新村、联络新村、周群、戈堡、胜利、周庄、章庄	13
搬经镇	村	焦港、丁许、万富、梅甸、芹界、夏堡、任庄、林上、肖马、龙桥、港桥、晓庄、刘庄、卢庄、万全、楼冯、土山	17
	社区	搬经、加马、兴夏、湖刘、严鲍、群岸、朱夏、搬东、加力、鞠桥、谢甸、叶庄、横埭、袁庄、董王、高明庄、中心、鲍庄	18
磨头镇	村	丁冒、星港、新徐、严狄、兴韩、高李、顾沈、朗张、老户、董堡、曹石、场西、场东、十字桥、塘湾、新港	16
	社区	磨头、邓高、天阳、高庄、新联	5
合计	村	166 个	347
	社区	181 个	

人文风情

【人口】2021年年末，全市常住人口122.67万人，比上年年末减少1.2万人，其中城镇人口76.52万人、比上年增长0.4%，城镇化率62.38%、比上年提高0.86个百分点。年末户籍人口139.45万人，比上年年末减少0.94万人。全市人口出生率5.05‰，人口死亡率9.61‰，人口自然增长率–4.56‰。

2021年年末如皋市人口数及构成表

表2

指标名称	年末数（万人）	比重（%）
年末常住人口	122.67	—
城镇人口	76.52	62.4
乡村人口	46.15	37.6
年末户籍人口	139.45	—
18岁以下	18.79	13.5
18～34岁	25.14	18.0
35～59岁	55.36	39.7
60岁及以上	40.16	28.8
男性人口	69.30	49.7
女性人口	70.15	50.3

【方言】如皋方言属江淮官话泰如片，受吴语影响较大，与赣方言和客家方言均有渊源。如皋方言小片含当前如皋市、如东县、海安市、泰兴市和东台市南部及张家港市段山地区，总面积约6000平方千米，总人口约500万人，以如城话为代表。如城及周围地区语言为如城话。如城以西3千米外即有泰兴话韵味，细音摩擦明显，称为西乡话。白蒲、九华与通州区交界，为两地过渡方言带，其南半部语言均带有南通话特征的两套齿擦音，称为南乡话。南境永安沙一带成陆仅数十年，移民来自18个省区，其后代虽使用如皋方言，但村、圩间有差异，称为圩田话。

【名人】如皋历史上人文荟萃，名贤辈出。三国时，吕岱为吴国大司马，名重东吴；陈矫以辩才折服曹操，解救广陵郡县之围。宋代，胡瑗为理学先驱、教育家，于京城主持太学，倡导明体达用之学，后世推崇不衰；王观作《扬州赋》，名动公卿；王觌为徽宗龙图阁学士；王俊乂为徽宗钦点状元。明代，邱陞镇守皋邑，抗倭屡建奇功。明末清初，冒辟疆为明末四公子之一，誉满江南；冒起宗、陈鹄等书画大家作品流传各地，北京、辽宁沈阳等多家博物馆有藏。清代，李渔《笠翁十种曲》脍炙人口；黄经、许容、乔林创“东皋印派”，享誉全国；女词人熊琏有李清照、朱淑真余韵；戴联奎历任礼部、兵部尚书；龙璋首倡新学。清末，沈卓吾、黄七五、姜佐周为同盟会早期会员；沙元炳兴办教育和实业，于地方多有建树。商务印书馆1921年版《中国人名大辞典》著录如皋人物27人。

如皋当代名人有中国法学专家韩德培、煤田地质学家韩德馨等，世界知名刑事鉴识专家、“神探”李昌钰，作家黄蓓佳、卢新华，漫画家胡蓉等。

【特产】如皋萝卜　具有千年栽培历史，经长期选育形成独有良种“鸭蛋头”“捏颈儿”“百日子”，以皮薄、肉嫩、汁多、味甘和木质素少、嚼后无渣的绝妙口感，赢得“赛雪梨”美誉和“烟台的苹果莱阳的梨，不如如皋的萝卜皮”夸赞。因其生津开胃、清火降气之功效极佳，如皋民间流传着“晚吃萝卜早吃姜，不需医生开药方”之说。用如皋萝卜腌制如皋萝卜条，相传始于唐大和年间（827—835）。腌制后的如皋萝卜条形似橘片，色泽黄橙，芳香独特，咸中带甜，具有香、甜、嫩、脆特色。2014年1月，如皋新鲜白萝卜、萝卜干2件地理标志证明商标经国家工商行政管理总局批准注册。

如皋黑塌菜　又名如皋塌棵菜，如皋方言“趴趴菜”，因塌地生长而得名，是如皋地方特色蔬菜。如皋黑塌菜种植历史悠久，清乾隆年间编修的《如皋县志》记载：“九月下种，十月分畦，冬后经霜更酥软，邑人呼为塌棵菜。初春嫩薹蔬

如皋黑塌菜　（市农业农村局　供图）

茄皆胜，四月收子榨油，香美不亚麻油。”如皋独特的自然环境条件和栽培方式形成如皋黑塌菜特有品质，经霜冻后味甜鲜美、质地柔嫩、清香爽口，富含维生素C、B1、B2，胡萝卜素和钙及大量膳食纤维等营养物质，其中维生素C和钙含量极高，粗纤维含量低，被视为青菜中珍品。2013年，被国家工商行政管理总局注册为地理标志证明商标。

如皋香堂芋　种植历史悠久，因其在烹饪过程中香气四溢、满堂芬芳而被冠以“香堂”美誉。清乾隆年间编修的《如皋县志》记载：“香芋与芋别为一种，生沙土瓦砾地，蔓引不穷，子生地中，霜后掘取煨煮食之，入蔬尤佳，香味绝胜。”如皋香堂芋可制作多种美味佳肴，其口感细腻，质地软滑，酥而不烂，是粮、菜、饲兼用作物。在传统农家菜谱中有芋头烧肉、芋头肉丸、芋头豆腐汤、芋头扁豆饭、连皮蒸煮“毛芋头”等。2015年，被国家工商行政管理总局注册为地理标志证明商标。

如皋蝶尾金鱼　有400余年养殖历史。其尾鳍形似蝶舞，以独特的“形态美、体色艳、游姿娇”而出类拔萃，被观赏鱼业内誉为“灵动的画、无声的诗、活的风景”，堪称观赏鱼一绝，有“扬州水泡如皋蝶”之说。如皋蝶尾金鱼花色品种有20余个，其中上佳品种10余个，“十二红”蝶尾和“熊猫”蝶尾更是蝶尾金鱼中万里挑一的极品。如皋蝶尾金鱼出口到美国、加拿大、新加坡、俄罗斯等国家，年出口量100余万尾。在国内各类展览、大赛上，因其独特优美的形态崭露头角，先后获得各项大奖100余项。

如皋黄鸡　是肉蛋兼用型地方鸡资源，主产于如皋市境内，最早文字记载于清嘉庆年间编修的《如皋县志》中“物产”篇。如皋黄鸡体形中等偏小，具有“三黄”（喙黄色、羽黄色、胫黄色）特征，公鸡颈、翼、尾羽尖端夹有少量黑羽，皮薄呈黄色。其肌纤维紧密、富有弹性，适宜于白斩、爆炒、煲汤等，肉质嫩滑细腻，肉香汤鲜，清澈味美。中华人民共和国成立后，特别是20世纪70年代后，如皋市畜牧科技工作者持续开展如皋黄鸡提纯复壮工作，使其外貌特征渐趋一致，遗传性能趋于稳定。2009年，如皋黄鸡被列入国家畜禽遗传资源名单。2011年，被《中国畜禽遗传资源志》中《家禽志》收编。2013年4月，经农业部批准成为国家农产品地理标志产品。

如皋香堂芋　（吴宏霞　摄）

如皋火腿　生产始于清咸丰元年（1851），以如皋及其周边地区饲养的优种生猪肉为原料，经多道工序精细加工制成。其形如琵琶，色红似火，风味独特，以色、香、味、形“四绝”闻名中外，与浙江金华火腿、云南宣威火腿齐名为“中国三大名腿”。因如皋地理位置偏北，故有“北腿”之称。清末，先后获檀香山博览会奖和南洋劝业会优异荣誉奖；1982年，被商业部评为优质名特产品。

如皋肉松　生产始于1914年，原为太仓式肉松，后不断改进生产工艺，改善配料配方，形成如皋特有风味。如皋肉松自1966年开始出口国外。1982年，被商业部评为优质名特产品；1985年，在巴黎被国际美食学会与旅游观光委员会授予金质荣誉奖章，为中国在国际上获得的第一枚肉食品金牌；1988年，获首届中国食品博览会金牌；1992年，获香港国际食品博览会金奖。

如皋香肠　生产始于清光绪年间（1875—1908），有100余年历史。如皋香肠条形整齐、肉质紧密、色泽鲜艳、咸甜适度、香味浓郁、营养丰富，精肉嚼而不老，肥肉油而不腻，可与广式香肠媲美，亦称为如式香肠。清末曾获南洋劝业会二等奖；1982年，被商业部评为优质名特产品；1985年，获国家质量银质奖；1988年，获中国食品博览会金奖；1992年，获香港国际食品博览会金奖。

白蒲茶干　清康熙三十五年（1696），浙江湖州人屠氏于如皋县今白蒲镇开设三香斋茶干店。所制茶干香、韧、鲜、嫩，营养丰富，老少妇孺皆宜，是筵席冷盘佳品和荤素烩炒的优质配料。清乾隆皇帝巡视江南时，当地官吏以三香斋茶干进贡。乾隆食后赞不绝口，并挥毫御赐“只此一家”条幅。从此，三香斋茶干声名远播。白蒲三香斋茶干厂师傅系嫡传，在继承传统工艺、保持传统特色基础上，进一步提高产品质量，白蒲茶干制作技艺被列为省非物质文化遗产保护项目。

如皋董糖　制作起源于明末如皋名士冒辟疆妾董小宛之手，故称之为“董糖”。因董小宛曾为秦淮名妓，又称“秦淮董糖”。董糖以精白面、白糖、芝麻、饴糖为原料，经选料、熬糖、制糖芯、制糖骨、成型等工序而成，酥松香甜、入口易化、口齿留香、回味久长，被列为省非物质文化遗产保护项目。

林梓潮糕　由费氏老万和茶食店于清雍正十年（1732）创制。林梓潮糕丰含米香、桂香、荷香，香而不浊，沁人心脾，且甜而不腻，柔润爽口，风味独特。林梓潮糕名倾大江南北，为江苏特产、苏北名点，被收录于《江苏名菜名点介绍》一书。

白蒲黄酒　清康熙五十五年（1716），浙江绍兴章姓落户如皋现白蒲镇，开办槽坊酿制黄酒。后章家历代继承家传秘方，以当地产上等米为原料，以药酒、麦曲为糖化发酵剂，采用传统加饭酒工艺，精心酿制黄酒。白蒲黄酒色泽橙黄、清晰透明、醇香浓郁、口感纯正。20世纪50年代，白蒲黄酒厂成立后，继承和改进白蒲黄酒传统工艺，进一步提高黄酒品质，生产水明楼牌系列黄酒。水明楼牌黄酒于1986年获省优质产品证书，1988年获首届中国食品博览会银奖，1991年获轻工部优质产品称号，1993年在日本东京第五届国际酒、饮品博览会上获金奖。2011年5月，白蒲黄酒被商务部认定为中华老字号；2017年12月，被国家质检总局确认为国家地理标志保护产品。

全国重点文物保护单位、国家AAAA级旅游景区水绘园风景区一景　（王俊　摄）

【风景名胜】　水绘园风景区　国家AAAA级旅游景区。位于如皋古城东北隅，占地面积约27万平方米，由水绘园及水明楼古建筑群、中国如皋长寿博物馆（匿峰庐）、中国如派盆景园（古澹园）、逸园、东大街历史文化街区等景点组成。

水绘园建于明万历年间（1573—1620），冒辟疆曾偕董小宛栖隐于此，是全国重点文物保护单位。园内构筑有寒碧堂、壹默斋、因树楼、湘中阁、悬霤山房、镜阁、涩浪坡、小三吾亭、枕烟亭、妙隐香林、古城墙、烟波玉亭、碧落庐、悬霤峰、洗钵池、小三吾溪、鹤屿等10余处，园中波烟森森，隐映如绘，宛若一幅幽静清雅、意韵空灵的山水画，时为海内名园。园中积水弥漫，倒影如画，冒董浪漫的爱情故事、深厚的历史文化底蕴和独具特色的园林景观，使水绘园成为集自然景观、人文景观和历史文博之大成的游览胜地，被誉为“中国第一情侣文化园”。

水明楼建筑群为水绘园风景区另一重要景点，始建于清乾隆二十三年（1758），为船舫式水阁建筑，造型精美，被园林泰斗陈从周评价为“徽派园林风格的海内孤本”。楼西隐玉斋、雨香庵内藏有历代珍贵文物、文献供游客鉴赏。

风景区内中国如派盆景园前身为400年前所建园林“壶领园”，陈列有全国最大的五针松盆景、树龄1000余年宋代盆景等。长寿博物馆从各方面展示和探索如皋长寿现象奥秘，在保健养生方面给人们以有益启迪。东大街历史文化街区具如皋清末民初古街风貌，有李渔纪念馆、如皋丝毯博物馆、如皋状元文化馆等展馆，以及迎春桥、药王庙等历史遗构、文物古迹，获2016年度中国人居环境范例奖。

红十四军公园　国家AAAA级旅游景区，位于如城街道福寿东路，占地17.4公顷，是弘扬革命传统，进行爱国主义、集体主义、社会主义教育重要基地，由红十四军纪念馆、红军历史教育拓展训练基地、市青少年红军历史教育馆三部分组成。主体建筑红十四军纪念馆，被列为国家级革命纪念设施、国防教育示范基地，全省首批党史教育基地，由序厅、江海曙光、长夜惊雷、斩木举义、军旗如画、革故鼎新、金戈铁马、碧血丹心、野火春风、尾厅10个部分组成，以1300余幅图片、近4万字说明文字、600余件实物资料，再现土地革命时期，江苏境内唯一中央序列红军武装——中国工农红军第十四军艰苦卓绝、可歌可泣的革命历史。

如皋盆景大观景区　国家AAAA级旅游景区，位于如城街道，由花木大世界控股有限公司投资建设，总投资15亿元，占地6公顷，由江苏盆景博物馆、中国盆景艺术家实训基地、盆景大师工作室、非遗杖头木偶沉浸式体验馆、非遗展示馆、少儿科普体验区、古石雕馆、古盆馆、奇石馆、砖雕馆、书画馆、美术馆、餐饮住宿和休闲娱乐等功能区组成，以如派盆景文化为背景，融入如皋历史、人文、长寿、养生、美食等要素及江南特色人文风光和民俗文化，集美食、康养、休闲、度假、生态、观赏、会展、会务于一体，是长三角地区独具特色的花木盆景大观园、度假休闲养生地。

定慧禅寺　国家AAA级旅游景区，地处如皋古城东南隅，始建于隋开皇十一年（591），以历史悠久、规模宏大、格局独特、香火旺盛闻名于海内外。明万历三十五年（1607）重建大殿和金刚殿，改山门朝北，后陆续砌建钟鼓二楼和藏经阁、禅堂、祖堂、斋堂等。定慧禅寺山门正对玉带河，东临放生池，西南傍玉莲池，寺院平面布置呈“回”字形，楼堂环绕四周，宝殿坐落中央，形成“水环寺，楼抱殿”独特格局。2019年3月，定慧禅寺升格为省级文物保护单位。

中华长寿文化谷　国家AAA级旅游景区。位于主城区中国最美乡村如城街道顾庄社区，总面积约3000公顷，是集生态旅游、商务休闲、观光娱乐于一体的特色生态旅游景区，涵盖顾庄生态园核心景区、苏通生态观光园、花木大世界（如皋）国际园艺城、钱长村草坪基地、东方盆景园、胡安定故里、百代兰花园、上海保来蝴蝶兰园、顾庄龙盛游乐城等众多景点。园区自然景观独特、文化积淀深厚，为主城区天然氧吧、城市一叶绿肺，是广大游客和市民休闲养生之地。

龙游湖风景区　国家AAA级旅游景区。位于城南街道，总规划面积160公顷，水面面积83.3公顷，湖心建有智岛和慧岛2座人工岛，其中智岛面积4公顷、慧岛面积2.4公顷。龙游湖水体清澈，拥有丰富的鲢鱼、鲫鱼、淡水虾等渔业资源，莲花、芡实等水生植物，白鹭、天鹅、野鸡、水鸭、野兔、刺猬等野生动物，水质保持在国家二类标准。景区内有夕阳廊道、花架步道、清风亭、户外大型游乐场欢乐世界等景点，是水上观光、滨水游憩的养生福地。

长江药用植物园　国家AAA级旅游景区、全国休闲农业与乡村旅游示范点、省五星级乡村旅游点。位于长青沙生态旅游度假区。总占地面积约333公顷，总投资约26亿元。一期工程综合性药用植物园，占地200公顷，以种植具药用价值或保健功能中草药为重点，汇纳如皋长寿之乡、花木之乡文化底蕴，集休闲农业、生态餐饮、长江流域药用植物资源保护、科学研究、科普教育于一体。园内主要景点：以水景广场空间为序幕、兼具如皋传统建筑韵味和现代江南园林建筑气息的主入口，以盆景艺术中“一峰则太华千寻、一勺则江湖万里”营造技法而形成水中岛的山水文化广场，水质优良、物产丰富的长生湖，依水而建的度假木屋区及金银花药草主题园、芳香药用植物园等。

金岛生态园　国家AAA级旅游景区、省四星级乡村旅游点，位于长青沙生态旅游度假区，总面积约133公顷，总投资5亿元。园区处于长青沙岛东风滩，汲扬子江精华，彰显“长江文化、长绿文化、长寿文化”三大特色。园内河道纵横，林园棋布，花香鸟语，草长莺飞……充满绿色与生机，纯净、祥和而美丽。掩映于绿树碧水之间的生态星级酒店、健身会所、商务会所、体检中心、休闲中心、迷你乐园等设施，让游客在清新的天然氧吧中享受素质教育、文化互通、健身康疗、休闲娱乐等服务。

平园池花香民俗园　国家AAA级旅游景区，位于中国美丽休闲乡村城北街道平园池村。景点以“荷塘月色”和农耕博物馆为主。“荷塘月色”占地约80公顷，种植荷花100余种、莲花40余种，配有荷塘月色广场、荷塘木栈道、观光八仙亭、荷塘风光带、荷塘灯光秀等景观设施。农耕博物馆挖掘平园池村历史文化资源，展出石磨、水车、织布机、石夯等1000余件生产、生活工具老物件，通过仿真人物重现古代农业耕作场景，全方位、多角度展示平园池村历史文化和发展变迁，让游客追寻乡村历史记忆、品味传统文化。利用荷文化打造廉政文化教育基地；借助旅游循环路线延伸至万顷良田，布置运动主题路线，可举行各类体育赛事及健身运动类活动；发展生态农业，兴建休闲采摘、亲子垂钓等农事体验园，打造农家乐生态主题餐厅，兴建具有浓厚乡土气息的乡村特色民宿，让游客“吃农家饭、住农家屋、看农家景”，为游客提供回归生态、自然的田园生活体验。

华夏电影展示馆　国家AAA级旅游景区，位于城南街道，建筑面积1万平方米，是专业从事胶片电影收藏展示、抢救修复、声像档案数字化修复、电影文化交流和电影技术科研等工作的文化企业，电影藏品收藏展示规模居国内民营博物馆第一。馆内收藏电影放映机、电影胶片拷贝、胶片洗印设备、修复设备、电影剧本、海报及相关老电影藏品20余万件，其中，反映世界电影工业史的系列设备1700余台、胶片电影2万余部，珍贵电影海报、台本、剧照、电影文献资料等10余万份。对公众开放区域包括胶片电影收藏展示馆、全国二级院线点播影院、全系列声像档案数字化中心、全国档案界永久性活动中心、艺术家培训与交流平台、国内外大型电影年会场所、电影文化交流中心、声像档案公众查询平台等，建有新时代文明实践点，经常性开展爱国电影展播等免费观影活动。2017年，被省档案局授牌江苏电影档案展示馆、省档案馆如皋电影史料馆；2019年，成为中国电影博物馆联盟首批成员单位。

（《如皋年鉴》编辑部）

年内，"新官紫桃"通过国家农产品地理标志登记产品评审

（市农业农村局　供图）

经济和社会发展

【概况】 2021年，如皋市实现地区生产总值1432.41亿元，按可比价计算（下同），比上年增长8.5%。按产业分类：第一产业增加值82.22亿元，比上年增长4.6%；第二产业增加值707.6亿元，比上年增长8.9%，其中工业增加值602.81亿元，比上年增长11.5%；第三产业增加值642.59亿元，比上年增长8.5%。实现财政总收入261.18亿元，比上年增长17.7%，其中一般公共预算收入77.81亿元，比上年增长8.1%。税收收入64.90亿元，比上年增长6.4%；税收占一般公共预算收入83.4%。全年财政总支出257.47亿元，比上年增长12.5%，其中一般公共预算支出139.24亿元，比上年增长11.3%。实现社会消费品零售总额532.55亿元，比上年增长16.3%。完成进出口总额323.99亿元，比上年增长30.1%，其中自营出口总额248.39亿元，比上年增长17.1%。实际利用外资3.24亿美元，比上年增长2.9%。

【农业】 年内，全市实现农林牧渔业总产值135.72亿元，比上年增长5.8%。其中农业产值78.19亿元，比上年增长8.0%；牧业产值37.50亿元，比上年增长5.1%。新建高标准农田4733.33公顷，农作物耕种收机械化率87.9%。"新官紫桃"通过国家农产品地理标志登记产品评审。新增省级农业品牌3个（"下原蘘荷""春华萝卜干""耀洪草莓"）。如皋市被农业农村部确定为绿色种养循环农业试点县和实施农作物秸秆综合利用技术模式机制创新项目制度试验任务承担地区。获批省农产品质量安全市、省首批绿色蔬菜（黑塌菜）产业特色县。

【工业】 年内，全市实现全部工业应税销售1768.30亿元，比上年增长10%，其中，规模以上工业企业应税销售1377.66亿元，比上年增长29.6%。全部工业实缴税金46.72亿元，比上年增长8.09%，其中规模以上工业企业实缴税金36.92亿元，比上年增长4.8%。规模以上工业企业实现总产值1415.63亿元，比上年增长13.67%；实现营业收入1400.78亿元，比上年增长16.61%；利润总额71.88亿元，比上年增长14.83%；营业收入利润率、成本费用利润率分别为5.1%、5.4%，资产负债率59.9%，产销率98.4%。规模以上工业增加值比上年增长13.4%。

【建筑业】 年内，全市完成建筑业总产值1481.84亿元，比上年增长11%。全市建筑业企业实现营业收入1113.06亿元，比上年增长2.7%。建筑业从业人数29.76万人，其中工程技术人员1.4万人。全市建筑企业获鲁班奖1项、参建鲁班奖1项、国优奖2项、中国建筑工程装饰奖6项、省优质工程奖6项。全市拥有特级资质建筑企业4家。有注册一级建造师1111人，二级建造师4194人。

【服务业】 年内，全市实现服务业增加值642.59亿元，比上年增长8.5%，占地区生产总值比重44.86%。实现服务业应税销售1846亿元，比上年增长1.1%；服务税收55.8亿元，比上年增长11.5%。营利性服务业营业收入比上年增长7.94%；服务业投资比上年下降3.1%。接待游客1623.65万人次，实现旅游综合收入197亿元，基本恢复至2019年同期可比水平。

【科技创新】 年末，全市拥有高新技术企业315家。年内，如皋市申报各级各类科技项目1317个，获省以上立项850个，获各级扶持资金4668.5万元。科技成果获省科技进步奖3个，其中二等奖1个、三等奖2个。新增省级工程技术研究中心4家、南通市级工程技术研究中心16家。获专利授权4573件，比上年增长44.1%，其中发明专利授权量438件，比上年增长154.7%。万人发明专利拥有量28.38件，比上年增长8.8%。高技术产业投资比上年增长18.5%，高新技术产业投资比上年增长12.7%。全年实现高新技术产业产值638.25亿元，比上年增长28.3%，占全市规模以上工业总产值45.1%，比上年提高5.5个百分点。如皋市入选首批省创新型示范县（市、区）建设名单，全省仅10家。

【固定资产投资】 年内，全市完成固定资产投资499.5亿元，比上年增长4.8%。其中国有及国有经济控股投资比上年下降17.6%；中国港澳台地区及外商投资比上年下降31.3%；民间投资比上年增长6.7%，民间投资占全部投资比重84.6%。第二产业投资比上年增长9.4%，其中制造业投资增势良好，比上年增长14.2%。第三产业投资比上年下降3.1%，其中，房地产开发比上年增长1.2%，互联网和相关服务业比上年增长64.3%，公共设施管理类比上年增长37.5%，教育类比上年增长34.7%，卫生和社会工作类比上年增长67.7%。思源智能变压器、纳川稀土永磁体、金鹰莱赛尔纤维3个项目被列入省级重大项目投资计划；纳川稀土永磁体、昊洲空气净化设备、贝尔智能装备等10个项目被列入南通市级重大项目投资计划。

【社会事业】 年内，如皋市校外学科类教育培训机构压减率百分之百，压减经验被“双减”工作省级联席会议办公室作为典型案例在全省推广；高质量教育县域样板创建经验在教育部县域教育管理与教育质量研讨会上交流。获批首批省“幼小衔接”实验区。如皋师范学校第二附属小学、第三附属小学投入使用。实现二级以上综合医院基因扩增实验室全覆盖，建成核酸检测基地，全人群疫苗全程接种覆盖率88%。“中国共产党江苏如皋县委印”被认定为国家一级文物。如皋市通过国家卫生城市复审，获评全国群众体育先进单位，入选中国文化建设百佳县（市）。

【人民生活】 年内，全市全体居民人均可支配收入41545元，比上年增长10.4%。城乡居民人均收入比为2.04：1，比上年缩小0.04。人均生活消费支出25179元，比上年增长20.6%。恩格尔系数28.3%。城镇居民人均可支配收入53735元，比上年增长9.4%；人均生活消费性支出29784元，比上年增长18.2%。农村居民人均可支配收入26280元，比上年增长11.4%；人均生活消费支出19412元，比上年增长24.5%。

【社会保障】 年内，如皋市财政支出中民生投入占80.43%，比上年增加1.83个百分点。全市新增城镇就业1.17万人、农村劳动力转移1140人，城镇登记失业率1.73%。新增创业5346人，发放富民创业贷款1985万元，富民创业担保贷款贴息42笔、67.83万元；落实稳岗返还资金1579万元。拨付社会保障资金1.27亿元，保障农村低保5549户共9615人、城市低保158户共205人、农村“五保”对象5563人、孤儿和困境儿童732人；发放残疾人补贴1.42亿元。全面推行因病支出型贫困家庭救助制度，临时救助1980人次、388万元，困难人群政策范围内住院费用基金支付比例83.57%。脱贫致富奔小康工作获省政府督查激励。完成居家适老化改造916户、老小区改造18.63万平方米，棚户区改造3749套，危房改造62户。农村“长者驿家”被确定为2021年度全省民政标准化建设试点示范项目。

（市统计局 《如皋年鉴》编辑部）

中国共产党如皋市委员会

重要会议

【中国共产党如皋市第十三次代表大会】 2021年7月28日至7月29日，中国共产党如皋市第十三次代表大会召开。会议听取市委书记何益军代表中国共产党如皋市第十二届委员会作题为《勇担新使命砥砺再出发，奋力谱写如皋现代化建设新篇章》报告。中国共产党如皋市第十二届纪律检查委员会工作报告以书面形式提请大会审议。大会审议通过《中国共产党如皋市第十三次代表大会关于中国共产党如皋市第十二届委员会报告的决议（草案）》和《中国共产党如皋市第十三次代表大会关于中国共产党如皋市第十二届纪律检查委员会工作报告的决议（草案）》。经酝酿和民主选举，产生中国共产党如皋市第十三届委员会，何益军、王鸣昊、丁兴华、高峰、程瑞琴、顾留忠、秦金春、夏淼、朱莹滢、陈鸣华、卢志敏当选中共如皋市第十三届委员会常务委员会委员，何益军当选市委书记，王鸣昊、丁兴华当选市委副书记；产生中国共产党如皋市第十三届纪律检查委员会，秦金春、马铁军、倪新建、吴敬民、孙健、朱小青、张健当选中共如皋市第十三届纪律检查委员会常务委员会委员，秦金春当选纪委书记，马铁军、倪新建当选纪委副书记；产生出席中国共产党南通市第十三次代表大会代表。

【市委全委会会议】 2021年，中共如皋市第十二届委员会先后召开全体会议3次。

1月5日，中共如皋市十二届委员会召开第十二次全体（扩大）会议。市委书记何益军代表市委常委会向大会作题为《高质量建设长江以北最强县市，奋力谱写“强富美高”新如皋现代化篇章》工作报告。会议明确2021年如皋经济社会发展主要预期目标，要求全市上下毫不放松抓好常态化疫情防控，凝心聚力推进科技创新，坚定不移壮大实体经济，更大力度推进改革开放，全面提升生态环境质量，以更实举措推动城乡发展，尽心尽力办好民生实事，持续提升社会治理水平。要坚定不移深化全面从严治党，进一步突出政治引领，夯实理想信念根基；进一步夯实基层基础，构筑坚强战斗堡垒；进一步强化正风肃纪，营造良好政治生态，努力把各级党组织打造得更加坚强有力，把广大党员干部锤炼得更加奋发有为，确保各项决策部署一贯到底、落地见效，高质量建设长江以北最强县市。会议表彰2020年度各镇（区、街道）项目建设先进单位、2020年下半年南通市重特大高端制造业项目开工节点获奖单位，审议通过《中共如皋市委关于制定如皋市国民经济和社会发展第十四个五年规划和二〇三五年远景目标的建议（草案）》《中国共产党如皋市第十二届委员会第十二次全体（扩大）会议决议（草案）》，对下一阶段工作提出明确要求。

4月26日，中共如皋市第十二届委员会召开第十三次全体会议，表决通过《关于召开中国共产党如皋市第十三次代表大会的决议（草案）》，确定中共如皋市第十三次代表大会主要议程、代表名额和结构比例、酝酿提名中共如皋市第十三届委员会、中共如皋市第十三届纪律检查委员会候选人办法等事宜。

7月24日，中共如皋市第十二届委员会召开第十四次全体会议。会议听取中共如皋市第十三次代表大会议程、日程安排的建议；讨论中共如皋市第十三次代表大会市委、市纪委工作报告，党费收缴和使用管理情况报告；讨论通过中共如皋市第十三届委员会委员、候补委员，市纪委委员候选人预备人选名单；听取中共如皋市第十三次代表大会代表产生和代表资格初审情况、市第十二次党代会代表资格终止和停止人员情况报告；票决通过出席中共南通市第十三次代表大会代表候选人预备人选名单，确定出席中共南通市第十三次代表大会代表候选人预备人选 67 人。

【市委常委会会议】 年内，中共如皋市第十二、十三届委员会先后召开常委会会议 26 次。

1 月 15 日，市委召开常委会会议，传达省新冠肺炎疫情防控工作领导小组等会议精神，听取全市疫情防控工作情况汇报，明确疫情防控工作要求；传达学习中央农村工作会议精神，对全市农村工作提出明确要求；研究通过市委《关于贯彻〈中国共产党政法工作条例〉的实施细则》。

2 月 3 日，市委召开常委会会议，传达学习习近平总书记对关心下一代工作重要指示及全省、南通市关工委工作会议精神，听取全市关工委工作情况汇报；传达全国、全省和南通市安全生产电视电话会议精神，要求压紧压实安全生产责任、齐抓共管，抓好重点领域安全监管工作，迅速落实安全应急处置；听取市委第十六轮巡察工作情况报告、对部门下属单位巡察工作情况报告、对村（社区）巡察工作情况报告，讨论 2021 年如皋市委巡察工作计划。

2 月 9 日，市委召开常委会会议，讨论政府工作报告、2021 年民生实事项目、国民经济和社会发展第十四个五年规划和 2035 年远景目标纲要草案、2020 年度落实全面从严治党主体责任制督查情况通报等议题。

2 月 20 日，市委召开常委会会议，讨论市委常委分工方案，通报 2021 年市四套班子领导、“法检”两长挂钩联系工作方案，听取公安工作情况汇报。

3 月 8 日，市委召开常委会会议，讨论研究市委关于开展党史学习教育的实施方案和 2021 年全市宣传思想工作要点（邱宇　摄）

3 月 8 日，市委召开常委会会议，传达学习习近平总书记在全国脱贫攻坚总结表彰大会上重要讲话精神和在中央党校（国家行政学院）中青年干部培训班开班式上重要讲话精神，习近平总书记在党史学习教育动员大会上重要讲话精神和省委书记娄勤俭在全省党史学习教育动员会议上讲话精神，以及中共中央、国务院关于全面推进乡村振兴加快农业农村现代化的意见，省委、省政府关于全面推进乡村振兴加快农业农村现代化建设的实施意见。

3 月 9 日，市委召开常委会会议，讨论研究市委关于开展党史学习教育实施方案和 2021 年全市宣传思想工作要点。

3 月 20 日，市委召开常委会会议，学习贯彻习近平总书记在全国“两会”上重要讲话精神和全国“两会”精神；学习《中国共产党统一战线工作条例》及统战工作相关会议精神，研究部署全市统战工作；讨论如皋市关于贯彻《中国共产党宣传工作条例》实施方案、持续深化新时代文明实践中心建设实施方案。

4 月 1 日，市委召开常委会会议，讨论研究 2021 年如皋市深化“放管服”改革优化营商环境工作要点，市交通产业集团、如皋港集团和富港建设集团整合改革工作方案、如皋市 2020—2021 年农村水利工作实施意见。

4 月 12 日，市委召开常委会会议，学习贯彻习近平总书记在福建考察期间重要讲话精神，研究讨论市委关于促进村（社区）组织振兴的试行意见、2021 年如皋市开放型经济工作考核办法、庆祝中国共产党成立 100 周年活动安排方案。

4 月 26 日，市委召开常委会会议，学习贯彻习近平总书记关于治理电信网络诈骗违法犯罪工作重要指示和李克强总理批示等精神，听取市打击治理电信网络诈骗违法犯罪工作领导小组办公室工作情况汇报；学习贯彻习近平总书记关于职业教育工作重要指示和李克强总理批示等精神；研究讨论关于建立市委大督查机制实施方案。

5 月 15 日，市委召开常委会会议，学习贯彻习近平总书记在广西考察期间重要讲话精神，研究讨论《关于一季度全市“两个责任”落实情况督查的通报》，听取全市平安建设工作开展情况汇报。

5月22日，市委召开常委会会议，听取全市党史学习教育情况汇报，讨论市委全面深化改革委员会2021年工作要点、市委全面深化改革委员会和专项小组组成人员调整、如皋市“文明典范城市”创建三年行动计划（2021—2023）等议题，学习贯彻《关于贯彻中央文明办文件精神进一步推动文明城市创建常态长效的通知》《中央文明办关于对17个全国文明城市创建整改工作复查情况及相关决定的通报》精神。

6月22日，市委召开常委会会议，研究讨论2021年度先进基层党组织、优秀共产党员、优秀党务工作者、“五强”型村（社区）党组织书记标兵和星级村（社区）党组织表彰方案。

7月2日，市委召开常委会会议，传达学习习近平总书记在庆祝中国共产党成立100周年大会上重要讲话精神和在青海考察期间重要讲话精神，研究贯彻落实工作；学习贯彻省委书记娄勤俭和南通市委书记徐惠民在党史学习教育专题党课上讲话精神；讨论研究全省脱贫攻坚暨对口帮扶支援合作先进个人、先进集体推荐工作及市第八次归侨侨眷代表大会方案等议题。

7月20日，市委召开常委会会议，听取市委大督查事项后续推进情况汇报、主功能区省级以上科技孵化器创建工作、全市重点信访矛盾化解工作；讨论中共如皋市第十三次代表大会工作方案。

8月3日，市委召开常委会会议，学习贯彻习近平总书记在中央政治局第31次集体学习时的重要讲话精神，讨论关于进一步优化科技创新体制、组建市科技创新委员会的实施方案。

8月9日，市委召开常委会会议，听取并讨论市委常委分工安排方案和市四套班子领导、“法检”两长挂钩联系镇（区、街道）方案情况汇报。

8月23日，市委召开常委会会议，学习贯彻中共中央办公厅、国务院办公厅《关于遏制“两高”项目盲目发展的通知》精神，听取2021年乡村振兴战略实绩考核半年评估反馈整改落实情况汇报，研究部署下半年工作。

9月2日，市委召开常委会会议，学习贯彻习近平总书记在西藏考察时重要讲话精神、省委十三届十次全会精神、南通市“双减”工作动员部署会精神，听取如皋市贯彻落实情况汇报。

10月18日，市委召开常委会会议，学习贯彻省委第九巡视组对南通市开展涉粮问题专项巡视工作动员会议精神，听取如皋市涉粮工作情况汇报，研究部署下一步工作；学习贯彻中央人才工作会议精神，讨论《关于加快建设人才高地推动如皋高质量发展的若干政策意见》。

11月1日，市委召开常委会会议，学习贯彻习近平总书记在中央人大工作会议上重要讲话精神、全国文明城市创建工作培训班精神；传达南通市委党史学习教育领导小组办公室主任第八次会议暨全市“我为群众办实事”现场推进会精神；听取市委大督查办关于全市村（社区）污染防治攻坚考核情况督查剖析专题报告，讨论如皋市全面推行林长制实施办法等议题。

11月15日，市委召开常委会会议，传达学习中共十九届六中全会精神，研究部署下一阶段贯彻落实工作；讨论关于召开如皋市第十八届人民代表大会第一次会议和政协如皋市第十五届委员会第一次会议相关事宜。

11月30日，市委召开常委会会议，传达学习省第十四次党代会精神，研究部署贯彻落实工作；学习贯彻习近平总书记关于精神文明建设重要论述、中共中央办公厅《关于拓展新时代文明实践中心建设的意见》精神；听取2021年如皋科技·人才洽谈会绩效情况报告。

12月15日，市委召开常委会会议，传达学习中央经济工作会议精神，研究部署贯彻落实工作；审订南通市第十六届人大代表候选人预备名单。

12月20日，市委召开常委会会议，学习贯彻省委《关于深入学习宣传贯彻中共十九届六中全会精神的通知》和中共中央办公厅、国务院办公厅《农村人居环境整治提升五年行动方案（2021—2025）》。

12月30日，市委召开常委会会议，传达学习省委经济工作会议精神和中共南通市委十三届二次全会精神、南通市委主要领导在《近期疫情防控工作要求》上指示精神，研究部署贯彻落实工作；讨论2022年民生实事候选项目计划安排。

【科技创新大会】 4月22日，如皋市召开科技创新大会，动员全市上下深入实施创新驱动战略，全力加快创新型城市建设。会议表彰2020年度全市科技创新省级以上先进单位，为如皋市科技创新委员会揭牌，解读“科技二十三条”（《关于实施创新驱动战略推动经济高质量发展的激励意见》，含8个部分、共23条）激励政策。会议总结“十三五”期间全市科技创新工作取得成绩，对做好全年科技创新工作提出要求，要求全市上下立足发展定位、现实方位、未来地位，把科技创新作为践行新理念的重要抓手、赢得区域竞争的强劲引擎、建设最强县市的硬核支撑，进一步增强科技创新的使命感、责任感、紧迫感；把科技创新作为引领高质量发展的关键一招、核心动力和战略举措，坚定不移地走好科技创新赋能如皋高质量发展之路；坚持高点定位，突出产业转型升级，强化企业主体，做强创新载体，人才引进培育，构建创新生态，打好产创融合主动仗、高企培育关键仗、平台集聚功能协同仗、集聚创新人才攻坚仗、营造创新高地根本仗，奋力建设长三角科技创新高地；坚持同心同向，做好协同性推进，强化组织领导和要素保障，更快推动创新，更好服务创新，更加尊崇创新，广泛凝聚创新创业强大合力。

【“七一”大党课暨二季度村（社区）书记大讲坛】 6月26日，如皋市举行“七一”大党课暨二季度村（社区）书记大讲坛。会上，市委书记何益军以“永远跟党走，奋进新征程”为主题，回顾党的百年奋斗历程，深刻感悟党的初心使命，为全市党员干部上专题党课；8名村（社区）党组织书记围绕“党建引领基层治理，共建和美村居”主题作交流发言。会议组织与会人员参观城南街道建设社区等7个基层治理典型，组织全体与会党员重温入党誓词，为老党员代表颁授“光荣在党50年”纪念章，表彰先进基层党组织、星级村（社区）党组织，优秀共产党员、优秀党务工作者、“五强”型村（社区）党组织书记标兵。

【“两在两同”建新功、“攻坚有我”显担当行动推进会暨三季度村（社区）书记大讲坛】 9月29日，市委召开“两在两同”建新功、“攻坚有我”显担当行动推进会暨三季度村（社区）书记大讲坛。会议强调，要守初心、担使命，坚定干则必成的强大信念，扛起舍我其谁的责任担当，涵养一心为民的真挚情怀。要谋发展、惠民生，深入践行“产业兴市、科技强市、生态立市”三大战略，倒逼存量企业转型升级，做优做强存量企业，助力经济社会高质量发展；要尽心尽力办好民生实事和“关键小事”，真正把制约经济社会发展的弱项、影响群众获得感幸福感的短板找准找实；要持续打好污染防治攻坚战，深化“大数据+网格化+铁脚板”治理模式，高质量推进安全生产“三年大灶”专项整治。要抓落实、求实效，领导干部要走在前列、作好表率，基层组织要筑牢堡垒、点燃引擎，广大党员要冲在一线、争当先锋，不断锤炼党性修养和过硬作风。与会人员参观学习东陈镇南东陈社区等人居环境整治现场6个，观看人居环境专题片《美丽乡村“皋”颜值》，8位村（社区）书记围绕“优化人居环境建设美丽乡村”主题作交流。

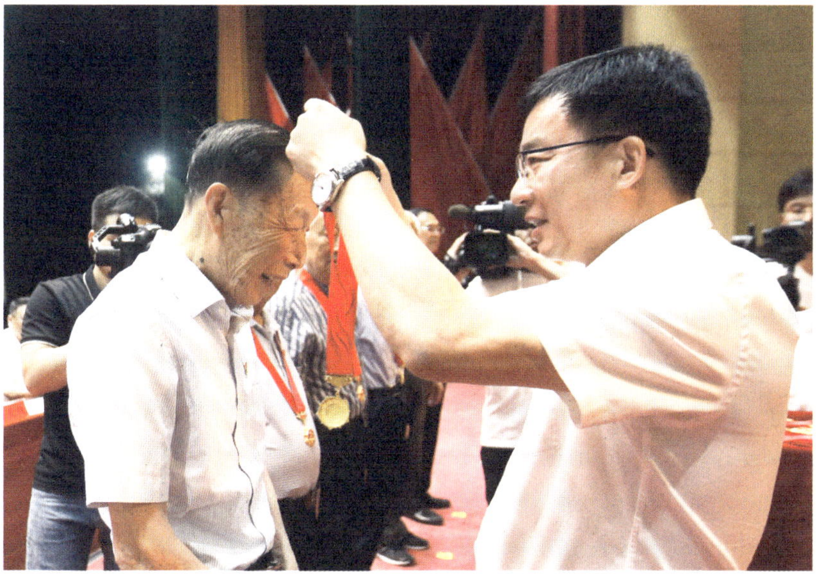

6月26日，如皋市举行“七一”大党课暨二季度村（社区）书记大讲坛。图为市委书记何益军为老党员代表佩戴“光荣在党50年”纪念章 （邱宇 摄）

【如皋科技·人才洽谈会】 10月28日，如皋科技·人才洽谈会在市行政中心礼堂开幕。全国近80所知名高校、院所的200余位专家学者，以及国内外知名企业、机构和协会负责人参加会议。

科技·人才洽谈会主题为“智汇皋地创新未来”。会议期间，如皋进一步宣传推介发展环境，策划推出2021年校企合作对接洽谈会、如皋市第七届“梦想之星”创业大赛、第四届中国如皋第三代半导体晶体及装备论坛、“才聚雉水、智汇皋地”高层次人才项目产业融合汇、如皋高职院校创建发布会等专题活动。上海交通大学与如皋工业园区、上海创源科技发展有限公司和如皋高新区共建离岸孵化器，江南大学、省产业研究院和如皋共建江苏集萃食品生物应用技术研究所等科技创新平台项目揭牌；表彰如皋市2021年科技强企人物5人。签订投资意向、投资协议45个，总投资562亿元。举办重大项目集中开工活动暨高性能稀土永磁体研发生产基地开工仪式，16个产业项目集中开工，4个孵化器开园，青年人才公寓国际社区开工建设。

重要决策

【市委大督查机制】 4月30日，如皋市印发《关于建立市委大督查机制的实施方案》（简称《方案》）。《方案》明确：成立市委大督查工作领导小组，整合多个督查部门工作职能，紧紧围绕市委、市政府重大决策部署，重点对作风效能系统提升、重点工作协同推进、高质量发展质效推进、领导交办工作落实情况等5个方面，采取日常督查与专项督查相结合、现场督查与书面督查相结合、随机抽查与暗访回访相结合、传统手段与现代科技相结合、独立督查与协作督查相结合5种方式，构建问题研判、交办督办、整改销号、通报考核、追责问责、扣分补偿六大督查工作机制，形成督促与检查、督办与问责、督查与考核相结合的完整链条，构建围绕中心、横向到边、纵向到底、全面覆盖大督查格局，推动督查工作成效全面提升，打造唯实惟先、立说立行、善作善成、清正清明的过硬作风效能。

【"创新如皋"三年行动计划】 4月20日，如皋市印发《"创新如皋"三年行动计划（2021—2023）》（简称《计划》）。《计划》从创新水平快速提高、创新主体显著增强、创新平台扩量提质、创新人才加速集聚、创新环境持续优化5个方面，确定"创新如皋"三年行动发展具体目标；从完善创新体系布局、构筑区域科创高地，深化拓展平台功能、提升科创载体能级，加大外引内培力度、壮大科创企业集群，加速科创人才集聚、充分激发创新活力，深化科技体制改革、打造优良创新生态5个方面，明确推进创新型县（市）创建、创建国家高新区、启动省级农高区创建、放大主功能区产业创新优势、提升孵化载体服务水平、推动做强新型研发机构、支持企业创新平台建设、实施高企倍增计划、培优育强行业标兵、鼓励企业加大研发投入、提升自主创新能力、强化知识产权创造利用、优化人才政策体系、推动产才深度融合、打造优质人才环境等20项具体任务。同时，配套出台《关于实施高新技术企业"倍增计划"的意见》《如皋市产学研项目管理办法》《如皋市新型研发机构建设实施意见》《如皋市双创载体建设管理实施意见》《如皋市科技创新服务平台管理办法》《如皋市科技强企人物评选办法》《关于加快推进人才创新创业发展的若干政策意见》《关于提升知识产权创新支撑力的实施意见》。

【"科技二十三条"激励政策】 4月20日，如皋市出台《关于实施创新驱动战略、推进经济高质量发展的激励意见》（简称"科技二十三条"），旨在进一步推动科技与产业融合，加快推进以科技创新为核心的全面创新，从而建成国家创新型县（市）。"科技二十三条"从推动科技产业融合、提升企业自主创新能力、支持平台载体、促进科技成果转化、加大金融扶持力度、加强知识产权保护、加强高端人才引育、优化科技创新服务8个方面，对推动关键技术攻关、产业协同创新、农业科技进步、企业发展壮大，培育高新技术企业，招引高新技术企业及科创型项目，扶持科技创新型企业，推动创新创业载体、新型研发机构、企业研发机构建设，开展产学研合作，加强科学技术奖励，给予企业科技信贷支持、科技担保支持、企业保险补助，鼓励企业科技板上市、知识产权创造，实施知识产权强企，集聚高水平创新创业人才，鼓励技术合同登记等23项科技创新工作进行激励。

【文明典范城市创建三年行动计划】 6月2日，如皋市出台《如皋市文明典范城市创建三年行动计划（2021—2023）》提出，通过实施"文明典范城市"创建三年行动计划，提升市民文明素质、城市文明程度、城市文化品位、群众生活质量，提高城市治理能力和治理水平，更好满足人民群众对美好生活的新期盼，建设信仰坚定、崇德向善、文化厚重、和谐宜居、人民满意的更高水平全国文明城市，实现全国文明城市称号"三连冠"，创成文明典范城市；明确建设具有强大生命力和创造力的社会主义精神文明，构建充满活力、安定有序的现代社会治理格局，创造健康向上、和谐宜居的美好生活，打造有利于可持续发展的生态环境，完善长效

7月22日，如城街道城南社区开展文明典范进小区实践活动（如城街道 供图）

常态的创建工作机制5项主要任务。

【人才高地建设】 10月22日，如皋市出台《关于加快建设人才高地、推动如皋高质量发展的若干政策意见》提出，支持人才到如皋创新创业，鼓励引进顶尖人才（团队）、高层次创新创业人才（团队），鼓励青年人才创新创业、参加创新创业大赛，支持人才企业发展；鼓励各方引才用才，鼓励企业引进紧缺人才、柔性引才，鼓励引进社会事业人才（团队），强化引才荐才激励；加强各类人才培养，加强本土人才梯队培养、教育卫生人才培育、技术技能人才培育；推动载体平台建设，推动创新创业载体、新型研发机构、企业研发平台、市外人才平台建设；完善金融扶持体系，强化政府产业基金引导，给予贷款担保补贴支持，建立融资风险分担机制；强化人才服务保障，实施人才安居工程，落实人才子女入学，提升人才服务水平。

全面深化改革

【概况】 2021年，如皋市聚焦发展、聚焦效能、聚焦民生、聚焦作风，明确八大方面29项改革任务。先后召开专题会议，研究打造跨江融合发展样板区五年行动方案、"创新如皋"三年行动计划、科技创新"二十三条"激励意见等改革事项。从重点领域、重点环节推动一批系统性、攻坚性、探索性改革，推行改革项目清单化管理，强化改革举措系统集成，统筹推进标准化综合改革、国家知识产权强县工程试点等7项国家级，省级创新型县（市、区）、省级农业高新技术产业示范区创建等8项省级和市域治理现代化改革、打造营商环境"如意"品牌等9项自主改革试点任务。

【经济体制改革】 科技创新体制改革　年内，市科技创新委员会统筹谋划全市科技发展和创新能力建设等重大问题，启动省级创新型县（市、区）创建，推进省级农高区创建、龙游河科创走廊建设、四大主功能区孵化器打造、青年人才公寓国际社区建设等重点改革。至年末，全市有国家专精特新"小巨人"企业数8家，列南通第一。高新技术企业、国家科技型中小企业分别为316家、573家，新增省级以上企业工程中心4家，获批国际科技合作项目4个，入选首届南通"揭榜挂帅"项目2个。如皋高新区创新驱动发展综合评价跃居全省高新区第17位、苏中苏北省级高新区第一位。实施"创新如皋"三年行动计划、科技创新"二十三条"激励意见，完善企业"白名单"和科技贷款风险分担机制。

国资国企改革　优化国有资产资源配置和国有资本布局，引导国有企业聚焦主责主业，助推国企市场化转型，激发国企主体活力。坚持市场化改革导向，新组建交通产业集团，制订《国企改革三年行动实施方案》《镇级债务提级管理方案（试行）》，皋开集团实现AA+主体信用评级，全市国有企业形成5个AA+级和5个AA级信用等级梯队体系。在南通地区率先完成全民所有制企业公司制改制23家。探索国企市场化运营，试行放宽富皋万泰集团经营性投资决策权限，推动国企成立金控、产控集团，推进建筑业混改。全力推进涉及城市能级提升的基础设施项目建设，市属国有企业全年承接建筑、市政、水利、安置房建设、亮化等工程项目180余个。推进城东工业区、磨头园区、下原园区、省级农高区等园区共建，全年投入资金2.15亿元。

农地入市改革　按照机制健全、程序明确、权责清晰要求，构建农村集体建设用地入市工作流程，提高集体经营性建设用地流动性，有效盘活低效农村资源，探索项目用地保障新路径，全年成功办理集体经营性建设用地租赁手续19宗、56.62公顷，为11家企业办理租赁集体建设用地使用权登记。6月29日，如皋农商行打通农村集体经营性建设用地抵押融资全流程，破解农村土地无法抵押融资难题，成功发放给如皋市某装饰公司农村集体经营性建设用地使用权抵押贷款1800万元。此为全省首笔农村集体建设用地及在建建筑物抵押贷款。

【"放管服"改革】 年内，如皋市持续推进"如意"营商环境品牌创建，召开全市营商环境大会，全面梳理解决"放管服"领域存在问题，探索建立信用分类分级监管体系，相关工作经验被省政府推进政府职能转变和"放管服"改革协调小组办公室通报。市人代会将推动营商环境相关议案列为"1号议案"。

政务改革　大力推行"跨省通办"，梳理高频政务服务"跨省通办"事项清单101项，截至年末，户口迁移、养老保险关系转移接续、门诊费用跨省直接结算等90余项政务服务事项实现"跨省通办"。持续推进简政放权，考虑省级以上开发园区、经济发达镇、一般镇规模体量、功能定位及承接能力，下放权力事项。4月，向除长江镇之外的13个镇（区、街道）下放审批事项16项、执法事项57项；10月，印发《关于赋予或委托各镇（区、街道）部分县级经济社会管理权限的实施方案》，分别赋予省级以上开发园区92项、经济发达镇长江镇61项、一般镇47项审批和公共服务事项，涉及市医保局、人力资源社会保障局、行政审批局等12个部门。

惠企改革　深化"证照分离"

改革，进一步激发市场主体活力，自7月1日起，在全市范围内对76项涉企经营许可事项，按照直接取消审批、审批改为备案、实行告知承诺、优化审批服务4种方式实施“证照分离”改革。深化工程建设领域审批改革，优化用电、用水、用气、通信等市政公用接入服务，明确市政公用接入服务标准，公布办理流程，量化服务时限；出台《如皋市工程建设项目“联合测绘”工作方案》，同一个工程建设项目竣工验收阶段的土地核验、规划核实、不动产测绘、人防核实等测量工作，实现“一次委托、联合测绘、成果共享”，推动联合验收，探索开展人防许可审批、建设项目环评告知承诺制。开展“带岗直播”“移动云”“春风行动”线上专场招聘会等活动；主动对接云南、贵州、陕西等地，采用统一包车、统一补贴、统一服务方式，将1700名外来务工人员从“家门口”直接送到“厂门口”。全市新增就业2.61万人，其中长江镇重大项目用工1.49万人，援助困难人员就业4512人。着力破解融资难融资贵问题，组织14个镇（区、街道）和22家银行开展“政银担”银企对接活动26场次，对接融资需求224个，达成初步合作意向44.16亿元。优化中小微企业信贷发放流程和模式，普惠小微贷款投放持续增长，推广信易贷平台。强化减税降费政策支持，建立优惠政策直达机制，简化税费优惠政策适用程序，推进税费服务便利化改革。压缩退税办理时间，上线出口退税新系统，推动无疑点出口企业办理退税进入快车道，一、二类企业退税时限压缩在2个工作日内，三类企业退税时限压缩在5个工作日内，平均耗时缩减90%。

行政服务改革　打造企业开办15分钟服务圈。构建帮办代办新格局，围绕打造“如意办”代办帮办精品服务品牌，全面建立横向协作、纵向联动、全程代办、全域帮办、高效运行的政务服务代办帮办新格局；组建“首席服务员团队”，建立重大项目帮办代办绿色通道工作机制，实现不取号、零排队、秒等待，项目“拿地即开工”。不断探索升级政银合作模式，将银行全流程免费代办服务向镇（区、街道）延伸，持续提升企业开办便利度。至年末，与22家银行签订企业开办“一站式”服务合作协议，实现全市152个银行网点全覆盖。深入推进“一件事”改革，梳理自然人全生命周期“一件事”服务事项8项，逐步完善“全生命周期”服务链条。在全省率先推出“出生一件事”办理模式，被省、南通运用并在面上推广；依托基层帮办代办力量在城市社区试点推进“身后一件事”改革；依托网上招生工作平台，推进义务教育学校及幼儿园“上学报名一件事”；与安徽省肥东市、陕西省洋县试点推进“出生一件事”“上学一件事”“就业一件事”等“一件事”跨省通办。全年办理“一件事”主题服务事项6.5万件。

【社会领域改革】社会治理体系改革　年内，如皋市构建网格化规范运行样板区，精选10个社区，推进网格服务管理标准化建设，形成网格有活力、管理出实效、群众得实惠网格化服务管理“如皋模式”。构建涉稳风险联合处置示范区，制定《如皋市涉稳风险联合研判预警、联动防控处置工作办法》，全面推行“双联”工作机制，强化固化联合研判流程、明确联合研判运用、分类联动防控处置等环节治理，实现涉稳风险不断降低、矛盾纠纷总量不断压降、信访事项逐步控减目标。构建多元共治试验区，聚力建设基层社会治理综合服务中心，实现矛盾纠纷调处、人民来访接待、涉法涉诉联合接访、公共法律服务、特殊人群管理及诉讼服务、检察为民等7个窗口职能流程化整合，以“一站式”矛盾纠纷调处化解中心、“一次办”平安帮办服务窗口为支撑，实现纠纷信访“信访、调解、诉讼”一体化运行、效能化处置。构建大

年内，如皋市全面打造“如意办”代办帮办精品服务品牌。图为市城管局增设代办帮办服务专窗，为企业和办事群众提供政务服务　　（市城管局　供图）

6月15日，全国小学跨界学习研究联盟在如皋成立，如师附小的省小学跨界学习研究所成为该联盟唯一官方推广平台。图为如师附小学生课本剧《吃水不忘挖井人》剧照（市教育局　供图）

共治模式，形成联系服务群众、强化平安建设、化解社会矛盾、维护社会稳定、助力城市治理、实现综合指挥的实体性工作机构和综合性治理平台。

水利改革　在全域所有村（社区）全面铺开“自己的河道自己管护”，系统推进全域治水改善民生，实现生态环境持续向好，经验做法被11月24日《人民日报》头版推介。突出水污染治理，深化农业、工业、服务业、生活领域“四污并治”。突出水生态修复，建设省级海绵城市，内外城河水环境治理工程获评国家水利风景区。突出水资源保护，全市湿地保护率55.5%，创成国家级节水型社会建设达标县。如皋市被水利部列为水系连通及水美乡村建设试点县。

教育改革　推进课堂改革提质效，在全市义务教育学校、普通高中全学科推进“活动单导学”课堂教学改革，获国家级基础教育教学成果二等奖、省首届基础教育教学成果一等奖。推进课程重构，构建中小学“三位一体”（融合国家课程、市本课程与校本课程）课程体系，将社团建设纳入课程管理，全面推进素质教育，累计组建社团3000余个、联盟社团38个。如师附小的江苏省小学跨界学习研究所成为全国小学跨界学习研究联盟学校唯一的官方推广平台，获省级基础教育成果特等奖、国家级教学成果一等奖各1个。课余统筹减轻学生作业负担和校外培训负担，实现全市学校百分百提供课后延时服务、有需求学生参与率百分之百、参与延时服务的学生在校作业完成率百分之百，延时服务满意度百分之百。以课效评价作保障，构建绿色发展评价体系，采取第三方问卷调查、听课调研等方式对课堂教学、课程建设、课余统筹进行全程评价。

【党的建设改革】年内，如皋市推动党史学习教育走深走实，组织开展“两在两同”建新功、“攻坚有我”显担当行动。圆满完成市委、乡镇党委和村（社区）“两委”换届，实施村（社区）组织振兴计划，按季举办村（社区）书记大讲坛活动，推动基层党组织全面进步、全面过硬。探索推进村干部专职化管理，实施“头雁工程”。优化组织架构，创新“红网+网格”，推进党建网格和社会治理网格有机融合，建成网格支部1032个。实施“红领+”工程，健全“两新”组织党务工作者专业化建设体系。改进薄弱环节组织建设，在街道、社区党组织中试行“大党（工）委制”工作模式。创新建立市委大督查机制，采取日常督查与专项督查相结合、随机抽查与暗访回访相结合等5类督查方式，建立问题研判、交办督办、整改销号等督查工作机制6项，将督查工作从“单打独斗”向“联合作战”转变，保障真督实查、以督促改、以查促建。流程串联，构建闭环。实施“梳理研判—精准督查—提出建议—跟踪整改—结果运用”闭环督查模式，构建督促与检查、督办与问责、督查与考核相结合的完整链条。全年开展重点区域扬尘管控、主功能区科技孵化器、乡村振兴考核等重点领域督查11次，矛盾纠纷化解、公职人员违章建房处理、为民办实事项目等民生领域督查6次，其他专项督查3次，发现问题83个，提出意见建议65条，开展问题整改“回头看”15次。聚焦文明交通、文明养犬、移风易俗等重难点，深入推进文明典范城市创建。

（朱天祥）

巡察工作

【概况】2021年，如皋市实现十二届市委任期内巡察全覆盖，移交问题线索700件，立案查处437人，党纪政务处分297人，移送司法机关21人，挽回经济损失3128万元。完成十三届市委首轮巡察，持续推动巡察向基层延伸，全年对62个村（社区）党组织、13个部门下属单位党组织开展巡察。开展全市学校食堂管理专项巡察，推动126家学校建立健全食堂管理制度，切实保障“学生餐”营养安全。建立健全问题线索联审等机制，推动巡察高质量、规范化开展。各监督检查室、纪检监察组、地方纪委强化联动，对巡察整改情况跟踪督办并进行成效评估，促进巡察监督与日常监督贯通融合。统筹推动省委巡视反馈及脱贫攻坚、高标准农田建设绩效、落实“六保”任务、安全生产、基层减负、落实南通市委全会精神6个专项巡察反馈的163个问题整改，不断巩固拓展整改成效。优化“每巡必回”机制，做实巡察整改“回头看”督查，以巡促改、以巡促建、以巡促治。归纳总结巡察中发现的普遍性、倾向性突出问题，推动相关单位“对号入座”，举一反三，自查自纠，充分发挥巡察标本兼治作用。《巡察推动解决农业产业化建设成效不够明显的问题》《巡察推动解决企业奖补资金存在“小而散”的问题》《巡察推动危房改造到位》等9篇案例入选南通巡察典型案例，《巡察推动解决如皋市卫生系统核酸检测能力不足问题》获评南通优秀巡察案例。

【常规巡察】 年内，市委开展3轮常规巡察，巡察市级部门3个、市级机关部门下属单位13个、乡镇2个、学校6所、村（社区）62个。累计发现问题1271个，形成问题线索49个，立案77人，处分71人。2月26日至5月6日，十二届市委开展第17轮巡察，对白蒲中学、市一中、搬经中学、长江中学、市二中、第一中专6所学校，市白蚁防治站、市福利中心、市机电排灌站、市实验初中4个市级机关部门下属单位，如城街道花园社区、孔庙社区、宏坝社区、西郊社区等25个村（社区）开展巡察。5月21日至7月26日，十二届市委开展第18轮巡察，对市人民检察院、富皋万泰集团、城发集团、皋开集团、交通产业集团、富港集团及市江滨医院、市少儿图书馆、吴窑水利站、如皋开发区畜牧兽医站、磨头镇畜牧兽医站、市体育投资发展有限公司、市粮食资产管理有限公司、如皋师范附属小学、市综合检验检测中心9个市级机关部门下属单位，磨头镇天阳社区、塘湾村、十字桥村、新徐村等18个村（社区）开展巡察。9月7日至11月22日，十三届市委开展首轮巡察，对市民政局、市水务局、丁堰镇、九华镇4家单位，吴窑镇平田村、长庄村、陈家村、沈徐村等19个村（社区）开展巡察。

【专项巡察】 9月7日至11月22日，市委对全市130所中小学、幼儿园126家食堂管理工作开展专项巡察，发现主管部门监管责任、学校管理主体责任、食堂运行岗位责任等方面存在普遍性问题30个，形成问题线索4个。

（谢　鹏）

组织工作

【概况】 2021年年末，全市有基层党组织2940个，党员67105人。有党委76个，其中，机关工作部门党委19个、事业单位党委7个、镇党委11个、村（社区）党委10个、北郊花苑集中居住区党委1个、国有企业党委12个、新经济新社会组织党委16个；有党总支438个；有党支部2426个。全市有科级领导干部818人。其中市级机关科级领导干部475人、镇（区、街道）科级领导干部298人、事业单位领导干部17人、国企领导干部28人；正科职干部184人、副科职干部634人；女干部164人，占比20.05%；党外干部25人，占比3.06%。领导干部平均年龄44.3岁；1985年后出生科级干部110人，占比13.45%；1990后出生科级干部22人，占比2.69%。大学以上学历792人，占比96.80%，其中，研究生85人，博士研究生3人。

【基层党组织建设】 年内，市委组织部认真践行新时代党的建设总要求和新时代党的组织路线，围绕实施省委基层党建“五聚焦五落实”（聚焦基本组织、基本队伍、基本活动、基本制度、基本保障，把党的全面领导、党的坚强力量、党的号召要求、党的纪律规矩、党的关心服务落实到基层）三年行动计划和南通“江海先锋培育工程”，牢固树立大抓基层的鲜明导向。分别以“聚力产业强村，实现富民兴村”“党建引领治理，构建和谐村居”“优化人居环境，建设美丽乡村”“深化移风易俗，塑造文明乡风”为主题，举办村（社区）书记大讲坛活动4场次。实施驻村第一书记选派工作，截至年末，在岗驻村第一书记55人，其中年内新选派44人，实现省定乡村振兴重点帮促村、乡村振兴任务重的村、党组织软弱涣散村、经济薄弱村“四类村”选派全覆盖。1月，完成全市347个村（社区）“两委”换届工作，2461名新一届村（社区）“两委”班子成员上岗履职。组织召开2020年度全面从严治党述职会，各镇（区、街道）党（工）委书记和有关部门党委书记分别就抓基层党建、落实党风廉政建设和意识形态工作进行述职。评选2020年度优秀基层党建“书记项目”18个。3月，启动市、镇领导班子换届工作，部署开展村（社区）“履新启航八件事”活动。4月，出台《关于促进村（社区）组织振兴的试行意见》；举办新一届村（社区）党组织书记履职培训班；举行“银发先锋助力头雁高飞”结对仪式；聘请市四套班子老领导作为“年轻村书记”成长导师，与14位35岁以下年轻村（社区）党组织书记一对一结对。5月，召开市党代表选举工作培训会议，部署市党代表选举工作，11个镇党委班子成功换届。6月，承办南通市培育基层党建工作示范点现场推进会，提供观摩现场4个。举办全市“七一”大党课暨二季度“村（社区）书记大讲坛”活动，表彰2021年度先进基层党组织、优秀共产党员、优秀党务工作者、“五强”型村（社区）党组织书记标兵和星级村（社区）党组织。姚呈明获评全国优秀党务工作者。与南京大学社会学院合作，举办村（社区）“标杆书记”培育对象暨村（社区）党组织年轻书记培训班。成立南通市第一个乡村振兴培训学校——平园池乡村振兴培训学院。7月，完成市党的建设研究会换届，召开第四次会员大会。8月，成立市快递行业党委，打造“江海小蜜蜂”红色驿站。对全市国有企业党建工作开展督查。9月，成立“红色皋地、绿色江畔”党建联盟。10月，如皋市“党建引领乡村振兴”示范案例在人民网乡村振兴大会发布推广，“‘田园党建’点燃乡村振兴‘强引擎’”入选人民网乡村振兴示范案例。启动第二轮“党建＋金融助理”驻村工程。印发《关于国有企业党建品牌创建活动的意见》，召开融合党建现场推进会，进一步提高国有企业服务中心、服务发展、服务群众水平。11月，出台《如皋市村（社区）综合考核实施办法（试行）》，开展全市村（社区）“两委”班子成员主题轮训班。12月，面向优秀村（社区）党组织书记选聘事业人员14人。获评省“百名示范”村（社区）书记2人、“千名领先”村（社区）书记31人。组织开展国有企业党建品牌创建工作调研、督查，国企党建品牌创建实现全覆盖。推动国有企业创建南通市党建示范点。《党建引领谋发展，为乡村振兴提供动力引擎》等优秀理论文章被人民网等录用。

【“两新”组织党建】 年内，全市新建“两新”组织党组织42个，新成立快递行业党委、社会组织综合党委，累计成立行业党组织8个。市律师行业党总支与昆山律师行业党委签订战略合作协议，推动两地律师行业党建工作与业务工作交流互动。行业商会联合党委实施商会党建“合力工程”，10家市级机关党组织与10家商会党组织组建党建联盟，3家商会党组织参评南通市商会党建示范点。成立高新区互联网行业“红领党务通工作室”，成立全市首家自媒体党支部。物业行业党委打造“皋城先锋管家”党建品牌，建成省级示范点1个、南通市级示范点5个。全面推进“两新”组织党务工作者专业化建设，依托市红领人才培训基地，建立市、镇联动培训体系，全年轮训1250人次，实现培训全覆盖。全面开展“两新”组织党务工作者专业资格认证，首批认证265人，其中，初级202人、中级59人，入选南通市首批高级党务工作者4人。注重典型选树，发挥激励作用，“两新”组织党员获评“皋城党员先锋”5人，南通、如皋两级“两优一先”（优秀党员、党务工作者，先进基层党组织）表彰18个，“两新”领域推荐产生省党代表1人、南通市党代表8人，1名新发展党员代表应邀参加中国共产党成立100周年大会。华夏电影展示馆党员教育基地效应持续放大，受到中央组织部、省委组织部、南通市委组织部考察调研。

【党员队伍建设】 年内，市委组织部制定如皋市关于巩固深化“不忘初心、牢记使命”主题教育成果实施意见，持续深化“坚守初心使命、争当皋城先锋”主题实践活动，编印《初心辉映党旗红——如皋市2020年度“皋城党员先锋”风采录》，每季度开展机关、农村、社区、国企、“两新”、教师、医卫、窗口单位、离退休干部、流动党员等10个领域党员先锋推荐评比活动，评选“皋城党员先锋”48人。组织开展庆祝建党100周年系列活动，推荐56名党员参加庆祝建党100周年系列专题片拍摄，排演情景剧《星星火种》参加南通“不忘初心——我的入党故事”专题巡演。在全市基层党组织中集中开展“永远跟党走，奋进新征程”主题党日活动，赓续红色血脉、激荡奋进力量。开展“两在两同”建新功、“攻坚有我”显担当活动，各镇（区、街道）各部门紧扣疫情防控、项目建设、乡村振兴等重点热点难点工作，明确并推进行动清单782项。严格推行发展党员工作全程纪实管理，推进排查整顿农村发展党员违规违纪问题工作，举办全市党员发展对象培训班4期，参训学员1260余人。发展新党员1190人。其中女性544人，占发展总数45.7%；35周岁以下党员809人，占发展总数68.0%；大专以上学历党员1045人，占发展总数87.8%；“两新”组织党员490人，占发展总数41.2%；农牧渔民党员331人，占发展总数27.8%。规范开展党内关爱对象申报工作，确定7名省级党内关爱对象人选、100名南通市级党内关爱对象人选和120名如皋市级党内关爱对象人选，发放慰问金29.5万元；“七一”前组织走访慰问新中国成立前老党员149人、党内关爱对象127人及年满80周岁、无工资收入老党员3237人，为全市1.35万余名老党员发放“光荣在党50年”纪念章。做好元旦春节期间走访慰问老党员、生活困难党员工作，拨付慰问经费510余万元，走访慰问基层党员4600余人。精心使用“如皋流动党员之家”网上学习管理平台，推动5142名流动党员信息化、精准化管理。推进分众化党员教育，编发本土党课教材，发挥“雉水先锋师资库”力量，推进“赓续红色血脉，传承建党精神”主题党日活动，开展形式多样党员教育活动。

【干部选拔任用】 年内，市委组织部规范选任程序，优化选任机制，努力选准用好干部，全力锻造忠诚干净担当的高素质干部队伍。把政治标准作为干部选任“第一标准”，把牢政治素质考察关。严格执行《如皋市市管领导干部任前考察政治体检实施办法（试行）》，施行七部门联合审查制度，对拟提拔重用人选开展“五看二十检”（“五看”即看政治忠诚、政治定力、政治担当、政治能力、政治自律五个政治标准评价情况。“二十检”即检查是否存在以下20种情况：搞“两面派”，做“两面人”；贯彻执行上级决策部署打折扣、做选择、搞变通；不服从组织安排，与组织讨价还价；不报告甚至故意瞒报虚报个人有关事项；信仰缺失，不信马列信鬼神；妄评乱议，对错误言论、不良风气不抵制；宗旨意识不牢，与群众感情疏远；思想消极颓废，缺乏积极进取精神；爱岗敬业精神不足，“等、靠、要”思想严重；办事拖拉，敷衍了事，推诿扯皮“踢皮球”；好大喜功，弄虚作假，搞“形象工程”；关键时刻畏首畏尾、患得患失，怕担风险，怕担责任；全局观念不强，只顾个人“一亩三分地”；政治眼光不敏锐，缺乏攻坚克难能力；思想不解放，因循守旧老一套；有法不依，拍脑袋决策，蛮干胡来；违反中央八项规定和省、市委十项规定，纠正“四风”不认真不到位；组织纪律松懈，参加组织生活不正常；自我约束不严，交往不当，个人不清廉不干净；不讲公德，不注重公众形象），凡政治体检反向提名超过10%，取消提任资格。年内新提拔干部全部通过政治体检。坚持实绩为先用人导向，健全完善科级干部实绩档案，实施拟提拔重用人选实绩申报制度，加大实绩显著干部的提拔使用力度，提拔重用一批能担当、善作为、业绩好的干部。以换届为契机，聚焦条件艰苦、任务繁重领域，注重运用实践锻炼成果，大力选拔在基层一线岗位上埋头苦干、默默奉献的“老黄牛”式干部。提振干部干事创业精气神，乡镇换届提拔重用干部80%来源于基层一线岗位。紧扣新时代要求和事业发展所需，融合开展干部教育培训，完成中青年干部培训班等主体班次教育培训。打通干部交流学习渠道，选派优秀干部到上级机关、发达地区挂职锻炼、洗脑练手，学成归来当好“鲇鱼”，激发全市干部活力。用好用活“三项机制”（干部鼓励激励机制、容错纠错机制、能上能下机制），综合运用日常研判、考核考察、走访调研等工作结果，推动优者上、庸者下、劣者汰成为常态，对5名不胜任职务干部坚决调“下”。全年上报运用“三项机制”典型案例82个，其中，鼓励激励案例48个，容错纠错8个，能上能下案例26个，入选南通市“三项机制”典型案例7个。

【干部教育培训】 年内，市委组织部聚焦政治能力建设、抓好党性教育，始终以学习习近平新时代中国特色社会主义思想为首要任务，制订干部教育培训工作要点和培训计划。推行“引进来与走出去”相结合的办学模式，邀请省内外专家等到如皋授课，延伸到各条线干部、各类企业集中开展培训。全年举办各类主体班次、专题班次45个，覆盖各类干部群体。首次采取分季节办学，多个班次集中开班、联合教学、互动推进模式举办中青年干部培训班、党外中青年干部培训班、新录用公务员暨优秀青年人才初任培训班3个主体班次，培训学员210人次。以培养激发“狼性”干部为工作重点，着力提升服务中心、助推发展的专业化能力，举办乡村振兴、市域治理、科技创新、融入长三角区域一体化发展等各类专题班次42个，累计培训4829人次。举办“毛泽东延安整风三篇论著及其当代价值”等专题“党校选学”讲座10场，参学1066人次。在南通各县（市、区）中率先开设“人民学习·智慧教室”，邀请中央电视台特约评论员、中国发展改革报社副社长杨禹，著名经济学家、国务院参事室特约研究员姚景源等名师走进如皋干部教育课堂，开展实时直播2期，培训领导干部400余人次，《南通日报》、“南通发布”作专题报道。协助调训处级、科级领导干部96人次。会同市委宣传部，围绕党史学习教育、习近平总书记视察江苏重要指示和全面推动长江经济带发展座谈会重要讲话、“七一”讲话精神，中共十九届五中全会、六中全会精神等专题，组织宣讲3542场，覆盖基层党员、干部28.67万人次。红十四军纪念馆、顾庄生态园、华夏胶片电影博物馆现场教学点获评南通市干部教育培训现场教学点，平园池村等4个现场教学点入选南通市干部教育培训“十大精品线路”，入选南通市干部教育培训现场教学点“十佳”讲解员1人并获三等奖，华夏胶片电影博物馆解说词《修复红色电影，传承红色基因》入选南通市干部教育培训现场教学点“十佳”解说词，“南通高质量发展呼唤高质量干部”等5个课程入选南通市干部教育培训优质课程。

【干部管理监督】 年内，市委组织部突出加强换届风气监督，做好选人用人监督、日常履职监督、“三项机制”运行等各项工作，为打造忠诚干净担当的干部队伍提供支撑。研究出台加强换届风气监督工作方案，坚持教育在先、警示在先、预防在先，实现开展谈心谈话全方位、组织教育学习全覆盖，有序推进换届纪律宣传和氛围营造工作。抽调精干力量组建4个换届风气巡回督查组、选举工作现场督导组，加强换届全程指导和巡回督查。规范执行《干部选拔任用条例》，严格贯彻任前事项报告、干部调整职数预审、年轻干部专项预审、干部选任全程纪实等刚性规定。构建编制报备、职数预审、资格审查、任免备案全流程闭环管理机制，进一步规范中层干部选任程序，全年对85家单位、559名中层干部岗位进行预审登记。将选人用人专项检查嵌入市委巡察工作之中，先后对16家被巡察单位开展选人用人专项巡察，发现并督促整改问题67条。畅通信访举报渠道，运用综合举报受理平台，快速规范处置信访举报。查核个人重大事项报告材料，确保“凡提必核”、动态管理。将“三项机制”全面融入干部选拔任用全过程，全年编发“三项机制”典型案例4期共72件，其中被省级录用1件、南通市级录用8件。

【公务员管理】 年内，市委组织部组织实施2021年度镇（区、街道）、市级机关部门、科级领导干部及中心工作条线4405人的年度考核评优工作，对评优标准、参评基数、推优程序等严格把关，1281人被市委、市政府记三等功或嘉奖。创新公务员平时考核工作办法，作为县（市、区）代表在南通市组织工作重点创新项目汇报交流会上交流发言。市城管局被省委组织部确定为南通唯一一家县级公务员平时考核工作联系点。有序开展公务员职务与职级并行工作，实行分类分级统筹制度，将二级主任科员以上职数全市统筹使用，其余职数各单位自主使用。截至年末，全市一至四级调研员200人、一至四级主任科员1540人。组织开展公务员招录工作，全市招录公务员100人。编报2022年公务员考录计划，设置职位81个，计划招录112人。9月，组织全市100名新招录公务员开展为期12天初任培训，提高年轻公务员专业素养和履职能力。联合市司法局组织全市行政执法类公务员业务能力培训。

【党员干部现代远程教育（党员电化教育）】 年内，市委组织部围绕庆祝建党100周年、党史学习教育、贯彻落实中共十九届六中全会等会议精神，开展党员干部现代远程教育、党建信息化工作。对全市所有村（社区）远教站免费下发液晶电视、江苏先锋机顶盒（天猫魔盒），连通百兆网络；每月结合党的路线方针政策和基层实际需求编发远教导学单，组织全市基层一线党员干部群众开展省远教固定学习日和远教培训周等学用活动。开通“雉水先锋”视频号，形成“四位一体”（“雉水先锋”微信公众号、“雉水先锋”视频号、如皋党建网、远教站点）网络传播矩阵，单条最高浏览量2.8万人次。“雉水先锋”微信公众号全年发布信息1268条，单条最高阅读量10万人次，年点击量超300万人次。上报信息被“江海先锋”录用26条、“江苏先锋”录用2条，省级新媒体平台录用28条、国家级新媒体平台录用6条。精心摄制精品微党课系列，报送27部作品参加省、南通市级全媒体作品大赛，党员教育视频作品《“百年风华”——非遗剪纸颂党史》《震撼世界的声音》，分别获省、南通市大赛一等奖。以第一书记为原型创作微动漫《不忘初心、方得始终》，并打造以第一书记人物角色为原型的表情包、文创等衍生产品。

【机关党建】 年末，市级机关工委直属党组织56个，其中机关（直属机关）党委19个（下辖二级党委3个、二级总支3个、支部248个）、党总支19个（下辖支部49个）、党支部18个。有党员6602人。其中在职党员4883人，占比73.96%；退休党员1719人，占比26.04%。

政治建设　年内，市级机关工委围绕学习贯彻习近平总书记最新重要讲话和指示批示精神，特别是对江苏工作系列重要讲话指示精神，常态化开展“三级书记”讲党课、党员讲微党课、“百姓名嘴”理论宣讲等特色活动，开展市级机关青年理论学习小组研学、示范主题党日等活动，推动党的最新理论学在经常，融入日常。建立机关党员学习教育重点内容推送制度，推送党课教材30余篇。按季度开展机关党员先锋评选推荐活动，14名机关党员被评为“皋城党员先锋”。依托机关党员政治生活馆，开展党性教育200余次，累计9000余人次参与。

思想文化建设　年内，市级机关工委围绕党史学习教育，举办党史专题讲座，开展机关党史竞赛等活动，增强学习针对性和实效性。围绕庆祝建党100周年，举办“百年华诞、群心向党”主题朗诵比赛，开展“永远跟党走”征文书画摄影比赛。深入推进机关道德讲堂建设，开展“永远跟党走、奋进新征程”主题道德讲堂活动，培育和践行社会主义核心价值观。持续推进书香机关建设，打造“东皋书驿”阅读阵地，组织优秀图书进机关，按月开展“悦月读”活动。充分发挥书法、羽毛球等文体爱好者联合会作用，举办文体比赛，累计近1万人次参与。

组织建设　年内，市级机关工委紧扣“三个表率”（做履职尽责的表率、做为人民服务的表率、做清正廉洁的表率）模范机关建设，改革领导机制。制定机关“三级书记”责任清单，建立“月报季督”制度，健全党务干部管培体系。落实机关党建专职副书记制度，选配专职副书记21人。推广机关党务工作者资格认证制度，56个机关部门党务工作者全部实现持证上岗。推进机关

"第一书记"全覆盖。持续推进党员教育活动阵地规范化建设，新增党建阵地2个。实施"雉水党建云海工程"，指导相关单位设计开发"小精专"特色"互联网＋党建"平台4个，打造党员教育"空中课堂"。严格党员发展工作程序，全年新发展党员141人，处理不合格党员3人。健全困难党员职工关爱帮扶机制，帮扶困难党员职工47人，进一步增强队伍凝聚力。市级机关工委获评全省机关党建工作先进集体。市人民检察院机关党委在南通地区唯一获评省先进基层党组织。

作风纪律建设　年内，市级机关工委深入开展党风廉政宣传教育活动，通过专题培训、参观警示教育基地、以案释纪、故事分享等方式，增强机关党员干部规矩和纪律意识。累计组织3万余人次参与文明典范城市创建，1万余人次参与疫情防控志愿服务。持续深化为民服务，聚焦群众所想、所盼、所急，扎实开展"我为群众办实事"实践活动，紧扣项目服务、乡村振兴、招商引资等重点难点工作，组织开展"奋进现代化、跑赢新赛程"主题实践活动，实施"攻坚有我""两在两同"建新功专题项目120余个，实现在服务发展、服务群众中转作风、提效能。《"微服务"撑起群众大幸福》被"学习强国"刊载。持续深化机关党建服务品牌建设，拓展机关党建品牌内涵外延，打造市市场监管局"明鉴市场"、市行政审批局"五星审批服务"等有影响力党建品牌，"一支部一品牌"党建服务品牌群初具规模。

项目化党建　年内，市级机关工委项目化推进机关党建领航工程、固本工程、强基工程和清风工程。累计实施"书记项目"56个，评选市级机关十佳优秀"书记项目"。《项目化推进"两在两同"建新功行动》获南通市机关党建优秀调研成果一等奖，相关做法被省机关党建网刊载推广。

7月1日，市人民检察院机关党委被省委表彰为省先进基层党组织。图为市人民检察院组织全体干警收看庆祝中国共产党成立100周年大会直播

（市委组织部　供图）

【综合考核】 年内，市考核工作委员会研究出台如皋市2021年度综合考核办法及配套实施方案，创新将大督查工作考核纳入考核体系，在南通率先形成"1+6"考核框架［"1"指1个办法，即《2021年度如皋市综合考核办法》；"6"指6个方案，即镇（区、街道）推进高质量发展考核实施方案、镇（区、街道）党的建设考核实施方案、市级机关服务高质量发展考核实施方案、市级机关党的建设考核实施方案、大督查工作考核实施方案、综合评价实施方案］。推行平时预扣分和年终不见面考核制度。组织开展全市考核工作业务培训，协助开展上半年全市高质量发展指标分析会1次，组织考核工作调研1次、督查1次，完成调研报告、督查报告各1份。配合做好干部考核评价和班子全面考察工作。完成年度综合考核数据整理工作，形成综合考核结果；完成对全市14个镇（区、街道）、61家机关部门及市传媒集团、投资服务中心考核评定等工作。全面做好南通综合考核信息系统维护工作，上传高质量发展和党的建设自评数据、个性工作业绩等内容。配合完成南通市管干部年度考核工作。如皋综合考核在南通排名第四，列县（市、区）第二等次，获争先进位奖。

【党建引领乡村振兴典型做法入选人民网乡村振兴示范案例】 10月23日，人民网发布2021年全国80个乡村振兴示范案例榜单，如皋市党建引领乡村振兴的经验做法"'田园党建'点燃乡村振兴'强引擎'"上榜。

如皋把实施乡村振兴战略作为新时代做好"三农"工作的总抓手，探索"田园党建"新模式，深入推进基层党建和乡村振兴深度融合、齐头并进。全面推行村党组织书记"县乡共管"和村干部联审制度，扎实推进村（社区）干部队伍建设，在完善村（社区）党组织—网格党支部—党小组—党员中心户"四位一体"体系基础上，搭好村（社区）与市级机关部门、企事业单位党建联盟共建平台，推动"资源下乡"，在融合中共赢、在共赢中发展。锻造"田园党建＋"系列品牌，全面推行"进村入户走访”“接待群众说事”“联系群众帮扶”“党群议事反馈”等制度，广泛开展“进百家门、解百家难、暖百家心”走访活动，持续推进“最美家庭”“最美居民”等各类先进典型评选活动，完善红白喜事堂、新风堂、易俗堂等阵地建设，为乡村振兴注入新的生机和活力。

（刘轶凡）

人才工作

【人才培养选拔】 2021年，如皋市实施创新驱动和人才强市战略，深入实施“雉水英才”计划，不断加大人才引进培育力度，持续优化人才创新创业生态。制订《“十四五”人才发展规划》，出台《关于加快人才高地建设、推动如皋高质量发展的若干政策意见》，实施人才安居工程，规划建设青年人才公寓国际社区。强化关爱服务，定期走访慰问优秀人才，及时为人才协调解决子女入学、租房购房等问题。拓宽引才渠道，加速各类人才集聚。对重点规模企业、科技人才企业走访调研，帮助企业联系对接人才资源，搭建多维度“产业＋人才”交流沟通平台。组织摸排梳理人才需求，编制发布《如皋市高层次人才需求信息汇编》。开展科技镇长团走访调研活动，为产业强链补链延链匹配高端人才。到上海开展招才引智实训活动，做好业务知识培训，利用各类资源进行人才项目对接洽谈。组织“才聚雉水、智汇皋地”产业融合汇活动，21个项目参加决赛。组织开展乡贤排查统计工作，健全在外乡贤对接联系网络。强化重点人才综合培育，入选省“双创”人才6人，其中创业类人才5人、高技能创新类人才1人；申报海外引才计划25人；选拔“雉水英才”个人项目29个、团队项目2个；获批省第六期“333”（培养30名左右研究成果具有国际先进、国内领先水平的国家级科学家、工程技术专家和理论家；培养300名左右具有省内领先水平的省级优秀人才；培养300名左右成绩显著的市级人才）高层次人才培养工程13人。

【人才引进】 年内，如皋市组织实施“222”人才引进工程，推动人力资源集聚计划。全市各企业累计引进大中专及以上人才4800余人，其中研究生和高级职称人才231人，本科学历和中级职称人才2236人。全年举办“学子归巢”大型招聘2场，开展专场校园招聘20余场，316家次企业推出需求岗位6894个，达成初步就业意向近800人。组织双钱集团（江苏）轮胎有限公司、思源电气股份有限公司等重点企业到陕西省西安市、咸阳市等地高校开展校企合作对接，达成意向协议4个。在哈尔滨工业大学成功举办如皋·哈尔滨高层次人才合作对接暨博士后招引洽谈会，如皋市与哈工大材料学院、自动化学院达成联合培养博士后计划，根据双钱集团（如皋）轮胎有限公司博士后项目需求，引进博士后1人；江苏汤臣汽车零部件有限公司成功与哈工大自动化机器人学科博士生导师、教授查富生达成合作意向，联合攻关“电控空气悬架”项目；森松（江苏）重工有限公司、南通百川新材料有限公司等规模企业与哈尔滨理工大学、哈尔滨石油学院等院校达成合作意向。举办如皋发展环境和人才政策盐城工学院专场推介暨“两在两同”建新功校政企协同促就业活动，发放推荐就业奖励169.2万元，成立盐城工学院人才工作站。

【人才项目建设】 年内，如皋市着力推进高层次人才创新载体建设。江苏卓远半导体有限公司张新峰“中国留学人员创业启动计划”项目通过人力资源社会保障部项目评估；江苏神马电力股份有限公司博士后科研工作站被评为良好等级，完成2018年、2019年省博士后“两项资助”（科研资助计划和省资助招收博士后人员计划资助）经费使用绩效评估；双钱集团（如皋）轮胎有限公司博士后科研工作站被评为合格等级；江苏九鼎新材料股份有限公司宋晨光博士“仿生形态对风力机叶片抗冲蚀性能的改善机理研究”项目获省博士后科研资助计划C类资助。2018年至2019年6个省“六大人才高峰”资助项目通过省人力资源社会保障厅结项验收。

【人才津补贴兑现】 年内，如皋市鼓励用人单位引才用才，及时兑现各类人才津补贴。完成2020年度企业社保补贴引才奖励就业资助审核，发放70家单位（个人）资助金129.11万元，其中，人才项目配套经费60.26万元，企业社保补贴、引才奖励和就业资助55.5万元，博士后人员生活津贴10.6万元及2019年相关人才项目绩效考评奖2.75万元。开展2021年企业全日制本科生综合补贴及海外高层次人才2020年度个税奖励申报审核工作，发放676名2021年度企业全日制本科生综合补贴和1名海外高层次人才2020年度个人所得税奖励770.29万元。完成2021年度企业高水平创新人才生活津贴、个人所得税奖励和购房补贴申报审核工作，累计发放325.72万元，其中，245名企业高水平创新人才生活津贴257.78万元、13名企业高水平创新人才一次性购房补贴59万元、16名企业高水平创新人才2020年度个税奖励8.94万元。

【高层次人才项目产业融合汇巅峰对决活动】 10月27日，如皋市举行“才聚雉水、智汇皋地”高层次人才项目产业融合汇巅峰对决活动。

活动中，创成汇平台如皋市招才引智工作站揭牌，21 个涉及智能装备制造、汽车及零部件、高端新材料、新一代信息技术、生命健康等领域创新创业项目通过现场或线上路演展开对决，产生一等奖 1 个、二等奖 2 个、三等奖 3 个、优胜奖 6 个。

（刘轶凡　刘海燕）

宣传工作

【概况】 2021 年，全市宣传思想战线深入宣传贯彻习近平新时代中国特色社会主义思想和中共十九届六中全会精神，聚焦中国共产党成立 100 周年主题，围绕中心、服务大局，守正创新、主动作为，为推动全市经济社会高质量发展提供坚强思想保证和强大精神动力。

【理论武装】 年内，市委宣传部围绕中国共产党百年历史、习近平总书记“七一”讲话、中共十九届六中全会和各级党代会精神，组织 140 名市委宣讲团成员开展理论宣讲 506 场，实现应税销售额 1 亿元及以上企业和所有村（社区）全覆盖。围绕习近平新时代中国特色社会主义思想、中共十九届五中全会精神等“6+N”冬训重点主题，构建形成“骨干带动、品牌推动、网络互动、多方联动”工作格局，进一步丰富“理响皋地”冬训特色品牌内涵，全市 6.6 万名党员全员参训。以姚呈明理论武装工作室和成云雷理论名师工作室为示范，实施“名师带徒，青蓝携手”行动，通过专题研讨、集中备课、跟班听课、观摩试讲等“传帮带”活动，提升全市理论宣讲整体水平。扎实推进党史学习教育，紧扣“读原著、学原文、悟原理”要求，坚持以上率下领学、创新载体活学、真督实导促学，市委常委会、市委理论中心组带头开展学习研讨 38 次，全市累计进行专题宣讲 3469 场次，覆盖党员群众 30 万余人次；落实“我为群众办实事”项目 3097 项，百分百办结，项目数列南通县市第一，治水惠民等 7 个实事项目被《人民日报》报道，《1927 年中共如皋县委印章》被省党史学习教育简报全文推送并获省委常委、宣传部部长批示。

【意识形态工作】 年内，市委宣传部严格落实意识形态工作责任制，专项巡察 12 家部门单位意识形态责任制落实情况。城北街道新生社区入选第五批全国“扫黄打非”进基层示范点，如皋市获评南通市“扫黄打非”先进集体。年内，重大主题稿件被省委网信办录用 12 篇，被中央网信办全网推送 6 篇。9 月 8 日，“雉水 e 家”互联网行业党建活动室、“雉水 e 评”网络传播研习所及“如 e 净网”互联网违法和不良信息举报工作室在市委党校挂牌成立。10 月 30 日，如皋互联网行业党委“红领”党务通工作室揭牌成立，在互联网阵地上凝聚红色力量、驱动红色引擎、释放红色活力。12 月 22 日，市委网信办网络安全应急指挥中心揭牌，为南通县（市）首家网络安全应急指挥中心。

【主题宣传】 年内，市委宣传部聚焦庆祝中国共产党成立 100 周年主题，在城市醒目位置增设庆祝活动标识和“奋进现代化，跑赢新赛程”公益小品 20 处，设计制作张贴庆祝活动宣传标语和公益广告 2000 余幅，开展主题文化活动 50 余场。充分发挥爱国主义教育基地作用，广泛开展入党宣誓、讲党课、红色故事宣讲等群众性主题宣传教育活动，策划推出“红色印记”“红色征途”“红色岁月”“红色日历”“红色基因”“红色诵读”“红色歌曲”“红色瞬间”“红色流韵”“红色剪影”十大新闻主题宣传，举办“百年足迹，光辉历程”——如皋档案中的党史巡回展，制作播出《百年风华，如皋印迹》微纪录片 104 集和《党旗“皋”扬映初心》专题片，展示在中国共产党领导下红色如皋走过的峥嵘岁月，赓续红色血脉，坚定信仰信念。

【新闻舆论宣传】 年内，市委宣传部紧扣全市经济社会发展亮点，在南通及以上主流媒体推出新闻报道 1500 余篇，990 篇主题稿件在省级

4 月 2 日，如皋“宣传部长思政课”首场宣讲走进如皋红军小学。图为如皋红军小学学生聆听宣讲

（市委宣传部　供图）

以上媒体平台刊登，246篇稿件在“学习强国”学习平台刊登，《红色阅读主题公交车上线》《红色木偶戏进校园，党史教育润童心》主题新闻被中央电视台报道，吴窑镇宣讲中共十九届六中全会精神做法被《光明日报》刊发。

【媒体深度融合】 年内，市委宣传部按照媒体融合主力军要挺进主战场要求，继续推进市融媒体中心组织变革与重构。开展以“融媒先锋基层行，志愿服务我先行”为主题“4个100”（微型党课100讲、实事实办100例、偶戏巡演100场、童声颂党100篇）特色融媒体新闻行动，推出的“红色征途亮亮说”“红色诵读”“音乐党史课”等融媒体作品1000余件，全方位、多角度讲述党的光辉历程。按照“有事拿来办，没事拿来看”发展定位，紧密结合群众需求，重点打造以“如e融媒”App为核心的“如意云”平台，整合50余个部门、镇（区、街道）的政务服务事项入驻，接入功能80余项、便民服务事项1000余个，安装用户近50万人。市融媒体中心作品《中共组织史上现存最早县委印章“中国共产党江苏如皋县委印”被认定为一级文物》获南通市新闻战线“岗位大练兵、技能大比武”一等奖，成为南通地区唯一连续四年蝉联一等奖的县级融媒体中心。

（范海彬）

精神文明建设

【全国文明典范城市创建】 2021年，市文明委聚焦市十三次党代会提出的“挺进县域二十强，争创文明典范城”目标定位，制订《如皋市“文明典范城市”创建三年行动计划（2021—2023）》，梳理文明典范城市创建实地考察内容及任务分解表，开展深化高质量全国文明城市建设十大专项整治行动（公益宣传提升行动、移风易俗深化行动、文明交通提升行动、文明养犬提升行动、城乡广告净化行动、农贸市场提升行动、文明旅游提升行动、“全民卫生日”深化行动、镇村环境提升行动、小区创建提升行动），打造示范路10条，制作公益宣传画库，增设景观小品，更新灯杆道旗，植入文明提醒，256个小区全覆盖推进“楼道文明典范”创建。坚持清单式、项目化推进文明典范城市创建工作，细化形成文明典范城市创建推进情况月度项目清单，每周至少召开一次全国文明典范城市创建重点责任单位推进会，每月一主题召开镇村精神文明建设现场推进会，打造一镇一品牌建设亮点。开展党史学习教育“我为群众办实事”实践活动，通过结对全覆盖、清单全亮晒、责任全落实，梳理发布常态长效运行实事项目368项。成立规范养犬、线缆整治、移风易俗等专项推进组16个，策划开展“文明一点点”活动，深化开展文明交通、“净城”行动等“文明点赞我的国”系列主题活动，对照“六个有”（有标识、有场所、有队伍、有制度、有项目、有记录）标准全面提升城乡志愿服务站点。招募52名成员组建新一届市民巡访团，开通“爱如皋·随手拍”文明微治理有奖互动平台，不断提高市民参与度。强化文明创建重在责任落实、重在跟踪闭环工作理念，组建10人专职督查队伍，每周一重点不间断开展巡查，累计发放交办函74期，按期逐条销号，逐月压茬推进。会同市委大督查办、市纪委监委加强督办问效，确保创建工作任务落实落地。如皋市以全省第五、南通市第一的成绩顺利通过全国文明城市年度测评。

【社会主义核心价值观教育实践】 年内，市文明委结合不同主题，设计制作“文明·如皋年”“文明·如皋人”“文明健康、有你有我”、文明餐桌“如六条”（诚信经营讲文明、分餐分食做表率、公筷公勺是必须、餐桌礼仪我践行、光盘行动定牢记、禁食野味拒绝吃）等本土特色系列公益宣传画100余幅，在全市城乡广泛张贴。依托如皋文明网、“文明如皋”微信微博，编发各类专题微信推送近2000条。常态开展镇村、部门道德讲堂活动2000余场。每月一主题举办市级示范道德讲堂，通过直播线上线下齐发力，拓宽道德讲堂能量场。持续加强“发现好人、推荐好人、崇尚好人、争当好人”道德机制建设，全年评选表彰月度如皋好人153人，表彰第五届如皋市道德模范5人、提名奖10人。冒小驰当选中国好人，何建军、石秀峰当选江苏好人，丛慧玉当选第二届南通市道德模范。丰富好人“走红毯”“发证书”“授奖杯”“免费体检”“来，我们宠你”等多重礼遇，营造学好人、当好人浓厚氛围。深化信用平台归集公示功能，将信用红黑名单嵌入有关办事流程，实现“逢办必查”。印发《如皋市开展诚信文化“五进”活动实施方案》，部署开展诚信文化“五进”活动，推进诚信建设制度化，着力营造知信、用信、守信良好氛围。开展诚信缺失突出问题专项治理行动，结合“3·15”消费者权益日、“6·14”信用记录日、“知识产权宣传周”“食品安全宣传周”等重要时点，广泛开展诚信主题教育实践活动，不断增强市民诚信理念、规则意识、契约精神。

【群众性精神文明创建】 年内，市文明办部署推进2021年度文明创建先进评选预申报工作和文明共建活动；结合2019—2021年度省级、2019—2020年度南通市级文明镇、文明村、文明社区、文明单位、文明校园评选，建立省级、南通市级文明单位半年述职制度，推进年度群众性精神文明创建和文明共建工作。依托省文明单位在线平台，加强省级文明单位日常管理，持续做优单位创建工作，发挥好示范带头作用。发动文明单位积极参与抗疫，带头落实“一米线”、“文明健康，有你有我”、母婴室设置等要求，提升职业道德，培育文明风尚，展示文明风采。结合乡村振兴示范村、乡风文明先进村培育，深化乡风文明建设，持续开展“全民卫生日”文明实践活动，推动文明镇村、文明家庭积极参与爱国卫生运动和家庭创建“五清”（清庭院、清厅堂、清卧室、清厨房、清厕所）、“三勤”（勤洗手、勤通风、勤消毒）、“两注重”（注重学习锻炼、注重家风家教）活动，养成健康生活习惯。深化家庭文明建设“五项行动”（社会主义核心价值观教育进家庭行动、优良家风建设行动、科学家教普及行动、家庭文化倡扬行动、文明家庭创建推进行动），推动占比 80% 以上三星村级文明家庭奖牌张贴到户，占比 30% 四星镇级文明家庭家风家训展示到户。组织开展“传承好家训、弘扬好家风，幸福伴我行”主题活动，潜移默化培育良好家风、文明乡风。巩固深化“推进移风易俗，弘扬时代新风”行动，做实红白理事会建设，镇村集体婚礼逐渐成为新风尚。

【未成年人思想道德建设】 年内，市文明办印发《如皋市未成年人成长指导中心 2021 年度工作方案》，建立社会、学校、家庭“三位一体”的全员、全程、全方位育人体制机制，强化理想信念教育课程设置，涵养和培育社会主义核心价值观。以志愿服务“满天星”为品牌，推进学生志愿服务站点建设，增强学生社会责任感、创新精神和实践能力。用好劳动教育示范基地，加强劳动教育。评选第十一届如皋市“美德少年（新时代好少年）”60 人，培育选树未成年人身边的榜样。录制“宣传部长思政课”，在全市中小学生中广泛开展思政教育，实现 91 所中小学全覆盖。开展优秀“童”字系列作品创作活动，开设《最美童音》专栏，进一步推广、传唱、展示如皋本土童谣、童诗。继续打造如皋市“知书达礼好少年”主题活动品牌，开展未成年人“八礼四仪”[“八礼”指仪表之礼、仪式之礼、言谈之礼、待人之礼、行走之礼、观赏之礼、游览之礼、餐饮之礼。“四仪”指入学仪式（7 岁）、成长仪式（10 岁）、青春仪式（14 岁）、成人仪式（18 岁）] 主题教育实践活动，开展线上文明礼仪养成示范观摩活动。响应省第二届心理健康月活动，开展各类讲座（团辅）、心理健康剧目欣赏、心理健康老师培训等活动 100 余场次。策划开展第四届“加油，考试季”活动，组织心理健康志愿者、医护人员录制微视频，调适广大考生和家长紧张情绪。

【新时代文明实践中心建设】 年内，市文明办印发《2021 年度持续深化新时代文明实践中心建设实施方案》，细化分解新时代文明实践中心建设重点工作任务、新时代文明实践所（站）重点任务、重点活动项目库、所（站）长重点任务清单。将党组织书记履行文明实践所（站）长任务清单列入高质量发展考核、文明城市建设季度模拟测评、星级党组织评定。结合全市村（社区）党组织书记培训，对村级新时代文明实践各项工作进行辅导，进一步放大“在群众身边”的新时代文明实践特色优势，推动每个村（社区）因地制宜建设不少于 2 个“港港经”百姓茶馆。以“微笑之城、大爱如皋”志愿接力马拉松主题活动为统领，结合“我们的节日”，依托新时代文明实践云平台开展直播，实现周周有活动、月月有回顾。收集发布“1000+”微心愿。如皋市新时代文明实践工作被江苏城市频道《德行天下》栏目报道。

【志愿服务】 年末，全市在江海志愿者服务平台注册志愿者 36.36 万人。年内，各级各类志愿组织累计开展志愿服务活动 8.84 万次，志愿服务时长累计 3889.16 万小时。泰慕士基金会理事长杨敏获评全国学雷锋“四个100”优秀志愿者，“同饮一江水，共筑绿篱笆”长江大保护志愿服务项目获评全国生态环境十佳公众参与案例；“公益顺风车，一路有你”项目

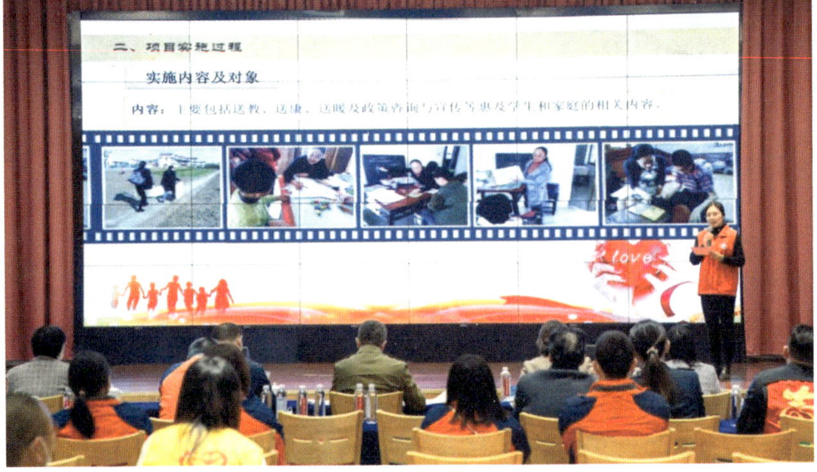

11 月 15 日，南通市“‘志’敬百年、追梦江海”志愿服务接力暨首届文明实践志愿服务项目大赛在如皋举行。图为文明实践志愿服务项目大赛现场（市文明办　供图）

获省志愿服务展示交流会金奖，“偶来讲”“蜗牛之家”项目获评省志愿服务展示交流会银奖，学雷锋义工站、公益顺风车获评省优秀志愿服务组织，东陈镇南东陈社区获评省优秀志愿服务村（社区），获评省优秀志愿者3人。11月15日，南通市“‘志’敬百年、追梦江海”志愿服务接力暨首届文明实践志愿服务项目大赛在如皋举行。活动现场为如皋市第二届“微爱”公益项目大赛获奖项目和2020—2021年度如皋市志愿服务优秀单位及个人颁奖，发布南通江海志愿者服务总站公益广告语获奖作品。

（陈　飞）

统战工作

【概况】 2021年，市委统战部“党课+”做法被人民论坛网、新华网推介。开展《中国共产党统一战线工作条例》（简称《条例》）学习宣传贯彻活动，将传达学习《条例》内容列入市委常委会暨市委统一战线工作领导小组会议专题、市委理论学习中心组学习重点内容，纳入市委党校主体班次教学重点内容，参学400余人；开设“《条例》学习每周一讲”专栏，开展以“学好《条例》促提升，用好《条例》促发展”为主题的微讨论；将《条例》贯彻落实情况列入全市党建考核。开展统一战线庆祝建党100周年系列活动，举办“同心向党，砥砺奋进”主题活动、第五期“同心大讲堂”、建党百年书画展、诗歌朗诵会、“学习红军精神、铭记国恩党恩”学习活动、“永远跟党走”文艺汇演等庆祝活动。

【新的社会阶层人士统战】 年内，市委统战部召开全市自媒体管理工作会议，强化政治引领，推动各自媒体加强行业自律，传播正面声音，扛起社会责任。成立如皋首家自媒体党支部——南通雉水文化传媒有限公司党支部。与市委网信办、市文体广电和旅游局联合开展“网红打卡·献礼百年”新媒体作品征集评选表彰活动，深入挖掘和传播全市文化旅游资源。制定《关于建立健全特约人员工作制度的意见》，9家政府部门落实聘请方案，聘请民主党派成员、无党派人士担任特约工作者。开展“同心抗疫”“同心律师‘e起说’”“清凉一杯水，关爱一座城”“如宝带货”助力乡村振兴、“‘新’连心志愿服务”“爱心送餐”等社会实践活动。打造爱心城市馆、国际园艺城“新心向荣”园艺荟、如皋中软国际“同芯园”和华夏电影展示馆4个统战实践创新基地，其中国际园艺城“新心向荣”园艺荟实践创新基地获评南通市新的社会阶层人士社会实践基地。

【党外人士统战】 年内，市委统战部开展党外代表人士调查推荐专项工作，完成12类人员共1194人信息统计工作。通过“同心大讲堂”等载体，开展习近平总书记“七一”重要讲话精神等主题宣讲活动，覆盖党外知识分子等代表人士1500余人。专题组织为期15天的党外中青年干部培训班，引导党外干部积极建言献策，收集建言献策材料32篇，整理形成《党外人士建言献策汇编》，20余条合理建议得到及时转化运用。建立177名出国留学人员数据库和131名归国留学人员数据库。组织党外代表人士参加党委、政府及有关部门召开的协商会、座谈会、通报会，推荐优秀党外代表人士担任政协委员、人大代表、特约人员，为他们及时反映社情民意信息提供履行政治职责平台。坚持把发现、培养、选拔、使用好党外干部作为一项重大政治任务，6名党外人士被提拔为副科职领导干部，1人被提拔为正科职领导干部。11月20日，召开如皋市欧美同学会（如皋市留学人员联谊会）成立大会，举行市欧美同学会（市留学人员联谊会）揭牌仪式，选举产生市欧美同学会（市留学人员联谊会）第一届理事会会长、副会长。

【非公经济领域统战】 年内，市委统战部围绕如皋市“3232”产业体系，着力加强商会建设。实施“机关—商会”党建枢纽工程，10家市级机关党组织与10家商会党组织组建商会党建联盟。在《如皋日报》开设“如商”专刊，开通“天下如商”微信公众号、视频号，着力讲好、讲活如商故事，凝聚如商力量。建立民营经济统战工作协调机制，开展“春雨润苗”专项行动，助力民营经济高质量发展。与省委统战部和张謇企业家学院联合，举办民营经济代表人士省级调训班2期，全市民营经济代表人士101人参加培训，相关工作成效被《新华日报》和省委统战部主办的杂志《挚友》刊登。8月24日，召开全市民营经济代表人士综合评价工作会议，启动民营经济代表人士综合评价工作。9月至12月，对民营经济代表人士综合评价4批次、395人。

（陈　凤）

老干部工作

【概况】 2021年年末，全市有离休干部201人，其中行政机关离休干部60人、事业单位离休干部83人、企业单位离休干部58人，80～89岁离休干部42人、90岁及以上离休干部159人。有退休干部11501人。全市有老干部党总支部15个；老干部党支部123个，其中，市级机关老干部党支部56个，镇（区、街道）老干部党支部 67 个。年内，市委老干部局被中国老年报社评为全国涉老工作部门庆祝建党 100 周年暨党史学习教育宣传工作优秀单位，市科技局老干部党支部被评为全省百佳离退休干部党支部。

【老干部党建】 年内，市委老干部局召开离退休干部党建工作协调议事会议、党建工作推进会，举办党组织书记培训班，开展离退休干部党组织书记沙龙 2 期，评选表彰市级示范党支部 12 个，培育老干部党总支创建基层党建工作示范点 2 个。蒋本立获评全省百佳离退休干部党员。注重党建工作特色，打造党建品牌 30 个，"雉水银发先锋"被评为南通市离退休干部党建"十佳品牌"。新建涉老社团功能型党支部 8 个。探索建立"一线牵""网上见""面对面""飞鸿雁"流动党员教育管理机制，受到南通市委老干部局通报肯定。建好用好市离退休干部党员之家，《如皋"共享式"党员之家激活老干部党建一池春水》被省委老干部局"银潮"公众号刊载。

【老干部思想政治建设】 年内，市委老干部局举办四套班子退休老领导读书班，组织四套班子退休老领导到外地调研考察。开展党史学习教育，举办党史学习宣讲 100 余场，组织"回望百年路，助力新征程"主题党日活动 26 次，组织老干部参加全省老干部系统党史知识竞答。两部"忆党情、颂党恩"主题情景党课微视频分获南通市二等奖和三等奖。组织离退休干部通过专题党课、座谈交流、主题党日等形式学习贯彻习近平总书记"七一"重要讲话和中共十九届六中全会精神，举办学习贯彻中共十九届六中全会精神离退休干部专场宣讲报告会。组织老干部到杨根思纪念馆和红十四军纪念馆等红色教育基地开展党性教育，引导离退休干部永远"听党话、跟党走"。建立"雉水银发先锋"微信公众号，全面推行"互联网+"教育模式，按期开展云端党课学习，集中收看中央组织部、省委老干部局网上专题报告会，引导老干部自觉增强"四个意识"、坚定"四个自信"、做到"两个维护"。

【老干部服务管理】 年内，市委老干部局督促落实全市离退休干部政治生活待遇，组织县处级老领导参加市委全委会、市政府工作报告征求意见会，听取如皋经济社会发展、城市建设情况。深化"情系功臣·关爱精准"工程，持续推进"三有一落实"（有一条就医绿色通道、有一名家庭签约医生、有一套医疗特困帮扶机制，落实提高享受医疗待遇政策）工程，组织开展离休干部"两个服务规范"（看病就医绿色通道服务规范、家庭医生签约服务规范）督促检查，创新将离休干部心理疏导列入家庭医生签约服务内容，满意率百分之百，被南通市委老干部局通报表扬。主动对接企业离休干部非基金支出部分发放工作，协助做好 21 位抗战离休干部提高待遇申报工作，全面落实离休干部生活补贴提高标准待遇。常态化开展"面对面，心连心"大走访，全年走访慰问 484 人次，接待来电来访 273 人次，及时协调解决离退休老干部反映问题。在市老年大学开设智能手机专业，举办智能手机大讲堂，助力老年人跨越"数字鸿沟"经验被省发展改革委、卫健委《工作动态》刊载。规范落实干部荣誉退休制度，举行市管干部荣誉退休仪式。创新"阅读+文化养老"模式，建成三星级"东皋书驿"。

【老有所为】 年内，市委老干部局组织 14 位市四套班子老领导与年轻村（社区）党组织书记进行"银发先锋助力头雁高飞"结对，聘请 6 位新退休市管干部担任青年公务员成长指导老师，助推青年公务员快速成长。深化"银发生辉·七彩乐龄"工程，创新实施志愿服务行动，"3·5"学雷锋日"小亭志愿服务月""12·5"国际志愿者日期间开展老干部志愿服务大联动 3 次。创建老党员工作室 5 个和江海银发先锋驿站 7 个。结合"我为群众办实事"和"两在两同"建新

年内，全市退休老干部积极投身"两在两同"建新功行动。图为如城街道退休老干部组织学生瞻仰烈士陵园，讲述如皋革命史　　（市委老干部局　供图）

功行动，组织开展“银发强党建”等5项活动，成立“银发领读团”，《“银发”领读丰富精神生活》被《中国老年报》等媒体刊载。挖掘选树先进典型，表彰正能量先锋20人，培育志愿服务创新项目12个。“银发护绿水、优化水生态”获评南通市委老干部局良好项目。退休干部石秀峰被评为江苏好人、南通好人，于永芳被中国老科学技术学会评为百名优秀老科技工作者，李中林被省文明办、关工委评为全省关心下一代工作先进个人。

【文化养老】 年内，市委老干部局加强老干部活动中心和老年大学两个主阵地建设，助力老干部老有所乐。围绕“颂建党百年、做时代新人”主题，开展“百对老少颂党史”等六项活动，成功承办南通市主题教育现场会，情景剧《血沃春泥》获省老少同台展演一等奖。开展庆祝建党100周年系列活动，市委书记为老干部党员代表颁发“光荣在党50年”纪念章，组织老干部观看建党百年大会盛况，举办“银发心向党、聚力新征程”文体活动10场，举办“我心向党、魅力夕阳”主题文艺汇演，征集“我看百年新成就”专题调研感言40篇。利用“红园讲坛”开展乐龄课堂10场次，组织老干部参加省、南通市相关活动，1幅摄影作品获长三角联盟“百年追梦·重走一大路”研学活动一等奖，征文在省建党百年主题征文中获一等奖1篇、二等奖2篇。

（钱　丹）

机构编制管理

【概况】 2021年，市委编办推进机构编制管理规范化法治化建设，不断增强机构编制刚性约束。围绕重点民生需求，科学调配编制资源，全面加大民生保障力度。全年通过春、夏季及乡村定向师范生招聘到岗教师489人，化解中小学代课教师146人，化解比例55%；核定两所医共体所属卫生院（社区卫生服务中心）事业编制1600余人，按每1万人常住人口疾控力量配比1.19人标准，核定疾控机构人员编制147人。按照中央、省委和南通市委关于全面推进长江流域禁捕退捕工作部署要求，结合全市实际，在市农林水利综合执法大队增挂“如皋市渔政执法大队”牌子，增设内设机构长江渔政中队，根据核定编制标准配备渔政执法人员，在事业编制总量内调剂14名至市农林水利综合执法大队，确保渔业执法队伍人员力量配齐配强。通过机构编制人事财政一体化平台，实时监督全市所有机关事业单位机构设置、人员编制管理和领导职数配备等情况，全年累积抽查单位47家，核对并完善各单位机构编制台账资料，保障全市机构编制统计数据全面、真实、准确。全年审核单位编制使用计划106家，审核单位股级职数127家，申领执法证核对1200余人。

【基层整合审批服务执法力量改革】 年内，市委编办通过实地调研，对14个镇（街道）赋权事项和“三定”（定职能、定机构、定编制）执行情况进行专项评估，进一步总结改革经验，深化改革举措。坚持便民审批服务一线，推进镇（街道）为民服务中心建设，全市347个村（社区）全部设立便民服务站点，打通便民审批网上办、就近办“神经末梢”。结合省委编办下发的《赋权指导目录》，会同市司法局、行政审批局梳理制定赋权清单，按照“成熟一批、赋予一批”原则，分2批下放审批服务事项108项、执法事项57项。

【“大数据＋指挥中心＋综合执法队伍”试点工作】 年内，如皋市出台“大数据＋指挥中心＋综合行政执法队伍”试点工作方案，明确构建职能体系、情报体系、指挥体系、队伍体系、制度体系“五大体系”试点任务，系统推进综合行政执法改革。通过开展镇（街道）综合行政执法局、镇域治理现代化指挥中心标准化建设，推进编制人员下沉镇（街道）一线，除文化市场、应急管理为市级一支队伍外，市场监管、城市管理、交通运输、农林水利等领域均实行镇（街道）分局、中队执法，保证一线执法人员占比超过80%。依托大数据赋能，综合行政执法应用平台有效汇聚全市7个执法部门数据77万余条，其中执法事项3707个、行政处罚案件信息1200条、行政执法人员信息2600余条，以及商务、城乡住房建设、教育、税务等部门行政检查类监管事项436个，建立执法人员信息库、当事人库、法律法规库、案件库、案卷库等执法数据库，实现行政许可数据实时传输，为行政执法效能评价提供有效数据支撑。

（刘小龙）

党校教育

【概况】 2021年，市委党校围绕中共十九大和十九届历次全会精神，坚持党校姓党、擦亮初心底色，全年举办各类干部培训班次69个，培训学员6051人次。以“入脑入心入灵魂”常态化开展党校选学，开设各类专题选学课程10场，全年参学1066人次。持续擦亮“马跃皋原”党建服务理论宣讲品牌，结合如皋地方党史及发展成就，制订宣讲“菜单”，线上线下同频共振，推出“党校大‘理’包”微课堂宣讲，以喜闻乐见形式让党史教育在基层干部群众心中落地开花。全年深入全市各镇（区、街道）、村（社区）和市级机关各部门开展党史、习近平“七一”重要讲话、中共十九届五中全会和六中全会宣讲140场，受众1.47万人次。

【干部培训】 年内，市委党校抓实党的理论教育和党性教育，坚持不懈强化干部队伍宗旨意识，以习近平新时代中国特色社会主义思想作为党员干部教育培训着力点，以中国共产党在百年奋斗中形成的伟大精神、科学理论滋养党员、激励干部。开发形成以习近平新时代中国特色社会主义思想为统领，以党的基本理论、“四史”教育、市情教育等为主体的“1+N”课程体系。按照党史教育要求，设计“大党史”+“阶段史”+“地方史”、理论课+红色现场教学等系列课程，全年共有20个专题参加晒课，“坚持和加强党的全面领导”“公职人员的法治思维”“掌握马克思主义思想方法和工作方法”等新专题通过评课选优程序进入主体班课堂。进一步完善市委主要领导带头到市委党校讲课，其他各机关部门、乡镇主要领导进党校讲课常态化制度，全年10位市委常委以学员论坛、专题授课等形式先后走进党校主体班课堂，为中青年干部培训班、新录用公务员暨优秀青年人才初任培训班等5个主体班次授课12次。进一步规范“皋e云党校”教学培训流程，实现培训管理精细化、数字化、智能化，切实推动服务意识和课程内容提质增效，截至年末，“皋e云党校”拥有注册用户4056人。“党校选学”以需求为导向补齐理论短板，以灵活为特色增强培训实效，以优质为核心精选专家名师，全年开设“毛泽东延安整风三篇论著及其当代价值”“中美博弈下的台海局势走向——从阿富汗变局看台湾问题的解决路径”等专题选学课程10个。

【现场教学】 年内，市委党校突出重点、擦亮品牌，围绕时代发展需要，深挖地方特色资源，持续推进“五色如皋”（“古色”“银色”“绿色”“金色”“红色”）现场教学品牌建设，配合党史教育重点打造“红色如皋”精品专线，借助如城街道顾庄社区、城北街道平园池村、红十四军公园、烈士陵园等现场教学点，连点成线、情境带入，不断丰富教学内容。更加注重理论与实践结合，深入挖掘如皋城市精神和革命斗争精神内涵实质及经验启示，修改完善现场点教学设计，提升教学效果，全年接待外地现场教学班次60个、学员6335人次。市党风廉政教育馆全年接待65批3437名党员干部参观学习。

【教科研咨政服务】 年内，市委党校以青年教师赛课、周二学习日、专题研讨月等活动形式促进教师研讨，提升科研能力。以教学带科研、以科研促教学，努力做到教学出题目、科研做文章、成果进课堂，深化科研对教学的支撑作用。发挥党校学理支撑的优势，以项目为载体做精科研资政，推动科研资政齐头并进，坚持理论研究与应用研究相结合，聚焦如皋经济社会发展中的重点热点难点问题，为市委、市政府决策做好资政服务，打造有特色有影响的新型智库和知行互动的资政平台。全年定期编发《时文荐读》8期，服务于全市党政干部学习提升；编发《建言献策》8期，服务于企业经营管理；精选全校调研成果，汇编成《党校视角》。全年完成课题10项，其中，省委党校课题1项（“关于新时代加强农村党员队伍建设的研究报告”），南通市委党校课题5项［“新发展阶段如皋干部能力建设的现状与思考”“如皋‘两新’组织党员闭环式管理研究”“破解村（社区）干部队伍建设难题研究”“南通市强化战略科技力量路径研究”“南通融入苏南、对接上海创新型经济发展比较研究”］，南通法学会课题2项（“高质量发展语境下的南通市生态环境保护法治化研究”“产业转型升级形势下民营经济法治建设研究”）。30项科研成果在《新华日报》等刊物上发表。决策咨询报告《关于我市工业低效用地的调研报告》、论文《基层党组织执行党内法规的现实梗阻和逻辑进路》分别获评全省党校（行政学院）系统第十届优秀决策咨询三等奖和优秀科研成果三等奖。

（邓海波）

如皋市人民代表大会

重要会议

【市十七届人民代表大会第五次会议】 2月23日至26日，市十七届人民代表大会召开第五次会议。会议听取并审议通过市政府、市人大常委会、市人民法院和市人民检察院工作报告，审查并批准如皋市国民经济和社会发展第十四个五年规划纲要和二〇三五年远景目标纲要、2020年国民经济和社会发展计划执行情况与2021年国民经济和社会发展计划报告、2020年财政预算执行情况和2021年财政预算报告；决定将《关于全力打造一流“如意”营商环境品牌、为建设长江以北最强县市赋能助力的议案》《关于坚持以创建国家创新型城市为引领、大力实施创新驱动发展战略的议案》列为大会议案；选举司祝建为市第十七届人大常委会主任，王鸣昊为市人民政府市长，秦金春为市监察委员会主任，唐明渠为市人民法院院长，吴晓栋为市人民检察院检察长，刘金城、陈敏敏、龚卫东为市第十七届人大常委会委员；票决产生2021年度市政府民生实事项目。

【市十七届人大常委会会议】 2021年，市十七届人大常委会召开常委会会议10次，即市十七届人大常委会第三十四次至第四十三次会议。

第三十四次会议 1月11日，市十七届人大常委会召开第三十四次会议。会议听取并表决通过《如皋市第十七届人民代表大会常务委员会代表资格审查委员会关于个别代表的代表资格的报告》《如皋市人大常委会关于补选南通市第十五届人民代表大会代表办法》，补选南通市第十五届人民代表大会代表4名。

第三十五次会议 2月20日，市十七届人大常委会召开第三十五次会议。会议听取并审议通过关于市十七届人民代表大会第五次会议有关事项、代表变动及补选代表资格的审查报告；听取、审议并表决通过市政府关于2021年民生实事候选项目计划安排报告，同意将候选项目提交市十七届人民代表大会第五次会议全体代表票决；审议通过市人大常委会主任会议提请的人事任命事项；表决通过市人大常委会关于接受吴道健辞去市第十七届人大常委会主任、邵晓泉辞去市第十七届人大常委会副主任、茅红宇辞去市人民政府副市长、史有根辞去市监察委员会主任职务申请和马金华、刘向阳辞去如皋市人大代表及南通市人大代表职务请求的决定。

第三十六次会议 3月1日，市十七届人大常委会召开第三十六次会议，听取南通市公安局关于提请许可对如皋市人大代表陆仲玉采取强制措施的报告，审议并表决通过关于许可对市人大代表陆仲玉采取强制措施的决定。

第三十七次会议 3月29日至30日，市十七届人大常委会召开第三十七次会议。会议听取并审议市政府关于2020年度环境保护工作报告，对全市环境保护工作开展专题询问；听取并审议市公安局、民政局、交通运输局、应急管理局和医保局关于市人大代表评议意见整改落实情况的报告和市政府关于贯彻落实《市人大常委会关于如皋市脱贫攻坚工作情况报告的审议意见》报告，对上述工作满意度进行测评。会议审议并表决通过《如皋市人大常委会关于全力打造一流“如意”营商环境品牌、为建设长江以北最强县市赋能助力的决议》《如皋市人大常委会关于实施创新驱动发展战略、建设创新型城市的决议》《如皋市人大常委会关于加强国家机关同人大代表联系的暂行办法》；审议并表决通过市人大常委会主任会议、市人民检察院提请的人事免职事项。会议邀请全国人大代表、南通大学附属医院骨科主任刘璠作十三届全国人大四次会议精神专题讲座。

第三十八次会议　5月26日至27日，市十七届人大常委会召开第三十八次会议。会议听取并审议市政府关于全市供销为农服务、医疗保障工作情况报告，市人大常委会执法检查组关于检查《中华人民共和国传染病防治法》实施情况报告；审议市政府关于《市人大常委会关于检查〈中华人民共和国土壤污染防治法〉实施情况报告》落实情况报告，对上述工作满意度进行测评。审议并表决通过市人大常委会主任会议、市政府、市人民法院提请的人事任免事项，及接受李晓冬辞去如皋市人大代表职务请求的决定。传达学习省十三届人大常委会第二十二次会议精神，以及省人大常委会"深入学习贯彻习近平法治思想，推动地方人大工作实现新发展"座谈会精神。

第三十九次会议　7月26日，市十七届人大常委会召开第三十九次会议。会议审议并表决通过市政府、市监察委员会、市人民检察院提请的人事任免事项，决定任命吴海军为市人民政府副市长，陈刚为市人民政府副市长、市公安局局长，免去陈晓彬市公安局局长职务，接受陈晓彬辞去市人民政府副市长职务申请。

第四十次会议　8月4日至5日，市十七届人大常委会召开第四十次会议。会议听取并审议市政府关于"全力打造一流'如意'营商环境品牌，为建设长江以北最强县市赋能助力"议案和"坚持以创建国家创新型城市为引领，大力实施创新驱动发展战略"议案办理和相关决议落实情况、"关于加快推进镇卫生院与村卫生室一体化建设"建议和"关于规范城区养犬管理"建议办理情况，2021年上半年国民经济和社会发展计划执行情况、2020年财政决算和2021年上半年财政预算执行情况、2020年市级预算执行和其他财政收支审计工作情况，市人大常委会执法检查组关于检查《江苏省农村公路条例》实施情况，市人民检察院关于适用认罪认罚从宽制度情况报告；审议市政府关于落实《如皋市人大常委会关于检查〈中华人民共和国农产品质量安全法〉实施情况的报告》情况，市人民法院关于落实《如皋市人大常委会关于破产审判工作情况报告的审议意见》情况报告。会议对上述工作满意度进行测评。审议并表决通过市政府提请的人事任命事项，决定任命陈鸣华为市人民政府副市长；接受陈晓东辞去南通市人大代表职务请求。审议并表决通过《关于批准2020年市级财政决算的决议》《关于进一步加强审计查出问题整改情况监督的办法》。

5月26日至27日，市十七届人大常委会召开第三十八次会议。图为会议表决环节
（市人大办　供图）

第四十一次会议　9月28日至29日，市十七届人大常委会召开第四十一次会议。会议听取并审议市政府关于2020年度国有资产管理情况、"七五"普法工作情况报告，市人大常委会执法检查组关于检查《中华人民共和国水法》实施情况报告，审议市政府关于落实《市人大常委会关于对镇卫生院（社区卫生服务中心）运行情况汇报的审议意见》的报告，对上述工作满意度进行表决。会议表决通过《关于开展第八个五年法治宣传教育的决议》；听取并审议通过关于市镇两级人民代表大会换届选举的有关事项；审议并表决通过市人民法院提请的人事任免事项，听取南通市人大代表如皋团第四小组履职情况报告和市人大常委会规范性文件备案审查工作报告；对全市水环境治理工作开展专题询问。

第四十二次会议　11月28日至29日，市十七届人大常委会召开第四十二次会议。会议听取并审议市政府关于2021年民生实事项目实施情况、"关于全力打造一流'如意'营商环境品牌，为建设长江以北最强县市赋能助力"议案和"关于坚持以创建国家创新型城市为引领，大力实施创新驱动发展战略"议案办理和相关决议落实情况、市十七届人大五次会议代表建议和重点督办建议办理情况报告，并对以上工作满意度进行测评。会议审议并表决通过市人大常委会主任会议、市政府、市人民法院提请的人事任免事项，决定任命唐余宽为市人民政府副市长；听取并审议市政府关于2021年市级财政预算调整方案（草案），审查和批准2021年市级财政预算调整方案；审议并表决通过关于召开市第十八届人民代表大会第一次会议的决定；审议并表决通过关于接受林文美辞去市人民政府副市长职务请求的决定、关于接受郝晓东辞去如皋市人大代表及南通市人大代表职务请求的决定。

第四十三次会议　12月30日，市十七届人大常委会召开第四十三次会议。会议听取并审议市政府关于2020年度市级预算执行和其他财政收支审计整改情况报告、关于审计发现民营改制水厂代征涉水收费欠缴问题整改情况报告，对以上事项进行满意度测评。会议听取并审议市政府关于2022年民生实事候选项目计划安排报告、市第十七届人大常委会代表资格审查委员会关于市第十八届人民代表大会代表资格审查报告，审议通过市第十八届人民代表大会第一次会议有关事项和市人大常委会工作报告（稿），市人大常委会表彰决定；审议并表决通过市人大常委会主任会议、市人民检察院提请的人事任免事项。市人大常委会任命的“一府两院”相关人员在会上报告履职情况。

【市委人大工作会议暨纪念如皋人大设立常委会40周年大会】 8月24日，市委人大工作会议暨纪念如皋人大设立常委会40周年大会在市民服务中心三楼会议室召开。会上，市委书记何益军从提高政治站位、聚焦中心大局、发挥代表作用三个方面，就做好新时代人大工作

6月22日，市人大常委会专题调研市人民检察院落实认罪认罚从宽制度情况

（市人大办　供图）

提出要求。长江镇党委、丁堰镇党委、城北街道人大工委、东陈镇人大主席团负责人就人大工作进行交流。会议印发纪念如皋人大常委会设立40周年获奖征文汇编及纪念画册；组织与会人员参观“砥砺四十载，奋进新时代”图片展，回顾人民代表大会制度在如皋的生动实践。

工作监督

【概况】 2021年，市人大常委会听取和审议专项工作报告及计划、预算、审计报告共16项，作出决议、决定和审议意见39项，跟踪督查16次，开展专题询问2次。着力推动高端成套设备及关键零部件产业链培育、磨头机场改扩建、城市片区更新建设、文明城市创建等工作，关于国民经济和社会发展计划执行、高效为农服务、财政预决算、同级审、医保工作、环境保护等议题审议意见得到市政府重点推进落实。

【专项工作报告审议】 年内，市人大常委会听取和审议市政府关于环境保护、国有资产管理、医疗保障、供销为农服务、“七五”普法规划完成及“八五”普法规划制订、“全力打造一流‘如意’营商环境品牌，为建设长江以北最强县市赋能助力”议案、“坚持以创建国家创新型城市为引领，大力实施创新驱动发展战略”议案和相关决议落实、为民办实事和代表建议意见办理、2020年度同级财政审计发现问题整改及审计发现民营改制水厂代征涉水收费欠缴问题整改情况专项报告，以及市人民检察院关于认罪认罚制度执行情况专项报告，并对以上工作满意度进行测评。

【专题询问】 年内，市人大常委会结合听取审议专项工作报告和执法检查报告，组织开展专题询问2次。3月30日，市十七届人大常委会第三十七次会议听取和审议市政府关于环境保护专项工作报告，围绕推进环境保护工作目标和具体举措、巩固化工产业安全环保整治提升成果、推进长江大保护工作、推进城乡垃圾分类等10个方面问题，开展专题询问。市政府分管副市长，市城管局、住房城乡建设局、农业农

村局、水务局、发展改革委主要负责人，以及如皋生态环境局负责人现场回答询问。9月28日，市十七届人大常委会第四十一次会议听取和审议《中华人民共和国水法》执法检查报告，对全市水环境治理工作开展专题询问。市人大常委会组成人员从完善农村河道长效管理机制、农业面源污染治理、生活污水收集处理、污水处理厂运行负荷等9个方面，向市政府及相关职能部门提出询问。市住房城乡建设局、水务局、农业农村局及如皋生态环境局主要负责人及分管负责人现场回答询问。

【议案督办】 年内，市人大常委会围绕市十七届人民代表大会第五次会议提出的“全力打造一流‘如意’营商环境品牌，为建设长江以北最强县市赋能助力”和“坚持以创建国家创新型城市为引领，大力实施创新驱动发展战略”2个议案，及时作出决议，抓好议案督办，提升督办成效。全年组织开展营商环境专题调研活动22次，牵头组织专题会商26次，召开推进会6次，整理营商环境问题清单64条、优化措施清单126条，涉及责任部门39个，以问题清单、措施清单、责任清单三张清单和项目推进表作为总抓手，推动各单位紧扣问题和时点，对着目标整改。截至年末，解决问题60个，全面落实优化措施118条。实行“点穴”疗法，稳步推进数字赋能、信用支撑、向下赋权、惠企便民及要素优供五大工程，先后推动《涉企轻罚免罚清单》《重点企业信用分类分级监管办法》等制度出台，进一步擦亮“企业开办半日通”“云上如意店小二”“如意云指导”等品牌，创新实施“信用+监管+审批”新型监管模式、“交房（地）即发证”登记服务等举措，持续放大“如意”营商环境品牌效应。助力优化营商环境工作经验被南通市人大常委会批示表扬，并号召南通各县（市、区）学习借鉴。通过调研、视察、走访、座谈等方式，梳理确定科技创新平台载体建设、产学研协同创新、科创人才引育及作用发挥、科创政策落实、财政资金投入、知识产权保护利用6个方面督办重点，研究制定推动科技创新工作问题清单、措施清单、责任清单，每月选取不同主体、主题开展督办活动。坚持实绩导向，创新督办形式，采取分析解剖与跟踪监督、专题调研与清单推进相结合等方式，定期开展阶段性成果总结和问题研究，助推科创体制机制改革，助力科创生态环境建设，不断强化科技创新对全市经济社会发展引领驱动。

【财经监督】 年内，市人大常委会对全市经济运行情况组织开展调研督查活动，深入研判经济发展形势，序时分析国民经济运行和社会发展计划完成情况，依法听取和审议市政府关于国民经济和社会发展计划执行、财政预算执行、同级财政审计工作、审计重点问题整改情况等方面报告，审查和批准2020年财政决算。出台《关于进一步加强审计查出问题整改情况监督的办法》，强化审计监督，落实整改责任，强化责任追究，推进审计成果有效运用，推动解决民营自来水厂涉水欠费、往来款长期挂账等一批“老大难”问题。对国有资产管理情况进行深入调研，加强市级国有企业运营监督。年内，市人大常委会会议听取和审议市政府关于国有资产管理情况综合报告，提出审议意见，推动国有资产管理工作制度化、规范化、科学化。

【民生实事项目监督】 年内，市人大常委会制定在市镇两级全面推行民生实事项目人大代表票决制，全市票决产生民生实事项目169件。对10件市级民生实事项目，市人大常委会制订专门督查方案，落实责任委室，建立“一件一小组、一季一督查、半年一报告、一年一测评”监督机制，全链条、全过程督查市政府实事项目实施进度，提升民生实事项目质量和实用效益。10月26日，市人大常委会开展民生实事项目办理情况集中视察。11月29日至30日，市十七届人大常委会第四十二次会议听取和审议市人民政府关于2021年民生实事项目实施情况报告，并进行满意度测评。

【跟踪监督】 年内，市人大常委会注重提升监督实效，实现监督工作有效“闭环”。跟踪监督市政府关于2020年度环保工作、脱贫攻坚、镇卫生院（社区卫生服务中心）运行、市人民法院破产审判等专项工作报告审议意见落实情况。跟踪监督《中华人民共和国土壤污染防治法》《中华人民共和国农产品质量安全法》执法检查报告落实情况。跟踪监督市政府关于民族工作、建筑企业改革发展工作调研发现问题的落实情况。跟踪监督市公安局、民政局、交通运输局、应急管理局、医保局5个单位评议整改工作。市人大常委会会议分别审议上述工作并进行满意度测评。

法律监督

【概况】 2021年，市人大常委会检查《中华人民共和国传染病防治法》《中华人民共和国水法》《江苏省农村公路条例》3部法律法规实施情况，召开贯彻实施《中华人民共和国长江保护法》座谈会。视察调研《中华人民共和国残疾人保障法》和《江苏省残疾人保障条例》实施情况，推动相关法律法规贯彻实施。围绕“七五”普法规划完成情况和“八五”普法规划制订情况进行深入调研，听取和审议市政府关于“七五”普法规划完成情况报告，作出开展第八个五年法治宣传教育的决议。依法对市政府制定的规范性文件进行备案审查。依法做好信访督办工作，有效督办人民群众来信来访 82 件次。

【传染病防治法执法检查】 4 月至 5 月，市人大常委会执法检查组对《中华人民共和国传染病防治法》实施情况开展检查。针对全市公共卫生队伍建设、要素保障机制完善、应急救治能力提升、基层网底建设强化等方面存在问题，建议市政府及相关部门要落实主体责任，充分发挥政府主导职能；优化资源配置，着力完善要素保障机制；强化招引培养，切实加强人才队伍建设；突出关键领域，严格落实防疫抗疫措施；精准宣传教育，加大防治知识普及力度；加强基础建设，不断提升应急救治能力。

【农村公路条例执法检查】 6 月至 7 月，市人大常委会执法检查组对《江苏省农村公路条例》实施情况开展检查，针对农路公路条例宣传贯彻覆盖面不够广、农村道路提档升级任务比较繁重、“建管养”保障机制有待强化等问题，建议市政府及相关部门要进一步强化法治意识，落实资金保障，完善“建管养”举措，强化监管执法，提高运营效能，努力将乡村道路打造成为“平安放心路”“美丽乡村路”“美好生活路”。

【水法执法检查】 8 月至 9 月，市人大常委会执法检查组检查《中华人民共和国水法》实施情况，针对宣传工作有待深入、执法效率有待提高、水利工程管护责任有待压实、水资源水生态保护力度有待加大等问题，建议市政府及相关部门要进一步优化依法治水法治环境、规范水资源管理、落实水土保持措施、形成综合治水合力、压实水利设施管护责任、办好水环境治理民生实事。

【贯彻实施长江保护法座谈会】 3 月 12 日，市人大常委会举行贯彻实施《中华人民共和国长江保护法》座谈会，传达学习省委书记、省人大常委会主任娄勤俭关于长江保护批示精神，并就贯彻《中华人民共和国长江保护法》开展辅导讲座。会议强调，要充分认识《中华人民共和国长江保护法》重大意义，统一思想认识，切实担负起保护长江母亲河历史责任，推动生态优先、绿色发展，共抓大保护、不搞大开发等理念要求和决策部署的贯彻落实。要深刻理解《中华人民共和国长江保护法》核心要义，加快形成节约能源资源和保护生态环境的产业结构、增长方式、消费模式，让清水绿岸产生良好生态效益、经济效益和社会效益。要严格履行《中华人民共和国长江保护法》法定职责，严格执法，推动法律实施到位；强化监督，发挥人大职能作用，进一步加强长江大保护和生态环境保护。

【残疾人保障法律法规实施情况视察调研】 8 月至 9 月，市人大社会建设委员会调研组对市政府贯彻实施《中华人民共和国残疾人保障法》《江苏省残疾人保障条例》情况开展视察调研，针对社会扶残助残氛围不够浓厚、残疾人就业难度依然很大、公共服务有待进一步完善、康复基础设施建设比较薄弱、为残服务水平有待进一步提高等问题，建议市政府及相关部门进一步营造扶残助残良好氛围，办好残疾人特殊教育，促进残疾人就业创业，提高公共服务保障水平。

【规范性文件备案审查】 年内，市人大常委会出台规范性文件备案审查咨询专家库管理办法，召开全市“八五”普法规划暨规范性文件备案

8 月 27 日，市人大社会建设委员会调研残疾人保障法律法规贯彻实施情况
（市人大办　供图）

审查专题会议，首批聘请26名规范性文件备案审查咨询专家，提升规范性文件备案审查工作专业化水平。全年对市政府出台的《如皋市城镇老旧住宅小区改造工作实施意见（试行）》等12份规范性文件开展备案审查，进一步完善工作流程，提高审查能力。市十七届人大常委会第四十一次会议听取并审议关于市人大常委会规范性文件备案审查工作报告，在南通各县（市、区）中属首家。

人事任免

【概况】 2021年，市人大常委会坚持党管干部、依法任免有机统一，对市委决定重要人事安排，及时启动工作程序，依法行使任免权。注重任前初审与任后监督相结合，依法任命人大及“一府一委两院”相关人员50人，免职43人，接受辞职6人。

【任前调查】 年内，市人大常委会开展对“一府一委两院”提请任命人员任前调查，坚持任前法律知识考试、供职发言、宪法宣誓等制度，增强被任命人员法治意识。

【任后监督】 年内，市人大常委会加强对人大选举和人大常委会任命人员的任后监督，促进依法履职，提升工作效能。12月30日，市十七届人大常委会第四十三次会议组织“一府一委两院”相关人员51人向人大常委会报告履职情况，进行满意度测评，将测评结果向报告人和所在单位反馈，并报市委作为考核和任用干部参考依据。

视察调研

【概况】 2021年，市人大常委会就村级卫生室建设、地方金融监督管理、民营职业教育、创新现代农业经营方式、区域供水体制改革，以及市人民法院执行规范化建设等工作开展视察调研。配合省、南通市人大开展12项议题视察调研和监督。

【村级卫生室建设工作视察调研】 4月，市人大常委会对全市村级卫生室建设工作开展视察调研，针对村级卫生室工作人员问题矛盾突出、基础设施建设薄弱、执业风险防范能力不强等问题，建议市政府及相关部门加强一体化管理、完善绩效考核机制、提升健康信息化水平、推进城区社区卫生服务站规划建设。

【法院执行规范化建设情况调研】 4月至5月，市人大常委会开展对法院执行规范化建设情况调研，针对案多人少矛盾仍然比较突出、执行工作机制落实不够到位、执行不规范现象还有存在、执行队伍建设仍需加强、执行工作缺乏正确的舆论引导等问题，建议市人民法院要进一步提高政治站位，坚持以人民为中心司法理念，树立案件当事人满意才是真满意的执行工作理念，以最大限度实现胜诉当事人合法权益为目标，以提高实际执结率为着力点，做到抓管理与抓创新并举，抓巩固与抓长效并重，不断强化制度落实，规范执行程序，加强队伍管理，推进执行规范化建设长效机制建设，着力提升执行工作司法公信力。

【地方金融监督管理工作视察调研】 4月至5月，市人大常委会开展对地方金融监督管理工作视察调研，围绕普惠金融政策落实、制造业贷款占比提升、金融风险管控、上市工作开展等提出具体建议。相关建议得到市委和市政府主要负责人批示，要求市政府及其相关部门认真抓好落实，充分发挥担保和再担保机制作用，探索试行通过大数据为企业信用精准“画像”，持续优化全市营商环境。

【民营职业教育工作视察调研】 5月，市人大常委会开展对全市民营职业教育工作视察调研，针对民营职业教育生源不够充足、校企结合不够紧密、日常教学不够规范、就业机制不够完善等问题，建议市政府及相关部门要高度重视民营职业教育，不断补齐民营职业教育短板，打造一流教育品牌；创新办学模式，强化学校管理，完善职业教育和培训体系，不断提升办学质量和管理水平；深化体制机制改革，整合多方资源，加强校企合作，把民办职业教育办出特色，着力培育高技能人才，助推全市经济社会高质量发展。

【创新现代农业经营方式情况视察调研】 6月，市人大常委会对全市创新现代农业经营方式情况开展视察调研，针对新型农业经营主体用地流转难问题有待破解、资金投入有待加大、服务体系有待健全、综合效益有待提高等问题，建议市政府及相关部门进一步加强宣传引导、营造发展氛围，加强政策扶持、完善配套体系，加强综合服务、提升经营水平，加强行业指导、创新发展机制。

【区域供水体制改革情况视察调研】 8月至10月，市人大常委会开展对全市区域供水体制改革运行情况视察调研，针对全市区域供水体制改革有待深化、服务效能仍需提升、维修改造任务较重等问题，建议市政府及相关部门要继续深化供水体制改革、助力打造“如意”营商环境、持续加大基础设施投入、加大违法违规查处力度，进一步提升完善城乡供水规范化管理新格局，确保城乡居民喝上优质、安全自来水。

人大代表工作

【概况】 2021年年末，全市有江苏省十二届人大代表6人、南通市十五届人大代表87人、如皋市十七届人大代表406人。年内，市人大常委会组织开展“建最强县市·做最美代表”主题实践活动，围绕“学党史办实事，为民服务我先行”“督议案促发展，助推发展我出力”“问河长护生态，建设美丽如皋我参与”3项主题，通过开展专题询问、现场视察、建言献策等代表履职活动，动员全市各级人大代表自觉担当使命、认真履行职责，主动深入基层，收集认领企业和群众“身边事”“微心愿”979项，在助发展、促法治、护生态、惠民生等方面发挥作用。

【建议督办】 年内，市人大常委会持续深化“六督一评”（人大常委会主任会议集体督办、常委会领导领衔督办、职能委室协调督办、各委室对口督办、代表参与督办、借力媒体舆论督办、人大代表背靠背测评）工作机制，加强代表建议督办工作。建立人大代表建议督办分工挂钩机制，对当年度457件代表建议按照专业领域划分至市人大常委会各委室、专门委员会，常态化跟踪市政府及各责任部门对代表建议的办理情况，确保“部门真办理、代表真满意”。至年末，代表建议答复率百分之百，代表建议办理满意率和基本满意率百分之百。坚持执行代表建议重点处理机制，将关于推进“支持长江镇跨过长江去、加快建设融入长三角一体化发展前沿区”落地实施等5条建议列为年度重点督办建议，定期组织视察调研、督查推进。对上年度意见建议办理落实情况“回头看”，再次听取和审议市政府“关于加快推进镇卫生院与村卫生室一体化建设的建议”“关于规范城区养犬管理的建议”2条2020年度重点督办建议后续办理情况报告，确保代表建议意见真正办理落实到位。

如皋市第十七届人民代表大会第五次会议优秀代表建议一览表

表3

序号	优秀建议	建议人
1	关于进一步改善提升自来水厂运营管理服务水平的建议	王正国
2	关于推进“支持长江镇跨过长江去、加快建设融入长三角一体化发展前沿区”落地实施的建议	钱建宏等
3	关于建立如皋籍在外优秀人才常态化联系服务机制、促进参与家乡建设的建议	张　勇（组织部）
4	关于进一步加强基层卫技人才队伍建设的建议	左春燕
5	关于深度开发内外城河风光带和龙游河生态水系旅游资源的建议	陈建军等
6	关于对古城片区提档升级的建议	王　辉
7	关于推动乡村振兴发展的几点建议	孙世军
8	关于“十四五”期间全面疏浚整治村组河道、补齐农村人居环境短板的建议	朱益红
9	关于缓解企业用工难、助力经济社会高质量发展的建议	周永刚
10	关于如皋中小企业创新发展的建议	葛云彩
11	关于抢救保护国家级非遗项目“如皋丝毯”的建议	刘聪泉
12	关于打破异地就医壁垒、真正实现长三角一体化医疗资源贯通的建议	彭深海
13	关于高效优质开展中小学生课后服务的建议	王桂兰
14	关于整治我市保健品市场乱象的建议	张宏祥
15	关于培育扶持我市“名特优”农产品品牌建设的建议	张琦浩
16	关于加强网格员队伍建设的建议	许新明
17	关于加强混凝土行业监管的建议	周红梅
18	关于规范电动车充电管理的建议	魏　莉
19	关于加强我市住宅小区消防安全管理的建议	石　耀
20	关于进一步完善我市城区医疗机构规划的建议	程　蓉
21	关于向市属国有企业派驻监事的建议	黄海松
22	关于优化交通测速服务助跑营商环境加速度的建议	汤雯涓
23	关于强化校园保安队伍、呵护校园安全的建议	薛燕飞
24	关于规范便民服务中心部分窗口服务的建议	秦小军
25	关于加快健全社会养老服务机制的建议	张建军
26	关于进一步加强农村道路提档升级的建议	朱留宽
27	关于综合治理加强外卖配送安全管理的建议	徐群生
28	关于对燃烧斗香加强管制的建议	马宏兴
29	关于强化老旧小区安全隐患排查整治的建议	吉小燕
30	关于进一步完善和加强中学生社会实践的建议	郭富淼

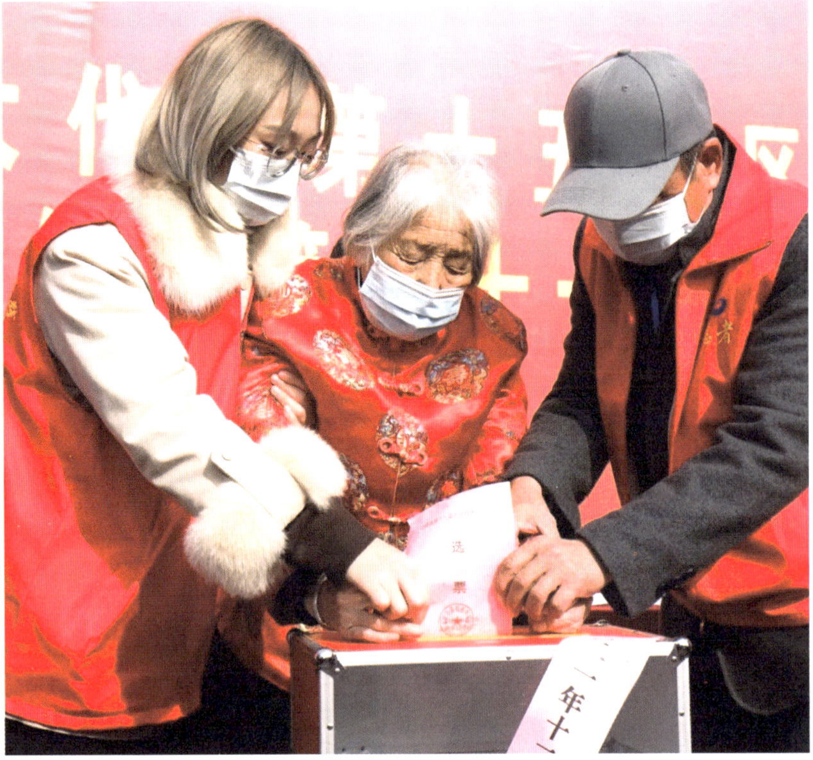

12月10日上午，市镇人大代表换届选举现场，白蒲镇跃进社区百岁老人姜洁珍亲手填好选票，将其投入票箱内　　（市人大办　供图）

【人大代表换届选举】 年内，市人大常委会对人大代表换届选举工作开展多轮调研，梳理难点问题3大类9小项，提出建议和对策10项。"分层分段"开展业务培训，组织专题培训32场，培训4094人次。建立挂钩联系机制，指导各镇、街道完善换届选举各环节工作方案和工作流程。12月，全市选举产生新一届市人大代表421人、镇人大代表1155人。12月25日，《新华日报》头版以《确保选出群众的"代言人""意中人"——如皋下好换届选举"一盘棋"》为题介绍如皋市人大代表换届选举做法。

【代表履职渠道建设】 年内，市人大常委会审议通过《如皋市人大常委会关于加强国家机关同人大代表联系的暂行办法》，统筹安排人大代表列席人大常委会会议、政府常务会议，旁听法院庭审，参加司法执行、检察开放日等活动，进一步保障代表知情知政权利。执行市委"两代表一委员"密切联系群众制度，持续深化"双联系"工作机制。深入开展"主任接待代表日"活动，围绕营商环境、科技创新、生态环境、美丽乡村等主题，听取各级代表意见建议。重视代表能力提升，围绕代表履职需求，坚持"走出去""请进来""送下去"相结合，实现代表履职学习全覆盖。建设"智慧人大"代表履职平台，推进"1+14"（1个市级平台+14个乡镇微信小程序）网络系统建设，力推线上线下履职深度融合，市镇两级人大互联互通。

基层人大工作

【基层人大工作指导联系】 2021年，市人大常委会始终坚持全市人大工作一盘棋思想，加强对镇、街道人大工作指导，指导镇、街道人大修订完善会议制度、制定工作职责、健全工作制度。把培训镇、街道人大干部列入工作常态，采取集中学习与个人自学相结合、定期培训与以会代训相结合、专家讲课与研讨交流相结合等多种方式，有目的、有计划、有步骤组织镇、街道人大干部学习。落实市人大常委会领导及委室分片联系镇、街道人大工作制度，做到"每月有联系、每季有督查、年终有点评"，确保相关工作和要求落实到基层。强化对镇（街道）人大工作考核评价，开展基层人大工作先进单位和先进工作者评比活动，促进镇级人大能力增强、活力增加、工作增效。

【基层人大工作创新】 年内，如城、城南、城北3个街道人大工委深入实施选民代表议政会制度，打造发展共商、民生共议、难题共解的基层治理新模式。各镇、街道人大（工委）结合实际创新开展专题询问、副镇长述职并接受评议、代表参与"阳光信访"、代表"云问政""助跑"审批业务等活动，形成"一镇一品牌、一街道一特色"格局。

（吉小燕）

如皋市人民政府

重要会议

【概况】 2021年，市政府召开政府常务会议16次、全体（扩大）会议1次；召开各类专题会议121次，会议主题涉及如皋医学中心（市人民医院新院区）项目建设、龙游湾沿江生态景观带建设、园区共建、如城街道西部片区城市建设、公共交通运营中心建设、区域治水等方面。

【市政府常务会议】 1月14日，十七届市政府召开第六十二次常务会议。

2月8日，十七届市政府召开第六十三次常务会议。会议听取全市根治欠薪冬季专项行动推进情况汇报，研究部署根治欠薪冬季专项行动及工程建设领域百日攻坚专项行动；传达贯彻岁末年初全国安全防范工作紧急视频会议及全省深化安全生产三年专项整治推进会议精神、南通市污染防治攻坚推进会议精神；讨论全市非法流动加油专项整治行动方案、城镇既有房屋安全隐患排查整治实施方案、违法建设和违法违规审批专项清查工作方案等事项。

3月5日，十七届市政府召开第六十四次常务会议。会议传达贯彻《中共中央办公厅、国务院办公厅关于做好人民群众就地过年服务保障工作的通知》精神；讨论政府工作报告及2021年民生实事项目、如皋市国民经济和社会发展第十四个五年规划和2035年远景目标纲要草案、2020年国民经济和社会发展计划执行情况与2021年国民经济和社会发展计划草案等议题。

3月24日，十七届市政府召开第六十五次常务会议。会议对市政府党组党史学习教育进行动员部署，传达学习习近平总书记在全国“两会”上重要讲话精神和全国“两会”精神，讨论市新冠肺炎病毒疫苗接种工作方案，2021年如皋市深化“放管服”改革优化营商环境工作要点、新型工业化考核办法、城镇老旧住宅小区改造工作实施意见（试行）等议题。

4月12日，十七届市政府召开第六十六次常务会议。会议对与会人员进行统计方法制度和统计法专题辅导解读，讨论关于进一步加强和规范全市统计基层基础工作的意见；会议通报全市一季度安全生产工作情况，研究部署下一阶段工作；讨论市政府领导班子成员2021年安全生产重点工作清单、2021年安全生产目标管理考核办法、各镇（区、街道）党委政府和市安委会成员单位履行安全生产工作责任考核评价指标、深入打好污染防治攻坚战工作计划及考核办法等议题。

5月12日，十七届市政府召开第六十七次常务会议。会议听取一季度重点经济指标完成情况汇报，部署下一阶段经济工作；传达学习贯彻省委常委、常务副省长樊金龙在省消防安全委员会成员单位会议上讲话精神，讨论市消防安全委员会成员单位消防工作职责；听取危险化学品、道路交通安全、群租房、户外广告设施安全生产专项整治工作情况，研究部署下一步工作，强调要严密防范各类事故发生，要求相关部门压实企业主体责任，加强监管，结合专项整治，严密排查各类安全隐患，发现问题坚决整改；传达国务院、省政府廉政工作会议精神；讨论在各镇（区、街道）开展相对集中行政处罚权工作、深化农村公路管理养护体制改革实施方案、违法建设查处办法、专精特新“小巨人”企业培育三年行动方案

（2021—2023）、加强企业家队伍建设实施意见、市领导挂钩联系优势产业链工作方案等议题。

6月1日，十七届市政府召开第六十八次常务会议。会议传达学习贯彻省委常委会会议相关精神；讨论全面贯彻落实国务院安委会开展深化江苏安全生产专项整治指导工作实施方案，部署全市安全生产及专项整治工作；听取2021年县（市、区）高质量发展考核共性指标第一季度监测情况书面汇报；听取市属国有企业2020年目标责任制考核情况汇报，讨论市属国有企业2021年目标责任制考核；讨论科技·人才洽谈会工作方案、犬类管理集中整治行动方案、环境综合整治行动方案、加强新型农村社区建设的实施方案、改革完善社会救助制度的实施意见等议题。

6月25日，十七届市政府召开第六十九次常务会议。会议传达省、南通市防范当前突出风险维护社会稳定会议精神，研究部署贯彻落实工作；传达贯彻国务院和省、南通市安委会视频会议精神；听取城镇燃气、交通运输及港口危险化学品、批发市场、商业场所安全生产专项整治工作情况，研究部署下一步工作；讨论中心城区征地工作考核办法、城市绿线管理办法、永久性绿地保护管理办法、加快农业高质量发展全面推进乡村产业振兴的激励意见、村级河道“自己的河道自己管护”实施意见等议题。

7月21日，十七届市政府召开第七十次常务会议。会议传达学习省委书记、省人大常委会主任娄勤俭对苏州市吴江区四季开源酒店辅房坍塌事故批示和7月16日省委常委会精神，听取上半年全市安全生产工作情况汇报，部署下一步全市安全生产及专项整治工作；传达省疫情防控工作领导小组暨涉外联防联控指挥部紧急电视电话会议精神，部署全市疫情防控工作；听取2020年财政决算（草案）报告、2021年上半年财政预算执行情况报告；讨论如皋市国企改革三年行动实施方案，推行涉企免罚轻罚清单、加强柔性执法、进一步优化营商环境实施意见，优化营商环境重点企业执法司法“白名单”制度实施细则，餐厨废弃物全域全量收运处置实施方案，促进3岁以下婴幼儿照护服务发展的实施意见等议题。

8月13日，十七届市政府召开第七十一次常务会议。会议讨论传达贯彻国务院、省和南通市关于疫情防控工作会议精神，研究部署疫情防控工作；传达南通市安委会全体（扩大）会议暨深化安全生产三年专项整治推进会精神及各级关于既有建筑安全隐患排查整治专项行动方案精神，对全市安全生产工作和既有建筑安全隐患排查整治工作进行再部署；传达市十七届人大常委会第四十次会议关于相关建议议案办理、2021年上半年国民经济和社会发展计划执行情况报告、2020年财政决算和2021年上半年财政预算执行情况等事项审议意见精神，研究部署下一步推进计划；讨论进一步加强税费协同共治工作实施意见、市政府投资基金管理暂行办法、既有多层住宅加装电梯等议题。

9月9日，十七届市政府召开第七十二次常务会议。会议传达学习贯彻新修订的《中华人民共和国安全生产法》及《国务院安委办、应急管理部关于近期重大及典型事故情况的通报》精神，讨论如皋市关于贯彻落实《省安全生产第十一巡查组巡查南通反馈意见整改方案》的实施方案，部署下一步安全生产工作；传达学习贯彻《国家自然资源督察南京局2021年江苏省耕地保护督察工作实施方案》和自然资源部关于卫片执法工作有关问题视频通报会精神；传达学习《省政府办公厅关于认真贯彻落实中央领导同志防汛抢险救灾工作指示精神、全力以赴抓好防汛抗洪救灾工作的通知》，部署下一步防汛抢险救灾推进工作；讨论做好整市屋顶分布式光伏开发项目的实施意见、常态化制度化规范化开展领导干部接访下访包案化解指定信访事项工作、进一步减轻义务教育阶段学生作业负担和校外培训负担的实施意见、创建全国义务教育优质均衡发展县（市、区）实施方案、高质量教育县域样板建设纲要、如皋市—洋县对口协作2021年度工作计划等议题。

9月30日，十七届市政府召开第七十三次常务会议。会议传达中国共产党南通市第十三次代表大会精神，要求全市上下要迅速把思想和行动统一到南通市党代会精神上来，做到先学一步、学思践悟，把相关要求落实到具体工作中、体现在实际行动上；传达南通市能耗“双控”会议精神，听取全市能耗“双控”工作汇报，研究部署下一阶段能耗“双控”工作；讨论如皋市“十四五”消防救援事业发展规划、企业信用分类分级监管实施办法、关于加快科技企业孵化器建设与发展的补充意见、2021年如皋市科技强企人物候选人名单、住宅专项维修资金管理办法（修订）、优秀教育人才评选和管理办法等议题。

10月17日，十七届市政府召开第七十四次常务会议。会议传达学习中央人才工作会议精神，讨论关于加快建设人才高地推动如皋高质量发展的若干政策意见；传达学习《中国妇女发展纲要和中国儿童发展纲要》；讨论如皋市2021—2022农村水利工作实施意见；听取全市食品安全工作情况汇报，要求把食品安全作为一项重大政治任务来抓，坚持做到落细落小工作方向，加强进口冷链食品排查，坚持守护公众健康的基本职责，确保老百姓吃得放心、过得舒心；讨论高质量安全发展实施方案、关于贯彻落实《江苏省为民服务中心标准化评价指标（试行）》、关于赋予或委托各镇（区、街道）部分县级经济社会管理权限的实施方案、全面推行林长制实施方案等议题。

11月6日，十七届市政府召开第七十五次常务会议。会议传达国家、省、南通市疫情防控工作会议精神，听取全市疫情防控工作情况汇报，要求全市上下要进一步落实属地、部门、单位、个人“四方责任”，落实中高风险地区人员摸排，加强应急能力建设；传达南通市深入打好污染防治攻坚战三季度点评暨生态环境保护督察整改工作推进会精神，部署污染防治攻坚工作；讨论如皋市“十四五”环境保护规划，打造跨江融合发展样板区五年行动方案，关于进一步优化营商环境、提升企业开办便利度实施方案等议题。

11月20日，十七届市政府召开第七十六次常务会议。会议传达学习中共十九届六中全会精神，并就贯彻落实工作交流研讨；传达学习全省安全生产电视电话会议有关消防安全相关指示精神，听取全市校园消防安全检查、安置小区隐患排查整治、基层消防站建设等相关工作情况汇报，对相关工作提出明确要求；讨论镇（街道）行政权力事项清单、耕地耕作层土壤剥离和再利用工作实施意见、城市公园管理办法、推进养老服务高质量发展实施意见等议题。

12月8日，十七届市政府召开第七十七次常务会议。会议传达学习贯彻中央政治局会议关于2022年经济工作精神；传达学习习近平总书记关于统计工作系列重要指示批示精神及统计法律法规知识，研究部署全市统计工作；听取关于市十七届人大常委会第四十二次会议精神及相关议题审议意见专题汇报；讨论关于明确“十四五”期间及以后各类群体享受生活补助正常增长机制、“十四五”现代服务业发展规划、“十四五”先进制造业高质量发展规划、全市科技创新重点指标提质增效行动方案、“十四五”农业农村现代化规划等议题。

【市政府全体（扩大）会议】 10月16日，市政府召开全体（扩大）会议，动员全市政府系统围绕“打造跨江融合发展样板区”新定位，奋力冲刺四季度，确保圆满完成全年目标任务。会议指出，要凝聚“打造样板区、打胜开局战”共识，要对照争先进位的新定位新目标落实落细不放松，对照加快发展的新阶段新挑战知难克难不懈怠，对照民生幸福新期盼新要求苦干实干不停步。要求政府系统要坚持项目为王，聚力推进项目建设；坚持创新驱动，全力推动产业转型；坚持防范风险，不断增进民生福祉；坚持防范风险，更好统筹发展安全。

政府施政

【概况】 2021年，市政府面对严峻复杂的国内外环境和疫情冲击等多重挑战，突出稳中求进，构建新发展格局，推动高质量发展。产业集群蓄势做强，汽车及零部件、新型电力装备、高端成套设备及关键零部件、生命健康、电子信息、新材料六大产业链实现应税销售总量占全市规模以上制造业应税销售82.43%。如皋入围全国电子商务进农村综合示范县。粮食、生猪等重要农产品稳产保供，入选全国绿色种养循环农业试点县，获评省农产品质量安全市、省首批绿色蔬菜（黑塌菜）产业特色县。整县（市）屋顶分布式光伏开发项目获国家能源局立项。入选国家制造业单项冠军企业1家、中央财政支持重点“小巨人”项目2个。企业上市3家、新入轨3家、股改1家。开展重大项目质态提升年活动，新开工重特大制造业项目15个、服务业项目8个，竣工项目7个，转化达产项目4个，获南通高端制造业奖励项目3个。启动实施“创新如皋”三年行动计划，出台科技23条、人才22条激励政策，获批省级资金类科技计划项目12项、省科学技术奖3个、南通“揭榜挂帅”项目2个，总量均居南通第一。新瑞药业获全国颠覆性技术创新大赛优胜奖。入选国家重点人才计划1人、国家高端外国专家引进计划项目1个。如皋市获批省首批创新型示范建设县市。全面推进国企改革三年行动，获批省农村改革试验区。制造业外资到账额南通县（市、区）第一，新开国际国内航线6条。在全国营商环境百强县（市）排名第28位，居全省营商环境评价南通县（市、区）榜首，推动“放管服”、商事制度等改革工作获省政府督查激励。优化城市功能，新改建城市道路35千米、桥梁29座，老旧小区改造18万平方米、惠及群众2600户。水利建设获省政府督查激励，入选全国水系连通及水美乡村建设试点县。环境质量持续改善，水上绿色综合服务区建成运营。疫情防控毫不放松，核酸日混检能力40万人份；全人群疫苗全程接种率88%。城管综合执法标准化入选全国试点。启动全国信访工作示范县（市）创建，群众安全感位居全省县（市）首位。

【医疗卫生设施提升】 年内，如皋

12 月 30 日，如皋医学中心（市人民医院新院区）开工奠基　　（汤乾玮　摄）

医学中心（市人民医院新院区）开工建设，计划总投资 25.5 亿元，总占地面积 18.86 万平方米，总建筑面积 26.9 万平方米，设床位 1400 张，按照三甲医院标准建设，是集医疗、教学、科研、保健、康复、急救功能为一体的现代化综合性医院，同时设立公共卫生中心和妇幼中心。搬经镇、江安镇卫生院完成主体工程建设。

【农村生活垃圾治理】 年内，搬经夏堡、九华、江安、磨头、东陈、吴窑、石庄、长江 8 个垃圾中转站建成并投入运行，实现全市乡镇生活垃圾中转站升级改造全覆盖，彻底解决农村垃圾中转站设备陈旧，转运能力差，车辆跑气、冒水、滴液、漏液等问题。

【水环境整治】 年内，如皋市完成 223 条黑臭水体治理及农村黑臭河道整治试点市任务。编制农村水环境治理规划，完成城北街道片区通扬运河、白毛港疏浚整治及东司马港以南、通扬运河以西、如海运河以东 1 片区 255 平方千米水环境治理任务，涉及 7 个镇、1 个街道。建设农村生态河道 15 条，建立村级河道“自己的河道自己管护”模式。完成分散农户生活污水治理 2.5 万户。

【城区教育资源优化】 年内，如皋初中新校区、仙鹤幼儿园开工建设。如皋初中新校区占地约 8.7 万平方米，计划总投资 3.27 亿元，总建筑面积 5 万平方米，按 20 轨 60 班设计，可容纳学生 3000 人；仙鹤幼儿园占地约 2 万平方米，计划总投资 9000 万元，总建筑面积 1.5 万平方米，按 8 轨 24 班设计，可容纳学生 720 名。丁堰镇、磨头镇 2 所幼儿园通过省优质幼儿园申报。

【道路通行安全保障】 年内，如皋市实施道路交通安全“生命防护工程”，完成 22 条县道共 462 千米和 214 个交通事故多发点位道路安全隐患治理。成立吴窑、下原、东陈 3 个交警中队，招聘 202 名交通辅警入职，完成“一镇一中队”建设。完成老 204 国道（蒲黄线至九华镇区段）改造及 40 千米干线公路亮化提升工程。

【农村供水管网改造】 年内，如皋市围绕“两年完成全市域农村供水管网改造提升”目标，全年改造提升农村供水主管网 63.8 千米、次管网 90 千米，换表改造 17.5 万户。

【养老托育健康服务】 年内，如皋市强化养老和托育健康服务，为全市 65 岁以上老年人免费提供基本健康体检 22.07 万人，1 ~ 2 周岁儿童免费接种水痘疫苗 6250 针。实施妇幼“四免”筛查，完成适龄妇女“两癌”（乳腺癌和宫颈癌）筛查 8.65 万例、产妇产前筛查 5403 人、新生儿疾病筛查 4523 例。

【社会救助保障】 年内，如皋市全面推行因病支出型贫困家庭救助制度，完成自然灾害人身意外伤害和家庭财产综合保险工作任务，居家适老化改造 916 户。改造磨头镇敬老院作为重度失能（失智）特困供养服务机构设施，配全相关功能室设施，新增护理床位 100 张。

【就业扩容】 年内，全市新增就业 28255 人，其中长江镇重大项目用工 1.7 万人。招引首次到如皋就业人员 1 万余人，其中高校毕业生 4314 人。培养、培训职业技能人才 690 人。援助 4512 名就业困难人员实现就业。

【城区老旧小区改造】 年内，如皋市围绕老旧小区改造五年攻坚目标，分 4 批次实施人民银行和工商银行宿舍楼、宏济苑、春晖苑、陆桥苑、蒲行小区、绘园一区、锦绣苑一期和三期等老小区改造，涉及面积 33.63 万平方米，截至年末，完成改造 18.63 万平方米。8 月 13 日，《如皋市既有多层住宅加装电梯实施意见》经十七届市政府第七十一次常务会议讨论通过，对既有多层住宅加装电梯适用范围、实施主体、基本原则和资金筹集、实施前提条件、实施程序等给予明确规定。

（倪建军）

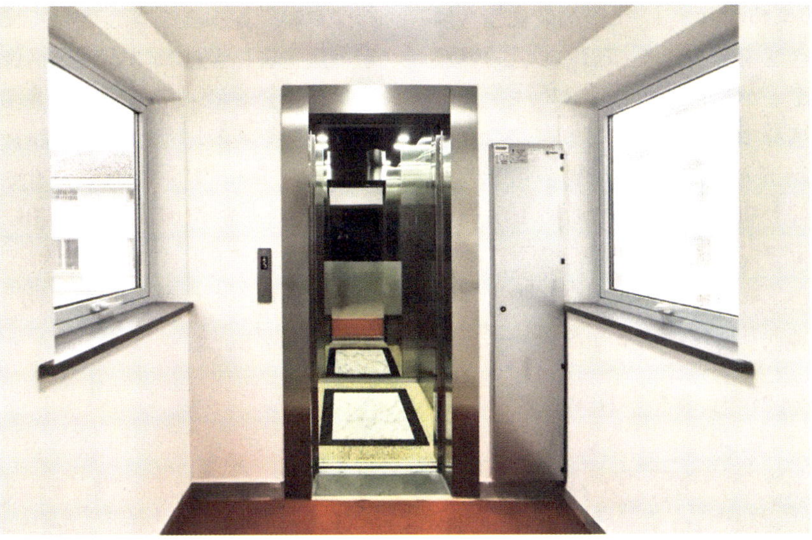

1月27日，如城街道武定苑202幢1单元加装电梯通过验收试运行

（市住房城乡建设局　供图）

服务型政府建设

【概况】2021年，全市新登记私营企业9561家，年末累计42274家；新登记私营企业注册资本520.48亿元，年末累计注册资本4354.89亿元。新登记个体户17092户，年末累计148330户；新登记个体工商户资金额29.25亿元，年末累计资金额180.04亿元。办理外资登记事项295件，办结外资企业审批事项295件，其中有限公司新设事项79件、分公司新设事项13件、各类变更事项121件、注销26件、其他事项56件。办理外资股权出质登记2件，助企融资6932万元。办理施工许可117件，组织公共资源交易事项1942件，标的额303.25亿元，受理各类行政审批事项82万余件，按期办结率百分之百，综合评议满意率百分之百。协调服务重大项目事项168件次，召集各类评审会、协调会、现场踏勘2000余次，解决企业群众办事难题398个。持续完善三级政务服务体系，贯彻落实《江苏省为民服务中心标准化评价指标（试行）》，就“一窗服务”“一网通办”、自助服务、帮办代办、适老化服务、“好差评”等11个方面36项内容明确具体标准。深入推进“互联网+政务服务”，全面落实南通市县一体化政务服务管理平台在市镇村三级部署，实现全市三级政务服务办件全部在市县一体化平台上流转、运行。

【政务服务标准化建设】年内，市行政审批局推进政务服务大厅标准化建设，将各政务服务分中心纳入一体化管理，实现政务服务事项咨询、预约、申请、受理、审查、决定、结果送达等全流程标准化管理。推进镇（区、街道）便民服务中心标准化建设，出台《关于贯彻落实〈江苏省为民服务中心标准化评价指标（试行）〉的通知》，明确重点任务、时间节点、奖补政策，在全市掀起便民服务中心建设热潮，为“同城通办”打基础。推动基层政务服务标准化建设，实行“一窗受理、全科服务”，形成如皋开发区（城北街道）“如意办·开心办”、九华镇“晓明帮办”、长江镇“五星筑梦”等特色政务服务品牌。

【市场主体全生命周期服务】年内，市行政审批局全面升级市场主体全生命周期服务，全面推行企业开办全程电子化登记、全流程“一站式”代办服务，创新企业开办半日通办机制，持续优化企业开办半日通平台，探索升级政银合作，依托银行点多面广优势，打造“企业开办15分钟服务圈”。全面开启“证照分离”“一业一证”、简易注销改革，向新开办企业赠送“大礼包”，内含行政公章、财务章、发票专用章、法定代表人名章、工商营业执照正本、副本、税务ukey、《优惠政策一本通》及《市长致企业家的一封信》等内容，实现企业开办“零成本”。

【工程建设项目审批】年内，市行政审批局推动供水、供电、燃气等便民事项集中进驻政务服务大厅，构建水电气报装“一站办”新阵地。牵头出台人防许可审批告知承诺办法、生产建设项目水土保持方案告知承诺审批管理办法等文件，探索工程建设项目告知承诺制审批，助推项目早开工。推动实施工程建设项目“拿地即开工”，优化设计方案联合审查流程，推动联合测绘、联合验收，推动区域评估成果编制。编制西部片区控制性详细规划，牵头完成如泰运河、通扬运河生态廊道工程规划设计方案并付诸实施，依托运河沿线滨水区复兴，推动城市景观提升、空间格局优化，实现城市融合发展。拟定建设用地规划条件，保证建设项目土地供应。全年审查如皋初中新校区等项目建设工程设计方案54个，总建筑面积453万平方米；办理建设工程规划许可709份，涉及用地面积201.5万平方米。

【公共资源交易管理】年内，市行政审批局制定《如皋市产权交易负面清单》《如皋市国有企业产权交易管理实施细则》等，加强公共资源交易领域的标准化、规范化建设。

出台《关于试行工程建设项目招标文件预公示的通知》，探索实施工程招标文件预公告制，加快推进长三角一体化跨省远程异地评标。加强公共资源交易监管和违法违规行为查处，全年依法处理投诉件5件、信访举报件3件，向市综合行政执法局移交违法违规线索6起。

【不动产登记】 年内，市自然资源和规划局颁发不动产权证书30197本、不动产登记证明22664份、首次登记证明单33683份，办理查解封登记1944件、注销登记10293件，“96510”热线电话和不动产登记窗口接受各类咨询近2万次。聚焦优化营商环境，推进存量房转移抵押登记合并办理1624件；聚焦拓展便民服务，连通省自然资源厅提供的7个部门26个信息共享接口，实现共享信息嵌入集成应用，推进不动产跨省通办、“交房（地）即发证”等；聚焦处理疑难问题，出台《如皋市关于加快解决不动产登记历史遗留问题的处理意见》，解决企业、群众不动产登记历史遗留问题近3000个。

2021年如皋市国有产权交易情况表

表4

主要内容 交易方式	项目数（个）	预算价（万元）	成交额（万元）	增加额（万元）
拍　卖	7	548.29	954.14	405.86
网络竞价	113	3212.31	3348.83	136.52
协　议	1	2855.41	2856.41	1.00
合　计	121	6616.01	7159.38	543.37

2021年政府集中采购情况表

表5

开标方式	数量	预算额（万元）	标的额（万元）	节资额（万元）
公开招标	44	30499.43	28241.35	2258.08
竞争性谈判	28	2595.75	2343.42	252.34
竞争性磋商	33	5315.65	4672.32	643.32
询　价	7	463.84	449.27	14.57
单一来源	40	6555.66	6323.29	232.37
邀请招标	3	8375.24	7465.01	910.23
合　计	155	53805.57	49494.65	4310.92

2021年如皋市工程建设项目招投标情况表

表6

项目分类	主要内容	项目数（个）	成交额（万元）	节资额与预算比	节资额与控比
公开招标	房屋建筑	63	1035237.40	198289.61	160950.41
	装饰装修	7	7150.47	1472.97	936.05
	市政设施	131	211183.89	54607.29	31259.03
	水利工程	56	46046.20	11211.10	7194.51
	勘测监理设计	51	18513.16	1303.78	1258.20

续表 6

项目分类 \ 主要内容		项目数（个）	成交额（万元）	节资额与预算比	节资额与控比
公开招标	材料设备	31	17688.97	3311.32	2465.58
	小型项目	548	68207.20	18297.87	12632.40
	其他类型	4	839.57	123.31	123.31
邀请招标		16	11350.81	393.10	362.23
流标转直接发包		219	21863.29	4649.49	4649.49
合计		1126	1438080.96	293659.84	221831.21
其中，国有投资项目					
公开招标	房屋建筑	61	1032095.04	198281.37	160942.17
	装饰装修	7	7150.47	1472.97	936.05
	市政设施	130	210723.89	54567.29	31219.03
	水利工程	56	46046.20	11211.10	7194.51
	勘测监理设计	51	18513.16	1303.78	1258.20
公开招标	材料设备	22	13355.97	2763.32	1917.58
	小型项目	546	67914.61	18291.46	12625.99
邀请招标		6	7930.84	289.41	264.54
流标转直接发包		207	20079.96	4559.73	4559.73
合计		1086	1423810.14	292740.43	220917.80

【“12345”政府公共服务】 年内，市域治理现代化指挥中心依托“12345”政务服务热线，通过整体并入、双号并行和设分中心等方式，新整合市自然资源和规划局、司法局、人力资源社会保障局等10个部门（单位）12条政务服务便民热线，组织各部门（单位）165名业务骨干成立“一企来”政策专员库，整理录入26个单位报送的涉企知识126条，实现利用“一个号码”为企业和群众提供更快捷、更准确、更高效政务服务。年内，“12345”政务服务热线受理各类诉求14.03万件，比上年增长90%，其中，直接答复10.23万件，交办3.8万件，按时办结率百分之百，反馈率百分之百。协调解决朗诗小区围墙造成排水通道堵塞、“双减”培训机构退费纠纷、流浪动物安置等群众反映强烈、社会关注度高的热点、难点事项40余件，综合满意率97%。

【政府信息公开】 年内，市政府主动公开行政规范性文件91件、行政许可事项8.13万件、行政处罚事项6155件、行政强制事项545件、行政事业性收费9146万元。全年办结政府信息公开申请664件，其中予以全部公开268件、部分公开93件。

财政预决算信息公开　对照标准目录公开事项、逐一明确公开内容（要素）、公开依据、公开时限、公开主体、公开渠道、公开对象、公开方式；组织部门单位对2021年预算公开和2020年决算公开情况完整性、及时性、准确性、规范性、细化程度、公开方式等相关内容开展互查；明确公开主体、公开内容、公开时间、公开方式、涉密信息处理等，在江苏省预决算公开统一平台和政府信息公开平台同步公开政府预决算、部门预决算、预决算公开管理文件、资产信息、绩效信息等，全面公开2021年部门预算单位53家、2020年部门决算63家。

信用信息公开　全年在信用如皋门户网站公示信息1.98万条。发布信用红榜25期，涉及企业2567家；发布黑榜11期，涉及企业572家。

教育信息公开　如皋教育信息网全年发布图文信息2175条、视频信息54条。《如皋日报·教育周刊》刊印22期。“如皋教育发布”微信公众号每月运营指数持续居如皋市市级机关部门、镇（区、街道）政务新媒体综合排行榜榜首，公众号被市政府办向省政府办推荐为优秀政务新媒体。“如皋教育发布”微博更新1620条，制作2021年如皋教育专题片《美好教育新皋地》，编印2021年《教育，感动如皋》。截至12月2日，《人民日报》、新华社、央视新闻、紫牛新闻、交汇点等省级及以上媒体报道如皋教育亮点163次。新华社以《“全域均衡”“全阶优质”“全面发展”，如皋全力创建高质量教育县域样板》为题专题报道如皋教育。全年接受依申请公开14个，涉及施教区设置、学校报名准入门槛、社会保障、办学许可等方面，均在规定时间内给出答复。

公共卫生信息公开　全年在市人民政府网站主动公开各类政府信息135条。通过“健康如皋”微信公众号推送信息283期989篇。在如皋信用平台公示行政许可决定信息1601条、行政处罚决定信息45条，双随机抽查结果在中国如皋门户网站和国家企业信用信息（江苏）公示，接受群众监督。收到依申请公开1起，按期办结。

人力资源和社会保障信息公开　全年发布人力资源和社会保障信息253条，提供社保政策、就业创业政策信息，及时发布招聘考试信息。收到依申请公开23件，上年结转2件，按期办结20件。人社热线“12333”全年人工呼入电话总量4.68万个，综合接通率93.15%，满意率99.8%，电话留言回复1280个，回复率百分之百，在南通县（市）第一季度、第二季度电话质量测评中均位列第一。“如皋人社”微信公众号有粉丝5.65万人，推送信息229期。

行政审批信息公开　围绕权力运行全流程、政务服务全过程，聚焦重大建设项目、环境保护、安全生产、食品药品、公共资源交易等重点领域，编制基层政务公开事项标准目录，逐事项逐环节明确公开内容、公开对象、公开方式、公开时限等要素。主动审批过程及审批结果信息，规范办理依申请公开，全年主动公开行政许可事项6.46万件，办理政府信息依申请公开51件。

自然资源管理信息公开　公开相关法律法规、政策解读、办事指南等公众普遍关心、涉及群众切身权益政府信息。在市行政许可和行政处罚等信用信息公示专栏公开行政许可与处罚信息，在市政务服务网向社会公布自然资源管理各项权责清单。完善事项清单，梳理维护政务服务网行政权力事项69个、公共服务事项26个，完成城乡规划和土地征收2个行政权力事项业务项标准化编制。全年主动公开规范性文件5件、行政许可事项5204件、行政处罚事项50件；收到依申请公开237件，均按期办结。

市场监管信息公开　公开重大行政决策和涉及民生事项，全年主动公开行政规范性文件5件、行政许可事项295件、行政处罚事项1061件、行政强制事项432件。不断规范依申请公开分办、处理、审查、答复等各环节，及时受理依申请公开12件，全部按期办结并答复。全年通过“如皋市监工委”微信公众号等新媒体平台发布各类信息1000余篇次，总阅读量近30万人次。

（姚　娟　倪建军　许晓益　张　妍　郑淑一）

市政府投资项目工程建设

【概况】 2021年4月，如皋市政府投资项目工程建设中心更名为如皋市城市建设管理中心，仍为如皋市政府直属事业单位，机构规格、领导职数维持不变。年内，市城市建设管理中心代建项目13个，计划投资总额4.22亿元，总建筑面积9.85万平方米。其中上年结转续建项目7个，建筑面积7.7万平方米；当年新增计划内政府投资项目6个，建筑面积2.15万平方米。截至年末，竣工交付使用项目6个，建筑面积1.7万平方米；在建项目7个，建筑面积8.15万平方米。

【工程变更】 年内，市城市建设管理中心审核全市各建设单位提请评审政府投资项目工程变更179个，项目总投资45.98亿元，申报工程变更总额7002.58万元，评审确认工程变更总额6162.52万元，占项目总投资1.34%，累计核减工程变更资金744.33万元。办理容缺审批政府投资项目21个，建筑面积222万平方米，计划投资总额172亿元。

【重点工程】 年内，2020年国家抗疫特别国债补助项目市人民医院第八分院（搬经镇医院）项目加快推进建设，总投资1.2亿元，建筑面积3.8万平方米，截至年末，土建工程主体竣工。

【政府投资工程集中建设监管】 年内，如皋市建立政府投资非营利性工程建设项目集中建设监管推进机制，研究出台《如皋市政府投资非营利性工程建设项目集中建设管理实施细则》，对政府投资项目集中建设管理明确新模式、新机制、新要求。按照投资、建设、监管、使用四权分离原则，对政府投资工程建设项目全部实行集中建设，其中，投资额1000万元及以上项目按照工程分类由国有公司代建，投资额1000万元以下项目由相关部门依法依规组织建设。进一步厘清项目建设各方主体职责、责任清单和工作流程，建立权责明确、制约有效、科学规范运行机制，切实管控项目建设质量、进度和成本。

（徐美燕）

人事管理

【事业单位人事管理】 2021年，市人力资源社会保障局完善人事招录工作，全年招聘事业人员527人、合同制人员146人，安全率百分之百。对市委统战部、市委编办、如城街道等12家单位岗位设置方案进行核准，核准岗位变动2000余人次，做好事业单位人员考核奖励、事业单位工资奖金审核工作及全市评比表彰，确保零差错。安排22名专业技术人才对口支援洋县。在全市范围内摸底调研政府购买服务岗位人员情况，进一步加强政府购买服务岗位人员规范管理。

【人事考试培训】 年内，市考试中心实施各类人事考试项目38项，服务1.7万人次。推进机关事业单位工勤人员继续教育培训工作，累计培训320人。全年组织事业单位招聘考试6场次，参考1701人次。6月，组织部分事业单位公开招聘工作人员笔试和面试工作，参考1032人次。突出公益属性，为单位合同制人员、国企等招聘提供服务24次。5月，承担省二级建造师等考试任务，在如皋中专、实验初中设立考点，参考人员3300人。

【专业技术人员职称评定】 年内，市人力资源社会保障局评定各级各类职称1369人，其中初级职称798人、中级职称364人、高级职称207人（正高级职称4人）。新增专业技术人员9169人，完成南通下达年度目标任务数141%。发放职称证书2458本，补办初级职称证书51本，审核中转补办中级、高级职称证书材料11份。对专业技术人员开展继续教育鉴证800人。受理建设工程高级职称申报142人，评审通过108人。受理综合工程中级职称申报341人，评审通过297人。审核中转其他系列申报高级职称人员156人、中级职称人员287人。受理教育系统教师职称申报，评定中小学幼儿园助理教师456人、中级教师268人、高级教师153人、高级讲师10人。

【人事代理】 年末，市人才服务中心有代理单位25家，管理流动人员人事档案10.99万册，其中库房实体档案11.45万册。年内，接收档案4450份，调出档案数2008份，整理、补充流动人员档案材料452份。服务查借阅档案1028人次，服务各类代理人员工资调整、缴费基数核定650人，全年出具档案证明562份。

（刘海燕）

外事及港澳事务

【外事服务】 2021年，市外事办进一步促进特色乡镇产业国际化深度融合，向南通市对外友协推荐长江镇、磨头镇、江安镇参与对外合作交流。加强与海外交流合作，做好外事服务“一对一”联系挂钩推荐工作。与南通市外事办建立“一对一”联系挂钩机制，服务好南通支云足球俱乐部、斯堪尼亚重卡项目、金鹰产业园项目，让企业享受更优质政务服务。推荐江苏九鼎集团有限公司、江苏力星通用钢球股份有限公司加入APEC商务旅行卡白名单，为江苏九鼎集团有限公司、市双马化工有限公司等企业办理APEC商务旅行卡，为南通支云足球俱乐部等企业办理邀请外国人来华业务。与市卫健委、公安局等部门配合做好疫情防控，组织人员进入南通驻昆山接转工作专班，对轮值隔离中转运至如皋市涉外集中隔离点人员落实后续隔离和防控措施。推动在如皋外籍人士等人群疫苗接种。密切关注如皋市企业海外发展情况，在“3·14”缅甸打砸抢烧事件后，及时了解逸人服饰有限公司等在缅甸企业情况，加强对在缅甸企业提醒，指导企业在出现紧急情况时妥善应对。

【对外宣传交流】 年内，市外事办开拓新友城，通过省外事办与巴西容迪亚纳市恢复联系。做好南通市荣誉市民推荐工作，斯堪尼亚制造（中国）有限公司总裁、董事长何墨池获南通市荣誉市民称号。组织外籍人士参加省外国人唱中文歌大赛获初赛优秀奖，市外事办获优秀组织奖。做好优质物资推荐工作，通过向各镇（区、街道）征集，向省外事办推荐市博艺丝毯有限公司、南通白蒲黄酒有限公司、江苏长寿集团等5家企业的产品21类。做好江苏与东盟交往故事图片展素材征集报送工作，向南通市外事办报送如皋市梦百合家居科技有限公司、江苏双马化工集团相关图片素材。5月，接待来自英国、俄罗斯等国家的海外“大V”（经过个人认证并拥有众多粉丝的微博用户称为“大V”），宣传如皋红色历史文化。10月，接待中央电视台海外频道拍摄团队到如皋拍摄如皋丝毯，向世界展示如皋传统工艺特色。

【涉外管理】 年内，市外事办进一步提升海外安全风险防范意识和海外安全事件处置能力，每季度与海外利益安全领域相关单位加强沟通、及时研判。在涉外企业中做好防诈反诈工作，将防诈反诈宣传融入APEC商务卡、邀请外国人来华等业务办理。规范管理在如皋境外记者采访活动，拒绝未取得有效外国常驻记者证或短期采访记者签证的外国记者在如皋开展采访活动。4月，妥善应急处置巴拿马籍货轮“阿塔”号1名印度籍船员核酸阳性事宜。9月，与美国驻沪领事馆沟通赛麟汽车调查进展情况。

【港澳事务】 年内，市外事办加强对如皋市港澳资企业情况调研，于4月、9月对梳理港澳资企业总体情况、经营状况开展两轮调研，及时解决企业困难。推动在如皋的港澳同胞疫苗接种工作。收集、整理红十四军纪念馆、华夏电影展示馆相关资料，为港澳青少年国情教育口袋书提供素材。

（江　宇）

6月24日，市台办走访调研颢葳环保科技南通有限公司　（市台办　供图）

台湾事务

【概况】 2021年年末，全市共有台资企业28家、台属企业11家，常住如皋台胞76人。年内，市委统战部（市台办）建立定期走访、及时会办机制，以“四心”（赤心、民心、贴心、暖心）工作法助力台企高质量发展，推进涉台服务工作。全年深入台资企业走访调研7批41家次，协调解决用电、用工等各类诉求、求助25件次。为台胞提供一对一贴心服务，现场协调台胞完成新冠病毒疫苗接种13批共29人次。组织全市留在如皋过年的30余名台商台胞，开展“我在如皋过大年，金岛采风喜迎春”活动。与34名在如皋台湾青年座谈交流，促进心灵契合，让他们在如皋工作、生活有“温度”。关于如皋市台企“校企合作”调研报告获评南通市台办系统第一等次。

【对台经济】 年内，全市实际利用台资3488.6万美元，规模以上台资企业（简称“台企”）实现应税销售18亿元，纳税1.32亿元。5家台企在12个单项中获2020年度如皋市高质量发展奖励151.12万元，9家台企189名留在如皋过节员工获补贴18.9万元。入选省科技型中小企业台企3家。南通斯密特森光电科技有限公司一项发明获中国专利优秀奖。3月31日，如皋市召开台胞台属联谊会第八届理事会议，选举产生新一届理事会。

（陈　凤）

中国人民政治协商会议如皋市委员会

重要会议

【市政协第十四届委员会第五次全体会议】 2月21日至24日，市政协召开第十四届委员会第五次全体会议。会议听取并讨论市委书记何益军在开幕式上讲话，听取并审议市政协常委会工作报告和提案工作报告。与会委员列席市第十七届人大五次会议，听取和协商政府工作报告和市人民法院、市人民检察院工作报告。会议一致通过《如皋市政协第十四届委员会第五次会议决议》，增选缪小华为政协如皋市第十四届委员会副主席。市政协第十四届五次全体会议期间，广大政协委员和各专门委员会，紧扣市委、市政府重点工作部署和民生领域焦点、难点问题，提交提案421件。

【市政协第十四届委员会常委会会议】 年内，市政协第十四届委员会召开常委会会议4次。1月6日，召开第二十次常委会会议，听取市政协第十四届四次会议委员提案办理情况通报，调整部分政协委员，审议通过市政协第十四届常委会工作报告、提案工作报告，审议通过市政协第十四届委员会第五次会议议程和日程等事项，协商通过市政协十四届四次会议后市政协委员、常委、政协工委主任、委员组组长变动情况。2月23日，召开第二十一次常委会会议，协商通过市政协十四届五次会议大会选举办法，酝酿第十四届委员会副主席候选人，通过总监票人、总计票人名单及大会工作人员名单，听取各政协委员工作组讨论情况汇报，审议通过市政协第十四届委员会第五次会议决议。7月6日，召开第二十二次常委会会议，协商通过政协机关委室主任、副主任人选及部分委员调整变动情况，传达习近平总书记在中国共产党成立100周年庆祝大会上讲话精神，协商通过“做优城市功能品质，提升生态宜居水平”建议案。12月30日，召开第二十三次常委会会议，听取提案办理落实情况，听取市政协第十五届政协委员推荐情况通报，协商通过市政协第十五届政协委员建议名单、政协机关委室人事调整、市政协十五届一次会议相关事项，协商通过“以治沙精神推进农村人居环境整治”建议案、市政协第十四届常委会工作报告、提案工作报告。

【市政协第十四届委员会主席会议】 年内，市政协第十四届委员会召开议政性主席会议4次。9月27日，市政协主席会议就“贯彻新发展理念，不断加大长江生态保护力度”开展专题协商。11月25日，市政协主席会议就“加快职能融合，强化协调联动，推动市域治理现代化提质增效”进行专题协商。12月1日，市政协主席会议专题协商紧密型医共体建设情况。12月24日，市政协主席会议专题协商财政收支预算执行情况。

参政议政

【提案办理】 2021年，市政协第十四届第五次全体会议期间收到提案经审查立案348件，其中集体和联名提案93件，占立案总数26.7%。立案提案中，关注经济高质量发展提案34件，助推高标杆城市建设提案111件，建言民生和社会保障提案99件，助力生态家园打造提案79件，其他提案25件。至年末，解决或被采纳提案325件，占93.4%；列入工作计划逐步解决18件，占5.2%；留作研究参考或暂不能解决5件，占1.4%。政协委员们对办理结果满意342件，占98.3%；基本满意6件，占1.7%。

【视察调研】3月18日，市政协教文卫体委与文史委到市档案馆调研档案工作服务经济社会发展情况，从历史档案挖掘、档案保存、档案开发利用、档案工作服务中心发挥作用及加大工作宣传等方面提出建议意见。5月28日，市政协社法委对医保工作组织开展专题视察调研，从加大宣传力度、拓宽宣传途径平台，优化服务供给、建立资源共享机制，完善保障体系、深化医保制度改革，聚合监管力量、形成智能监管合力等方面提出建议意见。9月16日，市政协教文卫体委到江苏有线如皋分公司调研，提出要不断加大工作力度，确保年底九华镇和白蒲镇率先建成智慧广电乡镇并通过验收，为下一步智慧乡镇全面覆盖提供借鉴，真正达到“平台用起来、电视看起来”及“政府满意、群众受益”效果。9月27日，市政协经济科技委和农业农村工作委对生态河道建设专项规划实施情况开展调研，提出思想理念要真生态、实施方案要真科学、长效管护要求实效、按质保量要稳推进等建议意见。12月9日，市政协社法委对部分台资企业开展专委会视察调研，围绕企业生产经营状况、安全生产、劳动保障等方面，深入车间调研，就市场开拓、产业链配套、营商环境等方面，与企业负责人和相关镇党政领导进行深入交流。12月22日，市政协社法委就全市综合行政执法工作开展专委会视察调研，提出要强化顶层设计、完善体制机制，坚持数量质量并重、强化执法人员配备，实现资源共享、真正整合用好大数据资源、提高综合执法效率，强化执法装备保障、坚持正向激励等建议意见。

【社情民意】年内，市政协整理编发反映民生热点问题专刊《社情民意专版》12期，报送南通市政协3篇，被录用1篇，报送省政协1篇。加快推进搬迁安置房产权证办理、规范老小区遮阳大树修剪问题、进

2021年度如皋市政协委员优秀提案一览表

表7

提案编号	案由	提案人
001	关于扎实推进科技创新工作、助推我市实体经济高质量发展的提案	政协经济科技和农业农村委员会等
002	关于优化开放型经济体制机制、促进我市经济外向度快速提升的提案	工商委员组
003	关于深化生态环境保护执法司法联动机制改革创新的提案	社法民宗和港澳侨台委员会
359	关于依法处置闲置土地、有力保障经济高质量发展的提案	章艾华
327	关于提升全市镇级供水服务质量的提案	赵红飞　梅志祥等
054	关于加强小区业主委员会建设　提高物业管理水平的提案	谢晓红等
079	关于加强对内外城河沿线环境管护的提案	陈　实
006	关于加快发展我市农村电商业的提案	邵海建
020	关于着力培育新时代“张謇式”企业家的提案	王长忠　姚广圣
023	关于深化我市紧密型医共体建设的提案	教卫文体和文史委员会
382	关于整合教育优秀人才奖励资金、建立教学名师制度的提案	冒海清
011	关于打造新城“文化街区”、让城市文化成为经济社会发展新引擎的提案	孙　梅
092	关于加大对国家级非遗项目如皋丝毯织造技艺保护传承力度的提案	文体新委员组
008	关于以“智能制造”为引领、推进我市工业企业转型升级的提案	张建华
016	关于完善农村土地流转风险防控机制、保障农民合法权益的提案	吴剑平
354	关于加快推进城区道路提档升级改造的提案	章春建
045	关于创立社区走访制、夯实社区治理制度基础的提案	陈忠明
402	关于持续提升我市营商环境、更大激发市场活力的提案	丁堰镇政协工委
273	关于加强“先照后证”事中事后监管的提案	蔡舒萍
005	关于破解“人才虹吸效应”强化“招人引智”的提案	王东方
026	关于科学推进农村人居环境整治工作的提案	江安镇政协工委
078	关于加大农村河道整理管护力度的提案	杨海燕

一步提升和完善如皋市医疗保障工作、进一步优化和提升公交服务功能品质等11条社情民意得到市委、市政府批转落实。

【行政规范性文件制定前协商】 年内，市政协办与市政府办会商，从市政府2021年制定出台的行政规范性文件目录中，选取切合群众意愿、社会较为关注的《如皋市城市公园管理办法》作为政协专题协商事项。在对如皋水绘园、宝塔河公园（十字桥公园）、龙游湖公园现场调研后，联合市融媒体中心，举办“有事好商量”城市公园管理协商议事直播活动，1万余名听众和网友参加互动共议，形成协商建议意见23条。市行政规范性文件制定前协商机制被《人民政协报》专题报道。

【历史文化遗产保护利用专题调研】 5月，市政协围绕历史文化遗产保护利用开展专题调研。调研组在参观调研浙江省湖州市南浔区、临海市等地经验做法的基础上，通过协商讨论，从组织领导、硬件建设、软件准备、宣传发动等方面提出对策建议，推动市政府以规划为引领，进一步强化中国历史文化名城创建工作系统性。

政治协商

【概况】 2021年，市政协组织开展常委会议专题协商1次，主席会议协商、专委会视察调研10次，形成专题协商报告10份，得到市委、市政府主要负责人批示8次。持续做强“有事好商量”协商议事品牌，全年组织全市基层协商议事室集中开展协商议事活动3次，形成协商建议清单3000余条，分类交办落实，推动基层社会治理，助推民生事项解决与落实。

【生态宜居城市建设专题协商】 3月下旬至5月中旬，市政协围绕“做优城市功能品质，提升生态宜居水平”主题开展前期调研。组织3个街道、41个社区开展“我为社区建设管理找问题，我为生态宜居城市提建议”协商议事活动，广泛听取政协委员、虚拟委员、街道和社区干部、社会各界建议意见，收到建议意见172条，梳理、归类、合并为7大类60条；组织两个调研组至城市建设和管理先进地区考察学习；召开相关部门座谈会，了解社区管理情况；组织常委会组成人员视察高铁南站等城市建设现场9个。7月6日，召开二十二次常委会会议专题协商，形成“做优城市功能品质、提升生态宜居水平”建议案，提出城市规划要有新水平、城市建设要有新品质、产业生态化要有新思路、城市绿化要有新举措、城市管理要有新气象、城市功能配套要有新理念、城市融合要有新提升等建议意见。建议案获市委书记批示，要求市政府分管领导、相关职能部门认真研究吸纳，结合全市国土空间规划调整优化规划体系。

【有事好商量专题协商议事】 4月9日至10日，市政协结合“两代表一委员”接待群众日活动，组织全市347个村（社区）“有事好商量”协商议事室集中开展“自己的河道自己管护”专题协商议事活动，掌握和了解各村（社区）三、四级河道整治和管护状况，紧扣三、四级河道管护中群众关注的焦点、难点问题与群众面对面协商议事，形成《关于在全市开展村级河道“自己的河道自己管护”协商议事专题报告》。6月，集中开展“完善村规民约，推进人情减负”专题协商议事活动，针对婚丧嫁娶操办和人情往来情况，分别从加强宣传教育、抓好重点人群、完善村规民约等角度提出建议意见1500余条次，以清单形式分类提交给镇（区、街道）党（工）委、村（社区）党总支办理落实。建议被市委、市政府采纳，出台《关于持续深化移风易俗、弘扬文明新风的通知》。10月，结合党史教育“我为群众办实事”实践活动，开展“有事好商量·民生专题”协商议事月活动，参加活动近6000人，提出建议1500余条，形成建议清单转交各镇（区、街道）党（工）委、政府（办事处）。

【长江生态保护专题协商】 9月27日，市政协主席会议就“贯彻新发展理念，不断加大长江生态保护力度”开展专题协商。调研组在参观南通市滨江生态保护长廊，视察长江镇龙游湾生态景观带、区域供水三期扩建及深度处理工程，召开座谈会，听取长江大保护工作汇报等调研基础上，进行专题协商。

【紧密型医共体建设专题协商】 10月至11月，市政协组织调研组召开紧密型医共体建设座谈会，调研学习先进地区做法经验，市卫健委、医共体龙头医院、镇卫生院、村卫生室、民营医院、镇（区、街道）分管负责人参加座谈。12月1日，市政协主席会议开展“紧密型医共体建设”专题协商活动，提出优化运行机制、贯通医疗资源、打造智慧医疗、加强队伍建设等建议意见。

【市域治理现代化提质增效专题协商】 11月25日，市政协主席会议就“加快职能融合，强化协调联动，推动市域治理现代化提质增效”进行专题协商。在现场视察调研下原镇老坝村网格驿站和党群中心、江安镇镇域治理现代化指挥中心、市市域治理现代化指挥中心后，经协商讨论，提出以新时代更高要求推进社会治理内涵、对象、体制、机制全面提升，建立完善的管理和服务制度，以党的领导引领基层社会治理现代化工作高质量发展，进一步完善智慧城市建设思路、形成“智慧如皋”五年发展规划等建议意见。

【财政收支预算执行情况专题协商】 12月24日，市政协主席会议专题协商财政收支预算执行情况。在听取全市2021年度财政收支预算执行情况介绍后，经过协商讨论，提出市财政局要进一步凝心聚力、超前谋划研究、当好参谋助手，激励要精准实效，强化监管力度，积极化解债务等建议。

民主监督

【提案监督】 2021年，市政协发挥提案民主监督作用，探索创新提案办理协商方式，建立健全提案办理机制。创建提案办理事项“清单”闭环系统，提案交办全面实行办前协商并形成办理“清单”、办中推进依据“清单”、办后评估围绕“清单”机制。采取线上线下相结合方法，全年跟进服务49个主办单位提案办理工作，推进办理“清单”事项落实。

【专题民主监督】 5月25日，市政协对安全生产专项整治三年行动方案实施情况开展民主监督调研。走访调研威格（江苏）电气设备有限公司、江苏思源赫兹互感器有限公司，了解企业安全生产管理工作；召开座谈会，听取市专治办安全生产专项整治工作情况汇报。与会政协委员围绕安全生产工作积极建言献策，提出要进一步落实安全生产责任、夯实风险防控基础、扎实提升治理效能等建议意见。

文史编研

【概况】 2021年，市政协以口述史形式，完成《如皋文史（第33辑）》采编工作。开展“红色文化进校园”活动，向中国工农红军南通如皋红军小学捐赠《如皋文史》《中共如皋地方组织史》等书籍。

【百人话百年】 年内，市政协采访中国共产党成立100年来如皋各个历史时期亲历者、见证者、知情者150余人，以第一人称视角讲述他们的亲身经历、亲眼所见、亲耳所闻，生动展现在如皋大地上，中国共产党团结带领全市人民谱写的百年奋斗史、创业史、改革开放史，讴歌党在革命、建设、改革和发展中的丰功伟绩和各个时期中共党员的感人事迹。成稿120篇、44万字，收集图片200余张，完成《百人话百年》一书编纂工作，拍摄视频60余段，精选部分内容在“如皋政协”公众号连载10期。

政协委员工作

【概况】 2021年年末，全市有市十四届政协委员384人，分布在14个镇（区、街道）工委和14个界别委员组，其中，14个镇（区、街道）工委139人、农业委员组18人、文化体育新闻委员组17人、工商委员组25人、人力资源环境委员组13人、经济委员组36人、教育委员组18人、医疗卫生委员组26人、民宗侨台委员组21人、法制委员组17人、城建委员组18人、科技科协委员组14人、工青妇委员组12人、社会保障委员组10人。有省政协委员1人、南通市政协委员23人。年内，市十四届政协增补委员22人，因工作变动等原因调离18人。会同市委组织部、统战部，全面考核考察市十四届政协委员，确定留任167人。

【委员履职管理】 年内，市政协用好“智慧政协”履职平台，定期发布学习资料、通知公告，便于委员及时知情明政、高效履职；新增“网络议政”模块，实现议政建言智能化；自动完成委员履职考核积分累计和排序，形成激励和倒逼机制，提高服务管理效能。搭建委员组及委员履职成果展示平台，在《如皋日报》上设“政协视窗”专版14期，集中展示委员组履职成果；深度采访报道政协委员14人，展示委员履职记录及音频40余人。常态化组织政协委员参加市委、市政府重要会议5次，强化业务培训，提升履职水平。

【扶贫济困】 年内，市政协继续发挥政协委员慈善爱心基金助学助困作用，向22名单亲特困家庭学生发放资助金3.9万元。至年末，政协委员爱心慈善基金成立5年中，累计资助单亲特困家庭学生463人，捐资总额75.9万元。组织企业家政协委员赴洋县进行对口协作，向洋县捐助资金10万元；组织机关22名党员干部与42户困难农户结对帮扶，走访资助慰问金及物品5.5万元。

（刘亚丽）

中国共产党如皋市纪律检查委员会·如皋市监察委员会

重要会议

【中共如皋市第十二届纪委第六次全体（扩大）会议】 2月19日，中国共产党如皋市第十二届纪律检查委员会召开第六次全体（扩大）会议，出席会议市纪委委员14人，列席会议258人。

市委书记何益军出席会议并讲话，要求全市各级党组织始终把管党治党作为最根本的政治担当，坚定信心决心，以"永远在路上"的恒心韧劲纵深推进全面从严治党；始终把党风廉政建设和反腐败斗争作为永恒课题，敢于亮剑反腐，以"不破楼兰终不还"的斗争精神推动纪检监察工作高质量发展；始终把服务中心大局作为使命所系、职责所在，聚焦重点难点，以"咬定青山不放松"的定力毅力推动党中央决策部署落地见效。

全会学习领会十九届中央纪委第五次全体会议、十三届省纪委第六次全体会议精神。全会审议通过市委常委、市纪委书记、市监委主任秦金春代表市纪委常委会所作题为《推动如皋纪检监察工作高质量发展，为建设长江以北最强县市提供坚强保障》工作报告，提出2021年重点抓好七个方面工作：坚守初心使命，涵养良好政治生态；加强标本兼治，一体推进"三不"（不敢腐、不能腐、不想腐）机制；紧盯突出问题，持续深入纠治"四风"（形式主义、官僚主义、享乐主义和奢靡之风）；坚定人民立场，解决群众关切问题；突出政治定位，切实提升巡察质效；深入探索创新，提升改革综合效能；抓严自身建设，锻造纪检监察铁军。

【全市党员干部警示教育大会】 2月3日，如皋市召开全市党员干部警示教育大会。与会人员观看警示教育片《没有走完的来时路》。市委书记何益军在讲话中要求：全市党员干部要以案为鉴，坚定理想信念、严守纪律规矩、筑牢拒腐防线，始终保持清正廉洁政治本色。要镜鉴常照、警钟长鸣，增强廉洁从政自觉性坚定性，切实筑牢拒腐防变思想防线，始终保持对信仰的忠诚、对纪律的尊崇、对权力的敬畏、对贪腐的戒惧，堂堂正正做人、干干净净做事。要加强政治建设，增强"四个意识"、坚定"四个自信"、做到"两个维护"，不断提高政治判断力、政治领悟力、政治执行力，始终在政治立场、政治方向、政治原则、政治道路上同党中央保持高度一致，做对党绝对忠诚的"明白人"。要强化理论武装，坚定理想信念；要严明政治规矩，恪守敬畏之心；要落实管党责任，净化政治生态。要强化责任意识、担当意识、作为意识，从政不做庸官、勤政不做懒官，始终以担当作为的实际行动推动发展、为民造福，做推动高质量发展的"担当人"，不断增强人民群众的获得感幸福感安全感。要强化立德修身，牢记为政之道、修身为本，做永葆清正廉洁的"干净人"。

【全市总结表彰暨作风效能建设大会】 2月20日，如皋市召开全市总结表彰暨作风效能建设大会，回顾总结2020年工作，表彰2020年度先进集体和先进个人，分析存在问题，部署2021年经济工作。会议指出，要学习先进典型争先创优、勇攀一流精神，攻坚克难、改革创新勇气，以人为本、发展惠民情怀，

2月20日，如皋市召开总结表彰暨作风效能建设大会　　（市纪委监委　供图）

爱岗敬业、吃苦奉献品质。2021年，全市上下要聚焦做实产业、壮大实体经济，全力推动经济社会持续健康发展。坚持以加快发展为第一要务，在激发内生动力上迈出新步伐；要坚持以项目建设为第一抓手，在积蓄发展势能上取得新突破；要坚持以企业需求为第一导向，在服务高质量发展上展现新作为。要增强功成有我的使命感，让唯实惟先成为发展导向。要坚决防止“乱折腾”，坚决消除“不担当”，坚决杜绝“做虚功”。要增强时不我待的紧迫感，让立说立行成为自觉行动。要以“干”字当头，用好发展“窗口期”；以“实”字为要，跑好发展“接力赛”；以“拼”字求进，打好发展“主动战”。要增强重任在肩责任感，让善作善成成为鲜明特质。广大党员要自觉加强理论学习，强化实践锻炼，克服本领恐慌，努力成为做好工作的行家里手；要提升适应发展的能力，增强驾驭工作的水平，强化狠抓落实的本领；要增强如临深渊的危机感，让清正清明成为永恒底色。

党风廉政建设

【概况】 2021年，市纪委监委强化思想政治引领，坚决压实党风廉政建设责任制“党委负主体责任，纪委负监督责任”两个责任，构建以责任制为“龙头”、责任清单为“导航”、履责纪实簿为“载体”，市、镇（区、街道）、村（居）/（站所）三级责任落实机制。强化日常监督、季度督查、年度考核，制发督办函70份、交办督办问题136个，并督促相关单位整改落实。推行责任明细单、月度提醒单、工作联系单“三单”机制，加强对市四套班子领导落实责任清单、履责纪实、运用“第一种形态”履行主体责任的督促提醒，发挥“关键少数”引领作用。坚持尽责免责，对非主观原因的工作人员减责免责，对敷衍塞责的分管负责人严肃问责，不让一线办事人员成为“背锅者”。全年实施党内问责88起，问责党员干部60人、党组织28个。坚持为负责者负责、为担当者担当，发布容错免责典型案例6例，其中入选省纪委监委《“三项机制”典型案例选编》1例、南通市纪委监委《“三项机制”典型案例选编》2例。全年举办直播节目《政风行风热线》35期，围绕“四宜古镇，建设五彩江安”“全面推进乡村振兴”“文体广旅惠民”等话题与市民互动，解答群众反映疑惑，回应社会关切热点问题。根据节目中群众反映问题，发出交办单30份，交办并督促处理群众建议、咨询、投诉问题199个，做到件件有落实、有反馈、有结果。

【日常监督】 年内，市纪委监委汇聚“12388”信访举报、“12345”服务平台、政风行风热线等渠道数据资源7万余条，深入梳理分析研判，筛选出群众反映强烈的扬尘污染、套取资金违规吃喝、村级工程招投标、客运非法营运、残疾人证管理、农药零差率配送及包装废弃物回收、财政补贴发放7个方面问题，进行靶向监督、精准施治，立案查处21人，涉及金额60余万元，以“小切口”治理推动解决百姓民生“大问题”。

【专项监督】 年内，市纪委监委看住百姓“救命钱”，开展欺诈骗取医保基金专项治理，移送公安机关刑事立案调查13人。守住老人“养老钱”，开展居家（社区）养老专项治理，发现居家（社区）养老、高龄老人尊老金发放等方面问题20个，立案处理2人，制发监察建议2份，推动问题及时整改到位。

廉政宣传教育

【概况】 2021年，如皋市持续加强党员干部、公职人员廉洁教育，增强“不想腐”的自觉，拍摄制作警示教育片《没有走完的来时路》《人心向背的硬仗》，召开全市党员干部警示教育大会、作风效能建设大会，开展年轻干部违纪违法、党员干部酒驾醉驾专题警示教育，全覆盖、常态化开展遵守纪律教育，增强廉政教育渗透力、作风教育感染力。开展“坚守初心、与廉同行”微型廉课宣讲比赛，加强“两月两日”（党风廉政教育月、“算好廉政账”专题教育月，“5·10”思廉日、“12·9”国际反腐败日）等宣传教育活动，推动党员干部、公职人员提升纪法意识、底线意识、勤廉意识。

【党风廉政教育月活动】年内，市纪委监委在全市开展第十八个党风廉政宣传教育月活动。通过开展“以案为鉴，强化警示教育”“品读廉书，建设优良家风”“广泛宣传，奏响廉洁强音”等活动，进一步提升廉政教育针对性、实效性，促进全市党员干部知敬畏、存戒惧、守底线，筑牢廉洁过年、廉洁过节思想道德防线。

年内，如皋市开展“弘扬新风正气，共建廉洁社会”“5·10”思廉日系列活动。图为如皋港集团党员干部在南通市党风廉政教育基地接受廉政教育

（市纪委监委　供图）

【“算好廉政账”专题教育月活动】年内，市纪委监委以“算政治信念账、做守纪明白人”为主题，在全市开展第十五个“算好廉政账”专题教育月活动，重点围绕政治立场、担当履职、严守纪法3个方面，开展“观片说纪·上廉课”“专题查摆·算成本”“读书品廉·大家谈”“相互提醒·订清单”等活动，教育引导广大党员干部、公职人员从百年党史中汲取经验智慧和精神力量，传承红色基因，加强党性锻炼，坚定理想信念，坚守初心使命，提高政治判断力、政治领悟力、政治执行力，自觉把“两个维护”落实到具体工作中、体现在实际行动上。

【“5·10”思廉日活动】年内，市纪委监委以“弘扬新风正气，共建廉洁社会”为主题，融合党史教育加强纪法教育，在全市组织开展思廉日系列活动。通过开展“学百年党史、明纪律规矩”、“青春路上·纪法同行”警示教育、评选展播清廉微视频作品、征集领导干部从政道德箴言、“拍摄精彩新闻，讲好廉政故事”纪检监察新闻摄影业务培训等活动，引导党员干部从党史中汲取精神力量，继承光荣传统，进一步坚定理想信念，牢记为民宗旨，严明纪律规矩，争当廉洁从政、从业、做人的表率，将廉洁理念内化于心、外化于行。

【国际反腐败日宣传教育活动】年内，市纪委监委以“凝聚反腐共识，共建清廉社会”为主题，在全市开展“12·9”国际反腐败日宣传教育活动。广泛宣传《联合国反腐败公约》及国际反腐败日相关知识，重点宣传中共十九大以后党和国家加强反腐败国际合作、参与全球反腐败治理、国际追逃追赃取得的丰硕成果，宣传全面从严治党及反腐败斗争新形势、新任务、新成效，引导党员群众坚定反腐信心、凝聚反腐共识。

【廉政文化建设】年内，市纪委监委引导推动党员干部积极参与廉政文化建设，选送书法作品《一枝、两袖联》获得省三等奖。开展“坚守初心，与廉同行”主题微型廉课宣讲比赛，参赛作品64件，评选一等奖2件、二等奖4件、三等奖8件、优秀奖16件，并将获奖作品通过“雉水清莲”微信公众号、如皋廉政网等载体集中展播。开展“弘扬新风正气，共建清廉如皋”微视频作品创作、评选活动，征集视频作品49件，评选一等奖3件、二等奖4件、三等奖6件，优秀组织奖6个。

正风肃纪

【政治监督】2021年，如皋市整合市纪委监委、市委办、市政府办督查职能，创新构建市委大督查与纪委监委专责监督联动机制，将督查工作从“单打独斗”向“联合作战”转变，着力纠治同级监督虚化、对下监督泛化等问题。建立“梳理研判、精准督查、提出建议、整改追责”闭环链条，开展重点区域扬尘污染管控、搬经镇楼冯村非法存储危险化学品、水污染防治工作等专项督查21次，并就功能区创建科技企业孵化器、重点信访矛盾化解、江苏万达特种轴承有限公司项目迁建等11个督查议题向市委常委会作专题报告。坚持市委重大决策部署到哪里，监督检查就跟进到哪里。开展污染防治攻坚、文明典范城市创建、矛盾纠纷化解、安全生产、疫情防控等督查，督促问题整改70

个，推动建章立制15个，运用第一种形态批评教育帮助95人次、立案查处35人次。推进赛麟项目后续处置，有序开展法务应诉、资产盘活、问责调查处置等工作。组建换届纪律查核组、换届风气巡回督查组、选举现场督导组，全程监督换届风气，为全市换届工作提供纪律保障。直面问题，事不避难，开展营商环境建设、孵化器建设、项目建设服务、乡村振兴、外资到账等重点工作薄弱环节和短板指标督查，着重纠治纸上谈兵、执行力弱化问题。对问题整改“回头看”，根据整改情况对27个单位予以扣分补偿，形成整改工作闭环。

【“四风”纠治】 年内，市纪委监委紧盯违规收受礼品礼金、违规发放津贴补贴等老问题，动辄则咎、严查严处。聚焦“不吃公款吃老板”“一桌餐”等隐形变异问题，露头就打、深挖细查，查处违反中央八项规定精神问题39件、69人，给予党纪政务处分63人。加大通报曝光力度，对53件典型案例、91人次党员干部点名道姓通报曝光。整治指尖上的形式主义、文山会海、层层加码等问题，开展政务微信群、QQ群专项整治清理，发文量、召开会议次数比上年分别下降21.3%、5.8%。减少督查检查频次，比上年下降14.3%；严控评比达标表彰，比上年压降33.3%。

【执纪查案】 年内，市纪委监委强化“不敢腐”震慑，探索构建纪检监察室、纪检监察组、各镇（区、街道）纪（工）委“三融三合”（人员融合、干部合心，通道融畅、工作合力，考核融贯、理念合拍）协作机制，打破条块分割壁垒，凝聚工作合力。深化检举举报平台运用，全年收接业务内信访件470件。健全集体会商机制，立案案件免予处分率比上年下降25.6%。更加注重精准量纪执法，运用“四种形态”批评教育帮助和处理1433人次，立案569件，留置13人，移送审查起诉6人，收缴违纪违法款3900余万元。严格实施“一案双查”（既追究直接责任人责任，也追究相关领导人员责任），坚持尽责免责。紧盯政府平台公司“钱袋子”，严肃查处如皋开发区财政局金融科原科长丁佐根等6人窝串案，总结归纳融资领域中介服务费结算、承兑汇票贴现、融资业务承接等6种“出血点”。紧盯国有企业“一把手”，重点查处江苏巨业杭萧建筑新材料有限公司原董事长章明锋等典型案件，总结归纳设租寻租、关联交易、利益输送等国企负责人“靠企吃企”5种“多发病”。查处指定管辖的南通开发区应急管理局原总工程师周陈忠、原副局长茅卫国，精华制药集团原董事长朱春林等典型案件。加强党纪政务处分执行检查，确保处分执行及时到位。

【专项治理】 年内，市纪委监委统筹推进养老惠民资金发放使用、公共停车场治理、农村乱占耕地建房、违规吃喝“吃公函”和医保领域、粮食购销领域等15个专项监督、专项治理，实行项目化管理、工程式推进，强化过程控制，累计发现问题127个，发现问题全部整改完毕，移送问题线索34条，立案查处26人，涉及金额200余万元。其中在违规吃喝问题专项治理方面，党纪政务处分17人；在危险化学品领域官商勾结治理方面，问责公职人员16人，立案查处4人；在粮食购销领域腐败问题专项整治方面，问责公职人员11人，立案处分5人，监视居住5人。

【执纪监督成果运用】 年内，市纪委监委扎牢“不能腐”笼子，推动以案促改、以案促治，把查办案件与深化改革、完善制度贯穿起来。在国企领域，制发推动国有企业全面从严治党工作方案，督促国企单位深入开展专项整治，完善“三重一大”事项决策、执行、监督、问责程序。在融资领域，推动开展党员干部违纪违法问题专项整治，敦促相关人员主动投案。加强对领导干部执行“三重一大”事项决策程序和落实个人重大事项报告制度等情况监督检查，促进领导干部科学民主决策、依纪依规用权。围绕监督检查、审查调查、专项巡察中发现的突出问题，有针对性地制发纪检监察建议13份，推动相关单位建章立制、堵塞漏洞。严把党风廉政意见回复关，对拟评先评优、提拔重用党员干部和拟提名人大代表、政协委员候选人党风廉政意见回复8922人次。

（谢　鹏）

群众团体

如皋市总工会

【概况】 2021年年末，全市有基层工会3252个，会员总数29.17万人。其中，独立基层工会2934个、联合基层工会318个，镇（区、街道）总工会14家；系统（产业、行业）联合工会13家。市总工会有下属事业单位5个（法律顾问处、职工技术交流站、职工学校、工人文化宫、职工服务中心）。年内，市总工会围绕提高工会组织覆盖率强势推进依法建会，累计建会98家，完成换届101家。突出小微企业建会，把更多领域职工纳入工会组织中，累计组建村（社区）小微企业联合工会31个。推进八大群体（货车司机、快递员、护工护理员、家政服务员、商场信息员、网约送餐员、房产中介员、保安员）入会，加强与公安、交通等部门协作，组建保安服务公司工会8家、快递企业工会9家、货运物流企业工会5家，吸收会员5200余人。完善会员信息管理系统，加强会员会籍管理，建立会员实名制数据库，实现动态管理820家、会员11.8万人。不断强化党建锻造工会干部队伍，开展党史学习教育，把党史学习教育与工人运动发展史、如皋经济发展史学习教育相结合，采取“四学”（原原本本规范学、形式多样生动学、劳动模范引领学、为民服务干中学）模式，组织全体干部职工学党史、强信念，将学习成果转化为干事创业、勇于担当的精气神。

【生活保障】 年内，市总工会建立长效机制开展困难职工帮扶，常态化做好生活救助，全年发放困难职工生活扶助金16万元。做好“冬送温暖”，慰问22名特困职工3万元，提供286元健康体检每人1份。“金秋助学”项目助学53户困难职工家庭学子66人，发放助学金8.96万元。大病医疗救助困难家庭职工5人、医疗费用近10万元。临时救助意外致困职工1000人次、57万元。将困难帮扶与消费扶贫相结合，采购洋县有机农产品暖心礼包价值10万元，赠送给53名困难职工和50名快递、环卫等业态群体。开展“留如过大年，爸妈请放心”活动。实施“关爱·圆梦”工程，选树首批10家爱心企业，设立“关爱·圆梦”就业实践基地，为262名困难学子提供寒暑假勤工俭学岗位。实施户外劳动者爱心驿站提质扩面行动，为环卫工人、快递小哥等户外劳动者提供工间小憩和休闲一体化场所，新建爱心站点6个，其中碧霞路、奥体停车场、新世纪广场3个爱心驿站入选全省最美工会户外劳动者爱心驿站。特别关爱女职工，出资20万元，开展“健康快车”进企业活动，为白蒲、磨头、搬经、石庄4个镇的14家企业1000名女职工，免费提供“两癌”筛查体检。市总工会获评全国工会财务工作先进单位。

【工会宣传教育】 年内，市总工会加强职工政治思想教育引领，组织开展“永远跟党走、奋进新征程”——党史学习教育专题宣讲百企行活动，邀请全国基层理论宣讲先进个人姚呈明，精选34名政治素质好、理论水平高、宣讲能力强的专家教授等组成宣讲团，历时1个月，走进100家企业，进车间、进班组，通过宣讲、问答、座谈等形式，让1.05万名职工了解中国共产党百年历史，并从中汲取智慧和力量，积

6 月 26 日，市总工会在市奥体中心举办镇（区、街道）职工拔河比赛
（市总工会　供图）

极投身企业创新发展。利用微信公众号等宣传阵地，开设“红色故事会”专栏，每天 1 则，累计推送英模人物故事 100 个；开设“青年名嘴悟思想”宣讲专栏，转发宣讲视频 15 期。在全市开展“唱党歌、颂党恩”职工歌手大赛、“听党话、跟党走”演讲比赛、职工书画展、“永远跟党走、勇当主力军”职工拔河比赛等庆祝中国共产党成立 100 周年活动，激发职工爱党爱国意识和主人翁积极性、自豪感，增强工会组织凝聚力和向心力。

【职工综合素质提升】 年内，市总工会以劳模精神、工匠精神、劳动精神为引领，发挥劳模传帮带作用。在如皋电视台开辟《劳模风采》专题宣传栏目，每月 1 期，宣传劳模事迹。将 20 名行业典型学习党史、立足岗位建功立业精彩瞬间，制作成短视频《我是劳模》，在如皋电视台视频公众号、抖音等新媒体展播。以劳动竞赛推动职工素质提升，明确竞赛活动分级分类管理要求，强化激励和奖补措施，策划组织教育、金融、住建 3 个行业，搬经镇、九华镇等 8 个镇（区、街道），南通漫其威电器有限公司等 22 家企业开展劳动竞赛技能比武，累计近 1 万名职工参加技能比武。深化学历提升圆梦行动，面向基层工会干部和“典型培育示范引领”对象开展企业优秀职工免费学历提升服务，入学本科班 45 人，获省学历提升圆梦行动补助 300 人，补助标准 1000 元 / 人。梦百合家居科技股份有限公司倪张根、电信如皋分公司白蒲支局杜莉、城南街道申徐村陈大彬等 10 人被省委、省政府表彰为省劳动模范（先进工作者）。5 月 8 日，举行五一劳动奖命名大会，授予南通中铁华宇电气有限公司等 11 个单位市五一劳动奖状，卞凤萍等 49 人和 2020 年度技能竞赛项目状元丁洪平等 21 人市五一劳动奖章，授予海迪科（南通）光电科技有限公司光源车间等 40 个车间（班组、科室）和市环境卫生管理处汽车队等 6 个团队市五一先锋号。

【职工权益维护】 年内，市总工会多形式开展法律宣传，引导广大职工群众学法知法守法，职工微信“学法答题抢红包”活动被市依法治市领导小组列为全市民法典宣传系列活动之开展“工会在身边 · 劳动法律服务直通车”活动，进企业法律监督 190 次，“法律云体检”基层工会 160 家。常态化维护劳动领域政治安全，实行劳资矛盾涉稳信息“日报告”、突发事件“即时报告”、企业运行“周报告”制度，确保劳动矛盾隐患排查不漏项，相关工作经验在全省维权工作会议上交流。全年参与化解劳动争议调解 62 起，为职工提供法律援助 38 起、148 人，解答法律咨询 459 人次。强化企业民主管理，引导企业借助年会，规范开展职工代表大会、签订集体合同，推进工资集体协商。3 件职工维权案例获评南通工会法律维权十大典型案例，被《南通崇法》录用宣传。南通创源电化学科技有限公司职工组队参加南通市工资集体协商竞赛活动，获二等奖。城北街道总工会被省总工会、省人力资源社会保障厅评为省级金牌劳动人事调解组织。

【劳动保护】 年内，市总工会突出“落实安全责任，推动安全发展”主题，开展安全生产月系列活动。组织观看《生命重于泰山——学习习近平总书记关于安全生产重要论述》等专题片 39 场，累计 4289 人观看。开展“百团进百万企业千万员工”“落实安全责任，推动安全发展”主题宣讲进企业、“6 · 16”安全宣传咨询日、“接力传安全”——我为安全生产倡议、“安全生产万里行”、安全好歌大家唱和安全生产摄影作品展等活动。以“强意识，查隐患，促发展，保安康”为主题开展“安康杯”竞赛活动，全市 486 家企事业单位、13.3 万名职工参赛。组织职工参与“安全隐患随手拍”等活动，遴选 10 个隐患随手拍案例参评南通市“安全隐患随手拍”，2 个案例参评省“安全隐患随手拍”。持续组织“5000 职工安康行”活动，全市建筑、电力、化工、机械等重点行业、企业负责人和职工，以及工会劳动保护监督检查员5152人次到市工会劳动保护教育馆参观学习。组织夏季安康“送清凉、送安全、送法律”活动，采购高温慰问物资1.5万份、总价值97万元，慰问各条战线高温一线职工。

【“留如皋过大年”项目入选省文明志愿实践活动创新项目】 年内，市总工会开展“留如皋过大年·皋工在身边”系列活动，号召外地员工留如皋过年，助力疫情防控、企业恢复生产。赠予1000名留如皋过年职工每人100元如皋特产大礼包1份；各级工会开展多形式慰问和文娱活动；与市文明办合作，联合“光影客”志愿服务队，深入车间一线，开展“留如皋过大年·爸妈请放心”摄影活动。此项活动被省电视台报道，入选省文明志愿实践活动创新项目。

【首届企业职工光荣退休典礼】 9月22日，如皋市举办“激情岁月伴您行·致敬荣退工会情”首届企业职工光荣退休典礼，邀请100位规模企业退休职工出席。典礼在退休职工典型事迹展示专题片《燃情岁月》中拉开序幕，与会人员观看群口快板《燃情岁月展风采》、歌舞《常回家看看》、故事讲述《银发正青春》等节目。典礼上，举办师徒传承仪式，6位优秀退休职工代表将“接力棒”交与徒弟，寄语徒弟传承、弘扬他们的优良传统和宝贵经验；举办赠送纪念品仪式，向与会退休职工送上书法纪念品。

（应　晶）

共青团如皋市委员会

【概况】 2021年年末，全市有青少年50.2万人，其中团员青年3.6万人（学生团员0.92万人），团员在青年中占比7.1%。全市有市直团组织61个，其中青工系统团组织32个、青农系统团组织14个，市直学校团组织15个，市少年先锋队工作委员会直属学校少先队7个。“雉水红韵”如皋市青年学习社路线活动被认定为省级青年学习社线路；团市委被表彰为全省团属报刊宣传工作先进单位，并作经验交流。“梦想小屋”建设获全省“梦想改造+”关爱计划突出贡献奖；青少年权益工作经验获《法治日报》发表推广；“青苗”爱心暑托班获评省级示范班，相关工作经验被《中国青年报》刊载推介。《“三位一体”助推青年理论宣讲走深走实》被团省委表彰为“10100”创新创优项目二等奖。

【青少年思想引领】 年内，团市委围绕中国共产党成立100周年，开展青少年理想信念教育。结合“联青服务站”走访活动，启动“团干部上讲台”党史教育宣讲活动，实现各基层团组织宣讲全覆盖。发动全市各级少先队组织以“开学第一课”“寻访队课”等形式，开展青少年主题教育；组织开展“百年党史青春说”活动，邀请党史专家、革命先辈后人讲党史故事，邀请各行各业杰出青年代表分享他们成长故事。举办“学党史、强信念、跟党走”主题团日活动，用舞台剧、歌舞表演、诗朗诵等方式，再现党的辉煌历程。开展微团课大赛、团系统党史知识竞赛等活动，全市青年团员党史教育实现全面覆盖。全面提升微信、微博、网站的内容生产、服务供给质量，抢占青年移动终端应用空间。以“青年大学习”网上主题团课为契机，每周引导3万余名青少年线上学习“在新形势下坚持和发展中国特色社会主义”“中国特色社会主义阔步向前”等专题。“雉水青年”官方微信开设《“雉水芳华·对话百年”——如皋市马克思主义青年说》栏目，全年发布58期，覆盖青年15万人。

【青年团组织建设】 年内，团市委加强团的基础组织建设、服务能力建设、民主化建设、团干部队伍建设，从严治团。举办团干部培训班暨首批“青马工程”培训班，紧紧围绕增强新时代团干部政治能力、思想建设、业务能力等方面设置课程，培训团干部60余人次。聚焦强基固本，借鉴党的组织建设、队伍建设、作风建设有益经验，推进社会领域团组织建设，截至年末，全市有社会领域团组织502个，包含农民合作社等新型农业经营主体，其中年内新建104个。南通六建建设集团团委获省五四红旗团委称号，其“党建带团建”做法在南通市建筑行业团工委成立大会上作典型交流。以村（居）党组织换届为契机，全市乡镇团委、村（居）团组织百分百完成换届工作，选出村（居）团组织书记347人，其中进入村“两委”班子289人，占比83.3%。依托“智慧团建”管理系统，严格控制入团名额、规范入团程序，发展团员2590人。定期对浓缩型、巨型、空心型团支部进行合并调整，对9名刑事犯罪团员予以开除团籍处分。完善社会领域组织架构，依托“智慧团建”“团聚伙伴”等平台，推进青年社会组织团组织建设工作，截至年末，6家团属社会组织全部建立科普协会、市绿芽启爱服务中心等示范型青年社会组织。依托“滨江联盟”志愿服务队，深化保护母亲河行动，举办“‘青’护长江、‘绿’动雉水”如皋市“共青林”营建、“河小青”助力美丽如皋建设集中服务月等主题宣传活动，引导青少年树立和践行生态文明理念。

【工农青年工作】 年内，团市委深入推进“新农菁英”培育发展计划，挖掘“新农菁英”人才70人推荐至省级人才库；开展直播助农活动12场；推动2款优质农创产品入选省级“新农菁英”产品库产品目录；开展“新农菁英”就业见习岗位征集工作，为全市21家涉农企业59个岗位提供人岗对接服务。以“请党放心，强国有我”为主题，开展暑期大学生志愿服务“我报到”，组织大学生开展“青绘乡村”等就业创业实践。以长江镇智创园为阵地，挂牌成立如皋投融资路演基地，为青年创业者提供资金扶持、导师指导、项目对接等服务，有效解决青年在创业初期场地成本高、开办资金不足、创业能力偏弱等问题。加强团银合作，全年累计发放贴息贷款945万元、低息贷款1375万元，服务71个项目落地、发展。启动市第九届“创青春”青年创新创业大赛，引导、激励和扶持青年创业项目。联合市人力资源社会保障局等单位建立导师团、讲师团、专家团和青年联合会、青商会“传帮带”服务体系，组建一支由种植养殖、金融、电子科技及电商网络等行业创业精英组成的青年创业导师团队，为创业青年提供创业咨询和指导。聚焦服务主线，卫生、公安、城管等领域基层团组织主动组建青年突击队21支，在防控一线协同做好采样检测、防疫宣传、秩序维护等工作。组织团干部深入挂钩企业，开展安全生产宣讲21场。开展“一线有我，号队出列”青春建功行动，分层级、分类别开展青年文明号创建工作，组织各类青年文明号单位与14个省级、南通市级重大项目结对，引导青年在项目一线建功立业。12月4日，市青年联合会第五届委员会第一次全体会议召开，推荐产生青联委员164人，选举产生新一届委员会主席、副主席和常委，审议通过《如皋市青年联合会第五届委员会第一次全体会议关于四届常务委员会工作报告的决议》。

【学校共青团和少先队工作】 年内，团市委组织全市少先队员参加“我是美丽江苏小主人”活动，以手抄报、写作文、录视频等形式，参与“家乡美景我来摄”“家乡文化我宣传”等五大乡村主题活动。打造校内青春关爱辅导团、校外特色导师团、专业心理公益团队伍，以“团代表联络站”为抓手，构建学校、家庭、社会“三位一体”保障平台，有针对性开展行为矫正、心理疏导等教育工作。联合市人民检察院深入学校开展“传承红色基因，共建无毒家园”活动，增强青少年禁毒意识；举办模拟法庭大赛、“扫黑除恶”普法专题讲座，引导青少年学法懂法守法用法。在各镇（区、街道）开展“青春自护·暑期安全”系列活动12场，提升青少年自我保护意识。推进“12355”青少年综合服务平台建设，培养青年心理辅导专业人才，依托党群服务中心、青年之家、未成年人成长指导中心等阵地为青少年提供当面咨询服务。

8月25日，团市委上门走访困境青少年，开展圆梦助学活动

（团市委　供图）

【青少年关爱帮扶】 年内，团市委“梦想改造+”关爱计划筹资48.9万元，标准化改造“梦想小屋”41户；引导各社会组织、爱心单位、爱心团体捐助学习用品、课外辅导用书、生活用品价值10余万元，组织各部门、各层级团组织开展关爱活动40余次。深化开展“希望工程”系列品牌活动，针对特殊困境青少年、如皋籍贫困学子等助学对象，开展“圆梦行动”“希望之光”“希望英才”系列助学活动，累计筹资17.2万元，资助学生70人。

（张　淼）

如皋市妇女联合会

【概况】 2021年年末，全市有镇（区、街道）基层妇联组织14个、村（社区）妇联348个。年内，如皋市全面完成村（社区）妇联换届选举工作，推动基层妇联主席百分百进村（居）"两委"，村（居）"两委"女性委员比例均达标。实施"履新启航六件事"（开展一次妇情走访，亮晒一份履职承诺，开展一轮全员培训，实施一项破难行动，领办一件开门实事，培育一批工作样板），激励基层妇联干部紧紧围绕中心工作，主动作为、创新思考、打造品牌，不断提升妇联组织和妇联工作影响力。推进执行委员会委员（简称"执委"）"我为妇女儿童办实事"实践活动，开展"一执委一实事"项目领办，征集实事5215件，市、镇、村三级执委通过形式多样公益项目和志愿活动，坚持常态长效为妇女儿童提供相应服务。新建市城管局、行政审批局三八红旗集体工作室。依托"家园"姐妹微家，实施"少数民族姐妹赋能行动"试点项目，召开少数民族妇女座谈会，举办各类技能培训。市妇联在第三届江苏女性融媒体创意大赛全国邀请赛中获优秀组织奖。12月7日，市妇联召开十六届二次执行委员会会议，补选执委会委员16名，选举产生市妇联主席。

【妇女发展】 年内，江苏北环生物科技有限公司被评为全国巾帼现代农业科技示范基地。如城街道顾庄社区先后建成南通、省美丽家园建设示范点，全市建成南通市级巾帼现代农业科技示范基地2个、巾帼示范专业合作组织1个、巾帼示范休闲观光基地1个、巾帼示范电商服务基地2个、巾帼新业态助农创新基地3个。钱淑娟被评为省级巾帼建功先进个人，市税务局磨头税务分局、移动如皋分公司长江网格被评为省级巾帼文明岗。选送家庭参加南通市妇联"秀秀美好家园，晒晒美丽庭院"网络大赛，获第一名。市妇联表彰巾帼建功先进集体16个、先进个人33人。至年末，全市累计成功创建全国巾帼文明岗8个、省级42个、南通市级77个、如皋市级320个。3月，市妇联联合市人力资源社会保障局等部门线上线下开展"职"等你来"春风行动"专场招聘会，通过基层妇联广泛宣传动员，让匹配的就业信息及时传达到妇女群众身边，达成就业意向800余人。实施家政服务业信用体系建设，开展"3·15"巾帼家政诚信服务周主题活动。4月，围绕"奋进现代化，跑赢新赛程"主题，市女企业家协会在江苏北环生物科技有限公司开展"学习张謇精神，勇担时代重任"主题活动。承办南通市"乡村振兴巾帼行动"现场推进会，全面展示如皋妇女创业创新成果。4月至8月，实施"技能慧创"乡村振兴巾帼行项目，开展精品家政培训、"送教下乡"活动，将培训送至下原、吴窑、磨头等7个镇，累计培训671人。实施"百村万户争创美丽庭院（阳台）"行动，牵头召开"美丽庭院（阳台）"创建现场推进会，向全市广大家庭发出创建倡议。深入南通星球石墨有限公司等4家企业开展科技创新服务工作，提供科技创新、人才引进政策辅导解读等服务。联合市人力资源社会保障局、江海技工学校举办市第四届育婴员职业技能竞赛，169名选手参赛，评选一等奖1名、二等奖3名、三等奖6名。10月，市女企业家协会在丁堰镇梦百合家居科技股份有限公司开展"强国有我、科创未来"活动。11月，借助"如皋妇联"微信公众号平台，开展"如愿'皋'地，晒吾家庭院"网络主题展播活动。12月，召开"岗村同奔共富路，携手跑赢新赛程"如皋市"巾帼文明岗"创建交流会。

【妇女群众宣传教育】 年内，市妇联实施省级公益项目"强国她力量，党史进万家"女性赋能家庭领学项目，以"让党史文化宣传进万家"为宗旨，以"妇工＋社工＋志愿者"模式，以已婚家庭女性为主要宣传参与者、家庭成员为协同参与者，开展"学党史、强信念、跟党走"系列活动，产生一个人带动一家人、影响一群人成效。在"如皋妇联"微信公众号开辟"雉水巾帼大学习"专栏，发布党史学习重点和红色巾帼故事等内容。收集整理12名巾帼英烈事迹，编印发放《红色巾帼风采》宣传册3000余份。征集红色家书80余篇，

7月19日，全市妇女干部能力提升培训班开班　（市妇联　供图）

评选表彰优秀红色家书14篇。《江苏如皋妇联:“她力量”为党史学习教育增添亮色》被“学习强国”平台录用。开展“巾帼心向党”志愿服务活动，以“大宣讲”“促和谐”“办实事”“育新风”四大板块，开展党的理论宣讲、党史宣讲。全市巾帼宣讲团核心成员宣讲40余场次，各级妇联巾帼宣讲志愿者累计宣讲700余场次，覆盖妇女群众7万余人。通过开展“从心出发，把爱留住”心理健康宣讲活动，普及心理健康常识，服务于基层妇女和家庭，全年开展心理健康宣讲服务10余场，开展团体辅导2次。围绕关爱特殊群体开展巾帼志愿服务活动，对困境儿童、困难妇女群体等，开展亲情陪伴、课业辅导、扶贫解难等巾帼志愿服务，各级巾帼志愿者累计办理实事150余件。建好用好“如皋妇联”微信公众号平台，提高各级妇联women+参与度，全年在“women+在你身边”云平台发布活动353次。郭永霞家庭被评为第十二届全国“五好家庭”，刘朱建家庭被评为全国“最美家庭”，田茂娥家庭等4个家庭获评省“最美家庭”。3月，举办纪念“巾帼心向党，奋斗新征程”“三八”国际妇女节111周年专题活动。联合市融媒体中心妇联举办“学张謇、明初心、建新业”共建活动。举办“最强县市呼唤最强队伍”等专题讲座，深入学习贯彻中共十九大和十九届五中全会精神。4月，开展“心手相牵·同心向党”——“四史”学习教育进家庭活动。6月，举办“永远跟党走，巾帼绽芳华”百年征程庆祝活动。7月，举办妇女干部能力提升培训班，组织妇女干部走进中共一大纪念馆、淞沪战役纪念馆、鲁迅纪念馆、沙家浜革命纪念馆开展沉浸式、体验式教学。

【妇女儿童权益维护】 年内，市妇联联合城北街道妇联启动“‘典’亮生活——她维权在身边”项目，通过学习宣传运用民法典，推动普法维权广覆盖、源头维权共融合、法治维权齐联动。利用“三八”妇女维权周、“4·15”国家安全日等法宣节点，开展“大妈说民法典”等活动。引导妇女儿童依法维护自身合法权益，让广大妇女和家庭成员养成自觉守法、遇事找法习惯，全年开展各类普法讲座17场、普法宣传活动20余次，发放普法宣传材料2000余份。构建“网格+妇儿维权+心理健康服务”服务模式，打造婚姻家庭工作室、心理健康公益服务站、心晴工作站等维权阵地，全年开展青少年心理健康公益讲座14场，心理健康志愿服务活动8次，受益2700人次。“打造维权驿站，构建和谐家庭”项目被评为南通市妇联系统改革创新实践项目。发挥巾帼网格员、妇情信息员作用，在“大数据+网格化+铁脚板”社会治理机制中维护妇女儿童合法权益，全市巾帼网格员3743人、妇情信息员4989人，全年排查上报婚姻家庭类纠纷280起，均妥善处理。持续开展“家家访、月月谈”新时代文明实践主题活动，每月组织议事1次。城南街道张八里社区建成集妇女议事、婚姻家庭辅导、心理健康咨询、法律维权服务为一体的“益家和”婚姻家庭工作室，提供个性化服务。实施“心晴计划”，构建“排查发现—精准施策—有效干预—跟踪回访”工作机制，为妇女儿童提供专业心理健康教育、心理健康辅导、危机干预等服务。组建一支由18人组成的心理健康关爱服务队，建立“心晴工作站”12家、心理健康公益服务中心1家。培养“老舅妈调解员”，依托王桂兰家事调解工作室孵化建成家事调解工作室18家。确定并组织推进“十四五”期间新一轮妇女儿童十件实事。持续推进“两癌”救助实事项目，救助5人。新建爱心母婴室4家。获评南通市优秀妇女议事会1个、南通市优秀妇女议事人2人，帮助领养女孩上户口问题的议事案例获评南通市优秀妇女议事案例。

【家庭儿童工作】 年内，市妇联继续做好“爱心妈妈”结对关爱工作，走访摸排全市孤困儿童基本情况。泰慕士爱心基金会新增结对帮扶困境儿童4人，江苏顺阳汽车集团帮扶困境儿童6人，“爱心妈妈”周萍走访慰问结对帮扶对象10人。开展中小学生心理健康、家庭教育指导服务，针对学生家长普遍关注的科学家教热点，邀请专家线上线下开展《江苏省家庭教育促进条例》《学会管理自己》《如何陪伴孩子平稳地度过青春期》等主题公益讲座；针对青少年心理健康问题，开展“解码青春期”等主题活动。培育南通最美“家长学吧”10个，开展“隔代教育”“做合格父母”“和谐亲子关系构建”等特色辅导与咨询工作。发挥社区家长学校和“家长学吧”阵地作用，全市7家“三全”（社区全域、父母全程、家庭全类型）社区家庭教育支持行动试点社区通过验收。实施“馨家学堂”项目，以社区家长学校作为实施“馨家学堂”项目的主阵地，将“有效陪伴”“生活教育”理念融入“馨家学堂”实践中，开设“父母课堂”“亲子课堂”“家风家训课堂”等特色课堂，运用理论学习、榜样引领、个案指导、集体分享等形式，引导家庭用科学家庭教育理念和手段，陪伴未成年人身心健康成长。丰富“大妈说”品牌内涵，通过鲜活家教故事，帮助家长树立科学育儿观、成才观，助力构建和谐家庭关系。“雉水大妈说”志愿服务项目在南通市推选学雷锋志愿服务先进典型活动中，被表彰为优秀志愿服务项目；“新时代新风尚、新女性新作为——大妈说”被评

4 月 30 日，"如意馨家学堂" 开学典礼暨开学第一课 "大妈说隔代亲" 在如城街道花园社区举行 （市妇联　供图）

为南通市妇联系统改革创新实践项目第一等次。4 月，"如意馨家学堂" 开学典礼暨开学第一课 "大妈说隔代亲" 在如城街道花园社区举行。5 月，联合下原镇 "馨家学堂" 举办 "大妈说家事：夸夸我的媳妇和女婿" 活动。10 月，在城北街道花园桥社区 "和美经开馨家学堂" 开展 "大妈说三胎" 活动。12 月，举办 "小家传大爱，馨家兴国梦"——如皋市 "馨家学堂" 项目成果展示活动。"大妈说三胎" 视频点击近 1 万人次，《新华日报》等媒体给予报道。

【刘朱建家庭获评全国最美家庭】 11 月，长江镇刘朱建家庭被中华全国妇女联合会表彰为全国最美家庭。

刘朱建从部队转业后成为一名民政工作者。2011 年 8 月起，任江滨医院院长。他不怕累、不怕苦，创新工作，当好肇事肇祸精神病、麻风病患者等特殊病人 "当家人"；打造江滨医院 "工娱康复治疗项目服务体系"，让 20 余位精神病人加快康复进程，回归到正常家庭生活；他发布全网 "悬赏令"，通过网络力量先后为来自全国各地的 26 名流浪精神病人成功寻亲。他与妻子传承父母敬老孝老优良家风，把家里的老人照顾得妥妥当当。儿子刘畅以父亲为榜样，从苏州科技大学社工专业毕业后，毅然走进苏州一家民营养老院，成为老人们的生活服务员、心理疏导员。

（胡莹莹　阮志刚）

如皋市科学技术协会

【概况】 市科协辖镇（区、街道）科协 14 个、企业（园区）科协 89 个、学校科协 1 个，学会 12 个、专业协会 13 个。2021 年，市科协先后被评为省县级科协创新发展能力提升计划优秀单位，省科技志愿服务优秀组织单位，优秀省级海智基地，省、南通市科普宣传周及全国科普日优秀组织单位，全国农民科学素质网络知识竞赛江苏赛区优秀组织单位。

【科技服务】 年内，市科协发挥省级学会平台优势和科技工作者智力优势，主动服务创新驱动发展战略。收集全市各企业在人才、技术、设备等方面需求 140 余条，发布于 "科创中国" 中小企业服务平台。邀请省科创学院院长黎怡杭、哈尔滨工业大学（深圳校区）教授刘兴军等到如皋调研考察，了解相关企业发展情况及创新发展困境、研发技术瓶颈、转型升级需求等问题，为企业 "把脉问诊"。组织开展海外专利信息平台专题辅导，推广专利信息平台利用，助推企业解决科技成果转化。持续推动黑塌菜科技小院建设，黑塌菜培育种植项目被中国农村专业技术协会命名为江苏如皋黑塌菜科技小院，在中国农村专业技术协会科技小院（江苏）联盟组织的考核中获二等奖。推荐金旺家庭农场、文庄蔬菜专业合作社等参与南通农业科技创新产品（鲜食玉米）品鉴评比，获南通好玉米金奖 1 个、银奖 2 个、铜奖 1 个。江苏惠沣环保科技有限公司在中国创新方法大赛中获二等奖。4 月 27 日，组织氢能企业代表参加江苏氢能产业院士协同创新中心专家服务企业交流会，与中国科学院院士、南京大学环境材料与再生能源研究中心主任邹志刚，探讨交流江苏氢能产业院士协同创新中心平台专家进一步服务如皋氢能产业园区企业发展层级提升等事宜。

【学术交流活动】 年内，市科协举办第五个全国科技工作者日庆祝活动，开展首届如皋市优秀科技工作者推荐与认定工作，认定黄碧英等 10 人为首届如皋市优秀科技工作者。组织开展市第十五届优秀自然科学论文评选活动，评选优秀论文 56 篇，其中《如皋市桑树主要害虫和消长规律与防控布局》《用于电池充电的谐振变换器设计及其 CC-CV 输出特征研究》在南通市自然科学优秀学术论文评选中获三等奖。

【老科技工作者协会】 年末，市老科协下设分会 33 个，会员 1002 人，其中科普讲师团成员 156 人。年内，市老科协围绕助推如皋经济社会高质量发展和破解民生焦点热点问题两大重点，精选优选调研主题，组成课题组，形成《农民建房用地相关问题的研究及建议》《对如皋建筑业转型升级的调查与思考》《浅谈智慧助老适老服务设施路径与举措》等调研成果。全年撰写调研报告45篇，获市镇和机关部门领导批示21篇，其中市领导批示6篇。其中调研报告《关于“十四五”期间如城地区构建卫健服务保障体系的调查与建议》《关于文化馆供给侧改革思考》被相关部门采纳应用,《对如皋建筑业转型升级的调查与思考》获省老科协“助力强富美高新江苏”建言献策竞赛活动二等奖。牵头、协助举办各类农业技术培训班120余场，发放各类宣传资料2万余份。联合市发展改革委、民政局、科协、长江镇等单位，以“人与自然和谐共生”为主题，举办“守护长江、志愿同行”宣传活动，18支环保志愿服务队近200人参加。会长于永芳被中国老科协授予优秀老科技工作者党员称号。

助力乡村振兴　年内，市老科协新培育咨询站、家庭农场、农业产业园、农业合作社等各类示范基地12家，截至年末，累计建成各级各类农业示范基地94家，其中南通市老科协科技创新服务示范基地2家。成功引进黑鱼、草猪、鲜切花、果品、稻米鱼一体化养殖新品种新技术12项。指导江苏弘久水产有限公司在江安镇新建黑鱼养殖基地13.33公顷，指导南通新牧农牧有限公司投资3亿元建设养殖基地，指导陕西省洋县建立黑米稻生产基地33.33公顷。在耳东家庭农场推广稻、虾、渔一体化种养新技术，为市华夏花卉有限公司引进“牛气冲天种子园艺”网上销售项目，网上销售日单量5000单，带动当地就业及配套产品发展。指导如城街道宗岱村等村“两委”班子建设，研究村有集体经济发展方向，传授群众工作经验，协助申报扶持项目。8月，编印农业科普丛书之十一《如皋市主要农作物病虫草害发生规律及防控技术》8000册，分发各农业科技示范基地和示范村等。12月，南通市乡土树木研究所、市天元服饰印业有限公司获批省老科协科技示范基地。

助力企业创新　年内，市老科协研究制订《助力企业技术创新三年行动计划（2021—2023）实施方案》，以技术攻关、技术管理、人才培训、技术对接、特种专技、政策咨询、维权保障、招商引资八大服务重点，加大服务企业创新力度。招引1亿元以上企业4家，其中新一代半导体产品项目投入10亿元，征用土地16.7公顷。全程参与健康长寿系列产品扩大生产项目建设，投入1200万元，新建厂房1400平方米。参与制订企业“十四五”发展战略规划4部，为企业宣讲如皋市激励企业创新发展政策35场次，协助或主持建设企业工程技术中心3家，代理52家企业会计审计业务和法律服务，协助申报发明专利和专项补助45件，协调解决企业用地、用电、用工难题131个，主持或参与攻克技术难题38个。

（王兆勇　杨　澄）

如皋市归侨侨眷联合会

【概况】 2021年年末，全市在册归侨侨眷7000余人，其中归侨2人、海外留学人员192人，分布于美国、加拿大、英国、日本、澳大利亚、法国、德国、新加坡等26个国家。年内，市侨联先后邀请欧洲上海社团联合会会长龚礼明、英国上海联谊会会长严似倩、澳大利亚江苏省工商联合总会会长陈银新等10批100余人次到如皋开展招商推介活动。引进美国AZZ公司“GIL高压输变电”项目，计划投资总额1.5亿美元。举办“追梦中华、情系大运河”2021年海外华文媒体江苏采访团如皋行活动，在海外华文新媒体上发布宣传推介如皋推文20余篇。开展侨界群众和侨联机关党史教育，举办“侨心向党、砥砺奋进”庆祝中国共产党成立100周年主题摄影展。侨之声合唱团参加南通庆祝建党100周年歌咏大会，获三等奖。10月18日，如皋市召开第八次归侨侨眷代表大会，听取和审议如皋市侨联第七届委员会工作报告，选举产生如皋市侨联第八届委员会。

【联络联谊】 年内，市侨联先后接待美国华人联合总会理事长蔡成华、比利时比荷卢江苏商会常务副会长吴培、澳大利亚江苏商会会长陈银新、日本全日本文化教育联盟机构理事长马树茂和旅美侨胞冯敬德、刘灿华、冒国和等15批200余人次。

【为侨服务】 年内，市侨联先后开展“春节暖侨——我来上门替您探亲”“侨心向党、粽情端午”慰问座谈等活动，走访慰问侨界重点人士、生活困难侨眷、侨界空巢老人等100余人次，发放慰问物资和慰问金合计3.5万元。开展侨界第四届法治宣传月活动，侨法宣传进镇（区、街道）、社区、侨企、学校8场次，发放涉侨法律法规知识问答手册2000余份。协调相关部门和单位为华侨侨眷排忧解难，解决华侨换领国内驾驶证，侨眷房屋搬迁、邻里矛盾等问题。

【海外联谊会三届一次理事代表大会暨海外侨社团联谊大会】 4月20日，如皋市召开海外联谊会三届一次理事代表大会暨海外侨社团联谊大会。此为全省县级市首次召开海外侨社团联谊大会，中国侨联兼职副主席、省侨联主席周建农和20个国家和地区的侨领及专家出席会议。

会议审议并通过《如皋海外联谊会章程（修改草案）》《如皋海外联谊会第三届理事会选举办法（草

案）》，选举产生如皋海外联谊会第三届理事会会长、常务副会长、执行会长、副会长和常务理事。

（刘亚峰）

如皋市工商业联合会

【概况】 2021年年末，如皋市工商业联合会（总商会）有市级行业商会33个、镇（街道）商会14个、异地商会12个；会员5748家，其中，工商联直属会员2338家、行业商会会员3410家，总量保持南通第一。年内，深圳市江苏如皋商会成立，市商品混凝土商会、市黄酒同业商会完成换届。市浙江商会被认定为2019—2020年度全国“四好”商会。江苏南通六建建设集团有限公司、江苏江中建设集团有限公司、中如建工集团有限公司3家企业入围2021年中国民营企业500强榜单，分别居第199位、376位、453位。12月24日，市工商联（总商会）召开第十二次会员代表大会，听取和审议市工商联（总商会）第十一届执行委员会工作报告，选举产生市工商联（总商会）第十二届执行委员会主席（会长）1人、驻会副主席（副会长）3人、不驻会副主席11人、不驻会副会长19人，聘请名誉会长6人。12月27日，市工商联获评2020—2021年度全国“五好”县级工商联，此为全国“五好”县级工商联评定工作自2015年开启后，市工商联第六次蝉联此称号。

【民营经济领域政治引领】 年内，市工商联强化政治引领，培育高素质企业家队伍。运用“如商红色讲堂”，在商会系统开展党员冬训，持续开展送党课进商会活动，着力推进习近平新时代中国特色社会主义思想和习近平总书记视察江苏重要讲话精神学习贯彻。深入开展党史教育，引领民营经济人士健康成长。开展“回顾百年征程，凝聚百倍力量”主题活动，组织部分商会党组织书记、会长及党建工作指导员赴南通博物苑、上海中共一大会议会址、浙江嘉兴南湖等爱国主义教育基地现场教学。组织党史宣讲进商会20场，直接受众1.8万余人。加强企业家教育培训，弘扬企业家精神。组织民营经济代表人士赴张謇企业家学院开展培训，邀请大型纪录片《张謇》总编导夏骏讲述张謇实业报国的大格局、强毅力行的大气魄、回报社会的大情怀；围绕“今天，我们向张謇先生学什么？”，引导企业家学习和弘扬张謇企业家精神。发挥主流媒体和新媒体宣传引导作用，在《如皋日报》开设“如商”专刊，“天下如商”公众号上线，宣传商会和企业先进典型，营造尊重企业家舆论氛围。

【民营经济健康发展】 年内，市工商联发挥桥梁纽带作用，提升服务水平。运用工商联“1+N”工作机制，解决企业生产经营困难16个，打通服务企业最后“一千米”，助力打造更优营商环境，提升企业满意度。与市人民法院、人民检察院、司法局分别建立沟通协作机制，在不同层面为企业健康发展、企业家健康成长保驾护航；定期召开联席会议，专题开展民法典宣讲活动，促进企业合规建设。与市税务局联合开展“春雨润苗”专项行动，落实减税降费政策，助力小微企业发展。

【光彩事业】 年内，市工商联引导民营企业家承担社会责任。5月，市工商联主办、南京如皋商会承办“情系如皋乡亲，助力家乡振兴”省城名医大型义诊活动，组织23名南京各大医院名医到江安镇开展医疗讲座、名医查房指导、广场义诊、送医进困难家庭等活动。9月，市工商联（总商会）发起“如皋救在身边”腾讯公益捐赠活动，筹措资金4万余元，为公共场所配置AED急救设备。10月，组织部分商会、企业负责人赴陕西洋县参与东西部协作活动，市农产品沪皋流通销售商会、百货同业商会与洋县经贸局签订合作协议，南京如皋商会捐赠总价值26万元生活用品和医疗物资，市印染商会捐赠毛毯3091条、总价值30余万元，市靖江商会向洋县两所学校捐赠5万元、饮水设备2台、价值3万元生活用品。市化工（新材料）商会、花木盆景产业联合会、特

11月21日至26日，如皋市在张謇企业家学院分两期举办民营经济代表人士省级调训班，集中调训民营经济人士101人。图为11月23日集训现场（市工商联　供图）

11月，市残联开展残疾人集中评定服务　　（市残联　供图）

种设备综合服务商会、浙江商会等商会分别向对接村（社区）开展村企联建、捐资助学、教师节慰问、冬日送温暖等活动，捐款捐物5万元。

（环志刚）

如皋市残疾人联合会

【概况】 2021年年末，市残联下设镇（区、街道）残联14个、残疾人专门协会5个。全市有持证残疾人40570人，其中视力残疾5894人、听力残疾1146人、言语残疾181人、肢体残疾21759人、智力残疾3969人、精神残疾5775人、多重残疾1846人。全市有残疾人康复机构2个，为市残疾人康复中心、市特殊教育学校听力语言康复中心。年内，市残联推进"残疾人之家"建设，出台《如皋市"残疾人之家"运行管理办法》和《"残疾人之家"星级评比细则》，加强对"残疾人之家"监管，对运行情况实时监控，确保全市28家"残疾人之家"疫情管理、安全管理到位。

【残疾人证管理】 年内，如皋市成立残疾人证管理办公室，协调做好残疾评定、残疾人证核发、管理工作。规范评残程序，集中评残3464人，对行动不便重度残疾人上门评残95人，新发证1463本，到期重评换证2001本。及时核实注销死亡人员残疾证2154本。全面开展违规持有残疾人证专项治理工作，对1.8万名2017年以后评残换证对象逐个"回头看"检查，查出问题283个，分门别类进行整改。

【残疾人权益维护】 年内，市残联开展《中华人民共和国残疾人保障法》《残疾人就业条例》《残疾预防和残疾人康复条例》等残疾人专项法律法规宣传力度，提高残疾人依法维权和全社会理解、尊重、关心、帮助残疾人法律意识。依法协调解决残疾人权益保障突出问题，全年接待、处理残疾人来信来访及电话信访75件。推行律师坐班制，坐班律师全年为残疾人答疑解惑、提供免费法律咨询10人次，提供法律援助8人次。

【残疾人教育】 年内，市残联实施残疾人学历提升工程，开办第二期残疾人学历提升班，28名残疾人参加学习。实施就业创业综合能力提升工程，组织各镇（区、街道）残联和"残疾人之家"开展残疾人技能、创业、实用致富技术培训450人；选送残疾人参加南通市残联组织的手语、京东客服、盲人按摩等培训，累计培训487人。与市融媒体中心联合开办《残疾人之声》专栏，宣传残疾人法律法规和助残政策，宣传残疾人事业、残疾人自强自立典型和助残典型。5月15日，如皋市第31次全国助残日系列活动启动仪式暨纪录片《无臂七子》首映礼在华夏电影胶片博物馆内举行。

【残疾人文体活动】 年内，市残联与市特殊教育学校协调共用残疾人文体活动中心、残疾人艺术展示中心，改善残疾人文体活动设施不足状况，全年组织残疾人专场报告会、文艺演出4场次。在市残疾人服务中心一楼建成残疾人阅览中心。

（朱云翔）

如皋市关心下一代工作委员会

【概况】 2021年年末，全市有镇（区、街道）关工委14个，村（社区）关工委347个、市直系统关工委5个（教育、民营经济、农业农村、法院、公安）。年内，教育系统在各市直学校、各镇（区、街道）中小学、部分幼儿园建立校（园）关工组织90个；民营经济系统在14个镇（区、街道）分别成立民营经济关心下一代工作委员会分会，在规模企业建立关工组织488家；公安系统在基层派出所建立关爱工作站20个。全市从事关心下一代工作老干部、老战士、老专家、老教师、老模范（简称"五老"）共8968人。年内，市关工委在全市开展"在家庭做好孩子、在学校做好学生、在社会做好公民"（简称"三好"）标兵竞赛评选活动，评选市“三好”标兵200人，其中小学生100人、初中生70人、高中生（含职高）30人。以宣传基层和“五老”先进典型及工作品牌为重点，在各级各类报刊、网站发表稿件64篇。市关工委被评为全省关心下一代工作优秀集体。

【青少年主题教育】 年内，市关工委联合市教育局在全市青少年中广泛开展“颂建党百年、做时代新人”主题教育系列活动。开展“百场报告讲党史”等“六个百”系列活动。市主题教育宣讲团45名宣讲员，到全市各村（社区）校外教育辅导站、学校宣讲430场次，受教育青少年11万人次。全市各级关工委组织青少年开展“三走进三寻访”（走进社区、走进农村、走进企业，寻访中国好人、寻访爱国故事、寻访时代好人）活动108次，参与青少年3200余人。编印《中共党史知识百题》，发送全市各校外教育辅导站和学校。创作、排练情景剧《血沃春泥》，代表南通市参加“颂建党百年、做时代新人”全省庆祝中国共产党成立100周年老少同台节目展演，获一等奖。4月27日，南通市关工委“颂建党百年，做时代新人”主题教育现场推进会先后在如皋市校外教育辅导总站和市文化馆举行。

【中小学生心理健康教育】 年初，市关工委调研全市中小学生心理健康教育现状，拟定关工委参与中小学生心理健康教育工作举措。全市355个校外教育辅导站、421个崇德少年法学苑、92所中小学全面完成“珍爱生命，笑对人生”等5个专题心理健康教育宣讲。全面摸排特殊群体青少年，安排350名“五老”与特殊学生进行结对帮扶，及时教育引导，给予关心关爱。如皋高新区关工委建立外来务工人员子女关爱中心，为省外在如皋51位学生提供一对一关爱服务。如皋市中小学生心理健康教育工作举措被南通市关工干部培训班以《主动作为、精准施策，为青少年阳光成长保驾护航》为题推介。

4月27日，南通市“颂建党百年，做时代新人”主题教育会演在市文化馆举行。图为合唱《我的中国梦》表演照 （市关工委　供图）

【青少年法治教育】 年内，市关工委推进崇德少年法学苑和公安派出所关爱工作站建设，聘请24名退休民警作为驻所关爱工作站成员，在青少年群体中广泛开展法治宣传教育，累计在校园开展法治宣传800余次，发放宣传资料4万余份。聘请98名“五老”担任网吧义务监督员，按照区域划分义务监督小组37个，对全市37家网吧正常开展义务监督活动。

【校外教育辅导站】 年内，市关工委加强市级校外教育辅导总站硬件建设，构建1个市级辅导总站、14个镇（区、街道）中心站、340个村（社区）辅导站、80个自然村及家庭分站四级辅导站网络结构模式。制定《如皋市校外教育辅导总站职责》，举办总站开放日活动，组织基层辅导站负责人现场观摩。各辅导站组织青少年参加省关工委组织开展的“对话2035的我们”主题征文、“童声齐颂建党百年”主题征稿、“童心永向党，筑梦新辉煌”创作演讲比赛等活动，累计获奖333人次，36个基层关工委获优秀组织奖，市关工委获评最佳组织奖、创作演讲比赛先进单位。

（田芝华）

法治·军事

政法委与综治

【概况】 2021年，全市政法战线以打造"高标政法、高效政法、高质政法"为导向，统筹推进政法10件为民实事，抓紧压实82项重点任务，构筑共建共治共享社会治理新格局，开创长安雉水、法治如皋建设新局面。全市群众安全感99.67%，位居全省首位，全市政法工作总体绩效进入南通第一方阵。

【政法领域改革】 年内，市委政法委建设周期深化执法司法制约监督体系改革建设，压实法检入额院领导办案主体责任，加强以法官、检察官为中心的办案团队建设，法检入额院领导办理案件983件，位居南通第一。强化精准审判管理，努力提高审判质效，建立"三色牌"（对审判质效评价按照"优中差"三个等级，对应"绿牌、黄牌、红牌"予以标注）专项通报和周、月、季定期通报机制。大力推进"繁简分流"，全程推进要素式审判、格式化文书，提高审判效率。健全检察官联席会议、重大案件请示报告等制度，完善检察委员会监督机制，严把案件质量关。发挥案件评查导向作用，主动接受外部监督，邀请人民监督员参与办案活动10余次。细化落实防止领导干部干预司法等"三个规定"（《领导干部干预司法活动、插手具体案件处理的记录、通报和责任追究规定》《司法机关内部人员过问案件的记录和责任追究规定》《关于进一步规范司法人员与当事人、律师、特殊关系人、中介组织接触交往行为的若干规定》）配套机制。以跨江融合发展为先导，搭建跨区域一体化协作机制，审结环境资源"三审合一"（涉及环境资源的行政、刑事、民事案件）案件249件，依法从严惩处破坏环境资源犯罪，审结环境资源刑事案件147件，判处罪犯405人。

【平安如皋建设】 年内，市委政法委紧扣安全稳定主线，打造如皋平安高地，人民群众获得感、幸福感、安全感更加充实、更有保障、更可持续，群众安全感比上年提升1.17个百分点。坚持把维护政治安全放在首位，狠抓风险防范，做实涉稳风险联合研判、联合处置"双联"工作机制。不断完善市平安建设领导小组及办公室工作规则，市平安办实体化运作，全市社会大局持续稳定，实现连续30年命案当年全破、年内"八类案件"（对故意杀人、故意伤害致人重伤或者死亡、强奸、抢劫、贩卖毒品、放火、爆炸、投毒案件总称）全破。常态化开展扫黑除恶工作，侦办黑恶势力犯罪集团和团伙各1个，抓获黑恶刑案成员121人，查扣黑恶资产3000万余元。累计整治铁路沿线安全隐患54处，化解矛盾17个。纵深推进防诈反诈，万人发案率居南通末位，连续6个月实现月发案同比下降，有效保护人民群众"钱袋子"。

【市域治理现代化】 年内，如皋市完善市域治理突发事件应急处置预案、重大突发事件上报机制，建立部门和乡镇重大突发事件上报体系，探索建立舆情双向推送机制，办理重要舆情事件和网上"三跨"（跨部门、跨区域、跨层级）诉求事项1411件。持续拓宽事件线索来源渠道、聚合治理力量、强化闭环处置，构建内畅外联体系，打造"全闭环"事件处置新模式，有效处置事件24

万余件。建立“市域治理e站”，引导13家如皋当地有影响力自媒体参与事件闭环处置全过程，妥善处置各类网络舆情33件。依托大数据比对分析，对区域内涉稳风险、政情民意等预警预判，编撰各类专报23期、《“12345”受理要情》24期，专报编撰质量及数量均居南通县（市、区）第一。出台联动指挥运行管理暂行办法，建立联动指挥会商会办制度，梳理职能交叉事件分流处置细则、联动指挥科业务办理等工作机制8项。建设联动指挥平台，实现部门协同办公系统横向对接，纵向打通乡镇一体化平台，实现业务平台整合。联动指挥平台全年处置预警工单574件。其中上级交办预警工单562件、县级交办预警工单12件；危险化学品预警工单487件，查实14件，立案查处14件，累计罚款金额41.501万元，刑事拘留2人；群租房安全隐患50件，查实整改50件；“双肇”（肇事肇祸患者）人群管理37人，全部及时送医、落实管控措施。全年参与（组织）市县两级综合演练80余次、突发灾害天气视频调度会议4次。

【网格化服务】 年内，如皋市做实网格基础，健全考核体系，明确负面清单10项，推动镇（区、街道）重要突发事件信息上报。落实“以奖代补”机制，调动网格员工作积极性，推动网格工作落地落实。市镇两级组织各类网格培训活动80余场，覆盖3700余人次。定期组织专项督查，对全市14个镇（区、街道）347个村（社区）网格化工作落实情况全面大起底，以督促查、以查促改、以改促效。发挥头雁效应，在如城街道新民社区、下原镇老坝村以“党员中心户”为基础单元，打造“网格驿站”示范点，深入推进“网格+警格”联动融合，推动“两代表一委员”、民警、法官、检察官、律师、法律工作者、专职调解员进网格，帮助群众办理实事400余件。强化规范运行，探索社区网格化工作标准化建设，初步制订网格标准化目录体系。深化网格宣传，在如皋FM98.3电台开辟“平安之声”专栏，每周一期宣传网格工作动态和网格员先进事迹；每月一期评选奖励市级“网格之星”“最美网格员”，举办市第二届“最美网格员”颁奖典礼。组织开展“五必须五起来”（横幅必须拉起来、喇叭必须响起来、身份必须亮起来、马夹必须穿起来、入户必须谈起来）专项宣传行动，落实网格公示单1182个，统一为全体网格员和政法干警开通网格宣传手机彩铃，向全市129.6万名手机用户群发网格宣传短信，提高网格服务知晓率和满意率。年内，全市网格员累计开展安全隐患排查3500余次，为群众代办服务事项9300余件，开展特殊人员巡查走访3.1万余人次，为居家隔离人员提供服务1.5万余次，协助化解疫情相关矛盾纠纷800余起。全市政法系统党员干部下沉网格一线，开展“察民情、访民意、解民忧”活动，累计走访群众3.5万余户，发放网格便民服务联系卡3万余张、宣传资料4.4万余份。

【法治护航高质量发展】 年内，全市政法系统实行服务企业热线24小时“零打烊”，干警“一对一”挂钩、“点对点”精细化服务，走访企业1.2万余次，侦破12家企业17批次品牌侵权案，挽回经济损失6000余万元。开展刑事合规监管人制度试点探索，联合10家职能单位建立涉案企业刑事合规管理协作机制，成立第三方机制管委会，组建52名专家人才库，建立企业合规“白名单”制度，激励企业加强合规管理体系建设。推出服务保障乡村振兴20条举措，提升破产审判质效，盘活房地产8000平方米、土地10.44公顷，发放职工债权1326人共5100万元，帮助7家危困企业恢复生机，常态化开展涉民生、涉金融等专项执行活动40次，执行和查控到位金额近1000万元，判决“拒执罪”案11件共14人。瞄准全市六大产业链法律需求，组建“产业链+法律服务”团队，设立涉企专业商事调解工作室，优化“公证·律师护企工

8月17日，如皋市召开网格化服务管理宣传工作部署暨网格业务培训会
（市委政法委　供图）

作站”，开展“万所联万会”对接活动，为企业提供“法治体检”117 次，梳理摸排企业法律服务需求 121 项，帮助解决法律问题 187 件。

【政法队伍建设】 年内，市委政法委深入贯彻《中国共产党政法工作条例》，把党的绝对领导落实到政法工作全过程和各方面，严格执行重大事项请示报告、重点工作协调推进、依法监督制约等制度机制。扎实开展党史学习教育，慎始慎终抓好政法队伍教育整顿，围绕学习教育、查纠整改、总结提升三个环节，聚焦“筑牢政治忠诚、清除害群之马、整治顽瘴痼疾、弘扬英模精神”四大任务，坚持自我革命，发扬斗争精神，推动教育整顿各项工作落实落地。突出政治铸魂，开展分层、分类、分批全员政治轮训 9 场，政法各单位负责人上专题党课 8 场次，持续筑牢全体政法干警忠诚根基。紧扣职能特点和工作实际，确定顽瘴痼疾整治内容 52 项并公示，制定整改措施 520 条。各单位结合职能特点，突出靶向治疗准确性，精准对症下药，个人自查问题 1514 条，组织排查问题 244 条、顽瘴痼疾问题 93 条。坚持边查纠边整改边总结，健全完善执法司法制约监督、干部交流轮岗、正风肃纪、提升干警能力等（长效）机制 117 项，向上级机关提出意见建议 33 条。扎实推进教育整顿“回头看”，全面开展倒查清查“回头看”，确保问题清仓、线索清零，政法队伍满意度 96.45%，比上年提升 0.32 个百分点，高于南通市平均水平。

（周佳佳　许晓益）

法治政府建设

【概况】 2021 年，市政府贯彻落实《法治中国建设规划（2020—2025）》《法治社会建设实施纲要（2020—2025）》《法治政府建设实施纲要（2021—2025）》《如皋市 2021 年法治政府建设工作计划》等文件要求，着力推动法治建设重大决策部署落细落实。制订下发《如皋市 2021 年度法治政府建设工作计划》《2021 年度市级机关（镇区）法治建设工作考核细则》，将推进依法行政建设情况纳入全市绩效考评体系。落实政府常务会议学法制度，全年组织安排市政府常务会议专题学习《统计法》、新《安全生产法》、新《江苏省信访条例》《中国妇女发展纲要和中国儿童发展纲要》。印发《关于赋予或委托各镇（区、街道）部分县级经济社会管理权限的实施方案》，分别赋予省级以上开发园区 92 项、经济发达镇 61 项、一般镇 47 项审批和公共服务事项，涉及市医保局、人力资源社会保障局、行政审批局等 12 个部门。

【依法决策】 年内，市政府强化行政决策法律风险防范，政府常务会议、市长办公会议议题实现前置合法性审查全覆盖。公布市政府 2021 年度重大行政决策事项目录，及时向社会公开重大行政决策草案、决策依据，通过听证座谈、调查研究等方式广泛征求公众意见，先后开展烟花爆竹禁限放区调整、城市公园管理、巡游出租汽车运价改革等事项民意调查。创新政府法律顾问列席政府各类专题办公会议，参与农村不动产登记、司法裁执分离、学校招生政策、上市公司限售股转让税费等议题研讨并出具法律意见。深度介入赛麟法律事务、出让挂牌地块的合法性审查。审查政银企战略合作协议、再保公司章程等政府合同 7 份，并出具合法性审查意见 6 份。

【规范性文件管理】 年内，市政府公布 2021 年行政规范性文件制定项目 8 个，完成《如皋市城镇老旧住宅小区改造工作实施意见（试行）》《市政府关于进一步完善设施农业用地管理的通知》《如皋市城市绿线管理办法》《如皋市永久性绿地保护管理办法》《如皋市既有多层住宅加装电梯实施意见》《如皋市城市公园管理办法》《如皋市住宅小区绿化管理规定》等 12 个规范性文件项目。向南通人大和南通市政府提出燃香管理（斗香）、禁止电捕蚯蚓、加氢站建设管理等立法建议项目。对市政府及市政府办公室出台的文件进行合法性审查，对规范性文件进行统一登记、统一编号、统一公布。全年向南通市政府和如皋市人大常委会报备市政府规范性文件 9 件。对各镇（区）各部门报备的 3 件规范性文件进行登记、审查，发出备案审查意见书 3 份。对 2019 年公布的《如皋市停车场建设和管理办法（试行）》《关于建立基本照护保险制度的实施意见》实施情况进行评估。开展规范性文件全面清理，公布市政府及市政府办公室继续保留使用规范性文件 55 件、行政管理性文件 209 件；对涉及长江流域保护、计划生育、新《行政处罚法》等内容的文件专项清理 3 次。

【行政执法规范化】 *深化基层综合行政执法改革*　年内，市政府制发《关于在各镇（街道）开展相对集中行政处罚权工作的通知》，在全市除长江镇以外的 13 个镇（街道）相对集中建设、物业、城乡规划、市容环卫、市政工程、城市绿化、户外广告、历史文化名城名镇名村保护、人民防空等行政管理方面的 57 项行政处罚权及与之相关的行政强制权。制发《如皋市镇（街道）综合行政执法规范化建设工作方案》，围绕镇（街道）执法体制改革目标要求，构建权责一致、规范高效的基层行政执法体制。

行政执法“三项制度”全面落实　对全市20个执法部门就“行政执法公示制度”“行政执法全过程记录制度”分两批进行督查，制发监督意见书6份。落实重大执法决定的法制审核制度组织全市执法部门和各镇（街道）法制审核人员及部分执法人员行政执法专题培训620人次。组织全市行政执法资格考试，严格落实行政执法人员资格管理和“持证上岗、亮证执法”等制度，年检行政执法证件2800余本，新申领执法证件172本，换领全国统一执法证912本。

行政执法管理监督　组织抽取全市100本重大行政执法案卷进行评查，并制发评查情况通报。建立行政执法监督企业联系点20个，聘请60名特邀行政执法监督员，在各镇（街道）便民服务中心和行政审批局设立执法监督信箱，梳理公布行政检查类监管事项清单373项。

创新包容审慎执法监管　制发《市政府关于推行涉企免罚轻罚清单、加强柔性执法进一步优化营商环境的实施意见》，梳理公布免罚清单178项、轻罚清单152项；制发《如皋市全面推行证明事项告知承诺制工作方案》，梳理证明事项告知承诺制事项47项。梳理调整随机抽查事项清单，形成《如皋市“双随机、一公开”监管随机抽查事项清单（第二版）》，常态推进部门联合抽查。全年推进单一部门“双随机、一公开”监管297次、部门联合监管603次、省市县三级联动监管60次，检查市场主体6498家。

【行政复议与应诉】　年内，如皋市依法办理行政复议案件164件，办结132件（含上年结转），办结率85.7%。整合行政复议职责，优化行政复议资源配置，充分保护公民、法人和其他组织的合法权益，自2021年1月1日起集中市级部门的行政复议职责。推行简案简办制度，对案情明了、争议较小案件适用简易程序办理，30日内结案，快捷高效化解争议。全年审结案件中适用简易程序案件31件，最短办结期限3天，实现案件快审快结。市人民法院依法受理和审理行政案件，做好答辩举证工作。加强对行政行为及其所依据规定审查力度，及时纠正违法行政行为。推进行政负责人出庭应诉，行政负责人出庭应诉率百分之百，组织行政机关负责人庭审观摩3次400余人次。实行重大疑难复杂案件集体讨论定案制度，经集体讨论定案19件。在各镇（区、街道）设立行政复议便民点，负责受理复议申请、提供复议咨询，依托“苏解纷”手机小程序，实现一键式申请模式。制发《如皋市行政复议法律援助工作规定（试行）》，在市法律援助中心设立行政复议法律援助窗口，为当事人免费提供复议咨询、代理案件等法律服务，累计服务30余人次。探索便民听证模式，针对土地权属争议类案件，实行“实地调查+就地听证”模式，走出机关听证室，缩短与当事人距离。

（刘海波）

公安

【概况】　2021年，市公安局接处警20.91万起，抓获刑事作案成员1867人，提起公诉1171人，保持30年命案当年全破、全年44起“八类案件”（对故意杀人、故意伤害致人重伤或死亡、强奸、抢劫、贩卖毒品、放火、爆炸、投放危险物质的总称）全破。规范执法、涉网案件侦破等经验做法被中央电视台宣传报道，交通安全管理经验在全省城市交通管理现场会上交流，侦办的非法采砂案件被公安部通报、贺电表扬，监所管理经验做法在公安部召开的全国公安监所规范化管理现场会上交流。

【“110”接处警】　年内，“110”报警服务台接各类电话44万起，比上年上升3.74%。其中有效报警20.91万起，比上年上升23.8%；违法犯罪警情1.87万起，比上年上升5.7%；交通事故6.06万起，比上年上升18.1%；火灾警情1346起，比上年上升41.4%；纠纷2.87万起，比上年上升10%；群众求助9.06万起，比上年上升36.8%。

【安全保卫】　年内，市公安局出动警力1.67万人次，完成中国共产党成立100周年大庆、省市县党代会等重大安保活动81次，组织无预告应急处突拉动演练3次。全年巡逻盘查可疑人员2.61万人、车辆2184辆，执行排爆任务4次，排除疑似爆炸装置2个。检查治安重点单位1747家次。检查校园847家次，消除安全隐患313处，完善技防设施71处，在校园内保及周边安装人脸识别装置，新增数字监控探头、入侵报警装置；成立校园保安大队，完成114所市直、镇属学校保安聘用工作，形成校园保安管理网络。

【治安防控】　年内，市公安局深入推进社会治安防控体系建设，实施“2+3+6”（二级风控中心、三道平安长廊、六大防控先行区）智卫皋城行动计划。启动新一代雪亮技防工程建设，新建、汇聚各类监控，初步形成规模优势和有效覆盖。深化“枫桥式公安派出所”创建，如皋高新区派出所与城南街道花苑小区一体打造网格化服务管理办公室，构建平安前哨工作站，推行“一网治全域、一屏控平安、一窗办成事、一室管全所”平安前哨智行勤务的经验做法，在南通市公安局“平安前哨”工程建设暨基层基础工作推进会上作经验交流。盯紧关键领域，整治突出问题，扎实推进安全生产大排查大整治大提升专项行动，集中整治群租房、消防单位、寄递网点、危险品存放点等重点领域，检查单位4500家次，督促整改隐患3600余处。全年查处治安行政案件1.33万起，处罚违规经营危险化学品单位32家次、快递公司13家次、行业场所11家，查处非法运输、储存烟花爆竹案件12起。

【户籍管理】 年内，市公安局在南通地区率先破题群众关注度高、需要“多头跑、反复跑”的“新生儿出生一件事”，通过一窗通办、部门联办、就近即办，整合新生儿户口登记、医保参保登记、社会保障卡申领、预防接种服务等事项，创新推进“出生一件事”服务，惠及新生儿家庭5000余户。全年办理出生登记7071人、死亡注销1.34万人。新登记外来人口9.46万人，注销9.75万人；新登记出租户6223户，注销3977户。截至年末，全市登记在册户籍人口139.45万人，其中城镇人口92.43万人。

【刑事侦查】 年内，市公安局深入推进扫黑除恶常态化、电信诈骗治理、盗抢骗犯罪惩治，抓获网上黑恶犯罪嫌疑人50人，破案56起，扣押涉黑涉恶资产3000余万元；抓获传统侵财犯罪嫌疑人397人，传统侵财案件破案率比上年上升6.8%；抓获涉诈犯罪嫌疑人413人，破案145起，警情、损失数实现双下降，万人发案率居南通最低。成功劝阻诈骗案件发生80起，挽回损失1100余万元。

【禁毒工作】 年内，市公安局抓获涉毒刑事作案成员17人，查处吸毒人员29人，破获毒品案件9起，铲除罂粟3506株。

【经济侦查】 年内，市公安局查处经济犯罪案件71起，比上年下降11.3%；抓获犯罪嫌疑人265人，比上年下降16.4%。侦办某假冒注册商标案，捣毁制售国际知名品牌服饰窝点3处，抓获犯罪嫌疑人13人，被公安部发贺电表扬。侦办某涉粮专案被省纪委定为江苏涉粮第一大案。

【食品药品环境类案件侦查】 年内，市公安局深入开展“昆仑行动2021”“清风行动”“农村假冒伪劣食品专项整治”“丽人警民桥”等专项行动，侦破食药环类刑事案件31起，攻克“7·30”非法采矿案，“7·8”生产、销售假酒案，某医院医保诈骗案，“9·9”非法采矿案等案件。

【出入境管理】 年内，市公安局受理出入境申请3620人次，其中受理出国（境）申请3444人次，比上年下降19%；办理外国人签证、居（停）留许可176人次，比上年下降2%；临时入境境外人员1306人，与上年持平。落实出入境业务办理加急服务、延时服务、周六加班服务，为75周岁以上老年人提供免费速递服务，升级改造出入境大厅排队叫号系统。推进跨境赌博、妨害国（边）境秩序、“三非”（非法入境、非法滞留、非法工作）违法行为等专项治理行动，破获偷越国（边）境案件8起、跨境赌博案件3起，抓获犯罪嫌疑人58人，办理出入境违法行政案件33起。

【监所管理】 年内，市看守所收押各类人员1615人，其中，刑事羁押912人，行政羁押703人。探索实施以在押人员为核心的量化考核机制，开发在押人员量化考核管理系统，以智慧管理手段确保监所绝对安全。智慧监管工作经验在全国监所规范化管理现场会上被推介，在全省智慧监管培训班作交流。

【水上警务】 年内，市公安局开展惩治长江水域非法排污、非法捕捞、

年内，江苏、浙江、安徽（合肥）、上海三省一市实行跨省户口“一网通办”。图为3月4日，如皋首例跨省户口“一网通办”业务办理现场　　（市公安局　供图）

非法采砂等专项行动，破获刑事案件 7 起、治安行政案件 67 起，抓获违法犯罪嫌疑人 120 人。检查涉水重点部位 582 家次、流动危化船舶 120 艘、494 人，"三无"船舶 17 艘，清拖 13 条，拆解 4 条；登船检查 60 艘次，查处非法采砂刑事案件 4 起，抓获犯罪嫌疑人 53 人。

【"千警护千企"行动】 年内，市公安局深入开展"千警护千企"护航发展行动，健全完善警企挂钩联系责任制，为企业提供常态化、规范化服务。市公安局党委成员挂钩 22 家五星级企业和 24 个省、南通市重大项目，各部门大队主要负责人挂钩 148 家四星、三星级企业，副股职级干部每人挂钩重点企业 2 家，普通民警每人挂钩企业 1 家，实行服务企业热线 24 小时在线服务。全年走访企业 1.2 万余次，通过"一企一策""一项目一清单"解决企业诉求 112 条。专设知识产权工作室，对全市 86 家知名品牌企业开展"直通车"服务，侦破品牌侵权案，涉及 12 家企业 17 批次产品，挽回经济损失 6000 余万元。"千警护千企"服务行动被评为南通市"十佳"为民服务品牌。

【法治公安建设】 年内，市公安局突出执法准入、责任落实、能力建设、履职成效环节，制定实施《法治公安建设高质量发展二十条实施意见》，执法质量连续第三年保持全省优秀。投入 3420 万元，建成并运行集执法办案中心、案件审核中心、财物管理中心、支撑保障中心于一体的执法管理中心，强化精准审核、问题清理、智能管理，推进执法顽瘴痼疾整治，检查警情 7.29 万起、案件 4339 起，回访当事人 6448 人，整改问题 924 个。全警参与，突出"关键少数"和中坚骨干，培养高精法律人才，在省公安厅法制民警刑事业务技能练兵竞赛中，1 名参赛民警获"十佳能手"称号。年内，市公安局法制大队审核刑事案件 1169 起、行政案件 1107 起，办理行政复议案件 43 件、行政诉讼案件 45 件。

【疫情防控】 年内，市公安局在高速公路收费站、县际交界处布设查控新冠肺炎疫情点位 12 处，累计检查车辆 105.3 万辆、人员 128.3 万人，其中来自重点地区车辆 44745 辆、人员 5.45 万人，移交市新冠病毒肺炎疫情防控指挥部 108 人。核查涉疫人员数据 21.8 万条，流调溯源 20 余人次；核查涉外地人员数据 614 条，调查涉外地确诊或疑似病例密接人员 6 人；监测发现涉疫网上舆情 51 条，处理不实信息 24 条，注销账号 9 个，查控 7 人。在各类医学观察点安排值守警力 8500 余人次，协助卫生防疫部门隔离 2119 人，完成接转运任务 1503 人，接转从境外返回如皋 65 人、国内高风险地区到如皋 2808 人。市公安局水警部门协同地方海事部门在焦港船闸下游设卡对进出焦港船闸船舶船民开展重点地区疫情防输入检查，出动警力 65 人次、车辆 32 车次、巡逻艇 58 艘次，检查流动船舶 5000 余艘次、人员 9950 人次，劝返重点疫区船舶 58 艘、120 人。

【见义勇为基金】 年内，市见义勇为基金会募集基金 54 万元，基金规模 2200 余万元。表彰奖励见义勇为人员 26 人次，发放奖金、慰问金 12.5 万元。春节、中秋节、烈士纪念日之际，慰问见义勇为牺牲、伤残困难家庭 32 户，发放慰问金 6.5 万元。为 117 名如皋市级以上见义勇为先进个人、牺牲人员家属续办团体商业综合保险。8 月，建成如皋市见义勇为主题文化园，并确定每年 8 月最后一周为见义勇为先进个人集中宣传周。

（马晓梅）

检察

【概况】 2021 年，市人民检察院办理刑事、民事、行政、公益诉讼等各类案件 2137 件，其中刑事案件 1654 件、民事案件 228 件、行政案件 33 件、公益诉讼案件 222 件。案－件比（发生在人民群众身边的案，与案进入司法程序后所经历的有关诉讼环节统计出来的件相比，形成的一组对比关系）由 1.194 降至 1.038。"公益诉讼等外领域拓展中'公益损害'标准研究"课题获最高人民检察院立项，办理的赵某某等五人贩卖、运输毒品案被最高人民检察院列为典型案例，获评"十三五"江苏检察名案 1 件、省人民检察院典型案例 1 件，入选省人民法院公告案例 1 件，被列入省人民检察院新闻发布会案例 4 件，5 项工作经验在全省相关会议上交流。年内，市人民检察院获评全国惩治危险废物犯罪表现突出集体、全国检察宣传先进单位、"十三五"江苏检察名团队、全省先进基层党组织等称号。

【刑事检察】 年内，市人民检察院依法惩治各类刑事犯罪，维护地方安全稳定，批准逮捕 264 人，提起公诉 1051 人。推进扫黑除恶工作常态化，办理涉恶案件 1 件，涉及 3 人。纠正漏捕、漏诉 36 人，不批准逮捕 70 人，不起诉 250 人，监督立案、撤案 57 件。持续推进认罪认罚从宽制度适用，适用率 92.36%。推动速裁程序适用，速裁、简易程序适用率 80.72%。探索视频"抽帧压缩""异常行为分析"等新技术在刑事执行检察中运用，建设刑事执行"云检察室"，经验做法被省人民检察院在全省推广。会签《关于适用速裁程序“一站式”办理交通类刑事案件的工作意见》，在市交通管理服务中心建立检察官办公室，探索危险驾驶等交通类案件刑事、民事、行政一站式审（处）理模式。全面审结非法吸收公众存款案件5件，起诉14人，其中追诉3人。联合公安机关在审查逮捕及审查起诉阶段对犯罪嫌疑人进行教育劝解，追讨集资款481万元。逐案梳理金融网络犯罪陈案，杜绝挂案陈案。严厉惩治洗钱犯罪，向上级人民检察院移送洗钱案件线索2条，办理洗钱案件4件。

【民事检察】 年内，市人民检察院围绕虚假诉讼重点，运用调查核实、再审检察建议等手段，依法监督纠正确有错误的民事生效裁判，维护司法公正。全年发出再审检察建议15件，涉案金额847.95万元。对民事审判程序开展监督，发出检察建议12件。强化对民事执行活动监督，发出检察建议41件。加强破产案件检察监督，办理南通某建设工程有限公司“执转破”系列案件，通过发出“执转破”检察建议，推动停产歇业、债台高筑企业进入破产程序，帮助化解执行积案90余件。

【行政检察】 年内，市人民检察院以国有土地保护为重点，提升行政非诉执行案件办案质效，向清退非法占地不力的6个镇（街道）发出检察建议20件，涉及非法占地总面积3.99万平方米，其中耕地4482.93平方米，促成拆除违法建筑1.4万平方米。加强行政争议实质性化解工作，化解行政争议3件。

【公益诉讼检察】 年内，市人民检察院关注环境资源、国有土地、公共安全、国防等重点领域，发出行政公益诉讼诉前检察建议51件，其中，环境资源领域37件，食品安全领域3件，国有土地领域3件，公共安全领域7件，国防领域1件；立案民事公益诉讼36件，其中环境资源领域29件。办理如皋某港务公司环境污染公益诉讼案，运用风险告知触发诉前磋商，促使涉案企业主动实施替代性修复；提出沿江生态走廊建设方案，得到市政府认可并纳入规划。此案件入选全省检察听证工作新闻发布会唯一发布案例、全省检察机关第二期长江大保护公告案例。推动市生态环境保护执法司法联动中心迭代升级，挂牌成立公益诉讼检察指挥中心，以信息化支撑和执法司法联动，助力生态环境综合治理。立足长江大保护战略，创新推出生态公益检察领域“检察长+行政机关局长+企业董事长”“三长”联动保护机制和“大长江、古城河”生态文化公益保护协作联盟，与南通市通州区、苏州市张家港市、泰州市靖江市搭建跨区域一体化协作机制，与如皋海事处会签《关于加强长江生态环境资源公益保护的协作意见》，在如皋水上绿色综合服务区与张家港、靖江两家检察院共建“张靖皋”长江生态公益保护三地检察联络岗，持续探索长江生态跨部门、跨区域共保共治方案。

年内，市人民检察在办理污染环境民事公益诉讼案件过程中，提出生态环境替代性修复方案。图为涉案企业首期替代性修复种植中山杉2000余株

（市人民检察院　供图）

【未成年人检察】 年内，市人民检察院对未成年犯罪嫌疑人“宽容但不纵容”，依法提起诉讼37人，附条件不起诉12人，相对不起诉7人。持续落实入职查询制度，依托“黑名单”数据库，先后2次协助市教育局对343名春季招聘教师进行入职前违法犯罪记录查询，把好涉未成年人密切接触行业从业人员招录入口关。深化“女童保护·星辰计划”项目，深化法治副校长工作，为2万余名师生家长开展各类法治讲座20余场。

【控告申诉检察】 年内，市人民检察院接收群众信访292件，办理控告案件7件、刑事申诉案件6件。开展重复信访专项治理工作，对4件重复信访案，逐案由领导班子成员包案化解，实现积案清零。搭建公开听证网络直播系统，开展公开听证22场，引入心理咨询师参与信访化解。建立进城务工人员维权讨薪绿色通道，通过支持起诉、支持仲裁，为105名进城务工人员挽回被拖欠公司120万余元。推行“云”受理“V”沟通线上司法救助新模式，让群众少跑腿、办案更便捷，办理司法救助案件41件，救助50人，发放救助金24.7万元。

【营商环境优化】 年内，市人民检察院探索刑事合规制度，联合10家职能单位会签《涉案企业刑事合规管理协作机制暂行办法》和《关于建立企业合规第三方监督评估机制的意见（试行）》，成立第三方机制管委会，组建由52名专家组成的人才库，建立企业合规“白名单”制度，将企业合规“白名单”制度纳入市执法司法“白名单”机制，激励企业加强合规管理体系建设。办理的如皋海某公司、江苏鑫某公司虚开增值税发票案，在企业通过考察验收后召开不起诉公开听证会做法，被最高人民检察院微博“走近一线检察官”专栏图文直播。

（吴冬冬）

法院

【概况】 2021年，市人民法院受理各类案件19124件（含旧存案件1507件），比上年增长10.99%；审执结案17849件，比上年增长13.51%；结收案比101.32%。市人民法院获最高人民法院第六届司法大数据专题研究应用二等奖，被表彰为全省法院类型化纠纷诉调对接先进集体、信息化工作先进集体。市人民法院审管办、政治部、刑庭分别获评全省法院审判管理工作先进集体、新闻舆论工作先进集体、扫黑除恶专项斗争先进集体；搬经人民法庭获全省优秀人民法庭称号。市人民法院周云被表彰为全国法院先进个人。

【刑事审判】 年内，市人民法院受理刑事案件994件，审结962件（含旧存），比上年分别上升18.76%和18.62%；判决罪犯1168人。深入推进常态化扫黑除恶专项斗争，审结寻衅滋事、聚众斗殴、开设赌场等涉黑恶案件38件，涉案55人。精准惩治电信网络诈骗，惩治关联犯罪，切断犯罪链条，依法审结电信网络诈骗刑事案件23件，涉案68人。严厉惩治经济犯罪，审结虚开增值税专用发票案5起，涉案金额1313.84万元，挽回国家税收损失33.62万元。保障被告人诉讼权利，实行辩护人全覆盖，全年为所有普通程序案件中未委托辩护人的被告人指定辩护人316人。进一步加强未成年人权益保护工作，根据省高级人民法院统一部署，增设少年案件审判庭，依法审结涉未成年人案件32件，被判处实体刑16人，宣告缓刑2人。

【民商事审判】 年内，市人民法院受理各类民商事案件12485件，审结11702件，涉及总标的额72.19亿元。关注生命健康权，审结人身损害等侵权案件1410件；着力提升人居品质，审结物业服务案件122件；切实维护劳动者合法权益，审结劳动争议、追索劳动报酬案件836件；着眼房地产市场健康发展，审结房屋买卖、租赁、建设工程等案件1703件；防范化解重大金融风险，审结金融借款、民间借贷案件2020件；服务乡村振兴战略，妥善处理涉土地流转、侵权赔偿等纠纷1363件。将调解贯穿诉讼全过程，100余起因杂树、界址等引发的邻里纠纷，在法官倾心调解下撤诉。民商事案件调撤率61.84%，位居全省法院第六。围绕“产业兴市”，对标营商环境评价体系，维护诚实守信的市场秩序，推出涵盖畅通破产受理渠道、提高案件审判质效、推动破产重整等10个方面38项具体措施，公正审结买卖、借款、租赁等合同纠纷5919件，标的额49.71亿元。发挥破产审判功能，服务供给侧结构性改革，全年新收破产案件49件，审结44件，盘活房地产8000平方米、土地10.44公顷，发放1326名职工债权共5100万元。坚持困境企业救治和“僵尸”企业出清相结合，帮助7家危困企业恢复生机，依法裁定批准南通皋方置业有限公司等3家关联企业合并重整案计划草案，缓解社会矛盾。

【环境资源案件审判】 年内，市人民法院充分发挥审判职能作用，审结环境资源“三审合一”案件259件。依法从严惩处破坏环境资源犯罪，审结环境资源刑事案件182件，判处罪犯439人。注重培育精品案例，市人民法院对一起非法捕捞中华鲟案公开审理现场被中央电视台《现场》栏目全程直播，425万名网友在线观看，获最高人民法院院长周强批示“此案审理社会反响好，具有示范意义”；“被告人李某某非法捕捞水产品刑事附带民事公益诉讼案”“被告人夏某某、王某某等9人非法捕捞水产品、掩饰、隐瞒犯罪所得案”分别入选全国和全省长江生态保护十大典型案例；反映长江口非法捕捞案件急剧反弹等2篇信息被省委内刊采用。联合中国司法大数据研究院，形成非法捕捞水产品案件相关分析报告《江苏省非法捕捞水产品罪司法大数据分析报告》，受到周强批示肯定，要求最高人民法院办公厅摘报转发。

【判决结果执行】 年内，市人民法院着眼“切实解决执行难”目标，进一步加大执行力度，全年新收执行案件7371件，结案7452件（含执行恢复、执行保全案件），常态化开展涉民生、涉金融等专项执行活动40余次，执行到位13.75亿元。

全面落实“一人一案一账号”制度，立案时自动向被执行人发送“一人一案一账号”信息，明晰案款流程，设立执行案款管理专员，严格落实执行案款发放“案件承办人—案款专员—执行局负责人—财务审核—财务出纳”五级审批制度和线上线下双重办理制度，管理专员对所有进出案款及时制作台账，实时汇总数据，跟踪发放流程，全年发放案款17973笔共14.44亿元。落实好南通市中级人民法院关于集中执行统一部署，同时每月定期开展1至2次集中执行活动。结合春节、重阳节等重要节点，开展涉老年人、进城务工农民工资等专题集中执行活动，全年集中执行40次，出动执行人员1018人次，传唤133人，和解129件，执行到位360余万元。加大拒执罪惩治力度，牵头召开公安、检察机关参加的拒执罪案件研讨专题会议3次，统一法律适用、证据标准和执法尺度，共判决拒执罪案件13起16人，移送涉拒执罪案件线索16条。充分发挥终本管理组职能，主动梳理终本案件并进行排查，凡10件以上案件中作为被执行人的企业法人符合破产条件的，动员申请执行人同意“执转破”，缓解终本案件积压；对信访矛盾大、资产性质复杂的被执行人为企业法人案件，运用“执转破”程序对公司资产进行整体推进处置，化解信访压力。全年移送“执转破”案件43件，获受理35件。消化执行案件1717件。加大信用惩戒力度，依法曝光失信被执行人3108人次，发布限制高消费令3500人次。

【审判管理】 年内，市人民法院强化精准审判管理，建立绿牌、黄牌、红牌“三色牌”专项通报和周、月、季定期通报机制，开展“‘办案攻坚’我先行”办案竞赛活动，推进“繁简分流”，全程推进要素式审判、格式化文书，提高审判效率，全年结案率93.33%。

（李　军）

附：

2021年如皋市人民法院十大审结案例

1. 恶意违约、寻衅滋事，“套路贷”恶势力犯罪集团首犯获刑19年

基本案情： 2014年上半年起，被告人王某某开始从事高利放贷业务，于2015年1月注册成立放贷公司，并邀请被告人袁某某、陆某甲参与公司经营。后相继招揽被告人陆某乙、陆某丙、张某某、白某某、吴某某、凌某加入，继续实施“套路贷”犯罪活动。2015年2月至2018年12月间，该犯罪集团先后实施敲诈勒索、诈骗、寻衅滋事、虚假诉讼、非法拘禁犯罪10起，涉及被害人近80人，非法攫财近500万元。该犯罪集团成员还单独或分别伙同他人先后实施贩卖毒品案2起、故意伤害案1起、诈骗案4起、寻衅滋事案1起。

裁判结果： 市人民法院经审理认为，王某某等10余人为共同实施犯罪而形成较为固定的犯罪组织，多次实施违法犯罪活动，扰乱经济社会秩序，造成较为恶劣的社会影响，系恶势力犯罪集团。被告人王某某系犯罪集团首要分子，应当按照集团所犯的全部罪行进行处罚；其他被告人根据各自地位、作用进行处罚。根据各被告人犯罪情节，依法判处被告人王某某有期徒刑19年，并处罚金人民币41万元；其余被告人分别被判处拘役4个月至17年不等，并处罚金。宣判后，被告人陆某丙提起上诉，后又撤回上诉。

典型意义： 王某某等人组成的恶势力犯罪集团以借贷为名，通过虚增债务、设置霸王条款、恶意违约等手段实施“套路贷”犯罪，衍生出虚假诉讼、敲诈勒索、寻衅滋事、非法拘禁等多种违法犯罪，危害人民群众生命财产安全，破坏国家金融市场秩序与社会和谐稳定。该案的判决表明，惩治黑恶势力违法犯罪依然是市人民法院工作重点，市人民法院持续保持严打态势，推进平安如皋建设，为人民群众安居乐业提供有力保障。

2. 伪造借条、实施虚假诉讼，三人妨害执行，构成拒执罪

基本案情： 2018年7月，拒不履行生效判决的陈某与仇某、李某共谋，由陈某伪造借条，虚增与仇某8.5万元、李某5万余元的借款债务。后由仇某、李某向市人民法院提起诉讼，达成和解后参与陈某房产的拍卖款分配，致使另一债权人马某13万元本金仅执行到位10.6万余元。

裁判结果： 市人民法院经审理认为，被告人陈某与被告人仇某、李某串通，通过虚假诉讼、虚假和解方式妨害判决、裁定执行，其行为构成拒不执行判决、裁定罪。该案系共同犯罪，3名被告人在共同犯罪中起主要作用，均系主犯，按照其所参与的全部犯罪处罚。综合各被告人自首、认罪认罚、退赔等不同情节，依法判处3名被告人有

期徒刑 8 个月，其中对仇某、李某适用缓刑。宣判后，被告人均未上诉。

典型意义：部分被执行人为规避执行，采用各种手段隐匿财产、稀释债务，侵害申请人合法权益，破坏社会诚信，损害司法公信和法治权威。该案是年内判决的 13 件拒执罪案件代表，对被执行人和帮助稀释债务的共犯给予同样刑事惩治，震慑潜在犯罪分子，对于实现胜诉当事人合法权益、维护社会公平正义、打造“如意”营商环境均具有积极示范意义。

3. 出售缺陷电动车发生交通事故，销售者承担相应赔偿责任

基本案情：2020 年 6 月，许某某驾驶刘某某从某经营部购买的二手电动二轮车，不慎与王某发生碰撞，致王某死亡。经鉴定：许某某驾驶的电动车不符合《电动自行车通用技术条件》（GB 17761-2018）中相关规定，属于机动车。王某法定继承人诉至市人民法院，要求被告许某某、刘某某、某经营部等五被告共同赔偿损失合计 125 万余元。

裁判结果：市人民法院经审理认为，被告某经营部对许某某驾驶的二手电动二轮车的相关情况未尽到全面审查义务，将不符合国家标准的车辆转卖给被告刘某某，致使该车上路行驶时发生事故，具有一定过错，故判决某经营部承担 15% 赔偿责任。该经营部不服，提起上诉。南通市中级人民法院依法驳回上诉，维持原判。

典型意义：超标电动车在最高车速、整车重量、电机功率等方面超出国家标准，存在产品缺陷，增加事故发生的风险。日常生活中，消费者无法识别车辆标准，超标车辆流向市场，造成安全隐患。该案认定肇事车辆缺陷与事故发生存在一定因果关系，警示教育电动车经营者规范自身经营行为，承担起相应社会责任，对促进、保障人民群众交通出行安全具有积极意义。

4. 养女与姑姑讼争养父保险金，情理法相融促和解

基本案情：1989 年贾某、章某夫妇收养一女小贾，三人共同生活至 2004 年。此后，贾某、章某离婚，章某改嫁小贾生父任某，小贾随章某一起与生父任某生活至成年。2019 年 6 月，贾某工作时因意外受伤，经治疗无效后身故。2004 年至 2019 年间，小贾与贾某互不来往，亦未以养女身份参加贾某葬礼。贾某单位为贾某购买有两份意外险，合计保额超 100 万元。2020 年 6 月，小贾起诉，要求保险公司赔偿养父贾某的身故保险金。诉讼中，贾某的两个姐姐作为有独立请求权的第三人参加诉讼，要求确认小贾不具有保险受益人身份，应由贾某两位姐姐享有保险收益权。保险公司抗辩认为贾某非死于意外伤害，不承担保险责任。

裁判结果：市人民法院经审理认为，保险公司应当承担赔偿责任。小贾与贾某已于贾某身故时实际解除收养关系，贾某两位姐姐对受伤后的贾某履行抚养义务，认定贾某两位姐姐为保险受益人。考虑该案小贾与贾某两位姐姐都曾为贾某亲人，经市人民法院促成双方达成和解，并按和解方案判决保险公司分别向小贾和贾某两位姐姐支付相应保险金。判决后，各方当事人均未上诉。该案获中央电视台社会与法频道特别报道。

典型意义：保险合同受益人认定即为被保险人遗产继承人认定，因此，本案涉及的不仅是被保险人在世亲人之间财产关系，还关系到家庭伦理和社会道德风尚。市人民法院对小贾有违中华民族仁爱孝悌传统道德行为予以否定性评价，对死者两位姐姐照顾病重无助贾某的行为，予以充分肯定。在此基础上，引导双方不计前嫌、解开心结达成和解，在弘扬社会主义核心价值观、融情理法于一体方面进行有益尝试，实现法律效果与社会效果有机统一，彰显司法裁判的人性与温情。

5. 虚假发布二手房信息，买房人多缴税费由中介赔偿

基本案情：吴某在网上获取某中介公司发布的一套“满五唯一”（交易的房屋已经满五年，且是房东家庭唯一住房）二手房信息，在与中介确认后，吴某签署房屋买卖合同并自愿承担房产过户办理产生的所有税费。但实际过户时，吴某被告知所购房屋不符合“满五唯一”条件，为此额外负担 9 万余元卖方个人所得税。吴某向市人民法院提起诉讼，要求中介公司赔偿该部分税费。

裁判结果：市人民法院经审理认为，居间合同的居间人应当就有关订立合同的事项向委托人如实报告。居间人故意隐瞒与订立合同相关重要事实或者提供虚假情况，损害委托人利益，应当承担损害赔偿责任。该案中介公司提供不实信息，直接误导买房人吴某自愿承担所有过户税费，最终造成其损失 9 万余元。故一审判决由中介公司对吴某支出的 9 万余元税费承担赔偿责任。中介公司不服，提起上诉，南通市中级人民法院依法驳回上诉，维持原判。

典型意义：在房价整体上涨过程中，二手房市场随之活跃，房产中介在为大众带来便利的同时，也滋生出虚假房源、隐瞒信息、虚抬价格、随意收费、乱吃差价等现象。这不仅损害购房者利益，而且严重扰乱市场秩序，破坏社会诚信。该案的判决，提醒社会公众购买房屋时应谨慎审查房产信息，制裁房产中介不规范经营行为，对于规范

二手房交易市场、修复社会诚信体系发挥积极作用。

6. 发抖音辱骂他人承担侵权责任，网络平台不是法外之地

基本案情：赵某与李某系邻居，两家人因琐事经常发生争端，赵某为泄愤，多次在抖音平台公布李某及其家人个人信息。李某得知后提起诉讼，要求赵某删除抖音上侵权信息，并赔礼道歉，恢复名誉，赔偿损失6000元。赵某抗辩称李某家人辱骂行为在先。

裁判结果：市人民法院经审理认为，《中华人民共和国民法典》第一千一百九十四条明确规定，网络用户、网络服务提供者利用网络侵害他人民事权益，应当承担侵权责任。该案中，无论赵某抗辩的李某家人辱骂行为在先是否属实，均不能成为其侵害他人名誉权理由。赵某在抖音平台中发布侵犯李某及其家人人格权信息，对李某一家造成不良社会影响，应承担侵权责任。故判决支持李某诉讼请求。赵某不服，提出上诉，南通市中级人民法院依法驳回上诉，维持原判。

典型意义：网络平台已成为现代生活的重要组成部分，虽然是虚拟空间，但属于公共场所范畴。抖音作为当前流行的一种信息网络平台，在该平台发布相关信息的行为，必须受到法律约束，构成侵权，应当受到法律制裁。该案的判决，进一步提醒社会公众，网络并非法外之地，发生纠纷应当通过合法途径解决。

7. 首例检察公益诉讼司法确认获支持

基本案情：2019年4月至9月间，申某某以食用为目的，在扬州市江都区非法捕获雉鸡、黑水鸡、夜鹭、黑斑蛙、金线蛙等野生动物26只，其中13只被放生。因其犯罪情节轻微，江都区人民检察院作出不起诉决定书，拟提起民事公益诉讼时，申某某积极表示愿意承担赔偿责任。双方就损害赔偿事宜达成协议，由申某某支付3600元修复生态环境费。协议内容公告期满后，江都区人民检察院与申某某共同向市人民法院申请司法确认。

裁判结果：市人民法院审查认为，2020年11月27日，省人大常委会发布的《关于加强检察公益诉讼工作的决定》（以下简称《决定》）第十一条明确，对侵害程度较轻、损害数额较小的民事公益诉讼案件，在确保程序公正和受到损害的公益得到修复前提下，检察机关可以在起诉前与侵权人就损害赔偿、公益修复等民事责任承担达成协议。该案中，申某某非法狩猎行为侵害程度相对较轻，检察机关可以在起诉前与申某某就损害赔偿、公益修复等民事责任承担达成协议。申请双方在调解组织参与下，自愿就赔偿事宜达成协议，且申某某按时履行协议，符合司法确认调解协议法定条件，遂依法裁定上述调解协议有效。

典型意义：该案系省人大常委会《决定》实施后全省首例检察公益诉讼司法确认案件。申请人申某某非法狩猎一案刑事部分不再起诉，在民事公益诉讼时，其积极与江都检察院达成损害赔偿协议并履行完毕，这一行为应予肯定。市人民法院在确保程序公正和受到损害公益得到修复的前提下，对达成的检察公益诉讼协议进行司法确认，是对检察公益诉讼及司法确认制度的大胆探索，既减少当事人诉累及司法资源无端耗费，又兼顾长江生态环境及时修复，体现生态优先、注重修复的环境司法理念。

8. 猎捕中华鲟受审，百万网友在线围观

基本案情：2021年3月，李某某等人在非法捕捞鳗鱼苗等水产品过程中，捕获中华鲟1尾。李某某辨认出该鱼为中华鲟，但未确认该鱼是否已死亡，亦未采取任何保护措施。在联系出售不成后，李某某将鱼身分割成数块带回住处，并将鱼头、内脏抛入长江口水域。经鉴定，该鱼为中华鲟，系5龄至6龄幼鱼，整体价值约为19万至37万余元。

裁判结果：市人民法院经审理认为，李某某违反保护水产资源法规，非法捕捞致1尾国家一级保护野生动物中华鲟死亡，其行为构成危害珍贵、濒危野生动物罪。其因非法捕捞行为致中华鲟受伤后，随之产生救助义务，但其并未履行救助义务，放任中华鲟死亡结果发生，主观上具有危害珍贵、濒危野生动物间接故意，遂以危害珍贵、濒危野生动物罪判处李某某有期徒刑1年4个月，并处罚金人民币2万元。一审宣判后，李某某未上诉。

典型意义：中华鲟数量极少、濒临灭绝，被誉为“鱼类活化石”“水中大熊猫”，系国家一级保护野生动物。该案在世界环境日前夕开庭审理，中央电视台全程直播，425万网友围观，社会反响良好。该案的审理与裁判，彰显市人民法院严厉惩治长江非法捕捞行为的坚定决心，增强社会公众保护珍贵、濒危野生动物和生物多样性意识，提醒社会公众依法保护、积极救助珍贵、濒危野生动物，对如何避免此类事件发生、提升环境资源治理能力和治理水平贡献司法智慧。

9. 府院联动，助推破产企业市场出清

基本案情：南通某置业有限公司、如皋某房地产开发有限公司、南通某建筑安装工程有限公司系关联公司，因

这3家公司无法清偿到期债务且明显缺乏清偿能力，经债权人申请，市人民法院裁定3家公司合并进入重整程序。

重整情况：经审查，市人民法院于2021年10月裁定批准3家公司合并重整计划。在重整推进过程中，市人民法院发挥与政府联动机制作用，先后10余次牵头召集相关职能部门，就项目验收交付、重整后信用修复等方面沟通协调，并严格监督指导管理人在依法履职、保障在建工程有序施工同时，全力做好重整准备工作，从维护民生权益出发，最大限度提高债权受偿率。最终，职工债权、税收债权、小额普通债权得到全部清偿，大额普通债权人受偿比例比破产清算状态受偿比例提高一倍以上，100余名购房户得以安家落户，3家企业负债近9.5亿元引发的社会矛盾得到有效缓解。

典型意义：该案是市人民法院运用府院联动机制推动破产企业市场出清的典型案件，政府与法院相互配合、共同推进，实现破产企业成功重整，取得较好社会效果。

10. 苗木折抵租金，切实保障农民权益

基本案情：因薛某未履行与某村委会土地租赁合同纠纷一案生效判决，根据该村委会申请，市人民法院依法查封薛某位于案涉土地上苗木并进行司法拍卖，后两轮拍卖均流拍。考虑该案涉及100余户村民土地租金，为保障农民权益、妥善解决问题，市人民法院执行人员征求薛某另案债权人意见，并与村委会反复沟通，最终其他债权人同意放弃清偿，申请执行人某村委会通过苗木折抵租金方式受偿。

典型意义：保障农民土地承包经营权合法权益是市人民法院工作的一项重要内容。在两次流拍情况下，市人民法院执行局着眼于保障民生，加大沟通协调力度，使农民群众合法权益得到最大程度保障。

（李　军）

司法行政

【**概况**】2021年年末，市司法局主管自收自支公益二类事业单位1家（公证处），下辖司法所14个、律师事务所15个、基层法律服务所19个。全市有执业律师379人，其中，专职律师254人、公职律师118人、兼职律师5人、公司律师2人，基层法律服务工作者19人。年内，市司法局被表彰为全省行政复议工作先进集体、全省司法行政系统信息工作先进集体、全省司法行政政法专项转移支付绩效评价优秀单位、全省公证业务创新服务优化先进集体。

【**公共法律服务**】法律服务　年内，市司法局加快推进“三台融合”（实体、热线、网络三大公共法律服务平台）系统建设，“三台融合”+运用系统全年服务总量2.63万件，其中咨询类2.15万件、办件类4812件。“12348”热线平台在法律咨询、投诉建议等服务功能基础上，增加公证、行政复议、仲裁等业务咨询指引，新设服务事项投诉受理、跟踪回访等功能，热线接待量2986次。开展法律服务“五进”（进网格、进项目、进园区、进乡村、进家庭）活动，全年走访家庭351户，发放公开信1351份，问卷调查1563人，收集社情民意115条，解答法律咨询问题186个，举办防诈反诈等专题普法讲座65次，参与现场调解矛盾纠纷27起，促成1起近20年历史的土地纠纷信访积案化解。组织全市186名村（社区）法律顾问送法进网格，每月驻村现场提供法律咨询和法律指引等服务，建立“法润民生”群347个，协助排查矛盾纠纷1.73万起、化解矛盾1.62万起，审查合同8621份，涉及金额3.47亿元。开展法治讲座1926场，受众逾58万人次，现场解答法律问题、提供法律指引逾24.9万次；线上提供法治解答36.2万人次。健全公共法律服务进项目服务机制，精选执业经历丰富律师组建市政府法律顾问委员会，梳理摸排企业法律服务需求121项，制定发布服务产品清单27项。召开全市基层法治文化建设暨“援法议事”现场会，加快乡村振兴法治进程。深化“法律惠民”行动，通过“入户进门、定点到人”与江安镇北元村53户建档立卡贫困户开展对接，制订帮扶方案。围绕全市六大优势产业体系成立产业链法律服务团，与六大产业链69家骨干企业结对，开展精准化、精细化“全生命周期”法律服务。12月18日，南通市“产业链+法律服务”现场会在如皋召开。与会人员参观市律师护企工作站、产业律师培训基地、江苏图腾电力科技股份有限公司、江苏九鼎集团有限公司等处，如皋市现代法律服务与产业融合发展典型做法在会上交流。

法律援助　年内，市法律援助中心与市人民法院、仲裁院建立诉讼当事人法律援助告知制度，全年诉前、仲裁前法律援助告知率分别为79%、88%，发放法律援助告知指引5.9万份。加大专业化法律援助工作站建设，各专业化法律援助工作站转办案件453件，占比22.9%；建立依法维权“绿色通道”，将追索劳动报酬事项免于经济状况审查范围由进城务工人员拓展至所有困难人群，全年受理追索劳动报酬法律援助案件1006件，累计追索劳动报酬1300余万元；为孤寡、重病患者特殊群体提供法律援助313件。推进行政诉讼、行政复议法律援助全覆盖工作，受理行政诉讼案件7件、行政复议案件9件，办理刑事全覆盖通知类案件680件。推进法律援助证明事项告知承诺和“容缺受理”机制，办理“容缺受理”法律援助案件38件。

公证服务　参见P184同名条目。

【人民调解】　年内，如皋市镇村三级调解组织累计排查矛盾纠纷1.7万件，成功调处1.69万件，调处成功率99.53%，各专业行业调解组织化解矛盾纠纷5万余起。组建5支调解攻坚团队，成功调处纠纷63件，涉案金额7000余万元。联合市行业协会商会、律师协会建立涉企商事调解室5个，化解涉企商事纠纷782件。开展“喜迎建党百年，维护社会和谐”矛盾纠纷排查化解攻坚行动，排查矛盾纠纷699件、信访纠纷418件。全市347个村（社区）有序完成人民调解委员会换届选举，规范运行医患、劳资、环保、物业等12个专业调解组织。持续打造《调解面对面》品牌节目，拍摄播出15期。推广应用“苏解纷”非诉服务平台，编写平台操作手册，开展专题培训，线上线下联动宣传，全年“苏解纷”小程序登录认证2.3万人次，化解矛盾纠纷75起。开展第十一届大调解宣传月活动，通过“4+”行动（“线上＋线下”全方位宣传发动、“排查＋化解”一体化攻坚矛盾、“查纠＋整改”深层次整顿队伍、“案例＋人员”双结合选树标杆）在全社会营造崇尚法治的良好氛围。整合非诉化解职能，通过行政复议化解矛盾纠纷39件，行政裁决3件，民商事仲裁10件。实行“每月内训”制度，全年开展各类培训活动126场次，培训调解员7645人次。在全市范围招募63名调解工作专家建立人民调解专家库，构建专职调解员职业保障机制，统计核发个案补贴1324件、23.975万元。开展寻找最美调解员活动，评选最美调解员10人及最美调解员提名奖10人。

5月13日，市第十一届“大调解宣传月”街面服务活动在安定广场启动。图为调解员们接受市民法律咨询　（市司法局　供图）

【普法与依法治理】　年内，市司法局借市人大常委会调研全市“七五”普法规划实施情况契机，组织社区、学校、企业、人大代表召开座谈会交流“七五”规划实施情况，收集“八五”普法规划建议、意见，形成《关于开展第八个五年法治宣传教育的决议》于9月29日第十七届人大常委会第四十一次会议表决通过。建立“谁执法谁普法”“三单两书”（年度普法责任清单、普法重要工作提示单、普法重点任务督办单和履行普法责任评价书、履行普法责任评价书）制度，对未按时间节点要求完成该月普法工作任务单位，以函件形式发送普法重要工作提示单和督办单推进年度普法各项工作，全年发出提示单（函）9份、督办单5份。围绕培训、业务和管理三大体系推进农村“法律明白人”培育，联合市人力资源社会保障局、民政局、农业农村局和如皋生态环境局等部门制订法律专项培训计划，邀请“三官一律”（检察官、法官、警官，律师）和市级机关涉法业务部门负责人加入法律培训讲师团。根据日常工作、群众评议、法律测试等情况对“法律明白人”进行量化考核，最终确定2097名“法律明白人”。举办“法治护平安，防诈反诈·全民行”巡回宣讲活动，组织村（社区）1182名专职网格员、8000余名兼职网格员，全覆盖入户发放防诈反诈宣传资料。组织普法讲师团开展为期10天的民法典宣讲全民行活动，采取“一镇一讲座、主次会场同进行”模式走进全市14个镇（区、街道），累计开展宣传活动150余场，惠及8万余人。深化宪法进商圈、进宾馆、进交通活动，协调利用好楼宇电视、广告牌、LED电子显示屏、公交车车载屏等设施，集中滚动播放宪法相关宣传标语。将习近平法治思想、宪法、民法典、长江保护法等重点法律全面融入龙游湾沿江生态景观带建设项目，打造法治精品区域。投入150万元，在搬经镇建成面积1.5万平方米宪法文化运河公园。5月28日，市首届民法典宣传月启动仪式及首场第十四届法治创建和谐文艺演出在安定广场举办。

【特殊人群管理】 年内，市司法局接受社区矫正对象462人，解除矫正380人，年末在册矫正对象485人。全年组织调查评估社区矫正人员661人次，办理执行地变更21人，审批跨县（市、区）活动13人，审批外出请假165人次，训诫处分34人、警告处分29人，提请收监执行3人，又犯罪1人。接收安置帮教对象641人，年末在册安置帮教对象2548人。全年办理远程视频会见申请335人，成功会见326人，未发现重新犯罪情形。接受后续照管对象1人，年末在册后续照管对象46人。制发特殊人群管理工作要点，共性、个性目标考核细则，重点工作推进计划，逐月下发《特殊人群工作提醒事项》。全年开展巡查、检查5批次，分别对各镇（街道）社区矫正对象进行教育矫正，对社区矫正工作人员进行业务指导，纠正执法、监管中出现问题。开展社区矫正工作“减假暂”案件和2018—2021年社区矫正案件复查核查，累计复查卷宗1232卷，核查“减假暂”案件卷宗498件，未出现顽瘴痼疾等违法情形案件。根据社区矫正法要求，将全市社区矫正对象按罪行分成四种类别，结合矫正阶段、犯罪类型、现实表现等情况，组织实施分类教育。根据社区矫正、安置帮教对象的犯罪成因和社会危险分类情况，区分管控等级，在走访、教育谈话、月（季）度考核中排查风险，适时调整管控等级，针对风险程度实施市、镇两级点对点帮教坚持“外防输入、内防反弹”完善社区矫正、安置帮助机构场所常态化疫情管理机制，确保特殊人群“零感染、零疑似、零安全责任事故”。推进“矫务长制”，明确矫务长、矫务员、矫正小组其他成员、网格员“一长三员”工作职责、任务，在白蒲镇和长江镇试点基础上在全市各司法所全面推进。9月27日，南通市社区矫正“矫务长制”现场推进会在如皋召开。与会人员参观如皋“矫务长制”试点镇白蒲镇和长江镇司法所，如皋市“统筹要素配置，注重实战融合，持续推动社区矫正工作高质量发展”经验在会上交流。

【司法行政队伍教育整顿】 年内，市司法局先后召开司法行政队伍教育整顿领导小组会议7次、教育整顿专题推进会议4次，研究制订《关于开展如皋市司法行政队伍教育整顿的实施方案》等文件35份。深入开展政治教育、党史教育、警示教育、英模教育“四项教育”，组织队伍教育整顿集中学习25次、专题研讨交流11次、谈心谈话221人次。组织95名司法行政在编人员及10名退休干警开展个人自查事项二轮填报。主动开门纳谏，召开征求意见专题座谈会2次，征集对司法行政意见建议22条。组织党员干部赴黄桥革命教育基地、红十四军纪念馆、市党风廉政教育馆、上海中共一大会址纪念馆、嘉兴南湖革命纪念馆等场所开展现场教学，举办“学党史、颂党恩、办实事”征文演讲比赛等活动。加强防止干预司法“三个规定”宣传，组织签订专项承诺书，制作手机视频宣传彩铃，拍摄情景剧《司法行政人的履职红线》，走进市融媒体中心直播间对社区矫正领域如何执行“三个规定”进行宣传。组织对司法行政人员及其配偶、子女及子女配偶经商办企业情况开展核查，未发现违规违纪问题。聚焦基层群众“急难愁盼”问题，推出实事清单10件，组织司法行政人员深入企业、村（社区），下沉到一线网格，开展“‘典’润村居、振兴乡村”法治宣讲72场、“法治护平安，防诈反诈·全民行”巡回宣讲89场。在20家企业建立行政执法监督联系点，聘请特邀行政执法监督员60人，强化行政执法监督。

【法律援助工作综合考核全省第一】 年末，全省法律援助工作综合考核结果公布，如皋市位居全省县（市、区）第一。

年内，市法律援助中心办理法律援助案件1979件，其中，民事案件占比58.46%，刑事案件占比40.73%，行政案件占比0.81%，每万人法律援助获得率15.9，经第三方评估受援人满意率95%以上。推进法律援助综合标准化国家级试点项目，以“法律六援”（扩援、议援、听援、评援、续援、访援）为主线、“八步工作法”（咨询接待、案件受理、审查审批、案件指派、案件办理、监督管理、结案归档、回访评估）为主体，建立通用基础、服务保障、服务提供三大标准体系，涵盖标准78项，以95分高分通过国家级服务业标准化试点项目考评专家组终期考核验收。优化法律援助受理流程、案件质量检查项目、标准等，参与起草的省地方标准《法律援助服务规范》通过省级专家评审。

（刘海波）

劳动人事争议仲裁

【概况】 2021年，市劳动人事争议仲裁院受理仲裁案件1052件，涉及劳动者1441人、用人单位785家，涉案金额1.47亿元。其中线下立案受理788件，线上调解平台受理264件；10人以上集体仲裁案件8件，涉及劳动者218人；劳动报酬争议289件、社会保险待遇争议253件、解除或终止劳动合同争议366件、确认劳动关系争议21件、其他争议123件。受理案件中年内开庭审理1052件，经开庭审理结案1052件，结案率百分之百，按期结案率百分之百。结案案件中，经调解成功或经调解撤诉案件812件，占比77.19%；以裁决方式结案240件，占比22.81%。5月，市劳动人事争议仲裁院选取追索劳动报酬、工伤赔偿、违法解除劳动合同、未签订劳动合同二倍工资、带薪年休假类5起典型劳动争议案件进行公开庭审，以案说法，累计参与旁听120余人。

【和谐劳动关系构建】 年内，市人力资源社会保障局完成59家企业特殊工时制度审批，涉及岗位826个，其中，不定时工作制岗位649个、综合计算工时工作制的岗位177个。多渠道、多形式宣传劳动就业、劳动合同、工伤保险、养老医疗等相关法律法规，提高用人单位及劳动者规范用工和依法维权意识。加强对劳动形势分析研判，强化劳动关系预警和风险防控，从源头减少重大劳资纠纷发生。清理整顿人力资源市场，进一步规范人力资源服务活动，维护劳动者平等就业权益和公平竞争市场环境。聚焦女职工产假、哺乳期时间等权益问题，会同市总工会、卫健委、医保局，重点对女职工较多的劳动密集型服装纺织企业、存在职业危害隐患企业及曾被查实存在侵害女职工特殊权益企业开展女职工产假等权益专项检查，涉及女职工1933人。江苏思源赫兹互感器有限公司、江苏力星通用钢球股份有限公司成功创建省级优秀劳动关系和谐企业。

【劳动监察】 年内，市人力资源社会保障局受理劳动保障监察投诉举报案件1119件，比上年增长297%，按期结案率百分之百。依法查处招用童工案件4起。应诉行政诉讼2起、行政复议1起，无败诉案件。人均“双随机”日常巡视检查用人单位50户。首次将欠薪治理工作列入高质量发展考核指标。印发《关于落实“管行业就要管工资支付”责任、完善欠薪长效治理机制的意见》，明确到2025年治理目标任务、措施等，确立“管行业就业管工资支付”欠薪治理理念。与人行如皋支行会商，于12月向各银行印发《关于可参照农民工工资专用账户制度对非工程建设领域外包合作单位工资支付管理提供金融服务的函》，为人力资源服务领域整治扫除政策障碍。启动市政府工资支付监控预警平台开发。开展《保障农民工工资支付条例》宣传月、送法进企业进工地、五一劳动法律宣传服务月、仲裁服务月等活动。编印《如皋市工程建设项目工资支付管理实务手册》，建立报建工程项目进城务工人员工资专用账户注销前，向工程建设主管部门、劳动保障监察机构备案制度。全市551个专用账户累计收入12.41亿元；319个账户发生代发数据，累计支出11.95亿元，代发21.24万人次，人均代发5626元/月。注销专用账户65个。《如皋市全力保障农民工劳动报酬权益》被省人力资源社会保障厅简报刊用，《部门协作完善治欠长效机制》被《中国劳动保障报》刊用。

【劳动人事争议基层调解】 年内，市人力资源社会保障局进一步加强劳动人事争议调解仲裁完善多元处理机制，推动基层调解组织建设，开展“五一劳动法律宣传服务月”“仲裁服务月”等法律宣传活动。选取优秀基层调解组织参加省市金牌调解组织创建，如皋开发区劳动人事争议调解中心获评省金牌劳动人事争议调解组织，长江镇劳动争议调解中心获评南通市金牌劳动人事争议调解组织。

（刘海燕）

人民武装

【概况】 2021年，市人武部认真学习贯彻习近平强军思想，坚持思想铸魂，聚焦中心任务，抓实民兵整组，严把兵员质量，注重夯基固本，守牢红线底线。市人武部被省军区表彰为全面建设先进人武部。

【思想政治建设】 年内，市人武部坚持以庆祝中国共产党成立100周年为主线，严密组织党史学习教育。组织学习新时代卫国戍边英雄群体先进事迹，激发履行使命热情。4月1日，组织全体党员到红十四军纪念馆参观学习，通过重温入党誓词、观看红色影片、回顾革命历程，进一步激发不忘初心、干事创业责任感使命感。以办实事解难题项目为抓手，协调解决民兵整组训练、兵员征集、队伍建设、国防教育、加强基层建设、解难帮困6个方面12条问题。4月29日，如皋籍现役二等功臣薛云丽莎参加地方团委“百年党史青春说”分享会，号召广大团员踊跃参军报国。6月18日，组织干部职工、专武干部和民兵骨干专场观看电影《守岛人》。开展“亮党员身份、当训练尖兵”主题实践活动，进一步夯实民兵思想根基。

【战备训练】 年内，市人武部及时修订完善各类应急预案，组织战备库室整治，扎实抓好战备值班执勤。元旦、春节、“五一”和国庆节等重大节日前夕，均组织战备值班分队“一个流程”战备演练，围绕反恐维稳、消防灭火、卫生与救护等科目开展针对性训练，同步组织各镇（街道）应急排进行拉动演练。6月至7月，组织长江镇民兵防汛抗洪分队参加南通、如皋两级防汛暨危险化学品事故救援演练。扎实抓好机关训练，组织全员参加省军区集中统训，提升干部训练水平。3月下旬至4月下旬，分3批组织14个镇（街道）民兵应急排集中训练考核，遴选人员组建市民兵应急连。6月22日至24日，参加上级后备兵员征召演练，动员空军预编预备役人员，赴福建省龙田市参加演练。首创将民兵训练误工补助标准与训练考核等级挂钩，提升训练质效。7月中旬，选派民兵代表南通参加省军区“四会”（在军事教学中会讲、会做、会教、会做思想政治工作）教练员比武竞赛。9月中下旬，组织民兵应急连反恐维稳排代表南通参加省军区比武考核，在6个考核课目中取得3个单项前三名。

【国防动员】 年内，市人武部开展国防动员潜力核查。着眼民兵建设提质规范，全年组织专武干部集中办公15次，推进民兵训练基地改造。1月22日，召集民兵工作领导小组相关成员单位，召开民兵整组潜力核查部署会，明确任务分工，确定核查重点。2月上旬，专题组织民兵潜力数据会审。严格按照上级明确的12项刚性指标，落实基干民兵人员编组，党员占33.4%，退伍军人占39.5%。6月25日，磨头镇民兵森林灭火排接受省军区现地核查和拉动点验。10月27日，接受省军区民兵工作现地考评，在全省95个县（市、区）中名列第五。

9月26日下午，如皋市完成2021年秋季新兵起运工作。图为新兵启运现场（王俊摄）

【征兵工作】 年内，市人武部全方位开展征兵宣传教育，编印发放《雉水精英、建功军营》宣传册和征兵宣传单，在车站、影院、电视台和户外电子屏滚动播放征兵宣传公益片，深入挖掘宣传兄弟俩接力参军、三胞胎同入军营等征兵典型事迹。注重从长远出发研究解决新情况新问题，在全省首开先河，春季征兵中探索推行将本科三年级和专科二年级学生整体延迟征集，确保大学毕业生兵员征集延续性。严密组织役前教育训练，邀请如皋籍二等功臣冒小驰、薛云丽莎与预征青年集体谈心，特邀全国优秀党务工作者姚呈明为预定兵员作党史军史专题授课辅导。研究出台大学毕业生入伍和国有企业在职员工征兵两套激励措施，探索开展役前招聘和带薪入伍等方法路子，兵员质量创历史新高。新兵中，大学及以上学历占比99.4%，大学毕业生占比51.7%。

【学生军训】 7月9日至9月18日，市人武部会同教育部门在全市开展学生军训工作，承担辖区8所普通高中、2所中等专业学校和北外附属龙游湖外国语学校共8701名学生军训任务，通过开展国防形势教育、队列动作训练、内务卫生整理和防空技能培训等活动，增强广大学生国防观念和集体意识。

【拥政爱民】 年内，军地共同落实《立功受奖军人家庭送喜报工作办法》，营造参军光荣、立功荣耀社会氛围。2月1日，军地联合到“抗洪勇士”冒小驰家中送上“二等功臣之家”牌匾，相关工作被《人民日报》官方微博推送，点击量突破10万次。4月下旬，协调处理如皋籍现役军人沈安成烈士善后事宜。8月5日至9月3日，市人武部党委号召广大民兵，在全市12个交通卡口采取24小时“三班倒”模式，排查进入辖区人员健康信息，参与疫情防控工作。

（石晓曦）

武装警察

【概况】 2021年，武警如皋中队结合新冠肺炎疫情常态存在、在外人员管理隐患凸显、执勤任务压力大、军事训练风险高实情，持续在按纲抓建、精细管理、后勤突出、军事过硬、纯正风气、提升能力上下功夫，争创“四铁”（铁一般信仰、铁一般信念、铁一般纪律、铁一般担当）先进中队。全年完成武装押解11次，行程2235千米，执勤目标实现连续31年安全无事故。

【思想政治教育】 年内，武警如皋中队统筹安排，创新教育模式，开展传承红色基因、担当强军重任主题教育。通过前期专人谈话，摸清官兵教育薄弱环节，针对性组织集中学习和讨论，并定期对学习笔记开展展评。举办大家乐于接受的配套活动，利用强军故事会、演讲比赛、群体讨论等活动，提高官兵学习热情，激发爱岗敬业和履职尽责精神动力。发挥影视教育作用，组织官兵观看《建国大业》《高山下的花环》等优秀主旋律影片，提高教育效果。开展以法纪等教育为重点政治教育和经常性思想工作活动。抓好基础教育，原文学习《习近平论强军兴军（二）》《习近平谈治国理政（第三卷）》等书籍，进一步坚定理想信念。开展形势任务教育，结合百日安全活动竞赛，做好枪弹安全教育、防疫教育和隐患排查。

【军事训练】 年内，武警如皋中队持续推行落实“军事训练八落实”［落实军事训练人员、内容、时间、质量、弹药、摩托（飞行）小时、教练员、场地］、“军事训练一票否决”和立功受奖名额70%用于练兵备战的硬指标，开展军事训练表彰奖励。按照月训练计划中训练课时安排和中队训练实际，组织教练员进行备课和试讲示教，完成15个科目训练，普考成绩达到良好以上水平。每周组织对军事体育通用五项和专项训练进行摸底测试，对测试成绩张榜公示，解决偏训、漏训、粗训问题，调动训练热情。紧盯短板，在指挥训练上重点解决好协同配合，每月开展一次“军事教学日”活动，组织开展“两官”（干部和警士）编组作业；在战术训练中立足任务，灵活设置情况，切实练熟基本编成、基本队形、基本程序、基本协同、基本指挥与保障；对班长和新改转士官捆绑训练教学组训，利用军职教育平台，丰富教学方法，提升教练员组训水平。

【战备工作】 年内，武警如皋中队推进战备建设，强化遂行任务能力，结合学规定、查隐患、补漏洞、保安全活动，及时完善各类战备预案，充实战备物资，落实战备制度，组织开展抗洪抢险等战备演练。严格落实执勤制度，规范执勤，对每日勤务晚交班讲评及每周勤务交班讲评中发现问题及时纠治，通过实地检查和调阅监控方式加大执勤检查力度，做到形象不好不放过、隐患不解决不放过。

（张家宇）

人民防空

【概况】 2021年，市城乡住房建设局对建设项目开展人防工程质量监督，完成竣工人防工程验收，对市区在用人防工程进行抽查。在南通市人防办组织的人防工程质监技能比武中，获人防工程质监技能比武组织奖一等奖，3人获南通人防工程质监技术能手称号。严把人防经费筹集源头关口，强化依法审批，杜绝减缓免现象。整组抢险抢修、医疗救护、消防等7个专业队，完成如城、城南、城北3个街道2018年老旧人防工程标识标牌设置。全年参加南通市人防办组织的机动指挥所拉动演练2次。3月，围绕队列、体能、夜间机动指挥所开设与撤收、指挥通信网络等科目，举办人民防空训练活动。

【防震减灾宣传教育】 年内，市城乡住房建设局加强防震减灾宣传教育阵地建设，搬经镇搬东社区、城南街道新华社区和建设社区等社区开展国家级综合减灾示范社区创建工作，安定小学和如皋开发区实验初中开展国家防震减灾示范学校创建工作。加大防震减灾宣传教育力度，利用车站、火车站、公交站等公共活动场所显示屏、LED屏及户外广告屏播放防震减灾科普视频科普宣传标语，在全国科普宣传周、全国科普日、唐山大地震纪念日、国际减灾日，开展防震减灾宣传活动，举办人防工程质监技能比武活动。5月8日至14日，全国防灾减灾宣传周期间，举行全国防灾减灾宣传周启动仪式；在全市开展防震减灾科普知识有奖竞赛活动，累计4.56万人次参与；在学校开展防震减灾专题教育宣传，举办地震应急疏散演练。

（苏　雯）

中国花木之乡

综述

【概况】 如皋花木栽植历史悠久，“江苏最美银杏”搬经镇卢庄村古银杏树树龄1500余年，搬经镇加力村古槐树树龄1400余年，九华镇赵园村古银杏树树龄1300余年。自唐朝起，如皋城乡园林渐现，当前保存较为完好古园林有明万历年间所建水绘园、逸园，明末所建古澹园，均位于水绘园风景区内。如皋盆景制作，有文字记载始于宋，成熟于明清。现存北宋教育家胡瑗遗存盆景古桧柏“蛟龙穿云”、相传为唐宋八大家之一曾巩之父曾易占任如皋知县时所植落地盆景古桧“六朝柏”、明代留存盆景绒针柏“龙腾虎跃”等盆景珍品。清嘉庆《如皋县志》记载，明天启元年（1621），如皋知县李衷纯“相四境之宜，授民以植卉之方”，花卉盆景栽植蟠扎技术在如皋民间得到大力推广。1986年，如皋被评为全国平原绿化先进县。20世纪90年代后，如皋将花木盆景产业作为农业主导特色产业，发挥传统优势，坚持市场导向，加快转型升级，建成全国花卉苗木重要生产和集散基地。2011年11月，如皋被中国花卉协会命名为中国花木之乡。

2021年，如皋市坚持种植、流通、旅游、平台、人才、教育“六个集聚”发展理念，推动花木盆景产业健康、可持续发展。全市有花木盆景种植面积1.46万公顷，比上年新增333.33公顷。全市有资质园林绿化企业68家，其中，一级企业1家、二级企业28家，从业人员10余万人。年内，全市园林绿化企业实现园林绿化工程施工总产值126亿元，比上年增长6%。园林绿化企业工程用苗62%为当地苗，以罗汉松、榉树、女贞、栾树等品种为主。

【花木盆景产业转型升级】 年内，如皋市进一步调优产业结构，推动花木盆景产业逐渐向精品化、高效化、特色化转变，形成“公司＋基地＋市场＋经纪人＋农户”生产经营格局。推动盆景产业从小众市场转向大众市场，发展小微盆景产业，全市形成“北有顾庄（如城街道顾庄社区）、南有夏庄（城南街道夏庄社区），中大型盆景和小微盆景双轮驱动、协调发展”盆景产业全新格局。

【花木盆景产业服务】 年内，长三角花木大数据中心定期更新并发布基础数据和行业动态，为有序生产和销售开辟绿色通道。至年末，市花木盆景产业小额担保基金有股东25家、合作银行6家，累计为花木企业和个体经营户提供融资反担保服务81笔、担保贷款2.75亿元，转贷390笔、金额9.8亿元，破解花木盆景产业经营者融资难、融资担保方式弱、融资成本高等相关难题，达到撬动投资额10亿元绿化工程项目能力。

【技术人才体系建设】 年末，全市有国际盆景艺术大师1人、中国盆景艺术大师3人、省盆景艺术大师2人，中国盆景作家3人、高级乡村振兴师4人、乡土人才“三带”（带领技艺传承、带强产业发展、带动群众致富）能手和“三带”新秀3人、高中级技师1160余人。年内，如皋市通过考核选拔盆景专业人才作为盆景拔尖人才进行重点培养，新晋中国盆景艺术大师2人（陈冠军、杨建新），获评省乡土人才大师工作室2个、省高级乡村振兴师3人。年内，如皋市选送盆景作品参加全国展（大赛），

7月7日至9日，如皋小微盆景制作技术培训班在中国小微盆景基地会展中心举办
（市花木盆景产业联合会　供图）

获国家级奖项52个，其中特等奖1个、金奖16个、银奖14个、铜奖16个、优秀奖5个。实施盆景后备人才培养工程，从盆景人才队伍中选拔8名技术精湛的艺师走进江海高级技工学校授课，开设盆景制作、园林植物生产技术、园林绿地施工与养护、园林树木知识、盆景文创5门课程，全年累计完成100天教学、800个课时授课任务。7月7日至9日，全市第四期高素质农民培训班暨如皋小微盆景制作技术培训班在中国小微盆景基地会展中心举办。活动为期3天，邀请小微盆景专家，为全市200余位小微盆景制作爱好者讲解小微盆景的发展、现状、前景，种植模式、技术，成品制作与养护全过程等知识，对小微盆景成本和效益进行分析。参训学员现场观摩和实践制作小微盆景。

【国家花木盆景产业标准化区域服务与推广平台】 11月，国家标准化管理委员会印发《关于下达2021年国家农业标准化区域服务和推广平台项目的通知》，确定25项国家农业标准化区域服务和推广平台项目，如皋市花木盆景产业联合会申报的国家花木盆景标准化区域服务和推广平台项目位列其中。

自2012年始，如皋市先后开展江苏省花木交易服务标准化试点、国家花木盆景产业标准化示范区、国家园林养护服务标准化试点、国家花木交易服务标准化试点工作，收集制定花木盆景类标准534项，其中自定标准328项，形成较为完善的标准体系。累计标准化业务培训8000余人次，在全市花木盆景基地形成标准化生产模式，构建花木盆景产业一、二、三产业融合发展新格局。

花木盆景标准化区域服务和推广平台项目以花木盆景产业为研究对象，研究搭建包含花木盆景农业标准体系建设服务、农业标准化信息服务、农业标准化示范推广服务、农业标准化培训服务、农业科技成果的转化和推广服务、农产品品牌评价与宣传推广服务等内容的服务和推广平台，培育壮大农业标准化服务和推广人才，推广农业标准化经验和理论，扩大“如皋花木盆景”品牌影响力，推动全国花木盆景行业可持续发展。

【劳务品牌“如皋花木园艺师”被命名为全国行业引领类劳务品牌】 10月14日至16日，“如皋花木园艺师”作为全国劳务品牌，参加由人力资源社会保障部主办的第三届全国创业就业服务展示交流活动，被命名为全国行业引领类劳务品牌，并作为江苏省唯一代表在展示交流活动上专题推介。

如皋市出台《中国盆景艺术大师培养五年行动方案》，打造就业部门引领、行业协会参与、职业技能培训机构（学校）为支撑“三位一体”培训体系，形成中国盆景艺术大师、重点培养对象、拔尖人才、技能型从业人员、一般从业人员五大人才梯队。打造“如皋花木园艺师”劳务品牌，形成以盆景为支柱产业、从花木种植到园林施工的全产业链，盆景蟠扎专业技术人员全国占比65%以上，花木园艺从业人数10万余人，成为如皋劳务输出重要力量。

花木繁育种植

【概况】 2021年，如皋市坚持以点带面，实行连片规模化种植，突出发展专业镇、重点镇、专业村、专业户，不断巩固“一区六片”花木产业格局，即以如城街道为核心的6666.7公顷花木盆景主产区，以新老204国道、334省道、如港公路、皋高线、江曲线、蒲黄线为主轴向两侧延伸发展的6个花木盆景种植片。全市有花木专业街道2个（如城街道、城南街道）、万亩以上花木特色镇（街道）5个（长江镇、城北街道、磨头镇、东陈镇、城南街道）和花木专业村15个。建有花木专业合作社77个，有花木专业户10万户。持续打造转型发展示范基地，推广新品种、新技术、新模式，新增各类花木盆景基地400公顷，新增城北街道平园池村菊花、油用牡丹、月季种植基地80公顷，磨头镇鲜切花基地20公顷、智能蝴蝶兰种植温室1万平方米。

【**花木繁育**】 全市有乡土树种、柳树、草坪、樱桃等研究所8个，其中紫薇、樱桃研究所为省苗木商会设立。年内，市农业农村局调整全市花木品种繁育结构，逐步缩小大叶黄杨、瓜子黄杨、蜀桧等传统、经济效益下滑品种种植比例，加快榉树、紫薇、香樟、栾树、无患子、红叶石楠及花卉和草皮等“三化”（珍贵化、彩色化、效益化）树种繁育和推广，年内新增“三化”树种种植面积40公顷。推动南京农业大学、扬州大学、南京林业大学、北京林业大学、省林业科学研究院、山东农业大学等院校、科研院所与有关园区、企业开展合作，推进先进实用技术，尤其是花木盆景速成栽培、桂花全封闭嫩枝扦插育苗、水培绿植、菊花新品种种植、花木草坪病虫害综合防治、组织培养等技术大面积推广应用。

盆景培植

【**概况**】 如皋盆景追求方寸盆景“移山缩水，窥见乾坤”，并通过拟人手法为之注入神韵和灵性。亦工亦画天功缀，云头雨足美人腰，是如皋盆景传统造型特色。在蟠扎技巧上，以“满、残、清、奇、古、怪”见长，注重因树施技、细扎轻剪，讲究藏与露、巧与拙、静与动、主与宾、变化与统一有机结合。室内厅堂盆景“论堂陈设法”亦独特有趣，通常以奇数盆景装点，正中一盆独显孤傲、尊严，两侧讲究对称、高度渐次降低，满堂景观趣味横生。1983年，经中国盆景艺术家协会考证认定，如（皋）派盆景以其特有造型特色和蟠扎技艺，与扬（州）派、苏（州）派、（四）川派、岭南（广东）派、（上）海派、（安）徽派并称全国盆景艺术“七大流派”。1986年11月，如皋绿园悬崖式大叶罗汉松盆景，在意大利佩夏举行的第十八届国际花卉博览会上获金奖，此为江苏盆景获得的首个国际级金奖。

1988年始，如皋组织专业科技人员以缩短盆景成型时间为主攻方向，对蟠扎方式进行“四改”，即改传统棕绳蟠扎为棕绳与金属丝、塑料丝兼用，改传统盆栽为蟠扎后地栽，改规划造型为因树造型，改盆浇为管道喷灌，探索出一套速生、速成、催化等盆景生产新工艺。在国际、国内盆景交流活动中，吸取借鉴国内外先进技艺和经验，在传承中推陈出新，“如皋盆景”品牌进一步打响。数以千计如皋盆景陈设在中央和国家机关、北京人民大会堂、钓鱼台国宾馆、中南海、奥运会场馆、毛主席纪念堂等重要场所；先后有600余盆如皋盆景在国际国内比赛中获奖。2011年3月，如皋盆景被国家工商行政管理总局商标局正式确认为地理标志证明商标。2014年11月，如皋盆景制作技艺被列入国家级非物质文化遗产代表性项目名录。2021年，全市盆景培植面积6666.67公顷，比上年增加333公顷、增长5.3%。

【**小微盆景**】 年内，如皋市推进中国小微盆景集散中心核心区提升建设，招商入驻率80%，辐射带动小微盆景种植面积200公顷，实现小微盆景批发、零售总量20万盆。7月14日，由江苏花名堂农业科技发展有限公司报送的一批出口日本水培小微盆景获通关放行，成为全国首批走出国门的水培小微盆景商品。

【**精品盆景选介**】 “岁月如歌” 由中国盆景艺术大师、高级乡村振兴技艺师（盆景技艺类）杨建创作，树种为真柏。2021年6月，获第十届中国花卉博览会第三届中国杯盆景大赛特等奖。

盆景“岁月如歌”
（市花木盆景产业办 供图）

“水汇情缘” 由中国盆景艺术家协会副会长陈冠军创作，树种为黄杨。2021年6月，获第十届中国花卉博览会第三届中国杯盆景大赛金奖。

盆景“水汇情缘”
（市花木盆景产业办 供图）

“厚德载物” 由江苏传统技艺技能大师李小军创作，树种为真柏。2021年6月，获第十届中国花卉博览会第三届中国杯盆景大赛金奖。

盆景“厚德载物”
（市花木盆景产业办　供图）

“圆梦”　由陈梓豪创作，为小微组合盆景。2021年10月，获全国精品盆景展金奖。

盆景“圆梦”
（市花木盆景产业办　供图）

“苍·沧”　由中级乡村振兴技艺师（盆景技艺类）袁杨梦秋创作，树种为黑松。2021年10月，获全国精品盆景展金奖。

盆景“苍·沧”
（市花木盆景产业办　供图）

花木盆景销售

【概况】 2021年年末，全市有专业花木盆景交易市场3个，分别为如城街道花木大世界、磨头镇如皋华夏花卉有限公司、城南街道中国小微盆景集散中心，共有销售摊位1500余个，吸引来自广东、浙江、福建、山东、安徽等地1800余位客商和当地花农进驻市场；有苗木合作社55个，国家级园林绿化企业60余家、电商企业350余家。有花木经纪人1万余人，遍布全国各大花木市场。年内，如皋市花木产业链实现销售额148.2亿元，比上年增长9.8%。加快推进花木产业“互联网+”进程，推动古老盆景艺术融入群体，实施平民化发展路线，以江苏获名堂科技发展有限公司为实施单位，开发“中国小微盆景网”App，成为国内首个小微盆景专业交易平台。截至年末，入驻“中国小微盆景网”App商户近400户，发展会员近1000人。

【花木大世界（如皋）国际园艺城】 花木大世界（如皋）国际园艺城位于江苏南通国家农业科技园区核心区，有摊位1100个，入驻商户620户。年内，600余家商户通过抖音、快手、淘宝、拼多多、微信群等网络平台销售花木盆景，培育“有木有花”“花心思”“乐艺园”“抖山”“国平盆景俱乐部”等销售网红21户，年销售额超200万元。

【华夏花卉有限公司】 华夏花卉是磨头镇万亩花卉产业园区核心区、省级农业龙头企业，占地面积120公顷，分为免费自由交易区、盆花区、大树盆景园林景观区、花卉生产区、花卉超市区五大功能区，集珍优花卉生产与展示、批发、零售、科研、花卉文化传播、休闲旅游观光于一体，有摊位2000余个，展示各类新特优花木品种1万余种。年内，采取“公司+基地+农户”经营模式，日装卸量1000余车次。实现销售收入9976万元，比上年增长45.85%；实现利润564万元，比上年增长129.27%；实缴税金336万元，比上年增长31.25%。

【中国小微盆景集散中心】 中国小微盆景集散中心位于城南街道夏庄社区，占地面积130余公顷，集小微盆景创作、生产、销售、培训于一体，采取“市场+”全产业链模式，标准化、订单化、批量化生产种植模式，线上线下、国内国外同步市场销售模式，理论与实践操作结合、请进来与走出去结合人才培养模式。年内，集聚花心思、花名堂、浩森园艺等国际国内小微盆景生产经营企业100余家，全产业链从业人员近1000人，实现小微盆景批发、零售总量20万余盆。

盆景艺术交流

【概况】 2021年年末，江苏盆景博物馆南馆馆藏盆景19盆，品种有黑松、雀舌、黄金真柏、黄杨、五针松、大阪松、杜鹃；北馆馆藏品195件套，包括活株盆景、古盆、奇石、书法、字画、剪纸等，其中，活株盆景74盆、古盆6个、奇石3块。年内，如皋盆景参加全国性盆景展示、竞赛，获特等奖1个、金奖16个、银奖14个、铜奖16个、优秀奖5个。5月，如皋盆景参加“中国羽”全国小微盆景展，获金奖6个、银奖7个、铜奖7个。6月，参加第十届全国花卉博览会，获特等奖1个、金奖5个、银奖2个、铜奖2个。9月，参加第九届沭阳花木节精品盆景展，获金奖1个、银奖1个、铜奖1个。10月，参加全国精品盆景展，获金奖4个、银奖4个、铜奖6个、优秀奖5个。

【“中国羽”全国小微盆景展】 5月28日至31日，由中国盆景艺术家协会主办的“中国羽”全国小微盆景展暨盆景交易大会在如皋举行。活动设

10 月 28 日至 11 月 1 日，全国精品盆景展在如皋举办。图为展会一角

（市花木盆景产业办　供图）

标准展位 200 个，展示全国各地精品小微盆景 407 盆（组），评选金奖作品 22 个、银奖 47 个、铜奖 78 个。

展会期间举办中国如皋小微盆景发展高峰论坛，邀请盆景艺术大师与盆景制作爱好人士面对面研究小微盆景市场需求和制作关键技艺，共同探讨中国小微盆景产业发展道路；举办盆景艺术大师创作表演、如皋市盆景拔尖人才创作表演、盆景艺术文创表演活动，促进盆景艺术文化交流。

【全国精品盆景展】 10 月 28 日至 11 月 1 日，由中国花卉协会盆景分会主办的全国精品盆景展在如皋举办，活动主题为“加强行业深度交流合作，促进盆景产业转型发展”。盆景展示分精品展示区、特色展示区和科普展示区 3 个展区。其中精品展示区集聚全国各地精品盆景 350 盆；特色展示区按照进出口盆景专区、主产区和专业镇（村）特色树种盆景专区、传统流派盆景专区、盆景创意项目专区设立，为各流派盆景提供推介、展示平台。展会评选特等奖 6 个、金奖 20 个、银奖 41 个、铜奖 67 个。

（陆　琴）

2021 年如皋市盆景参赛获奖情况表

表 8

序号	时间	举办地点	获奖作品名称	获奖作者	会展名称	获奖等次
1	5 月	江苏如皋	探	李小军	“中国羽”全国小微盆景展	金奖
2	5 月	江苏如皋	天梯	陈冠军	“中国羽”全国小微盆景展	金奖
3	5 月	江苏如皋	五子登科	陈冠军	“中国羽”全国小微盆景展	金奖
4	5 月	江苏如皋	飞流直下三千尺	杨　建	“中国羽”全国小微盆景展	金奖
5	5 月	江苏如皋	蜀道	陈冠军	“中国羽”全国小微盆景展	金奖
6	5 月	江苏如皋	貔貅	李小军	“中国羽”全国小微盆景展	金奖
7	5 月	江苏如皋	江清月近人	郝昌桂	“中国羽”全国小微盆景展	银奖
8	5 月	江苏如皋	岁月静好	朱登峰	“中国羽”全国小微盆景展	银奖
9	5 月	江苏如皋	石上流源	毛小兵	“中国羽”全国小微盆景展	银奖
10	5 月	江苏如皋	丛森	吕兴红	“中国羽”全国小微盆景展	银奖
11	5 月	江苏如皋	江清月近人	孙月飞	“中国羽”全国小微盆景展	银奖
12	5 月	江苏如皋	求知	王建国	“中国羽”全国小微盆景展	银奖
13	5 月	江苏如皋	七贤图	王建红	“中国羽”全国小微盆景展	银奖
14	5 月	江苏如皋	丛森	周金生	“中国羽”全国小微盆景展	铜奖
15	5 月	江苏如皋	盼归	翟本建	“中国羽”全国小微盆景展	铜奖
16	5 月	江苏如皋	听涛	翟本建	“中国羽”全国小微盆景展	铜奖
17	5 月	江苏如皋	听海	章明如	“中国羽”全国小微盆景展	铜奖

续表 8

序号	时间	举办地点	获奖作品名称	获奖作者	会展名称	获奖等次
18	5 月	江苏如皋	石上青松	毛小兵	“中国羽”全国小微盆景展	铜奖
19	5 月	江苏如皋	人间有味是清欢	陈梓豪	“中国羽”全国小微盆景展	铜奖
20	5 月	江苏如皋	沧冠寸柏	杨　建	“中国羽”全国小微盆景展	铜奖
21	6 月	上海	岁月如歌	杨　建	第十届中国花卉博览会	特等奖
22	6 月	上海	飘逸春秋	翟本建	第十届中国花卉博览会	金奖
23	6 月	上海	苍翠生辉	翟本建	第十届中国花卉博览会	金奖
24	6 月	上海	水汇情缘	陈冠军	第十届中国花卉博览会	金奖
25	6 月	上海	厚德载物	李小军	第十届中国花卉博览会	金奖
26	6 月	上海	踏歌寻友	孙月飞	第十届中国花卉博览会	金奖
27	6 月	上海	上人听松	袁杨梦秋	第十届中国花卉博览会	银奖
28	6 月	上海	嵩山古柏	沈　勇	第十届中国花卉博览会	银奖
29	6 月	上海	看青影待春落	陈梓豪	第十届中国花卉博览会	铜奖
30	6 月	上海	古朴	朱登峰	第十届中国花卉博览会	铜奖
31	9 月	江苏沭阳	荫泽大地	孙月飞	第九届沭阳花木节精品盆景展	金奖
32	9 月	江苏沭阳	峥嵘	王建国	第九届沭阳花木节精品盆景展	铜奖
33	9 月	江苏沭阳	起舞弄影	章明如	第九届沭阳花木节精品盆景展	银奖
34	10 月	江苏如皋	云从龙	翟本建	全国精品盆景展	金奖
35	10 月	江苏如皋	嵪	李小军	全国精品盆景展	金奖
36	10 月	江苏如皋	苍·沧	袁杨梦秋	全国精品盆景展	金奖
37	10 月	江苏如皋	圆梦	陈梓豪	全国精品盆景展	金奖
38	10 月	江苏如皋	疏影横斜	朱登峰	全国精品盆景展	铜奖
39	10 月	江苏如皋	苍龙出海	王建红	全国精品盆景展	铜奖
40	10 月	江苏如皋	鹤立	陈冠军	全国精品盆景展	铜奖
41	10 月	江苏如皋	多子多福	吕兴红	全国精品盆景展	铜奖
42	10 月	江苏如皋	横空出世	郝昌桂	全国精品盆景展	铜奖
43	10 月	江苏如皋	携子上朝	徐海全	全国精品盆景展	铜奖
44	10 月	江苏如皋	凤之舞	王建国	全国精品盆景展	银奖
45	10 月	江苏如皋	汉柏古韵	张群慧	全国精品盆景展	银奖
46	10 月	江苏如皋	情系大地	顾长柏	全国精品盆景展	银奖
47	10 月	江苏如皋	傲然正气	孙月飞	全国精品盆景展	银奖
48	10 月	江苏如皋	青翠芳华	杨　建	全国精品盆景展	优秀奖
49	10 月	江苏如皋	起舞弄清影	章明如	全国精品盆景展	优秀奖
50	10 月	江苏如皋	腾飞	王　建	全国精品盆景展	优秀奖
51	10 月	江苏如皋	谦姿老松	陈明华	全国精品盆景展	优秀奖
52	10 月	江苏如皋	孤松众乃奇	毛小兵	全国精品盆景展	优秀奖

长寿之乡

综述

【概况】 如皋人古来多长寿，百岁老人频出。如皋首位有文字记载长寿老人为东汉人吕岱，生于东汉延熹三年（160），80岁“迁上大将军”，93岁任吴国大司马，吴太平元年（256）96岁病逝。首位有文字记载百岁老人为李嵩，北宋治平四年（1067）出生，南宋淳熙三年（1176）109岁卒。明嘉靖《如皋县志》增设《列传·耆寿》卷，明嘉靖、清道光、清同治及民国《如皋县志》记载百岁寿星51人。1933年，全省气候普查时，认定如皋“最适宜于人之生存、物之繁殖”。中华人民共和国成立后，尤其20世纪90年代后，如皋长寿老人迭现。2007年起，全市健在百岁老人占总人口比例一直保持在1.8/万以上，远远高于世界长寿乡标准（0.7/万）。2008年10月6日，如皋市被命名为中国长寿之乡。2010年10月28日，如皋市被确认为第六个世界长寿乡，为唯一地处经济较发达地区长寿乡。2021年年末，如皋市常住人口122.67万人。其中60周岁以上老年人口40.16万人，占常住人口32.74%；80周岁以上高龄老人6.76万人，占常住人口5.51%；90周岁以上高龄老人1.01万人，占常住人口0.82%；百岁老人374人，其中，年内新增189人，105岁以上老人14人，最年长者为东陈镇万富社区111岁老人刘记贵。

【尊老敬老】 年内，市老龄委对新增百岁老人及时组织登门祝寿，发放慰问金。九九重阳节前夕，市老龄委慰问百岁老人242人，市委、市政府主要负责人和分管负责人登门慰问百岁老人16人，慰问资金9.34万元。敬老月活动期间，向全市100户尊老敬老模范家庭颁发奖牌和奖励金300元/户。各镇（区、街道）、市级机关部门组织3300余人到联助村（社区），面对面慰问老人7261人，发放慰问金、慰问品等价值147万元，发放物品5161件。10月14日，如皋市举办第十五届九九敬老联谊活动，市四套班子成员及各镇（区、街道）、市级各部门老干部代表近500人参加活动。活动主题为“回眸百年奋斗，再创千秋伟业；共庆重阳佳节，续酿敬老琼露”，举办专场慰问文艺演出活动，表彰老龄工作先进单位20家、先进个人39人、尊老敬老模范家庭100户、老有所为先进个人440人。

【优老惠老】 自1月起，如皋市调整100岁及以上人员尊老金发放标准，100～104岁老人补助标准由每人每月360元调整为500元，105岁及以上老人补助标准由每人每月420元调整为650元，全年发放尊老金5100余万元。全年为65岁以上老年人免费健康体检22.44万人；进行症状问诊和X线摄片检查，健康随访管理23万人次，发现可疑症状者2329人，主动发现肺结核患者19例；中医药健康管理服务老年人20.72万人。12月3日，以“提高老年群体健康素养，提升长寿之乡健康水平”为主题的省老年健康科普项目活动在如皋市举行。市中医院科教科负责人以“长寿的奥秘”为题，为现场观众作科普讲座；现场设置义诊咨询区和健康检测区，为老年人提供健康咨询、健康检测等服务。

【老年人文体活动】4月13日，省老年人体育节如皋市分会场启动仪式在安定广场举行。活动以“开启新征程，健身再出发”为主题，市老年人文化体育协会各文体团队2000余名成员参加活动，通过养生太极棒、32式太极剑、太极柔力球和康姿百德健身操等表演，展示如皋老年人积极向上的精神风貌。相关健身活动在全市14个镇（区、街道）全面展开，至11月中旬结束。10月25日，市老干部书画研究会在市老干部活动中心举办“敬老月”书法讲堂活动，特邀中国书法家协会会员张建军为老干部书法爱好者作书法指导讲座，30余名书法爱好老干部参加活动。

【孔庙社区被评为全国示范性老年友好型社区】10月19日，如城街道孔庙社区被国家卫健委评为全国示范性老年友好型社区。

2021年年末，孔庙社区辖区总面积0.3平方千米，总人口5796人，其中60岁以上老年人1650人，占总人口28%，是老年居民较稠密社区。孔庙社区党总支坚持以提高老年人生活品质为出发点，围绕“文化立社区，温馨在孔庙”社区建设目标，以推进、规范老年服务工作为核心，成立社区居家养老服务站。建立以社区为依托，以专业化服务为标准，以解决居家老年人日常生活困难为主要内容的服务体系，初步形成以老年服务站为基础，以邻里中心、体育健身广场、社区卫生服务站、社区居家养老服务站为平台的社会参与、志愿者服务的老年工作特色。整合社区有效资源，全面提升老龄工作整体水平，实现社区老年人老有所养、老有所医、老有所教、老有所学、老有所为、老有所乐，获省级宜居示范居住区称号。

2021年如皋市新增百岁老人名录表

表9

序号	姓名	性别	所在村（社区）	序号	姓名	性别	所在村（社区）	序号	姓名	性别	所在村（社区）
1	贲秀银	女	江安镇陈庄村	23	曹庆广	男	白蒲镇斜庄社区	45	明美韫	女	如城街道孔庙社区
2	贲义兰	女	江安镇申九村	24	杨瑞林	女	白蒲镇月旦社区	46	汤　芬	女	如城街道孔庙社区
3	赵贵英	女	江安镇黄庄村	25	夏素珍	女	白蒲镇月旦社区	47	陈传芳	女	如城街道蒲行社区
4	周久连	女	江安镇胜利社区	26	冒刘氏	女	白蒲镇月旦社区	48	程益康	男	如城街道蒲行社区
5	朱从高	男	江安镇周庄社区	27	沈引珍	女	白蒲镇林梓社区	49	黄皋兰	女	如城街道蒲行社区
6	支美英	女	江安镇戈堡社区	28	顾有珍	女	白蒲镇蒋殿社区	50	蒋远富	男	如城街道钱长村
7	贲同芳	女	江安镇陈庄村	29	包连英	女	白蒲镇桥口村	51	王圣珠	女	如城街道十里社区
8	钱圣美	女	江安镇章庄社区	30	马孙氏	女	磨头镇严狄村	52	钱文秀	女	如城街道西郊社区
9	肖六珍	女	白蒲镇黄行村	31	李世德	男	磨头镇星港村	53	洪德生	女	如城街道西郊社区
10	周桂英	女	白蒲镇黄行村	32	朱玉秀	女	磨头镇新徐村	54	黄桂林	男	如城街道西郊社区
11	高来芳	女	白蒲镇姚家园村	33	邬明秀	女	磨头镇顾沈村	55	刘长华	男	如城街道仙鹤社区
12	乔桂英	女	白蒲镇姚家园村	34	成子和	女	磨头镇老户村	56	冒桂英	女	如城街道新官村
13	徐桂英	女	白蒲镇钱园社区	35	王秀银	女	磨头镇老户村	57	张其芳	女	如城街道许庄社区
14	姚素珍	女	白蒲镇松杨社区	36	吴　洁	女	如城街道安定社区	58	缪如英	女	如城街道沿河村
15	高素珍	女	白蒲镇蒲东社区	37	周远程	男	如城街道城南社区	59	韩兰芳	女	如城街道长港村
16	金连英	女	白蒲镇姜北村	38	黄国珍	女	如城街道城南社区	60	吴鑫元	女	如城街道长巷社区
17	唐荣林	男	白蒲镇姜北村	39	顾桂英	女	如城街道城南社区	61	蔡可英	女	吴窑镇陈家村
18	沈桂英	女	白蒲镇蒲西社区	40	陈福英	女	如城街道大殷社区	62	吴仕兰	女	吴窑镇陈家村
19	万秀英	女	白蒲镇勇敢社区	41	邓秀英	女	如城街道红星社区	63	高仁美	女	吴窑镇陈家村
20	沈达仪	女	白蒲镇勇敢社区	42	石昭则	男	如城街道宏坝社区	64	陈玉华	男	吴窑镇何柳村
21	徐子英	女	白蒲镇勇敢社区	43	鲍桂英	女	如城街道花园社区	65	张朱氏	女	吴窑镇三元社区
22	张印妇	女	白蒲镇新陆村	44	王瑞年	男	如城街道花园社区	66	张美如	女	吴窑镇龙河村

续表 9

序号	姓名	性别	所在村（社区）	序号	姓名	性别	所在村（社区）	序号	姓名	性别	所在村（社区）
67	吴元芳	女	吴窑镇龙河村	104	陆兆祥	男	丁堰镇鞠庄村	141	徐桂芳	女	东陈镇南庄村
68	柳长余	男	吴窑镇老庄村	105	季如英	女	丁堰镇凤山社区	142	秦树英	女	东陈镇山河社区
69	郭和凤	女	吴窑镇老庄村	106	张必达	男	丁堰镇堰南社区	143	薛友凤	女	东陈镇山河社区
70	丁邦兰	女	搬经镇搬经社区	107	李兰英	女	丁堰镇红桥村	144	陈桂芳	女	东陈镇徐湾社区
71	刘秀凤	女	搬经镇搬经社区	108	时正英	女	丁堰镇鞠庄村	145	冒寿如	女	东陈镇徐湾社区
72	夏桂兰	女	搬经镇芹界村	109	高明珠	女	城南街道建设社区	146	佘明凤	女	东陈镇杨庄社区
73	马素珍	女	搬经镇芹界村	110	姜秀梅	女	城南街道平明社区	147	黄国珍	女	东陈镇雪东社区
74	石昭义	男	搬经镇群岸社区	111	陈薛氏	女	城南街道天堡社区	148	冯志全	男	东陈镇雪洪村
75	陈怀美	女	搬经镇加马社区	112	仇　二	女	城南街道夏庄社区	149	张德珍	女	东陈镇南凌社区
76	史正芳	女	搬经镇丁许村	113	邢正文	男	城南街道新庄社区	150	沈佰珍	女	石庄镇何正村
77	韩万秋	女	搬经镇焦港村	114	冒兰芳	女	城南街道育华村	151	李其英	女	石庄镇张杨园社区
78	苏春兰	女	搬经镇焦港村	115	何兰英	女	城南街道育华村	152	刘茂达	男	石庄镇楼房村
79	陈久美	女	搬经镇万富村	116	刘玉华	女	长江镇镇龙社区	153	张元恕	男	石庄镇砖桥社区
80	谢万美	女	搬经镇夏堡村	117	陈桂英	女	长江镇平南社区	154	沙秀珍	女	石庄镇石南社区
81	纪桂英	女	搬经镇港桥村	118	张巧妹	女	长江镇平南社区	155	石井兰	女	石庄镇石南社区
82	鞠桂英	女	搬经镇中心社区	119	从仁珍	女	长江镇平南社区	156	高庭宽	男	石庄镇洪港村
83	周玉云	女	搬经镇晓庄村	120	陆庆生	男	长江镇五零社区	157	周可芳	女	石庄镇凤龙村
84	张亚兰	女	搬经镇刘庄村	121	马桂英	女	长江镇头案社区	158	周秀英	女	石庄镇张黄港社区
85	周成米	女	搬经镇叶庄社区	122	李桂英	女	长江镇头案社区	159	朱从美	女	石庄镇新生港社区
86	徐国芳	女	城北街道柴湾社区	123	何冠英	女	长江镇头案社区	160	朱友兰	女	石庄镇海圩村
87	许逢兰	女	城北街道柴湾社区	124	周秀英	女	长江镇蒲港社区	161	于玉才	男	石庄镇海圩村
88	袁炳鹤	女	城北街道戴庄村	125	曹兆英	女	长江镇蒲港社区	162	姚友英	女	石庄镇海圩村
89	纪永高	男	城北街道花园桥社区	126	曹玉珍	女	长江镇蒲港社区	163	程翠萍	女	石庄镇石庄社区
90	范广凤	女	城北街道花园桥社区	127	张李芳	女	长江镇永平社区	164	杨井如	男	九华镇九华社区
91	张英凤	女	城北街道里庄村	128	杨玉珍	女	长江镇长江社区	165	吴照英	女	九华镇九华社区
92	万正美	女	城北街道民实村	129	吕杨氏	女	长江镇长江社区	166	花林英	女	九华镇郭李社区
93	杨本秀	女	城北街道平园池村	130	吴国珍	女	长江镇车马湖社区	167	李引贞	女	九华镇赵元村
94	张远芳	女	城北街道桥港村	131	朱玉井	男	长江镇杨洲社区	168	田仁寿	男	九华镇马桥村
95	何秀英	女	城北街道庆余社区	132	刘桂英	女	长江镇杨洲社区	169	邹领英	女	九华镇如海村
96	唐元美	女	城北街道邵庄村	133	薛子英	女	长江镇郭南村	170	陆秀平	女	九华镇如海村
97	沈桂芳	女	城北街道狮垛村	134	纪文亮	男	长江镇谢楼村	171	陈老太	女	九华镇龙舌村
98	刘炜凤	女	城北街道天河桥村	135	丁开来	男	长江镇范刘社区	171	陈老太	女	九华镇龙舌村
99	张如山	男	城北街道天河桥村	136	邹登慧	女	长江镇范刘社区	172	李兰英	女	九华镇郑甸社区
100	张桂芳	女	城北街道万新村	137	徐俊英	女	东陈镇范桥村	173	马翠英	女	九华镇云屏村
101	张仁凤	女	城北街道新王庄社区	138	吉玉兰	女	东陈镇南东陈社区	174	吴井才	女	九华镇云屏村
102	刘松来	女	城北街道志勇村委会	139	冒友贵	男	东陈镇南东陈社区	175	祁会珍	女	九华镇丝渔村
103	袁兰英	女	丁堰镇夏圩村	140	陈玉珍	女	东陈镇南庄村	176	吴所奶奶	女	九华镇丝渔村

续表 9

序号	姓名	性别	所在村（社区）	序号	姓名	性别	所在村（社区）	序号	姓名	性别	所在村（社区）
177	卢义林	男	九华镇营防社区	182	郝秀芳	女	下原镇老坝村	187	宋月珍	女	下原镇白李社区
178	汤如英	女	九华镇营防社区	183	丁秀英	女	下原镇花园头村	188	杨德珍	女	下原镇桃园社区
179	戴荫章	男	九华镇四圩社区	184	杨福英	女	下原镇邹庄社区	189	吴桂英	女	下原镇陈桥村
180	陈素珍	女	下原镇文庄社区	185	郭再逢	男	下原镇张庄村				
181	房锦明	男	下原镇藕池村	186	沈淑珍	女	下原镇邹庄社区				

养老服务

【养老机构养老】 2021年年末，全市有养老机构32家。其中特困供养机构17家（农村区域性养老机构15家、市民政局属单位直管养老机构2家），设置床位4837张（农村敬老院公办公营养老机构9家，床位2597张；公建民营8家，床位2240张）；民办养老机构15家，设置床位3843张。养老机构中，4家建立护理站，2家建立医务室，5家开设养老护理院，其余均与邻近医疗机构签订合作协议，拥有护理床位5126张，护理型床位占比59%。全市在机构养老人员1864人，其中，特困供养对象1052人、自费老人812人。养老服务队伍人员792人，其中，医技人员196人、养老护理员390人，具护理员证书205人。建立社会化运行机制，通过第三方连锁化运行居家养老服务站18家，建成村居级嵌入式长者驿家（机构）5家。年内，如皋市推进医养融合发展，加大对社会资本投资兴办的护理院和护理型养老机构支持力度。新登记备案养老机构1家，新增护理床位100张。推进申丞护理院340张护理床位建设、江安镇环池村瞿阳养老服务公司360张护理床位和合作村骨科医院养老护理床位改建。持续推进公办养老机构公建民营，推动九华镇敬老院实现公建民营。长寿星养老服务中心获南通市首张五星级养老服务认证证书，被确定为第二批全省民政标准化示范单位。投入310万元改建磨头镇敬老院，打造全市第二个特困供养失能（失智）人员集中供养机构。至年末，改建工程完成基础设施建设，适老化设施、功能室全部配置到位。

【社区居家养老】 年末，全市347个村（社区）居家养老服务站覆盖率百分之百，拥有居家养老床位数6400张。年内，如皋市推进养老服务设施建设，投入资金2051万元，提升改造村（社区）居家养老服务站26家，规模化建成城北街道平园池村、东陈镇杨庄社区、磨头镇磨头社区、江安镇镇中社区、长江镇长青沙社区5家居家养老服务站，其中嵌入式养老机构3家。在全市推广下原镇沈阳社区和老坝村、城北平园池村和东陈杨庄社区居家养老服务站设施建设社会化连锁化运行模式。

【居家护理上门服务】 年内，市民政局扩展居家护理上门服务对象和服务内容，将高龄老人、特困人员及低保对象中的中度、重度失能老人纳入政府购买上门服务范围，居家护理上门服务老人由上年4.5万人增加到7.01万人，相应增加和提高服务时长、服务标准，保障资金由上年1306万元增加到2700万元。全年承接上门服务工单74.44万单，服务总时长98.93万小时，探访30.39万人次。政府购买居家上门服务指标（服务老人数、服务时长）考核居南通县（市、区）之首。

【智慧养老】 年内，市民政局以移动互联网技术为依托，推出“智慧养老手环”项目，集实时定位、健康监测和生活服务为一体，解决老人居家、健康、出行安全等问题。全年发放智能手环4050枚。

市智慧居家养老服务中心实时监测系统实现对老人健康状态实时监控（杨惠　摄）

6月29日，市民政局在丁堰镇敬老院举行安全管理与疫情防控应急演练

（冒爱锋　摄）

【适老化改造】 年内，如皋市投入资金271.3万元，从如厕洗澡安全、室内行走便利、居家环境改善、智能监测跟进、辅具配备到位5个方面，适老化改造经济困难老年人、残疾人家庭916户。

【养老机构安全管理】 年内，市民政局全面落实科学疫情防控措施，对全市32家养老机构实施半封闭管理，确保无疫情发生。联合市政府办、市自然资源和规划局、住房城乡建设局、消防救援大队等部门对养老机构进行整治，投入资金600余万元改造消防设施、对房屋安全性进行鉴定等，破解养老机构消防备案难题。推广煤气灶改电灶，推进各养老社会服务机构将电气火灾报警、智能充电及自动切断功能的燃气泄漏报警装置安装到位。推进远程视频监控系统建设，在各养老机构重点区域设立监控点，明确专人维护，实现24小时远程监控。

【"长者驿家"养老服务标准化】 4月15日，位于丁堰镇的市长寿星居家养老服务中心"农村'长者驿家'嵌入式养老服务示范"项目被省民政厅确定为2021年度全省民政标准化示范项目。12月29日，市长寿星养老服务中心主导制定南通市地方标准《农村社区"长者驿家"养老服务规范》（简称《规范》）正式发布，为农村"嵌入式"养老机构的发展和开展服务提供标准依据。《规范》从农村社区"长者驿家"（简称"长者驿家"）养老服务范围、基本要求及环境、设施设备、人员、管理、服务等要求和服务评价与改进方面明确标准。明确"长者驿站"应配备公共服务区、文化娱乐区、居室、助餐区、心理咨询室和公共卫生间、洗衣区等功能区域；服务项目包括短期托养、居家上门服务、日间照料等，其中日间照料服务方面，养老护理员与中度失能服务对象配比不低于1∶6，与轻度失能及能力完好服务对象配比不低于1∶15；明确接待、评估、制订服务计划、签署服务合同、服务实施与记录等服务流程。

（冒爱锋）

长寿研究

【概况】 2021年年末，市长寿研究会有会员191个，其中，团体会员90个、个人会员101人。年内，市长寿研究会着力探索长寿秘诀，关注高龄老人，宣传长寿品牌，助推长寿经济发展。全年专题走访慰问105周岁以上高龄寿星21人，在《长寿探秘》等专业期刊上发表研究论文24篇，在全国性专业会议上交流论文2篇，其中获优秀论文奖1篇。

【长寿基础理论研究】 年内，市长寿研究会对2001—2021年全市百岁老人统计数据全面分析研究，形成成果《更年期是养生的重要节点——从如皋市20年百岁老人统计数据分析中得到的启示》，提醒人们关注更年期保健，注重锻炼，保持心理、生理健康，以助延年益寿。总结提炼传统孝道文化，形成成果《孝道的三重标准》，提出孝道的三重标准为孝养、孝敬、孝顺，让传统孝道文化更加通俗化、具体化、理论化。研究长寿养生之道，成果《向睡眠要健康》以中医理论为基础，总结出睡眠具有消除疲劳、恢复体力，修复细胞、提升脑力，增强免疫、抵抗疾病，延缓衰老、延年益寿四大功能，呼吁人们重视睡眠、正确睡眠；研究成果《幽默者寿》列举对生活、对世事心胸宽阔、幽默风趣的古今中外知名长寿人士，提示人们要保持平和乐观。7月19日至20日，如皋市举办首届富硒脆桃采摘节暨世界长寿之乡如皋富硒文化之旅活动，全省2200余名"硒与健康"志愿宣传员参加活动。在活动开幕式上，市长寿研究会以《如皋长寿现象与水土环境中硒等微量元素的关系》为题作专题发言。11月6日，举办心脏健康科普大会，特邀北京阜外医院教授岳红文，就中老年人群心脏健康理论、各种潜在危险因素及其早期应对策略进行专题讲座，近200位老年人现场聆听。

【夕阳风采研究】 年内，市长寿研究会对老年人精神风貌、余热发挥和生活状态方面开展研究，通过现场考察、面对面采访等方式广泛收集信息加以研究，形成《不挑食，不纠结，不计较——104岁长寿老人薛陈氏的长寿诀窍》《陈锦英老人长寿秘诀》《老农陈昭笙的音画人生》《村里有个“元老级”志愿者》《给晚霞添上一抹色彩》《晚年诵读乐悠悠》等调研报告，揭秘长寿老人的怡情养生经验，展示全市长寿老人群体老有所为、老有所乐的乐观、积极精神风貌。

1月3日，家住长江镇永平闸社区的百岁党员许凤英重温入党誓词
（市融媒体中心 供图）

【应对人口老龄化研究】 年内，市长寿研究会围绕应对人口老龄化主题，组织相关会员开展调研，形成调研文章《吸纳社会资本，引导民办养老，加快养老产业“混合立体化”发展步伐》《江苏如皋长寿文化底蕴的新时代表达》和《如皋医养结合“五化互动”新模式的建立与运作》，提交中国老年学和老年医学学会2021年学术年会，其中《如皋医养结合“五化互动”新模式的建立与运作》获中国老年学和老年医学学会2021年学术年会优秀论文奖。3月9日，召开应对人口老龄化暨养老事业座谈会，邀请如皋申丞护理院、如皋长寿星养老院、如皋长寿养生园、南通乐寿园健康管理服务有限公司等养老机构代表参加会议，围绕“应对人口老龄化和发展养老事业”主题展开研讨。

【如皋长寿文化研究与宣传】 年内，市长寿研究会开展如皋长寿文化在新时代的继承和发展问题研究，通过广泛调研和论证，从弘扬“居家持孝”文化底蕴、全市上下敬老成风，普承豁达大度文化底蕴、全民崇尚礼让友善，激扬奉献大爱文化底蕴、助人为乐自然成习，深植亲绿喜花文化底蕴、村民擅营“绿色银行”，厚育从艺养生文化底蕴、健身欢娱无乐不为5个方面，系统地总结和概括新时代如皋长寿文化精髓，形成研究论文《长寿文化底蕴的新时代表达——来自江苏如皋“长寿文化体系”建设的报道》，全文发表于《长寿探秘》杂志。撰写《长寿乡蹚出“嵌入养老”新模式，打通暮年康乐“最后一公里”》《丁堰镇长寿星朝阳长者照护之家：“嵌入式”养老给予老年人“家”的温馨》《江苏如皋“长寿之乡”文化底蕴的新时代表达》等文章，宣传推介如皋长寿品牌。5月14日，《环球时报》以《“长寿城”为中国应对老龄化指路》为题，报道如皋长寿现象和如皋在应对老龄化问题方面的典型做法。此文被13家海内外媒体转载。5月27日，市长寿研究会接受中央广电总台英语频道记者采访，宣传如皋长寿文化。

【长寿特色产品推介】 年内，市长寿研究会强化如皋长寿特色产品推荐与核查，将2019年推荐的南通梓鹏农业科技有限公司梓鹏牌大米等13家单位的5个农产品、5个养老服务类产品、3个餐饮服务类产品继续列入推荐产品，将市飞腾家庭农场野香牌香堂芋等12家单位的15个产品列入2021年度新推荐产品。至年末，累计为30家单位、35个产品推荐授牌，其中，农产品类24个、餐饮服务类6个、养老服务类5个。参与如皋首届富硒脆桃采摘节暨世界长寿之乡如皋富硒文化之旅活动，其间带动销售如皋富硒脆桃约6吨。12月18日至20日，联合市供销合作总社推荐6家典型企业参加长三角国际健康养老产业交易会，与会如皋富硒农产品企业、合作社与长三角地区30余家健康养老服务中心（企业）签下常年供需合同。

（刘伯健 张耀斌）

经济管理

宏观经济调控

【概况】 2021年，如皋市实现地区生产总值1432.41亿元，按可比价计算（下同），比上年增长8.5%。按产业分类：第一产业增加值82.22亿元，比上年增长4.6%；第二产业增加值707.6亿元，比上年增长8.9%，其中工业增加值602.81亿元，比上年增长11.5%；第三产业增加值642.59亿元，比上年增长8.5%。三次产业比例调整为5.7∶49.4∶44.9。全市人均地区生产总值116201元，比上年增长9.5%。实现一般公共预算收入77.81亿元，比上年增长8.1%，占地区生产总值5.43%。完成社会消费品零售额532.55亿元，比上年增长16.3%。全年完成进出口总额323.99亿元，比上年增长30.1%。全社会研发投入占地区生产总值比重2.34%。高新技术产业产值638.25亿元，比上年增长28.32%，占规模以上工业总产值比重45.09%，比上年提高5.15个百分点。战略性新兴产业产值589.52亿元，比上年增长9.41%，占规模以上工业总产值比重41.75%，比上年提高6.7个百分点。

【经济发展规划】 年内，市发展改革委编制如皋市“十四五”规划纲要草案，经市十七届人大五次会议审议通过。撰写《“十四五”规划纲要草案的编制说明》《快速解读如皋“十四五”规划纲要》《〈如皋市国民经济和社会发展第十四个五年规划和二〇三五年远景目标纲要〉政策解读》，梳理编排如皋“十四五”时期重大工程和重大改革事项，争取纳入上级规划，发布《如皋多项“重大”列入南通“十四五”规划》。研究梳理需国家层面政策支持的重大诉求。统筹协调全市规划建设，梳理42项专项规划编制进展情况，推进专项规划资金落实；牵头做好28项专项规划审核衔接工作，提出衔接意见并出具反馈函；统筹推进制造业、服务业发展规划编制。

【计划目标管理】 年内，市发展改革委起草、完善《关于如皋市2021年国民经济和社会发展计划执行情况和2022年国民经济和社会发展计划（草案）的报告》，经市十八届人大一次会议审议通过。起草《快速解读如皋2022年国民经济和社会发展计划》。起草、完善《关于2021年上半年国民经济和社会发展计划执行情况的报告》，经市第十七届人大常委会四十次会议审议通过。按月对全市经济社会发展形势进行分析，形成《2021年一季度开门红情况汇报》《二季度经济运行调度会分析材料》等经济运行分析报告36篇。常态化开展主要经济指标预测预警，对增幅异常波动指标做情况说明。深入开展调研，形成《如皋经济社会发展和产业发展情况汇报》《进一步优化南通县域营商环境研究——以如皋为例》《聚力改革，以优应变，全力打造一流“如意”营商环境》等报告。

【固定资产投资】 年内，全市完成固定资产投资499.5亿元，比上年增长4.8%。其中国有及国有经济控股投资比上年下降17.6%；港澳台及外商投资比上年下降31.3%；民间投资比上年增长6.7%，民间投资占全部投资比重84.6%。第二产业投资比上年增长9.4%，其中制造业投资增势良好，比上年增长14.2%。第三产业投资比上年下降3.1%，其中，房地产开发投资比上年增长1.2%，互联网和相关服务比上年增长64.3%，公

8月，总投资10亿元的思源高压智能组合电器项目投产运行。图为高压智能组合电器制造车间一角　　（邱宇　摄）

共设施管理类比上年增长37.5%，教育类比上年增长34.7%，卫生和社会工作类比上年增长67.7%。高技术产业投资比上年增长18.5%，高技术制造业增势强劲，其中，电子及通信设备制造业比上年增长35.3%，医疗仪器设备及仪器仪表制造业比上年增长27.5%。高新技术产业投资比上年增长12.7%。

（王婵婵　市统计局）

【项目投资管理】 年内，全市完成制造业投资326.9亿元，比上年增长14.2%；完成高技术产业投资146.5亿元，占固定资产投资比重29.3%。完成工业投入329.1亿元，比上年增长9.4%；工业技改投入146.7亿元，比上年增长6.9%。做好新开工产业项目土地挂牌、竣工产业项目综合验收服务，全年累计服务挂牌项目38个、竣工项目35个、集体经营性建设用地租赁审核30个。做好省、南通市重大项目投资计划申报，思源智能变压器、纳川稀土永磁体、金鹰莱赛尔纤维3个项目被列为2021年省重大项目，总投资额140亿元，其中，思源智能变压器、纳川稀土永磁体年内开工建设，完成投资额9.1亿元；纳川稀土永磁体、昊洲空气净化设备、贝尔智能装备等10个项目被列为南通市重大项目，总投资额150亿元，年内全部开工建设，完成投资额37.4亿元。引导企业更大力度、更高水平开展技术改造，提升智能制造水平，实现规模以上工业企业实施技术改造项目432个，技改面60%，其中，实缴税金500万元以上工业企业实施技改项目114个，技改面百分之百。培育、创建省级示范智能车间6个，累计16个。全年盘活用地320.67公顷，超额完成南通下达任务。

（戴海峰　冒新宇）

国有资产监督管理

【概况】 2021年，市国资办监管国有企业资产总额2447.96亿元，比上年增长3.28%；完成营业收入87.38亿元，比上年增长48.88%。年内，市国资办持续深化国资监管职能转变，健全国资监管体系。推动各国有企业加强内部管理制度建设，出台关于加强市属国有企业监事会管理、市属国有企业监事会管理指导意见，建立完善市属企业监事会、内部审计机构，提升内部监督质效。制定《如皋市国有企业产权交易实施细则》《如皋市企业国有资产评估管理暂行办法》等制度18项，逐步构建国资监管制度体系。严格执行国有企业“三重一大”事项报告备案制度，全年办理报告备案事项370余件。强化安全生产督查，提高国有企业本质安全水平。建立督查制度落实情况长效机制，组织开展对外投资、对外借款和担保等专项督查，下发通报、提示函15份。成立派驻市国资办纪检监察组，贯通纪检监察监督、巡察监督、国资监督等各项监督，共享监督资源，形成监督合力。12月，制发关于加强市属国有企业主业管理的暂行办法，建立各市属国有企业“3+2”（3项主要经营业务，2项允许投资的非主要经营业务）体系，明确各市属国有企业主业范围和允许投资的非主业，实行分类管控。4月1日，根据市委办、市政府办《如皋市政府国有资产管理办公室职能配置、内设机构和人员编制规定》，市国资办由市财政局挂牌机构成为独立的市政府工作机构。

【国有企业发展改革】 年内，如皋市全面推进国企改革三年行动，印发《如皋市国企改革三年行动实施方案》，统筹各市属国有企业有序推进加强董事会建设，深化混合所有制改革，推进市场化用工和薪酬分配，推进经营性国有资产集中统一监管等工作。截至年末，完成国企改革三年行动任务81.9%。完成交通集团整合改革任务，分类整合原交通产业集团、如皋港集团及长江镇国有企业股权，形成“主辅体系结合协管企业”国有资本布局，以及一体管理、条块运作、多角支撑的管理结构。推动全民所有制企业改制，按照《中华人民共和国全民所有制工业企业法》登记、具备公司制改制条件的24家国有企业，全部改制为按照《中华人民共和国公司法》登记的有限责任公司或股份有限公司，完成省考核指标任务。

【国有资产项目建设】 年内，市属国有企业启动固定资产投资项目83个，总投资额260.2亿元。致力城市开发建设，承接建筑、市政、水利、安置房建设、亮化等工程项目180余个。富皋万泰集团全年实施固定资产投资项目18个，总投资额137.7亿元。其中GJ2009-89号地块（中皋·宸园）项目主体结构完成85%，二次结构完成70%；GJ2009-99号地块新建普通商住楼项目一期工程的3栋楼完成12层主体施工；完成GJ2006-35号地块棚户区（城中村）改造主体工程；宏坝河城市特色空间景观工程项目完成河道整治（除部分征地问题地块）、钢结构廊桥和景观桥主体结构建设，景观配套工程完成全线绿化工程量80%、园路基础工程量90%。市交通产业集团全年实施固定资产投资项目27个，总投资额51.2亿元，完成GJ2007-72号地块安置房建设工程项目主体工程，GJ2007-58号安置房建设工程完成50%地基基础工程施工，新城教育培训中心项目完成90%主体结构工程量。市城市产业发展集团实施固定资产投资项目32个，总投资70亿元。其中汪明路、外城河贯通等23条城市主次干道提档升级工程实现竣工；惠政路桥、东皋桥、仙鹤路—宝塔河桥、汪明路桥4座桥梁实现竣工，建设路桥总长15.66千米，景观绿化16.36万平方米；总建筑面积21.9万平方米的青年人才公寓国际社区项目开工建设。江苏皋开投资发展集团实施固定资产投资项目6个，总投资额1.3亿元，完成宝林工业园区提升改造、众创空间改造、何庄幼儿园新建及配套项目建设。

【债务风险管控】 年内，市国资办指导各国有企业建立健全融资、担保、工程等台账资料，夯实债务管理基础。以控规模、优结构、降成本、提效益、防风险为基本原则，严格审批市属国有企业2021年度投资、融资计划，指导企业合理控制债务规模，防范发生债务风险。着力优化融资结构，严禁新增非标准债券融资，压控存量非标准债券融资，设定融资成本上限，制发《市属企业资产负债约束工作方案》，实施负债规模和资产负债率双约束，国有企业非标准债券融资比上年压降110余亿元。

【富皋万泰集团】 富皋万泰集团是由市政府出资设立的国有独资公司，注册资金50亿元，企业主体信用等级AA+，主营业务包括城市建设、地产开发、园区建设、现代金融、股权投资、智慧水务六大核心板块，下属置业、建设发展、转贷服务、融资担保、水务、保安服务、农产品科技发展、粮食购销、城市资产运营管理等类型实体化运营子公司21家和其他平台公司40家。年内，成立市中皋产业投资发展集团有限公司，注册资本20亿元，成为市引导产业投资基金（有限合伙）管理人。成立江苏中皋投资控股集团有限公司，年内担保业务在保客户265家，在保业务389笔，在保责任余额27.07亿元，位列南通市各国有公司第三；全年为企业提供转贷服务951笔，转贷金额125.91亿元，位列南通市各国有公司第一；保理业务余额10.28亿元，位列南通市各国有公司第二。全年实施综合管网改造170千米、户表改造17.5万户，完成南通市西北片区引江区域供水三期工程建设并实现通水。投入资金20余亿元，推进城东工业区、磨头工业园区、下原工业园区、省级农业高新技术产业示范区等园区共建。实施西部片区形象综合提升工程，搬迁完成率70%，完成实施方案、可行性研究报告等各项前期研究，并通过专家评审。年内，实现主营业务收入15.14亿元，比上年增长7.03亿元。

【市交通产业集团】 5月，市交通产业集团与如皋港集团、长江镇国有企业整合，成立新交通产业集团有限公司，为市政府出资设立的国有独资公司，总资产900亿元，企业主体信用等级AA+。下属实体化运营公司18家，具备房地产开发、公路总承包、水利总承包、房建总承包、市政总承包、城市照明专业承包、钢结构工程专业承包等专项资质，拥有城乡公交客运、智慧停车收费、内河岸线资源等特许经营权。经营范围涵盖工程建设、园林绿化、地产开发、工程检测、交通服务、广告运营、港口物流等市场领域。助推长江镇副中心城市建设，推进开发建设、产城服务、港口运营一体化发展，招引玖龙纸业全物流链、德国高端汽车润滑油分拨中心、南通星云等项目14个，总投资2000万元，收储低效用地78.33公顷。发展港口贸易业务，散货吞吐量和外贸箱量较上年分别增长95.5%、46%，实现贸易营业收入37亿元，较上年增长103%。投入1168万元，建成“智慧停车”一期工程并投入运营，设置停车泊位2094个。年内，实现主营业务收入41.23亿元，比上年增长79.2%。

【市城市产业发展集团】 市城市

产业发展集团成立于2011年4月，2019年12月改组为市政府持股、注册资本50亿元的国有集团公司，主体信用评级为AA+。主营业务包括城市建设、地产开发、资产运营、贸易物流、产业投资五大核心板块，涵盖产业投资、地产开发、城市建设、资产经营、文旅康养、大数据服务、商业贸易、工程技术服务等领域，下属城建投资、城建、贸易、大数据、商管、文旅、龙游物业、勘测、房地产、资产等类型实体化运营子公司12家和其他平台公司24家。年内，进一步优化融资结构，非标类产品占比1%，比上年下降2%。下属AA级平台子公司高新技术园区开发有限公司实现隐债归零。子公司市勘测院有限公司为长江以北唯一具有甲级测绘资质的县级市测绘公司。资产水绘园东大街获首批省级夜间文化和旅游消费集聚区授牌。收购市金鼎酒店管理有限公司名下法拍资产及软件园二期项目，收购总额12.09亿元。拓展业务，与商旅、航空公司合作，启动航空物流项目，资金收益率12%。新引进优质企业37家，促进国有资产保值增值。全年实现主营业务收入3.86亿元，比上年增长51%。

【江苏皋开投资发展集团】 江苏皋开投资发展集团是由市政府出资设立的国有独资公司，注册资金50亿元，企业主体信用等级AA+（2021年9月获批），主营业务包括开发建设、产业投资、园区运营三大类，兼营建筑施工及综合贸易两大类。下属建设、建工、金投、商贸、新能源类实体化子公司5家及其他平台公司34家。协调推进PPN（非公开定向发行，是指具有法人资格的非金融企业，向银行间市场特定机构投资人发行债务融资的一种工具，同时在特定机构投资人的范围内流通转让的一种行为）、中期票据、企业债等各类债券，发行超短融资券34亿元、PPN债券3亿元、中期票据6亿元、短期融资券10亿元、私募债券37亿元，获批境外债4亿美元，成功发行1亿美元。增加120亿元银行贷款资金，压降高成本非银融资83亿元。银行融资、债券融资、非标类融资占比由35∶32∶33优化为46.35∶38.5∶15.15，平均还款周期由1.8年提高到2.5年，债务结构得到大幅优化。与国家能源集团江苏龙源风力发电有限公司合作，实施整市分布式光伏20兆瓦项目，对市氢能产业园、人才公寓、宝林工业园区、石庄镇户用、部分公共建筑和党政机关实施光伏安装，新增光伏装机容量8兆瓦。年内，实现主营业务收入32.45亿元。

（丁晓波）

10月29日，由市城市产业发展集团实施的如皋青年人才公寓国际社区项目举行开工仪式

（市国资办　供图）

自然资源管理

【发展用地保障】 2021年，如皋市新增各类用地计划260公顷，其中，季度计划57.27公顷、脱贫攻坚支持计划6.67公顷、挂钩计划196.06公顷。组织报批14个批次（项目）、143个地块共292.32公顷用地，获省政府批准，其中征收为国有用地面积114.49公顷。省级核准沪陕高速公路平潮至广陵段扩建工程（如皋段）、大唐如皋天然气分布式能源站项目分别争取省、南通市"计划池"计划103.09公顷，其中，省级99.76公顷、南通市3.33公顷。出让土地82宗、311.4公顷，合同出让款134.7亿元，比上年增长19.5%，其中出让经营性用地44宗、137.2公顷，出让金128.7亿元。全年划拨用地6宗、5.7公顷。

【节约集约用地】 年内，如皋市推进批而未供土地清理工作，2009年至2019年征用土地供应率88.1%。推进项目用地盘活、闲置空闲土地清理处置等工作，加大盘活力度，促进低效企业转型升级，全年盘活各类项目用地320公顷，存量土地供应比率84%。

【土地储备】 年内，市土地储备中心出库土地16宗，面积61.53公顷，出让金总额89亿元。服务搬迁地块（项目）17个，筹集并拨付搬迁资金19.67亿元。持续优化债务结构，有效化解债务风险，偿还存量债务本息2.87亿元。

【土地执法监察】 年内，市政府将规范违法用地建筑物处置作为遏制和严惩违法占地行为重要举措，出台《如皋市依法没收违法用地上建筑物移交处置办法》，对没收违法用地上建筑物处置程序、接受对象进行明确，在妥善移交、处置各类没收的违法建筑物，防止国有资产流失起到积极作用。年内，市自然资源和规划局将常态化卫片执法与全市自然资源综合执法监管网格化管理相结合，严格执行网格化巡查发现报告制度，夯实村级巡查网络及时发现报告违法用地制度，敦促镇级快速处置，第一时间消除违法状态。通过“日监测”卫片执法、“慧眼守土”视频监管和“实时监管系统”手持移动终端，采用“人防+技防”巡查模式，运用“大数据+网格化+铁脚板”巡查方式，结合卫片执法、信访举报等专项行动和监管平台，对新增违法用地问题进行多维度、立体化监管，形成对违法行为早发现综合预防体系，将工作重点从重查处整改向源头防控转变。全市预设巡查线路92条，里程2535千米，上报有效巡查记录3140条，里程7万余千米。依法召开行政处罚听证会10次，承办行政处罚类诉讼复议案件2宗，及时答复信息公开17起，处理信件、微信等多渠道违法用地举报40起。1件查处案卷被省自然资源厅评为优秀案卷。

【土地权益维护】 年内，市政府办印发《如皋市征地工作流程（试行）》，进一步规范履行调查、评估、公告、听证、登记、协议等征前程序。全年征地215.5公顷，在征地组卷前依法确定各年龄段安置人员3132人，经南通市人力资源社会保障局审查，落实征地预存款4.57亿元，切实保障被征地农民合法权益。

【农村房地一体不动产确权登记】 年内，市自然资源和规划局在全市全面推进农村房地一体不动产确权登记工作。制订农房确权登记发证实施方案，出台《农村宅基地和房屋确权登记颁证中若干问题处理的实施意见》，组建农房登记专项业务指导组，聚焦“政策、目标、措施”等重点，先后召开专题会议16次，深入研究产权调查、底数核实、政策出台等事项，全市登记符合发证条件农房19.19万宗、建筑面积3612万平方米。12月22日，在南通所有县（市、区）中，如皋农村房地一体不动产确权登记工作首家通过省自然资源厅和南通市自然资源和规划局联合检查。

【调查测绘】 年内，市自然资源和规划局推进森林资源专项调查，将全市林草湿地数据与第三次全国国土调查数据对接融合，形成调查底图，同步完成外业调查。推进省级自然资源调查试点项目，实施地下水资源调查评价，目标为通过资料分析整合、现场调查监测等，查明地下水动态特征，计算资源量，建设调查评价数据库，实现地下水资源三维可视化展示。年内主要完成资料收集和整理、野外调查踏勘、地下水水样采集等工作。

【地籍测绘】 年内，市自然资源和规划局按照省、南通市要求开展测绘地理信息项目质量检查，结合“双随机、一公开”抽取4家测绘资质单位开展质量监督检查，4家单位均通过质量和保密检查。严格执行项目备案制度，全市各测绘单位全年备案项目42个。完成“十四五”基础测绘规划编制工作。配合长江大保护，开展长江南通段水上水下一体化测绘工作，编制一体化地形图，首次完整测量长江如皋段的暗沙、岛礁等，首次在如皋政区图等标准地图上标注长江内水体，完善南通市行政管辖范围内地貌单元。完成“天地图·如皋”编制任务，发布在市政府政务云平台供全社会调用。

（郑淑一）

财政

【概况】 2021年，全市实现财政总收入261.18亿元，比上年增长17.7%，其中一般公共预算收入77.81亿元，比上年增长8.1%。税收收入64.90亿元，比上年增长6.4%。税收占一般公共预算收入83.4%。全年财政总支出257.47亿元，比上年增长12.5%，其中一般公共预算支出139.24亿元，比上年增长11.3%。一般公共预算支出中，教育支出31.15亿元，比上年增长3.5%；公共安全支出6.62亿元，比上年下降9.2%；卫生健康支出16.43亿元，比上年增长24.7%；社会保障和就业支出25.33亿元，比上年增长36.7%。财政支出中，民生投入占80.43%。年内，市财政局获评全省财政系统信息宣传先进单位、政法经费保障工作先进单位，2020年度南通全面建成小康社会暨决战“过万亿”先进集体。磨头镇财政和资产管理局被评为全省财政系统先进集体。

【预算管理】 年内，市财政局加强预算管理，严格预算执行。全年盘活一般公共预算资金4.17亿元、政府性基金7.25亿元。大力压减非刚性、非必需支出，“三公经费”［因公出国（境）经费、公务车购置及运行费、公务招待费］支出1697万元，比上年下降8%，比2018年决算下降53%。“三保”（保工资、保运转、保民生）支出87.19亿元，占一般公共预算支出62.73%。全年直达资金

12.6亿元，支出进度百分之百。落实全省预算管理一体化改革试点工作要求，将全市178家部门预算单位预算编制、执行、监督、分析全面纳入财政管理一体化系统。全年承办市人大代表建议69件、政协委员提案52件。3月，印发2021年市级预决算信息公开工作方案，53家部门单位全面公开2021年预算。4月，组织部门预算单位对2021年预算公开情况开展互查。5月，公开财政预决算领域基层政务公开事项标准目录。6月，印发基本公共服务领域市与镇（街道）财政事权和支出责任划分改革方案。对直达资金落实情况开展督查。7月，通过预算管理一体化系统启动2022年市级部门预算编制工作。9月，53家部门预算单位公开2020年决算。10月，组织对11个专项资金开展财政重点绩效评价。11月，组织对市级部门预算编制的重大项目和政策开展事前绩效评估。

【财政国库管理】 年内，市财政局深化财政国库管理改革，如皋被列为全省预算管理一体化建设试点县（市）。全年办理市本级国库集中支付业务16.92万笔，支付资金266.73亿元。1月1日起，上线运行省预算管理一体化执行模块。5月，召开政府财务报告编制培训会议。召开银行代理财政国库业务专题会议，对数据传输、凭证传递等业务行为进行统一规范。5月至6月，组织全市253家单位编制政府财务报告。9月，对市本级财政资金定期存放公开招标。

【会计管理】 年内，市财政局强化会计管理服务工作。完成全市会计人员信息采集9296人。全市企事业单位财务人员参加网上继续教育培训5196人，新增初级职称资格405人、中级职称资格175人、高级职称资格13人。对代理记账业务设立审批全面实行告知承诺管理，“不见面”审批新设立代理记账机构8家。4月，对36家会计代理记账机构进行网上审核备案。组织开展“防诈反诈”宣传月活动。6月，印发《关于开展2020年度行政事业单位内部控制报告编报工作的通知》。7月，编报行政事业单位内部控制报告。举办全市少儿珠心算比赛，选拔13名优秀选手参加南通市少儿珠心算比赛。8月，对全市会计人员开展远程网络教育培训。联合市市场监管局对如皋圣财财务咨询有限公司、南通正起企业管理有限公司、南通正则企业管理有限公司3家代理记账机构开展“双随机、一公开”检查。

【财政监督管理】 年内，市财政局深化财政监督管理。全年实施财政监督检查项目21个。2月，对2020年4家会计信息质量检查单位开展“回头看”。4月至8月，对4家单位开展会计信息质量重点抽查，提出整改建议21条。9月，开展省级政府性融资担保公司联动检查。对石庄镇原财政所所长2019年至2020年任期内工作情况开展检查。10月，组织开展“双随机、一公开”工作。11月，开展省级投资土地综合整治项目专项资金检查。

【农业农村财务管理】 年内，市财政局支持实施乡村振兴战略。争取上级涉农专项资金5亿余元。支持现代农业高质量发展4610万元，支持2.55亿元建设高标准农田4733公顷，支持1041万元建设农路40条。落实省级财政衔接的推进乡村振兴补助资金2690万元。统筹资金6200万元支持南通市级乡村振兴示范村、先进村建设。拨付村级组织运转经费9261万元。整合资金支持农村人居环境整治5000万元，支持水环境治理6.71亿元，支持秸秆禁烧禁抛与综合利用3500万元，支持绿色种养循环农业试点项目建设1200万元。通过“一折通”发放涉农项目补贴56个批次共3.67亿元。6月，组织各镇（区、街道）开展2020年耕地地力补贴政策落实情况自查。6月、12月，梳理汇总、网上公开各级财政惠农补贴政策清单。7月，开展2021年耕地地力补贴专项检查。通过省财政厅农业保险工作核查。7月、12月，开展高标准农田建设专项检查。8月，联合市农业农村局印发《2021—2023年如皋市农机购置补贴实施方案》。9月，开展一事一议财政奖补资金专项检查。

【工贸发展资金管理】 年内，市财政局落实财政政策，支持经济社会发展。争取省级财政扶持资金1.04亿元。审核拨付工业、科技、服务业等奖励资金1.16亿元。兑付关停化工企业补助2321.18万元、在如皋过春节外地人员补贴470.31万元、自行从外地返岗人员补贴509.4万元。兑付南通星球石墨股份有限公司科创板上市奖励资金300万元、各企业在江苏股权交易中心挂牌奖励270万元、优惠贷款风险补偿730.58万元、低费率担保业务降费奖补937.74万元、青年创业创新贷款贴息31.58万元。兑付市级储备粮补贴698.29万元。兑付新能源汽车推广应用省、南通市级财政补助683.09万元。对江苏再保南通信用融资担保有限公司增资1亿元，补充资本金962.5万元。引导各银行机构向529家企业发放贷款10.31亿元。2月，印发《关于实施高新技术企业“倍增计划”的意见》。4月，印发《关于2021年推动经济高质量发展的激励意见》《关于实施创新驱动战略推动经济高质量发展的激励意见》。会同团市委修订《如皋市青年

6 月 25 日，市财政局组织人员深入凯晖科技股份有限公司，开展调研
（市财政局供图）

创业贷款贴息管理办法》。5 月，印发《财政企业政策汇编》300 册。印发《关于进一步打造资本市场“如皋板块”、助推经济高质量发展的若干政策意见》。6 月，开展国有金融企业国有资产产权登记工作。8 月，印发《如皋市政府投资基金管理暂行办法》。与省信用再担保集团有限公司签订《“园区保”战略合作协议》。10 月至 11 月，接受省委巡视组“亮剑 2021”涉粮专项巡查。11 月，接受省财政厅涉粮政策监督检查。12 月，聘请第三方机构开展 PPP 项目（政府方与社会资本方依法进行的合作项目）财政监督。

【经济建设资金管理】 年内，市财政局加强经济建设资金管理。严格实行非城区政府投资项目总额控制，核减非城区政府投资项目 37 个。全年实施项目评审（含备案）380 个、72 亿元，项目变更 245 个、1.11 亿元。拨付 11.56 亿元支持城市搬迁计划。9 月，印发《如皋市生态环境保护专项资金管理办法》。10 月，组织双钱集团（江苏）轮胎有限公司炼胶工区废气挥发性有机物综合治理项目申报中央大气污染防治专项资金，获上级补助资金 416 万元。11 月，组织申报 2021 年省级环保引导资金项目库，其中分散农户生活污水处理装置工程、如泰运河水质提标工程、偏酐精馏残渣综合利用 3 个项目成功纳入省生态环境资金项目库。组织龙游湾沿江生态景观带项目申报长江流域生态保护和修复工程项目。12 月，印发《如皋市生态环境领域市与镇（区、街道）财政事权和支出责任划分改革方案》。

【非税收入管理】 年内，市财政局深化财政票据电子化改革，医疗电子票据覆盖市、镇医疗机构，126 家执收单位非税电子票据改革全面完成。实现土地出让收入 138.61 亿元。5 月，印发《如皋市深化农村公路管理养护体制改革实施方案》《2021 年“四好农村路”建设实施方案》。6 月，组织开展口岸收费专项整治工作。7 月，组织集中培训财政部新修改的《财政票据管理办法》。网上公布行政事业性收费和基金目录。7 月起，开展全市公路资产清查工作。8 月，印发《如皋市公路水路公共基础设施政府会计核算实施方案》。10 月，印发《如皋市农村公路管理养护绩效考核办法》。12 月，全市价值 164.24 亿元公路资产全部录入“资产云”管理系统。

【镇级财政管理】 年内，市财政局加强基层财政财务规范管理。1 月，印发 2020 年度会计基础工作检查“回头看”工作计划、2021 年度会计基础工作检查实施方案。印发《关于规范和重申镇（区、街道）财政会计基础工作管理要求的通知》。4 月，修订《如皋市镇（区、街道）财政和资产管理局岗位职责和内部管理制度》。5 月，组织各镇（区、街道）财政和资产管理局总预算会计参加省财政厅 2020 年度乡镇财政基本信息报表软件操作视频培训。布置乡镇财政决算年报汇编。6 月至 7 月，对 5 家镇财政和资产管理局 2020 年度会计基础工作检查整改情况开展“回头看”。8 月至 9 月，组织对江安、东陈、石庄、吴窑、下原等镇财政和资产管理局开展会计基础工作检查。11 月至 12 月，组织各镇（区、街道）财政和资产管理局编制 2022 年镇级部门预算。

【社会保障支持】 年内，全市完成社保基金收入 24.48 亿元，支出 22.05 亿元。调整各类社会保障及救助标准，城乡居民基础养老金由每人每月 170 元上调至 184 元；继续调增企业退休人员养老金；居民医保筹资标准为每人每年 1200 元；城乡居民最低生活保障标准调整为每人每月 750 元，农村特困人员基本生活标准调整为每人每月 975 元，城市特困人员基本生活标准调整为每人每月 1795 元。拨付技能提升专项资金 4123.17 万元。发放富民创业担保贷款 1100 万元，贴息 67.83 万元。投入 766 万元为项目镇 35 ~ 64

岁 4.25 万名城乡妇女进行免费宫颈癌、乳腺癌检查。对 5 月至 7 月全市企业（含按单位参保的个体工商户）职工医保单位缴费部分减半征收。落实新冠肺炎疫情防控资金 7200 万元，支持全市 15 家公立医院新建预防接种门诊，建设顾庄生态园等集中接种点，以及镇卫生院（社区卫生服务中心）发热门诊改造、PCR 实验室建设等。4 月，统筹资金 4.15 亿元支持全市 391 家机关事业单位职业年金单位缴费。5 月，紧急下拨“4・30”风雹灾情应急救灾资金 320 万元。

【社会事业发展支持】 年内，市财政局加大社会事业发展资金保障力度。安排校舍建设资金 5000.64 万元、学校保安经费 1578.11 万元。落实各类学生资助 4.61 万人次、4068.24 万元。提高中等职业学校生均公用经费财政保障标准，从 1300 元提高到 1500 元。设立职业教育校企合作专项扶持资金 460 万元。落实“双减”工作财政保障，安排 3000 万元专项资金用于教室照明质量提升，1500 万元专项资金用于弥补“双减”工作课后服务人员经费不足。支持文化体育事业发展，拨付支持文旅产业高质量发展奖励资金 1316 万元、支云足球扶持资金 3400 万元。拨付政法转移支付资金 2271 万元。争取省级文化、体育、现代服务业发展专项资金 1270 万元。设立应急和安全生产预防专项资金 500 万元。落实 550 万元支持乡镇消防站建设。审批并备案涉及国有资产处置、出租事项 41 笔，涉及资产 1042 万元，取得资产处置收益 700 余万元。9 月，向市人大常委会报告行政事业性资产管理情况。10 月，开展行政事业性国有资产清查核对。

【政府采购监管】 年内，市财政局加强政府采购信息化建设，实行从计划申报备案、到采购信息发布、到资金支付全程电子化闭环管理。政府采购代理机构统一进场管理。全市政府采购规模 23.31 亿元，其中使用财政性资金货物类 2.38 亿元、工程类 1.72 亿元、服务类 3.70 亿元。政府采购规模比上年增长 18.5%，资金节约率 16.79%。政府采购网上商城进驻商户 1758 家，订单总数 3.29 万笔，销售额 1.94 亿元。引导如皋农商行发放“政采贷”项目贷款 32 笔、520 万元。全年处置政府采购质疑投诉举报 16 起，下达行政处罚通知书 2 份。3 月至 4 月，对全市 23 家采购单位开展政府采购专项检查。5 月，印发《如皋市预算单位政府采购内控规范指导意见》。举办全市政府采购评审专家培训班，参加培训 300 余人。6 月，组织全市各镇（区、街道）部门预算单位采购人、代理机构从业人员 400 余人，开展政府采购业务培训。召开全市政府采购检查通报会。7 月，印发《进一步加强商城监督管理的通知》。8 月，印发《关于如皋市政府采购网上商城日常监督检查情况的通报》，对 100 余家违规供应商进行通报。9 月，印发《关于做好 2022 年政府采购预算编制和执行工作的通知》。12 月，转发《关于印发江苏省第三批政府采购创新产品框架协议谈判结果清单的通知》。

【政府债务管理】 年内，市财政局将政府债券还本付息全面纳入财政预算，统筹各类资金推动债务化解，实现政府性债务风险等级“降橙”目标。建制县债务化解工作成为财政部试点，争取再融资债券 49 亿元。运用金融便利工具置换到期债务，牢牢守住不发生区域性、系统性风险底线。

【法治财政建设】 年内，市财政局加强法治财政标准化管理。受理并在规定时间内公开依申请公开信息 2 例，办理信访件 2 件，1 例行政复议上级维持，1 例民事诉讼胜诉。3 月，制作并印发主题普法邮品 1 万份，宣传《中华人民共和国政府采购法》。12 月，组织机关执法人员参加行政执法知识考试，启动“厚植为民情怀、提高执法水平”主题教育。

（冒银飞）

税务

【概况】 2021 年，全市税务系统组织各项收入 172.81 亿元，比上年增长 17.58%。其中全口径税收收入 114.31 亿元，比上年增长 8.46%，总量居南通六县（市、区）第二；税收公共预算收入 65 亿元，比上年增长 6.55%，税占比 83.55%，总量和税占比均居南通六县（市、区）第一。社保费总量 52.61 亿元，比上年增长 37.72%，征缴率 99.6%，征收总额和征缴率均居南通六县（市、区）第一；非税收入总量 3.35 亿元，比上年增长 11.67%。全面落实减税降费政策，全年新增减税降费 9.82 亿元，其中，税收收入 8.72 亿元、社保费 1.1 亿元。市税务局被省税务局确定为电子税务局代开发票优化流程和运用互联网抓取技术推进环保税高质量征管试点单位，“房地产价税‘三联评估’机制”“税收助力经济社会高质量发展合作联盟”2 个项目被南通市税务局确定为创新项目。市税务局磨头分局被命名为省级巾帼文明岗，丁堰分局党支部被评为全省税务系统示范党支部。

【以税资政】 年内，市税务局打造“3+1”（精准选题、精准分析、精准服务 + 团队协作）以税资政品牌，编制各类税收专题分析简报 35 期，其中 26 期获各级领导肯定性批示，

12 月 16 日，市税务局“助农小分队”工作人员到磨头镇新港村蝴蝶兰种植基地，宣传涉农税收优惠政策 （徐慧 摄）

获批示数量居南通六县（市、区）第一。“大面积开展走访调研”“党建引领强团队”等特色做法被国家税务总局《税收经济分析工作经验做法》选录。

【税费治理】 年内，市税务局推进税费征管改革，参与省税务局电子税务局代开发票试点工作。有效落实“江苏税务”App 推广应用，注册用户 3.37 万人，纳税人安装覆盖率 85.98%。构建税种联动管理机制，形成多税种齐抓共管、综合施策良好监管格局。加强增值税发票管理系统 2.0 版应用，强化增值税发票风险事中监控。组织开展对成品油全流程、各环节税收专项整治，对成品油经销企业实行分类分级管理。构建风险应对管理中心，建立集中深度分析团队、执法任务专项团队、大数据管理团队，累计完成一般风险应对任务 838 户、国家税务总局风险应对任务 24 户、专项风险应对任务 37 户，入库税款 2.27 亿元、非税收入 341.05 万元，风险应对总成效 6.83 亿元。

【执法监督】 年内，市税务局制定税费政策确定性服务工作机制、纳税证明事项告知承诺制工作机制、“首违不罚”如皋执行方案。深入开展现金税费征缴专项整治“回头看”工作，累计完成核查任务 12 批次，核查指标 66 类、疑点数据 2.86 万条，发现问题 703 个。开展作废发票、税票核查、协查工作，其中，市内核查 205 份，发函外地核查 71 份。开展税收执法督察工作，核查货物劳务税、企业所得税、房土两税、资环税、出口退税、收入核算、政策法规、非税收入、减税降费政策落实共 9 大类 35 小类数据共 955 条。深化一体化综合监督，全年“一案双查”追究税收执法过错责任 7 人次。

（姜汉兵）

2021 年如皋市税收收入情况表

表 10

项目	税收收入（万元）	比上年增加（万元）	增幅（%）
一、税务部门收入	1728098	257935	17.54
（一）税收收入合计	1143070	88642	8.41
其中：中央级	492803	48675	10.96
地方级	650267	39967	6.55
1. 国内增值税	593517	47302	8.66
其中：直接收入	508302	40587	8.68
免抵调库	85215	6715	8.55
2. 国内消费税	1149	248	27.52
3. 企业所得税	218385	33620	18.20
4. 个人所得税	53734	23	0.04
5. 城市维护建设税	35834	2346	7.01
6. 房产税	30961	5227	20.31

续表 10

项目	税收收入（万元）	比上年增加（万元）	增幅（%）
7. 印花税	12899	1974	18.07
8. 城镇土地使用税	23216	-538	-2.26
9. 土地增值税	46858	-8485	-15.33
10. 车船税	8241	358	4.54
11. 车辆购置税	30721	3542	13.03
12. 耕地占用税	6249	-9836	-61.15
13. 契税	77778	12126	18.47
14. 环境保护税	3519	272	8.38
15. 其他税收	9	463	-101.98
（二）社保费	526071	144110	37.73
（三）非税收入	58957	25183	74.56
二、海关代征“两税”	198811	25085	14.44

2021 年如皋市分产业税收收入统计表

表 11

行业	税收收入（万元）	比上年增加（万元）	增幅（%）
合　计	1143070	88642	8.41
一、第一产业	2037	1125	123.36
二、第二产业	581308	33322	6.08
（一）采矿业	2132	-68	-3.09
（二）制造业	439387	29037	7.08
（三）电力、热力、燃气及水的生产和供应业	25363	4173	19.69
（四）建筑业	114426	180	0.16
三、第三产业	559725	54195	10.72
（一）批发和零售业	87290	5022	6.10
（二）交通运输、仓储和邮政业	28141	6661	31.01
（三）住宿和餐饮业	863	-1265	-314.68
（四）信息传输、软件和信息技术服务业	5148	2691	109.52
（五）金融业	80646	9136	12.78
（六）房地产业	263947	16732	6.77
（七）租赁和商务服务业	27678	5784	26.42
（八）科学研究和技术服务业	16015	3999	33.28
（九）水利、环境和公共设施管理业	2206	-454	-17.07
（十）居民服务、修理和其他服务业	7056	2408	51.81
（十一）教育	1011	277	37.74
（十二）卫生和社会工作	1924	406	26.75
（十三）文化、体育和娱乐业	3522	1708	94.16
（十四）公共管理、社会保障和社会组织	13384	-3995	-22.99
（十五）其他行业	20894	2555	13.93

金融监管

【概况】2021年，市地方金融监管局紧扣《江苏省地方金融条例》，对正常营业的5家小额贷款公司、2家融资担保公司、3家典当行、1家商业保理公司，落实常态化现场和非现场监管，严防触碰监管红线。对注册未开展业务的2家融资租赁公司审慎监管，实时监测情况，并向社会公开。强化对风险机构城北街道墨砚农民资金互助合作社监管，综合实施驻点监管、双印鉴、日报制、外部审计、应急准备金、加大清收力度等风险防控举措，全年约谈管理人员4次，回收呆滞投放款267.53万元，压降社员334人，实现存贷规模稳步“双降”。完善风险应急预案，防范发生突发性金融风险事件。

【非法集资防范和处置】年内，市地方金融监管局以防非集中宣传月为载体，线上、线下立体式宣传《防范和处置非法集资条例》，发布防非相关信息10万条，开展电子屏宣传211处，悬挂防非横幅500条，广播宣传3211次，举办小品巡演活动14场次，集中宣讲40场次，累计发放宣传资料4万份，覆盖20万人。利用综治网格、公安警格与金融网格“三网”融合全面排查，核查机构1771家，其中私募基金领域机构36家，确保风险见底。及时处置中源乐充新能源产业有限公司非法集资，对组织者形成谈话笔录，签署远离非法集资承诺书；对全社会发布风险提示；对总部所在地青岛市地方金融监管局寄送风险提示函；要求相关镇（区）依法收回出租店房，确保风险清零。

（马　晖）

审计

【概况】2021年，市审计局实施审计项目27个（包括计划外任务2个），审计发现问题166个，查出问题金额18.42亿元。其中年内整改问题155个，整改率93.38%；整改问题金额14.87亿元，占比80.73%。上报市委、市政府审计专报6份，出具审计意见书2份，移送涉嫌违规违纪案件线索2条。完成内审项目616个，其中，贯彻落实国家重大政策措施审计1个，财政财务收支审计208个，固定资产投资审计171个，内部控制和风险管理审计24个，经济责任审计52个，其他审计160个。发现问题金额9.33亿元，整改金额9.15亿元，审计发现问题1936个，整改1765个，整改率91.17%，促进出台和完善各类制度21项。

【预算执行审计】年内，市审计局坚持贯穿预算和绩效理念，推动“治已病”与“防未病”。在上年全市64家一级预算单位实现全覆盖审计基础上，向二级预算执行单位延伸拓展，查看预算执行过程中深层次问题。突出抓好重大政策落实、财政资金提质增效，重点审计7个部门和单位、2个镇（区、街道）、2家国有企业和3个专项审计调查项目，延伸审计下属单位6个，涉及本级预算执行、养老保险基金、医疗保险基金、科技专项资金、政府投资工程审计、市属国有企业运营、自然资源资产等项目26个，审计查出问题金额18.42亿元，包括违规金额2.01亿元、不规范金额16.41亿元。

【经济责任审计】年内，市审计局加强经济责任审计与其他审计统筹协调，科学配置审计资源，创新审计组织管理，拓展深化审计内容，全年实施经济责任审计项目6个，其中在市发展改革委经济责任审计中，“1+N”式融合开展重大产业项目投资专项审计、省重大政策措施落实情况跟踪审计、网络安全与信息化建设审计等。审计发现部分乡镇存在超标准违规收取镇区规划区内沿街店面房基础设施配套费，扶持经济薄弱村项目资产211.49万元和价值100.3万元国有土地未入账管理，尚未退还农民建房收费总计1730.7万元等问题，审计移送公共资金存入个人银行卡、农民建房保险返还款收入存放账外违规违纪事件各1起。围绕重大经济决策、内控制度执行和廉洁自律等重点内容，加强检察系统领导干部经济责任审计。

【民生审计】年内，市审计局坚持“当下改”与“长久立”，加强对与人民群众利益最为密切的公共资金使用效益情况监督，推动各项惠民富民政策落到实处。通过数据分析与现场核查相结合开展社会保险基金审计，追回向79名死亡人员支付养老保险待遇9.18万元，18人重复享受机关事业单位养老保险与居民养老保险待遇24.86万元，6人重复享受企业职工养老保险与城乡居民养老保险待遇0.62万元。对居家养老服务资金管理和使用情况专项审计调查，重点关注村（社区）居家养老中心建设补助资金使用和政府购买服务两个方面。在房地产开发项目公共配套用房审计中，揭示主管部门管理职能不明确、经办人员更换频繁、部分工程资料欠缺等问题，督促有关部门切实提高公建配套用房等民生工程精细化管理水平。到盐城市开展中小学教育经费专项审计调查，揭露私设“小金库”用于教师津补贴和外出交流学习，使用学费收入、幼儿保育费结余款违规发放领导绩效考核奖、考试竞赛奖等问题。

【政府投资工程审计】 年内，市审计局深入贯彻落实审计署关于投资审计“三个转变”（从数量规模向质量效益转变、从单一工程造价向全面投资审计转变、从传统投资审计向现代投资审计转变）职能要求，不断提升审计效能与审计质量，更好地为投资决策服务。全年安排竣工决算审计8个、政府投资工程专项审计调查项目1个，备案审计项目496个，累计送审金额34.92亿元，审定30.48亿元，核减4.44亿元，核减率12.71%，其中固定资产投资审核中心复核核减300.83万元，复核核减率0.09%。强化对社会审计机构监督指导力度，通过全流程管控和量化性指标考核，提升整体审计监督水平。从单一工程造价核减转型为关注工程建设全过程效益审计，督促建设单位提高工程管理水平，优化财政支出结构，提高投资项目投资绩效。建立以国家审计为主导、内部审计为辅助、社会审计为基础的“三位一体”审计模式，全面构建政府投资项目建设绩效审计监管服务体系。完善升级工程审计数据化管理平台，减少人为调节和干预审计程序行为。

【自然资源环境审计】 年内，市审计局结合市政府下达“263”专项行动任务整改清单，融合开展乡镇领导干部自然资源环境审计，现场走访核查畜禽养殖场、非法码头、农村污水处理设施等单位32家，监督整改未办理环评审批手续企业生产经营、黑臭水体疏浚后期长效管理不到位、违规自建水泥搅拌站、部分规模养殖场无防污设施设备等问题。在南通市审计局统一组织下，依据“12345”市长热线平台提供被投诉企业名单，联合市应急管理局、市发展改革委、市市场监管局开展违法违规“小化工”整治情况专项审计，解决“小化工”废水、废气扰民问题。

【内部审计】 年内，市审计局持续推动国家审计与内部审计融合发展，转发《南通市2021年内部审计工作指导意见的通知》，制定并出台《如皋市内部审计工作考核办法》，构建起业务融合、资源共享、共促互补“大审计”格局。设立全市内审机构考评指标，督促各内审机构建立健全内部审计制度。与市国资办联合出台《如皋市市属国有企业内部审计管理暂行办法》和《关于加强市属国有企业监事会管理的指导意见》。组织审计人员参加省市县三级综合能力提升培训，累计培训128人次。在南通市优秀内审项目评比中，获评二等奖1个、三等奖3个；在全省内部审计理论研讨论文征集活动中，获评优秀奖3篇。

（沈世全）

3月2日，市审计局工作人员对江堤路面黑色化工程进行现场审计

（市审计局　供图）

统计

【概况】 2021年，市统计局组织实施农村（产量、畜牧业、农综）、工业、能源、科技、投资、建筑业、房地产、服务业、文化产业、批发零售、住宿餐饮、劳动工资、外经、国民经济核算、市（县）基本情况、名录库、城乡划分、规模以下抽样、采购经理、企业景气、人口抽样、劳动力抽样、城乡一体住户、居民消费价格指数、工业品购进和出厂价格等27个统计专业常规统计调查，完成2250余家“四上”（规模以上工业、有资质的建筑业和房地产开发经营业、限额以上批发零售业和住宿餐饮业、规模以上服务业）单位、280余家规模以下工业、资质外建筑业、限额以下批发和零售业、限额以下住宿和餐饮业、规模以下服务业单位抽样调查、490余个投资项目等一套表联网直报对象数据上报和审核工作；完成地区生产总值核算、名录库更新维护等常规业务工作。

【统计专项调查】 年内，市统计局组织开展镇（区、街道）、机关满意度调查、村（社区）满意度调查、生态环境满意度调查、居民出游情况调查4个专项调查。完成国家统计局南通调查队开展的学生教育环境、老年群体智能技术运用、红色旅游开发情况、住房条件改善、共同富裕等调查5项。3月，首次启动劳动力调查，全年累计调查1760户，主要调查住户信息、个人基本信息、工作情况、无工作情况4项内容。对照房价指数调控目标，整理住建部门楼盘网签信息，实地调研房地产企业和房地产中介机构各25家，参加南通调研座谈会2次，撰写房价指数监测分析1篇。配合做好全国文明城市创建检查、国务院民生关切点调查、江苏省乡村振兴民意调查、江苏省全面从严治党民意调查和南通市河长制满意度调查。

【统计服务】 年内，市统计局健全完善经济运行监测体系，探索构建“规范有序、分工协作、系统对接”监测评价机制，完善“指标丰富、反应灵敏、数据精准”监测评价体系，打造“大统计”“大监测”格局。全年编写统计信息390篇，其中被南通市及以上统计部门录用113篇；完成各类统计分析、监测、专报、课题等67篇，其中，《近三年如皋市GDP与财政收入增长关系的分析与思考》《2021年上半年如皋市房地产市场运行情况简析》《如皋市全面建成小康社会发展成就综述》等6篇被省统计局网站录用，《新增单位持续发力，在库培育仍需努力》《2021年上半年如皋市城乡居民消费持续回暖》《如皋长寿现象报告》等38篇被南通市统计内网录用，《投资统计口径变化对我市影响的专报》《行业编码调整对我市高技术产业投资的影响》《全市高技术产业投资项目调研报告》等9篇获市领导批示。在“数说如皋”微信公众号定期发布经济运行指标、分析报告和统计公报，权威解读分析数据，累计发布统计服务信息20条。关注经济新增长点，主动服务重大项目建设、服务产业项目转化达产工作。着力培育“四上”企业，组织比对分析准“四上”单位发展情况，前移申报关口，强化预期评估。全年新增入库单位509家，其中，月度入库单位309家（工业单位81家、建筑业单位25家、批发零售和住宿餐饮业单位84家、房地产业单位21家、服务业单位41家、投资单位57家），年度入库单位200家（工业单位97家、批发零售和住宿餐饮业单位79家、服务业单位24家）。

11月中旬，市统计局城市社会经济调查队业务人员开展年度第三轮访户工作

（市统计局　供图）

【统计执法】 年内，市统计局按照省统计局统一部署，于5月和7月分两批对全市76家企业（项目）进行统计“双随机”执法检查。利用检查契机对企业进行统计法律、法规宣传及统计方法制度指导，责令4家企业整改。开展跨部门联合执法2次，联合市城乡住房建设局对房地产、建筑业企业开展“双随机、一公开”联合检查，联合市市场监管局对消防生产企业开展统计数据核查。

【人口调查】 年内，市统计局整理汇总各镇常住人口情况，南通各县（市、区）人口情况及2011—2020年常住人口、城镇化率、户籍人口历年比较数据情况。统筹推进2021年度人口变动抽样调查，抽取村（社区）样本点41个、调查小区163个、住房单元2016个，涉及镇（区、街道）13个，登记人口6353人。5月28日，向社会发布《如皋市第七次全国人口普查公报》，公布2020年11月1日零时，全市常住人口、人口增长、户别人口、城乡人口、性别构成、年龄构成、受教育程度人口等情况。11月19日，市统计局、长江镇、如城街道、白蒲镇获评全省第七次全国人口普查工作成绩显著集体，全市195名统计工作者获评全省第七次全国人口普查工作成绩显著个人。

【基层统计机构改革】 年内，市统计局印发《关于进一步加强和规范全市统计基层基础工作的意见》，建立镇（区、街道）首席统计员制度，建立基层统计机制。实施乡镇统计星级化管理，评选统计规范化建设星级化机构14个，其中，五星级机构3个、四星级机构9个、三星级机构2个。对14家三星级及以上机构实行以奖代补。强化部门统计，推动部门统计工作列入年终综合考核，确保部门统计工作有领导、有机构、有人员负责。

【统计开放日】 9月16日，如皋市第十二届“中国统计开放日”启动仪式在市文化馆举办，活动主题为“赓续红色血脉，奋进统计未来”，市级相关各部门、各镇（区、街道）分管统计工作负责人，首席统计员，统计老干部，优秀基层统计工作者等近100人参加活动。市统计局以统计开放日为桥梁，开展优秀基层统计工作者表彰和“红色行”“企业行”“住户行”系列活动，发布宣传片《数海筑梦》，发表“赓续红色血脉，奋进统计未来”主题电视讲话，推动社会公众进一步了解如皋统计历史、知晓政府统计职能、理解支持统计工作。

（王　源）

物价管理

【概况】 2021年，全市居民消费价格比上年上涨1.8%，八大类商品及服务价格呈现“七涨一降”。其中交通通信类价格涨幅最高，比上年上涨6.4%；生活用品及服务类、居住类价格涨幅次之，比上年分别上涨2.6%和1.9%；食品烟酒类、衣着类、教育文化和娱乐类及医疗保健类价格涨幅温和，比上年分别上涨1.2%、0.4%、0.4%和0.2%；食品烟酒类价格涨幅较上年回落7.7个百分点，带动消费者物价指数下降2.1个百分点。年内，市发展改革委做好清费减负工作，严格清单管理，编制2021年如皋市实行政府定价管理经营服务性收费目录清单，更新、公布行政事业性收费目录清单。对一季度新开工、新竣工、新投产的重大项目使用自来水、管道天然气销售价格实施阶段性扶持政策，惠及企业25家，减免5.6万元。制定管道燃气综合配气价格。合理疏导天然气气源成本上升带来的影响，调整冬季月非居民用管道天然气最高销售价格。建立热电联产企业煤热价格联动办法，并根据联动办法，动态调整大唐热电热力销售价格。开展新建商品住房销售价格备案工作，全年备案楼盘62批次，备案总面积220.01万平方米。开展实行政府定价、政府指导价管理的机动车停放服务收费标准核定工作，全年核定30条机动车道路2048个临时泊位和1家机动车公共停车场46个泊位。调整全市中小学课后服务费标准；出台2020—2021学年度第二学期、2021—2022学年度第一学期中小学收费政策。推进巡游出租汽车运价改革，运价管理方式实行政府指导价管理，由政府制定基准运价和浮动幅度，巡游出租汽车运营企业综合考虑市场供需、运营成本、交通状况等因素，在浮动幅度范围内，确定巡游出租汽车实际执行运价。

【成本监审】 年内，市发展改革委开展相关价格成本调查和监审工作，完成巡游出租汽车运营成本、管道燃气配气价格、污水处理定价成本、蒸汽价格成本监审等工作。

【农本调查】 年内，市发展改革委完成生猪、小麦、大豆、桑蚕茧、粳稻5种农产品成本收益调查。组织实施农户种植意向、存售粮、购买农资情况专项调查。依据农情、市场、自然条件等特殊情形，适时开展农产品成本预测及成本收益预警预报10次。开展种粮成本变化、疫情期间农村生产生活物资保障及价格、秋粮市场价格和生产、生猪养殖进销存等情况专项调查。完成规模养猪成本月报，完成全年调查品种常规调查汇总。

【价格监测】 年内，市发展改革委在全市建立生猪、饲料、花木、蚕茧、蔬菜、粮食等价格监测网点19个，监测内容包括46个蔬菜品种及鲜猪肉、鸡蛋、生猪及饲料、成品粮购销、农资零售、蚕茧收购价格等。对新生路、西皋、南门桥、东皋四大菜市场蔬菜、鲜猪肉、鸡蛋等50个农副产品进行监测，全年累计监测96次，通过《如皋日报》、江苏有线电视发布市场价格信息96期，形成《如皋市2021年上半年主副食品价格走势分析》《节后我市生猪出栏价格持续下行创新低》《如皋12月份鸡蛋零售价格小幅下行》等分析成果39篇。

（金　葵　朱德凤）

市场监督管理

【标准化建设】 2021年，如皋市深化国家基层标准化改革创新先行区建设，编制标准化“十四五”发展规划、团体标准评价指南，修改完善《如皋市标准化促进办法（草案）》，编制《标准化基础》《企业标准化》等标准化中等职业教育教材，其中《标准化基础》完成出版并投入使用。完成2020年全市标准化激励项目及质量强省标准化奖励项目申报审核工作，4个类别共14个标准化项目获市政府激励145.4万元；江苏力星通用钢球股份有限公司承担的全国滚动轴承标准化技术委员会滚动体分委会、市包装食品机械有限公司承担的全国机械安全标准化技术委员会安全防护装置分技术委员会工作，年度履职情况被省市场监管局评定为优秀，分别获质量强省奖补专项资金20万元。组织开展2021年度如皋市标准创新奖评选活动，评选项目奖2个、个人奖1个。协助全国半导体分委会在如皋召开国家、行业标准研讨会，对接全国环保机械分委会、全国空调和制冷分委会、南京玻纤院等院所。推动企业主导或参与制定国际、国内标准78项，年内发布国内标准14项。主导制定省地方标准《“双随机、一公开”监管工作规范》《法律援助服务规范》。市种植业协会研制、发布《机插水稻栽培技术规程》《如皋香堂芋》等团体标准4项，市餐饮协会研制、发布《如皋菜蟹黄鱼圆烹饪技艺》《如皋菜董肉烹饪技艺》等团体标准5项。“陶瓷新材料滚动体”和“乌鳢（黑鱼）全产业链”标准化获批省级标准化试点项目，花木产业联合会花木盆景标准化项目获批国家农业标准化区域服务与推广平台项目。食品包装机械、乌鳢产业2个项目申报国家级消费品标准化试点，通过省市场监管局初审。新增如皋市级标准化试点项目4个。全年4个省级及以上标准化试点项目通过终期验收，其中国家级标准3个（花木交易服务标准、法律援助服务标准、农村综合改革标准化试点）、省级1个（“不见面审批”政务服务标准化试点）。调研全市177家高端成套设备及关键零部件优势产业链企业，编制《高端成套设备及关键零部件产业补链强链扩链行动方案（草案）》。推动优势企业参与百城千业万企对标达标提升专项行动，47家企业发布对标结果149个。组织开展标准化业务知识培训和现场观摩会8场次，面向乡镇和规模以上企业开展标准化政策宣讲4场次。在全市三所中等职业教育学校每学年开设标准化课程28课时，培养标准化职业技术人才3000余人。加强对自我声明公开的企业标准和团体标准监督管理，抽查监督29家企业、1家社会团体标准42个。推动2家黄酒厂获批使用“如皋黄酒”地理标志保护产品专用标志。

【质量监管】 年内，江苏泰慕士针纺科技股份有限公司获评南通市市长质量奖。如皋市评选市长质量奖（组织类）2个、市长质量奖提名奖2个。南通思瑞机器制造有限公司、江苏天南电力股份有限公司分别进入质量信用AAA级、AA级企业现场审核，7家企业被列为南通市首批“旗舰领航”培育对象。市市场监管局全年开展各级产品质量抽检358批次，针对50批次不合格产品启动后处理程序。检查生产许可证获证企业45家，立案查处生产许可证违法行为4起。开展民用口罩产品质量专项整治行动、化肥产品质量专项监督检查、保障成品油提质增效行动、燃气具及配件专项整治、电线电缆和防爆电气产品质量安全专项整治、车载卫星导航设备产品质量安全专项监督及涂料、胶黏剂、清洗剂和油墨产品质量专项检查等监管工作。自愿性产品认证检查23家，强制性产品认证检查7家；检查检验检测机构23家。开展小微企业质量提升帮扶行动，委派专家上门指导企业5家，通过质量管理体系认证企业1家。市长寿星养老服务中心通过养老服务认证，成为全市首家养老服务认证机构。在全省成立首家机动车检验检测行业质量合作社，聘请专家对全市20家机动车检验检测机构全覆盖检查，确保检测机构持续有效保持获证时资质条件。开展电动车整治工作，检查电动车生产销售单位476家、车辆15012辆，发现问题车辆189辆，立案34件，罚款115.76万元，没收违法所得6840元，吊销营业执照14家，没收电动车8辆。

图为12月4日城南街道申徐村标准化蔬菜基地　　（徐慧　摄）

【计量管理】 年内，市市场监管局调查摸底全市社会公用计量标准及企事业单位最高标准建设情况。经建标企事业单位自查，全市建有社会公用计量标准43项、最高标准68项。在元旦、春节、端午节、中秋节、国庆节等节点，组织对与群众生活密切相关的定量包装商品净含量进行抽样检查，累计检查定量包装产（商）品510批次，抽检383批次，合格率97.9%；检查商品包装60批次，合格59批次，合格率98.3%。集中开展商场超市、集贸市场电子计价秤专项检查，检查在用衡器758台件，受检率、合格率均为百分之百。开展商品条码管理工作，商品条码管理系统新增注册成员68家，续展140家，变更加续展7家。检查眼镜制配场所34家，围绕汽车消费，检查加油站、加气站42家。深入推进诚信计量体系建设，推动眼镜制配、集贸市场、加油（气）站、商场超市等民生行业经营者签订诚信计量承诺书136份。推动强检工作，检定计量器具2.74万台件，出具证书2.7万份，强检计量器具2.02万台件，检定和校准企业委托的非强检计量器具7232台件。

【广告监管】 年内，市市场监管局完善“传统媒体+互联网+户外”三位一体广告监测体系，将广告监测范围拓展到微信群、App等新媒体。全年监测各类广告信息4.92万条，其中，金融广告3486条，医疗服务、药品、保健食品、医疗器械类广告信息4797条，教育培训类广告174条。对2个主体不明户外金融广告进行涂抹拆除，责令3件违规网络培训广告、5件涉及投资回报承诺房地产广告、2件利用建党100周年进行商业宣传墙体广告限期整改，处置违法广告线索2起。做好违法商业营销、教育“双减”和“护苗助老”等重点行业专项整治，立案查处各类违法广告案件89件，罚没款140余万元。对49家学科类培训机构建立一户一档，逐户上门宣传检查，在督促自查纠正基础上拆除户外广告牌75块，立案4件，罚没款2万余元。首办商业营销导向类案件9起，罚没款27万余元。10月8日，南通市整治虚假违法广告联席会议办公室、南通市市场监管局广告监督管理处发表扬信，对如皋市市场监管局在迎接全省整治虚假违法广告联合检查工作中突出表现给予表彰。

【价格监督检查和反不正当竞争】 年内，市市场监管局在疫情防控期间加强重点商品、重点时段价格监管，切实维护市场价格秩序。加强涉企收费违规问题整治，突出重点领域违法违规收费治理。会同市民政局采用双随机方式检查行业协会商会4家，立案1起，罚没3000元。摸排转供电主体违法违规收费线索并立案3起，罚没35万元；对供水公司开展价格检查，立案1起，罚没11.12万元；组织对供气公司全覆盖检查，立案1起，罚没120万元。开展高端白酒价格专项检查，监督检查贵州茅台酒专卖店1家、高端白酒零售店86家，立案9起，罚没160.27万元。开展停车收费检查，通过随机抽查方式，检查提供停车服务单位19家，立案8起，罚没75.5万元。开展校外教育培训专项检查，检查校外教育培训机构38家，立案查处2起，罚没6348元。清理规范非公立医疗服务机构收费行为，组织全市141家非公医疗机构就医疗服务项目及价格公示上墙、价格本、电子屏等方式进行明码公示，通过“双随机、一公开”方式，抽取19家机构进行医疗服务价格专项检查，对5家机构存在价格违法行为进行立案查处，罚没88万余元。惩治经营者采用仿冒、假冒等方式使用知名企业名称、商标、知名产品特有包装装潢，有意制造市场混淆、误认和网络虚假宣传行为，立案查处14起，罚没291.69万元。与市住房城乡建设局、城管局联合开展全市房地产开发和商品房销售市场专项检查，立案19起，罚没97.31万元。广泛开展公平竞争法律法规及配套规章宣传活动，推进公平竞争审查制度建立。要求全市规范性文件在起草过程中加入公平竞争审查必经程序，提高公平竞争审查有效性和约束力。将公平竞争理念宣传到各政策制定单位，督促各单位完善相关制度，规范审查流程，提高人员审查能力。组织全市269家高新技术企业召开商业秘密保护业务培训会，在15家企业建立商业秘密保护示范点。开展防范传销信息宣传活动3场次，印发各类宣传材料200余份，张贴宣传海报200余份，悬挂宣传横幅10条，搭设宣传展板4块、宣传咨询台1个。

【信用与风险监管】 年内，市市场监管局推进年报公示，加强企业诚信建设。全市应年报市场主体16.91万家，实际年报16.83万家，综合年报率99.5%，其中企业应年报3.39万家，实际年报3.31万家，年报率97.66%，与上年同期相比提高4.86个百分点。推进市场监管信息平台运用，夯实信用监管基础，督促全市33家成员单位及时归集上传涉企类行政许可、行政处罚、抽查检查、失信联合惩戒等信息。创新优化信用修复举措，依托“南通市市场监管信用监管服务”微信小程序，针对因通过住所或经营场所无法联系、未按期年报被列入经营异常名录企业，以“让企业少跑腿，让数据多跑路”为出发点，推出信用修复“云办理”服务，帮助60家被列入经营异常名录的市场主体完成线上信用修复；一站式审批、信用修复因逾期未履行年报公示义务而被列入经营异常名录企业709家，占应修复企业总数90.66%。

【网络市场监管】 年内，市市场监管局筛查当地6家网站、App平台，将其中2家纳入电商平台管理。全年监测网络交易平台4个，涉及商户226个，发现并处置违法线索8条。

【市场培育与管理】 年内，市市场监管局推进农贸市场达标提升，截至年末，全市农贸市场达到规范化市场要求11个，启动改造7个，完成主体建筑新建3个。加强农（集）贸市场长效规范管理，制订全市农（集）贸市场长效管理方案，完善组织机构、技术手段、信用管理、奖惩考核等工作机制，强化监管和督查。开展放心消费创建工作，市家家乐超市加盟管理有限公司、南通品德超市连锁有限公司、水绘园风景区投资发展有限公司、市新特药大药房有限公司、市农机有限公司、江苏元升太阳能集团有限公司6家企业获评省级放心消费创建示范企业，东陈镇、石庄镇获评省级放心消费创建示范区域，东大街获评省级放心消费创建示范街区，吾悦广场获评省级放心消费创建品牌消费集聚区，如城街道顾庄社区获评省级放心消费创建美丽乡村（南通唯一）。培育南通市放心消费创建先进单位10家、示范单位1家、示范区域1个。结合吾悦广场、东大街等品牌集聚区、特色街区培育，推动464家线下实体店参与无理由退货承诺并形成示范引领和规模效应。

【**稽查执法**】 年内，市市场监管局开展瓶装医用氧质量安全查处、非法经营进口冷链食品专项整治、进口非冷链集装箱抽查、口罩产品质量安全整治、疫情防控重点领域执法、废品收购行业“回头看”执法、农村假冒伪劣食品整治、长江水生生物非法经营执法、非法流动加油执法、装潢材料市场整治、农资打假、保健品“会销”查处、燃气领域执法、粮食市场秩序专项整治等行动，立案1139件，结案1076件，罚没款2485.96万元，移送司法机关追究刑事责任案件4件，办案数列南通第一、全省县（市、区）第三。其中，办理涉案金额100万元以上案件3件、50万~100万元以上案件2件、10万~50万元以上案件48件、5万~10万元以上案件85件，查处药械妆违法案件89件、罚没款201.53万元。

【**消费者权益保护**】 年内，市市场监管局受理各平台消费者投诉举报5714件，其中诉转案118件，按期办结率百分之百，按期回复率百分之百，为消费者挽回经济损失102.28万元。对老年消费者加强警示教育，以保健品消费欺诈为主题，结合典型案例，拍摄制作警示教育短视频《床垫受骗记》《保健品受骗记》，提升宣传效果。开展机动车检验检测现状课题研究，完成“南通市机动车检验检测现状分析”课题研究。开展“3·15”消费维权全媒体直播，走进FM98.3如皋汽车广播，借助“如e融媒”平台带动各合作微信公众号同步直播，点击量6万余次。加强消费维权志愿者队伍建设，组建消费维权专家团队。开展精装修房消费监督，组织消费维权志愿者开展暗访监督，约谈企业3家，曝光典型案例1起。

3月13日，市市场监管局工作人员走进如皋师范学校附属小学，开展“3·15”国际消费者权益日宣传活动（徐慧 摄）

【**检验检测**】 年内，市综合检验检测中心完成食品、农产品、化工产品、机电、建材产品类监督抽检1920个批次，不合格率0.52%；全年受理委托检验1678个批次，不合格率3.69%。完成小麦、稻谷等农产品质量安全粮情调查71批次。协助市农业农村局做好农产品质量安全检测服务，抽查检验样品438个批次，不合格率3.88%。协助市公安机关对问题食品进行分析检测，执法抽样55个，不合格率29.1%；配合市市场监管局各分局实施执法抽样26个，不合格率7.69%。全年为企业及个人提供检定校准服务1766次，完成委托检定校准单3546单。经省市场监管局现场评审，新增检验检测机构资质食品参数扩项54个、非食品参数扩项49个。完成电子天平、钢卷尺、报警器等4个项目标准复审。完成绵白糖中还原糖、奶粉中三聚氰胺等项目能力验证22项；参与多项实验室间比对工作，完成砝码和千分尺能力验证，结果满意率百分之百。

【**“双随机、一公开”监管**】 年内，市市场监管局以标准化建设为抓手推动“双随机、一公开”监管。在全省率先获批省级试点立项，并顺利通过中期评估；在全省率先制定“双随机、一公开”跨部门联合抽查工作规范，获省地方标准立项。推进省“双随机、一公开”监管标准化试点建设，建立完善涵盖监管实施、监管保障和评价改进三大类近300项标准的“双随机、一公开”监管标准体系，启动多轮以随机抽查事项清单为依据的标准制修订工作，形成标准文本289项。常态化运行联席会议制度，牵头全市33个部门开展“双随机、一公开”监管350次，部门联合监管804次，省、市、县三级联动监管90次，抽查检查市场主体1.42万家，涉及金融、教育、环保、旅游、税务、医保等领域。

【疫情防控】 年内，市市场监管局组织落实农贸市场、药店、进口冷链食品常态化防疫工作，全年督查农贸市场12个、药店58家、进口冷链食品经营户188户防疫情况，对检查存在问题的62家单位组织闭环整改。对1102名进口冷链食品直接接触人员加强疫苗接种和两天一次核酸检测监管；完成包括药店从业人员、农贸市场从业人员及外卖从业人员共3847人基本信息调查统计，组织每月一次全覆盖核酸检测。派专人驻点集中监管仓，安排货物有序入仓，确保申报信息、上传材料和实际货物“三一致”。督查每日货物进出库台账、消毒台账及核酸采样检测台账，确保每天入仓数据、核酸采样数据真实无误。累计进口冷链食品入仓189.58万件共3.41万吨，均实施预防性消杀，核酸采样7.38万份，检测结果均为阴性。指导零售药店做好每日体温监测记录、消毒记录等台账，执行零售药店疫情防控工作制度，制订应急预案，签订防控承诺书，做好退烧、止咳、抗病毒、抗生素类“四类”药品目录、下架封存或销售登记，对“四类”药品下架不彻底、销售登记不全不及时的58家药店责令歇业整改，约谈13家，注销1家。

【全国半导体材料标准暨技术研讨会】 6月9日，全国半导体材料标准暨技术研讨会在如皋召开。有色金属技术经济研究院有限责任公司党委书记、执行董事林如海，中国科学院半导体研究所教授赵有文，全国半导体材料标准化分技术委员会主任委员贺东江及来自全国相关企业、科研院所100余名委员及代表参加会议。与会专家围绕高纯红磷行业、磷化铟单晶衬底量产技术、碳化硅衬底产业技术状况及发展态势进行研讨，论证2021年度半导体材料国家标准、行业标准及协会标准计划申报项目，讨论审定半导体材料国家标准和协会标准11项。

（张　妍）

知识产权保护

【概况】 2021年，市市场监管局开展“双随机、一公开”知识产权执法检查企业78家，参与省、市、县三级知识产权联合执法行动，查处知识产权执法假冒案件164件，处理知识产权侵权纠纷5起。

【商标注册】 年末，全市有注册商标1.72万件，其中，驰名商标6件，地理标志证明商标6件。年内，完成商标申请4591件，比上年增长11.2%；商标注册3838件，比上年增长65.3%。

【专利保护】 年末，全市拥有有效发明专利总量3514件，万人发明专利拥有量28.38件，比上年增长8.8%。年内，获专利授权4573件，比上年增长44.1%，其中发明专利授权438件，比上年增长154.7%。每10亿元地区生产总值发明专利拥有量30.99件，比上年增长25.61%。南通斯密特森光电科技有限公司“天体缩时摄影的设备和方法ZL201410811298.4”专利获第22届国家专利优秀奖，获奖励20万元。

【版权保护】 年内，市新闻出版局开展第17次惩治网络侵权盗版专项治理“剑网行动”。推进一般作品版权登记，依托市“4·26”知识产权宣传周系列活动，围绕“强化版权治理、优化版权生态”主题，开展版权保护宣传活动，提升全民知识产权保护意识。指导各镇（区、街道）一般作品登记办理点工作人员，为著作权人提供优质服务。组织网上著作权知识竞赛，参赛43万余人次。投入96万元，推动市级机关软件正版化工作。全年出动执法人员598人次，收缴非法出版物2778册。办理行政处罚案件9件，关闭非法网站1家，删除各类有害信息197条，约谈网站负责人、账号持有人14人次，核查上级转办线索3起，办结省督办案件1起。

【知识产权项目】 年内，江苏思源赫兹互感器有限公司、江苏泰慕士针纺科技股份有限公司2家企业获省企业知识产权战略推进计划项目立项。全市157家企业完成贯标备案，7家企业知识产权贯标绩效评价合格，20家企业通过国标《企业知识产权管理规范》第三方认证。截至年末，全市有贯标备案企业317家，68家企业知识产权贯标绩效评价合格。

【知识产权质押融资】 年内，市市场监管局强化知识产权运用，促进知识产权质押融资工作。对全市232家企业开展知识产权质押融资需求调查，其中35家企业有质押融资需求。召开知识产权质押融资银企对接会，惠及智能装备、高端纺织等产业创新型企业28家，获知识产权质押融资贷款4.38亿元，是上年的3倍。

（张　妍　马　洁）

开放合作

融入长三角区域一体化发展

【概况】 2021年，如皋市主动融入长三角科技创新共同体、苏南自主创新示范区、南通沿江科创带等重大发展战略，启动《关于高质量建设南通跨江融合发展样板区的实施意见》编制，狠抓产业协同对接、创新载体打造和公共服务共享，围绕产业链部署创新链，谋划布局龙游河科创走廊，加快推进雉水科学城、龙游湾科创智谷建设。推进跨江融合发展战略，全年新增总投资1亿元以上沪通产业合作项目27个；邀请长三角地区高校到如皋开展专题产学研活动14次，促成校企合作项目72项，形成合同金额2132万元。

【产业协同发展】 年内，如皋市进一步落实“跨江融合”要求，承接苏南、上海产业转移，协同长三角全产业链跨区域发展，聚焦苏南、上海民营企业、高新技术企业等，加大与长三角地区合作对接，总投资50亿元的海上风电成套设备生产线项目、总投资30亿元的智能电网储能研发产业化及配套项目、总投资20亿元的霖鼎光学器件项目等来自长三角地区大项目优项目落地如皋。

【载体平台建设】 年内，如皋市探索以企业为主体的新型研发机构建设，推动江苏如皋第三代半导体产业研究院、如皋市化合物半导体研究所建设。如皋工业园区与上海交通大学、如皋高新区与上海创源科技园合作建设的“飞地”孵化器基地揭牌，打造如皋—上海“飞地孵化、基地转化”创新模式。如皋开发区麦腾智慧天地、下原智汇空间两家众创空间通过省科技备案。哈尔滨工程大学与南通力威机械有限公司共建海洋工程技术研究平台。市科技局全年组织长三角地区专题产学研活动12次，促成校企合作项目68项，形成合同金额2160.6万元。

【交通互联互通】 年内，如皋市围绕加快融入长三角区域一体化发展进程及跨江融合发展的交通格局，配合做好张皋过江通道、北沿江高铁和G40沪陕高速改扩建的各项前期研究及服务保障工作。张皋通道项目前期工作推进顺利，大型临时设施工程启动建设，进入搬迁评估阶段；北沿江高铁工程启动如皋西站综合客运枢纽、通站快速路规划研究；G40沪陕高速如皋段改扩建工程完成搬迁和杆线迁移，征地工作全部结束，用地获省自然资源厅批复，进入施工阶段。

【优质农产品供应】 年内，如皋市推进农产品生产基地建设和优化，搬经嘉禾润宝和正禾现代农业园区被上海市商务委员会授牌为上海市外蔬菜主供应基地。4月15日至17日，组织花名堂科技有限公司到上海参加中国花卉国际园艺展，获水培盆景订单总额近1000万元。5月28日，在省农副产品展示展销中心召开世界长寿乡——如皋特色农产品推介会，江苏采购商和如皋供应商代表签署合作协议，市中皋农产品供应链有限公司成为苏果超市生鲜供应基地。11月19日，组织企业参加长三角国际健康养老产业交易会，长三角30余家健康养老服务中心（企业）与如皋富硒农产品企业、合作社签下常年供需合同。11月底，组织特色农产品入驻上海中华老字号门店试销售。

【公共服务共享】 年内，如皋市梳理高频政务服务“跨省通办”事项任务清单101项，市公安局“户口迁移”、医保局“门诊费用跨省直接结算”等61项政务服务事项实现“跨省通办”。全年办理长三角地区长居异地就医备案3090人次，转诊备案1.35万人次，其中通过南通医保App等平台线上办理自主转院备案1万余人次。设立长三角一网通办专窗，首批认领政务服务事项28个，发挥国家政务服务平台统一身份认证、统一电子证照、统一数据共享等功能，线下设置长三角一体化专窗，先行先试，实现“如皋人”足不出户就能跨省办事。对全市政务服务大厅[含8个分中心、14个镇（区、街道）为民服务中心、347个村（社区）便民服务中心]进行地理数据采集，成功汇入长三角一网通办政务服务地图。

对口帮扶

【概况】 2021年，如皋市坚持巩固拓展脱贫攻坚成果同乡村振兴有效衔接，统筹协调市相关部门及镇（区、街道），完成重点协作活动39项，其中，在10月15日和11月5日如皋—洋县对口协作联席会议期间，双方在城市建设、产业发展等方面深入交流与探讨，签订《2021年对口协作框架协议》《如洋共建有机产业园项目框架协议》。全年两地实现镇镇结对6对、村村结对18对、学校结对12对、医院结对3对、企村结对6对、社会组织结对4对。如皋市全年上缴省财政对口帮扶资金2230万元。市发展改革委被省委、省政府表彰为全省脱贫攻坚暨对口帮扶支援合作先进集体。

【产业支援】 年内，如皋市严格执行苏陕项目管理办法，配合洋县从项目立项、建设、验收等层面规范项目操作流程。利用苏陕协作资金5941万元实施项目24个，年内完工22个，拨付资金5437.2万元，拨付率91.5%。重点围绕洋县44个乡村振兴示范村等实施项目，投入2355万元支持10个村股份经济合作社发展特色产业，投入90万元支持6个村标准化卫生室提升改造，合力打造乡村振兴示范村洋县磨子桥镇磨子桥社区，完成乡村振兴示范村规划编制。组织实施年产5000吨净菜社区工厂建设项目并通过审计、验收，项目总投资500万元，其中苏陕资金100万元，新建全自动化净菜生产线、标准化实验室和200平方米半成品保鲜菜车间，在租赁厂房内改建保鲜库800平方米。发挥洋县大米、食用菌、果蔬、牲畜主导产业项目带贫优势，实施产业类项目20个，占苏陕协作项目总数83%，通过土地租金、合作社分红、工资收入等渠道实现农民持续增收，覆盖脱贫人口9305人。推广如皋招商经验，与洋县实现招商资源、经验、理念共享，发挥如皋对口支援联络组优势，开展招商工作专题培训，打造洋县专业化招商队伍，全年引进盛信电子、超裕鞋业、百川制衣、特茂生物4个项目，完成实际投资额3658万元，吸纳农村劳动力就业220人（脱贫人口35人），利益联结309户共900人。

【人才支援】 年内，如皋市新选派2名党政干部赴洋县挂职，其中县处级、副科级各1人。切实做好专业技术人才选派工作，遴选教育、医疗、农业等领域优秀专业技术人才19人到洋县挂职支援，其中，支教7人，支医6人，支农6人。接收、安排洋县选派挂职干部2人、专业技术人才13人（教育文化类7人，医疗类4人，农业类2人），接收洋县90名乡村振兴干部到如皋开展培训。

【劳务协作】 年内，如皋市与洋县开展劳务协作，举办“春风行动”苏陕协作专场招聘会，印发岗位信息宣传资料5万份，发布用工信息9000余条，帮助洋县农村劳动力就业591人（脱贫人口311人），其

11月5日，如皋—洋县对口协作联席会议在如皋召开。图为与会人员察看洋县农特产品展销会现场 （邱宇　摄）

中，在江苏就业 311 人（脱贫人口 177 人），陕西省内就近就业 255 人（脱贫人口 121 人），其他地区就业 25 人（脱贫人口 13 人）。举办就业培训班 4 期，培训农村劳动力 58 人（脱贫人口 24 人）。援建洋县纸坊街道、洋州街道、戚氏街道、磨子桥镇扶贫车间 7 个，吸纳农村劳动力就业 429 人，其中脱贫人口 102 人。

【政务服务协作】 年内，如皋市与洋县围绕区域协作，推动政务服务一体化，就“一件事”跨省通办工作签订合作协议，解决洋县到如皋务工人员“新生儿出生”“子女上学”“买房置业”“就业参保”及如皋到洋县投资企业（人员）“异地就医”“社保服务”“市场准入”等办理问题，实现“在如皋办洋县事，在洋县办如皋事”。

【消费帮扶】 年内，如皋市围绕助农惠农，推动消费帮扶市场化。与洋县共创消费新模式，线上线下齐发力，引领企业由依赖行政推动销售向自主对接东部市场转变。组织上海沪皋农产品商会、市百货商会、市内农产品批发市场等企业，对洋县重点农产品销售进行指导，引领洋县企业自主东进，实现消费帮扶 767 万元，其中经公示认定的扶贫产品销售额 607 万元。11 月初，在如皋举行“如约洋县·鹮乡有礼”网络线上直播带货和洋县农特产品线下展销会，其间，获线上下单 7200 单，销售额约 15 万元；线下签订销售订单 7000 余个，销售额 20 余万元。

【社会力量帮扶】 年内，如皋市围绕乡村振兴，创新社会力量帮扶模式，实行清单认领式捐助，征集、筛选确定 2021—2022 年社会力量帮扶洋县项目 15 个，广泛动员如皋爱心企业、社会组织，在资金、物资、项目等方面给予精准帮扶。发挥现代传媒技术，创新开展“线上帮扶”，线上举办“苏陕一家亲，如洋携手行”如皋—洋县红十字会对口协作捐赠、雉鹮青少年教育发展基金发放等活动。全年累计开展社会帮扶 12 次，捐赠资金（含物资）175 万元。推动贫困儿童关爱保护体系化，推动省注册会计师协会捐赠 30 万元支持洋县壹心益社会工作者协会开展“儿童之家”援建和贫困村困境儿童关爱保护项目。

（王海飞）

口岸

如皋港

【概况】 2021 年年末，如皋港拥有长江岸线 48 千米，其中规划岸线 26.52 千米，分为又来沙作业区和长青沙作业区 2 个作业区。又来沙作业区自上游远邦石化至下游华泰重工，规划港口岸线 14.76 千米。其中外江岸线 3.56 千米，余 612 米未开发；港池岸线 11.2 千米（四号港港池两侧岸线 3.72 千米完成开发；又来沙港池两侧岸线 5 千米建成海螺水泥配套码头 5000 吨级泊位 2 个、华电配套码头 5000 吨级泊位 1 个，在建 3000 ~ 5000 吨级泊位 8 个，余 3700 米未开发；戴案港港池两侧岸线 2.48 千米未开发）。长青沙作业区自上游长江南京航道局如皋综合码头至泓北沙港池口门下游侧，规划港口岸线 11.76 千米。其中外江岸线 5.76 千米（航道局码头 240 米，中林港务集团长江泊位 1025 米，皋张汽渡和规划支持系统泊位 394 米，熔盛重工长江岸线 3700 米，无剩余可利用岸线）；港池岸线 6 千米（长青沙港池岸线 1.56 千米，12 个泊位全部开发完毕，其中西侧口门苏中国际 2 个泊位各 1 万吨级、其他 4 个泊位 5000 吨级，东侧港务集团 5 个泊位 5000 吨级，江南德瑞斯 1 个泊位 3000 吨级；泓北沙港池岸线 4.4 千米，其中西侧口门熔盛重工 3000 ~ 5000 吨级泊位 3 个，港池顶端森松重工 2 个泊位分别为 1000 吨级和 1 万吨级，东侧海通海洋舾装码头 7 万吨级，瑞泰船务舾装码头 5 万吨级，修船码头 10 万吨级，永友物流码头 1 万吨级泊位 2 个、1000 吨级泊位 1 个，西侧余 1600 米、东侧余 340 米岸线未开发）。

2021 年如皋港主要码头泊位一览表

表 12

码头名称	泊位性质（货种）	靠泊吨级（载重吨）	泊位数（个）	岸线长度（米）	设计通过能力（万吨）	建成与否	开放泊位数（个）	备注
诚源仓储	散杂	500	12	1200	300	是	—	—
远邦石油	石化	500	1	150	10	是	—	—
华大石化	石化	50000	1	280	200	是	—	—
易联能源	石化	50000	1	286	200	是	1	—

续表 12

码头名称	泊位性质（货种）	靠泊吨级（载重吨）	泊位数（个）	岸线长度（米）	设计通过能力（万吨）	建成与否	开放泊位数（个）	备注
焯晟石化	石化	50000	1	413	300	是	1	—
		3000	1				—	
		500	1				—	
东方石化	石化	50000	1	361	210	是	1	—
		3000	1					
阳鸿石化	石化	50000	1	330	234	是	1	—
沿江公司	石化	30000	1	270	165	是	1	阳鸿托管
中铁山桥	件杂	3000	1	80	40	是	—	专用港池
国鼎管桩	件杂	2000	1	200	30	是	—	专用港池
	散杂	5000	1		60	是	—	—
华泰重工	舾装	37000	1	1200	30	是	—	无手续，非规划岸线
		2000	1					
通宝船舶	舾装	10000	1	486	—	是	—	北汊北岸
通茂船舶	舾装	10000	1	278	—	是	—	北汊北岸
通城船舶	舾装	10000	1	79	—	是	—	北汊北岸
长青沙船舶	舾装	40000	2	943	—	是	—	北汊南岸
华祥船舶	舾装	3000	1	150	—	是	—	北汊北岸
长江船舶	舾装	5000	1	100	—	是	—	北汊北岸
江南德瑞斯	件杂	3000	1	150	40	是	—	长青沙内港池
江苏如皋港集团	通用	5000	4	800	370	是	2	长青沙内港池
		10000	2				2	
港务集团	通用	100000	2	1025	560	是	2	靠 15 万吨级
	通用	50000	1				1	靠 10 万吨级
	通用	50000	1		170	是	1	
	通用	5000	5	570	350	是	—	长青沙内港池
熔盛重工	件杂	5000	1	120	60	是	1	一期
	舾装	300000	2	660	—	是	2	
	船坞	30 万吨（兼 40 万吨）	3	596	—	是	—	二期
	舾装		4	1294	—	是	3	
	船坞	40 万吨	1	103	—	是	—	三期
	舾装	30 万吨（兼 40 万吨）	2	646	—	—	—	
	件杂	1000	4	400	400	是	—	
森松重工	件杂	10000	1	440	38	是	1	—
		1000	1			是	—	自用港池
海通海洋	舾装	70000	1	270	—	是	1	—
	件杂	5000	1	87	32.5	是	—	—
	船坞	70000	1		—	是	—	—

续表 12

码头名称	泊位性质（货种）	靠泊吨级（载重吨）	泊位数（个）	岸线长度（米）	设计通过能力（万吨）	建成与否	开放泊位数（个）	备注
瑞泰船务	舾装	100000	1	668	—	是	1	—
		50000	1			是	1	—
海螺水泥	散货	5000	2	234	370	是	—	富港 10 号、11 号
长源钢铁	件杂	20000	1	450	295	是	1	—
		50000	1				1	—
华电	散货	5000	1	155	130	建成未验	—	富港 9 号
永友	散货	10000	2	400	540	建成未验	—	泓北沙港池
		1000	1				—	
又来沙港池泊位	件杂	5000	6	882	477	在建	—	富港 1 ~ 7 号、12 号
		3000	2					
合计	—	—	90	16756	5611.5	—	25	—

【货物吞吐】 年内，沿江港口企业完成吞吐量 7591 万吨，比上年增长 2.97%，其中煤炭及制品 834 万吨，石油、天然气及制品 1011 万吨，金属矿石 1601 万吨，非金属矿石 77 万吨，钢铁 121 万吨，矿建材料 3062 万吨，水泥 481 万吨，粮食 186 万吨，机械、设备、电器 13 万吨，化工原料及制品 227 万吨，农、林、牧、渔业产品 14 万吨，其他货物 799 万吨。外贸货物吞吐量 1097 万吨，比上年下降 21.36%。完成集装箱吞吐量 57.51 万标准箱，比上年增长 13.9%。

【码头开放】 10 月 28 日，江苏长源钢铁物流投资有限公司码头 2 个泊位经省政府批准正式对外开放，如皋港水运口岸开放码头泊位增至 25 个，涉及口岸企业 11 家。

【口岸营商环境】 年内，如皋港各查验单位在压缩通关时间、提升电子化水平、优化海关监管等方面取得新突破，进、出口整体通关时间分别为 80.1 小时和 2.43 小时，提前并超额完成“五年内整体通关时间比 2017 年压缩一半”目标。

【绿色环保港口建设】 年内，阳鸿水上洗舱站作业船舶 108 艘次，接收处置洗舱水 3002.6 吨。沿江危险化学品码头油气回收设施实现全覆盖。全面完成水污染防治设施建设任务，全市 171 个港口码头具备船舶污染物接收和自身污染防治能力，船舶污染物接收、转运、处置电子联单监管系统全面运行。开展内河码头环保问题专项整治，内河码头环保设施全部整改到位。沿江内河易起尘作业港口企业全部建成粉尘在线监测系统，并接入省、南通市环境监测平台，实现在线监测全覆盖。提升港口节能减排水平，推进港口岸电设施建设，沿江建有高压岸电设施 5 套、低压岸电设施 20 套、小容量岸电设施 24 套，完成内河码头新岸电改造 60 家，持续推进港口机械、车辆“油改电”“油改气”。阳鸿石化港口获评省绿色港口，苏中国际和易联能源获评南通市级绿色港口。培育有资质的船舶港口服务配套企业，实现港口交通、物资供应、船舶污染物接收、船舶洗舱、围油栏供应等港口配套服务公司化、规范化经营管理，截至年末，全市有港口服务配套备案企业 11 家。

【走私综合治理】 年内，如皋市全面推进走私综合治理工作，通过约谈企业相关负责人、签订责任承诺书、加装监控摄像头、增加巡逻力度等方式，形成全市预防走私情报网络。开展走私惩治宣传活动，全年累计印制宣传单 2.8 万份，定点发送短信 25 万条，制作标语 4 处。5 月，如皋海关查获、退运原产韩国废油（煤焦油）3346.6 吨。

【港口安全监管】 年内，市交通运输局组织港口企业学习习近平总书记关于安全生产重要论述，推动企业落实安全生产主体责任。开展专家安全检查、安全标准化创建、应急演练和安全生产月系列专题活动，加强危险货物港口作业重难点专项整治、危险化学品使用专项治理和行业重点隐患排查工作，强化港口源头超载超限治理、惩治走私。6 月 29 日，联合南通海事局如皋海事处、如皋海关等部门在苏中国际码头举办港口突发恐怖事件和船舶溢油火灾事故应急演练。

（徐静娟　石　坚）

海关

【概况】 2021年，如皋海关全年征收税款21.6亿元；监管集装箱3万标准箱、货物51.2万吨，比上年分别增长40%和90.33%。年内，如皋海关组建疫情防控工作专班，常态化开展疫情防控工作，严防新冠肺炎疫情输入输出，全链条做好水运口岸疫情防控闭环管理。推动落实属地联防联控处置措施，加强对码头单位疫情防控工作督查，建立完善医疗废弃物暂存和回收闭环管理机制。全年检疫监管出入境船舶572艘次（第一港入境255艘次），船员换班监管58批次、787人次，其中，换班出境394人次，离船入境392人次；保障船员临时就医17人次。成立安全工作委员会，统筹推进“大安全”治理工作，开展监管场所安全生产隐患排查，对危险货物超期存储进行集中处理。严格执行进口食品监督抽检和风险监控，开展进口冷链食品风险监测，严防食品安全输入风险。坚决惩治洋垃圾、濒危物种和芬太尼（镇痛药）等走私犯罪行为，推进打私综合治理，开展成品油打私行动，持续深入开展惩治洋垃圾专项行动，退运1批进口废油3346.6吨，为年内省内退运最大量批次。

【检验检疫】 年内，如皋海关截获有害生物598批、253种、8172种次，比上年分别增长1.3倍、10%、2.5倍；截获检疫性有害生物504批、27种、752种次，比上年分别增长2.45倍、2.86%、2.03倍。在江苏口岸首次从进境木材中截获云杉断眼天牛。检验检疫申报货物12531批，检出不合格产品58批。检出各类大宗资源性商品短重1.4万吨，为企业挽回经济损失218万美元。

【海关服务】 年内，如皋海关助力沿江对外开放平台建设，开展进境水果、肉类指定口岸、综保区建设申报等调研，助推如皋跨境电商产业园发展，助推长源码头获批监管作业场所。支持保税物流中心扩大仓储规模、丰富商品品种及探索多种贸易形态，全年监管保税物流中心进出口货运量5.8万吨、货值1.1亿美元。持续优化保税润滑油供船通关监管流程，为企业节约成本100余万元。落实进口矿产品“先放后检”监管，全年验放进口铁矿590.2万吨，为企业节省费用1200余万元。严格落实进口煤炭管控，完成进口煤炭监管74.5万吨。发挥进境粮食指定监管场地优势，完成初筛实验室建设，全年监管集装箱进口粮食29.4万吨，比上年增长2.4倍。推进长三角属地纳税人差别化规范服务工作，指导试点企业市德源（中国）高科有限公司快速办理汇总征税担保备案。助推日达智造、斯堪尼亚重卡等重大项目落地，为企业快速办理注册备案手续。开展出境加工业务研究，核发南通市首本出境加工电子账册。推动特色产业发展，推动竹木草、肠衣等产品出口量激增，完成黑塌菜种植基地备案，助力水培小微盆景全国首次出口。

【海关改革】 年内，如皋海关聚焦全业务领域一体化改革，持续提升口岸整体通关便利水平，压缩整体通关时间。推进“两步申报”“两段准入”等改革措施落地，深入推广多元化税款担保方式，统筹运用提前申报、汇总征税、依申请检验等便利化措施。服务RCEP（区域全面经济伙伴关系）落地生效，落实原产地证书自助打印、智能审单等改革措施，全年签发优惠原产地证书8560份，为企业减免境外关税1317.9万美元。加强与市市场监管局联合执法，协作推进如皋首个出口备案食品生产企业核查联合抽查试点事项。开展“船边直提，抵港直装”业务试点工作，进一步缩减船边放行后进出边境合规时间。持续推进“多查合一”“创新后续监管”改革，优化跨科协作模式，全年完成核查作业68次，核查有效率75%。依托南通地区海关验估作业集约化管理机制，加强前后台配合，完成验估作业107次，补税143.7万元。

（邹智珑）

海事

【概况】 2021年，南通如皋海事处监管船舶进出港2.08万艘次，监管港口货物吞吐量8419.96万吨、集装箱57.5万标准箱。推动快反处置中心、水上搜救服务中心、港航综合调度中心“三心合一”，实现靠前指挥、靠前服务、靠前处置等保障功能前移。坚持智慧赋能，实现辖区水域电子监控全覆盖，实现与辖区船舶快速无障碍沟通、对所有船舶的“短信提醒”、33项工作数据全动态数据展示。开辟绿色通道，服务保障67艘次装载重要物资大型船舶安全靠离泊。实施24小时全方位、全覆盖安全监管，实现全领域全过程服务保障。全年为到港船舶提供实时水上动态信息服务2200次，处置上级流转任务148次，下达快反处置单元任务698次，开展CCTV（监控平台）电子巡查1860余次、无人机巡查54次，纠正违法行为163艘次，查处违章行为314起，查处船舶污染类违章21起。有效处置事故险情32次。对受限船舶靠离泊实施电子监控255次。指导港航综合调度中心对港池和临时停泊区巡查

1180次。长江如皋段险情数量比上年下降42%。

【水上安全】 年内，如皋海事处防抗台风2次和寒潮大风极端天气13次，救助遇险船舶51艘次、遇险人员259人，人命救助成功率百分之百，水上安全形势持续稳定，各项安全数据为2016—2021年最好。主动融入地方安全治理格局，加强与地方各部门合作、共建共管，完善职能协同、部门联动，全年开展联合行动16次。突出水上安全违法行为专项整治，健全“三无”（无船名船号、无船舶证书、无船籍港）船舶治理长效机制，船名标识不规范、水上无线电秩序违法行为、内河船舶非法参与海上运输行为动态清零，内河船舶配员不足得到有效遏制。强化渡运安全管理，定期对皋张汽渡运营渡船开展安检，加强应急演练，开展警示教育活动，坚持每日巡航，保障汽渡安全运营无事故。全面梳理、掌握辖区重大风险基础信息、责任分工、防控措施、监测监控和应急处置情况，督促企业落实安全生产主体责任，加强风险管控，做好跟踪验证，形成监管闭环，指导涉水企业建立完善风险防控工作制度。更新《辖区风险隐患预防预控工作指南》，严控桥区、渡区、涉水工程风险，探索与司法单位共商共建。根据《长江如皋段水上交通安全专项整治实施方案》和市政府专项整治工作现场推进会会议纪要精神，推动建立非法船舶扣押基地和超载强制卸载点港池（河口）联合巡查机制，全年与市水务局、长航公安、农业农村局、长江镇综合执法局等部门开展联合执法8次。禁止“三无”船舶进入干线水域航行、作业，禁止“三无”船舶在码头、施工单位靠泊、作业。

【船舶污染物防治】 年内，如皋海事处强化船舶污染防治，持续巩固船舶污染物“一零两全四免费”（“一零两全”指靠港和锚泊船舶污染物零排放、全接收，在航船舶污染物排放全达标；“四免费”指船舶免费生活垃圾接收、免费生活污水接收、免费水上交通、免费锚泊）治理成效，如皋港区全年免费接收船舶生活污水6369万立方米、生活垃圾89吨。推动高质量建成如皋水上绿色综合服务区，实现8项国内首创［政府全额投资，规模最大、功能最全；全面使用绿色清洁能源实现“零排放”；实现污染物全封闭接收、转移、处置；央地共建快反处置中心、搜救服务中心、港航调度中心并实现“三合一”运行；实现10千伏输变电设备直接上船供电技术突破；首制纯电推进环保接收船“皋环保1号”和交通（救助）船“皋救巡1号”；配套建设水上洗舱站；配套建设小型船舶待泊基地］，在长江流域率先应用北斗技术，长江流域最大规模的水上服务区运营商“长江汇”全面进驻，被《人民日报》、中央电视台、新华社等媒体报道。强化涉污类违法行为监管，全年现场检查船载危险货物作业2196艘次、船舶水污染防治设备设施3363艘次。首创“2+5”（“2”指江苏境内惩戒船舶清单和南通辖区危险化学品航运公司、货主“负面清单”；“5”指辖区留样建设，危险化学品船舶到港管理，船岸界面检查，船载危货申报和危险化学品成分快速检测设备）全体成员参与的危险化学品船舶高质量选船责任链，公布惩戒船舶清单和负面清单，累计液货船选船4941艘，淘汰17艘，选船率98%。行业内率先将快检设备“拉曼”引入危货监管领域，建立危险化学品快检快判机制。推动在长江流域率先建成船舶洗舱站，督促落实全面标准化洗舱服务要求，促进如皋港洗舱业务“量质”齐增。大力推进船舶清洁能源使用，推动辖区码头完成岸电智能化升级改造，全年到港船舶使用岸电5073艘次，用电126.6万千瓦时。

【海事服务】 年内，如皋海事处筑牢水上疫情防线，制定国际航行船舶靠泊作业涉外疫情防控评估机制，牵头落实一线代理人员集中居住、

长江流域投资规模最大的绿色综合服务区和待泊基地——如皋水上绿色综合服务区　（如皋海事处　供图）

两点一线工作模式。全年推动开展国际航行船舶涉外疫情风险评估36次，评估船舶117艘次。通过“远程+现场”，精准、深入国际航行船舶检查关键环节执行情况，严防无关船舶搭靠，实现靠泊外轮检查全覆盖、每周开放码头检查全覆盖，服务国际航行船舶船员换班56艘次、728人次，救治伤病船员9人次。服务港口经济发展，利用职能优势服务长源码头对外开放，在资质提供、设施配备、制度建立和完善、人员培训、监控系统建设等方面给予企业全面指导，推动长源码头临时开放期间缺陷问题整改。10月，长源码头获批正式开放。优化辖区营商环境，提供政务服务24小时自助办理，落实营商环境优化措施12项，推进简政放权，高效服务辖区港航企业，助力提升如皋港功能支持能级和港口富集效应。全年保障如皋港新开辟国际国内航线6条。

（许瑞朋）

边防检查

【概况】 2021年，如皋边检站统筹安全和发展两件大事，打赢疫情防控阻击战和中国共产党成立100周年安保战，实现口岸管控安全稳定、队伍管理规范有序、综合保障持续向好的工作目标。全年检查出入境（港）船舶929艘次、人员1.84万人次。如皋边检站执勤一队党支部被表彰为全省边检机关“四强”（政治引领力强、推动发展力强、改革创新力强、凝聚保障力强）党支部和南通市级机关先进党支部，执勤二队获评全省边检机关建党100周年安保先进集体。

【口岸管控】 年内，如皋边检站建立高风险勤务工作专班，强化一线实地巡查、后台视频巡检“线下+线上”双巡机制，严把登轮、搭靠事由实质审查和材料形式审查“两道关口”。细化船方自管、海关检疫、边检查验、信息通报、专车接送、定点隔离“船员换班流程”，完成601名中国籍船员换班手续，为16名外籍船员提供紧急救助通道。建立涉疫“情报互通、信息共享、船舶共检”联勤联动机制，排查涉疫信息9万余条，向市公安局出入境大队推送联防联控涉疫人员信息7846条，通报预警信息线索13条，编发数据分析11期，实现口岸疫情防控“三零”（零输入、零感染、零传播）目标。紧盯建党100周年、中共十九届六中全会等重要节点安保任务，牵头口岸职能部门开展联合行动6次。完成滤网、海防监控和精准管控系统梯口建设，如皋水域光电、雷达覆盖率75.1%，系统发现异常数据10条，通报案件线索15条，协助核查线索9条。深化“枫桥式”执勤队建设，摸排化解口岸风险隐患17处，开展协管员专项培训8次，开展“五必到”（党员和群众有五种情形时，党支部必须派人到场——红白喜事必到、矛盾纠纷必到、突发事件必到、代办事项必到、生产问题必到）活动17次、“五必访”（有五种对象，党支部必须派人到访——党员必访、困难群众和困难家庭必访、危重病人家庭必访、空巢老人及留守儿童家庭必访、信访户必访）活动76次，指导11家码头企业完成高清视频监控升级改造。

【边检服务】 年内，如皋边检站围绕“安全、便捷、畅通”，持续推进船舶24小时随申随检，累计缩短申办时间1060余小时，服务对象从“只跑一次”到“一次不跑”。全面落实促进服务航运企业发展16项举措，与开放企业签订企业自管协议，帮助1086名员工免办上下外轮许可，节省企业生产时间2000余小时。为中国香港籍“冬之虎”轮开设边防检查快捷通道，节约企业成本200余万元。开展“我为群众办实事”实践活动，举办“边检与您面对面”综合调研活动3次，向港航企业和出入境人员开展政策解读5次，征求意见建议28条，完善机制8项。

【边检执法】 年内，如皋边检站制定全警实战大练兵任务清单，组织证件鉴别、海防监控、应急处突等专项培训46次，开展“红蓝”对抗演练15次、基础体能训练72次、业务考核25次，基础体能达标率90%。加强执法办案跟班实训，制定执法视音频记录工作规范，选派人员到地方公安部门跟班轮训，对所有案件质量百分百评查，4人取得高级执法资格。加强执法办案跟班实训，制定执法视音频记录工作规范，选派人员到地方公安部门跟班轮训，案件评查率百分之百，纠正执法问题1个。投入57万元为执勤一线采购手持机、小型文检仪、4G图传执法记录仪和手持警务终端等装备，改造执勤队警用装备库。做好转改新警轮训，10名新警全部取得持章资格，全年累计办理各类证件7948份（登轮证5795份，搭靠证件224份，临时入境许可1929份），累计出动警力1.07万人次，保证口岸顺畅通关和安全稳定。

（顾林彧）

开发园区

如皋开发区

【概况】 如皋开发区成立于1992年，1993年获批省级经济开发区，2013年1月升格为国家级经济技术开发区。2021年，如皋开发区主导产业为汽车及核心零部件、新型电力装备、氢能三大产业。全年实现地区生产总值210亿元，按可比价计算（下同），比上年增长9.22%；实现公共财政预算收入8.23亿元，比上年下降1.2%。

【经济运行】 年内，如皋开发区从政策、土地、人才、资金、平台、技术等方面全面支持企业发展。全年在规模企业培育、科技创新、金融上市、技术改造等方面奖补金额3000万元；推进闲置低效用地再开发工作，办理农用地转用土地4宗、32万平方米，出让教育用地1宗、6.7万平方米；成立全资控股的资产管理公司江苏皋泽金投私募基金管理有限责任公司，对产业基金发挥导向和激励作用。全年完成全部工业应税销售352亿元，比上年增长5.11%，其中，完成规模工业应税销售305亿元，应税销售超1亿元企业实现应税销售268.8亿元。完成工业实缴税金9.17亿元，比上年增长20.15%。工业战略性新兴产业产值占工业总产值比重26.8%。新开业规模工业企业11家，累计152家。新增国家级专精特新“小巨人”企业2家、省级专精特新“小巨人”企业1家。完成服务业应税销售150.8亿元、税收3.33亿元。实现营利性服务业营业收入增长34.27%。完成限上批发业销售额134.5亿元、限上零售业销售额8.92亿元，实现限上住宿餐饮业营业额增量3496万元。培育规模以上服务业企业6家，累计28家；培育限上批零住餐企业15家，累计59家。新增应税销售超50亿元制造业企业1家（南通荣威娱乐用品有限公司）。完成外贸进出口总额105.7亿元，比上年增长31.75%。推动企业加快上市筹备步伐，江苏泰慕士针纺科技股份有限公司深圳证券交易所主板上市申请获中国证监会通过，江苏嘉好热熔胶股份有限公司创业板上市申请被深圳证券交易所受理，江苏和府餐饮管理有限公司完成E轮融资。

【项目建设】 年内，如皋开发区围绕招商“1334”（1个单体投资100亿元项目、3个50亿元、3个20亿元、4个10亿元项目）目标任务，聚焦三大主导产业上下游招大引强。全年累计签约项目18个，其中，单体投资20亿元重特大项目2个，10亿元重特大项目3个。年末，有在手在谈项目信息26个，其中10亿元及以上重特大项目信息15个。紧盯荣威娱乐、和府餐饮、博进医药、斯堪尼亚重卡等重点项目，推进外资到账，实现外资到账1.52亿美元，比上年增长26.7%，创历年外资到账新高。全年新开工重特大项目3个，均为工业项目。其中省重大项目1个（思源智能组合电器项目），全年完成投资4.8亿元；南通市重大项目2个（嘉立德户外用品项目、百正电容薄膜项目），年内分别完成投资3.4亿元、3.1亿元。竣工重特大项目1.5个，竣工率30%；新转化重特大项目2个（荣威技改项目、聚源GIS项目），转化率33.3%。新开工设备类项目认定8个，其中，投资5000万元设备项目4个，投资3000万元设备项目4个。盘活低效用地60公顷。完成制造业投资38.8亿元，其中，新开工项目投入24.74亿元，技术改造投入14.06亿元。

【科技创新】 年内，如皋开发区完成技改扩面60家，其中纳税500万元以上企业完成技改21家，完成高新技术产业投资7.27亿元。新增高新技术企业20家，净增7家，累计65家；高新技术企业培育入库14家。培育科创型企业入库17家，新增科创型企业6家。全年高新技术产业产值占规模以上工业产值比重29.4%，研发费用占营业收入比重3.52%。征集有效技术需求73项，新增产学研合作71项，技术合同登记成交额7.57亿元。完成省科技型中小企业评价105家。申请发明专利314件，净增发明专利数71件，高新技术企业知识产权贯标备案率百分之百，知识产权质押融资额3000万元。麦腾智慧天地创成省级众创空间；宝林科技园申报国家级科技企业孵化器，获省科技厅推荐至科技部火炬中心。新增省级智能车间2家、南通市智能车间2家；新增绿色工厂1家；新增两化融合贯标企业2家；新增省四星级上云企业3家、三星级上云企业5家。江苏思源赫兹互感器有限公司“110千伏～800千伏交直流环氧树脂浸渍纸（RIP）干式套管研发”项目被认定为南通市级揭榜挂帅项目，势加透博洁净动力如皋有限公司“氢燃料电池无油空压机研发”项目和江苏联众肠衣有限公司“超声辅助－OH体系制备低分子量肝素关键技术研发”项目获省重点研发计划项目立项，江苏思源赫兹互感器有限公司和江苏泰慕士针纺科技股份有限公司获省知识产权战略推进计划项目立项，威世药业（如皋）有限公司获省工程技术研究中心认定。全年入选市“雉水英才”项目4个，江苏清能动力科技有限公司亚瑟·柯肖尼入选省“双创”计划。

【思源电气全效功率电池项目落户开发区】 12月24日，如皋开发区与思源电气股份有限公司举行全效功率电池项目签约仪式。该项目是思源电气公司跨界投资新领域产业，总投资额约24亿元，其中设备投入14亿元，占地20公顷，建设厂房及配套用房16万平方米。

（刘　浩）

2021年如皋开发区前20强规模企业应税销售、税金完成情况表

表13

序号	企业名称	应税销售（万元）	实缴税金（万元）
1	江苏省如高高压电器有限公司	143851	10306
2	江苏思源赫兹互感器有限公司	76722	6989
3	南通荣威娱乐用品有限公司	671536	6268
4	江苏泰慕士针纺科技股份有限公司	91506	5018
5	双钱集团（江苏）轮胎有限公司	251493	5007
6	威格（江苏）电气设备有限公司	89988	3811
7	江苏金元亚麻有限公司	59327	2148
8	南通创源电化学科技有限公司	16662	1822
9	枫盛汽车（江苏）有限公司	57405	1812
10	南通市电站阀门有限公司	22748	1629
11	如皋市大昌电子有限公司	21067	1416
12	江苏嘉好热熔胶股份有限公司	53671	1291
13	南通美能得新能源科技股份有限公司	56863	1169
14	延康汽车零部件如皋有限公司	49061	1130
15	南通雷成运动休闲服饰有限公司	9329	1040
16	江苏聚源电气有限公司	35301	999
17	南通百正电子新材料股份有限公司	19498	956
18	南通优护优家卫生用品有限公司	21506	887
19	威世药业（如皋）有限公司	11139	841
20	南通爱康金属科技有限公司	45765	825

如皋高新区

【概况】 如皋高新区成立于2009年6月，于2018年9月21日升格为省级高新技术开发区。总面积77平方千米，总人口6.42万人。2021年，实现一般公共预算收入6.8亿元。6月，在全省2020年度省级高新区创新驱动发展综合评价中，位次比2019年提升3位，列全省第四名、苏中苏北第一名。

【经济发展】 年内，如皋高新区新增规模以上工业企业13家；培育服务业规模以上企业7家、限上企业14家。实现全部工业应税销售54.5亿元，比上年增长35.5%；完成规模工业应税销售35亿元，比上年增长34.6%；全部工业实缴税金2亿元，比上年增长111.4%。完成服务业应税销售91.6亿元，比上年增长69.67%；完成限上企业批发业销售额56.27亿元、限上企业零售业销售额8.95亿元、限上企业住宿餐饮业营业额1409万元，比上年分别增长61.88%、22.99%、73.52%。完成外贸进出口11.4亿元，比上年增长10.6%。

【项目建设】 年内，如皋高新区始终坚持现代服务业与先进制造业双轮驱动发展战略，持续加大实体项目招引力度，进一步明晰第三代半导体、激光及智能制造、软件服务外包、文化创意设计等产业发展方向，产业集群逐步形成。聚焦珠三角、长三角布局5个驻点招商联络处和1个流动招商联络处，研究出台“一区多园”招商引资实施办法。全年引进项目31个，其中，东旭科技、际弘半导体、弘远晶体等单体投资超1亿元实体工业项目5个，沈桂英博士等人才创业类项目3个，易高智能等南通科创型项目3个，博思游戏、天恒展示等服务业项目8个，光益丰汇、高通新能源等总部经济项目12个。全年实现到账外资480万美元。新开工正海磁材高性能稀土永磁体、如天光电车载盖板玻璃等单体投资1亿元以上项目10个（工业项目7个、服务业项目3个），其中，单体投资10亿元以上重特大项目4个（正海磁材、如天光电、际弘、雷狄尼）、重大服务业项目3个（城开开元酒店、天正信息、才捷服务外包）。益芯半导体、德禄家具、浦丹光电、克伦伯格4个3000万元以上纯设备投入类项目获认定，迅镭高端激光装备和世睿高压、特高压配套电力设备生产2个重特大项目实现竣工、转化。

【科技创新】 年内，如皋高新区作为全市科技创新发展主阵地，着力打造科技创新核心策源地。实施创新驱动战略，围绕科技、人才、实体经济转型、现代服务业、建筑业5个方面，出台“科创49条”政策。着力构建创新创业平台，软件园二期孵化器、如皋·上海创源飞地孵化器开园运营；省知识产权示范园区通过验收，国家级孵化器通过科技部火炬中心绩效评估。全年申报高新技术企业31家，入库高新技术企业12家，新增高新技术企业7家，累计有效高新技术企业30家；通过科技型中小企业认定72家。完成技术合同登记额10亿元，解决技术需求38项，支付金额806.6万元。规模以上企业研发费用占主营业务收入比重3.7%，高新技术产业产值占规模以上工业产值

比重60%。完成职务发明专利申请提交403件，新增有效发明专利74件。科学研究和技术服务业营业收入比上年增长53%，平均工资比上年增长35%；知识产权质押融资3000万元。南通超达装备股份有限公司在深交所创业板成功上市；江苏卓远半导体有限公司获国家高端外国专家引进计划、省级港澳台科技合作项目等立项4个，成功入选省外国专家工作室，被省科技厅评为潜在独角兽企业；南通世睿电力科技有限公司分别被省科技厅、省工业和信息化厅评为“瞪羚”企业、专精特新“小巨人”企业；南通佳宝机械有限公司被省工业和信息化厅认定为专精特新“小巨人”企业；江苏浦丹光电技术有限公司等2家企业车间入选省智能制造示范车间；江苏中科新源半导体科技有限公司获省级重点产业技术研发合作项目立项；超达装备、世睿电力等15个项目被认定为南通科创类项目。

2021年如皋高新区规模企业应税销售收入、税金完成情况表

表14

序号	企业名称	应税销售（万元）	实缴税金（万元）
1	南通超达装备股份有限公司	43406	72
2	如皋市永兴肠衣有限公司	20403	229
3	如皋市正大肠衣有限公司	14339	137
4	江苏迅镭激光科技有限公司	74621	2121
5	海迪科（南通）光电科技有限公司	16328	62
6	南通世睿电力科技有限公司	19731	1563
7	珂黎艾净化技术江苏有限公司	12220	53
8	德禄家具（南通）有限公司	5742	278
9	江苏更美科技有限公司	12009	274
10	南通市金月亮新材料科技发展有限公司	10223	204
11	南通市博创新材料有限公司	9881	168
12	南通戴尔诺斯生物科技有限公司	8403	109
13	南通麦格米特电力电子有限公司	5479	70
14	申模南通机械科技有限公司	5045	527
15	南通佳宝机械有限公司	6047	502
16	南通成安金属材料有限公司	2221	30
17	如皋市宏图纺织有限公司	4581	47
18	南通中海钢结构有限公司	4041	163
19	江苏多来运纺织有限公司	8067	224
20	南通齐天纺织有限公司	4947	72
21	江苏卓远半导体有限公司	8451	186
22	江苏品格食品科技有限公司	1780	2
23	江苏沪南船舶工程有限公司	3332	171
24	南通光义通信设备有限公司	3029	46
25	如皋仕佳建筑配件有限公司	3262	78
26	南通铭栩建材科技发展有限公司	2774	121
27	如皋豪悦纺织有限公司	2851	29
28	雷狄尼家具（南通）有限公司	8043	109
29	如皋市杰林织造有限公司	1800	36
30	南通帝优家居有限公司	2230	175
31	雷尼尔家具（南通）有限公司	1518	18
32	如皋伟宏新材料有限公司	2908	38
33	如皋市梦缘织造有限公司	2310	63
34	莱鼎电子材料科技有限公司	3321	52
35	如皋市灵敏除尘设备厂	3291	139
36	如皋市华策制丝有限公司	2479	28

【正海磁材稀土永磁体项目开工建设】 6月，南通正海磁材有限公司年产能1.8万吨高性能钕铁硼永磁材料生产基地项目（简称“正海磁材稀土永磁体项目”）开工建设。

正海磁材稀土永磁体项目位于如皋高新区，占地面积16.86公顷，总投资50亿元，其主营产品为高性能钕铁硼永磁材料，广泛应用于电子产品、新能源汽车、风力发电、工业自动化等方面。截至年末，该项目建设完成主体工程总量80%。

（范海蓉）

如皋港工业园区

【概况】 如皋港工业园区位于如皋市南部沿江，成立于2005年，为省级重点工业园区，参照省级开发区管理。有长江岸线48千米和国家级长江主航道2条，其中–15米以上长江深水岸线20.2千米，可建万吨级码头30余座。按功能划分为如港新城区、临港产业园、现代物流园、生态养生园四大板块，船舶海工及重型装备、绿色新材料、高端石材产业集群初具规模。2021年，完成一般公

共预算收入12.2亿元，比上年增长13%；实现增值税5.5亿元，比上年增长14%。

【港口产业】 年内，如皋港工业园区新增规模工业企业32家、规模服务业企业14家。完成全部工业应税销售656亿元，比上年增长28%；工业实缴税金12.67亿元，比上年增长16.58%。完成服务业应税销售860亿元。全年实现外贸进出口97.65亿元，其中出口41.19亿元。新开辟国际国内航线6条，完成港口吞吐量7591.39万吨（不含内河），比上年增长3.9%；集装箱吞吐量57.51万标准箱，比上年增长13.44%。如皋港现代综合物流园区完成应税销售906.06亿元，其中工业应税销售126.11亿元；完成税收1.39亿元。获评全国优秀物流园区、省物流行业先进集体。

【项目建设】 年内，如皋港工业园区实际利用外资21525万美元。全年签约立讯智能终端精密模组、鸿慧国际新能源等高成长性重大项目12个，总投资220亿元，其中，单体投资100亿元项目1个（日达智能终端精密模组项目）、50亿元项目1个（宏茂铸钢海上风电漂浮式平台）。新开工重大工业项目6个，总投资160亿元；新开工服务业项目2个，总投资20亿元。全年竣工项目2个，均为工业项目，工业项目竣工率22.22%，日达智能终端精密模组项目实现当年开工、当年投产、当年销售额突破100亿元。完成转化项目1个，转化率7.14%。推进宏茂铸钢智能改造、森松制药设备模块等技改项目，规模以上企业技改扩面64%。

2021年如皋港工业园区前20强规模企业应税销售和实缴税金完成情况表

表15

序号	企业名称	类型	应税销售（万元）	实缴税金（万元）
1	日达智造科技（如皋）有限公司	工业	1101082.08	1122.53
2	森松（江苏）重工有限公司	工业	304014.95	16254.65
3	南通百川新材料有限公司	工业	252441.16	6039.64
4	如皋市翔瑞金属制品有限公司	工业	249337.28	56.87
5	江苏沪港装饰有限公司	工业	211071.43	2819.92
6	江苏和兴炉料有限公司	工业	189831.89	446.84
7	江苏永友物流有限公司	服务业	181754.89	−51.27
8	如皋百川化工材料有限公司	工业	171198.76	702.33
9	江苏宝众宝达药业有限公司	工业	170288.08	10800.10
10	德源（中国）高科有限公司	工业	157248.05	7664.23
11	汤始建华建材（南通）有限公司	工业	141416.27	6238.24
12	南通海螺水泥有限责任公司	工业	113804.50	6512.48
13	中铁山桥（南通）有限公司	工业	111353.25	2431.78
14	江苏海通海洋工程装备有限公司	工业	104103.93	6634.68
15	江苏国胶新材料有限公司	工业	101067.05	2789.51
16	江苏永友食品科技有限公司	工业	97039.63	1874.52
17	江苏华灿电讯集团股份有限公司	工业	69244.54	1685.38
18	如皋市宏茂铸钢有限公司	工业	64591.95	−1611.59
19	双登天鹏冶金江苏有限公司	工业	45010.54	33.20
20	南通深流实业发展有限公司	工业	41146.82	11.86

【科技创新】 年内，如皋港工业园区科技企业孵化器长江智创园、富港创谷成功开园，吸纳23家科技型企业入驻。新增高新技术企业18家，累计41家。累计完成高新技术产业产值260亿元，占规模工业总产值53.64%。转化产学研合作项目19个。江苏中铁山桥重工有限公司被认定为省级专精特新“小巨人”企业。江苏新瑞药业有限公司“肿瘤诊断1类生物技术药氟[18F]阿法肽注射液研发及产业化”项目获省重大成果转化项目立项，并获国家颠覆性技术创新大赛优胜奖。江苏中铁山桥重工有限公司“大节段钢桁梁整体制造与架设关键技术及应用”、江苏隆昌化工有限公司“重金属污染耕地高效稳定修复与安全利用关键技术及应用”项目获省科技进步奖。新引进省外高层次创新创业人才7人、人才团队1个。

【金鹰（如皋）产业园奠基】 3月31日，金鹰（如皋）产业园奠基仪式在如皋港工业园区举行。

金鹰（如皋）产业园是新加坡金鹰集团在中国单一城市、单一省份投资最大的综合性项目，计划总投资410亿元。产业园包括总投资200亿元的白卡纸项目和总投资60亿元的莱赛尔纤维项目等。截至年末，该项目取得项目备案证及相关土地证，通过稳定风险评估及相关环境影响评价。

（范　峰）

如皋工业园区

【概况】 如皋工业园区与江苏南通国家农业科技园区管理办公室、如城街道实行三套班子一体化运作模式。2021年，完成一般公共预算收入 18.17 亿元，收入总量主功能区排名第一。完成全部工业应税销售 132.04 亿元，比上年增长 19.41%。完成规模以上工业总产值 89.76 亿元，比上年增长 11.28%。完成服务业应税销售 281.57 亿元。完成全部工业实缴税金 5.28 亿元，税金率 4%。完成全部工业用电量 2.3 亿千瓦时。盘活项目用地 61.05 公顷，完成率 114%。培育应税销售超 1 亿元工业企业 7 家（南通科勉家居有限公司、如皋市力星滚子科技有限公司、江苏盈达机电科技有限公司、如皋市金圣混凝土有限公司、南通尔昕木业有限公司、如皋市中罗印刷机械有限公司、江苏瀚皋机械有限公司），新增江苏如非轴承科技有限公司、江苏瀚皋机械有限公司等规模企业 11 家。累计新进库规模以上服务业企业 13 家、限上服务业企业 27 家。

【项目建设】 年内，如皋工业园区实现到账外资 623 万美元。全年签约单体投资 10 亿元以上项目 5 个，其中总投资 20 亿元的霖鼎光学项目成为高校科技成果转化项目典型，在年内落户如皋的项目中质态最优、层次最高。至年末，在手在谈总投资 10 亿元以上项目 16 个，其中，20 亿元以上项目 3 个、50 亿元以上项目 2 个。全年新开工项目 15 个，其中单体投资 10 亿元以上重特大项目 2 个［赛杰爱迪（江苏）高压电气有限公司 GIL 高压及特高压金属封闭气体绝缘输电母线及输变电自动化系统生产项目、江苏国石新能源科技有限公司年产 2000 吨物理法石墨烯项目］。新开工工业项目年内完成投资额 45.33 亿元，超额完成全年目标任务。全年竣工项目 17 个，其中工业项目 10 个。实施转化达产项目 29 个，其中工业项目 9 个，转化达产率 31%。续建重特大项目 4 个，均为工业项目，分别为万达轴承生产项目、博多 PLA 项目、悦威精密铜材项目、力星高端大型滚动体项目，累计设备投资额 23 亿元。

2021 年如皋工业园区前 20 强规模企业应税销售、税金完成情况

表 16

序号	企业名称	应税销售（万元）	实缴税金（万元）
1	江苏正威新材料股份有限公司	154971.91	6876.85
2	江苏力星通用钢球股份有限公司	93704.10	2845.44
3	江苏神马电力股份有限公司如皋分公司	64214.69	4547.91
4	南通斯密特森光电科技有限公司	47317.73	6865.78
5	江苏奇鹰电线电缆有限公司	42750.73	732.14
6	江苏万达特种轴承有限公司	34633.16	2839.24
7	南通安佑生物科技有限公司	33534.95	287.02
8	南通通用钢球有限公司	32960.59	452.34
9	如皋金久混凝土有限公司	30453.12	936.90
10	江苏长寿集团南山饲料有限公司	29392.19	22.26
11	江苏天南电力股份有限公司	28765.57	2464.76
12	如皋市自来水厂有限公司	28007.71	1279.48
13	江苏海力达机电制造有限公司	23348.17	639.92
14	南通力威机械有限公司	22650.51	893.00
15	江苏祥谷建设有限公司	21991.12	386.88
16	南通科勉家居有限公司	21597.93	177.93
17	南通皋鑫电子股份有限公司	19232.36	2242.95
18	如皋市力星滚子科技有限公司	16434.00	109.39
19	江苏盈达机电科技有限公司	16350.69	167.39
20	如皋市金圣混凝土有限公司	13851.66	419.56

【科技创新】 年内，如皋工业园区实现高新技术产业产值 51.64 亿元，占规模工业总产值 58%。新增高新技术企业 9 家。成功申报“雉水英才”项目 4 个。完成发明专利申请 256 件，净增授权 76 件；新增产学研合作项目 25 项，完成产学研合作项目 42 个，实现规模以上企业研发活动“全覆盖”，研发费用占主营业务收入比重 3.74%。江苏万达特种轴承股份有限公司获批国家制造业单项冠军企业，南通力威机械有限公司获全省制造类科技“小巨人”企业称号，南通中铁华宇电气有限公司的 LED 隧道灯获评“江苏精品”认证，江苏力星通用钢球股份有限公司获批江苏省陶瓷球战略性新兴产业标准化试点。建成“创客盲盒”，签约高新技术项目 10 家。打造农业科技园区“升级版”，推进省级农高区建设，完成核心区规划、搬迁整理、规划展示馆布展等工作，与江南大学食品生物研究院达成正式产学研合作。

（马暄舒）

招商引资

【概况】 2021 年，如皋市牢固树立“项目为王、招商为先”理念，组建市场化招商队伍 5 支，聚焦六大优

2021 年如皋市新批（增资）外资及中国港台地区投资项目情况表

表 17

国家和地区	项目总数（个）	合同外资及港资台资（万美元）	实际投资（万美元）
合计	28	88200.5	32430
日本	2	3970.0	3971
新加坡	2	62.0	12600
英属维尔京群岛	2	2000.0	1000
意大利	1	48.0	274
韩国	2	12016.0	—
美国	2	650.0	161
英国	1	111.0	—
马来西亚	1	1.5	—
塞舌尔	1	5000.0	1187
菲律宾	1	2000.0	—
瑞典	—	—	2762
波兰	—	—	48
法国	—	—	42
澳大利亚	—	—	50
加拿大	—	—	28
中国香港	11	62273.0	9757
中国台湾	2	69.0	550

2021 年如皋市各镇（区、街道）利用外资及港资台资情况表

表 18

镇（区）	工商注册外资及港资台资		实际到账外资及港资台资			
	完成总额（万美元）	增幅（%）	考核目标（万美元）	完成总额（万美元）	占年考核目标（%）	增幅（%）
合　计	83273	−55.34	45800	32430	90.08	2.90
丁堰镇	0	−100.00	400	310	77.50	−38.61
东陈镇	600	—	600	284	47.33	100.00
白蒲镇	0	−100.00	600	23	3.83	−82.17
下原镇	2355	—	600	341	56.83	1036.67
吴窑镇	350	573.08	400	78	19.50	151.61
磨头镇	3980	177.74	600	371	61.83	−5.12
九华镇	173	−42.33	400	93	23.25	−53.73
石庄镇	106	—	400	100	25.00	−83.11
江安镇	0	−100.00	400	232	58.00	562.86
搬经镇	1682	−68.11	400	500	125.00	762.07
长江镇	35228	−67.56	13000	18326	140.97	134.80
如皋开发区	37634	−26.21	13000	11264	86.65	−6.62
如皋高新区	5077	−49.58	7500	480	6.40	−85.88
如皋工业园区	1015	−89.86	7500	623	8.31	−40.44

势产业链招商引资。成功举办项目集中签约活动、科技·人才洽谈会和上海、深圳、苏州等地投资促进周活动，全年签约单体投资 10 亿元及以上项目 37 个，其中投资额 50 亿～100 亿元（不含 100 亿元）项目 3 个（海上风电成套设备生产线项目、广大特材漂浮式平台零部件研发制造项目、引导产业投资基金项目）、100 亿元及以上项目 3 个（立讯智能终端精密模组项目、南粤基金产业合作项目、东旭光电显示产业园项目）。4 月 25 日，举办项目集中签约活动，集中签约项目 16 个，总投资约 240 亿元，涵盖高端智能装备、半导体设备及高端新材料等领域。10 月 28 日，如皋科技·人才洽谈会上集中签约重大项目 24 个，总投资约 360 亿元。

【利用外资及港资台资】 年内，全市新批外资项目及中国港台地区投资项目 28 个。其中制造业项目 20 个，服务业项目 7 个；投资额 1000 万～3000 万美元项目 5 个，3000 万～1 亿美元项目 3 个，超 1 亿美元项目 4 个。完成工商注册外资 8.82 亿美元，比上年下降 52.5%；实际利用外资及港资台资 3.24 亿美元，比上年增长 2.9%。其中制造业项目到账 31922 万美元，占比 98.43%；服务业项目到账 508 万美元，占比 1.57%。

（石　坚）

对外及对港澳台经贸

【概况】 2021 年年末，全市有出口实绩企业 802 家，比上年净增 86 家，其中出口超 1 亿元企业 52 家，比上年增加 7 家。年内，如皋市实现对外及对港澳台贸易总额 323.99 亿元，居南通九县（市、区）第四位，比上年增长 30.1%。其中自营出口总额 248.39

2021 年如皋市进出口贸易主要方式分类情况表

表 19

指标	总量（亿元）	增幅（%）
进出口总值	323.98	30.1
出口	248.38	17.1
一般贸易	179.95	16.5
加工贸易	66.62	36.9
进口	75.59	104.8
一般贸易	54.00	164.6
加工贸易	10.59	21.9

亿元，比上年增长 17.1%；与港澳台贸易总额 22.65 亿元。全市外贸前 50 强企业完成外贸进出口总量 240.5 亿元，比上年增长 44.72%，其中正增长企业 34 家，南通百川新材料有限公司、易联能源（南通）有限公司、江苏金元亚麻有限公司、南通科勉家居有限公司、如皋长盛码头有限公司、南通德晋昌光电科技有限公司、南通邦盛得贸易有限公司、南通托德国际贸易有限公司、南通市亿宏畜产品有限公司、伟达塑胶工业（南通）有限公司、柏承（南通）微电子科技有限公司、南通戴尔诺斯生物科技有限公司 12 家企业增幅超过百分之百，分别为 164.9%、181.2%、104%、101.7%、520.6%、2969.3%、1226.5%、970.4%、1334.7%、164.8%、355.2%、1192.5%。

【贸易伙伴】 年内，如皋市推动企业与“一带一路”沿线国家建立贸易关系，拓展非洲、中东、东南亚等新兴市场。截至年末，与如皋市有贸易往来的主要地区为亚洲东南部、“一带一路”沿线和北美洲，与如皋市建立进出口贸易关系国家和地区 225 个。年内，如皋市对亚洲地区各国进出口总额 142.23 亿元，比上年增长 27.8%；对“一带一路”沿线国家及地区进出口总额 97.13 亿元，比上年增长 60.5%；对北美洲进出口总额 57.7 亿元，比上年增长 29.9%。从主要国家和地区看，前三大贸易伙伴为美国、日本和越南。其中对美国进出口总额 50.96 亿元，比上年增长 28.9%；对日本进出口总额 25.48 亿元，比上年下降 3.5%；对越南进出口总额 24.99 亿元，比上年增长 545%。

【出口商品分类】 年内，如皋市主要出口产品增长态势良好。机电产品、纺织品、消费品等主要行业出口产品均实现不同程度增长。其中机电产品出口 92.8 亿元，比上年增长 24%；纺织品出口 42.58 亿元，比上年增长 12.2%；消费品出口 113.5 亿元，比上年增长 21.2%。

【外贸企业扶持】 年内，市商务局坚持政策引导，开展政策宣讲，对企业参展、产品认证和管理体系认证、传统行业技术改造和新产品研究开发等方面优惠政策进行解读，引导传统行业企业转型升级。通过走访调研、QQ 群、微信群宣传外贸政策法规，引导外贸企业积极应对新冠肺炎疫情及中美贸易摩擦的双重不利影响。推动外贸企业借助出口信用保险保障自身权益，切实提升企业抗风险能力。市财政出资 200 万元搭建中小外贸企业出口信用保险平台，免费为中小外贸企业购买出口信用保险，覆盖全市 164 家外贸企业，合计覆盖出口规模 2.84 亿美元。组织 50 家企业参加“江苏优品，畅行全球”对接会，组织南通嘉炜塑胶有限公司、家居科技股份有限公司、南通红棉纺织品有限公司、江苏顶洁医疗器械有限公司等企业做好网上广交会巡展工作。组织外贸企业申报商务发展专项资金、国家进口贴息、省级进口贴息等项目，及时足额兑付省级资金 343 万元，支持外贸稳中提质项目、优化进口项目、

2021 年如皋市进出口贸易主要市场情况表

表 20

国家和地区	出口总值（万元）	增幅（%）	进口总值（万元）	增幅（%）
印度	38807	51.2	1183	−53.4
日本	203675	−10.8	51150	44.2
泰国	118073	−13.8	2692	50.8
越南	42584	15.7	207304	10604.9
比利时	47104	23.5	2162	339.1
英国	76556	9.0	2194	−53.5
德国	138527	39.8	8311	36.0
法国	76787	89.6	14323	83.4
意大利	60116	65.8	14612	122.9
荷兰	69771	−11.9	2527	−22.7
西班牙	58730	79.4	17035	30.6
俄罗斯	48887	71.7	869	145.6
巴西	80990	0.6	3305	−43.8
美国	493335	34.6	16307	−43.8
澳大利亚	52286	34.0	3452	1039.4
东盟组织	264944	3.4	377885	334.4
欧盟组织	636671	38.9	77792	62.0

开拓国际市场项目、扶持出口信用保险保费项目；及时足额兑付中央资金40.44万元，支持国家进口贴息项目。

（李仁华）

2021年如皋市出口额前十位企业出口情况表

表21

序号	企业名称	镇（区）	出口（万元）	增幅（%）
1	南通荣威娱乐用品有限公司	如皋开发区	574450.8	79.1
2	梦百合家居科技股份有限公司	丁堰镇	176935.3	4.2
3	南通百川新材料有限公司	长江镇	113037.0	169.5
4	江苏宝众宝达药业有限公司	长江镇	103733.8	−17.2
5	江苏里高智能家居有限公司	丁堰镇	78732.2	−4.0
6	森松（江苏）重工有限公司	长江镇	43098.6	−34.8
7	南通美能得新能源科技股份有限公司	如皋开发区	41244.9	56.9
8	江苏九鼎新材料股份有限公司	如皋工业园区	39627.9	19.2
9	南通东润实业有限公司	九华镇	38333.4	−8.8
10	威格（江苏）电气设备有限公司	如皋开发区	30215.2	75.6

对外投资和经济合作

【概况】 2021年年末，全市有境外投资企业33家，其中梦百合家居科技股份有限公司境外投资项目15个。年内，受新冠肺炎疫情影响，全市境外投资及对外承包工程额较上年下滑较多，对外劳务合作较上年有所好转。健全服务体系，支持企业与跨国公司合作开拓第三方市场。全年申报下发商务发展专项资金1134.06万元，累计组织48家次企业参加中国企业“走出去”风险发布会、对外投资合作业务知识培训活动，提升企业“走出去”能力和水平。

【境外投资】 年内，市商务局强化对对外投资企业服务，实行外经投资服务专员全程服务制度。在全球受新冠肺炎疫情影响大环境下，全市外经企业难中求进，危中寻机，新设、增资境外投资项目3个，中方协议投资1585万美元，对外直接投资额5883万美元，其中对“一带一路”沿线国家投资项目1个，中方协议投资额225万美元。

【境外承包工程】 年内，全市对外承包工程面临疫情和承包领域国际竞争等多重压力，全年对外承包工程实现营业额1118万美元，比上年下降63.22%；新签合同额1538万美元，比上年增长177.12%。

【对外劳务】 年末，全市具有对外劳务合作经营资格的外派劳务公司8家。年内，市商务局强化对外劳务监管和服务，规范开展外派劳务服务中心运营管理，开展对外劳务市场专项整治活动，对外劳务市场管理规范、市场秩序良好。外派劳务主要市场日本因新冠肺炎疫情未正常开放，以日本市场为主体业务的外派劳务公司没有新派劳务人员；新加坡虽然开放，但外派人数极少。全年对外劳务合作新派劳务2468人，比上年增长349.54%；年末在外劳务人员8544人，比上年增长3.92%。新签对外承包劳务合同额1.23亿美元，比上年增长319.5%；完成对外承包劳务营业额14744万美元，比上年下降16.6%；

（石　坚）

2021年如皋市新批境外投资企业（项目）情况表

表22

中方投资企业名称	所在国家	境外企业名称	协议出资额（万美元）	协议现汇（万美元）
梦百合家居科技股份有限公司	西班牙	思梦有限公司	1172.0	1172.0
梦百合家居科技股份有限公司	西班牙	恒康西班牙有限公司	187.5	187.5
梦百合家居科技股份有限公司	塞尔维亚	恒康欧洲有限公司	225.0	225.0
合计	—	—	1584.5	1584.5

农　业

综述

【概况】 2021年，如皋市实现农林牧渔业总产值135.72亿元，按可比价计算，比上年增长5.8%。持续优化以花木盆景和"三黑三白"（黑猪、黑鱼、黑塌菜，大米、白萝卜、白蒲黄芽菜）产业为基础的农业产业结构，推进国家农业绿色发展先行区建设。全年农作物总播种面积14.59万公顷，比上年增长0.4%。复种指数187%，比上年增长6.62个百分点。生猪饲养量100.8万头，比上年增长27.24%；山羊饲养量38.18万只，比上年增长21.05%；家禽饲养量3403.03万羽，比上年下降12.73%；淡水养殖总面积4333.33公顷。全市生态健康养殖比重百分之百，高标准农田面积占耕地面积比重68%，推进农田灌溉尾水循环系统构建试点工作，建成特色农业机械化示范园区13个，全市特色农业机械化水平68.76%。

【重大农业项目建设】 年内，全市新开工建设单体投资1000万元以上农业农村重大项目26个，总投资24.88亿元，其中年内完成投资额15.78亿元；竣工项目24个，总投资18.06亿元，其中2个为2020年度续建项目。1月，总投资4亿元的星百味肉制品深加工项目开工建设。6月，总投资3.8亿元的南通新牧农牧有限公司"年出栏商品猪15万头生猪养殖"项目竣工投产。11月，总投资4亿元的南通星百味食品有限公司"年产五万吨肉制品深加工"项目竣工投产。总投资0.4亿元的苏州创合网易网络科技有限公司"如皋市创合花海三产融合"项目竣工投产。12月，总投资0.5亿元的市创业米厂改扩建项目竣工投产。总投资0.5亿元的市华阜食品有限公司"老酱油生产"项目竣工投产。

【农产品品牌培育】 年内，市农业农村局持续做好国家级、省级区域公用品牌创建，农业企业知名品牌和产品品牌申报工作，"下原襄荷"被省农业农村厅授予省级农业区域公用品牌，"春华萝卜干""耀洪草莓"上榜全省农业品牌目录名单。至年末，全市有省级农业区域公用品牌2个（"如皋黑塌菜""下原襄荷"）、上榜全省农业品牌目录名单农产品3个（"蒲塘大米""春华萝卜干""耀洪草莓"）。开展如皋特色农产品展示展销活动。4月，在北京举办黑塌菜专场推介会，展示展销以黑塌菜为主的如皋特色农产品。10月，组织福欣家庭农场、康之源农业发展有限公司的大米参展第二十三届江苏农业国际合作洽谈会。

【农产品产地冷藏保鲜设施建设】 年内，市农业农村局开展农产品产地冷藏保鲜设施建设工作。确定丰瑞家庭农场、石美琴家庭农场、徐湾生态家庭农场等7个建设主体，建成农产品产地冷藏保鲜库体14个，建库总容积约4000立方米，总投资480万元，其中市财政补助资金144万元。全市新增蔬菜、水果贮藏能力1000余吨，带动农户就业100余户。

【政策性农业保险】 年内，全市开设小麦、水稻、育肥猪、奶牛等常规农业类和设施大棚、黑塌菜种植、质量安全等高效农业类及农机具类政策性农业保险险种31个。农业保险总保费7760.31万元，其中，常规种植业保险保费3383.4万元、高效农业保险保费4235.57万元、农机具保险保费 141.34 万元，高效农业保险保费占总保费 54.58%。全年发生理赔案件 2.33 万件，理赔金额 4990.96 万元，受益农户 13.33 万户次，简单赔付率 64.3%。

种植业

【粮食种植业】2021 年，全市粮食播种面积 99970 公顷，平均亩产 451.3 千克，总产 67.68 万吨。与上年相比，播种面积增加 110 公顷，比上年增长 0.11%；平均亩产增加 0.97 千克，比上年增长 0.22%；总产增加 2168 吨，比上年增长 0.32%。全市夏粮种植面积 46590 公顷，平均亩产 349.4 千克，总产 24.42 万吨、比上年下降 1.2%；秋粮种植面积 53380 公顷，平均亩产 540.3 千克，总产 43.26 万吨、比上年增长 1.2%，其中水稻种植面积 42350 公顷，平均亩产 618.2 千克，总产 39.27 万吨。全市新建水稻绿色高质高效创建示范片 14 个，示范片平均亩产 706.8 千克，比全市平均产量增产 14.3%。建立水稻、小麦等主要作物苗情点 19 个、农情点 14 个，商品化集中育秧 1.33 公顷以上田块 17 个、0.67 ~ 1.33 公顷田块 131 个。

【油料种植业】年内，全市油料作物播种面积 9118 公顷，比上年减少 115 公顷；平均亩产 201 千克，比上年增加 6.4 千克；总产 27428 吨，比上年增长 1.81%。

【蔬菜种植业】年内，全市蔬菜（不含西甜瓜、草莓、食用菌）种植面积 34480 公顷，比上年增加 50 公顷、增长 0.15%；蔬菜总产量 116.8 万吨，比上年下降 0.43%；蔬菜总产值 18.08 亿元，比上年增加 1.79 亿元、增长 10.99%。全市新增省蔬菜标准园创建单位 3 家（市耀红家庭

如城街道长港村老许梨园内，成熟的“苏翠一号”梨挂满枝头。图为老许梨园主人忙着摘梨
（罗晶晶　摄）

农场、九华镇薛永炎家庭农场、市紫藤家庭农场），通过省标准园验收 2 家［江苏五零鲜村生态农业科技发展有限公司（原南通隆恬农业科技发展有限公司）、江苏如胜食用菌有限公司］，累计 5 家。新增南通市绿色蔬菜产业基地 12 家。年内，建设以品质提升为重点的香堂芋百亩示范基地 1 个，总面积 7.2 公顷；建设以轻简高效栽培为重点的如皋白萝卜百亩示范基地 4 个，总面积 48.24 公顷；建设以软腐病防治为重点的白蒲黄芽菜生产示范点 3 个，总面积 0.5 公顷。全市黑塌菜、白萝卜、黄芽菜等地方特色蔬菜种植面积 2100 公顷，总产量 4.5 万吨。

【瓜果种植业】年内，全市瓜果类种植面积 1588.67 公顷，比上年减少 651.33 公顷；总产量 7.95 万吨，比上年减少 3.07 万吨。其中西瓜种植面积 633.3 公顷，产量 2.47 万吨；甜瓜种植面积 215.3 公顷，产量 5220 吨；草莓种植面积 227.6 公顷，产量 0.41 万吨。7 月 9 日至 11 日，长江镇桃缘果园“白凤”桃与东陈镇长寿紫桃园“中油蟠 9 号”桃在扬州世界园艺博览会举办的江苏省优质桃品鉴推介会上获金奖。7 月 16 日至 17 日，东陈镇徐湾村脆梨牌“苏翠一号”、如城街道老许梨园“苏翠一号”梨在张家港市举办的省第三届优质早熟梨品鉴活动中获金奖。7 月 17 日至 18 日，桃缘果园和长寿紫桃园送展的“白凤”桃在常州市武进区举办的省优质桃果评比活动中分别获金奖和银奖。

【种子供应】年内，市农业农村局组织推广水稻南粳 5055、南粳 9108、南粳 3908、南粳 9036 等优良品种，主推品种供种量 2800 余吨。组织推广小麦镇麦 9 号、扬麦 24 号、扬麦 25 号、镇麦 10 号等品种，主推品种供种量 5000 余吨。稻麦主推品种占市场供种率 75% 以上。全年开展安全性测试种子品种 50 个，其中水稻品种 22 个、油菜品种 10 个、小麦品种 18 个；建成稻麦展示试验基地 2 个。全年组织种子品种考察论证活动 2 次。加强供种质量控制，开展种子市场检查和质量监督抽检行动，全年累计监督抽检样品 120 份，其中水稻 36 份、玉米 9 份、小麦 44 份、油菜 31 份，抽检样品发芽率、水分、净度三项指标均为合格。

【植物保护】 年内，市农业农村局发布《病虫情报》20期、电视预报2期，预报小麦、油菜、玉米、水稻、蔬菜等10余种作物计34个对象48个代次病虫草害信息，重大病虫测报准确率95%。水稻、小麦等主要病虫草害损失控制在3%以下，高效低毒低残留农药使用占比90%。主要农作物病虫害统防统治覆盖率62%。

【耕地质量保护】 年内，市农业农村局建设和完善省级墒情监测点2个（白蒲镇朱家桥村农业科技示范园区、市农科所蔬菜科技示范园区各1个）、长期耕地质量监测点30个（国家级监测点1个、省级5个、南通市级10个、如皋市级15个）。建立水稻、小麦、大豆和蔬菜等主要农作物肥料施用强度监测调查点344个。及时发布2020年度耕地质量监测报告与2021年度主要农作物肥料使用情况调查报告。根据不同土壤类型和作物布局采集土样，对全市土壤开展耕地质量调查，采集、检测化验土壤样品878份，更新县域耕地质量等级评价结果，编制全市耕地质量等级年度报告。实施农业农村部化肥减量增效示范县建设项目，建立66.67公顷以上市级化肥减量增效示范区4个、13.33公顷以上镇级化肥减量增效技术示范方14个。建立全市种植大户档案、肥料使用档案、农资销售点肥料销售档案；发布稻麦等主要农作物配方肥主推配方6个；开展稻麦专用缓混肥肥效等新技术试验10项，研发新型稻麦专用缓混肥配方2个，建立主要农作物测土配方施肥指标体系。继续开展水稻、小麦新型专用缓控肥示范推广，重点在全市55个部级化肥减量增效示范县建设项目示范大户和白蒲镇、东陈镇示范片进行大面积示范；构建适合如皋市生产实际的稻麦、蔬菜等5套主要作物化肥减量增效技术模式。参与农业农村部绿色种

2021年如皋市粮食、油料等作物种植面积、产量情况表

表23

指标	面积（公顷）	亩产（千克）	总产（吨）
一、粮食作物合计	99970	451.30	676762.00
（一）夏收粮食	46590	349.40	244155.00
1. 夏收谷物	44250	358.60	237991.00
（1）小麦	43370	358.80	233417.00
（2）大麦	880	346.50	4574.00
2. 蚕豌豆	2340	175.60	6164.00
（二）秋收粮食	53380	540.30	432607.00
1. 秋收谷物	45700	599.65	411028.00
（1）稻谷	42350	618.20	392680.00
（2）玉米	2660	405.99	16199.00
（3）其他谷物	690	207.63	2148.90
2. 秋收豆类	6300	159.34	15058.00
其中：大豆	5503	159.00	14715.00
红小豆	130	175.67	342.55
3. 秋收薯类	1380	315.00	6520.50
二、油料	9118	201.00	27428.00
（一）花生	3522	204.00	10800.00
（二）油菜籽	5530	199.00	16507.00
（三）芝麻	666	121.00	121.00

2021年如皋市蔬菜种植面积、产量情况表

表24

指标	面积（公顷）	公顷产量（千克）	总产量（吨）
合计	34480	33879	1168165
1. 叶菜类	11100	28973	321600
其中：芹菜	2560	45000	115200
油菜	8000	12260	78500
菠菜	705	15000	10500
2. 白菜类	1650	57045	94125
其中：大白菜	1520	40263	91200
3. 甘蓝类	2186	33211	72600
其中：卷心菜（结球甘蓝）	1067	52484	56000
4. 块根、块茎类	5359	35115	188180
其中：马铃薯	16	21875	400
白萝卜	1422	45000	63990
胡萝卜	573	31760	18200
5. 瓜菜类	2268	50031	113470
其中：黄瓜	668	67754	45260
南瓜	600	30000	18000

续表 24

指标	面积（公顷）	公顷产量（千克）	总产量（吨）
6. 豆类（菜用）	2375	30057	71386
其中：豇豆	1267	42016	53220
四季豆	280	29393	8230
7. 茄果类	3622	53967	195470
其中：茄子	1356	56060	76020
辣椒	1453	48555	70550
西红柿	813	60148	48900
8. 葱蒜类	1388	28330	39520
其中：大蒜	1077	31124	33520
9. 水生菜类	795	30296	24085
其中：莲藕	551	33902	18680
10. 其他蔬菜	4007	11912	47729
11. 食用菌（鲜品）	—	—	2490
其中：蘑菇	—	—	940

养循环农业试点项目建设，试点面积6800公顷，腐熟粪肥还田数量10万吨；小麦秸秆还田种肥同播种技术示范推广面积1万公顷；引导种植大户购买机插水稻侧深施肥机械154台，推广面积3500公顷。主要农作物测土配方施肥技术覆盖率92%以上。对涉及全市14个镇（街道）38个项目库274个补充耕地地块进行质量评定，累计评定面积45.8公顷。进一步推进耕地质量提升行动，加大主要农作物秸秆资源和畜禽粪便资源还田综合利用技术推广力度，实现化肥使用量下降0.6%以上目标（以2020年为基础）。

【如皋市获评首批省绿色蔬菜产业特色县】 5月，如皋市被评为首批省绿色蔬菜产业特色县，主要产品为黑塌菜。

黑塌菜是如皋市特有蔬菜品种，是国家地理标志农产品、全国名特优新农产品、省农业区域公用品牌。如皋市强化政策引导，构建打造黑塌菜产业链条，探索出一条规模化、标准化、机械化、产业化黑塌菜产业链。年内，全市黑塌菜种植面积1000公顷，其中3.33公顷以上规模黑塌菜种植基地42个、总面积500公顷。全年实现黑塌菜总产量1.5万吨，总产值3600万元。

养殖业

【畜牧业】 2021年，全市生猪存栏34.38万头，比上年增长3.68%；出栏66.42万头，比上年增长44.20%。大中型规模饲养生猪出栏56.67万头，占出栏总数85.32%，比上年增长3.2个百分点。山羊存栏18.07万只，比上年增长55.51%；出栏20.11万只，比上年增长0.95%。奶牛存栏2310头。家禽存栏984.85万羽，比上年增长0.05%；出栏2418.18万羽，较上年下降17.05%。年内，专用肉鸡出栏1484.46万羽；规模养殖肉鸡出栏1443.34万羽，占肉鸡出栏总数97.23%。蛋鸡存栏356.59万羽，其中规模养殖蛋鸡存栏343.08万羽，占蛋鸡存栏总数96.21%。全年肉类总产量9.5万吨，比上年增长20.3%；禽蛋总产量7.06万吨，比上年增长7%；生牛奶总产量1.17万吨，比上年增长9%；水产品总产量2.75万吨，比上年增长1.6%。

畜牧生态健康养殖示范场创建　年内，市农业农村局全力推进畜牧生态健康养殖示范创建，服务指导294家治理达标规模养殖场应用生态健康标准化生产技术，关停转产2家，其余292家规模养殖场应用生态健康标准化生产技术工作全部通过县级验收及南通市抽验。成功创建省畜牧生态健康养殖示范场3家［市兄弟生猪养殖有限公司、市勤丰养猪场、泰森（江苏）畜禽业发展有限公司如皋梅甸养殖场］。至年末，全市有农业农村部标准化示范场3家、省畜牧生态健康养殖示范场50家，全市生态健康养殖占比百分之百。

畜禽遗传资源保护　年内，市农业农村局有序开展如皋黄鸡畜禽遗传资源保护工作，保种工作完成继代繁育阶段性工作，群体规模数量5160只，其中种公鸡280只，保持60个家系不变。采用家系继代繁育保种方式，完成继代群体翅号佩戴。向社会推广如皋黄鸡苗鸡1.1万只、种蛋5万枚。加强“东串猪”遗传保种力度，开展品种引进、培育、扩繁、推广和保种等工作。至年末，东串猪存栏原种母猪110头，其中后备母猪10头；存栏原种公猪18头，其中后备公猪6头，保持6个家系不变。

【蚕业】 年内，市农业农村局着力抓好桑病虫防控、蚕种催青、智能小蚕共育工作，一日孵化率96%以上。全年技术培训2万人次，利用手机短信平台发送技术、行情指导信息3万余条次，在省农业网、南通农业信息网和如皋农业信息网同步发布技术信息。全市桑园面积3320公顷，家蚕饲养量13.56万张，产业规模居全省第四位。全年生产蚕茧 5970 吨。春蚕蚕茧平均价格 56.50 元 / 千克，平均张产 44.05 千克，亩产值 1832.28 元；秋蚕平均价格 50.88 元 / 千克，平均张产 44.16 千克，亩产值 1399.71 元。全市全年蚕桑总产值 37361 万元，其中蚕茧产值 32250 万元、蚕桑资源综合开发收入 5111 万元。蚕桑每亩综合产值 7502 元。全市桑园套夹种形成区域特色，培育形成黑塌菜、菠菜、甜豌豆、荠菜、菜薹等特色桑园套种核心区，套种套养占比 80%。搬经镇联友食用菌基地、加马食用菌基地、如城街道新民食用菌基地，利用桑枝木屑生产秀珍菇、姬菇等食用菌 28 万袋，收益 364 万元。

【水产业】 年内，全市实现渔业总值 23.8 亿元。放养常规淡水鱼鱼种约 250 万千克，其中“斤两鱼种”200 万千克；生产大宗淡水鱼苗 6.5 亿尾。全年水产总产量 2.88 万吨，其中养殖产量 2.3 万吨；生产鱼饲料 1 万吨，生产淡水鱼深加工食品（鱼片、鱼丸等）3800 吨。特色水产养殖占比 81%。江苏弘玖水产贸易有限公司建成黑鱼活鱼分拣配送中心，在上海、苏州、南京等地新增黑鱼产品直营店 4 家，日分拣活黑鱼 2.5 万千克。城北街道新建黑鱼养殖基地 13.93 公顷，新建藕田生态种养基地 13.33 公顷。中央电视台《丰收中国》栏目，以《小黑鱼“游”出完整产业链》为题，直播如皋市黑鱼收获现场。完成生态化养殖池塘改造 66.67 公顷；由市水产养殖场承担池塘生态化改造一期项目，完成净化区 2 座生态过滤坝建设。城南街道扩建水蛭设施养殖基地 2.3 万平方米；东陈镇增建池塘工业化生态养殖设施水槽 1000 平方米；城北街道、东陈镇新建观赏鱼养殖基地各 1 个，总面积 3.2 万平方米。市长蝶观赏鱼专业合作社、市金雉源家庭农场参赛金鱼在 2021 年长城杯（上海）世界金鱼锦标赛中获冠军奖项 3 个，在第四届中国（福州）世界金鱼大赛中获亚军奖项 1 个，在第五届中国（淄博）金鱼大赛中获冠军奖项 1 个。年内，市农业农村局组织开展水产种质资源调查工作，填报主体 657 个。通过发展生态养殖、开展尾水生态净化、放养优质苗种、加强病情测报、技术指导、加强生产管理等措施，推进水产养殖控药减药行动，用药量比上年下降 15% ~ 20%。

【动物疫病防控】 年内，市农业农村局重点实施春季、夏季集中补免和消毒灭原行动及秋季集中免疫三大免疫行动，免疫生猪口蹄疫 96.16 万针次、猪瘟 95.78 万针次、链球菌 26.2 万针次、高致病性猪蓝耳病 57.45 万头；免疫羊小反刍兽疫 31.43 万只、O–A 型口蹄疫 38.69 万针次，免疫牛口蹄疫 6749 针次；免疫家禽高致病性禽流感 4805.01 万羽次，免疫鸡新城疫 5150.3 万羽次。全年分别检测生猪、家禽、羊（牛）血样免疫抗体 419 份、1374 份、420 份，其中猪口蹄疫、猪瘟、高致性猪蓝耳病平均免疫抗体合格率分别为 99.76%、95.71%、85.48%；羊 O 型口蹄疫、小反刍兽疫平均免疫抗体合格率分别为 95.71%、96.90%；高致病性禽流感 H5 亚型 Re–11、Re–12、H7N9、鸡新城平均免疫抗体合格率分别为 90.76%、91.75%、88.31%、93.82%。全年 H7N9 检测血样 2992 份，平均免疫抗体合格率 94.79%。所有强制免疫病种免疫抗体合格率均超过国家、省规定 70% 合格率的标准。

【病死动物无害化处理】 年内，全市 14 个镇（街道）设病死猪无害化处理收集点 15 个，累计无害化处理病死猪 7.88 万头，病死猪无害化处理率百分之百，无害化处理覆盖率百分之百。全市畜禽养殖保处联动系统正常使用，确保病死猪收集、运输、无害化处理得到全流程监管。

2021 年长城杯（上海）世界金鱼锦标赛冠军获得者——市长蝶观赏鱼专业合作社培育的蝶尾金鱼

（东陈镇　供图）

高标准农田建设

【概况】 2021 年，市农业农村局新增高标准农田建设项目 8 个，涉及 8 个镇（街道）、24 个村（社区）。总规模 4733.33 公顷，其中高效节水灌溉 533.33 公顷；项目总投资 25450 万元，其中争取上级投资 9925 万元。至年末，完成总工程量 82%。8 月，2020 年度高标准农田建设项目通过南通市级验收。项目建设总面积 4266.66 公顷，其中实施高效节水灌溉 1000 公

2021 年度如皋市高标准农田建设项目立项情况表

表 25

序号	项目名称	项目建设地点	建设规模（公顷）		财政投资（万元）				
			高标准农田	高效节水灌溉	合计	中央	省级	市级（占补平衡补偿资金）	县级（配套）
	合计	—	4733.33	533.33	25450.00	7000	2925.00	12425	3100.00
1	下原镇高标准农田建设项目	下原镇下原、沈阳村	493.33	37.33	2632.00	740	298.50	1295	298.50
2	搬经镇高标准农田建设项目	搬经镇刘庄、高明庄、楼冯、晓庄村	693.33	109.33	3763.00	1040	451.50	1820	451.50
3	东陈镇高标准农田建设项目	东陈镇刘亮、刘扬、万富村	753.33	60.67	4023.25	1130	457.88	1978	457.88
4	磨头镇高标准农田建设项目	磨头镇新徐、顾沈、高李、高庄村	653.33	104.67	3547.75	880	388.88	1715	563.88
5	城北街道高标准农田建设项目	城北街道浦东村	266.67	76.67	1486.25	400	193.13	700	193.13
6	白蒲镇高标准农田建设项目	白蒲镇新陆、斜庄村	666.67	51.33	3557.75	1000	403.88	1750	403.88
7	江安镇高标准农田建设项目	江安镇徐柴、黄建、胜利村	426.67	32.67	2276.75	640	258.38	1120	258.38
8	九华镇高标准农田建设项目	九华镇郑甸、小马桥、云屏、姜园、龙舌村	780.00	60.67	4163.25	1170	472.88	2048	472.88

顷，实施高标准农田建设项目 8 个，涉及 10 个镇（街道）、18 个村（社区），总投资 2.35 亿元，新建维修泵站 34 座，修建明渠 84.64 千米、暗渠 134.11 千米、灌溉管道 12.66 千米，生态护岸 35.1 千米，新建机耕路 161.61 千米，植树 3.41 万棵。

【高标准农田项目规划】 年内，市农业农村局将 2022 年高标准农田建设立项项目规划工作与全市土地流转、产业结构、经营主体、生态环境、占补平衡情况相结合，围绕全市农田生态系统构建规划，突出高效节水理念，在工程建设上推广泵站自动控制、暗渠输水灌溉技术，推广生态排水沟建设。11 月，完成 2022 年度项目入库名录编制并上报南通市农业农村局。

【高标准农田建设监管】 年内，市农业农村局制定《如皋市高标准农田建设监管细则》和《如皋市高标准农田建设和资金管理办法》，开展日督查、周例会、周调度、月通报、月推进、季点评工作，确保项目建设质量、进度、安全、审计、资料“五同步”。建立“黑名单”制度，全面提升高标准农田建设质量。强化项目管护，坚持“谁收益谁管护，谁所有谁管护”原则，明确项目所在镇村主体责任、管护人员职责、管护工作标准，将项目管护工作列入镇（街道）环境整治考核内容。

农业机械化

【概况】 2021 年年末，全市拥有农业机械总动力 89.36 万千瓦，比上年增长 1.6%。农作物耕种收机械化水平 87.85%。拥有拖拉机 3207 台，其中 73.5 千瓦及以上大型拖拉机 1168 台、配套秸秆还田机 4126 台；拥有稻麦联合收割机 2377 台、插秧机 3007 台。农业机械总动力 89.36 万千瓦，比上年增长 1.6%。

【农机购置】 年内，全市获中央及省级农机购置补贴资金 1300.62 万元，受益农户 593 户。推广各类农机具 650 台，其中插秧机 261 台（乘坐式插秧机 247 台、步进式插秧机 14 台）、大中型拖拉机 81 台、联合收割机 43 台、秧田播种机 22 台、旋耕机 23 台、旋耕施肥播种机 30 台、喷杆式喷雾机 27 台、水稻侧深施肥装置 43 台、农业用北斗终端 57 台、谷物烘干机 12 台。

【特色农业机械化】 年内，如皋市聚焦特色农业机械化，明确设施蔬菜种植、水产养殖投饲、林果业修剪采收等方面机械化为主攻重点，研究出台扶持政策《关于加快推进特色农业机械化的通知》。全年分别奖补设施农业、林果业机械化示范园区 11 个、105 万元；投入 1392 万元，推进畜禽粪污机械化处理社会化服务；投入 1700 万元，提升水产养殖、林果业、农产品初加工等机械化水平。年内新增各类特色农机装备 3320 台（套）。特色农业机械化考核指标位列全省第一名。

【秸秆综合利用】 年内，如皋市坚持麦秸秆还田为主，适度推广稻秸秆还田，实现秸秆机械化还田率 78.63%，比上年下降 4.31 个百分点。按 300 元 / 公顷标准对秸秆还田给予补助，全年补助面积 4.8 万公顷，兑现各级补助资金 1440.2 万元，其中省级补助资金 1382 万元、如皋市级补助资金 20.66 万元、镇级补助资金 37.54 万元。开展秸秆生态型犁耕深翻还田试点工作，对按要求实施稻秸秆犁耕深翻还田作业面积达到 33.33 公顷及以上试点规模种植大户，按 600 元 / 公顷标准给予补助。实施稻秸秆犁耕深翻还田作业试点总面积 2.86 公顷，补助 114.4 万元。开展稻麦秸秆机械化打捆离田作业试点，对按要求实施的试点村集体（含村集体领办的农地股份合作社和国有场站），给予 900 元 / 公顷作业补助。全年实施稻麦秸秆机械化打捆离田作业试点面积 3400 公顷，补助资金 306 万元。

【机电排灌管理】 年内，市农业农村局组织各镇（街道）全面排查辖区内机泵设备和渠系配套建筑物等农田排灌设施，累计完成 1619 座泵站机电设备维修；整修渠道 1913 条、255 千米，动土量 21.28 万立方米；修整灌区配套建筑物 4157 处；签订农田排灌服务安全责任书 1619 份，实现泵站灌区安全责任书签订全覆盖。联合市财政局确定危旧泵站维修改造项目 8 个，涉及东陈、丁堰等 6 个镇，补助资金 73.82 万元。举办首届农田排灌安全员培训班，分两期培训 380 人。联合市水务局出台《关于做好农业用水价格决算及备案工作的通知》，全市 14 个镇（街道）、3 个国营农机站农业用水价格备案率百分之百，使用“农业用水价格系统”软件，开票率 75%。

【农机安全生产】 年内，市农业农村局建立农机安全生产网格化监管绩效考评机制，制定出台《如皋市农机安全生产网格化监管协管员目标管理考核办法》，对全市涉农行政村（社区）农机安全协管员实行绩效考核。深入农机经营服务主体，持续开展农机安全生产隐患排查整治。制订印发《如皋市农业机械事故应急预案》，进一步规范农业机械事故应急管理和应急响应程序。4 月 26 日，在东陈镇举办全市农机安全生产应急救援演练活动，各镇（街道）农业农村和社会事业局分管农机安全生产工作负责人、村级农机安全协管员代表等近 150 人观摩演练活动。

【农机报废补贴】 年内，市农业农村局实施农机报废补贴政策，加强对从事报废农机回收经营企业的监督管理，安排专人实地查看、监督农机报废回收单位对报废农机主要零部件进行破坏性处理，逐台拍照留存，杜绝报废农机再次流入市场。全市报废老旧联合收割机 59 台、插秧机 16 台，市财政补贴资金 102.5 万元。

（刘金宁）

10 月 30 日，丁堰镇堰南社区的水稻秸秆，经机械化打捆成“秸秆包”，作为燃料送往发电厂发电 （刘明祥 摄）

新型农业经营主体

【概况】 2021 年，如皋市加快培育农民合作社、农业产业化龙头企业、家庭农场等新型农业经营主体，创新财政支持家庭农场、农民合作社发展机制，培育新型职业农民，提升经营能力和水平。至年末，全市有如皋市级及以上农业产业化龙头企业 90 家，其中国家级 1 家、省级 12 家、南通市级 42 家。累计工商注册登记农民合作社 468 家，其中，国家级示范社 9 家、省级示范社 11 家、市级示范社 31 家、县级示范社 48 家，农民合作社示范社培训教育基地 11 家、综合社 24 家。备案在册各类家庭农场 2482 家，涵盖粮食、园艺、水产和种养结合等产业类型，经营总面积 1586.67 公顷。

2021 年如皋市级及以上农业产业化龙头企业经营情况表

表 26

序号	所在地	级 别	企业名称	销售（交易）收入（万元）	利润（万元）	税金（万元）	创汇（万美元）
1	城北街道	国家级	江苏长寿集团有限公司	129352	996	706	839
2	城北街道	省级	江苏联众肠衣有限公司	24229	170	484	303
3	城北街道	省级	江苏千牧生物科技股份有限公司	16734	122	321	2290
4	城北街道	省级	江苏弘玖水产有限公司	9930	352	53	0
5	如城街道	省级	南通安佑生物科技有限公司	34018	436	311	0
6	如城街道	省级	如皋绿园有限公司	11890	755	213	0
7	长江镇	省级	江苏永友食品科技有限公司	99776	4252	1693	0
8	城南街道	省级	如皋市永兴肠衣有限公司	18804	4	150	2428
9	城南街道	省级	南通品德物流配送有限公司	30036	333	327	0
10	城南街道	省级	南通天恒园林景观工程有限公司	58725	2148	2209	0
11	江安镇	省级	南通玉兔集团有限公司	18645	158	480	0
12	搬经镇	省级	南通华多种猪繁育有限公司	21370	3646	0	0
13	磨头镇	省级	如皋华夏花卉有限公司	9976	564	336	0
14	城北街道	南通市级	江苏一品饲料科技发展有限公司	5120	230	31	0
15	城北街道	南通市级	南通仁寿食品有限公司	4533	100	65	700
16	城北街道	南通市级	南通利都肠衣有限公司	18318	220	328	2840
17	城北街道	南通市级	江苏五湖粮油有限公司	34269	187	51	0
18	城北街道	南通市级	如皋市天源肠衣有限公司	3000	142	32	0
19	城北街道	南通市级	南通明旺达肠衣有限公司	11000	455	198	1360
20	城北街道	南通市级	如皋市日益肠衣有限公司	3877	53	42	0
21	城北街道	南通市级	江苏昊瑞生物科技有限公司	4037	55	45	0
22	城北街道	南通市级	南通鸿润肠衣有限公司	4293	59	48	0
23	城北街道	南通市级	江苏天达农业开发有限公司	3895	218	29	0
24	城北街道	南通市级	如皋市泽宇畜产品有限公司	4123	56	46	0
25	如城街道	南通市级	江苏梅源绿化建设有限公司	1600	44	82	0
26	如城街道	南通市级	如皋市家家乐超市加盟管理有限公司	5937	211	95	0
27	如城街道	南通市级	南通春华食品有限公司	4300	210	52	0
28	如城街道	南通市级	南通光远速冻制品有限公司	2042	90	24	313
29	如城街道	南通市级	江苏花名堂农业科技发展有限公司	982	30	0	0
30	如城街道	南通市级	南通市宏达肠衣有限公司	2141	0	32	250
31	如城街道	南通市级	如皋市花木大世界工程有限公司	—	—	—	—
32	长江镇	南通市级	江苏永友物流有限公司	193632	31	282	0
33	长江镇	南通市级	如皋新好农牧有限公司	37394	−4509	58	0
34	长江镇	南通市级	江苏康丰牧业有限公司	8900	240	35	0
35	长江镇	南通市级	如皋田王苗木有限公司	1200	200	0	0
36	城南街道	南通市级	江苏如胜食用菌有限公司	1285	120	0	0

续表 26

序号	所在地	级　别	企业名称	销售（交易）收入（万元）	利润（万元）	税金（万元）	创汇（万美元）
37	城南街道	南通市级	江苏花心思盆景有限公司	1128	−200	10	0
38	城南街道	南通市级	江苏寿都密码农产品有限公司	9443	13	5	0
39	丁堰镇	南通市级	如皋市粮食购销公司	19566	10	0	0
40	江安镇	南通市级	如皋市兴昌实业有限公司	867	21	19	0
41	江安镇	南通市级	如皋市时来牧业有限公司	661	54	0	0
42	江安镇	南通市级	南通海顺粮食仓储有限公司	1241	49	39	0
43	江安镇	南通市级	南通市茂桐农林科技有限公司	652	112	1	0
44	石庄镇	南通市级	南通温氏家禽有限公司	34982	2898	7	0
45	石庄镇	南通市级	如皋市飞利来肠衣有限公司	22348	201	95	3229
46	白蒲镇	南通市级	南通白蒲黄酒有限公司	5181	101	564	0
47	白蒲镇	南通市级	江苏长寿集团如皋广兴米业有限公司	5011	97	5	0
48	白蒲镇	南通市级	如皋市蒲新生态农业科技有限公司	358	36	20	0
49	九华镇	南通市级	南通恒赢米业有限公司	8284	347	5	0
50	九华镇	南通市级	如皋市九华镇锦鹏家禽专业合作社	1616	0	0	0
51	东陈镇	南通市级	如皋市中萃米业有限公司	368	15	8	0
52	吴窑镇	南通市级	南通市赛天蓬牧业有限公司	1300	−800	0	0
53	搬经镇	南通市级	南通双龙门食品有限公司	3588	139	49	0
54	搬经镇	南通市级	江苏正禾现代农业有限公司	5050	420	0	0
55	磨头镇	南通市级	南通盛鑫食品有限公司	7258	186	198	0
56	城北街道	如皋市级	如皋市皋润肠衣有限公司	2277	49	32	0
57	城北街道	如皋市级	如皋市佳浩果蔬科技发展有限公司	532	38	0	0
58	城北街道	如皋市级	江苏品瑞农业科技开发有限公司	1049	2	1	0
59	如城街道	如皋市级	江苏光远食品有限公司	2667	31	19	11
60	如城街道	如皋市级	江苏皋德食材有限公司	10353	102	135	0
61	如城街道	如皋市级	江苏浙商三农商贸发展有限公司	—	—	—	—
62	长江镇	如皋市级	江苏华珍禽业有限公司	1013	68	2	0
63	长江镇	如皋市级	如皋金阳现代农业发展有限公司	804	56	3	0
64	长江镇	如皋市级	如皋市益成鸽业有限公司	1241	73	2	0
65	长江镇	如皋市级	江苏北环生物科技有限公司	886	128	2	0
66	长江镇	如皋市级	南通翔舟生态农业发展有限公司	327	159	0	0
67	长江镇	如皋市级	江苏五零鲜村生态农业发展有限公司（南通隆恬农业科技发展有限公司）	1640	200	0	0
68	长江镇	如皋市级	江苏长生药用植物有限公司	409	−99	7	0
69	城南街道	如皋市级	南通欣晨冷冻食品有限公司	512	36	34	0
70	城南街道	如皋市级	南通欣洋食品有限公司	2072	35	49	0
71	城南街道	如皋市级	如皋市鸿丰生猪养殖有限公司	560	−21	0	0
72	城南街道	如皋市级	如皋筷乐米业有限公司	3056	98	4	0

续表 26

序号	所在地	级 别	企业名称	销售（交易）收入（万元）	利润（万元）	税金（万元）	创汇（万美元）
73	丁堰镇	如皋市级	如皋市永欣农贸市场管理有限公司	22500	2450	135	0
74	丁堰镇	如皋市级	江苏海景园林发展有限公司	1798	421	72	0
75	江安镇	如皋市级	如皋市东方食品有限公司	522	25	11	0
76	江安镇	如皋市级	如皋市康泽食品有限公司	610	15	18	0
77	石庄镇	如皋市级	如皋市思江品德农产品配送有限公司	1705	7	4	0
78	石庄镇	如皋市级	如皋市绿众农产品有限公司	111	15	10	0
79	石庄镇	如皋市级	如皋市永祥皮革制品有限公司	—	—	—	—
80	下原镇	如皋市级	如皋市润溪龟鳖养殖有限公司	610	−3	0	0
81	下原镇	如皋市级	如皋市绿野生态农业观光中心	1067	26	0	0
82	下原镇	如皋市级	江苏源味农业科技有限公司	1405	23	1	0
83	东陈镇	如皋市级	如皋市中萃生态农业科技有限公司	940	176	0	0
84	东陈镇	如皋市级	如皋洲源稻米专业合作社	2680	45	0	0
85	吴窑镇	如皋市级	如皋市丰迪肠衣有限公司	17246	260	253	882
86	搬经镇	如皋市级	中皋农产品供应链有限公司	2056	−108	7	0
87	搬经镇	如皋市级	南通嘉禾润宝现代农业科技有限公司	592	27	0	0
88	搬经镇	如皋市级	江苏乡之恋生态农业有限公司	—	—	—	—
89	磨头镇	如皋市级	江苏艺昊建设工程有限公司	643	4	29	0
90	磨头镇	如皋市级	江苏雅楠木业有限公司	—	—	—	—
合计				1052147	20413	10714	15444

【农业产业化龙头企业】 年内，全市新增省级农业产业化龙头企业2家（江苏弘玖水产有限公司、南通安佑生物科技有限公司）、南通市级龙头企业3家。市农业农村局持续抓好农业产业化龙头企业、农产品加工企业及省级农产品加工区数据监测分析工作。全市龙头企业资产总额77.38亿元，实现销售（交易）收入105.21亿元。新增省股权中心农业版挂牌企业8家，累计22家。如皋肠衣加工集中区通过省级农产品加工集中区监测，入选全省10个加工区示范典型案例，被列入全国农村创业园区（基地）目录。江安镇联络新社区获评2021年全国乡村特色产业亿元村。

【农民合作社】 年内，市农业农村局以规范管理为基础，以提质增效为核心，以融合发展为目标，开展农民合作社规范化建设活动。注销“空壳社”719家，经监测确认合格、有效期内国家级示范合作社9家、省级示范合作社11家、南通市级示范合作社26家、如皋市级示范合作社12家；新增南通市级示范合作社5家、如皋市级示范合作社36家。县级及以上农民专业合作社示范社示范率21.2%。全年有8家农民合作社获中央财政支持项目资金150万元。新创建农民合作社综合社试点合格单位21家、农民合作社示范社培训教育基地6家。

【家庭农场】 年内，市农业农村局培育省级示范家庭农场7家，经营面积239公顷；培育南通市级示范家庭农场10家，经营面积262公顷；培育如皋市级示范家庭农场78家，经营面积1665公顷。至年末，全市有222个家庭农场被列入各级示范家庭农场名录，其中省级37家、南通市级37家、如皋市级148家。

【新型职业农民培育】 年内，市农业农村局围绕提高农民科技素质、职业技能、经营能力等要素，增强高素质农民职业化发展培训，通过分层教育、产学结合、实行学徒制等，培养现代农业技术能手、家庭农场主、种植养殖专业户，探索农业职业经理人、经纪人、乡村工匠订单式培养新模式。全年高素质农民培训3429人，其中，农产品电子商务培训182人，农机技术培训70人，农业新型经营主体培训201人，基层农技推广人员培训162人。

农林水利综合行政执法

【概况】 2021年，市农林水利综合执法大队立案299起，其中一般程序案件131起、肥料类案件2起、农药类案件21起、防疫类案件23起、渔政类案件52起、水政类案件15起、农产品类案件9起、饲料类案件1起、野保类案件1起、林业类案件1起、畜禽屠宰类案件3起、种子类案件2起、农机类案件1起。

【农资市场治理】 年内，市农林水利综合执法大队进一步完善以“一表两清单”（“一表”指制定统一的执法检查表格；“两清单”指随机抽查事项清单、简政放权事中事后监管责任清单）、“两库一平台”（“两库”指建立随机抽查对象库、执法检查人员名录库，“一平台”指统一市场监管信息平台）、“双随机”抽查机制为重点日常执法监督检查制度，推动执法关口前移、重心下移，实施横向到边、纵向到底全覆盖。以惩治经营假劣农资、未审定（登记）农资、标识标签不合格农资及禁、限用农药等为重点，对辖区内农资生产、经营单位及网点实行拉网式检查，开展农作物种子、农资市场、农资打假、农产品质量安全专项整治、有机肥专项整治等专项执法行动9次，其中春、秋季种子市场专项整治各1次，夏季百日专项整治1次，春、秋季农资专项整治各1次，植物检疫专项整治2次，农产品生产基地专项整治1次，有机肥专项整治行动1次。全年出动执法人员620人次，检查各类农资生产经营主体545家次，整顿市场3个次，立案查处案件33起（简易程序3起），罚没款金额共17.09万元，发放责令改正通知书21份，发放《农药管理条例》《种子法》《农业农村部禁限用农药名录（2019版）》等法律法规宣传资料1500余份。加强农资质量监督抽检，开展农业投入品监督抽查4次，抽样325个，其中，农药抽样185个，肥料抽样20个，种子抽样120个（水稻种子样品36个、玉米种子9个、小麦种子样品44个、油菜种子样品31个），经检测，合格率98%。对市场抽检质量不合格农资产品，依法查处并追根溯源，及时发布风险提示。

【农药管理】 年内，市农林水利综合执法大队对2家农药生产企业安全生产情况开展督查，全年闭环整改安全隐患120余项。聘请化工安全专家每月对农药生产企业开展一次专项安全检查，排查并闭环整改安全生产隐患50个。开展农药市场专项检查、禁限用农药点外经营专项整治行动，检查农药经营门店170余家，与100余家经营门店签订责任状，发放责令改正通知书10份。专项检查敌百虫原药、硝酸钾、硝酸铵等危险化学品经营情况，悬挂危险化学品宣传条幅70条。开展农产品生产基地执法检查专项行动、农产品及农业投入品生产经营主体专项检查，出动执法人员280余人次，检查110家次，抽检果蔬样品200个，涉及品种60余个，移送案件3起。协助开展农药包装废弃物回收工作，设置农药包装废弃物村镇级回收点354个，建立市级农药包装废弃物临时储运中心，全年回收处理农药包装废弃物113.71吨。

【水政监管】 年内，如皋市始终保持高压态势防范和惩处非法采砂行为。全年举办专项执法检查51次，出动执法人员（含联合行动）216人次、执法艇49艘次，查处长江非法采砂、非法移动类案件4起。开展内河非法取土（采砂）专项整治工作，市农林水利综合执法大队与水务、公安、交通运输等部门开展联合检查56次，查处非法取土（采砂）案件18起，其中立案查处6起、移交公安2起、并案处理或即时处理10起，年内结案5起，罚没70.52万元，控制涉嫌非法采矿罪嫌疑人52人，拆除长江采砂船舶2条，没收采砂船只1条。

【农机执法】 年内，市农林水利综合执法大队对无牌无证、违规操作、违章载人等农机违法行为开展重点检查，全年执法检查拖拉机和联合收割机215台（套），占拖拉机和联合收割机登记在册数5.1%，行政处罚类案件办结117件，其中罚款78件，占拖拉机和联合收割机登记在册数2.78%。行政处罚案办结数南通市排名第一，比上年增加22件。农机执法终端使用率百分之百，执法检查和行政处罚信息电子存储率百分之百。

（刘金宁）

工　业

综述

【概况】 2021年，如皋市密切监测经济走势，重点关注大宗商品价格上涨、中美贸易摩擦等外部因素影响，协调稳定工业经济运行。实现工业增加值602.81亿元，比上年增长11.5%，其中制造业增加值551.77亿元，比上年增长11.3%。全部工业产品销售率98.35%。实现工业应税销售1768.3亿元，比上年增长10%；实缴税金46.72亿元，比上年增长8.09%，税金率2.64%。全年工业用电量47.77亿千瓦时，每千瓦时电产生应税销售37.03元，比上年下降8%。

【工业项目建设】 年内，市发展改革委预审项目51个，通过48个，其中单体投资1亿元及以上项目41个。新建项目中高新技术企业投资项目占比54.5%，高技术制造业和战略性新兴产业项目占比72.7%。新开工单体投资10亿元及以上重特大工业项目15个，计划总投资额250.17亿元，年内完成投资额62.63亿元，其中日达智能终端精密模组、正海稀土永磁体、梦百合智能家居3个项目入选南通高端制造业奖励项目。重特大工业项目竣工8个，竣工率31.8%；转化4个，转化率12.5%。

2021年如皋市总投资10亿元及以上新开工工业项目情况表

表27

序号	项目名称	建设单位	计划投资（万元）	开工时间	年内完成投资额（万元）	所在地
1	智能终端精密模组项目	日达智造科技（如皋）有限公司	500000	2021年1月	143299	长江镇
2	空气净化设备、工业自动调节仪表、电子加速器生产项目	南通如昊实业发展有限公司	100000	2021年1月	58959	丁堰镇
3	高强度铁基复合材料汽车零部件项目	江苏华永铁基复合材料有限公司	100000	2021年1月	29643	长江镇
4	年产390万平方米新型智能玻璃门窗及40万套抗震支吊架项目	江苏沪港装饰有限公司	101600	2021年1月	27041	长江镇
5	聚丙烯电容薄膜生产线项目	南通百正电子新材料股份有限公司	100000	2021年1月	24685	如皋开发区
6	驾驶台及配套综合船桥系统设备项目	南通星瑞船舶装备有限公司	100000	2021年1月	22552	长江镇

续表 27

序号	项目名称	建设单位	计划投资（万元）	开工时间	年内完成投资额（万元）	所在地
7	年产 500 万套户外用品项目	南通嘉立德机电科技有限公司	100000	2021 年 2 月	17814	如皋开发区
8	水纯化和日化产品的设备与模块项目	森松（江苏）重工有限公司	100000	2021 年 3 月	42455	长江镇
9	110 千伏 ~ 800 千伏交直流环氧树脂浸渍纸（RIP）干式套管研发生产项目	江苏省如高高压电器有限公司、江苏思源赫兹互感器有限公司	100050	2021 年 3 月	37824	如皋开发区
10	车载 3D 盖板玻璃生产线项目	江苏如天光电科技有限公司	100000	2021 年 4 月	30488	如皋高新区
11	新建年仓储沥青 50 万吨、加工生产特种沥青 33 万吨项目	江苏高速新材料科技有限公司	200000	2021 年 5 月	15242	长江镇
12	GIL 高压及特高压金属封闭气体绝缘输电母线及输变电自动化系统生产项目	赛杰爱迪（江苏）高压电气有限公司	100000	2021 年 6 月	19345	如皋工业园区
13	高性能稀土永磁体研发生产基地建设项目	南通正海磁材有限公司	500000	2021 年 8 月	78864	如皋高新区
14	智能控制系统、智能家居扩建项目	梦百合家居科技股份有限公司	200000	2021 年 10 月	68247	丁堰镇
15	年产 2000 吨物理法石墨烯项目	江苏国石新能源科技有限公司	100000	2021 年 11 月	9881	如皋工业园区

2021 年如皋市总投资 10 亿元及以上竣工工业项目情况表

表 28

序号	项目名称	建设单位	计划总投资（万元）	竣工时间	所在地
1	新建年产 1.2 亿套移动通信设备零件制造及高标准厂房项目	江苏熔盛重工有限公司	500000	2021 年 6 月	长江镇
2	宏茂新能源高端装备零部件制造中心	如皋市宏茂铸钢有限公司	200000	2021 年 6 月	长江镇
3	出口型 PVC 水池技改扩建项目	南通荣威娱乐用品有限公司	100000	2021 年 6 月	如皋开发区
4	高端激光装备项目	江苏迅发激光科技有限公司	100000	2021 年 6 月	如皋高新区
5	新建年产 10 万吨无菌外科材料，20 万吨医用敷料项目	江苏金桥油脂化工科技有限公司	105000	2021 年 12 月	长江镇
6	66 千伏 ~ 1100 千伏智能组合电器（GIS）产业化项目	江苏聚源电气有限公司	100000	2021 年 12 月	如皋开发区
7	高压、特高压配套电力设备生产项目	南通世睿智能设备有限公司	100000	2021 年 12 月	如皋高新区
8	轴承（非 P0 级，直径 60 毫米以上）生产项目	江苏万达特种轴承有限公司	100000	2021 年 12 月	如皋工业园区

【企业结构】 年末，全市有规模以上工业企业 1021 家、应税销售超 1 亿元企业 258 家，比上年分别净增 289 家（新增新开规模制造业企业 65 家）、70 家。规模以上工业企业应税销售 1377.66 亿元，比上年增长 25.85%，占全部工业应税销售 77.91%；实缴税金 36.92 亿元，比上年增长 4.8%，占全部工业实缴税金 79.01%。全市统计规模以上工业企业完成总产值 1415.63 亿元，比上年增长 13.67%；营业收入 1400.78 亿元，比上年增长 16.61%；利润总额 71.88 亿元，比上年增长 14.83%。

2021年如皋市规模工业主要工业产品产量情况表

表29

产品名称	计量单位	全年产量	比上年增长（%）
橡胶轮胎外胎	万条	304.16	-10.8
民用钢质船舶	万载重吨	3.93	-23.8
钢球	亿粒	77.83	25.5
新能源汽车	辆	4037.00	74.4
锻压设备	台	602.00	4.7
高压电器	万台	2.95	-8.8
半导体分立器件	亿只	79.54	35.5
纱	万吨	5.47	1.7
布	亿米	2.56	-8.5
服装	亿件	0.86	-18.1
玻璃纤维纱	万吨	3.97	10.3
饮料酒	万吨	1.00	8.6

【产业结构】 年内，全市汽车及零部件、新型电力装备、高端成套设备及关键零部件、生命健康、电子信息、新材料六大产业链实现应税销售1103.61亿元，比上年增长45.31%，总量占全市规模以上工业应税销售83.24%；实缴税金31.21亿元，比上年增长10.41%，总量占全市规模以上工业实缴税金82.24%。工业战略性新兴产业总产值589.52亿元，比上年增长9.41%，占工业总产值比重41.75%。

【工业运行监测】 年内，市发展改革委每月及时跟踪了解工业运行情况，监测规模工业产值、工业应税销售、实缴税金、新增规模工业企业等关键指标动态情况，加强风险研判和监测预警，采取镇（区）走访、镇（区）局长例会、市领导挂钩联系重点企业等措施防范化解重大风险，促进工业经济平稳健康发展。按月编写工业运行分析报告，定期编印全市工业运行白皮书2期，汇总分析重点产业、重点企业、镇（区、街道）工业运行具体情况。每月常规开展工业和信息化部重点企业监测、省级重点企业运行监测、省级工业经济新增长点监测、南通200强企业运行监测、工业企业负担问卷调查、受新冠肺炎疫情和能源双控影响调查等工作。按月度、季度、年度分别开展重点指标月度评估、新型工业化考核、高质量发展考核，推动各镇（区、街道）重点工作开展。

【实体经济扶持】 年内，如皋市常态化开展企业家协会、重点企业座谈会、金融对接会、企业家联谊会、惠企政策宣讲等活动。组织企业参加第十届江苏（盛泽）纺织品博览会、南通船舶海工产业展、世界智能制造大会云上展览等专题活动4次。12月14日至17日，举办新型电力装备产业链企业家培训活动，邀请省工业和信息化厅二级巡视员周毅彪、南瑞集团（国网电力科学研究院）首席专家吴峡等7位专家到班授课，课程涵盖宏观政策解读、双碳背景下新型电力装备产业发展研究、企业智能化数字化转型升级发展路径等方面；组织参培企业家参观南瑞集团（国网电力科学研究院）等业内龙头标杆企业，学习技术创新研究、智能工厂建设、现代化运营管理等方面先进经验。

【工业调研分析】 年内，市发展改革委围绕制造业产业发展、企业培育、低效用地盘活等重点工作开展调研分析，先后形成节后企业复工情况、规模工业企业培育情况、亿元企业及重点产业运行情况、规模工业企业（应税销售负增长）运行情况、新能源汽车产业等方面调研报告，为市委、市政府决策研判提供支撑。开展医疗资源企业、重点光伏企业、新基建重点领域、轨道交通配套企业、新型电力装备企业、特高压企业、电价改革、企业供应链风险、细化行业领域头部企业等专项调查20余次。

【专精特新企业培育】 年内，如皋市深入实施专精特新“小巨人”企业培育三年行动，加强个性指导，江苏省如高高压电器有限公司、江苏嘉好热熔胶股份有限公司被认定为国家专精特新“小巨人”企业，全市累计8家，总数位居南通第一；江苏思源赫兹互感器有限公司、江苏汤臣汽车零部件有限公司入围中央财政支持国家专精新特“小巨人”名单。江苏万达特种轴承股份有限公司“叉车门架滚动轴承”获评国家制造业单项冠军产品，全市累计拥有国家制造业单项冠军示范企业2家、国家制造业单项冠军产品1个。6月28日，如高高压电器有限公司、南通世睿电力科技有限公司、凯晖科技股份有限公司3家企业工业设计中心被省工业和信息化厅认定为省级工业设计中心。12月27日，南通佳宝机械有限公司、南通世睿电力科技有限公司、势加透博洁净动力如皋有限公司等8家企业被认定为省级专精特新“小巨人”企业，获认定总数居南通各县（市、区）第一。

【中罗印刷机械公司一产品被认定为省级首台（套）重大装备】 12月30日，市中罗印刷机械有限公司LT1050轮转印刷机产品被省工业和信息化厅认定为首台（套）重大装备。

LT1050轮转印刷机产品为新型书刊印刷机，创新采用“硬压软”

三辊筒结构取代“软压软”结构，提升印刷网点清晰度和印品质量；针对不同尺寸印品生产，采用不同印版滚筒，实现一台机器可印刷多种尺寸印品。其印刷速度为3万张/小时，可变尺寸周长为508～720毫米。

（戴海峰　冒新宇　蒋文娟）

2021年如皋市新增应税销售超1亿元工业企业名录

表30

序号	纳税人名称	所在地	应销售额（万元）	增幅（%）
1	日达智造科技（如皋）有限公司	长江镇	1101082.08	—
2	南通世睿智能设备有限公司	城南街道	60082.68	—
3	江苏思源高压开关有限公司	城北街道	60038.36	—
4	中膜新材料科技有限公司	长江镇	29609.24	—
5	南通科勉家居有限公司	如城街道	21597.93	127.46
6	江苏金桥油脂化工科技有限公司	长江镇	21325.00	—
7	江苏华永复合材料有限公司	长江镇	20187.47	272703.65
8	南通皋鑫科技开发有限公司	磨头镇	18976.80	137.69
9	南通国志海洋工程有限公司	长江镇	17586.97	—
10	南通栩琪建筑材料科技有限公司	搬经镇	17081.71	—
11	如皋市欧通机械配件有限公司	石庄镇	16918.06	122.77
12	南通中豪超纤制品有限公司	白蒲镇	16723.78	88.13
13	南通熔煌钢结构有限公司	长江镇	16721.03	120.38
14	如皋市力星滚子科技有限公司	如城街道	16434.00	410.02
15	江苏盈达机电科技有限公司	如城街道	16350.69	234.83
16	江苏曜彰体育用品有限公司	白蒲镇	16340.46	95.39
17	南通长青沙船舶工程有限公司	长江镇	15511.51	541.66
18	南通意特化工有限公司	长江镇	15360.68	54.08
19	江苏奕隆机电科技有限公司	九华镇	15000.04	151.21
20	南通华川交通装备有限责任公司	长江镇	14862.75	131.42
21	江苏效玄机电科技有限公司	白蒲镇	14714.22	266.10
22	南通亘祺纺织有限公司	丁堰镇	14608.73	46.50
23	南通海驹钢结构有限公司	磨头镇	14000.59	105.37
24	如皋市金圣混凝土有限公司	如城街道	13851.66	55.78
25	势加透博洁净动力如皋有限公司	城北街道	13751.50	187.59
26	南通信昌线缆有限公司	白蒲镇	13658.64	909.46
27	如皋诚信热镀锌有限公司	石庄镇	13459.09	56.00
28	南通九洲环保科技有限公司	长江镇	13269.67	68.93
29	南通市顺隆康复器材有限公司	吴窑镇	12895.05	47.40
30	南通森松智能光电有限公司	九华镇	12860.92	—
31	颢葳环保科技南通有限公司	磨头镇	12826.16	61.18
32	伟达塑胶工业（南通）有限公司	城北街道	12815.11	93.16
33	江苏科华建设工程有限公司	石庄镇	12369.06	115.94
34	如皋天禄畜产品有限公司	城北街道	12282.53	241.68

续表 30

序号	纳税人名称	所在地	应销售额（万元）	增幅（%）
35	江苏更美科技有限公司	城南街道	12009.55	60.41
36	上海电气研砼（如皋）建筑科技有限公司	长江镇	11911.03	133.28
37	如皋市勋盛建材有限公司	长江镇	11831.34	572.65
38	如皋市中成管桩机械有限公司	城北街道	11734.67	61.45
39	江苏钜峰石材发展有限公司	长江镇	11733.48	77.00
40	南通海高纺织品有限公司	磨头镇	11670.52	25.29
41	南通睿鑫钢结构工程有限公司	长江镇	11479.01	26.37
42	南通新光明石业发展有限公司	长江镇	11460.22	75.14
43	江苏和睿半导体科技有限公司	长江镇	11014.57	25.93
44	如皋市新泰生物科技有限公司	石庄镇	10971.73	232.55
45	南通新鹏飞石业发展有限公司	长江镇	10795.97	19.07
46	如皋路翔混凝土有限公司	城北街道	10774.88	44.07
47	南通利富畜产品有限公司	城北街道	10610.38	281.79
48	南通市亿宏畜产品有限公司	城北街道	10600.62	1335.95
49	如皋市鑫泰特钢铸锻有限公司	长江镇	10577.63	22.59
50	南通尔昕木业有限公司	如城街道	10542.42	9.26
51	江苏启宸新材料有限公司	丁堰镇	10464.74	375.36
52	南通永铝数控机械科技有限公司	九华镇	10405.41	60.36
53	江苏泉发石业有限公司	长江镇	10383.54	82.12
54	南通戴尔诺斯生物科技有限公司	城南街道	10379.90	807.49
55	南通市泳宇新型建材有限公司	搬经镇	10349.35	146.07
56	江苏华萱包装有限公司	长江镇	10346.05	76.57
57	南通华普工贸有限公司	九华镇	10340.44	7.71
58	江苏淖汶纺织科技有限公司	下原镇	10293.40	98.58
59	如皋市凯凯电信器材有限公司	长江镇	10229.64	22.16
60	南通市金月亮新材料科技发展有限公司	城南街道	10223.19	38.59
61	江苏艾威机械制造有限公司	城北街道	10213.33	88.22
62	南通超石石业有限公司	长江镇	10199.01	40.46
63	南通市华通纤维有限公司	长江镇	10189.57	54.10
64	江苏广典石材有限公司	长江镇	10149.80	1003.70
65	江苏恋轩服饰有限公司	搬经镇	10144.01	24.98
66	南通哥班玻璃纤维制品有限公司	东陈镇	10107.21	34.67
67	如皋市中罗印刷机械有限公司	如城街道	10078.91	71.99
68	西东纺织科技如皋有限公司	丁堰镇	10042.83	6.96
69	如皋市鸿泰纺织有限责任公司	江安镇	10027.23	23.40
70	江苏瀚皋机械有限公司	如城街道	10011.36	21.94

2021年如皋市实缴税金50强工业企业名录

表31

序号	纳税人名称	所在地	实缴税金（万元）	增幅（%）
1	江苏省如高高压电器有限公司（含赫兹、聚源、配网、高压、中压）	城北街道	18803	—
2	森松（江苏）重工有限公司	长江镇	16255	54.41
3	江苏宝众宝达药业有限公司	长江镇	10800	100.95
4	梦百合家居科技股份有限公司（含数控、里高）	丁堰镇	9864	—
5	南通超达装备股份有限公司（含申模）	城南街道	7769	—
6	德源（中国）高科有限公司	长江镇	7664	69.08
7	江苏正威新材料股份有限公司（含伊斯佩尔、针织、风能、生物）	如城街道	7474	—
8	南通斯密特森光电科技有限公司	如城街道	6866	73.21
9	南通百川新材料有限公司（含如皋百川）	长江镇	6742	—
10	江苏海通海洋工程装备有限公司	长江镇	6635	120.02
11	南通海螺水泥有限责任公司	长江镇	6512	43.74
12	南通星球石墨股份有限公司	九华镇	6416	16.74
13	南通荣威娱乐用品有限公司（含如皋荣威）	城北街道	6268	—
14	汤始建华建材（南通）有限公司	长江镇	6238	-37.46
15	江苏华永复合材料有限公司（含汤臣、华永铁基、北方汤臣）	长江镇	5862	—
16	南通海泰科特精密材料有限公司	搬经镇	5248	11.27
17	江苏泰慕士针纺科技股份有限公司	城北街道	5018	2.52
18	双钱集团（江苏）轮胎有限公司	城北街道	5007	-22.23
19	南通天泽化工有限公司	石庄镇	4756	-36.02
20	江苏神马电力股份有限公司如皋分公司	如城街道	4548	-14.14
21	南通鹏鹞水务有限公司	长江镇	4458	34.38
22	威格（江苏）电气设备有限公司	城北街道	3811	59.00
23	南通中油燃气有限责任公司	长江镇	3757	45.30
24	上海电气环保热电（南通）有限公司	石庄镇	3496	55.05
25	江苏永大化工机械有限公司	九华镇	3472	15.90
26	江苏力星通用钢球股份有限公司（含力星、滚子）	如城街道	3407	—
27	江苏万达特种轴承有限公司	如城街道	2839	5.68
28	南通皋鑫电子股份有限公司（含科技、印花、服饰、江苏皋鑫）	如城街道	2828	—
29	江苏沪港装饰有限公司	长江镇	2820	-12.29
30	江苏国胶新材料有限公司	长江镇	2790	130.97
31	江苏天南电力器材有限公司（含铝材）	如城街道	2479	—
32	中铁山桥（南通）有限公司	长江镇	2432	-13.33
33	南通柏源汽车零部件有限公司（含创源）	城北街道	2223	—
34	江苏金元亚麻有限公司	城北街道	2148	30.61
35	江苏迅镭激光科技有限公司	城南街道	2121	638.23
36	南通世睿电力科技有限公司（含世睿智能）	城南街道	1945	—
37	南通华东油压科技有限公司（含液压、机械）	白蒲镇	1940	—
38	江苏永友食品科技有限公司	长江镇	1875	-480.60
39	江苏华灿电讯集团股份有限公司（含亚信、高分子、科技、铁塔）	长江镇	1871	—
40	江苏顶洁医疗器械有限公司	长江镇	1842	321.90

续表 31

序号	纳税人名称	所在地	实缴税金（万元）	增幅（%）
41	枫盛汽车（江苏）有限公司	城北街道	1812	848.19
42	南通东润实业有限公司（含时装）	九华镇	1775	—
43	南通三荣实业有限公司	九华镇	1763	−33.29
44	南通利泰化工设备有限公司（含亿能）	九华镇	1736	—
45	南通杰克拜尼服帽有限公司	长江镇	1701	−31.97
46	南通玉兔集团有限公司（含波涛）	江安镇	1663	—
47	南通卓杰桩业有限公司	石庄镇	1651	33.82
48	南通瑞泰船务工程有限公司	长江镇	1644	5.07
49	南通新纳希新材料有限公司	长江镇	1631	−17.97
50	南通市电站阀门有限公司	城北街道	1629	11.76

智能装备制造产业

【概况】 2021年年末，全市高端成套设备及关键零部件产业有规模以上企业230家。年内，高端成套设备及关键零部件产业实现应税销售243.4亿元，占全市规模工业比重18.36%，销售收入比上年增长44.3%。其中，高端机械设备制造龙头企业有森松（江苏）重工有限公司、江苏海通海洋工程装备有限公司、江苏永大化工机械有限公司、南通星球石墨股份有限公司，光学仪器龙头企业有南通斯密特森光电科技有限公司，精密机器龙头企业有江苏中铁山桥重工有限公司、江苏力星通用钢球股份有限公司、南通瑞泰船务工程有限公司，输配电及控制设备制造龙头企业有江苏省如高高压电器有限公司、江苏思源赫兹互感器有限公司、江苏神马电力股份有限公司如皋分公司、威格（江苏）电气设备有限公司、江苏天南电力器材有限公司。主要产品有压力容器、海工模块、高压电流互感器、轴承钢球、天文望远镜、卷扬机、绞车。

【代表企业选介】 **森松（江苏）重工有限公司** 为中资控股的合资有限责任公司，成立于2008年5月，占地面积61.87公顷，注册资本10260万美元。年内，实现应税销售30.4亿元，比上年增长54.44%；实缴税金1.63亿元，比上年增长54.41%。新竣工锂电新材料成套设备及模块项目总投资10亿元，具备新增应税销售10亿元、税收5000万元能力。在建水纯化和日化产品设备与模块项目总投资10亿元，具备新增应税销售12亿元、新增税收6000万元能力，至年末，厂房主体完工，部分设备进场。在建民用核电及新能源装备项目，总投资20亿元，具备新增应税销售20亿元、税收1亿元能力。

江苏海通海洋工程装备有限公司 成立于2008年11月，占地40公顷，注册资本2.6亿元，致力于船舶及海洋平台制造。2021年，交付各类型船舶8艘，总载重量12.99万吨；加工钢结构件用钢15.8万吨。实现应税销售10.41亿元，比上年增长16.59%；实缴税金6635万元，比上年增长120.02%。年末，持有船舶订单11艘，总载重量62.88万吨。

3月23日，由江苏海通海洋工程装备有限公司承担改装的南通中远海运“铁潜建01”轮出坞交付使用 （市发展改革委　供图）

新能源汽车及汽车零部件产业

【概况】 2021年年末，全市新能源汽车及汽车零部件产业有规模以上企业46家，比上年净减少2家。年内，新能源汽车及汽车零部件产业实现应税销售98.2亿元，比上年增长12.19%；实缴税金3.71亿元，比

7月，江苏汤臣汽车零部件有限公司投资20亿元的悬架及变速箱项目试生产。图为车间一角　　（邱宇　摄）

上年增长22.22%。其中，整车制造及动力总成龙头企业有枫盛汽车（江苏）有限公司，汽车零部件龙头企业有双钱集团（江苏）轮胎有限公司、汤臣汽车零部件有限公司、南通海泰科特精密材料有限公司、延康汽车零部件如皋有限公司、南通超达装备股份有限公司，氢燃料电池及核心零部件龙头企业有势加透博洁净动力如皋有限公司、江苏清能动力科技有限公司。主要产品有纯电动汽车、载货汽车、农用汽车、锂离子电池、氢燃料动力系统总成、加氢机、空压机、卸气柜、汽车零部件等。

【代表企业选介】 双钱集团（江苏）轮胎有限公司　成立于2016年，注册资本25亿元。年内，新增“回力星”品牌，作为全新开发系列江苏工厂全年重点工作，全年完成新产品开发近70件。实现应税销售25.15亿元，比上年增长4.51%；实缴税金5007万元，比上年下降22.23%。

江苏汤臣汽车零部件有限公司　成立于2006年，注册资本6000万元，占地面积18.2万平方米，建筑面积6.85万平方米，拥有年产10万吨轻量化机车零部件产品生产基地。2021年，实现应税销售11.14亿元，比上年下降8.82%；实缴税金8464万元，比上年增长24.89%。

新材料产业

【概况】 2021年年末，全市新材料产业有规模以上企业343家，比上年净增79家。年内，新材料产业实现应税销售458.73亿元，比上年增长36.45%；实缴税金11.5亿元，比上年下降1.55%。其中，高端纺织材料龙头企业有江苏泰慕士针纺科技股份有限公司、南通三荣实业有限公司、南通东润实业有限公司，化工新材料龙头企业有南通荣威娱乐用品有限公司、梦百合家居科技股份有限公司、南通百川新材料有限公司、江苏宝众宝达药业有限公司，前沿新材料龙头企业有江苏正威新材料股份有限公司、江苏国胶新材料有限公司。主要产品为精细化工产品、医药中间体、农药、胶黏剂、硬脂酸、植物油、皂粒、棕榈蜡、甘油、玻璃纤维等。

【代表企业选介】 南通荣威娱乐用品有限公司　成立于2007年，注册资本24235万美元。年内，持续增加投资，新增外资500万美元，利润转投资2500万美元。投资10亿元，新建8.5万平方米水池扩建项目，于11月投产；启动建筑面积7万平方米物流仓储二期项目建设。投入1亿元，推进“机器换人”工程，对生产线裁剪、印刷、装配、包装工序进行自动化改造，全年技改与研发累计投入超1.5亿元。全年实现应税销售67.15亿元，比上年增长65.76%；实缴税金6268万元，比上年下降3.58%。

南通百川新材料有限公司　成立于2007年，注册资本12亿元，是有机化学原料制造企业。年内，实施工艺控制系统安全、工艺信息化、工业自动化等项目改造，在原先市场积累的补充需求带动下，订单量是上年3倍。全年实现应税销售25.24亿元，比上年增长90.83%；实缴税金6040万元，比上年增长35.59%。

电子信息产业

【概况】 2021年年末，全市电子信息产业有规模以上企业40家，比上年净增5家。年内，电子信息产业实现应税销售154.68亿元，比上年增长347.77%；实缴税金1.25亿元，比上年增长26.79%。龙头企业有日达智造科技（如皋）有限公司、江苏华灿电讯集团股份有限公司、凯晖科技股份有限公司，主要产品有5G移动通信基站天线、室内覆盖天线、天馈附件、走线架、机房设备及配件、通讯线缆、光纤、光缆等。

【代表企业选介】 日达智造科技（如皋）有限公司　注册资金25亿元，总投资100亿元，于2021年

2月投产，主要生产和销售通信设备贴合件及外围机构件，吸纳就业6000余人。年内，实现应税销售110.11亿元，实缴税金1123万元。8月，该公司5G数采智能制造系统入选省“5G+工业互联网”融合应用优秀案例。

凯晖科技股份有限公司　创建于2006年，是一家集计算机、通信和消费类电子产品外围设备及周边衍生制品研发、设计、生产和销售于一体高新技术企业。年内，实现应税销售3.73亿元，比上年增长19.13%；实缴税金623万元，比上年下降15.45%。被认定为省工业信息安全防护星级企业、南通市高成长性企业，其工业设计中心被认定为省级工业设计中心。

生命健康产业

【概况】 2021年年末，全市生命健康产业有规模以上企业62家。年内，实现应税销售69.92亿元，比上年下降0.8%；实缴税金1.54亿元，比上年增长62.23%。其中长寿食品龙头企业有江苏永友食品科技有限公司、南通玉兔集团有限公司，生命医药及医疗器械龙头企业有江苏顶洁医疗器械有限公司、江苏新瑞药业有限公司。主要产品有食用植物油、医疗器械、医用手套等。

【代表企业选介】 南通玉兔集团　创办于1984年，占地面积2万平方米，专业从事肉制品的研发、生产、销售，是全国主食加工示范企业、省农业科技型企业、省重合同守信用企业，参与起草中式香肠，肉松、肉干等国家标准，是中国肉类食品行业副会长单位。年内，实现应税销售1.63亿元，比上年增长23.03%；实缴税金508万元，比上年增长81.94%。实施的“‘三减’健康美味休闲肉制品创制关键技术研究与应用”项目获省重点研发计划（现代农业）项目立项。

南通玉兔集团产品广式香肠　（江安镇　供图）

其他工业产业

【概况】 2021年年末，全市有其他规模以上工业企业255家。年内，实现应税销售222.19亿元，比上年增长33.24%；实缴税金6.75亿元，比上年增长6.54%。其中，建筑材料龙头企业有江苏沪港装饰有限公司、汤始建华建材（南通）有限公司，家具龙头企业有江苏里高智能家居有限公司、南通思凯林家居有限公司。主要产品有建筑装修装饰制品、混凝土制品、水泥制品、家具、家用纺织品、枕头、床垫、沙发、箱包等。

【代表企业选介】 江苏沪港装饰有限公司　成立于2003年4月，主要从事建筑装修装饰工程、金属门窗及建筑幕墙等设计、施工，为建筑装修装饰工程专业承包一级企业。年内，实施项目工程总造价10余亿元，实现施工产值24.34亿元。实现应税销售21.11亿元，比上年增长17.3%；实缴税金2820万元，比上年下降12.29%。实施的上海闵行区七宝生态商务区幕墙工程等3个项目获中国建筑工程装饰奖。

汤始建华建材（南通）有限公司　成立于2010年5月，注册资本1.24亿元，经营范围包括生产、加工预应力混凝土管桩、钢筋混凝土方桩等。2021年，实现应税销售14.14亿元，比上年增长11.12%；实缴税金6238万元，比上年下降37.46%。

江苏里高智能家居有限公司　成立于2010年8月，注册资金1000万元，主要从事木质家具、金属家具、软体家具、家用纺织品、枕头、床垫生产、加工、销售。2021年，申请专利32件，其中发明专利3件、实用新型专利18件、外观设计专利11件，通过省高新技术企业认定。完成应税销售8.52亿元，比上年下降7.08%；实缴税金2456万元，比上年下降55.69%。

（蒋文娟）

建筑业

综 述

【概况】 2021年，全市建筑业直面宏观经济下行压力、建筑业担保链风险及新冠肺炎疫情影响，坚持稳中求进、进中求变、变中求新，突破长期影响制约行业企业持续发展矛盾瓶颈，完成各项目标任务，进一步夯实建筑业高质量发展基础。全年完成建筑业总产值1481.84亿元，比上年增长11%；在如皋实缴税金12.5亿元，其中增值税7.63亿元，比上年增长8.5%。实现营业收入1113.06亿元，比上年增长2.7%。年末，建筑业从业人数29.76万人，其中工程技术人员1.4万人。

2021年如皋市建筑业施工产值超10亿元企业情况表

表32

序号	企业名称	注册地	主要资质	施工产值（亿元）
1	江苏南通六建建设集团有限公司	城南街道	建筑工程施工总承包特级	389.30
2	中如建工集团有限公司	城南街道	建筑工程施工总承包特级	350.09
3	江苏江中集团有限公司	吴窑镇	建筑工程施工总承包特级	305.70
4	标龙建设集团有限公司	城南街道	建筑工程施工总承包特级	180.87
5	南通市常青建筑安装工程有限公司	搬经镇	建筑工程施工总承包二级	38.89
6	江苏沪港装饰集团有限公司	长江镇	建筑装修装饰工程专业承包一级	24.34
7	南通市戴庄建筑安装工程有限公司	城北街道	建筑工程施工总承包一级	16.27
8	南通泛华建设集团有限公司	如城街道	建筑工程施工总承包一级	13.39
9	江苏元辰安装集团有限公司	白蒲镇	钢结构工程专业承包一级	12.25
10	南通源丰建设工程有限公司	如城街道	建筑工程施工总承包一级	11.02

【建筑业混合所有制改革路径探索】 年内，市住房城乡建设局针对全市建筑业未形成集聚效应，骨干建筑业企业“大而不强”、行业企业管理体制机制“僵而不活”、拓展高端市场的资源要素“散而不聚”等短板，探索建筑业企业混合所有制改革提升建筑业竞争力路径。通过调研走访、座谈交流、专题研究，探索形成“以资本为纽带，国有控股、民企参股并建立现代企业制度的法人治理结构”混合所有制改革思路，形成建筑业混改方案初稿上报市政府。

【建筑工程创优】 年内，全市建筑行业获鲁班奖1项、参建鲁班奖1项、国家优质工程奖2项、中国建筑工程装饰奖6项、省优质工程奖6项、江苏沪港装饰有限公司承建的上海市闵行区七宝生态商务区18–01A、18–01B商办项目幕墙专业分包工程Ⅰ标段，盐城市悦达汽车广场项目B2–B3楼幕墙工程，江苏联创钟楼国际软件园项目一期工程4号楼、地下室3项工程和南通蓝星装饰工程有限公司承建的通市港闸区CR11008西地块（商办区）功能区—北城生活广场外装饰工程、沪通铁路南通西站综合交通枢纽长途客运站与公交场站共建工程（幕墙）、上海市杨浦区中国联通移动互联网产业南方运营基地工程1号楼3项工程获中国建筑工程装饰奖。

【鲁班工程】 2月23日，中国建筑业协会公布2020—2021年度第一批中国建设工程鲁班奖（国家优质工程）入选名单，江苏江中集团有限公司承建的邳州市人民医院新区医院二期病房楼、南通蓝星装饰工程有限公司参建的中国联通移动互联网产业南方运营基地工程1号楼上榜。

邳州市人民医院新区医院二期病房楼　位于邳州市辽河东路北侧，南京北路西侧，建筑面积7.4万平方米，地下1层、地上19层。2013年10月开工，2019年5月竣工。该工程为悬挑结构，管线错综复杂，施工难度大，布置难度大；设备先进、系统繁多，工程调试量大、难度高。应用建筑业新技术23个子项，其中，全国建筑业7项新技术13个子项、3项省新技术7个子项、其他新技术3个子项，获省新技术应用示范工程奖。成立QC质量攻关小组，其“提高沟槽式HDPE静水排水管道安装合格率”被评为省工程建设质量管理小组活动成果三等奖。

中国联通移动互联网产业南方运营基地工程1号楼　位于上海市杨浦区大连路总部研发集聚区平凉街道12街坊，建筑总面积约12万平方米，包含23层办公塔楼1栋、裙房和4层商业楼1栋，地下3层，于2015年1月开工，2019年9月底完成竣工验收备案，先后获上海市优质结构工程、优质工程“白玉兰”奖、优秀设计奖、建设工程绿色施工样板工程、机电安装观摩工程等称号。南通蓝星装饰工程有限公司参建该工程幕墙施工，于2017年5月开工，2018年5月竣工。

2021年如皋市建筑业获省级以上优质工程奖情况

表33

获奖企业名称	工程名称	所获奖名	批准部门
江苏江中集团有限公司	邳州市人民医院新区医院二期病房楼	鲁班奖	中国建筑业协会
南通蓝星装饰工程有限公司	中国联通移动互联网产业南方运营基地工程1号楼	参建鲁班奖	中国建筑业协会
江苏南通六建建设集团有限公司	南通大学附属医院新建门诊楼项目	国家优质工程奖	中国施工企业管理协会
江苏江中集团有限公司	邳州市人民医院新区医院二期医技楼、门诊楼	国家优质工程奖	中国施工企业管理协会
江苏沪港装饰有限公司	上海市闵行区七宝生态商务区18-01A、18-01B商办项目幕墙专业分包工程Ⅰ标段	中国建筑工程装饰奖	中国建筑装饰协会
江苏沪港装饰有限公司	盐城市悦达汽车广场项目B2-B3楼幕墙工程	中国建筑工程装饰奖	中国建筑装饰协会
江苏沪港装饰有限公司	常州市江苏联创钟楼国际软件园项目一期工程4号楼、地下室	中国建筑工程装饰奖	中国建筑装饰协会
南通蓝星装饰工程有限公司	南通市港闸区CR11008西地块（商办区）功能区北城生活广场外装饰工程	中国建筑工程装饰奖	中国建筑装饰协会
南通蓝星装饰工程有限公司	沪通铁路南通西站综合交通枢纽长途客运站与公交场站共建工程（幕墙工程）	中国建筑工程装饰奖	中国建筑装饰协会
南通蓝星装饰工程有限公司	中国联通移动互联网产业南方运营基地工程1号楼	中国建筑工程装饰奖	中国建筑装饰协会
江苏南通六建建设集团有限公司	河北省张家口市景泰·幸福里项目6号楼项目	河北省优质工程奖“安济杯”	河北省建筑业协会
江苏江中集团有限公司	黑龙江省哈尔滨市极地馆二期	黑龙江省“龙江杯”	黑龙江省建筑业协会
江苏江中集团有限公司	邳州市结构第二联合厂房接跨车间工程	江苏省优质工程奖“扬子杯”	江苏省住房和城乡建设厅
标龙建设集团有限公司	辽宁省沈阳市皇姑2018-02号水厂地块项目一期1.2标段7号楼	辽宁省优质工程奖“世纪杯”	辽宁省建筑业协会
标龙建设集团有限公司	辽宁省沈阳市皇姑2018-02号水厂地块项目一期1.2标段9号楼	辽宁省优质工程奖“世纪杯”	辽宁省建筑业协会
南通市戴庄建筑安装工程有限公司	徐州工程学院2.5产业园搬迁增建工程	江苏省优质工程奖“扬子杯”	江苏省住房和城乡建设厅

建筑科技

【概况】 2021年年末，全市有建筑业从业人员32万人，拥有南通市“高层次人才”培养对象6人；一级建造师1111人、二级建造师4194人。南通六建数字科技公司联合国内知名高校、科研机构创新研发

"BIM+智造"技术与工程施工深度融合，在南通城市轨道交通等重点项目探索BIM孪生数字资产智能化运维，研究成果入选南通市第四届职工技术十佳科技创新成果，在中国建筑业协会举办的全国BIM应用大赛中获评一类成果。实施的工程被省住房城乡建设厅授予省BIM应用示范工程称号，为南通地区唯一。全年申报国家、省部级专利和工法5项。

【质量科技创优】 年内，南通六建建设集团获评国家级新技术示范工程4项、国家级QC奖2项、省级QC奖10项、省优工程6项，获发明专利授权2项，实用新型专利授权2项，新增省级工法5项，列中国企业500强第398名、中国民营企业500强第199名、江苏省民营企业200强第27名，被中国施工企业管理协会、中国建筑业协会认定为AAA级信用企业。江中集团获国家新技术应用示范工程3项、全国绿色示范工地1项、国家AAA级文明工地1项，列中国民营企业500强第376名。

【绿色建筑】 年内，市住房城乡建设局推动绿色低碳和产业培育，严格执行绿色建筑设计方案审查、过程把控、竣工备案的绿色建筑管控机制，全年审查通过绿色建筑设计方案59个、建筑面积282.09万平方米，完成建筑节能验收备案项目48个、建筑面积360.25万平方米。全年新增可再生能源建筑面积112万平方米。发放省级绿色建筑和建筑节能奖补资金670万元。紫云花苑、宸星雅苑、珑悦花园等11个项目获绿色建筑设计标识，如皋农商行新建办公大楼、御龙湾三期、悦隽花园等7个项目获绿色建筑运行标识，南通如港建材有限公司、南通市泳宇新型建材、市金圣混凝土有限公司等4家企业取得绿色建材三星级绿色建材评价标识，江苏元辰安装集团打造绿色、健康新型人居空间，创成省建筑产业现代化示范基地。

【绿色智慧示范片区创建】 年内，市住房城乡建设局有序推进绿色智慧示范片区创建，提高在工程质量、安全、清欠、疫情防控等方面监管与服务效能，实现工程管理数字化、参建各方协作化、行业监管高效化、建筑产业现代化目标。12月，如皋市通过省住房城乡建设厅省级绿色智慧示范片区专项资金奖补项目验收，20个项目获评省级绿色智慧示范片区标准化星级工地。

绿色建筑——如皋农商行总部大厦　　（市住房城乡建设局　供图）

建筑市场

【概况】 2021年，全市建筑业新签合同额1022亿元，新开工建设面积4200万平方米，竣工面积3178万平方米。年末，在手施工面积1.75亿平方米。建筑市场覆盖除西藏自治区以外29个省区市，完成省外施工产值1096亿元，其中，华东市场337亿元、东北市场249亿元、华北市场220亿元、华中市场131亿元、华南市场92亿元、西北市场38亿元、西南市场29亿元。完成省内施工产值506亿元。南通六建建设集团在柬埔寨、越南、俄罗斯完成产值1000万美元。

【建筑市场拓展】 年内，全市建筑业突出施工主业强质量，采取BT（一个项目的运作通过项目公司总承包，融资、建设验收合格后移交给业主，业主向投资方支付项目总投资加上合理回报的过程）、BOT（私营企业参与基础设施建设，向社会提供公共服务的一种方式）、PPP（政府和社会资本合作，是公共基础设施建设中的一种项目运作模式）等模式，抢占高端市场，实现深度和广度发展。江中集团不断强化"超高特大难"房屋建筑工程质量技术优势，承接超高层、大体量、大跨度标志性工程合同额180亿元，全年完成产值305亿元。紧扣国家实施"一带一路"倡议，坚持科技创新，借力信息化和BIM技术支撑企业转型升级，投身国家重大基础设施工程和智慧城市、海绵城市建设，推进建筑装配化、产业化进程。突出多元经营增效益，不断延伸产业链、拓展供应链，标龙集团有效延伸产业链，从单一施工向设计、招商、投融资、建设、运营全产业链延伸，成立拥有投资开发、产业招商、建筑施工、园区运营全产业链体系的标龙产城公司，立足于长三角、环渤海地区，打造智造聚合平台，借助标龙集团全产业链优势，建筑、产业“双轮驱动”，实现“空间提供商＋服务赋能者＋时间合伙人”产业园模式，年末，有在手项目8个，计划总投资额192亿元，总规划面积260公顷。

年内，如皋市数字化审图服务让审图时长由至少15个工作日缩短到7个工作日以内。图为工作人员审图现场　　（市住房城乡建设局　供图）

建筑行业管理

【建筑企业管理】 2021年年末，全市有建筑企业844家。按企业主要资质分：特级企业4家；一级企业44家（一级总承包资质18家、专业承包资质26家），其中年内新增4家；二级企业249家，其中年内新增62家；三级企业323家，其中年内新增64家；不分级别企业92家，其中年内新增9家；劳务分包企业132家，其中年内新增38家。按企业主要资质序列分：总承包企业313家，占企业总数37.09%；专业承包企业399家，占企业总数47.27%；劳务分包企业132家，占企业总数15.64%。全市建筑业企业涵盖25个专业门类，形成专业配套产业格局。持续强化建筑市场信用体系建设，制定出台如皋市建筑业企业信用考核评价细则，对全市在建房屋建筑和市政工程项目的85家企业组织开展信用考核评价，评价确定A级15家、B级23家。将考评结果应用到工程招投标环节，营造诚信激励、失信受戒的市场环境。

【建设工程施工图审查】 年内，市皋城建设工程施工图审查中心累计审查各类报审建筑工程337项、建筑面积532.5万平方米，发现违反强制性条文357条，违反强制性标准5056条；审查勘察报告141个、建筑面积586.2万平方米，发现违反强制性标准135条；审查装修及变更项目131个；审查绿建方案58个、建筑面积205.4万平方米；完成施工图消防审查93个、建筑面积298.6万平方米。所有违规行为均得到及时有效整改。

【建筑工程质量监督】 年内，市住房城乡建设局新受理建筑工程123个、建筑面积385万平方米，根据工程性质、特点、规模有针对性制订工程质量监督工作计划123份，从行为、资料、实体三方面开展监督抽查，实现结构安全、使用功能和观感质量三大目标，确保全市受监工程质量总体可控。完成质量监督交底123次，质量终身责任承诺制度落实率百分之百。监督工程竣工验收75个，出具建设工程质量监督报告18份，工程竣工永久性公示铭牌制度落实率百分之百。规范预拌混凝土生产企业行为，加强混凝土质量全过程控制，开展全市预拌混凝土企业质量检查，通报批评、约谈企业2家。抽检被查混凝土企业用砂情况，未发现建筑用砂氯离子超标情况。9月，对全市处于主体结构施工阶段的61个工程项目开展房屋建筑和市政工程混凝土质量专项检查，签发工程质量监督抽查整改通知书176份，工程质量监督抽检通知书50份，通报批评和约谈有问题的监理、施工单位3家。

【工程建设安全管理】 年内，市住房城乡建设局新增工程建设安全在监项目94个，建筑面积326万平方米，造价66亿元。全年开展日常巡查642次，发现安全隐患4212条，开具安全隐患整改通知书582份、停工（局部）整改通知书60份。建成安全生产云监管平台，推动在建工程项目统一纳入24小时在线信息化监管，确保行业监管、项目管理与现场监控有效融合共享。建立源头治理、过程管理日常监管机制，全年开展建筑施工日常巡查485次，开展安全、文明施工约谈43次，移交扬尘行政处罚32起。组织开展全市建筑施工安全生产大检查4次，发现安全隐患3733条，开具安全隐患整改通知书323份，停工（局部）整改通知书16份，停用塔吊48台、升降机25台。验收竣工项目129个，约谈38次，移交行政处罚19次。4月，开展住建领域安全生产深化提升行动暨“五一”节前专项检

7月21日，市住房城乡建设局召开全市预拌混凝土、预拌砂浆生产企业质量提升工作会议
（市住房城乡建设局 供图）

查，累计检查工程项目62个，总面积606.34万平方米，总造价106.71亿元，涉及施工单位50家、监理单位34家，排查安全台账、起重机械、临时用电机具、扬尘治理等隐患746条，下发隐患整改通知书60份、停工通知书2份，及时整改回复716条，整改回复率95.6%。6月，开展建筑施工现场质量安全生产大检查。检查建设项目82个、停工项目4个、复查项目10个，建筑面积176.11万平方米，造价34.77亿元。排查检查隐患1520条，下发隐患整改通知书78份、停工通知书4份，及时整改回复1484条，整改回复率97.63%。

【建设档案管理】 年内，市城建档案馆持续规范档案查询审核工作，明确相关业务档案的查询程序，防范风险。全年办理工程建设项目联合验收审批事项133项，接收建筑工程档案3475卷，整理上架4939卷，提供利用378人次、1383卷次，出具工程档案验收意见书和接收凭证各485份。

【白蚁防治】 年内，市白蚁防治站与建设单位签订白蚁防治公共服务协议96份，协议面积427万平方米。实施白蚁预防工程108个，累计预防面积213万平方米；开展白蚁灭治120户，累计灭治面积3.5万平方米。在全国行业中首次运用最新型白蚁全时智能监测装置，先后在红十四军纪念馆、水明楼等建筑安装装置30余套，实时精准探测蚁情活动。加强白蚁防治科学知识的宣传和普及，每季度白蚁防治科学知识进社区活动1～2次。

【征收搬迁】 年内，市城乡住房建设局完成GJ2005-16号、GJ2010-118号搬迁地块征收工作；完成如泰运河南侧安置点（273号）、宏坝河风光带西延搬迁地块补偿方案并公示。完成127家房屋征收服务机构、1182名从业人员备案工作，其中评估公司17家、从业人员281人，拆除施工单位84家、从业人员339人，实施单位26家、从业人员562人。采取会议、培训等形式开展征收业务专题学习，印发《如皋市房屋征收服务机构管理办法》《如皋市房屋征收服务机构考核实施细则》《如皋市规范房屋征收行为考核检查实施方案》，进一步强化征收业务能力，规范征收行为。

（苏　雯）

服务业

综述

【概况】 2021年，如皋市实现服务业增加值642.59亿元，比上年增长8.5%，占地区生产总值比重44.86%。实现服务业应税销售1846亿元，比上年增长1.1%；服务业税收55.8亿元，比上年增长11.5%；营利性服务业营业收入比上年增长7.94%。服务业投资比上年下降3.1%。全年实现社会消费品零售总额532.55亿元，比上年增长16.3%。其中批发和零售业零售额466.78亿元，比上年增长15.6%；住宿和餐饮业零售额65.77亿元，比上年增长21.7%；城镇消费品零售总额453.4亿元，比上年增长17.8%；乡村消费品零售总额79.15亿元，比上年增长8.4%。全市累计接待游客1623.65万人次，实现旅游综合收入197亿元，基本恢复至2019年同期可比水平。

【"十四五"现代服务业发展规划】 12月，市政府办印发《如皋市"十四五"现代服务业发展规划》（简称《规划》）。《规划》明确，"十四五"期间，如皋市以推动"五大转向"（物流通道转向物贸枢纽、特色资源转向优势品牌、传统布局转向创新融合、项目招引转向链主领军、推动政策优惠转向规则制胜）为战略抓手，定位"四大功能"（构造江海河铁联运枢纽港、跨江协同服务桥头堡、江北生产服务集聚区、长三角新兴文旅目的地）。力争到2025年，如皋现代服务业体系基本成型，"四大功能打造""五大转向"推动取得积极进展，总量规模、结构层次、质量效益、业态融合、技术能级、体验品质均实现新的突破，领军企业、服务品牌、功能载体明显增多，先进制造业和现代服务业融合发展格局基本形成。

【服务业项目建设】 年内，全市有8个项目通过南通重大服务业项目核查认定，其中，总部企业项目3个、新兴生产性服务业项目4个、高端酒店项目1个。推进省级服务业重点项目如皋金融城前期各项手续审批。全市有南通市级服务业重点项目11个，年内新开工项目6个。其中希尔顿逸林酒店完成主体建筑，进入内部水电改造装修阶段；君廷大酒店主体结构实现封顶；新城邻里中心主体结构通过验收；如皋申丞护理院主体建筑完工；水木春秋度假村项目完成民宿建筑主体结构，进入外部装修阶段。万达广场、业琛广场、长源码头建成并投入运营。

2021年如皋市总投资1亿元及以上服务业项目新开工情况表

表34

序号	项目名称	建设单位	计划投资（万元）	年内完成投资额（万元）	所在地
1	希尔顿逸林酒店	南通曙江房地产开发有限公司	50000	40000	如皋工业园区
2	如皋市金融城	中皋置业有限公司	100000	30000	如皋工业园区
3	新城邻里中心	如皋高新技术园区开发有限公司	35000	25000	如皋高新区
4	君廷大酒店	如皋云涌地产有限公司	30000	20000	长江镇

续表 34

序号	项目名称	建设单位	计划投资（万元）	年内完成投资额（万元）	所在地
5	水木春秋度假村	南通水木春秋度假区有限公司	19600	12000	长江镇
6	如皋申丞护理院	如皋申丞护理院有限公司	10000	5000	如皋工业园区

【服务业企业培育】 年内，全市新增规模以上服务业企业 65 家，累计 217 家。全市服务业应税销售 2000 万元以上企业 739 家，实现应税销售 1685 亿元，占服务业全部应税销售 91.2%，其中，应税销售超 1 亿元企业 243 家，10 亿级企业 42 家、20 亿级企业 20 家、30 亿级企业 3 家、40 亿级企业 2 家、50 亿级企业 1 家。获省级现代服务业发展专项资金支持 466 万元，其中，皋德食品加工及冷库项目获投资补助 235 万元，如皋申丞护理院项目获投资补助 231 万元。南通星球石墨股份有限公司、森松（江苏）重工有限公司获批第二批全省先进制造业和现代服务业深度融合试点单位，华医大健康集团有限公司获评南通市现代服务业高质量发展领军企业。

（张　旭　薛　婷）

2021 年如皋市新增规模服务业企业情况表

表 35

序号	企业名称	所在地	应税金销售额（万元）
1	江苏长源国际港务有限公司	长江镇	103659.00
2	南通莱喜船务有限公司	九华镇	26412.74
3	南通满喜船务有限公司	九华镇	24667.62
4	和益通供应链（江苏）有限公司	如皋高新区	17148.33
5	南通瑞雪船务有限公司	九华镇	12384.63
6	南通卓凡信息咨询服务有限公司	搬经镇	12299.73
7	江苏捷飞文化传媒有限公司	长江镇	7464.15
8	南通典频机械租赁有限公司	九华镇	7414.54
9	南通荣威物流仓储有限公司	如皋开发区	6543.27
10	如皋创隽房地产经营有限公司	如皋工业园区	5878.97
11	江苏鑫乐宇船务有限公司	如皋工业园区	5265.52
12	如皋万达广场商业管理有限公司	如皋工业园区	4523.57
13	江苏福万通供应链管理有限公司	如城街道	4035.87
14	江苏景逸腾工程机械设备租赁有限公司	如城街道	3938.49
15	南通通世泽国际物流有限公司	吴窑镇	3696.67
16	南通同德物流有限公司	石庄镇	3583.88
17	国信聚安（南通）信息技术有限公司	如皋高新区	3514.21
18	南通市冬鲸图书有限公司	如皋开发区	3471.49
19	南通圆梦速递有限公司	磨头镇	2971.27
20	江苏长锦物流有限公司	长江镇	2952.34
21	江苏天际流国际物流有限公司	长江镇	2655.95
22	南通国交国际货运代理有限公司	长江镇	2565.51
23	如皋市词林文化培训中心有限公司	如皋工业园区	2549.04
24	南通通衢国际贸易有限公司	长江镇	2440.57
25	南通才顺锋人力资源有限公司	如皋开发区	2299.20

续表 35

序号	企业名称	所在地	应税金销售额（万元）
26	江苏德之道环保科技有限公司	吴窑镇	2081.21
27	如皋市泛奇网络科技有限公司	搬经镇	2040.94
28	南通雀鸟物流有限公司	磨头镇	2040.11
29	南通麻雀物流有限公司	磨头镇	2025.52
30	南通众鼎营销策划有限公司	如皋高新区	1651.26
31	南通荣贵设备租赁有限公司	江安镇	1625.47
32	南通精石藏锋广告有限公司	下原镇	1625.27
33	如皋申丞护理院有限公司	如皋工业园区	1606.61
34	南通鸿鹰电信工程有限公司	如皋工业园区	1560.62
35	仁才（江苏）人力资源有限公司	如皋高新区	1380.29
36	江苏敏政律师事务所	如皋工业园区	1354.83
37	如皋月星家居广场管理有限公司	如皋工业园区	1347.58
38	如皋市花儿笑文化传媒有限公司	长江镇	1286.30
39	南通巨邦物业服务有限公司	如皋开发区	1225.91
40	南通博杰会展服务有限公司	东陈镇	1206.58
41	江苏久久劳务有限公司	如皋工业园区	1149.33
42	如皋市泉馨养老服务有限公司	长江镇	1107.76
43	如皋市山馨企业管理有限公司	长江镇	1105.48
44	如皋市霞馨家政服务有限公司	长江镇	1105.15
45	南通腾昌网络科技有限公司	磨头镇	1079.96
46	亦旻影视文化传媒（江苏）有限责任公司	如皋开发区	943.00
47	江苏海沃志华环境科技有限公司	搬经镇	910.14
48	南通市从心文化传媒有限公司	长江镇	849.06
49	南通市嘉萌文化传媒有限公司	长江镇	736.79
50	南通沪渝文化传媒有限公司	磨头镇	704.71
51	南通市海润胜会文化传播有限公司	如皋工业园区	612.55
52	南通祥润环境科技有限公司	白蒲镇	608.04
53	南通雉城环境科技有限公司	如皋高新区	595.29
54	南通北悦文化传媒有限公司	长江镇	587.40
55	南通鑫城物业管理有限公司	石庄镇	567.06
56	如皋市玉光保洁有限公司	吴窑镇	565.90
57	如皋市万远汽车修理厂	如皋高新区	564.25
58	如皋市一朵红花影视文化有限公司	长江镇	564.13
59	如皋大玩家文化传播有限公司	如皋工业园区	533.68
60	南通琪古保洁有限公司	江安镇	527.07
61	南通支云足球俱乐部有限公司	如皋高新区	515.59
62	南通久庚环境工程有限公司	东陈镇	514.45
63	如皋四叶花环卫服务有限公司	丁堰镇	505.01

续表 35

序号	企业名称	所在地	应税金销售额（万元）
64	南通锦辉物业管理有限公司	如皋开发区	501.40
65	如皋市聚星养老服务有限公司	丁堰镇	10.18

2021 年如皋市新增应税销售超 1 亿元服务业企业情况表

表 36

序号	企业名称	行业门类	所在地	销售额（万元）	增幅（%）
1	言诺（南通）物资有限公司	批发和零售业	长江镇	293983.32	81.79
2	燕沃（南通）物资有限公司	批发和零售业	长江镇	286140.55	76.25
3	江苏鑫泽圭供应链管理有限公司	批发和零售业	长江镇	278285.85	59.76
4	如皋盛华禄能源有限公司	批发和零售业	长江镇	257833.65	57.85
5	江苏汇程新能源科技有限公司	批发和零售业	如皋高新区	222858.03	84.53
6	江苏玖恒物流有限公司	批发和零售业	如皋开发区	204445.87	30.29
7	江苏永友物流有限公司	交通运输、仓储和邮政业	长江镇	181754.89	88.07
8	聚益（如皋）化工有限公司	批发和零售业	长江镇	146719.54	29.50
9	南通百祥石油化工有限公司	批发和零售业	长江镇	131811.96	42.89
10	江苏皋港供应链管理有限公司	批发和零售业	长江镇	121762.38	66.50
11	如皋华旭能源有限公司	批发和零售业	长江镇	120210.66	91.96
12	南通市远邦石油有限公司	批发和零售业	石庄镇	114262.41	14.52
13	南通长烨石油化工有限公司	批发和零售业	长江镇	113692.43	100.00
14	江苏粘久供应链管理有限公司	批发和零售业	长江镇	109225.94	100.00
15	江苏通怀贸易有限公司	批发和零售业	长江镇	108668.97	100.00
16	易大宗（江苏）供应链管理有限公司	批发和零售业	长江镇	97529.57	46.90
17	南通润港石油化工有限公司	批发和零售业	长江镇	96946.31	54.46
18	江苏佐泰贸易有限公司	批发和零售业	长江镇	95531.84	17.62
19	南通邯冶贸易有限公司	批发和零售业	长江镇	95089.65	100.00
20	汇能瑞通（江苏）供应链管理有限公司	租赁和商务服务业	长江镇	94342.55	71.69
21	南通鑫牛新型材料有限公司	批发和零售业	如皋开发区	93469.83	44.29
22	江苏鑫华港能源开发有限公司	科学研究和技术服务业	石庄镇	91290.80	50.01
23	朔矿商贸江苏有限公司	批发和零售业	石庄镇	90643.16	60.59
24	如皋市融润贸易有限公司	批发和零售业	如皋高新区	90456.29	96.26
25	江苏博望石油化工有限公司	批发和零售业	长江镇	87363.76	27.09
26	国赢供应链江苏有限公司	批发和零售业	长江镇	84522.92	46.79
27	江苏和府餐饮管理有限公司	租赁和商务服务业	如皋开发区	79296.86	40.28
28	如皋长盛码头有限公司	租赁和商务服务业	长江镇	78472.70	91.53
29	如皋耀伟商贸有限公司	批发和零售业	如皋高新区	74598.17	20.31
30	南通荣通石油化工有限公司	批发和零售业	长江镇	69554.93	47.01
31	南通市兴忠销售有限公司	批发和零售业	东陈镇	69291.89	33.03
32	江苏国港能源有限公司	批发和零售业	长江镇	66424.51	42.93

续表 36

序号	企业名称	行业门类	所在地	销售额（万元）	增幅（%）
33	南通市益琛销售有限公司	批发和零售业	东陈镇	60470.79	100.00
34	中优建安（江苏）科技有限公司	科学研究和技术服务业	长江镇	55535.94	100.00
35	南通磐创物资有限公司	批发和零售业	长江镇	53472.36	18.72
36	南通皋腾建设开发有限公司	批发和零售业	如皋开发区	52182.74	44.92
37	江苏林产运输有限公司	交通运输、仓储和邮政业	长江镇	44686.29	54.90
38	如皋通润供应链有限公司	租赁和商务服务业	长江镇	44184.51	100.00
39	如皋远山物产有限公司	批发和零售业	长江镇	43866.36	100.00
40	南通顿倍材料贸易有限公司	批发和零售业	如皋工业园区	42429.20	100.00
41	江苏星均拓实业发展有限公司	批发和零售业	如皋开发区	41231.19	100.00
42	江苏润睿商贸有限公司	批发和零售业	长江镇	39883.21	25.62
43	东升南通国际石材城有限公司	租赁和商务服务业	长江镇	39793.31	32.65
44	如皋镭德物资有限公司	批发和零售业	长江镇	38623.21	100.00
45	南通通源保税仓储有限公司	交通运输、仓储和邮政业	长江镇	37346.24	65.08
46	聚森海（江苏）国际贸易有限公司	批发和零售业	长江镇	37177.88	76.98
47	江苏港茂通能源有限公司	批发和零售业	长江镇	36465.44	73.96
48	南通诗雅银供应链管理有限公司	租赁和商务服务业	如皋开发区	36221.93	100.00
49	江苏邦合贸易有限公司	批发和零售业	如皋高新区	35917.70	76.11
50	如皋市希纳贸易有限公司	批发和零售业	东陈镇	33263.66	33.93
51	南通冠洲国际贸易有限公司	批发和零售业	长江镇	31673.61	34.10
52	南通运帷电子有限公司	批发和零售业	如皋高新区	31247.93	57.01
53	南通珩义能源供应链科技股份有限公司	批发和零售业	长江镇	30263.41	79.65
54	南通京佩典实业发展有限公司	批发和零售业	如皋工业园区	29619.85	100.00
55	江苏顺丰通讯服务有限公司	信息传输、软件和信息技术服务业	如皋高新区	28719.36	41.43
56	南通理晖达材料贸易有限公司	批发和零售业	搬经镇	28566.81	100.00
57	江苏楠乔实业发展有限公司	批发和零售业	江安镇	28078.98	54.65
58	江苏讯盛供应链管理有限责任公司	交通运输、仓储和邮政业	九华镇	27056.90	50.65
59	如皋振嘉霆材料贸易有限公司	批发和零售业	如皋开发区	26999.10	100.00
60	江苏德洋金属资源有限公司	批发和零售业	如皋开发区	26854.97	100.00
61	南通喆兴石油化工有限公司	批发和零售业	长江镇	26710.67	100.00
62	南通莱喜船务有限公司	交通运输、仓储和邮政业	九华镇	26412.74	100.00
63	南通尼旋商贸有限公司	批发和零售业	如皋工业园区	25993.86	100.00
64	南通佩冠盈金属构件有限公司	批发和零售业	如皋开发区	24940.18	100.00
65	南通满喜船务有限公司	交通运输、仓储和邮政业	九华镇	24667.62	100.00
66	南通腾优精商贸有限公司	批发和零售业	如皋工业园区	24655.66	100.00
67	南通嘉速网络科技有限公司	信息传输、软件和信息技术服务业	石庄镇	24549.79	86.86
68	江苏迎轩鸿程供应链管理有限公司	批发和零售业	长江镇	23702.28	100.00

续表 36

序号	企业名称	行业门类	所在地	销售额（万元）	增幅（%）
69	江苏德仓供应链管理有限公司	交通运输、仓储和邮政业	丁堰镇	23296.41	90.68
70	如皋通奥汽车销售服务有限公司	批发和零售业	如皋工业园区	22759.39	100.00
71	如皋雅柏贸易有限公司	批发和零售业	如皋工业园区	22104.69	68.78
72	江苏星月石油化工有限公司	批发和零售业	长江镇	21244.08	51.57
73	南通飞锐贸易有限公司	批发和零售业	长江镇	21229.25	60.54
74	如皋市盛海海运有限公司	交通运输、仓储和邮政业	九华镇	20803.64	89.31
75	如皋市繁欣橡胶科技有限公司	批发和零售业	如皋开发区	20674.91	100.00
76	江苏明峻景益能源有限公司	批发和零售业	如皋工业园区	20520.98	100.00
77	如皋市博荣贸易有限公司	批发和零售业	东陈镇	20392.12	71.87
78	南通荣耀石油化工有限公司	批发和零售业	长江镇	19494.64	100.00
79	南通通粮粮食储备有限公司九华库	批发和零售业	九华镇	19414.88	57.27
80	南通辰晟贸易有限公司	批发和零售业	石庄镇	18495.70	100.00
81	江苏德通能源有限公司	批发和零售业	长江镇	17900.30	95.02
82	和益通供应链（江苏）有限公司	租赁和商务服务业	如皋高新区	17148.33	100.00
83	南通金桂石材有限公司	批发和零售业	长江镇	17070.48	99.22
84	如皋市华运船务有限公司	交通运输、仓储和邮政业	九华镇	16817.48	100.00
85	南通京粮绿谷粮食有限公司	批发和零售业	江安镇	16528.37	100.00
86	江苏普惠新材料有限公司	批发和零售业	如皋高新区	16179.96	94.88
87	南通全佩金属商贸有限公司	批发和零售业	九华镇	15913.57	100.00
88	南通邦盛得贸易有限公司	批发和零售业	如皋工业园区	15595.53	91.73
89	江苏鑫海煤炭贸易有限公司	批发和零售业	石庄镇	15579.75	100.00
90	江苏长源钢铁物流投资有限公司	交通运输、仓储和邮政业	长江镇	15553.23	81.32
91	江苏家仕乐科技孵化园有限公司	租赁和商务服务业	如皋高新区	15276.43	98.80
92	南通市昊隆粮食贸易有限公司	批发和零售业	长江镇	15138.24	88.38
93	南通名匠劳务有限公司	批发和零售业	磨头镇	14766.07	75.12
94	江苏明峻宇熙能源有限公司	批发和零售业	如皋工业园区	14039.99	100.00
95	南通览纽金属贸易有限公司	批发和零售业	九华镇	13485.81	100.00
96	南通市百芳供应链管理有限公司	批发和零售业	江安镇	13217.44	100.00
97	南通瑞雪船务有限公司	交通运输、仓储和邮政业	九华镇	12384.63	100.00
98	南通英策金属销售有限公司	批发和零售业	九华镇	12349.94	100.00
99	南通卓凡信息咨询服务有限公司	信息传输、软件和信息技术服务业	搬经镇	12299.73	100.00
100	江苏揭谛国际贸易有限公司	批发和零售业	如皋开发区	12158.45	100.00
101	南通悟歇实业发展有限公司	批发和零售业	九华镇	11543.83	100.00
102	南通中石供应链管理有限公司	租赁和商务服务业	长江镇	11505.36	100.00
103	如皋市冠辉航运有限公司	交通运输、仓储和邮政业	九华镇	11132.08	100.00
104	南通鹏启船务有限公司	交通运输、仓储和邮政业	九华镇	11114.93	100.00
105	如皋市氢能小镇投资开发有限公司	租赁和商务服务业	如皋开发区	11037.08	99.50
106	如皋市高勋物资有限公司	批发和零售业	长江镇	10409.08	100.00

2021 年如皋市服务业企业纳税 30 强情况表

表 37

序号	企业名称	税金额（万元）	增幅（%）
1	南通市烟草公司如皋分公司	8216.14	12.21
2	如皋港务集团有限公司	5339.04	−10.76
3	南通阳鸿石化储运有限公司	3801.68	34.37
4	江苏益昌集团有限公司	2083.76	33.81
5	如皋文峰大世界有限公司	1935.67	38.00
6	易联能源（南通）有限公司	1919.62	166.14
7	江苏华医大健康服务股份有限公司	1397.29	10.53
8	如皋市规划建筑设计院有限公司	1292.40	43.69
9	江苏顺丰通讯服务有限公司	1128.05	158.01
10	南通利星汽车销售服务有限公司	1056.00	104.52
11	南通市远邦石油有限公司	1054.17	3333.78
12	南通焯晟石油化工有限公司	1054.14	194.30
13	江苏如皋港集团有限公司	977.19	−67.87
14	江苏和府餐饮管理有限公司	771.32	−11.48
15	东升南通国际石材城有限公司	767.32	21.88
16	如皋大润发商业有限公司	639.98	−7.89
17	如皋新城吾悦商业管理有限公司	621.59	127.36
18	江苏力沛电力工程技术服务有限公司	586.32	−3.16
19	上药控股如皋有限公司	561.20	28.00
20	江苏玖恒物流有限公司	556.51	45.08
21	南通天正信息技术服务有限公司	516.10	327.70
22	江苏皋张汽渡有限公司	502.63	−8.01
23	如皋市保安服务有限公司	454.62	−43.31
24	江苏华鑫源医药有限公司	405.30	14.77
25	如皋赫程信息技术有限公司	385.13	69.34
26	南通远航运输有限公司	374.95	71.45
27	如皋长江汽车贸易有限公司	369.54	18.64
28	中国外运大件物流有限公司如皋分公司	365.16	82.02
29	如皋市益有管道燃气有限公司	350.09	−68.31
30	如皋广慈医院有限公司	316.19	161.62

商贸流通

商品批发零售业

【概况】 2021 年年末，全市批发业有限额以上法人企业 351 家，比上年净增 88 家；批发业限额以上企业（单位）从业人数 3836 人，比上年净增 950 人。全市零售业有限额以上法人企业 110 家，比上年净增 6 家；零售业限额以上企业（单位）从业人数 4046 人，比上年净增 702 人。年内，全市实现批发业零售总额 78.89 亿元，比上年增长 9.75%；实现批发业销售（营业）额 1557.16 亿元，比上年增长 19.66%。实现零售业零售总额 387.9 亿元，比上年增长 16.86%；实现零售业销售（营业）额 384.03 亿元，比上年增长 13.54%。年内，市商务局利用“五一”、端午节、“十一”等假期引导广大商家开展消费促进活动，文峰广场、吾悦广场等商业综合体客流量比上年增长 36.4%。5 月 1 日至 3 日，组织如皋第 24 届大型车展活动，涵盖汽车品牌 23 个，现场成交量 94 辆。

【限上批发零售企业培育】 年内，全市新培育限上商贸流通企业 152 家，其中新增批发企业 138 家、零售企业 14 家。吾悦广场被认定为南通市首批特色商业街、省双拥示范基地，在苏中苏北县级城市中，首家被认定国家级绿色商场。

【市场秩序监管】 年内，市商务局组织全市 32 家汽车经销企业完成网上备案和数据报送，监管报废汽车 1192 辆。查处非法流动加油相关案件 55 起，行政拘留 14 人，罚没油品 52.6 吨，罚款 28.05 万元。

【万达广场开业】 5 月 28 日，万达广场正式开业。

万达广场地处万寿南路与解放东路交汇处，是南通市第四座万达广场，总面积 13 万平方米，总投资 10.5 亿元，其中购物中心 8 万平方米，汇集品牌 130 余个，融合潮流服饰、时尚精品、零售、娱乐体验、餐饮美食五大业态，满足消费者多层次、复合型消费需求。至年末，实现应税销售额 4523.57 万元。

2021 年如皋市成交额 1 亿元以上商品交易市场基本情况表

表 38

项目	市场个数（个）	年末总摊位（个）	年末出租摊位数（个）	商品成交额（万元）	营业面积（平方米）
总　计	13	5693	3900	2963591	841089
按经营方式分					
以批发为主	4	4178	2754	2762912	618000
以零售为主	9	1515	1146	200679	223089
按市场类别分					
综合市场	3	2847	1778	1156335	258000
综合贸易市场	3	2847	1778	1156335	258000
工业消费品综合市场	2	2658	1589	1089351	250000
农产品综合市场	1	189	189	66984	8000
专业市场	10	2846	2122	1807256	583089
农产品市场	6	1260	871	278829	62660
肉禽蛋市场	5	840	530	78829	44660
蔬菜市场	1	420	341	200000	18000
家具、五金及装饰材料市场	3	486	427	54866	170429
家具市场	1	110	106	11634	60000
其他装修市场	2	376	321	43232	110429
花、鸟、鱼、虫市场	1	1100	824	1473561	350000
花卉市场	1	1100	824	1473561	350000

2021 年如皋市限上批发零售企业培育情况表

表 39

镇（区）	限上批发企业（个）	限上零售企业（个）
丁堰镇	5	1
东陈镇	5	—
白蒲镇	3	—
下原镇	6	—
吴窑镇	5	1
磨头镇	6	—
九华镇	7	—
石庄镇	3	—
江安镇	8	—
搬经镇	8	2
长江镇	44	—
如皋开发区	12	3
如皋工业园区	15	6
如皋高新区	11	1
合　计	138	14

2021 年如皋市限上批发零售业指标完成情况表

表 40

镇（区）	限上批发业销售额		限上零售业销售额	
	完成数（万元）	增幅（%）	完成数（万元）	增幅（%）
丁堰镇	306386	−24.66	3278	21.62
东陈镇	204492	52.39	6176	36.56
白蒲镇	48588	−5.60	6641	12.37
下原镇	119433	44.93	4213	35.43
吴窑镇	62451	85.67	16595	4.31
磨头镇	66227	32.97	9663	−2.44
九华镇	194291	98.22	5700	14.64
石庄镇	293501	65.73	6549	6.37
江安镇	215131	−23.95	7844	19.46
搬经镇	162917	−21.80	6939	35.93
长江镇	9334768	−7.59	113720	21.54
如皋开发区	1345329	−10.38	82054	7.08
如皋工业园区	1701923	−7.71	545090	8.15
如皋高新区	562668	61.88	89528	22.97
合　计	14618104	−4.58	903990	11.35

住宿餐饮业

【住宿业】 2021年年末，全市有住宿经营户310家，全年住宿152.88万人，比上年增长28.75%。有限上住宿业法人企业10家，比上年净增3家，限上住宿业从业人员263人，比上年净增56人。年内，全市完成住宿业零售总额2.06亿元，比上年增长24.06%；完成住宿业销售（营业）额4.97亿元，比上年增长16.22%。

【餐饮业】 年末，全市有持证餐饮服务经营者2968个，其中，中央厨房1个，单位食堂643个（学校食堂164个）。有限上餐饮业法人企业30家，比上年净增14家；限额以上餐饮业从业人员1105人，比上年增加197人。年内，全市完成餐饮业零售总额3.71亿元，比上年增长21.67%；完成餐饮业销售（营业）额69.65亿元，比上年增长20.49%。

【餐饮老字号企业】 截至年末，全市有老字号企业14家，总量居南通县（市、区）第一。其中中华老字号企业3家，即林梓潮糕店、白蒲三香斋茶干厂、南通白蒲黄酒有限公司；江苏老字号企业2家，即四海楼美食店、广生德大药房；南通老字号企业9家，即皋城孟家蟹包店、南通东皋孟家餐饮有限公司、市麒麟阁食品厂、南通黄氏中医药科技有限公司、江苏馥寿生物科技有限公司、江苏长寿集团有限公司、南通春华食品有限公司、市来平卤菜店、市周莲记食品有限公司。年内，市商务局新培育南通老字号企业6家，增量与崇川区并列南通县（市、区）第一。持续推进老字号企业重振，协助老字号企业对接菜菜网、盒马鲜生等零售商，免租入驻南通商业文化街区，推进老字号企业线上线下融合发展。南通东皋孟家餐饮有限公司、江苏馥寿生物科技有限公司、如皋市周莲记食品有限公司3家老字号企业获南通市中餐繁荣实践基地授牌。

（石　坚　王　源　张　妍　马晓梅）

2021年如皋市限上住宿餐饮企业培育情况表

表41

镇（区）	限上住宿企业（家）	限上餐饮企业（家）
丁堰镇	1	—
下原镇	—	1
吴窑镇	—	1
磨头镇	—	1
九华镇	—	1
石庄镇	—	1
江安镇	—	1
搬经镇	—	1
长江镇	—	1
如皋工业园区	1	5
如皋高新区	1	1
合　计	3	14

2021年如皋市限上住宿餐饮业指标完成情况表

表42

镇（区）	住宿业营业额		餐饮业营业额	
	完成数（万元）	增幅（%）	完成数（万元）	增幅（%）
丁堰镇	241	100.00	526	11.40
东陈镇	223	4.64	419	7.14
白蒲镇	227	19.40	4553	14.66
下原镇	291	26.24	603	116.53
吴窑镇	—	—	12228	6.64
磨头镇	—	—	542	150.67
九华镇	638	31.01	2023	3.40
石庄镇	—	—	7340	13.70
江安镇	—	—	4068	30.93
搬经镇	—	—	500	112.54
长江镇	401	0.15	21021	22.50
如皋开发区	3122	−18.54	22287	23.70
如皋工业园区	2710	−6.96	14686	14.70
如皋高新区	—	—	1949	61.90
合　计	7852	−5.01	92744	19.31

2021年如皋市国家星级饭店及部分规模饭店名录

表43

序号	宾馆名称	等级	地址	绿色饭店等级
1	惠蒲大酒店	四星级	白蒲镇蒲西社区6组	金叶
2	汇金大酒店	四星级	长江镇长江中路8号	绿叶
3	城开开元名都大酒店	四星级	城南街道惠政东路158号	—
4	深海蓝鲸大酒店	三星级	如城街道中山路99号	绿叶
5	泰华大酒店	三星级	如城街道中山东路88号	—
6	绿园商务酒店	三星级	如城街道益寿南路145号	绿叶
7	江中集团宾馆	三星级	吴窑镇人民北路88号	绿叶
8	锦都金鼎大酒店	—	如城街道解放路	绿叶

供销合作

【概况】 2021年，市供销合作总社强化基层组织体系建设，着力改造提升基层社，发展农民专业合作社，提档升级农村综合服务社。改造提升众兴供销社、吴窑供销社、江长供销社3家薄弱基层社，依托基层供销社打造乡镇为农服务综合体1家。领办专业生产合作社3家，结合农药零差率集中配送工作助推农村综合服务社提档升级，推动众兴供销合作社建立健全“三会”（社员代表大会领导下的理事会、监事会）制度，形成基层社、综合服务社、农民专业合作社多种形式联合共建新格局。年内，全市供销社参股企业完成销售额4.65亿元。

【农产品产销对接】 年内，市供销合作总社开展形式多样的产销对接活动。组织如皋农产品参加南通名优农产品进上海——老字号专场活动、长三角国际健康养老产业交易会等展示展销活动，提高如皋特色农产品知名度和美誉度。先后邀请上海艺杏食品有限公司、中国供销冷链集团、上海供销社中华老字号精品集成店、中集冷链发展有限公司、无锡江南大厨房食品有限公司等企业到如皋考察，洽谈合作事宜，如皋特色农产品成功进驻上海供销社中华老字号精品集成店。组织企业到北京、河北省张家口市、安徽省桐城市和黄山市、浙江省慈溪市等地进行考察交流，为企业搭建平台，开展产销对接活动。5月，在省农副产品展示展销中心承办世界长寿乡——如皋特色农产品推介会，现场展示黑塌菜、黑鱼、中华老字号集成、长寿特色食品等七大亮点板块100余种如皋特色农产品，6家采购商与参展企业达成合作意向。

【农产品产业化】 年内，市供销合作总社依托参股企业中皋农产品供应链有限公司，推动农产品产业化发展。中皋农产品供应链有限公司与南京农业大学、江南大学、上海海洋大学等科研院所开展产学研合作，加强对农产品加工开发研究，成为中国农村专业技术协会“江苏如皋黑塌菜科技小院”依托单位。与6家农业新型经营主体签订购销合同，打造标准化黑塌菜种植基地200公顷。投资8000万元新建年产1万吨蔬菜加工及冷链配送项目，将加工品类由黑塌菜扩大到油菜花、西兰花、玉米、蚕豆、甜豌豆，全年加工冷冻蔬菜5300吨。与和府捞面签订产销合作协议，常年为和府捞面提供冷冻蔬菜800吨；出口法国、日本等国家冷冻蔬菜24吨。

【农药零差率统一配供及农药包装废弃物回收】 年内，市供销合作总社督促农药配送主体做好农药集中配送及废弃农药包装物回收等工作。配合农药配送实施主体在全市确定经营网点354个，全程公开透明，未发生1例矛盾纠纷。全市在小麦赤霉病防治、水稻病虫害防治中，配供服务面积3.47万公顷，零差率配供农药销售额1004.24万元，回收农药包装废弃物113.71吨，减少农业面源污染，降低农业生产成本700万元。

（石玉建）

粮食购销储备

【概况】 2021年年末，全市纳入国家粮食统计信息系统的国有及民营粮食定报企业56家。年内，实现粮食商品量（从生产者购进）40.68万吨、商品粮购销量159.98万吨，加工及转化企业实现粮油工业总产值12.05亿元。江苏永友食品科技有限公司、江苏永友物流有限公司、南通万福仓储有限公司3家国有及民营粮食企业与省粮食集团组建国有控股企业，其购销量、工业总产值转由省粮食集团统计。

【应急保供储备】 年内，市发展改革委全面贯彻落实《江苏省地方政府储备粮管理办法》，落实和管好地方政府储备粮规模，保证地方政府储备粮数量真实、质量可靠、储运安全。修订《如皋市粮食和物资储备应急预案》，举办市级层面应急演练4次、应急粮食和物资实物拉动1次。开展粮食应急保障网点认定工作，认定应急加工企业15家、供应网点29家、储备企业5家、配送中心1家。制订粮食社会责任储备实施方案，依托8家规模稻谷加工业

5月31日，如皋市启动夏粮收购工作。图为市粮食储备有限公司工作人员忙着翻晒夏粮 （邱宇 摄）

企业建立社会责任储备，作为政府储备有力补充。

【粮食流通监督检查】 年内，市发展改革委开展夏粮收购专项检查、秋粮收购专项检查、粮食库存专项检查、政策性粮食销售出库专项检查等系列活动，未发现粮食流通违法案件和违反国家粮食收购政策行为。10月至11月，全市涉粮领域接受南通市委巡察。南通市委涉粮专项巡察如皋联动组对如皋市2018—2021年粮食工作进行全面检验，无系统性粮食腐败案件线索。

【粮食企业改革】 年末，市发展改革委按照市政府《关于同意组建富皋万泰投资发展有限公司和如城街道国有企业涉及相关国有股权整合重组及新设公司事项的批复》精神，将如皋粮食储备库、粮食购销有限公司、粮食资产管理中心、通粮麦业有限公司4家国有（控股）粮食企业（总仓容18.2万吨）所有资产、人员、经营管理权整体划转到富皋万泰集团有限公司。

（朱国建　吴光进　黄旭文）

专营专卖

【盐业专营】 2021年年末，全市有生产加工及食品加工用盐企业320家。年内，市盐业有限公司销售各类盐品3.85万吨，实现销售收入3530万元。严格执行国家食盐改革政策和盐产品质量标准，按照购进流程把好食盐质量检测、包装质量检查关。重视食盐市场供应工作，组织购进高中低档食盐，满足全市城乡居民不同消费者需求。承担食盐储备企业责任，建立食盐储备库，紧急情况下可满足全市人民1个月以上食盐需求。上半年出动协管、执法等人员487人次，协助市场监管、工信、教育等部门检查零售商店、超市、用盐企业、饮食摊点、小作坊、机关学校企业食堂798家，调查居民灶台200余户，发放宣传资料3000余份。

（许映文）

【烟草专卖】 年末，全市有在册卷烟零售客户7141户。年内，市烟草专卖局（市烟草分公司）实现销量4.7万箱，实现卷烟含税销售额21亿元、税利6.3亿元，比上年分别增长1.84%、8.62%、9.92%。

营销管理　加大赋能零售客户力度，提升零售客户经营能力及盈利水平，开展诚信互助小组建设线下活动3000余次、线上活动3万余次，开展结对共建活动41场，建成“金丝利零售”加盟店10家。组织零售客户参加全省优秀诚信互助小组、小组长评比，获评优秀诚信互助小组一等奖2个、二等奖1个、三等奖2个，获评优秀诚信小组长一等奖1个、二等奖2个；在全省零售客户“晶彩杯”开口营销大赛中，获一等奖2个、二等奖5个、三等奖6个。切实担负起文明吸烟环境建设的社会责任，按照“提前规划、统筹建设、管理跟进、发挥功能”工作要求，助力典范文明城市创建，建成吸烟区6个、吸烟点207个，累计建成吸烟室2个、吸烟区20个、消费者体验区10个、吸烟点386个，逐步形成文明吸烟环境规模效应和公益效应。提升配送服务效率，规范使用移动配送平台，全年卷烟配送工作零差错、零投诉。

专卖管理　在机制建设、执法联动、追根溯源上三管齐下，保持卷烟打假打私高压态势。全年查获涉烟违法案件313起、违法卷烟525.21万支，案值461.11万元，其中，案值5万～20万元案件29起、20万元以上案件3起。加强市场监管，登记造册电子烟商户216户，劝导下架5户。坚持明察与暗访、日常检查与错时抽查、全面走访与重点监管“三个相结合”方式随机检查，卷烟市场生态良好。开展“百日会战”专项行动，查获涉烟违法案件119起、违法卷烟189.60万支，案值164.42万元，在南通六县（市、区）中名列第二。开展“利剑”7号、8号专项行动，查获涉烟违法案件100起、违法卷烟184.6万支，案值158.33万元，在南通六县

（市、区）中名列第一。烟草专卖零售许可证申领时限压缩至5个工作日内，全年发放烟草专卖许可证815份。

（沈小玲）

金融业

金融运行

【概况】 2021年，市地方金融监管局、人行如皋市支行健全金融机构月、季、年度会议会商机制，金融助推重点企业、重大项目建设机制，金融工作考核考评、引导激励推进机制，打造金融服务实体经济最佳“银商”环境。全年组织银企对接活动27场次，对接融资需求243个，达成初步合作意向66.16亿元。持续关注重点领域、重大项目、重要企业，提供“陪伴成长式”服务，做好金融顾问。继续做好“六保六稳”工作，提高惠企货币政策“直达性”，支持实体经济渡过难关。牵头金融机构帮扶困难企业，加大金融纾困力度，先后召开协调会20余场次，确保金融稳定。进一步推广综合金融服务平台服务，年内新增注册2409户，完成年度任务114.71%；放款90.63亿元，完成年度任务181.26%。推进“园区保”金融服务模式，为园区“白名单”入围企业提供综合化、一站式服务。发挥担保对实体经济撬动作用，不断创新经营方式、放大担保倍数，增强对实体经济保障支撑。截至年末，中皋融资担保有限公司在保客户265户，在保余额27.07亿元，担保费率降至0.6%，累计节约企业成本1714万元；江苏再保南通信用担保有限公司在保客户169户，在保余额7.31亿元，担保费率降至1%，累计节约企业成本186万元。截至年末，全市制造业贷款余额198.14亿元，比年初增加31.75亿元，增幅19.08%，增量、增幅分别居南通六县（市、区）第二位、第三位。

【货币政策执行】 年内，人行如皋市支行、市地方金融监管局稳步推进信贷投放，持续优化信贷结构。引导全市银行机构把握信贷重点，为经济稳定增长提供有力支撑。保持贷款总量平稳增长，加大制造业政策支持，鼓励银行针对制造业企业落实差别化信贷政策，提高制造业贷款比例。增加重点项目投资建设和重点行业企业信贷投入，坚持“市场主导、择优支持”原则，争取贷款规模和政策。截至年末，全市银行业金融机构中长期贷款余额1082亿元，较年初增加280.44亿元，增幅34.99%，增量增幅均居南通六县（市、区）第一位。

【科技金融】 年内，如皋农商行和中行如皋支行相继成立科技支行，重点支持全市科技型企业350余家，放贷30余亿元。建立科技型企业“白名单”制度，为科技型企业提供融资服务和风险分担。制定出台《如皋市政府投资基金管理暂行办法》，推动设立产业创新基金。成立中皋永元创投基金，基金规模1亿元；由如皋高新区和苏州市吴中金融控股集团有限公司合作运营的如皋高新科创基金于12月23日完成工商注册，首期注册资本2100万元，基金总规模2亿元。推广“苏科贷”“高企金融服务直通车”等金融助企产品。其中“高企贷”惠及企业16家，放贷1.2亿元；“苏科贷”惠及企业21家，放贷8450万元。

【普惠小微企业两项直达货币政策工具实施】 年内，人行如皋市支行、市地方金融监管局聚力普惠小微企业两项直达货币政策工具（普惠小微企业贷款延期还本付息政策和普惠小微企业信用贷款支持政策）持续落地见效，发挥央行资金引导撬动作用。对小微企业贷款增量扩面降本，还本付息应延尽延，截至年末，全市小微企业贷款余额360.18亿元，较年初增加61.20亿元，增幅20.47%，高于全部贷款增幅2.35个百分点；普惠小微信用贷款余额52.47亿元，比年初新增19.68亿元，信用贷款余额新增占比38.30%；全市新发放单户授信1000万元以下小微企业贷款加权平均利率4.69%，比

6月29日，如皋农商行科技支行揭牌成立，缓解科技型小企业融资难、融资贵问题

（汤乾玮　摄）

上年下降0.41个百分点。银行机构累计为9648户普惠小微企业办理延期还本付息金额90.74亿元，延期率73.59%。运用再贷款、再贴现货币政策工具，全年发放再贷款39.4亿元，支持涉农和普惠小微企业4679户，加权平均利率4.48%。其中累计发放3000亿元支持小微企业再贷款10.5亿元，占南通市投放总额42%，居南通六县（市、区）第一位；发放再贴现23笔，总金额8.35亿元。创新金融产品，激发市场主体活力，引导如皋农商行创新发放南通市首笔活体抵押贷款90万元，降低贷款利率50个基点。

【绿色信贷业务与行业信贷政策深度融合】 年内，人行如皋市支行、市地方金融监管局持续推动绿色信贷业务与行业信贷政策深度融合，助力经济发展与环境保护和谐共进。指导如皋农商行通过动产融资统一登记公示系统办理南通首笔排污权登记，发放排污权抵押贷款50万元。截至年末，全市绿色贷款余额138.52亿元，较年初增加36.19亿元，增幅35.37%，高于各项贷款平均增幅17.25个百分点。

（韩　露　陈万仓）

资本运作

【企业上市】 2021年，市地方金融监管局举办企业董事长专题培训、北交所上市专题培训，引导企业有步骤、有节奏对接资本市场。邀请规模和业绩在全国排名靠前证券商，走访重点企业，指导企业规范股改，建立清单式培育档案，打造后备企业培育"加速器"。咬准股改、辅导备案、报会等关键节点，制订个性化推进方案，全流程参与指导，全方位跟踪服务，督促企业与各中介机构紧扣时点，挂图作战，对标推进。市四套班子分管领导牵头协调解决18家上市重点后备企业需要协调问题40个，系统破解企业上市全过程难点。不断强化要素配置保障，推行"一企一策""一事一议"，实行清单管理、销号推进，为企业顺利挂牌上市保驾护航。对拟上市企业存在风险点进行超前研判，组织市住房城乡建设局、应急管理局、税务局、消防救援大队等部门上门服务，全程督导、谨慎处罚。全市新增上市企业3家，其中，南通星球石墨股份有限公司在上海证券交易所科创板上市，"森松国际"在香港交易所主板上市，南通超达装备股份有限公司在深圳证券交易所创业板上市，全市累计有上市公司10家。各上市公司通过首发、配股、增发、公司债在资本市场累计募集资金169.67亿元。新增过会待发行1家、报会1家、待报会1家、入轨企业3家，累计入轨企业10家；新三板正常挂牌企业6家；新增江苏股权交易中心挂牌企业56家。企业上市工作位居南通第一。

【政府投资基金管理】 年内，市政府出台《投资基金管理暂行办法》，与东方富海签订引导产业投资基金合伙协议，引入社会资本和优秀管理团队，打造政府、产业、资本三方互动平台，全面提高经济发展新质态。

（吴建忠）

银行业

【概况】 2021年年末，全市有银行业金融机构22家，其中，政策性银行1家、国有银行5家、股份制银行9家、城商行2家、农商行4家、村镇银行1家。全市本外币各项存款余额1789.74亿元，比年初增加117.32亿元，增幅7.01%，增量、增

2021年12月31日如皋市银行机构存贷款情况表

表44

来源项目	总额（万元）	比上年增长（%）	运用项目	总额（万元）	比上年增长（%）
一、各项存款	17897444	7.01	一、各项贷款	15429262	18.12
（一）境内存款	17890734	7.02	（一）境内贷款	15428952	18.12
1. 住户存款	11617112	11.21	1. 住户贷款	4458456	26.74
（1）活期存款	2335787	3.21	（1）短期贷款	954784	4.18
（2）定期及其他存款	9281324	13.43	①消费贷款	196180	−1.33
2. 非金融企业存款	4074950	1.13	②经营贷款	758604	5.71
（1）活期存款	1945052	4.53	（2）中长期贷款	3503671	34.69
（2）定期及其他存款	2129898	−1.79	①消费贷款	2886564	24.66
3. 广义政府存款	2192487	−2.06	②经营贷款	617107	115.94
（1）财政性存款	80872	−38.16	2. 非金融企业及机关团体贷款	10970497	14.94
（2）机关团体存款	2111616	0.18	（1）短期贷款	3129538	−12.91
4. 非银行业金融机构存款	6184	139.78	（2）中长期贷款	7316283	35.13
（二）境外存款	6710	−14.33	（3）票据融资	524675	−2.24
—	—	—	（二）境外贷款	309	37.33

幅均居南通六县（市、区）第三位，其中个人存款余额1161.71亿元，比年初增加117.13亿元，增幅11.21%。全市本外币各项贷款余额1542.93亿元，比年初增加236.66亿元，增幅18.12%，增量、增幅均居南通六县（市、区）第三位。其中涉农贷款余额1105.08亿元，比年初增加147.60亿元，涉农贷款增量占各项贷款增量62.37%，增量占比居南通六县（市、区）第二位；制造业贷款余额198.14亿元，比年初增加31.75亿元，增幅19.08%，增量居南通六县（市、区）第二位，增幅居第三位。全市基础设施贷款余额比年初增加79亿元，占全市新增贷款33%。

（周鑫鑫）

【工行如皋市支行】 辖二级支行12个，其中，城区支行6个、集镇支行6个。年末，本外币两大存款余额167.21亿元，较年初增加3亿元，其中储蓄存款余额98.57亿元，新增5.99亿元；对公存款余额68.64亿元。各项贷款余额164.60亿元，在同业银行中保持第一，新增24.46亿元。实现中间业务收入2.60亿元，比上年同期增加0.39亿元，增幅17%。实现拨备前利润6.47亿元，比上年同期增加1.19亿元，增幅22.51%。不良资产余额2858万元，不良率0.17%。坚持依法合规经营，继续保持零案件、零重大事故、零重大负面舆情。

（张吴煜）

【农行如皋市支行】 辖营业机构16个，其中，城区网点5个、乡镇网点11个；设立离行式自助银行4个。年末，各项存款余额198.66亿元，比上年同期增加17.08亿元，占辖内“四行”（工商银行、农业银行、中国银行、建设银行）增量份额26.6%，列“四行”第二位。其中，个人存款余额126.51亿元，年内增加9.64亿元，增量“四行”份额占比23.98%，列“四行”第二位；对公存款余额72.16亿元，年内增加7.44亿元，总量、增量“四行”份额占比分别为24.81%、30.99%，均列“四行”第二位。本外币各项贷款余额136.40亿元，年内增加31.57亿元，总量、增量“四行”份额占比分别为22.34%、27.98%，较上年年末分别提升1.28个百分点、6.96个百分点。其中，个人贷款余额61.74亿元，年内增加16.11亿元，总量、增量份额占比分别为31.03%、38.9%，较上年年末分别提升2.07个百分点、9.70个百分点，总量、增量均列“四行”第一位；对公贷款余额74.66亿元，年内增加15.46亿元，“四行”份额占比分别为18.14%、21.65%，较上年年末分别提升0.74个百分点、6.45个百分点。实现中间业务收入9327万元、营业收入5.32亿元。年内，提升数字化建设水平，新上线或升级改造“政经分离系统”“一站式开户”“商品房预售资金监管系统”“江苏省政务缴费平台”“如皋市房产交易所扫码缴费系统”“第三代社保卡系统”“如皋市自来水缴费升级改造项目”应用系统7个。

（戴莉君）

【中行如皋支行】 辖营业网点（含营业部）11个，其中城区网点6个、乡镇网点5个；设离行式自助银行3个。截至年末，本外币各项存款余额144.2亿元，较年初增加10.58亿元，增幅7.92%；本外币各项贷款余额155.74亿元，较年初增加25.49亿元，增幅19.57%；全年实现营业净收入4.8亿元，实现拨备前利润4.03亿元。获评南通市五四红旗团总支称号，东皋支行获评南通市五一巾帼标兵岗。

（王芳丽）

【建行如皋支行】 辖网点型支行15个、营业部1个，其中乡镇网点6个。年内，继续保持中国建设银行文明单位称号。实现拨备前利润5.84亿元，实现中间业务收入2.03亿元，系统内均排名第一。截至年末，一般性存款日均余额234亿元，市场份额排名第一，“四行”份额占比31.78%，比年初提升0.97个百分点。其中个人存款日均余额152亿元，市场份额排名第一，“四行”份额占比34.04%，比年初提升0.33个百分点；对公存款日均余额83亿元，市场份额排名第一，“四行”份额占比28.32%，比年初提升2.61个百分点。一般性存款日均新增41亿元，“四行”份额排名第一，占比37.42%。其中个人存款日均新增17亿元，“四行”份额排名第一，占比36.93%；对公存款日均新增24亿元，“四行”份额排名第一，占比37.78%。截至年末，贷款余额154亿元，市场份额25.19%，比年初上升0.66个百分点，同业银行排名第三；新增贷款32亿元，市场份额28.11%，新增额同业银行排名第一。

（朱忠宁）

【农发行如皋市支行】 年末，农发行如皋市支行拥有开户企业110个，存款余额12.43亿元。全年投放各项贷款18.92亿元，年末各项贷款余额79.13亿元，比上年增加5.25亿元，无不良贷款。全年累计投放水利建设贷款2.22亿元、棚户区改造贷款1.43亿元、城乡一体化贷款10.57亿元。

（杨冯宇）

【邮储银行如皋市支行】 辖营业机构9个，其中，城区2个、乡镇7个。年内，实现业务收入17262.52万元，比上年增长14.48%；实现利润11349.92万元，比上年增长25.40%。

业务收入和利润额均居南通市县级邮储银行（简称“全区”）第二位。基础金融业务个金业务收入7462.79万元，比上年增长18.95%，占总收入43.22%，收入完成率104.37%。截至年末，储蓄余额41.26亿元，年净增2.46亿元，储蓄规模及年度净增额列全区第二。全年销售保险17260万元，实现保险收入863万元。销售非货币基金1.12亿元、资管计划2057万元。新增净值型理财月日均保有量1826万元，新增手机银行1.24万户、快捷绑卡1.37万户、收单商户2065户，商户联动余额1.38亿元，新增“邮储食堂”3.17万户。累计发放信用卡7756张，其中新客户6956张。全年实现对公业务收入3643.86万元，占全行总收入21.1%。负债年日均10.69亿元；对经贸总公司投放1亿元，较上年公贷投放增长1亿元；票据贴现14.18亿元，较上年提升160.59%，全区排名第二；小企业贷款余额3.87亿元，较年初增长0.87亿元，完成全年净增计划116%。拓客开户317户。新取得如皋土地保证金缴存及存量房交易资金监管资格。交易银行条线实现开放式缴费平台收费2761.39万元，现金管理业务覆盖率50.09%，收取银企直连手续费69.8万元。实现零售信贷收入6160.87万元，比上年增长19.04%，占总收入35.68%。截至年末，零售信贷结存33.02亿元，年净增6.62亿元，年度目标完成率115.26 %，力争目标完成率103.34%。其中经营性贷款结存8.6亿元，年净增21270万元；住房贷款结存21.77亿元，年净增4.18亿元；其他消费贷结存2.65亿元，年净增3967万元。

（肖　宁）

【如皋农商银行】 辖营业部1个、支行63个。年内，精简优化商超服务点180个，建成如心商户216个、如心驿站85个、如意之家3个。截至年末，存贷款总量808.17亿元。其中存款余额450.86亿元，较年初增加38.88亿元，增幅9.44%，增量、增幅均位列南通地区农商行第二位；存款市场份额25.33%，较年初上升0.56个百分点。各项贷款余额357.31亿元，较年初增加48.37亿元，增幅15.66%，增量、增幅均位列南通地区农商行第二位。新增可贷资金用于当地比例238.4%，较年初上升106个百分点，位列全省农商银行系统第六名。向市慈善基金会捐款50万元进行防疫、抗洪、助医、助残、助学等。启动“三农”金融创新中心建设项目，建成南京农业大学产学研基地。在全市30家支行率先设立“企业开办‘一站式’服务专区”，全年办理企业开户440户，在全市银行业金融机构中居首位。稳健发展能力陀螺评级位列全国县域农商行第八名，获评2021年度中国服务县域经济领军银行、金融赋能乡村振兴典范称号。

（尤婷婷）

保险业

【概况】 2021年年末，全市有保险公司分支机构39家，其中，财产保险机构18家、人寿保险机构21家。1至11月（采用错月数据），全市保费收入35.44亿元，比上年增加0.62亿元，增幅2.18%。其中财产保险保费收入9.2亿元，占比25.96%，增幅1.04%；人寿保险保费收入26.24亿元，占比74.04%，增幅2.59%。财产保险理赔金额6.23亿元，赔付率67.72%；人寿保险理赔金额1.45亿元，短期赔付率42.24%。

（周鑫鑫）

【人保财险如皋支公司】 有乡镇保险营销服务部18个，专、兼代理网点36个，拥有固定资产1800余万元。年内，完成保费5.88亿元，比上年增长7.6%，占保险市场份额56.81%，比上年增长1.67个百分点。其中车险保费35460.34万元，较上年同期下降3.51%，占总保费60.3%；非车险保费10898.37万元，比上年增长25.58%，占总保费18.53%；农险保费6666.59万元，比上年增长23.37%，占总保费11.34%；大病医疗保费5717.7万元，比上年增长52.5%，占总保费9.72%。全年处理各类赔案197903件，比上年增长23.97%；支付各类赔款36653.06万元，较上年下降2.2%。

（陈　闯）

【人寿保险如皋支公司】 年内，人寿保险如皋支公司实现总保费12.93亿元，南通全辖贡献度占比20.38%。其中，首年期保费1645.38万元、标准保费6973.9万元、十年及以上期保费9379.25万元、大短险保费6953.68万元。全年承保各类商业保险35.27万人，风险保额3861.58亿元。其中个人长期险承保1.33万人，风险保额45.87亿元；一年期惠民承保9.88万人。在全国首创“爱军保”项目，为如皋市60岁以下退役军人提供综合医疗保险，连带配偶免费享受50%保额保障，累计风险保额10.1亿元。落实省政府“安康关爱行动”，老年人意外伤害保险承保3.32万余人，风险保额14.35亿元，年内赔付232.4万元。落实省计生协会“关爱女性安康”保险，承保2.46万人，风险保额22.54亿元，全年赔付乳腺癌、子宫癌及子宫全切手术等女性专属病种270.8万元。落实如皋市“晚霞行动”，承保780余家单位超龄人员1.32万人。承保企业团体意外保险2056家共12.51万人，风险保额491.49亿元。承办如皋市建档立卡低收入人口意外伤害、40种重大疾病及意外伤害住院医疗保险3.09万人，风险保额129.64亿元。全年累计理赔1.43万人，理赔金额7997.56万元。其中理赔长期保险人数1260人，理赔金额3575.53万元；理赔一年期短期保险人数13001人，理赔金额4422.03万元。协助市政府做好大病保险和长期照护保险的承办运营，理赔大病保险5100人共1.38亿元、长期照护保险8600人共1705.47万元。

（李海燕）

证券业

【概况】2021年年末，全市有证券营业部4家，经注册证券投资顾问19人。资产总额67.34亿元，比年初增加40.49万元；资产净值11501.4万元，比年初减少405.1万元；营业收入3768.79万元，比年初增加2683元；存量资金账户90946户，比年初增加4486户；存量A股证券账户169336户，比年初增加8666户；存量B股证券账户496户，比年初减少1户；存量基金46383户，比年初增加6924户。

（吴建忠）

【中信证券如皋营业部】年末，中信证券如皋营业部有注册证券投资顾问13人。年内，新增客户1555户，全年产品销售规模2.1亿元，融资融券授信额度30.1亿元，使用授信额度1.5亿元，实现营业收入2714万元。

（王艳艳）

房地产业

【概况】2021年，全市新开办房产开发企业14家，截至年末，全市有房产开发企业143家，其中具备一级开发资质企业2家（江苏城开集团、江苏凌云置业）。建发、万科、融创、绿地、新城、中南、港龙、龙信、荣润等全国知名房企进入如皋市场，助推如皋房地产开发行业做精、做优、做强。全年新开工商品房202万平方米，比上年减少1.46%；竣工296万平方米，比上年增长53.37%。年末，全市商品住房库存面积135.38万平方米，全市商品房住宅平均去库存周期6个月；主城区住宅库存19.63万平方米，去库存周期3个月。

【商品房销售】年内，全市商品房预售许可261万平方米，其中，主城区（如城街道、城北街道、城南街道）137.13万平方米、长江镇58.40万平方米、其他镇65.58万平方米。全市商品房销售28268套、241.37万平方米，销售面积比上年下降12.99%；销售金额195.77亿元，比上年下降18.33%。其中如城街道、城南街道销售134.24万平方米，占销售总量48%；如皋开发区销售25.98万平方米；长江镇销售28.03万平方米；面上10个镇销售45.63万平方米。全年主城区各楼盘商品房销售均价13075元/平方米，比上年增长13.65%。年内，吸引外地人到如皋购房7067套，占比25%。

【联合测绘】年内，市住房城乡建设局会同市自然资源和规划局建立联合测绘工作机制，按照“一次委托、联合测绘、成果共享”要求，共同确认联合测绘中介服务机构12家并对社会公布。全年完成房产测绘备案75件，涉及建筑面积527.23万平方米。

【商品房预售前公建配套评审】年内，市住房城乡建设局进一步规范房地产开发项目公建配套设施的设计和建设行为，提升房地产开发项目的建设质量、建设水平、提升公共配套档次，全年组织商品房小区预售前公建配套评审16家。

2021年如皋市主要楼盘销售情况表

表45

序号	开发企业	项目名称	销售面积（平方米）	均价（元）	所在地
1	南通君之地置业有限公司	城北街道上锦花园	128832.01	8332.79	如皋开发区
2	如皋市鸿鑫房地产有限公司	城南街道光启花苑	117191.25	13318.49	如皋高新区
3	如皋锦瑞置业有限公司	城南街道紫云花苑	106626.54	12087.71	如皋高新区
4	如皋中皋颐和房地产开发有限公司	如城街道禧园	93946.07	10904.27	如城街道
5	如皋市鸿璟房地产有限公司	如城街道云境雅苑	74695.67	15248.03	如城街道
6	江苏御锦置业有限公司	御锦馨河城	64324.56	11528.79	如城街道
7	如皋云涌地产有限公司	长江镇香果禧园	58431.15	8453.92	长江镇
8	南通东升置业有限公司	长江镇和泽园	53811.93	10182.14	长江镇
9	南通天联安合置业有限公司	逸品花园	49051.24	9439.80	九华镇
10	南通市龙新房地产开发有限公司	蒲盛新村九龙学府花园	47216.20	8028.93	白蒲镇

【商品房预售资金监管】年内，市住房城乡建设局完善商品房预售资金监管制度，实现线上线下全面监管。优化与开发企业、监管银行三方资金监管协议，规范预售资金缴存和拨付行为。定期梳理各项目销售金额、施工进度和预售监管资金使用情况，排查风险项目，对项目进行差别化管理，重点项目重点监管。调整新建商品房预售资金监管账户的拨付要求，各项目在通过销售备案前，要求预售资金监管账户余额不少于3000万元。创建商品房预售资金监管系统，实现动态监控各项目监管账户内资金缴存和拨付情况。截至年末，如皋农商行、建设银行、工商银行等11家银行与商品房预售资金监管系统实现对接。

【房地产交易服务】年内，市住房城乡建设局办理商品房项目预售入网82次，涉及建筑面积261.1万平方米；办理商品房小区销售备案38份，涉及建筑面积296.74万平方米，交付使用住宅1.81万套。完成存量房（二手房）交易合同网签备案业务5939件、面积66.8万平方米，租赁备案699件。

【房地产市场监管】年内，市住房城乡建设局强化房地产市场全流程监管，出台《关于成立如皋市商品住宅小区品质定档工作领导小组的通知》《关于加强二手住房交易管理的通知》《关于开展全市房地产市场风险隐患排查的通知》《关于报送房地产开发项目工程进度和资金账户情况的通知》等文件。研究制定商品住房土建配套和室内装修品质定档核定标准，作为房地产项目价格备案测算依据，以及项目建设过程监管依据、竣工验收标准。组建住房品质评定专家库，随机抽取3名专家对商品住宅小区品质定档，全年完成13家开发企业商品住宅项目品质定档。妥善处理房产领域矛盾纠纷，对全市房地产项目进行梳理排查和分析研判，根据涉稳项目及事项制订处理方案，约谈项目相关负责人并将项目纳入重点资金监管，及时跟踪问题项目进展情况。加强事中事后监管，建立巡查和约谈机制，督促开发企业合法合规开发经营，制止和查纠销售市场出现不规范行为，不定期对开发企业和经纪机构进行巡查和暗访。联合市市场监管局、城管局，开展为期3个月房地产市场秩序专项联合检查，检查45家开发企业和20家经纪机构，查处散布涨价信息、未明码标价、虚假宣传、发布违法广告、捆绑销售等违法违规行为，立案查处16家。

（苏　雯）

旅游业

【概况】2021年年末，全市有国家AAAA级旅游景区3家（水绘园、红十四军纪念馆、盆景大观景区）、国家AAA级旅游景区7家，全国乡村旅游重点村1家（城北街道平园池村）、省级乡村旅游重点村1家（如城街道顾庄社区）；全市有国家四星级旅游饭店3家（惠蒲大酒店、汇金大酒店、城开开元名都大酒店），国家三星级旅游饭店4家。年内，全市旅游市场逐步回暖，旅游质态明显提升，恢复至2019年同期水平。全年接待游客1624万人次，比上年增长15.5%；实现旅游综合收入197亿元，比上年增长45.93%。如皋市被列为第一批省级文化和旅游消费试点单位，东大街历史街区被认定为第一批省级夜间文化和旅游消费集聚区、第一批省级旅游休闲街区。3名讲解员获评省红色旅游“五好”讲解员，其中，市博物馆吴庭瑶参与全省百名红色讲解员讲述百年党史活动巡回宣讲。

【旅游项目建设】年内，市文体广电和旅游局持续推进水绘园创建国家AAAAA级旅游景区，委托北京大地风景文旅集团编制创建调研报告。推动平园池荷香民俗园创建国家AAAA级旅游景区，编制平园池村旅游总体规划暨AAAA级旅游景区提升计划，推进用地调整、功能设施及项目建设。推进李昌钰刑侦科学博物馆创建国家AAA级旅游景区，进一步提升完善软硬件设施，加快二期工程建设。加快长青沙省级旅游度假区创建步伐。8月，开工

2021年如皋市国家级旅游景区名录

表46

序号	景区名称	等级	地址
1	水绘园风景区	AAAA	如城街道碧霞路299号
2	中国工农红军第十四军纪念馆	AAAA	如城街道福寿东路148号
3	盆景大观	AAAA	如城街道花城大道399号
4	定慧禅寺	AAA	如城街道泮池路2号
5	中华长寿文化谷	AAA	如城街道益寿南路188号
6	龙游湖风景区	AAA	如皋市万寿南路
7	长江药用植物园	AAA	长江镇环岛东路8号
8	金岛生态园	AAA	长江镇环岛东路199号
9	平园池荷香民俗园	AAA	城北街道平园池村
10	华夏电影展示馆	AAA	城南街道观风北路智慧谷1号

建设龙游湾长江沿岸生态修复工程（总投资3亿元，总面积53.33公顷，全长5.5千米），探索"生态+城市片区开发+旅游"模式，打造融旅游观光、娱乐体验、休闲度假于一体休闲滨江景观带；至年末，完成主体建设。完成总建筑面积近1万平方米、总投资1.1亿元的水木春秋度假村主体工程建设，进入内装修环节。

【旅游宣传】 年内，市文体广电和旅游局在抖音、上海交通广播、南京内环LED、《扬子晚报》《南通日报》《江苏经济报》及紫牛新闻等平台开展如皋旅游宣传。红十四军纪念馆、盆景大观2家景区入选省文化和旅游厅"永远跟党走"红色旅游线路。4月24日，如皋市"长寿之乡·诗意小城"第十届旅游文化节开幕。

【旅游地接市场监管】 年末，全市有旅行社22家。年内，市文体广电和旅游局重新修订《如皋市旅游团队地接奖励实施细则》，加大对旅游团队地接市场监管力度。联合公安、市场监管、卫健委等部门开展旅游市场综合整治，对旅行社广告宣传、低价游、团队档案管理，涉餐饮企业食品安全、服务质量等方面开展专项检查21次，发现问题35个，全部整改完毕。构建旅游安全生产管理体系，明确景区景点监管职责，签订工作责任书；建立旅游安全信息共享、快速反应机制，开展旅游安全大检查行动，加强旅游安全工作巡查督查，发现问题42个，全部完成整改。结合常态化疫情防控工作，探索建立全域旅游安全监管工作机制，做好景点景区疫情防控工作，全市景区景点和旅游地接单位未发生新冠肺炎疫情感染事故。

【"长寿之乡·诗意小城"第十届旅游文化节】 3月至12月，如皋市举办"长寿之乡·诗意小城"第十届旅游文化节"1+N"（"1"：即市第十届旅游文化节开幕式；"N"：即与开幕式同步和相继举办的N个系列子活动，通过形式多样主题活动，全方位、多角度展现如皋特色长寿文化、民俗文化、产业特色）系列活动。各镇（区、街道）举办乡村旅游文化系列节庆活动，展示如皋市全域旅游创建成果，助力乡村振兴。3月15日至4月15日，举办"网红打卡·献礼百年"新媒体作品征集评选活动，深入城镇乡村、文化场馆、特色小店、寻常人家，开展系列采风和主题创作，挖掘和传播如皋文化旅游资源，培育最新"网红打卡地"。4月24日，举办"长寿之乡·诗意小城"第十届旅游文化节开幕式暨盆景大观景区授牌仪式，周边地区旅游协会、旅游经销商、区域性旅游团游客等1000余人参加活动。活动中，发布2021年度全市旅游文化节庆活动、"如皋长寿八大碗"美食烹饪技艺标准、红色经典旅游线路等信息；国家AAAA级旅游景区——如皋盆景大观景区揭牌；分别与上海旅游协会、南京旅游协会、苏州旅游协会等单位签订整合旅游资源、促进联合发展合作框架协议；举行名特优商品、文创产品、非遗精品展销，集中展示各镇（区、街道）代表性名特优商品、非遗产品、文创产品。5月1日至7月1日，紧扣建党100周年活动，在华夏电影展示馆开展红色影片展映活动，通过市场主体赞助与政府购买服务相结合方式，采取线上预约，发放华夏电影展示馆门票3000张。6月12日，结合2021年文化和自然遗产日，举办特色非遗精品展演展销活动。

（宋淑娜）

邮政服务业

【概况】 2021年，全市邮政业完成业务总量6.22亿元，比上年增长8.5%；实现业务收入4.98亿元，比上年增长11.7%。快递业完成业务2730.28万件，比上年增长32.0%。邮政如皋分公司全年实现邮政业务总收入3.14亿元，规模位居南通县（市区）第一，比上年增长5.82%。年内，邮政如皋分公司主动对接交通运输等政府职能部门和社会快递公司，探索出以交通运输、邮政、快递业合作为主线的三级物流体系，建设"如皋模式"，对辖区内所有村邮站、邮乐购、便民服务站等叠加自提功能，建成邮政协同发展"惠农聚客"平台，解决快递下乡"最后一百米"问题和农产品进城"最初一百米"问题。7月，对如皋爱心企业捐赠河南省新乡市抗汛一线的50根350千克救援绳，邮政速递物流完成免费寄递任务。

【邮政惠农】 年内，邮政如皋分公司成立惠农项目小组，与16家优质家庭农场、合作社签订合作协议，与5家村（居）委会签订战略合作协议。参与"我为合作社代言"邮政"919电商节"等活动，将"富硒紫桃""徐湾翠梨""生态大米""富硒南瓜"、黑塌菜等如皋特色农产品推广上架至省农品馆平台销售。年内，农产品快递包裹33.8万件，销售收入122万元。

【邮政管理】 年内，市邮政管理局对全市邮政局（所）开展全覆盖检查，着重检查"四项业务"（邮件寄递、邮政汇兑、邮政储蓄、邮政发行）和特殊服务开展情况、邮票发行情况、"三项制度"（交接验收制度、勾挑核对制度、严衡合拢制度）

执行情况、安防监控设备配备与使用情况等。加强辖区内快递市场监管，检查邮政快递营业场所和网点217个，出动检查人员633人次，着重检查企业主体责任落实情况、“三项制度”执行情况、安全生产情况、疫情防控情况和业务开展情况等。加强与市公安局、烟草专卖局等部门联合执法检查，与市公安局联合查处跨区揽件违法行为1起，由南通市邮政管理局给予违法企业3万元罚款处罚。全年与市烟草专卖局联合检查6次，查扣香烟206条，涉案金额3.57万元。

（宋 强 张云飞）

通信

【电信】 2021年年末，中国电信如皋分公司有各类营业厅200余家，营业、装维等各类服务人员近400人。用户规模26.2万户，其中，4G用户10.9万户、5G用户8.3万户，家庭宽带用户17.5万户。

基础建设 夯实网络强市基础，深度打造光网城市，营造3000兆城市全光网环境，覆盖全市所有镇（区、街道）自然村，出口带宽640G，位居南通县（市、区）之首。保持5G网络建设先行和主导，围绕5G新基建项目，新建5G基站120个，累计727个，推进党政要区、核心商圈、乡镇要道等深度覆盖。5G室外基站站址数、5G服务用户数、5G应用均居六县（市、区）之首。

云改数转 对标“智能化改造、数字化转型”（简称“智改数转”）新需要，推进“云改数转”战略（中国电信提出的新战略，自上而下加快打造数字化服务能力底座步伐，实现全集团“一张网、一朵云、一个系统、一套流程”。云改包括业务上云、系统上云、网络上云），5G+技术应用持续融合智慧城市建设，形成公安、政法、政务、医疗、工业等标杆，在校园智能化、农业、长江大保护、市域治理、平安如皋打造等领域发挥作用。云网融合、“智改数转”持续助力智慧城市、智慧行业打造。

通信服务保障 强化战备应急通信保障主导作用，快速响应疫情防控基础通信需求，专线搭建空中问诊平台，搭建远程办公、天翼云会议平台助力疫情防控与有序复工复产统筹推进；提升智慧门磁等远程云监督成效；全市首次全员核酸检测前夕，连夜保障450个全民核酸检测点位无线网络、400台核酸检测终端、400张5G+物联网卡，圆满完成检前平台搭建、检中通信保障、检后大数据报告任务。开展防诈反诈宣讲进村入镇进企业，覆盖14个镇（区、街道）、98个村（社区）。接应文明典范城市创建需求，完成34个老旧小区、416栋楼、1312个楼道线、网、箱整治。

（陈 红）

【移动】 年末，移动如皋分公司有各类营业厅300家，营业、维护、装机等各类服务人员820人。用户规模85万户，其中5G用户35万户，家庭宽带用户32万户。围绕5G网络“新基建”项目建设，发挥通信企业网络优势，累计投资2.12亿元，加速5G基础设施建设，全区领先实施核心商圈、交通枢纽、高铁、乡镇等重点区域5G覆盖。截至年末，实现全市行政村及以上全覆盖，城区及热点乡镇深度覆盖，5G套餐客户规模居全区第一。助力疫情防控，提供涉及远程办公、便民生活、医疗问诊、疾病防控、公益服务等一揽子解决方案；配合各镇（区、街道）为临时隔离点接入一网通、智能门磁等服务，开通大数据实时触发短信服务；为市疾控中心紧急推出智能化核酸检测系统，从样品采集、检验、出具报告等环节，实现智能化一体管理。在新一代信息基础设施建设、第五代移动通信（5G）创新服务、智慧城市建设、智慧产业发展、信息化应用等领域，与企业及公安、交通、教育等领域开展深度合作，助力千行百业数智化转型，承建智慧教育、智慧交通、雪亮工程等重大信息化项目，助力教育行业、城市治安领域实现数字化转型。与各镇（区、街道）全面合作，提升政府信息化管理水平。开展“我来教您用手机”老年手机大讲堂活动10余场，助力老年人跨越“数字鸿沟”。

（吴 银）

【联通】 年末，联通如皋分公司下属营业受理网点32家、零售网点120家。全年实现主营收入6593万元。拥有固定电话用户1.45万户、移动电话用户9.13万户（3G移动电话用户0.24万户、4G移动电话用户6.8万户、5G移动电话用户1.51万户），互联网宽带接入用户1.23万户。以客户感知为中心，不断提升服务水平，致力于满足客户综合信息服务需求，打造品牌形象。与24个村（社区）合作，推进数字乡村项目。参与如皋平安城市社会网络监控、智慧校园等数字项目建设。主动参与疫情防控一线，发挥数字化优势，提供智能门禁等产品。成功创建南通市文明单位。

（石 慧）

电子商务

【概况】 2021年年末，全市有电商服务企业23家，比上年净增3家；电商应用规模企业31家，比上年净增2家。年内，全市实现电子商务交易额115.68亿元，比上年增长11.2%。

【跨境电商】 年内，如皋市发展跨境电子商务企业对企业出口海外仓、保税跨境贸易电子商务等跨境电商新业态，实现跨境电商交易额3亿元，排名南通第一。

【如皋入选国家电子商务进农村综合示范县】 7月28日，如皋入选国家电子商务进农村综合示范县。

如皋市完善农村电子商务公共服务体系，健全县乡村三级物流配送体系，推动11家农村商贸流通企业转型升级，培育农村电商创业带头人3人，建成乡村级电商服务站82个、邮政村级网点243个。

（石　坚）

软件与服务外包业

【概况】 2021年，如皋市完成服务外包执行额21.43亿美元，比上年增长32.52%；离岸执行额7.11亿美元，比上年增长39.41%。

【如皋软件服务外包产业园】 年末，如皋服务外包产业园汇聚知名企业328家，从业人员2.6万人，产业实现由呼叫中心、服务外包等传统业态向软件研发、人才培训、内容运营等高附加值环节延伸。年内，二期项目全面对外招商，入驻企业22家。培育服务业规模以上企业7家、限上企业14家，比上年增长75%；新增南通重大服务业项目3个（分别由南通才捷信息技术有限公司、南通天正信息技术服务有限公司、城开开元名都大酒店实施）。实现服务外包收入60亿元、税收2.5亿元。完成服务业应税销售91.6亿元，比上年增长69.7%。江苏顺丰通讯服务有限公司实现营业收入2.87亿元，缴税1053万元，年末有员工3000余人。凌志软件如皋有限公司跻身南通市十大生产性服务业民营企业行列。

【第四届中国如皋第三代半导体晶体及装备论坛】 10月27日，第四届中国如皋第三代半导体晶体及装备论坛在如皋开元名都大酒店召开。论坛主题为“新机遇、芯发展”，重点探讨国内产业链短板环节晶体材料及装备发展状况、存在掣肘因素及解决方案，分析第三代半导体领域面临机遇与挑战，探讨特色发展路径。在论坛上，如皋高新区集中签约产业、人才项目12个，如皋·创源上海科创孵化基地、如皋高新区科技企业孵化器、如皋高新区众创空间等科研基地揭牌。

（张　旭　薛　婷　范海蓉）

物流业

【如皋港现代综合物流园】 2021年，如皋港现代综合物流园实现应税销售906.06亿元，税收2.92亿元。完成物流业应税销售186.42亿元，比上年增长9.36%；完成物流业税收2.76亿元，比上年增长29.11%。完成港口吞吐量8426.47万吨，比上年增长2.18%；完成集装箱吞吐57.51万标准箱，比上年增长13.9%。如皋港现代综合物流园获评全国优秀物流园区、省物流行业先进集体。

【交邮融合】 年末，全市开通交邮融合共同配送线路6条，总里程115千米，全市形成县乡村三级农村物流节点，其中，县级物流中心3个、乡镇农村物流服务站14个（交通运输综合服务站2个）、村级农村物流服务网点347个。年内，市交通运输局加强交通与邮政行业融合，打通中间流通环节和终端配送环节，实现跨行业共赢发展，推进“快递进村”工程。不断推进“交邮融合、客货同网”城乡物流服务品牌建设，全年通过“交邮融合、邮快合作”模式投递邮件快件23.63万件，揽收包裹1.4万件，实现业务收入17.28万元。4月，如皋市“交邮融合、客货同网”城乡物流服务创新做法在交通运输部举办的干部培训班上交流。9月，省交通运输厅厅长到如皋，调研农村物流、交邮融合等工作，对如皋“交邮融合，行业党建”工作给予肯定，要求如皋打造成全省“交邮融合”示范区和行业党建工作先行区。

（张　旭　薛　婷　宋　强）

图为7月20日如皋软件服务外包产业园二期项目　（邱宇　摄）

中介服务业

【科技服务业】 2021年年末，全市有44家科学研究和技术服务业规模以上企业。年内，全市科技服务业实现营业收入19.20亿元，比上年增长8.41%；1月至9月，从业人员工资总额1.49亿元，增幅25.8%。年内，市科技局引导企业加强与周边高校开展科技合作，先后与上海、南京、桂林、南通地区高校建立高校技术转移中心9个。

（陈万仓）

【公证服务】 年内，市公证处办理各类公证事项8264件。开拓市农业农村局、医保中心等执法单位公证业务，全年办理相关公证事项2236件。拓展企业破产司法辅助工作，形成公证参与企业破产事务司法辅助体系，通过固定证据、司法辅助为5家企业破产顺利进行提供法律支撑。开展网络赋予金融机构债权文书强制执行效力公证2件。服务全市各搬迁地块全周期工作，全年参与政府搬迁12例。为全市码头资产企业融资提供公证服务，承担码头资产融资抵押登记事务，为码头资产企业融资2.3亿元。在江苏九鼎集团成立全市第一家公证·律师护企工作站，坚持以企业法律需求为工作导向，紧盯企业需求、整合公证和律师队伍两支力量，拓展公证实体服务平台、网络服务平台、热线服务平台三大平台，借助科技赋能运行办理企业公证56件。通过强化宣传引导、提升素质、信息共享、分类服务、制度保障“五强化”举措提速办证效率，上半年办结公证事项1875件，其中967件实现当日出证，当日出证率51.6%。《如皋公证“五强化”实现当日出证率51.6%》获省司法厅副厅长批示肯定，认为如皋公证“五强化”优化服务措施很实在。

（刘海波）

【房地产中介】 年内，市住房城乡建设局房产交易窗口完成存量房（二手房）交易合同网签备案5939件、面积66.8万平方米，租赁备案699件。规范房地产中介市场秩序，增强代理机构活动透明度，对代理新建商品房销售和从事存量房交易的中介机构实行备案管理制度。对年内新增38家存量房经纪机构，在网络平台、房地产交易大厅和《如皋日报》上向社会公示。

（苏　雯）

【国内劳务中介】 年末，全市有各类正常开展业务的人力资源中介机构32家，从业人员269人。年内，各人力资源中介机构全年服务各类用人单位539家，服务各类人员6900余人，实现营业收入3.58亿元。

【劳务派遣】 年末，全市有劳务派遣单位190家，从业人员863人。年内，市人力资源社会保障局审批劳务派遣许可68家，对劳务派遣单位年度核验122家。全市劳务派遣单位全年劳务派遣用工8143人，其中，临时性岗位3022人、辅助性岗位2980人、替代性岗位人数1218人，跨地区派遣923人。12家同时具备劳务派遣资质的经营性人力资源服务机构，全年服务用人单位217家，派遣人员5073人。

（刘海燕）

【对外劳务】 年末，全市具有对外劳务合作经营资格的外派劳务公司8家。年内，市商务局强化对外劳务监管和服务，规范开展外派劳务服务中心运营管理，开展对外劳务市场专项整治活动，对外劳务市场管理规范、市场秩序良好。外派劳务主要市场日本因新冠肺炎疫情未正常开放，以日本市场为主体业务的外派劳务公司没有新派劳务人员；外派新加坡人数极少。全年对外劳务合作新派劳务2468人，比上年增加349.54%；年末在外劳务人员8544人，比上年增加3.92%。新签对外承包劳务合同额1.23亿美元，比上年增长319.5%；完成对外承包劳务营业额14744万美元，比上年下降16.6%。

（石　坚）

交通 · 水利

交通综述

【概况】2021年，如皋市全力推进现代综合交通运输体系建设，北沿江高铁如皋西站正式获国家发展改革委批复，张皋过江通道实现大型临时设施工程开工，加快重塑“一个深水良港、两条过江通道、三座高铁站点、五条高速公路”的“一二三五”综合交通新格局。年内，公路运输周转量增幅9.3%，在南通市排名第四；水路运输周转量增幅20.5%，在南通市排名第一；其他运输业营业收入增幅108.7%，在南通市排名第一，其中多式联运和运输代理业营业收入增幅南通第四，搬运装卸和仓储业营业收入增幅南通第一。年内，如皋市成功创成省交通运输信息化综合应用示范县，盐通铁路项目部获评全国工人先锋号，市交通运输局机关党支部被省交通运输厅评为先进基层党组织。

【交通基础设施投入】年内，如皋市交通基础设施投资11.73亿元。其中张皋过江通道建设工程投资1亿元；沿江高铁投资2.65亿元；北沿江高铁如皋段下穿道路建设工程投资0.1亿元；老204国道整治提升工程三期投资1亿元；紫光路北延投资2.6亿元；226省道建设工程投资0.5亿元；国省干线公路路灯二期工程投资0.3亿元；危桥改造及县道大修投资0.56亿元；前期研究投资0.21亿元；其他农路提档升级，农桥、通居路、安保工程，道路改造共投资2.81亿元。

【交通规划】年内，市交通运输局完成345国道工可研究并通过省发展改革委审查，相关专题研究同步推进。取得张皋过江通道工可、初步设计及先行用地批复。确定通皋大道二期建设方案。开展如皋支线航道网定级论证研究。持续推进东如高速纳入高速路网规划，与G15沈海高速、S28启扬高速及S30如常高速形成城区高速环线，规划新增市域高速出口2个。

【交通行业安全生产】年内，市交通运输局深入推进安全生产专项整治“集中攻坚年”行动，不断夯实安全管理基础、强化风险防控，确保全年交通运输安全生产无事故。多次组织安全生产法、落实企业主体责任培训、新型监管理念和履职尽责、动火受限空间等特殊作业培训和危险货物作业申报等业务培训和应急驾驶技能培训。突出“依法监督、责任落实、源头治理”三大重点，强化行业监管执法，深入企业检查1125家次，排查问题1947条，立案查处违法违规行为480余起，行政处罚188万元。加强应急救援准备，在南通东方石油化工港储有限公司开展沿江危险货物港口突发事件演练，在苏中国际集装箱码头开展港口设施保安演习，在市十里墩水库水域开展内河水上船舶搜救演习，举办国省干道雨雪冰冻自然灾害处置等演练，增强交通运输领域应对突发事件处置能力。针对4月30日和5月15日两次强对流天气，第一时间出动应急人员、车辆、装备，对全市道路基础设施进行排查清理，确保市域交通运输安全畅通。

（宋新堂　陈东松　张　旭）

公路

【概况】2021年，全市完成公路客

运量215万人，比上年下降55.85%；旅客周转量16185万人千米，比上年下降44.36%。公交客运量456.5万人次，比上年下降18%；出租客运量156.07万人次，比上年下降78.66%。全年完成公路货运量2106万吨，货物周转量425631万吨千米，比上年分别增长11.2%、9.1%。新增公交车74辆，截至年末，全市拥有公交车辆527辆，其中新能源公交车418辆，占公交车总数79.3%。完善公交线网规划，开通常规公交线路85条，其中，城市公交线路18条、城乡公交线路25条、镇村公交线路34条；开通特色公交线路9条，其中，定制专线7条、旅游专线2条。公交线路总里程1863千米，日发班次2761班次。全市拥有出租车147辆，均为清洁能源出租车。

【公路建设】 年内，市交通运输局完成226省道如皋新建段北段主体工程，老204国道改造三期工程、国省干线路灯亮化二期工程。

226省道如皋新建段北段工程 于3月1日开工建设。该工程路线总体为南北向，起自东陈镇与下穿海洋铁路的U型槽终点相接，向南经东陈镇刘亮村，止于206县道交叉路口。全线长1892米，按双向四车道一级公路标准建设，设计速度为100千米/小时。工程主要建设内容包含路基路面、桥涵、交安设施工程等，其中路基土方约18万立方米，路面基层约4.9万平方米，沥青路面约4.3万平方米，3×4米箱涵1道，3×16米桥梁1座，对道路红线范围内的农田排水设施增设平行道路的灌溉用暗渠708米、明渠660米及泵站等水利设施。12月，获评南通市“平安工程”创建项目。至年末，完成主体工程建设。

老204国道三期改造工程 于5月开工建设，11月30日完成沥青上面层施工，并开放交通。老204国道路面改造三期工程（蒲黄线—烟沪线）施工路线总长8987米，维持原路面宽度不变，按汽车荷载等级公路–I级、二级公路标准建设，设计速度为80千米/小时，主要建设内容包括硬路肩和行车道路面破除改造、原路面排水系统恢复改造等工程。12月，获评南通市“平安工程”示范工地创建项目。

国省干线亮化二期工程 于11月16日开工建设，12月30日竣工。主要包括355省道、226省道及下原镇花园头村3条农路路灯安装。其中226、355省道按照公路照明等级二级设置，公路照明质量要求中二级标准平均照度最小维持值为20勒克斯，总均匀度最小值0.4；花园头村3条农路参照城市支路等级设置，路面平均照度8～10勒克斯，总均匀度最小值0.3。355省道西段新建12米路灯176盏，东段新建12米路灯195盏、10米路灯10盏、15米中杆灯3盏，中间段旧灯具改造186盏；226省道新建12米路灯438盏、15米中杆灯7盏，旧灯具改造500余盏；3条农路新建8米路灯126盏、13米中杆灯3盏。12月，获第三届扬子杯照明科技奖（工程示范奖）。

11月25日，226省道如皋新建段北段工程沥青摊铺施工现场

（市交通运输局 供图）

【公路管理】 年末，如皋境内干线公路网：高速3条，为G40沪陕高速、G15沿海高速、S28启扬高速；国道2条，为204国道和345国道；省道3条，为334省道、356省道和226省道。按隶属分：有普通公路695.96千米，其中，普通国道68.71千米、省道115.28千米、县道511.97千米。按等级分：一级公路311.00千米、二级公路251.98千米、三级公路129.69千米、四级公路3.28千米（不含高速公路部分）。公路密度2.3千米/平方千米。年内，全市国省道技术状况值94%，路面状况指数优良率93%，路面行驶指数优良率95%，县道技术状况值89.9，优良路率90.3%。

公路养护 建设养护示范智慧公路，对204国道如皋段试行新一代智慧公路建设，探索“市县一张网”协同建设管理模式。提升日常养护和专项维修精细度，实现路面、桥涵、标志标线、绿化等各项养护标准化；投资2116万元，实施356省道如皋段大中修工程，工程综合质量在南通公路系统考核中名列第一。使用路面快检系统，在南通公路系统使用频率最高，纠错率最高；

推广使用公路协同巡查系统，如皋协同巡查养护事件在南通公路系统上报数量最多、办结率最高。

路网安全　推进县道路网监测设施市县共建项目建设，建设县道路网监测设施点位 67 个，安装视频监测设施 78 套，覆盖县道各关键枢纽、重要桥梁、易污染路段等关键路网节点，实现国、省、县道路网监测“一张网”管理。与公安科技部门协作，接入 23 路公安视频数据，保障公路安全运行、应急处置。投入 8000 万元，对排查出的全市 214 个县道事故黑点开展安全专项整治，专项实施县道交通安全生命防护工程，努力压降交通事故率。完成桥梁防碰撞专项工作。实施桥梁防碰撞工程，完成 4 座干线公路桥梁打桩、189 座县乡道路桥梁助航标志设置、144 座桥梁防碰撞设施安装。

公路服务　推进 204 国道如皋服务驿站和 603 省道如逸驿站改造提升，603 省道如逸驿站获评全省普通国省道服务设施“公路驿站”品牌。投资 475 万元，完成 204 国道如皋段两个交叉口安防精细化提升工程。全年维护国省道标志 500 余套、护栏 800 余米、漆画标线 1 万平方米，更新补缺道口标志 850 根；维护县乡道标志 85 套、护栏 480 米、漆画标线 1100 平方米，更换道口标志 30 根。

【“四好农村路”创建】 截至年末，全市列入省计划年报库农村等级公路总里程 3041 千米。按行政等级划分，分别为县道 514 千米、乡道 922 千米、村道 1605 千米；按技术等级划分，分别为一级公路 237 千米、二级公路 387 千米、三级公路 354 千米、四级公路 2063 千米。全市 332 个涉农行政村双车道四级路覆盖率百分之百。年内，全市完成农桥改造 30 座、农村公路安全生命防护工程 89 千米、通居路 65 千米，完成农村公路路域环境整治和路田路宅分家各 110 千米。12 月，城北街道平园池环村路入选江苏“美丽农村路”样板路。

【公路运输管理】 年内，市交通运输局通过优化调整，新开通到南通高铁西站的公交线路 1 条，新建公交站亭 11 座、公交站牌 273 块。新建公交考核系统 1 套。邀请第三方对如皋市公交一体化改革进行改革评估及线网规划工作。全年新增新能源公交车辆 74 辆，新建公交车充电桩 25 座。至年底，城市万人拥有公交标台数 16 标台，达到省高水平全面建成小康社会考核指标体系要求。创新推动“交邮融合、客货同网”品牌创建，新建磨头综合服务站。

（汪　磊　夏文全　谢静静）

江苏“美丽农村路”样板路——城北街道平园池环村路　（市交通运输局　供图）

铁路

【概况】 2021 年年末，如皋境内有铁路 4 条，分别为盐通铁路、宁启铁路、海洋铁路、新长铁路（停运），铁路总里程 87 千米；规划铁路 2 条（沪渝蓉沿江高铁、如皋港区铁路专用线）。年内，铁路客运发送旅客 109.1 万人次，其中，如皋站 72.3 万人次、如皋南站 36.8 万人次；到达 101.7 万人次，其中，如皋站 80.5 万人次、如皋南站 21.2 万人次。客运发送旅客总数、到达总人数较上年分别增长 72.6%、53.6%。铁路货运站收发货物 9.51 万吨，其中，到达 5.98 万吨，发送 3.53 万吨，较上年均略有下降。1 月，列车运行图调整后，如皋火车站高峰期日停靠 61 个班次，如皋南站高峰期日停靠 45 个班次。

【铁路建设】 12 月 20 日，盐通铁路如皋南站综合交通枢纽工程建成启用。工程总投资 4.9 亿元，主要包括落客平台高架桥、客运综合楼、站前广场、地下车库等。年内，市交通运输局完成沪渝蓉沿江高铁建设工程如皋境内前期工作，可行性研究报告于 11 月 17 日获国家发展改革委批复。北沿江高铁如皋西站设计方案通过国家铁路集团有限公司鉴定中心审查。

【铁路管理】 年内，市交通运输局成立铁路沿线安全环境治理工作“双段长”制办公室，协调各镇（街道）开展铁路沿线环境隐患整治。

全年整治隐患54处，化解矛盾17个。专项整治新长铁路、宁启铁路、海洋铁路下穿桥涵限高防护设施，设置限高防护架62个。

（孙桂权）

港口

【概况】 如皋港拥有长江岸线48千米，其中规划岸线26.52千米。全市内河自然岸线394千米，其中规划港口岸线31.12千米（零散纳规码头岸线长度7.84千米）。年内，市交通运输局重点服务永友粮油码头竣工验收、又来沙港池码头开工准备、省交通控股高速沥青项目落户焯晟管道升级改造、长源二期码头建设前期研究、阳鸿装卸车台安全环保升级改造、港务集团1～2号泊位水工结构消缺整改、长源国际码头正式对外开放等重大项目建设，新增港口吞吐能力近1000万吨。

【港口规划编制】 年内，如皋市对如皋港区功能定位、业态布局等进行优化调整，明确熔盛段岸线功能由舾装调整为物流+产业，调整后的港口规划通过环评。委托华设集团编制《南通内河港如皋港区总体规划优化方案》，优化方案充分考虑如皋市内河沿线非法码头专项整治、防污攻坚、城河水系改造和安全专项整治等工作，与2017版《南通市内河港口总体规划》涉及如皋市内河码头岸线利用相比，压减岸线28.57千米，压减率47.7%。截至年末，形成《南通内河港如皋港区总体规划优化方案》报批稿并递交南通市政府报批。

【码头专项整治】 年内，如皋市拆除非法码头52个，规范提升19家。通过2017年和2021年两轮整治，全市拆除非法码头214座，规范发证150家。巩固整治成效，由市交通运输部门成立整治工作办公室，各镇（区、街道）履行长效管理主体责任，强化网格管理，做好日常巡查和督促，全年执法12起，移交环保执法1起。

（徐静娟）

内河航道

【概况】 2021年年末，如皋内河航道总里程455.12千米。其中，三级航道44.72千米、五级航道52.89千米、六级航道72.74千米、七级航道42.76千米，等外级航道242.01千米。年内，市交通运输局完成连申线如皋海安界至八角井桥段共5.5千米疏浚，疏浚淤积土方24.8万立方米。修复连申线红旗河至十里墩航段漏土板桩护岸3.3千米和连申线损毁护岸55处。完成水上服务区锚地1.8万立方米土方疏浚。连申线航道整治工程通过省级综合质量评定和竣工验收，其中护岸工程质量评定综合得分98分，为全省历史新高。

【航道管理】 年内，市交通运输局出动航政艇50艘次、车辆及无人机20架次，巡航里程6439千米。完成辖区等级航道清障扫床2次、等外级航道清障扫床1次。采用多波束对连申线扫测2次，清除水下障碍物605立方米。测量等级航道159.22千米、全断面436个；加强涉航桥区通航水域纵横向扫测，测量断面340个。加强标志标牌维护，航标正常率百分之百，通航保证率百分之百。实施应急清障3次，对提水引河狄庄桥段、如泰运河十里墩航段、连申线倪庄桥段进行应急清障，累计清除沉桩6根、混凝土56立方米、块石192立方米。在连申线如皋水上服务区增设船舶垃圾分类接收柜和生活污水接收柜各1处。设置船员图书馆、水上流动党员之家。增设船民电动车充电桩9台。在水上服务区开展船民慰问、宣传咨询、志愿服务等活动6次。举办义诊活动，接待船员110余人次；免费为泊区32名船员提供核酸检测服务。

（张　倩）

【地方海事】 年末，全市有通江口门3个、危险品码头7座。年内，市地方海事处开展船舶污染防治大检查、内河船舶超限超载运输专项整治、内河水域无线电专项整治、内河港口危险化学品储存和船载危险货物安全专项检查等系列活动，

年内，连申线航道整治工程护岸工程质量评定综合得分居全省第一。图为整治后的连申线

（市交通运输局　供图）

出动海巡艇2648艘次、人员8544人次，检查船舶8774艘次，纠正违章180起，安检船舶15艘次，纠正缺陷84项。实施行政处罚180起，其中，船舶防污染行政处罚16起，船舶超载运输行政处罚3起，港口行政处罚10起。开展为期1个月水上执法月活动，确保国庆节、中秋节双节水上安全。水上搜救中心全年接处警67次，成功救助遇险船舶107艘次，挽回经济损失850余万元。印发《如皋市内河水上交通突发事件应急预案》，强化内河水上搜救等安全管理工作。

（樊东燕）

水利

【河道治理】 2021年，如皋市完成全面消除黑臭水体工程，总投资17157.06万元，治理农村黑臭水体141条，其中，三级河道9条、四级河道132条，整治河道长度115千米。总投资3500万元，完成农村生态河道建设工程15条，总长度39.17千米，包含河道疏浚、水系连通、岸坡整治，同步实施河岸绿化等。完成通扬运河、白毛港河道疏浚工程，总投资1173.3万元。其中通扬运河疏浚工程投资708.23万元，疏浚总长10.67千米，清淤土方25.71万立方米；白毛港疏浚工程投资465.07万元，疏浚总长7.99千米，清淤土方19.35万立方米。

【水利工程建设】 年内，如皋市突出系统治理，重点实施农村水环境片区化治理、中小河流重点县建设及骨干河道坍塌修复等治水工程。如皋市成功入选全国水系连通及水美乡村建设示范县。完成农村水环境治理12个片区整治规划，总投资约250万元，主要内容包括如皋市域陆域范围水系连通方案、水利工程调度方案、引排能力提升方案、分阶段实施计划等。完成一片区水环境治理工程，总投资18715.23万元，对东司马港以南、通扬运河以西、如海运河以东255平方千米区域实施水环境治理，主要内容包括河道整治工程及控导工程。完成重点流域典型片区水环境治理项目城北街道先行启动区工程，总投资3251万元，对城北街道新港头港片区内，西起头港、东至如海运河、南起如泰运河、北至红旗河17.5平方千米区域实施水环境治理，主要内容包括河道整治工程、分级控制工程和循环利用工程。完成河道管理范围划定项目，总投资333万元。

10月23日，如城街道宗港河生态修复工程施工现场　　（吴树建　摄）

完成骨干河道坍塌治理工程，总投资599.54万元，护岸3648.6米。完成第二批省以上水利发展资金项目农业水价综合改革，总投资568万元，新建管灌泵站1座、暗渠（含铺设灌水管道）4797米、防渗明渠3512米、各类配套建筑物281座。

【水利工程管理】 年内，市水务局推进水利工程规范化、精细化管理，开展省级水管单位、安全标准化管理单位、精细化管理单位、国家级水管单位等创建工作。投入1200万元，推动焦港闸管理所国家级水管单位创建，年内通过省三级安全标准化管理单位及精细化管理单位评价验收。碾砣港闸管理所通过省一级水利工程管理单位复核验收。完成沿江三座中型水闸安全鉴定工作，其中，焦港闸与如皋港闸被鉴定为一类水闸，碾砣港闸被鉴定为三类水闸。完成沿江长青沙闸、长青沙北闸、戴案港闸、四号港闸、如靖界河闸安全鉴定，完成大寨涵闸、江边涵洞等9座小型涵闸安全检测。投入省级水利发展资金76万元，对各闸所工程维修养护。

【采砂管理】 年内，市水务局组织非法采砂巡查1880次，出动车辆1921次、船艇33艘次。开展多部门联合巡查30次、夜间巡查12次、专项行动4次，查获非法采砂船1艘。主导建立长江河道采砂管理联席会议制度，明确15家成员单位部门职责，实现信息共享、联防联打。深化区域合作，推进交界水域采砂管理工作，与靖江市、张家港市水行政主管部门签订三地禁止采砂管理县际合作协议。提升采砂管理技防水平，建成长江采砂管理监控项目，实现主江堤和重点水域全覆盖；结合农村基层防汛预报预警体系项目，启动采砂管理App系统开发。

2021 年如皋市重点农田水利项目建设情况表

表 47

项目名称	2021 年中小河流治理重点县综合整治及水系连通试点项目
项目概况	1. 东陈雪岸项目区：治理河道 17 条，总长度 50.29 千米；疏浚河道 8 条，总长度 18.03 千米，疏浚土方 20.28 万立方米，回填土方 0.47 万立方米；河道清杂长度 34.43 千米，坡面清杂 46.12 万平方米；新建涵洞 2 座；拆坝建桥 5 座；绿化 17.02 万平方米，生态护坡 12.14 千米
	2. 柴湾袁桥项目区：治理河道 19 条，总长度 70.23 千米；疏浚河道 5 条，总长度 13.49 千米，疏浚土方 15.09 万立方米，回填土方 1.37 万立方米；河道清杂长度 68.25 千米，坡面清杂 123.90 万平方米；开挖断头河 1 处；新建涵洞 4 座、桥梁 2 座、提水泵站 1 座；绿化 3.55 万平方米，生态护坡 7.85 千米
	3. 搬经项目区：治理河道 18 条，总长度 53.27 千米；疏浚河道 5 条，总长度 10.75 千米，疏浚土方 12.42 万立方米，回填土方 0.66 万立方米；河道清杂长度 46.60 千米，坡面清杂 82.24 万平方米；拆建涵洞 6 座；新建闸站 1 座；绿化 5.99 万平方米，生态护坡 8.49 千米
开工时间	2021 年 6 月 22 日
完成时间	2021 年 12 月 14 日
效益发挥情况	除涝受益面积 1.66 万公顷，改善排灌面积 1.66 万公顷，受益村庄 81 个，受益人口 32.74 万人

【如皋市被列为全国水系连通及水美乡村建设试点】 11 月 9 日，如皋市被列入中央财政支持的水系连通及水美乡村建设试点县名单，全省仅 2 家。

如皋市境内有焦港、如海运河、通扬运河、如泰运河、如皋港、司马港等主要河流 327 条（流域面积 200 平方千米以上河流 4 条）、湖塘 7125 个，河流总长 7506.8 千米，河网密度 4.76 千米 / 平方千米。水系连通及水美乡村建设试点项目建设时间为 2 年（2022—2023 年），总投资额 4.48 亿元，以如海运河东西两片区为治理重点，围绕西司马港—大明河南岸、如皋港东岸、如海运河东西两岸、通扬运河西岸形成外围“五线”控制，推进区内三级、四级河道小流域综合治理，连通水系 16.17 千米，疏浚清淤 103.3 万立方米，新建生态护岸线 39.2 千米、景观节点 2 个，新建农村分散式住户三格式化粪池 1.5 万个，新建、改造资源化利用泵站 19 座，打造水美乡村 15 个。

（贾浩珍）

如海运河如皋段沿途风景　　（市水务局　供图）

城市建设与管理

城市规划

【国土空间规划】 年内，市自然资源和规划局持续开展全市国土空间规划体系构建工作，深入研究城市现状基础、发展战略，试划城镇开发边界，年底形成全市国土空间总体规划中期成果。全面启动镇级国土空间规划编制工作，确定规划编制单位，形成与市级国土空间总体规划上下联动工作机制。《如皋市镇村布局规划（2020版）》获省优秀国土空间规划奖三等奖、南通市优秀国土空间规划奖二等奖。《如皋市九华镇总体规划（2018—2035）》获南通市优秀国土空间规划奖三等奖。

【城区详细规划】 年内，市自然资源和规划局围绕经济发展，按照高质量发展要求，加快区域控规编制，完成如皋西片区控制性详细规划。持续加强城市重要区域规划研究，开展如泰运河生态廊道项目拓展区域（茅雉河、通扬运河）研究，形成规划成果；启动《历史文化名城保护规划》修编工作。完成如皋市第一批土地征收成片开发方案编制，启动第二批土地征收成片开发方案编制工作。

（郑淑一）

智慧城市建设

【概况】 2021年，市市域治理现代化指挥中心部署政务云虚拟化安全防护系统，提高政务云平台安全性和抗攻击能力，降低安全威胁，为上层业务系统提供更好服务。为市住房城乡建设局“智慧燃气监管平台”、市发展改革委“工业企业资源集约利用综合评价系统”、市自然资源和规划局“‘互联网＋不动产登记’一体化平台”等9个部门的10个系统提供虚拟机338台、存储资源75太字节，同时提供云安全、云网络等服务。依托政务数据共享交换平台，全年为81个部门和单位分配账号120个，目录1230条、数据1654万余条，申请回流南通数据5.04亿条，其中归集审批环节电子证照、许可批复等政务服务数据3300余万条。聚焦全域感知、风险分析、预警预判，牵头开发、集聚应用“1+3+3”（即1个数据中台，联动指挥、政情民意、生态环境3个专题图，危险化学品全流程监管、“放管服”综合研判、食品安全监管3个创新应用）指挥平台，实现“12345”政府公共服务、网格化、智慧环保、协同办公等业务系统一键互通、一站管理。聚焦群众所急所忧、所思所盼，以“南通百通”区县频道建设推广竞赛为契机，在如皋频道上线“云上如意店小二”“如意云指导”、VR如皋等特色服务17个，获“南通百通”区县建设推广竞赛活动综合奖第一名。对长江禁捕信息化监管、工资支付监控预警平台、智慧人大综合平台等24个信息化项目开展评审，提出评审意见70余条。

【危险化学品生产全周期监管平台】 年内，危险化学品生产全周期监管平台汇聚市交通运输局、应急管理局、公安局、市场监管局等9个部门数据，探索形成“大数据＋危险化学品生产全周期监管”新模式，于6月上线试运行。全年生成预警信息2万余条，组织现场核查50余处，发现非法流动加油、违规储存油罐、关停企业非法复工等违法事件7起。

【政务服务综合研判平台】 年内，政务服务综合研判平台通过整合审批服务线上资源，围绕重点业务、办件情况、服务能力等方面设置评估指标开展趋势分析，从超期预警、“好差评”排行、服务满意度等方面进行监测研判，运用大数据分析比对、预警模型构建、视频实时监控等技术手段，形成申请、办理、效能评估、督办反馈精细化闭环管理。

【综合执法平台】 年内，综合执法平台建立八大数据库，包含8316项行政权力事项的权力事项库、435项“互联网+监管”事项清单的行政检查类监管事项库、329部法律法规的法规库、3277条自由裁量信息的自由裁量库、1952名执法人员信息的执法人员库、334条行政相对人员信息的行政相对人库、全市赋权委托文件库和全量案件库，为执法部门及执法监督部门提供执法辅助数据库和执法监督数据库，解决市、镇两级权责边界模糊，执法平台数据孤岛与执法案件重复录入问题，推动执法数据赋能应用，服务执法人员与执法监督人员，获评南通市域治理创新奖和优秀创新应用案例。

【瓶装燃气安全监管平台】 年内，瓶装燃气安全监管平台实现对瓶装燃气充装、配送、入户、使用的全流程数字化监管，生成预警2607条，形成工单派发部门10条，发现违法行为1起。获评南通市域治理优秀创新应用案例。

【企业信用分类分级监管平台】 年内，企业信用分类分级监管平台汇聚各类信用信息317万余条，形成标准化、规范化全市信用资源池，对841家规模以上企业和85家建筑企业在信用监管领域先行先试，归集相关企业2019—2021年登记注册、监督检查、违法失信等信用信息3万余条，通过信用数据深度筛选分析，对企业公共信用作出综合评价和等级评定，推送给执法监管部门进行差异化监管。企业信用分类分级监管平台创新做法被省“放管服”协调办在全省推介。

【食品安全全流程监管平台】 年内，食品安全全流程监管平台围绕食品原料种植养殖、生产、流通、餐饮服务等环节安全监管要素，搭建食品安全一张图、农村集体聚餐备案监管、食品上下游溯源等功能模块，打造全业态覆盖、全过程监督、全环节透明食品全流程监管体系。截至年末，被纳入智慧监管范围的种植养殖户5101户、食品生产单位235家、食品流通单位9661家、食品餐饮单位4708家。

（许晓益）

【企业信息化建设】 年内，如皋市深化新一代信息技术与制造业融合发展，促进数字经济与实体经济深度融合，不断提升制造业核心竞争力和可持续发展能力。加强新型基础设施建设，电信、移动、联通三大电信运营商加快推进5G基站建设，全年新增5G基站904个。推动5G产业发展，全市10个5G产业企业实现销售额20.27亿元。加快制造业数字化转型步伐，鼓励企业开展工业互联网创新应用。年内通过省星级上云企业认定43家（五星级1家、四星级9家、三星级33家），累计211家（五星级4家、四星级28家、三星级179家）；通过两化融合管理体系贯标认定企业7家，累计27家；被确认为省两化融合贯标试点企业3家。日达智造科技（如皋）有限公司“5G数采智能制造系统”入选省工业和信息化厅“5G+工业互联网”融合应用优秀案例。强化工业信息安全风险防御，指导企业完善工业信息安全责任制，组织17家企业信息安全责任人参加南通工业信息安全培训，加强工业信息安全风险评估、信息共享、应急处置等制度落实，进一步建立健全工业互联网多层次安全保障体系。全年新增省级工业信息安全防护星级企业5家，累计6家。

（王向前）

【智慧政务】 年内，市行政审批局全面升级优化“云上如意店小二”政务服务智能客服系统，增加日常用语、方言检索功能和语音识别输入技术，提供“人工客服”视频功能，实现咨询“云见面”。改造升级“如意办”现有应用，实现掌上政务、指尖服务、刷脸办事，进一步深化“企业开办半日通”“如意云咨询”“如意云踏勘”“一件事如意办”“中介如意选”等应用，向移动端“掌上办”拓展，增加主题场景式导办服务。

（姚 娟）

【智慧广电】 年内，江苏有线如皋分公司推动服务、经营、技术、管理融合创新发展，实现营业收入1.32亿元，互动电视用户净增3.84万户，宽带用户净增1.31万户。在江苏有线南通分公司考核中位居县级公司第一名，在省广电有线信息网络股份有限公司考评中获评第一等次。年内，江苏有线如皋分公司强化政治意识和底线思维，加强协调作战，科学统筹调度，所有播出信号不间断、高质量，完成建党100周年安全播出保障任务，被江苏广电有线信息网络股份有限公司评为建党100周年安全播出保障工作先进集体。做好日常干线巡查，开展安全播出培训，完善城域网路由改造，完成机房UPS蓄电池更换，组织信息系统等保测评和安全整改工作。统筹多方力量，推进广电智慧

九华镇搭建“智慧九华”云平台，实现电视端、电脑端、手机端、镇域治理现代化指挥中心大屏终端互助共享。图为九华镇镇域治理现代化指挥中心（九华镇　供图）

乡村工程，为基层打造融宣传、党建、新时代文明、镇域治理等功能于一体智慧平台，助力乡村振兴及基层治理创新，推动公共服务提质升级。“智慧九华”“智慧白蒲”项目在南通率先通过验收，以高分通过省级复评。推进农村FTTH网络改造工作，提升网络承载力，为群众收视及宽带使用提供保障。投入网改资金2400万元，新增FTTH网改村（社区）60个，累计网改村（社区）190个。推进高清互动村皮线入户工程，完成皮线入户30个村。进一步聚力创新、强化支撑，项目“基于FTTH网改后期演进，实现降本增效再突破”获省广播电视科技创新二等奖、省广电有线信息网络股份有限公司科技创新奖二等奖，“智慧九华”“在线培训、考评系统”项目获省广电有线信息网络股份有限公司科技创新奖三等奖，获奖数量和档次创历史新高。建立技能考评认定、岗位互学等机制，开展各项培训68场。选派选手参加省广电有线信息网络股份有限公司演讲比赛，获特等奖；参加省级技能比武，2人获奖；参加江苏有线南通分公司技能比武获团体第二名，创造历史最佳赛绩，被评为南通技术能手1人。

（汤新建）

【智慧城管】 年内，如皋市数字城管系统平台上报案卷46760件，有效上报45996件；立案45996件；处置45843件，处置率99.67%；按期处置43209件，按期处置率93.94%；结案45842件，结案率99.67%；按期结案43210件，按期结案率93.94%。7月，完成智慧停车一期建设，配建智慧停车软件平台、运营指挥中心，在城区30个路段及颐园停车场建成智慧停车车位2092个，缓解停车难、行车难矛盾。

（吴　昊）

【“慧眼守土”】 年末，如皋全域设有“慧眼守土”高清视频点300个，覆盖面积945平方千米，有效覆盖全市重点建设项目建设区域。年内，市自然资源和规划局利用各高清视频点视频监控摄像头24小时预置位自动拍照，系统自动比对识别图像变化情况，后台每日推送比对结果，实现对全市重点建设项目全方位、多角度、交互式实时监管。全年调取视频探头2.99万次，利用视频监控发现疑似线索191条，达到违法用地第一时间发现、第一时间取证、第一时间采取应急措施监管效果。

【时空大数据平台】 年内，如皋市完成时空大数据平台建设并投入使用，成果通过省自然资源厅验收。时空大数据平台于2019年11月启动建设，总投资2000余万元。完成全域矢量、18个年份影像、地形等基础地理数据的生产建库和60平方千米倾斜三维模型、2个试点区域精细三维模型、62千米街景及多个部门公共专题数据等整合建库；完成时空大数据标准规范编制；构建统一空间基准的时空大数据中心；研发时空信息云平台，可支撑智慧环保、智慧市政、市域治理、智慧水务等示范应用。

（郑淑一）

【智慧环保】 年内，如皋市利用智慧环保大数据平台精心构筑排污单位全方位、无死角监控闭环管理系统，对全市污染源和环境质量实时监控和管理，对区域污染源情况、排污情况进行整体把握。全年收录1763家企业污染源信息，做到日常执法采集污染源数据实时上传，现场执法实时定位。截至年末，上传现场执法记录9804条，现场执法企业（个体或其他）2816家。

（袁华丽）

【智慧海事】 年内，市地方海事处通过服务网站或手机App客户端申报系统，接收船舶进出港报告2.48万艘次。利用VHF高频通信系统，自动向辖区水域过往船舶发送语音播报，保障辖区水域安全有序通航环境。通过AIS、VITS船舶身份识别与轨迹传感系统及CCTV系统监控探头扫盲补缺，实现对船舶实时定位、现场视频的实时传输、遇险船舶一键沟通联络。在内河航道交汇区、船舶通航密集区、重点码头停泊服务区、水上事故频发区等重点水域增设高清监控点，形成全方位、无死角动态监控。

（樊东燕）

【教育信息化】 年内，市教育局推进教育信息化，加快智慧教育云平台建设，成功创建省智慧校园合格校19所，全市累计有省智慧校园合格校85所、省智慧校园示范校1所。持续推动信息技术与教育教学深度融合，不断提升师生信息素养，初步形成“网络体系化、校园智慧化、资源普惠化”如皋智慧教育范式。

（钱彩云）

【数字文化】 年内，市文体广电和旅游局通过江苏公共文化云平台线上服务130余万人次。开展元宵节线上灯谜竞猜活动，近2万人次参与；举办“国庆·人民的节日”“江苏省百年百场巡演”现场直播活动，观众均突破10万人次，参与“国庆·人民的节日”网络投票活动100余万人次。

（宋淑娜）

【卫生信息化建设】 年内，市卫健委根据医共体管理业务需求，结合医疗机构信息化发展状况，制订医共体信息平台软件系统及配套硬件建设方案，完成招标采购。上线区域体检管理信息系统，进行体检数据集中管理，推进家医签约服务系统试点应用，实现体检结果、家医签约与健康档案数据互联互通。完成传染病、慢性病、食源性疾病报卡系统上线。上线统一支付平台，各镇卫生院上线自助一体机，市卫健委行政服务窗口及村卫生室配备刷卡、扫码设备，开发手机端App，为居民提供在线预约挂号、诊间支付、住院预交款、检查检验报告调阅、家医签约服务、健康档案查询等服务。搭建医疗收费电子票据平台，完成全市医疗收费电子票据改革。市人民医院完成门急诊结构化电子病历改造，上线单病种质控系统；市中医院实施多个HIS延伸的系统应用，实现业务闭环规范管理；市精神病防治医院完成结构化门急诊电子病历系统及院感系统建设，开设微信体检预约服务。全市所有医院完成医保电子凭证、医保贯标、医保南通保、国家医保新平台系统升级改造。

（施小飞）

【医保信息化】 年内，市医保局做好医保业务事项标准化梳理，全面贯彻执行医保信息业务编码标准，确保15项国家信息业务编码标准在定点医药机构落地应用。如皋市医保系统平稳上线国家医保信息平台。推广医保电子凭证，497家定点医药机构实现电子凭证扫码结算脱卡支付，90余万人激活医保电子凭证，逐步实现“看病不带卡，只用医保码”。

（孙春燕）

城市基础设施建设

【概况】 2021年，全市完成城市基础设施投资10亿元，实施城区市政道路建设、桥梁改造、特色空间打造、泵站闸门改造、交通设施完善等重点工程。新增道路35千米，实施沥青摊铺5万平方米，维修人行道1.5万平方米，出新道路标线7万平方米，完成停车位施划2900个。全年移植、补植绿化面积近5000平方米，增设行道树树池格栅200个，打造精致花境景观。完成大润发转盘渠化改造工程，改善城市核心区高峰期拥堵状况；惠政路龙游河桥、仙鹤路宝塔河桥建成通车，实现“桥路双通、水路相融”城市道路景观特色。持续推进城区绿化提质增效工程，完成主城区垂直绿化改造、龙游河生态公园绿地完善、李渔小学周边绿化工程。东大街美丽宜居街区塑造、宏坝河道生态修复工程入选省级美丽宜居城市试点。

【重点工程】 年内，市住房城乡建设局开工建设市政基础设施重点工程35个，竣工21个。宏坝河城市特色空间打造工程是东片区水系畅通工程子项目，全长约2.3千米，年内完成河道开挖施工，新建城市桥梁3座。实施外城河贯通工程，全长1.2千米，年内完成市第一中学艺技楼搬迁，南景园、南门市场老旧污水管道改造。5月，仙鹤路宝塔河桥开工建设，至年末，完成主体工程建设。仙鹤路宝塔河桥主桥全长72.16米，两侧设钢结构人行桥，桥下园路与原景观步道相连，实现水下慢行系统贯通。5月，惠政路龙游河桥梁工程开工建设；10月，完成主线桥梁和面层沥青施工、非机动车道及人行道钢箱梁安装，实现主线提前通车。6月，海阳路、福寿路交叉口渠化改造项目开工建设，于8月底提前完成老旧转盘拆除及道路布局、1500平方米人行道、400米雨污水管道、信号灯、道路绿化等改造提升任务。12月，龙游河三期水系畅通工程竣工。龙游河三期水系畅通工程全长2.2千米，景观带宽度450～650米，与龙游河一期、二期工程水系连贯，形成“在循环中改善、在改善中循环”城市水生态体系。

【市政维修】 年内，市住房城乡建设局对城区存在坑塘、龟裂等问题老旧沥青路面修复5万平方米，出新道路标线约9万平方米，出新交通标牌1100块。完成海阳路、中山路、福寿路等道路窨井调平工作，安装窨井盖防坠设施3000余套。完成健康路、朱衣街、锦绣街人行道盲道迁改施工1.5万平方米。疏通雨水管道51千米、污水管道60千米。防御第6号台风“烟

2021 年如皋市市政道路新建改建竣工工程一览表

表 48

工程名称	起止点	长 × 宽（米）	总投资（万元）
汪明路新建工程	海阳南路—大司马路	1120 × 37	8000
汪明路新建工程	观风路—紫光路	2300 × 37	22000
城南二路西延工程	万寿南路—观风南路	400 × 32	1750
八里港路工程	万寿路—李渔路	240 × 23	9150
斜港河北侧道路工程	科技路—城西大道	400 × 29	500
中巴北侧区间路	府西路—海阳南路	660 × 16	1900
中巴和融创区间路	中巴北侧区间路—中央大道	330 × 16	950
纪庄路	大司马路—长宁路	270 × 16	740
宏济路	宁海路—福寿路	330 × 15	282
外城河道路贯通工程	健康桥西—东皋桥	1200 × 13	4350
龙游湖北路西延	万寿南路—海阳南路	900 × 36	11000
99 号地块北侧区间路	仙鹤路—东皋路	360 × 13	700
132 号地块北侧区间路	宣化路—大司马路	360 × 13	850
花海路	大司马路—海阳南路	1050 × 24	4100
100 号地块区间路	万寿路—园林路	400 × 16	1100
龙游河花苑北侧区间路	万寿路—园林路	400 × 18	1000
龙游湖路大修	城东路—引水河桥段	1050 × 22	1500
宁海东路完善改造工程	茅雉河—紫光路	360 × 40	700
海阳路福寿路交叉路口渠化改造	—	—	620

花”和第 14 号台风“灿都”，出动巡查车辆 8 辆、人员 60 人次，对城区 260 千米排水管网不间断巡查，及时处置护栏、树木倒伏影响交通等情况。在强风、强降雨和雷击天气，及时处置护栏倒伏、树木倒伏、信号灯断电、短时积水等影响交通问题。

【龙游河宝塔河水环境治理工程获江苏人居环境范例奖】 3 月，龙游河宝塔河水环境治理工程获江苏人居环境范例奖。

龙游河宝塔河水环境综合治理工程是市政府 2017 年启动实施的为民办实事工程之一，南起龙游河，北至外城河，东起茅雉河，西至海阳路，总占地面积约 30 万平方米，是如皋市城市“双修”（生态修复、城市修补）第一个系统性、区域性系列工程。工程通过实施河道开挖、控源截污、沟通水系、生态修复、绿化景观打造，系统开展河道整治，主要包括龙游河宝塔河景观打造、龙游河大桥建设、福寿路改造、观风路改造等工程，沟通龙游河与外城河，连接宝塔河与茅雉河，将原来各成一片的水系连成一体，增强河道排涝能力；以“生态湿地”为主流工艺，在引入“活水”基础上，结合水生植物净化，增强龙游河、宝塔河生态调节功能，全面配套休闲广场、亲水平台、游步道、体健场地等基础设施后，成为市民休闲场所。

（苏　雯）

公用事业

【供水】 2021 年年末，全市有水厂 3 家，日供水能力 26 万吨，全年供水 9490 万吨，新增自来水管网 54.85 千米。年内，市城乡住房建设局完成区域供水应急预案编制，建立健全区域供水应急救援体系，开展区域供水突发事故应急演练、突发饮用水源污染事故应急处置演练、液氯泄漏应急演练活动。完成泵站维修 9 次、管网抢修 13 次。南通西北片引江区域供水三期工程正式建成通水。推进全市供水安全保障提升工作，组织节假日市级督查 3 次，水源地巡查 2 次，危险化学品专项检查 12 次，配合南通市级层面检查

3次。每季度对全市14个镇（区、街道）、二次供水、出厂水检测1轮，配合省住房城乡建设厅水质抽检2次、省供水保障中心水质抽检1次、南通市市政园林局水质抽检4次，检测结果均符合国家生活饮用水卫生标准。

【供电】 年末，全市有公用变电站43座，其中，500千伏变电站1座、220千伏变电站9座、110千伏变电站24座、35千伏变电站9座；有主变压器82台，总容量843.18万千伏安；有配电变压器1.89万台，总容量727.79万千伏安；有220千伏线路32条计602千米、110千伏线路57条计665.60千米、35千伏线路34条计286.30千米、20千伏线路13条计58.45千米、10千伏线路436条计5738.46千米。有电力客户71.31万户，其中，工业用电客户4.37万户、居民照明客户59.52万户、非居民照明客户5.61万户、农业生产用电客户1.81万户。年内全市用电量73.1亿千瓦时，比上年增长13.87%。其中农业用电量1.06亿千瓦时，比上年增长6.9%；工业用电量47.77亿千瓦时，比上年增长12.7%；建筑业用电量0.80亿千瓦时，比上年增长18.4%；城乡居民生活用电量13.28亿千瓦时，比上年增长8.9%。市供电公司完成供电量71.15亿千瓦时，比上年增长14.17%；完成全口径售电量69.42亿千瓦时，比上年增长15.34%。电网调度最高负荷142.66万千瓦（7月14日21时18分）；最高日供电量2823.65万千瓦时（7月14日）。

电力建设　年内，市供电公司完成电网建设投资7772万元，建成35千伏及以上输电线路26.88千米，新增变电容量50兆伏安。全年完成配网建设投资1.9亿元，完成农网建设投资4567万元。2项工程分别获评省输变电优质工程奖、配网示范工程。5月30日，位于九华镇的110千伏变电站2号主变工程竣工投产，工程总投资570万元，更换投运50兆伏安主变压器1台。10月7日，位于如城街道的110千伏变电站扩建工程开工建设，工程总投资6063万元。12月9日，位于如皋高新区的110千伏桃园开关站新建工程竣工投产，项目总投入7029万元，建成投运110千伏进线2回、10千伏进出线10回。

供电服务　年内，市供电公司推动市政府出台全省首家县级层面电力接入工程政企共担管理机制实施办法，与长江镇签订“开门接电”示范园区建设战略合作框架协议。加强跨专业联动，解决日达智造科技（如皋）有限公司、华永新能源有限公司等重大项目建设用电总量。完成高压增容590户、低压非居民增容2.64万户。开展代理购电政策解读、业务培训、信息公告等工作，受理代理购电签约2.65万户。推行城区低压客户经理“光明卫士Es”服务公众号。“刷脸办电”覆盖所有乡镇供电所。建成充电站5个、公用充电桩33个。推行临时用电租赁“共享”服务，节约客户成本72.8万元。实施3个老旧小区电力设施改造。完成历史遗留问题东大街低电压治理。推进“碳达峰、碳中和”目标落地实践，助力打造长江流域最大水上绿色综合服务区，如皋市建成省内首个全电校园示范城市，省内首个公共机构多能一体化供应项目落户搬经镇。市供电公司年度万户投诉率0.05，年度优质服务监管指标排名全省第一。

电网安全　年内，市供电公司贯彻落实安全生产三年整治专项行动，联合市发展改革委建立电力行政联合执法机制，促请市安全委员会办公室下发《关于加强电力设施周边塑料大棚安全管理工作的通知》。修订各专业应急预案31项。完成“4·30”“7·7”风灾、“烟花”“灿都”台风等抢险救灾工作。完成春节、全国“两会”、中高考、中国共产党成立100周年大庆等时点电力保障任务，实现“七个不发生”（不发生人身死亡事故，不发生全场停电或负同等等级及以上责任的电网瓦解大面积停电事故，不发生重大及以上设备损坏事故，不发生同等于重大交通事故及以上责任事故，

7月15日，市供电公司组织人员抢修因雷暴大风天气受损线路

（汤乾玮　摄）

不发生电厂垮坝事故，不发生重大及以上火灾事故，不发生重大及以上施工机械事故）安全目标。剔除“4·30”风灾影响，全年故障损失时户数比上年下降23.69%。发动各镇（区、街道）处理违章建房及施工97处，清理鸟窝1509处，处理树障5463棵、异物挂线100处，安装各类警示标识723处，开展电力安全宣传2127人次，制止线下钓鱼、放风筝等危害电力设施行为67起。开展临水配电线路绝缘化改造149处。开展配网精益化巡视和设备主动检修，全年供电可靠率99.94%。截至年末，市供电公司实现连续安全生产8448天，被评为2021年全国“安康杯”职工安全应急技能知识竞赛活动优秀组织单位。

【供气】 年末，全市有管道燃气企业2家（市益有管道燃气有限公司、南通中油燃气有限责任公司），累计建成管网1842.7千米，其中，高压管网70千米、中压管网876.6千米、低压管网896.1千米；燃气总用户18.65万户，其中，居民用户18.5万户、工业用户213户、商业用户996户。年内，两家管道燃气企业新建中低压管道122.6千米，新增天然气居民用户1.85万户，年销气2.76亿立方米。汽车加气站销气303.68万立方米。10家石油液化气公司销售瓶装液化气1.88万吨。推行“阳光充装，智慧燃气”供气模式，投入运行专用车辆170辆，整合瓶装液化气经营配送安全监管平台，在南通县（市）中率先开展瓶装液化石油气统一配送，进一步保障配送安全和用气安全。全面落实瓶装液化石油气实名销售制度，完成液化石油气气瓶产权转移22.68万只，实现钢瓶追溯管理。推动餐饮场所“瓶改管”工作，完成初步勘察286家，受理286家，完成通气240家。专项整治违法使用瓶装液化气、管道燃气，私拉乱接、违章压占等行为，清理整治违法使用瓶装液化气9596户、违法使用管道燃气1768户，整改私拉乱接现象55处，闭环整改违章占压燃气管道3条、安全间距不足1处。

【城市照明】 年末，如皋城区有道路灯具3.24万盏，城市亮灯率99.8%。年内，新增道路照明灯2552盏，新安装路灯道路长度14.95千米，城市照明总用电量850万千瓦时，总功率3635千瓦。市住房城乡建设局推动如皋高新区和如城街道两个功能区照明设施养护水平规范化，促进辖区照明设施管养无差别。远程监控全部到位，探索推进点、线、面全方位监控，扩大“线上巡灯”范围，推行智能漏电检测系统，亮灯率、设施完好率99%以上。通过后台监控终端及时发现各类故障130起，维修辖区内路灯2800余盏、控制箱330余台次，处理电缆线路故障136处，排除路灯设施安全隐患148处。推进路灯、亮化设施照明能耗双控双降工作，全年完成城东路、环湖北路、丞相大道、宁海东路、东皋路、福寿东路、解放东路等路段及汽车城周边LED改造1250余盏，改造新东线、惠政路慢车道LED光源340余盏，全年降低用电功率280千瓦。推进智慧化控制，实行“分时段减半”模式，对高能耗景观路段实行“节假日”模式，对公共绿地景观亮化、楼宇亮化采取“日常关闭”模式，每月节约电费15万元。

【排水】 年内，城市污水排放总量4623.91万立方米，市政再生水利用1254.52万立方米。新增海绵城市面积4.48平方千米，累计建成13.25平方千米；雨水收集利用量215万立方米。年内，市住房城乡建设局完成城市污水处理厂整合提升规划编制并通过专家评审。发挥全市城镇污水处理厂进出水在线监控设备和运行管理远程视频监控系统作用，实行24小时监控管理。推动城镇污水处理提质增效，围绕城镇建成区污水管网、“十个必接”（将机关、学校、医院、集中居住小区、工业集中区、农贸市场、垃圾中转站、宾馆、饭店、浴室10个重点区域排放的污水，接入

1月11日，市城市照明管理处组织人员对惠政路路灯进行日常检修

（陈正祥　摄）

到污水处理管网）全覆盖要求，聚焦污水管网空白区、雨污合流、污水处理厂进水浓度低等薄弱环节，持续加大污水管网新建改造力度，完成城南街道、如城街道、城北街道辖区内3个污水处理提质增效达标区建设。全年全市铺设污水管网33千米，完成“十个必接”接管48家、“六小行业”（经营性小餐饮店、小食品店、小浴室、小美容美发、小歌舞厅、小旅店等小食品生产经营单位和小公共场所的泛称）接管273家。健全排水许可制度，制定《关于对〈如皋市城镇排水与污水处理管理办法〉第四十九条的解释》《如皋市城镇污水预处理设施建设技术指南》等文件，督促城市建成区学校、医院、洗车店、餐饮店等排水户办理排水许可，全年完成排水许可现场踏勘39家，办结35家。

【南通西北片引江区域供水三期工程通水】 12月30日，南通西北片引江区域供水三期工程正式通水，供水规模60万立方米/天，解决如皋、海安两市自来水供不应求矛盾。

南通市西北片引江区域供水三期工程是南通市委、市政府批准建设的重点民生工程，于2019年11月开工建设。整个项目由输水管线工程和20万吨净水厂扩建、60万吨深度处理工程两部分组成。其中输水管线工程从如皋长江镇鹏鹞水务有限公司至海安市李堡镇，全长79千米，由如皋、海安共同出资建设，总投资约9亿元；20万吨净水厂扩建、60万吨深度处理工程占地面积10.58公顷，总投资约6.7亿元，由如皋市富皋万泰集团建设。

【如皋市建成全省首家“全电校园”示范城市】 10月，如皋市建成全省首家“全电校园”示范城市。

2019年12月，如皋市在全市校园启动“电气化厨房”推广工作。市供电公司累计投资1262万元，新建、改造线路39条，新增变压器布点48个、变压器容量17600千伏安，助推全市103所适合电气化改造学校食堂完成“瓶、煤、油改电”，每年可节约标煤4282.82吨，减少二氧化碳排放3.47万吨，降低使用成本44%。

（苏　雯　秦高烽）

城市管理

【市容整治】 2021年，市城管局全面推进城市环境综合整治。完成新百大楼、富华酒店、际通大厦等7处节点外立面出新，拆除城区墙面电子显示屏、镂空字、竖式广告牌130处，拆除不规范校外培训机构广告48处，出新店招标牌65家。纵深推进违法建设治理，拆除新增违建42起、总面积1907平方米，消化存量违建10起、总面积8130平方米，对碧桂园龙游湖26户违建依法采取强制措施。压实沿街商家、企事业单位市容环卫管理责任，试点区域（中山路）商家联盟成员覆盖率百分之百。组织开展露天烧烤、施工扬尘、渣土运输等专项治理为重点的污染防治执法行动，在建工地在线监测设备安装率百分之百。开展烟花爆竹禁放、斗香禁烧“双禁”工作，全年累计立案查处各类环境污染案件132起。12月，由市城管局负责起草的市容环卫责任制标准成为南通市城管系统首个地方标准。

【环境卫生】 年内，市城管局推进城乡环卫市场化改革，持续深化垃圾分类综合治理，全年新增垃圾分类“三定一督”（定时定点定人督导）试点小区20个，新建垃圾分类亭83个。新增省级垃圾分类达标小区18个、南通市级垃圾分类达标小区60个。改造镇级农村垃圾中转点8个、村级垃圾中转点282个。7月，出台《如皋市餐厨废弃物全域全量收运处置实施方案》，统一全域餐厨废弃物收运处置标准，无害化处置率百分之百。11月，市垃圾分类科普展馆被中国城市环境卫生协会授予全国第一批生活垃圾分类示范教育基地。年末，承担市城乡环卫一体化作业项目的市皋环清洁服务有限公司，所涉环卫作业车辆、设备等资产及相关人员从市环境卫生管

10月19日，市城管局举办“环卫工匠”作业技能竞赛活动。图为垃圾中转清运项目比赛现场

（徐慧　摄）

理处整建制划归市交通产业集团。

【物业管理】 年末，全市有物业服务企业84家，其中，当地物业服务企业71家，市外物业服务企业13家。有物业服务项目271个，服务面积2305万平方米，服务居民13.5万户、业主42.2万人。年内，市城管局有序推进各住宅小区消防通道标识全部施划到位，推动7家有消防问题小区完成整改并通过验收，小区物业企业市容环卫责任制签约率百分之百。全年成功调解物业矛盾纠纷390件。翠湖苑、宝利广场、龙游湖公园被省住房城乡建设厅表彰为省示范物业管理项目。瑞景华府、惠蒲新世纪东区、金色如意华庭、武定苑创成南通市级示范物业管理项目，翠湖苑、瑞景华府、宝利广场、丰泽怡园、龙游湖项目创成南通市党建引领物业管理服务工作市级示范点。3月，江中世纪城创成省党建引领物业管理服务工作省级示范点。11月，修订出台《如皋市住宅专项维修资金管理办法》，贯彻落实上位法变动新影响和新要求，进一步加强住宅专项维修资金管理，促进其保值增值，保障住宅共用部位、共用设施设备的维修和正常使用，维护业主合法权益。

【法治城管建设】 年内，市城管局全面推行行政执法公示制度、全过程记录制度、重大执法决定法治审核制度和失信惩戒制度，对建设施工、市容环卫责任制、物业服务、环境保护等违法失信行为实行双公示制度，启动联合惩戒6起。推行涉企免罚轻罚清单，加强柔性执法，持续优化城管综合执法领域营商环境。全年立案查处行政处罚案件1349件，其中，简易程序案件591件、一般程序案件758件（重大行政处罚案件175件）。巩固非现场执法成效，完成非现场执法案件119件。组织执法人员全员培训4次，累计培训1500人次，开展“厚植为民情怀，提高执法水平”主题教育。强化执法人员岗位练兵，联合市总工会、人力资源社会保障局开展第八届技能大比武活动。优化审批服务，全年受理各类办件1878件，其中，行政许可821件、备案1057件，省网事项不见面审批率百分之百，按期办结率、满意率均为百分之百。

【如皋市被评为全国共享慢行出行服务优秀城市】 4月，首届中国慢行交通大会上，如皋市被评为全国共享慢行出行服务优秀城市。

市城管局强化共享电单车管理，不断升级新技术，提升共享电单车服务质量，“开放审慎，提升百姓慢行幸福”共享单车管理模式入选全国慢行交通优秀城市案例。年末，城区有哈啰助力车2600辆、青桔单车2000辆。

（吴　昊）

共享电动车企业运维员对共享电动车进行全方位消毒　　（市城管局　供图）

乡村振兴

综述

【概况】 2021年，如皋市立足乡村振兴总要求，推动农业强、农村美、农民富，农业农村经济保持持续向好、稳中有进态势。全年新增转移农村劳动力1140人。实现农村居民人均可支配收入26280元，比上年增长11.4%；实现村级集体收入4.29亿元，比上年增长10.07%；村（社区）平均收入123.16万元。所有村（社区）集体经济收入均超过55万元。其中集体经济收入70万元及以上村有244个，占总村数73.49%；100万元及以上村有131个，占总村数39.46%。城北街道平园池村获评省乡村振兴先进集体，江安镇联络社区蝉联全国乡村特色产业亿元村。如皋市入选国家整县（市、区）屋顶分布式光伏开发试点县、全国绿色种养循环农业试点县、全国水系连通及水美乡村建设试点县，在全省推进乡村振兴战略实绩考核中位列县级进位第一等次。

【农村改革】 年内，市农业农村局推行村社“政经分离”[打破原有村（居）党组织、自治组织和集体经济组织“三位一体”格局，使集体经济组织独立运作]。对城南街道17个试点村和全市8个乡村振兴示范培育村试行分账管理，开设专用账户，统一从村股份经济合作社划拨10万元备用金到村民委员会账户，建立日常业务讨论机制。至年底，全市所有村（居）实现村社“政经分离”。实施省农村改革试验区试点项目，推进农民合作社综合社建设试点工作，引导农村土地承包经营权合理有序流转，推动新型农村集体经济组织发展，提高农村土地适度规模经营和农业产业化经营水平。至年末，16个村（社区）进入试点创建，累计投入450万元，其中10个村年内创建初见成效，每家综合社试点每年帮助村集体增收3万～15万元，带动农民从土地、劳务等方面增收超100万元。如皋市被农业农村部确定为实施农作物秸秆综合利用技术模式机制创新项目制度试验任务承担地区，被列入全省第四轮农村改革试验区任务。

【财政支农】 年内，市财政局争取上级涉农专项资金5亿余元。支持现代农业高质量发展4610万元、高标准农田建设2.55亿元、农路建设1041万元。落实省级财政衔接的推进乡村振兴补助资金2690万元。统筹资金6200万元支持南通市级乡村振兴示范村、先进村建设。拨付村级组织运转经费9261万元。整合资金支持农村人居环境整治5000万元、水环境治理工作6.71亿元、秸秆禁烧禁抛与综合利用工作3500万元、绿色种养循环农业试点项目建设1200万元。通过“一折通”发放涉农项目补贴56个批次共3.67亿元。

【金融惠农】 年内，人行如皋市支行、市地方金融监管局完成对308个行政村“整村授信”，授信农户21.13万户，授信金额215.02亿元，累计有效用信户4895户，用信余额4.66亿元。对特色农业产业链贷款增量扩能，发放29笔，余额3473.2万元。“一项目一方案一授权”普惠贷款实施项目23个，项目合作全额9.95亿元，其中20个项目实现信贷投放，贷款余额7.23亿元。花木盆景产业小额担保基金累计提供反担保80笔、2.68亿元。发放如皋首笔农村集体经营性建设用地使用权抵押贷款1800万元。打好“组合拳”，提升农村金融服务质效，建成品牌特色服务点3个（“如意之家”“如心商户”“如心驿站”），提质增效经验被《金融时报》报道。至年末，建成农村普惠金融服务点320个。“送国债下乡”打通最后一千米，联合人行南通市中心支行在郭园镇富圩村举办国债服务直达站揭牌仪式暨“开站第一讲”活动，全年发行期内农村地区储蓄国债销售1.96亿元，占全市储蓄国债销售总额42.92%。

【农村培训】 年内，市农业农村局举办新型经营主体带头人培训班2期，培训201人；举办高素质农民培训班15期，培训3429人。拓展思路，增强高素质农民职业化发展培训，通过分层教育、产学结合、实行学徒制等，培养现代农业技术能手、家庭农场主、种植养殖专业户，探索农业职业经理人、经纪人、乡村工匠订单式培养新模式。重点对规模经营户、种植养殖专业户、提供农业生产服务的专业户及来自农业院校、有志投入现代农业生产的城乡有为青年培训。组织52名农技人员参加省级农业类班次培训，举办基层农技推广人员培训班2期，培训农技员161人。

【农村土地承包管理】 年内，市农业农村局在全市继续开展确权登记颁证“回头看”工作，修改信息320条，涉及地块56个，化解农村土地承包纠纷56起；全市累计流转土地45438.67公顷，流转率67.21%。推进各镇确权档案进市档案馆，至年末，东陈、白蒲、搬经等9个镇实现确权档案进档案馆。

【农民负担监督管理】 年内，如皋市一事一议筹资标准每人20元，一事一议筹劳每个劳动力全年承担工日5个，自愿以资代劳工价每个工日10元。全市有执行一事一议制度村268个，占总村数80.92%。应收一事一议资金2956.86万元，比上年减少59.09万元，收款率96.2%。下达一事一议奖补资金1141万元，建设财政奖补项目53个，建成农村水泥道路48.3千米。

【农村“三资”管理】 年内，市农业农村局强化农村集体“三资”（资金、资产和资源）监管平台发挥，实行网络化监管，每月安排两个时间段组织专人巡查。清查全市集体资金使用情况，重点清查银行定存账款、财政借款、各类搬迁补偿款、土地整治补助款、企业借款、村委会和新型合作农场借款（投资）合规性等方面，对发现问题及时整治。清查农村集体“三资”合同（协议）合规性，累计清查3618份，涉及332个村（居）资金9.12亿元，查出不规范合同（协议）566份，涉及资金4438.41万元，至年末，不规范合同（协议）整改到位231份，收回资金199.84万元，其中借款1.67万元。建立“三资”合同长效管理机制，确保集体资产资源交易“应进必进”、集体收入“应收尽收”、集体资产资源保值增值。开展日常财务检查，组织11个村参加南通市农业农村局组织的评账活动和财务专项检查活动，其中，两个村获第二名，1个村获第四名。加强农村财务审计，在完成三分之一村（涉农居）审计任务基础上，采用第三方机构审计方式，完成10个村（居）财政审计。加强财务管理培训，组织42名村会计参加南通市农业农村局举办的为期两个月脱产业务培训；举办农村财务和党风廉政建设培训，培训镇村会计人员346人。

7月7日至9日，全市第四期高素质农民培训班在中国小微盆景基地会展中心举办（市农业农村局　供图）

【农村产权交易】 年内，市农业农村局实施农村产权交易市场标准化建设试点项目，实现农村产权交易平台建设全覆盖，农村土地流转、涉农项目、资产交易“应进必进”。全年完成农村产权交易项目3913个，总交易额4.83亿元。其中资产交易项目197个，交易额2593.98万元；涉农资金项目3326个，交易额1.65亿元。农村承包土地经营权流转4080公顷。城南街道、东陈镇和江安镇建成独立产权交易服务分中心。至年末，全市累计完成农村产权交易项目1.95万宗，总交易额27.06亿元。其中资产交易项目1014宗，资产交易额1.7亿元；涉农资金项目1.42万宗；农村承包土地经营权流转2.41万公顷。

【集体建设用地入市】 1月25日，市政府办印发《如皋市集体经营性建设用地租赁管理暂行办法》，依法将集体经营性建设用地使用权在一定期限内以租赁方式交由用地单位使用，保障重大工业项目用地。年内，全市成功实施集体经营性建设用地租赁供地29宗、112.4公顷。市自然资源和规划局联合金融机构，创新开辟集体经营性建设用地使用权抵押融资。6月，如皋市办理的首例集体建设用地及在建建筑物抵押案例被省不动产登记中心专题推介。

【设施农业用地管理】 3月29日，市政府印发《关于进一步完善设施农业用地管理的通知》，简化用地取得方式，优化用地备案流程，对设施农业用地进行规范管理，支持设施农业健康发展。年内，市自然资源和规划局对设施农业用地备案45宗，总用地面积1075.13公顷，其中设施农业面积89.88公顷。

【乡村振兴示范村（先进村）培育】 年内，全市被列入南通市级乡村振兴示范村（先进村）培育名单的村（社区）15个。其中南通市级乡村振兴示范村8个，分别为城北街道平园池村、如城街道顾庄社区、江安镇周庄社区、搬经镇搬东社区、九华镇郑甸社区、东陈镇南东陈社区、城南街道夏庄社区、吴窑镇立新社区；南通市级乡村振兴先进村7个，其中，产业兴旺类2个（磨头镇丁冒村、长江镇长青社区）、生态宜居类1个（江安镇六团村）、乡村文明类2个（石庄镇邹蔡村、白蒲镇蒲东社区）、治理有效类1个（城北街道袁桥社区）、生活富裕类1个（白蒲镇月旦社区）。如皋市建立乡村振兴示范村、先进村培育组织体系，建立每月一督查、每月一考核培育机制，全年召开乡村振兴培育村现场推进会3次、实施项目工程审计及财务审计培训会议1次。实施分布式光伏电站建设计划，在15个示范村、先进村各新建50千瓦光伏电站1个，累计新增装机849.44千瓦，市老建会和慈善会对每村补助6万元。年末，全市15个列入南通市级乡村振兴示范村（先进村）培育名单的村（社区）均通过南通市级验收。

（刘金宁　冒银飞　郑淑一　韩　露）

富民强村帮促行动

【概况】 2021年，如皋市巩固拓展脱贫成果，开展富民强村帮促行动，接续推进乡村全面振兴。组织75家市级机关单位与106个村（社区）进行结对挂钩，选派106名副科级以上干部到结对村（社区）担任联助书记，8900余名市、镇、村党员干部参与帮户，做到帮村帮户全覆盖，各市级机关帮扶单位和个人累计直接出资或协调资金（含实物折价）帮村帮户1727万元。为3.09万名建档立卡低收入人员和边缘易致贫户人员购买2021年度重大疾病、意外伤害等补充商业保险，缴纳保费370.33万元，保险理赔扩大到所有住院病种。至年末，理赔1157人次、261.82万元。对2020年10月至2021年9月家庭人均纯收入不足7800元的43户有返贫风险建档立卡户和边缘户，按7800元标准补足，专项补助资金14.65万元。年内，全市1.53万户建档立卡低收入户、3.08万名低收入人口，实现年家庭人均纯收入稳定超过7000元，较上年增长16.39%，超过全市居民人均可支配收入增幅4.89个百分点。13个省定经济薄弱村村营收入均超过55万元，增幅29.05%，通过省第三方考核评估。获评省级脱贫攻坚暨对口帮扶支援合作先进个人1人、先进集体1个。5月，被省政府表彰为完成年度计划脱贫致富奔小康成效显著、探索创新有实质成效和重要经验的县市，为南通唯一，获省级激励资金600万元。

【扶贫资源整合利用】 年内，如皋市加大优质扶贫资源向经济薄弱村倾斜力度，进一步整合黄桥革命老区省级补助资金、省减贫激励资金和第一批省重点帮促村资金共2411万元，投资给市富皋商贸有限公司兴建丁磨路强村加油站，收益率6%。将如皋港物流园区仓储物流用房租金290.37万元，分配给97个黄桥老区富民强村行动村，并将收益20%以上部分58.53万元分配给1430户相对困难的建档立卡户和边缘户，用于改善生产生活条件。

【扶贫小额贷款】 年内，如皋市出台《关于做好过渡期脱贫人口小额信贷工作的通知》，确定发放对象，明确单户贷款额度原则上5万元（含）以下，对个别确有需要且具备还款能力脱贫人口，可予以追加贷款支持（追加贷款后，单户脱贫人口小额信贷不得超过10万元，5万元以上部分贷款不予贴息，也不纳入风险补偿范围）。全年累计发放扶贫小额贷款37户共171.2万元，收回50户共184.65万元，贴息20.77万元。年末，扶贫小额贷款余额261.8万元，涉及脱贫人口60人。

【老区建设】 年内，市老区建设促进会（市扶贫开发协会）实施产业帮扶项目36个。其中省扶贫“三会”（老区开发促进会、乡村振兴促进会、老区扶贫基金会）示范项目4个，主业分别为禽业、水产、食用菌生产、粮食加工，年产值5255万元，年利税390万元；南通市“三会”帮扶项目32个，包括传统种植业、养殖业及农产品加工业（简称“种、养、加”）项目15个、光伏发电项目17个，帮扶资金总额177万元。15个“种、养、加”项目共投资5035万元，贷款1885万元，获贴息75万元；实现总产值15687万元，年利税1189万元。17个光伏发电项目奖补资金102万元。年内，产业帮扶项目累计带动农户1613户，户均年增收5634元；帮扶低保户、低收入农户（简称“双低户”）332户共767人，年人均增收2695元。省“三会”产业帮扶项目单位资助困难家庭高中学生16人，每人2000元；吸收低收入农户就业121人。从产业帮扶资金中统筹安排90万元，用于光伏电站建设奖补，对每个建设合格光伏项目奖补6万元。在江苏佳佳新能源有限公司和市东升新能源有限公司2家企业推行光伏项目建设，建成600余千瓦光伏电站，年内实现并网发电，形成效益60万元，资金扶持“双低户”11户共16人，扶持金额2.4万元；安排16户就业，年总收入超90万元。突出助学帮扶重点，摸排符合报考国华中学和就读黄桥老区人才培训中心条件生源信息，录取国华中学2人，就读黄桥老区人才培训中心新生7人。通过多渠道落实资金帮扶家庭困难学生200人共56.7万元。其中，利用市扶贫基金，为99名学生发放助学款26.2万元；争取南通市老区扶贫基金会资助33名就读黄桥老区人才培训中心学生5.3万元；争取碧桂园集团资助32名在读高中生16万元；通过省扶贫基金会扶持的产业项目单位资助16名高中生3.2万元；如皋农商行资助20名如皋中学学生6万元。完善对大病困难户救助机制，救助各镇（街道）大病困难户156户、35.5万元。动员镇（区、街道）、企业、个人出资设立冠名帮扶资金，签约合同总额410万元，超额完成年度目标，年内到账380万元。救助1000余个困难家庭361万元。市财政局、教育局、农业农村局、总工会参与健康扶贫专项捐款活动，捐资总额20万元，救助47户因病致困家庭12.2万元。推进“携手助老区·如皋行”网络募捐活动，900余人累计捐款21.5万元。年内，全市共有1500余人次及4家单位参与线上、线下捐款，累计募集资金42.8万元，定向救助搬经镇37个困难家庭及其他13个镇（街道）的27所学校大病困难家庭学生。

（刘金宁　吴燕芳）

4月21日，南通市级乡村振兴示范村搬经镇搬东社区花卉园艺产业园连栋大棚内，村民加紧包装小微盆景　（邱宇　摄）

乡村产业发展

【概况】 2021年，全市实现农林牧渔业总产值135.72亿元，比上年增长6.26%。其中农业产值78.19亿元，比上年增长9.71%；牧业产值37.50亿元，比上年增长2.22%；渔业产值9.45亿元，比上年下降3.87%；林业产值3081万元，比上年增长1.82%；农业服务业产值10.27亿元，比上年增长6.59%。

【休闲农业】 年内，全市休闲农业实现综合收入25.8亿元，比上年增长5.9%。至年末，全市有休闲农业经营主体101家，其中，规模以上休闲农业经营主体15家，中国美丽休闲乡村2个，全国休闲农业与乡村旅游星级企业5个，省级主题创意农园9个，省级休闲精品景点村5个。城北街道平园池村入编“美丽乡村、长寿探秘”国家级休闲农业精品线路，如皋花名堂农业科技有限公司参展在扬州市举办的世界园艺博览会江苏休闲旅游农业精品展，如城街道顾庄社区通过中国美丽休闲乡村监测，金岛生态园银杏铁皮石斛创意园和平园池村水竹园菊花主题创意园入选省主题创意农园，蒲新生态园和长江药用植物园入选省康美基地。

【互联网＋农业】 年内，全市农产品网上营销额6.47亿元，苏荣电子、江苏源味、寿都密码、花名堂、上海园明、毛毛蚯蚓、益生蔬菜等企业年线上交易额均超100万元。全年新增物联网应用企业22家，累计51家；接入省物联网管理平台有效传感器525个，涵盖畜牧业、禽业、果蔬业、花木业、水产业等。搭建如皋本土优质农产品直供社区软件平台，实现网上销售、团购、认养和预约采摘等功能，与“寻味江海”“寻味海安”“如皋市农业信息化管理平台”无缝对接，共享物联网设备数据。推进益农信息社为民服务，开展农业公益服务、便民服务、电子商务服务、培训体验服务，提高农户现代信息技术应用水平。开展农业科技服务云平台“农技耘”在市镇村三级层面培训与推广活动，建成集产前、产中、产后管理、决策、展示展销服务于一体的现代农业信息综合服务体系。

（刘金宁）

生态宜居乡村建设

【概况】 2021年，如皋市启动《如皋市美丽宜居乡村十四五规划和特色田园乡村建设五年行动计划》编制。推进美丽宜居乡村建设，逐步形成“河畅、水清、岸绿、景美”村庄宜居环境，美丽宜居乡村建成率86.89%。举办省级特色田园乡村面上创建工作培训班，培育特色田园乡村典型，磨头镇丁冒村丁郭村、白蒲镇朱家桥村三里楼子启动省级特色田园乡村申报工作，长江镇田王村获省第六批次特色田园乡村命名，全市累计成功培育省级特色田园乡村6个。保护和发展传统村落资源，江安镇周庄社区贲家巷入选第四批省传统村落名录，全市累计6个村庄获省级传统村落命名。江安镇六团村跻身南通市生态宜居先进村（生态宜居类）培育名单，计划总投资249.08万元，实施龙息生态河景观塑造、居住线基础设施配套等项目18个，截至年末，全面完成人居环境配套设施、河道清淤驳坡、路肩绿化、排水、路灯、村口标识等项目建设。

【镇村规划】 年内，市自然资源和规划局以镇村布局规划为指导，继续引导全市各镇（区、街道）271个行政村因地制宜开展“多规合一”实用性村庄规划编制，乡村振兴示范村、先进村，沿江景观特色村应编尽编，其中15个乡村振兴先进村、示范村村庄规划阶段成果通过专家评审。《如皋市搬经镇搬东社区村庄规划》获南通市优秀国土空间规划奖二等奖。9月，在长江镇田王村举行“共绘苏乡”规划师下乡活动，长江镇“共绘苏乡”规划师下乡工作站挂牌成立，成为南通地区首家规划师下乡服务站。

【农村供水】 年内，市政府将农村供水管网改造提升工作列入为民办实事项目，计划用2年时间完成全市农村供水管网改造提升，实现供水公共服务均衡化。年内，改造提升农村供水主管网63.8千米、次管网90千米，换表改造17.5万户，解决偏远地区管网材质差、漏损高、水压低、水质差等问题。完成水务体制改革扫尾工作，实现城乡供水“同水源、同管网、同水质、同服务”。

【农村人居环境整治】 年内，如皋市启动实施农村人居环境整治提升五年行动，至年末，全市10%农户达到最美庭院要求，90%农户达到最整洁户、整洁户要求。系统实施农村水环境片区化治理，整治黑臭水体223条，建设生态河道15条。探索形成“低成本、无动力、少维护、不直排”分散农户污水资源化利用模式，针对农村生活污水收集率低，按照“能集中则集中，宜分散则分散”原则因地制宜处置。在农村居住集中区域就地建有村庄生活污水处理设施224座，行政村生活污水治理覆盖率百分之百；对分散农户，借助三格式化粪池、厌氧填料和人工湿地降解效应，成功推

年内，长江镇田王村获省特色田园乡村命名。图为田王村一角　（吴树建　摄）

广分散农户生活污水治理技术，全年安装分散农户生活污水处理装置 2.5 万户。制定《如皋市分散农村生活污水处理设施建设与运维规程（试行）》，委托有资质单位对全市日处理能力 20 吨及以上农村生活污水处理设施水质进行监测，设施正常运行率 90%；对照《农村生活污水处理设施水污染物排放标准》（DT32/T3462-2020）中一级 B 标准，设施出水达标率 64%。如皋市成功申报省级农村生活污水社会化治理试点。完成省计划农路提档升级 39 千米、桥梁改造 11 座。出台规范农村村民住宅建设和设施农业用地管理审查审批政策，改善村容村貌。建立长江禁捕长效机制，建成覆盖全江段的信息化监管项目并投入运行。建立省级绿色防控示范区 4 个，畜禽粪污综合利用率 98.65%，秸秆综合利用率 96.8%。如皋市在全省农村人居环境整治提升工作评估中获评第一等次。

【小城镇建设和老集镇整治】 年内，市城乡住房建设局开展小城镇建设和老集镇整治工作，完成长江镇省级重点及特色镇发展项目，新增九华镇省级重点及特色镇发展项目。根据《如皋市被撤并乡镇集镇专项整治提升工作实施方案》，将被撤并乡镇集镇整治工作纳入全市农村人居环境整治提升和深入打好污染防治攻坚战考核指标，完成白蒲镇林梓社区等 4 个老集镇省级被撤并乡镇集镇整治项目。

【如皋治水经验入选全国基层治水十大经验】 12 月，中国水利报社第十一届年度“中国水利记忆 · TOP10”评选结果揭晓，如皋市“‘自己的河道自己管护’破解农村河道管护”治水经验入选 2021 年基层治水十大经验。

如皋市在全市各行政村全面推行“自己的河道自己管护”机制，突出群众主体地位，形成由政府主导、镇级组织、村级实施、村民参与的村级河道日常管理体系。按照“宅间河道跟宅走、田间河道跟田走、林间河道跟林走、鱼塘河道跟塘走、企业河道跟企走、其他河道跟组走”责任分解模式，制定村规民约，与村民共商共议管护模式，通过河道养鱼、河坡栽种绿化植物等方式，实现谁管护谁收益，让农村河道管护逐步从“管不住”向“管到位”转变。

（刘金宁　苏　雯　郑淑一　袁华丽）

如城街道十里社区推行“自己的河道自己管”机制，图为 3 月 30 日，十里社区河道管护人员在斜港河清理水面漂浮物

（市融媒体中心　供图）

文明乡风培育

【概况】 2021 年年末，如皋市建有市级新时代文明实践中心 1 个、新时代文明实践分中心 8 个、镇（街道）新时代文明实践所 14 个、村（社区）新时代文明实践站 347 个、新时代文明实践示范点 153 个。年内，市文明办结合乡村振兴示范村、乡风文明先进村培育，深化乡风文明建设，持续开展“全民卫生日”文明实践活动，推动文明镇村、文明家庭积极参与爱国卫生运动和家庭创建“五清”（清庭院、清厅堂、清卧室、清厨房、清厕所）、“三勤”（勤洗手、勤通风、勤消毒）、“两注重”（注重学习锻炼、注重家风家教）活动，养成健康生活习惯。深化家庭文明建设“五项行动”（社会主义核心价值观教育进家庭行动、优良家风建设行动、科学家教普及行动、家庭文化倡扬行动、文明家庭创建推进行动），推动占比 80% 以上三星村级文明家庭奖牌张贴到户，占比 30% 四星镇级文明家庭家风家训展示到户。组织开展“传承好家训、弘扬好家风，幸福伴我行”主题活动，潜移默化培育良好家风、文明乡风。发动爱心企业家、公职人员、教师、医生等群体，组建专业志愿服务支队 20 支、各具特色的志愿服务小分队 150 余支，与社会弱势群体、建档立卡户结对帮扶，打造“微笑之城、大爱如皋”新时代文明实践品牌。

【移风易俗】 年内，市文明办巩固深化“推进移风易俗，弘扬时代新风”行动，做实红白理事会建设，镇村集体婚礼逐渐成为新风尚。倡导文明新风，新建镇级公益性公墓11个，镇级公益性骨灰安放设施实现全覆盖；改造提升村级公益性公墓183处。引导社区建设“易俗堂”“新风楼”等红白事公共服务设施100处，推动城乡社区修订完善体现移风易俗要求的村规民约，开展以“村规民约推进人情减负”为主题的专题协商议事活动，成立“红白理事会”等群众自治组织，通过免费提供场所、红白理事会约定俭办规矩、精心设计文化活动、礼仪全程帮办协办等服务，寓管理于服务之中，倡树喜事新办、丧事简办新风。

（陈　飞）

6月20日，如城街道新民社区召开土地流转议事会，开展“微协商”活动

（如城街道　供图）

乡村治理

【概况】 2021年，如皋市以根治制约乡镇服务能力瓶颈问题为导向，完善镇村服务网络平台，全市14个镇级为民服务中心、治理指挥中心、新时代文明实践所和347个新时代文明实践站等便民服务设施、党群服务中心实现社区群众“小事不出村”“大事不出镇”。持续推行小组微自治模式，全市设立小组自治服务处220个，依托小组自治服务处常态化开展小组议事协商、邻里矛盾调解、邻里互帮互助等自治服务活动，以小组自治“小稳定”促进社区发展“大和谐”。问卷调查结果显示，全市村干部对村民小组长作用发挥满意率97%，村民对村民小组长服务满意率98%，村民和村干部对村民小组自治支持率99%，村民小组长对小组自治模式支持率百分之百。如皋市小组自治模式被《全国农村改革试验区（2011—2021）改革试点江苏精选案例》收录。

【乡村治理平台构建】 年内，如皋市打造镇村共治网络平台，采取“支部+网格”模式，把党支部建在基础网格上，促进面广量大的基层村务快速处理。全市划分基础网格1182个、专属网格89个，配备总网格长347人、专职网格管理员347人、网格长1182人、网格信息员8832人，配备“全要素”网格通终端1829台。网格员采集上报各类事件51万余件，排查安全隐患5万余次，巡查走访特殊人员22万余人次；推动141名民警、114名法官、76名检察官、99名律师和104名法律工作者、67名专职调解员挂钩网格，提供法律咨询、助力矛盾化解等服务。统筹智能共享网络平台，市、镇两级现代化指挥中心采取“指挥中心+部门进驻”方式，汇集群众诉求、统筹社会管理、跨部门跨层级综合指挥功能，整合归并政务服务特服热线11条，同步优化与“110”“119”“120”等紧急救助平台协同机制，开通“一号答”“一企来”和涉外服务专线，选优配强政策专家库。全年受理工单14.03万件，比上年增长90%；共享交换平台对接全市81个单位部门，归集各类数据1654万余条。

【新型社区建设】 年内，如皋市以“微治理促和谐、重协商促富民、守村规促诚信”为主题，打造如城街道新民社区、城北街道平园池村、搬经镇高明庄社区为新型农村社区“一村一品”典型，其中新民社区“合力微治”、平园池村“荷塘悦室”工作法获评南通新型农村社区治理十佳品牌。指导白蒲镇进一步优化镇村两级便民服务设施配套建设，将白蒲镇蒲东社区和社区治理典型蒲西社区打造成“三社联动”典型。推动各镇（街道）以“村规民约推进人情减负”为主题开展专题协商议事活动，推广吴窑镇老庄社区板凳议事典型，培育如城街道龙游河村为全国村级议事协商创新实验试点单位。

（冒爱锋）

生态环境

环境质量

【空气环境】 城市空气质量 2021年，全市环境空气中二氧化硫、二氧化氮、颗粒物PM10、颗粒物PM2.5指标年均值分别为9.87微克/立方米、22.73微克/立方米、53.46微克/立方米和31.52微克/立方米，自然降尘量年均值为2.83吨/平方千米·月。全年空气质量优良天数312天，优良率85.5%。

酸雨 全市降水总体呈弱酸性，降水酸碱度均值6.93，未出现酸雨。

废气和主要污染物排放 全市工业废气排放量445.65亿立方米，二氧化硫排放量646.69吨，氮氧化物排放量921.03吨，颗粒物排放量1017.32吨。

【水环境】 饮用水源水质 年内，如皋生态环境局对集中式水源地如皋鹏鹞水厂水质每月监测、长青沙水库应急水源地水质每季度监测，监测结果均达到或优于Ⅲ类标准，水质达标率百分之百。

地表水水质 全市设碾砣港闸、焦港桥、夏堡北大桥、曙光电灌站、勇敢大桥、向阳桥、引河大桥、新南新线桥、新334省道桥、新204国道公路桥、长庄大桥、环西大桥、四新桥、拉马河桥、永平闸15个南通市级以上考核断面，全年总体水质优，Ⅰ—Ⅲ类水质断面占百分之百。

地下水水质 全市设有2座地下水测井，其中，国家考核点位1个（南通岛香食品有限公司）、省考核点位1个（市皋鑫电子有限公司），水质均稳定为Ⅳ类。

废水和主要污染物排放量 全市工业废水排放总量943.48万吨，其中主要污染物化学需氧量（COD）排放量353.76吨。

【声环境】 年内，市区区域声环境昼间平均等效声级值为54.1分贝，总体水平等级为二级（较好）。全市道路交通噪声昼间加权平均等效声级值为65.9分贝，强度等级为一级（好）。各功能区昼、夜间噪声均达到相应功能区要求。

【固体废物】 年内，全市工业固体废物产生量97.01万吨，其中危险废物产生量89356.87吨，转移86954.66吨，年末贮存量2402.21吨。

（袁华丽）

自然资源保护

【水资源保护】 2021年年末，全市有一级河道174.08千米，其中，通扬运河48.24千米、焦港河36千米、如海运河44.27千米、如泰运河30千米、长江如皋段15.57千米；二级河道21条共289.7千米；内外城河5.6千米。年内，如皋市在全面落实河长制基础上，建立健全监测断面水质监测联动机制，促进断面水质持续改善。

【河长制工作】 年内，如皋市各级1843名河长全部履职到位，累计巡河12.64万次，发现并交办问题3393处。河道疏浚超额完成年度目标任务，河道功能逐步改善。高标准整治完成黑臭水体141条，提档升级黑臭水体82条，农村黑臭水体基本消除。全面提升河道面貌，建设农村生态河道194条。保护水域岸线，整改“清四乱”（乱占、乱采、乱堆、乱建）问题20处。36条界河全部建立联合河长制，消除河道管理盲区。

【河道长效管护】 年内，市水务局因地制宜探索河道长效管护机制，全年投入435万元，对一、二级河道实施外包管护448千米，月均清理岸坡、河面垃圾900余吨。在331个行政村推行“自己的河道自己管护”模式，打造农村河道长效管护工作“如皋样板”，被《新华日报》《中国水利报》、“学习强国”平台等媒体报道。“自己的河道自己管护”经验做法入选全国基层治水十大经验。

【生态补水】 年内，市水务局调度沿江3座中型闸所，按照“有水必引，滴水必进”原则全力引水。市各工程管理单位积极主动转变职能，发挥生态补水工程效益。全市全年引水量10.94亿立方米，其中焦港泵站全年提水9.04亿立方米。全市主要河道水位保持在2.3米以上，确保沿海地区排咸用水及全市内河水质改善。

【水资源管理】 年内，市水务局实行最严格水资源管理制度，在水资源开发利用中，严格遵守水资源管理“三条红线”（水资源开发利用控制红线、用水效率控制红线、水功能区限制纳污红线）控制指标。强化水资源工作日常监督管理，提高全民对实行最严格水资源管理制度重要性、必要性认识。编制《如皋市“十四五”水资源保护规划》，为水资源管理、节约、保护提供科学支撑。完善农业水费成本核定机制，建立完善“科学核价、精细管理、杠杆调节、减负增效”农业水价综合改革模式，提高基层水利管理水平，引导和鼓励农民节水惜水，提高农业用水效率。优化涉水项目审批服务，受理涉水项目许可事项65件。严格规范水规费征收，全年征收各类水规费2317.67万元。

【土地资源保护】 年内，市自然资源和规划局以资源承载为约束，深化探索生态修复保护新机制，全面落实耕地、永久基本农田等保护任务，层层签订耕地和永久基本农田保护任务书。对“十三五”耕地保护责任目标履行情况开展自查，保护任务缺口在国土空间规划编制中予以完善。以省自然资源厅下发的稳定耕地数据库为基础，梳理规划线性基础设施清单，编制永久基本农田核实整改补足方案，6月通过南通市级专家论证。开展耕地卫片核实举证。对历年挂钩、占补项目开展清理核查，全面整改问题图斑，坚守耕地红线。坚决落实自然资源和规划全面“严起来”总体要求，牵头开展耕地保护督察、土地违法违规问题清零行动等重大专项检查督察行动，采取“长牙齿”耕地保护措施，提请市政府召开进一步全面从严规范管理依法依规用地推进会，将任务部署至镇（区、街道）、市级部门党政主要负责人，在全市形成新增违法用地“零容忍”良好氛围。在2020年省级耕地保护激励绩效评价中，石庄镇耕地保护工作被省自然资源厅表彰，获激励资金200万元。

土地整治　年内，涉及丁堰镇刘海等村、东陈镇凌云等村的2个省以上投资土地整治项目通过省自然资源厅验收。2个项目投入资金6915万元，整理土地1380公顷，新改建灌排渠道110.38千米，新改建田间道60.49千米，新建泵站37座、机耕桥533座。完成2020年高标准农田1%耕地占补平衡项目库建设，通过南通市自然资源和规划局验收，新增耕地面积45.93公顷。12月24日，市政府办出台《如皋市耕地耕作层土壤剥离和再利用工作实施意见》，全面推进建设占用耕地耕作层土壤剥离和再利用工作，加强对土壤资源保护和合理利用。

【森林资源保护】 年内，市自然资源和规划局严格执行森林资源保护管理目标责任制和森林防火责任制，建立健全林地保护管理长效机制，全面落实林地保护利用规划，引导科学合理、集约利用林地。完成森

年内，市水务局对全市一、二级河道实施外包管护。图为2月25日，河道保洁员驾驶机动船在龙游河水面上巡查，打捞漂浮物　（吴树建　摄）

林督查暨森林资源管理“一张图”年度更新，涉及面积64.28公顷。加大林业法制宣传力度，依法加强省级生态公益林管理、征占用林地和林木采伐管理，定期开展森林资源管理专项检查。全年办理林地征占用手续8项，发放林木采伐许可证6份。市农林水利综合执法大队巡查破坏森林资源行为120人次，立案查处1起，罚没款金额1.72万元。开展森林督查专项执法活动，督查疑似林业违法行为31起。

【湿地资源保护】 年内，市自然资源和规划局实施重点生态修复工程，加大湿地保护力度，新建湿地保护小区4个、258.94公顷，其中，红旗河湿地保护小区59.3公顷，大明河湿地保护小区55.7公顷，立新河湿地保护小区91.94公顷，东方红河湿地保护小区52公顷。

【矿产资源保护】 年内，市自然资源和规划局完成“十四五”矿产资源规划编制工作。如皋全境（水域除外）为砖瓦用黏土资源禁止开采区，全市仅1家有采矿许可证砖瓦生产企业。经省自然资源厅批准，实施生态地质资源环境调查评价与高效利用矿地融合试点项目。

【渔业资源保护】 年内，长江如皋段水域建立常年禁渔长效机制，委托中国水产科学研究院淡水渔业研究中心实施监测结果表明，鱼类物种数较上年增加1种，鱼类规格体重均值较上年增加21.87%，资源密度较上年增加89.02%。加强长江如皋段刀鲚国家级种质资源保护区建设，建成覆盖全水域“电子围栏”。组织开展《长江保护法》系列宣传贯彻活动，发放《关于禁止制造、销售禁用渔具和禁止使用禁用渔具、捕捞方法进行捕捞的告知书》，实施惩治非法捕捞专项行动。以“传承”为主题，开展渔业资源增殖放流活动，放流鲢鱼苗种88.37万尾、鳙鱼苗种23.85万尾、翘嘴红鲌苗种64.51万尾。强化长江水域禁捕退捕工作。开通中国移动、电信、联通三大手机运营商对到达指定沿江区域的用户发送禁捕退捕提示信息。组建沿江村（社区）巡护队伍27人，整合资金654万元，开展长江禁捕信息化监管项目建设，建设视频监控点位30个和雷达系统1套。将原市水产技术指导站实验基地划归市农林水利综合执法大队管理，作为长江渔政执法基地，联合市公安局、市场监管局等部门，设立长江禁捕联动执法中心。先后设置永久性禁止捕捞标志牌32块，清理“三无”船舶20艘，清理残留网具11口、竹桩5处，查处违反禁止垂钓区域垂钓案34起、内河非法捕捞案件36起。全年调处渔业生产纠纷10起，检验渔业船舶58艘。

【野生动物保护】 年内，市农林水利综合执法大队对全市有可能出现非法经营、猎捕、养殖、加工、运输、利用、购买、携带、寄递野生动物及其制品的重点地区、重点对象进行巡查，巡查长江如皋段、通扬运河、如泰运河、如海运河等河段和林地220处，检查经营单位、生产基地160余家，出动执法车辆62台次、执法人员185人次。全年处理举报及案件线索2起，立案查处1起，罚没款金额4.4万元。市自然资源和规划局加强野生动植物养殖（种植）和经营利用管理。全年实施野生动物救助50余次，办理国家重点保护野生动物人工繁育许可新增1项、增项1项。

【自然资源生态修复】 年内，市自然资源和规划局推进历史遗留矿山整治工作，通过实地踏勘、航拍取证、系统填报等，对境内66个历史遗留矿山存在问题跟踪处理，全面核查，有2个图斑因转型利用不需整治，64个图斑通过复垦或转型利用等方式整治到位。5月，核查成果通过自然资源部系统审核，并在如皋市人民政府网站进行公示。

（郑淑一　贾浩珍　刘金宁）

绿化美化

【造林绿化】 2021年，市自然资源和规划局推进新造林、中幼林抚育、农田林网建设等工作，新增成片造林面积59.2公顷，其中，净增造林10.5公顷，低效林改造更新造林48.7公顷。抚育中幼林400公顷，新建、更新及完善农田林网控制面积2667公顷，培育珍贵用材树种80万株。新建全民义务植树基地1个、省级绿美村庄8个。

【城市园林绿化】 年内，市住房城乡建设局在全省县级市中率先出台《城市公园管理办法》，对城市公园（公园绿地）加强规划、建设、保护和管理。年末，如皋城市建成区有大型公园5座、“口袋”公园15座、公园绿地68个，绿地率40.52%、绿化覆盖率42.67%，公园绿地500米服务半径覆盖率92.62%，人均公园绿地面积15.38平方米。投资1300万元，完善城市园林绿化系统，完成主城区（主次干道）垂直绿化、海阳路与福寿路交叉口改造绿化、宁海路与大司马路口小游园等绿化改造提升工程，钱桥路绿化、广丰路东侧绿地完善、宏济路绿化等城市道路林荫化工程，钱桥路周边景观绿化、李渔小学周边绿化等配套景观工程，总面积4万平方米。实施青云路、碧霞路行道树更换工程，累计更换垂柳550棵。布展室外景点“菊颂百年、景绣金皋”，在第31

9 月 15 日，园林工人在海阳南路花圃栽植一串红等花草，迎接中秋、国庆佳节
（汤乾玮　摄）

届南通市菊花展中获金奖。提升各居住小区和单位附属绿化品质，加强居住区和单位绿化验收管理，全年验收 36 处，面积 115 万平方米。

【城市绿化管养】 年内，市住房城乡建设局持续推进城区建管养一体化进程，完成 11 个日常养护标段新老交接。开展园林植物病虫害防治养护知识及冬季园林植物养护技术讲座，组织实施城区道路、绿地造型树整形蟠扎专项养护，实施高新区环湖北路改造提升、志颐北路绿化及天平市场西侧游园等游园和道路景观提升及部分小区围墙外侧无人管养地带绿化养护整改，全年移植、补植绿化面积近 5000 平方米，增设行道树树池格栅 200 个，维修各类设施 2000 余件，更换、增加公益广告牌 50 余块。做好极端天气下苗木养护管理工作，全年启动应急预案 4 次，组织抢险人员 800 余人次，清理、扶正倒伏树木近 2000 株。

【林业有害生物防控】 年内，市自然资源和规划局将林业有害生物日常监测、产地检疫、现场检疫结合，开展生物天敌释放工作，在舟蛾、天牛发生危害期，购置释放天敌昆虫管式肿腿蜂 3000 管、周氏啮小蜂 6000 只。对境内所有高速公路沿线杨树、长江江堤重点公益林开展食叶害虫统防统治 5 轮。全年未发生大面积林业病虫害危害现象。发布《林业有害生物防控情报》8 期。开展产地检疫，对全市 371 块、6667 公顷苗圃的苗木进行产地检疫并登记备案。开展木材检疫专项行动，出动检疫执法 50 人次，检查涉木企业 24 家，检查调运货物 37 车次，未发现违规违法现象。开展植物调运检疫工作，开具植物检疫证书 5111 份，其中，省内 1599 份、省外 3512 份。

（郑淑一　苏　雯）

节能减排

【节能降耗】 2021 年，如皋市单位地区生产总值能耗比上年下降 0.9%。规模以上工业企业综合能源消费量当量值为 93.24 万吨标准煤，比上年增长 1.19%；等价值为 134.58 万吨标准煤，比上年增长 1.92%。万元产值综合能耗当量值为 65.86 千克标准煤，比上年下降 10.98%；等价值为 95.07 千克标准煤，比上年下降 10.34%。规模以上

2021 年如皋市十大行业能源消耗情况表

表 49

行　业	综合能源消费量（万吨标准煤）	单位产值能耗（吨标准煤 / 万元）	单位产值能耗比上年增长（%）
化学原料和化学制品制造业	14.72	0.0858	−23.25
计算机、通信和其他电子设备制造业	2.33	0.0148	−49.05
电气机械和器材制造业	2.71	0.0230	−1.20
金属制品业	6.37	0.0543	41.33
非金属矿物制品业	10.18	0.0890	19.51
文教、工美、体育和娱乐用品制造业	4.64	0.0416	−20.89
通用设备制造业	2.89	0.0263	−23.55
纺织业	10.34	0.1459	−10.45
农副食品加工业	1.43	0.0216	3.55
橡胶和塑料制品业	5.79	0.0963	−15.43

工业企业煤炭消费16.68万吨，比上年减少6.39万吨。市发展改革委全年组织实施节能、清洁生产、工业循环经济重点项目20个。对被列入省万家企业及“两高”（高耗能、高排放）项目开展能源在线监测系统建设工作。双钱集团（江苏）轮胎有限公司研发的12R22.5系列全钢丝子午线轮胎产品被认定为国家级绿色产品；南通百川新材料有限公司、南通世睿电力科技有限公司、江苏泰慕士针纺科技股份有限公司3家企业入围省级绿色工厂，全市累计有省级绿色工厂4家。

【主要污染减排】 年内，全市实施重点减排项目203个，其中，水污染减排项目2个，大气污染减排项目201个。到年末，化学需氧量和氨氮排放总量（含工业、生活、农业）分别为1497.76吨、58.18吨，二氧化硫和氮氧化物比上年分别削减125.04吨、103.52吨。

【清洁生产】 年内，如皋生态环境局对化工、环境治理等重点行业的12家企业开展清洁生产审核，12家企业在有资质咨询单位指导下，均完成清洁生产评估和审核验收工作。

【农村清洁能源开发利用】 年内，市农业农村局推进长江镇新好农牧有限公司沼气发电并网和搬经镇马氏生猪养殖场沼气发电并网项目实施，通过市供电公司现场核验并签署供电合同，装机容量分别为200千瓦和100千瓦，年内实现正常运营。至年末，全市有沼气发电并网工程13个，总装机容量1890千瓦，余电并网量22.5万千瓦时。

（冒海燕　袁华丽　刘金宁）

污染防治

【大气污染防治】 2021年，如皋生态环境局完成南通市下达的大气污染治理重点项目及任务1343项。实施锅炉提标改造和“回头看”项目，改造锅炉221台。引导24家企业完成挥发性有机物源头替代工作，25家企业实施挥发性有机物综合治理项目，400家企业完成餐饮企业油烟治理或“回头看”项目，126家完成储罐治理项目，4家加油站完成三次油气回收改造项目，2家重点行业企业完成绿色改造工程，1家企业完成使用新能源车船、淘汰非道路移动机械项目。全年培育绿色工厂4家。

【水污染防治】 年内，如皋生态环境局牵头完成《如皋市2021年水污染防治工作计划》，全年实施水污染防治重点工程22项。制订全市水环境提升联动方案，对188个断面管控点位推行清单式责任管控。开展汛期水质提升专项行动，对市考以上断面加强溯源分析。针对全市重点考核断面和重点支流开展每周加密监测，掌握重点断面周边支流水质变化情况，评估支流水质对考核断面的影响，为重点断面周边支流整治工作提供必要数据支撑。

【土壤污染防治】 年内，如皋生态环境局有序推进全市64家土壤污染重点监管单位建立土壤污染隐患排查制度，开展隐患排查治理；制订土壤和地下水自行监测方案，开展自行监测工作。加强用途变更为住宅、公共管理和公共服务用地地块土壤污染状况调查，推进重点行业企业优先管控名录地块、退出化工企业地块的土壤污染状况调查，保障建设用地安全利用。

【危险废物整治】 年内，如皋生态环境局开展危险废物安全专项整治和危废处置企业危险化学品使用专项治理工作，排查隐患247条，整改完成率百分之百。推动危险废物仓库审批存在监管缺位问题的201家企业完成整改。牵头组织会商，明确一家危险废物处置单位，按处置流程对企业废水在线监控设备废液统一收集，由如皋生态环境局危险废物账号统一行政代处置。年内，完成99家企业在线监控废液代处置，解决废水在线监测设备运行过程中产生的分析废液长期得不到转运处置问题。

【农业污染治理】 年内，如皋市探索形成“1+N”（1个村集体秸秆收储中心辐射带动周边N个村的秸秆收储工作）村集体经营、“收储中心+经纪人”“专业化服务队”等秸秆收储新模式，实现秸秆综合利用率96.8%，被农业农村部、省农业农村厅确定为农作物秸秆综合利用技术模式机制创新农村改革试验区。全市畜禽粪污综合利用率98.64%，规模养殖场粪污处理设施装备配套率、畜禽规模养殖场治理率、大型规模养殖场设施装备配套率均为百分之百。

【活水畅流工程】 年内，市水务局推动大明河南片（东司马港以南、通扬运河以西、如海运河以东254.39平方千米区域）河道整治工程及控导工程建设。通过合理设置橡胶坝、涵闸、节制闸、控导闸、溢流堰等控导工程，梳理水系、归顺水流，打造北高南低水系布局，形成从周边骨干河网进水，向通州区新浦河闸、小李港闸、大李港涵、公字涵及如皋市丝渔涵洞排水的引排格局，实现畅流活水。在片区内，对三级河道实施拆坝不建、拆坝建涵、埋设贯通涵洞等方式打通镇级水网，减少高涵洞及实心坝对水体流动的阻碍，实现水系贯通。在四级河整治中，通过疏浚、贯通、拆坝、接管、筑堰、建泵等工程措施，最大限度贯通村级水网，满足活水、保水、农村排水资源化利用等需求，激活小流域，系统性化解水体黑臭难题。完成三级河道整治216.05千米，实施贯通工程85处、贯通长共14.07千米，拆除坝梗177座，拆坝建桥6座，拆坝建涵289座，实施高低水系控制闸3座、控制涵闸4座，新建补水泵站11座，有效增加区域内部引排能力。

【环保重点工程建设】 10月，省住房城乡建设厅"十四五"期间厨余（餐厨）垃圾处理设施重点工程——如皋交通产业集团投资建设的"黑水虻养殖"项目建成投入运行。项目用地10.37公顷，总投资2000万元，集厨余（餐厨）垃圾处理、黑水虻和水产养殖一体化，设计日处理厨余（餐厨）垃圾能力100吨。12月，飞灰填埋场一期封场项目通过竣工验收，封场投影面积2.66万平方米，总投资3000万元，主要包括堆体边坡整形、封场覆盖系统、渗沥液收集及导排系统工程、绿化景观等建设内容。

（袁华丽　刘金宁　贾浩珍　吴　昊）

环境监管

【环境监测】 2021年，如皋生态环境局完成拉马河桥和四新桥两个市考断面水质自动站迁建，实现全市市考以上断面自动监测全覆盖。全年完成各类监测任务637项，分析样品3501份，编制各类监测报告（表）825份，获手工监测数据1.63万个，水、气、声自动监测数据38.89万个。参加生态环境部标准样品研究所、省环境监测中心、省市场监管局、南通市环境监测中心质控考核和能力验证等各项考核26项次。

【建设项目环保服务】 年内，如皋生态环境局先后完成金鹰莱赛尔纤维、日达智造等149个建设项目主要污染物排放总量平衡工作，协调8家企业完成排污权交易。推进排污许可证管理工作，在南通各县（市）中率先开启排污许可证技术复核工作，全年复核企业100家。

【企业环境信用评价】 年内，如皋生态环境局对全市4239家主要污染源企业进行环保信用动态评级，评定绿色企业12家、蓝色企业4216家、黄色企业11家。评级结果实时在省生态环境厅网站公布。根据信用等级高低采取差异化监管措施，每月对列入正面清单的企业进行信用、许可证、风险预案等6个方面把控；对违法失信、风险较高的市场主体，适当提高抽查比例和频次，依法依规实行严管和惩戒。

【环境安全应急保障】 年内，如皋生态环境局完成136家企业应急预案备案管理。推进危险废物、污染治理设施及核与辐射安全专项整治，发现问题及时督促整改。打造四级应急预案管理体系。加强应急值守和信息报告制度，积极应对各类突发环境事件。对全市103家环境风险较大企业开展环境安全隐患专项检查，开展突发环境事件应急演练，构建生态环境部门和应急管理部门联防联控机制，逐步厘清安全环保模糊边界，形成整体监管合力。

【环境执法】 年内，如皋生态环境局根据重点污染源、排污许可证企业、"散乱污"企业动态变化，结合污染源普查数据，调整充实双随机检查企业名录库，对重点污染源企业进行全覆盖，对一般工业企业按5%比例开展污染源日常监管双随机检查。加大环境违法行为处罚力度，全年出动1.2万人次，检查企业5100家次，下达处罚事先告知书295份、行政处罚决定书286份，罚款1080万元。运用环保法"四个配套办法"（《环境保护主管部门实施按日连续处罚办法》《环境保护主管部门实施查封、扣押办法》《环境保护主管部门实施限制生产、停产整治办法》《企业事业单位环境信息公开办法》）办案37件，其中，查封扣押24件，限产停产7件，移送公安部门6件。对不履行处罚决定的18家企业申请法院强制执行，完成行政诉讼案件答辩1起，召开行政

8月14日，如皋生态环境局环境监测人员对某公司排口周边及下游位置取水样监测化验

（如皋生态环境局　供图）

处罚案件听证会2起。

（袁华丽）

生态文明创建

【概况】 2021年，如皋市将生态文明建设与污染防治攻坚相结合，将重点任务分解到各部门、镇（区、街道），全面推进生态文明建设。全市获命名省级生态文明建设示范镇2个、省级生态文明建设示范村1个。至年末，累计建成省级生态文明建设示范镇8个、省级生态文明建设示范村11个。

【生态环境损害赔偿】 年内，如皋生态环境局完善生态环境损害赔偿工作机制，对超标排放污染物、不正常运行污染防治设施、挥发性有机物无组织排放等损害生态环境行为启动生态损害赔偿，涉及企业56家，签订生态环境损害赔偿协议38家，赔偿金到账128.1万元，形成环境有价、损害担责社会氛围。

【环保宣传】 年内，如皋生态环境局组织38家企业及执法人员参加省危险固废管理、生态环境安全暨突发环境应急事件等业务培训。组织执法人员参加新修订《中华人民共和国行政处罚法》宣传培训。基层各执法分局联合属地环保办，为辖区内企业、环保网格员开展环保专项整治理论培训。组织107家重点污染源企业环保总监开展普法培训，做到执法先普法，普法先学法，提升重点监管对象法律意识。年内，参加环境污染责任保险企业45家，保费金额80余万元。在世界环境日、世界地球日、生物多样性日，开展系列宣传活动。环保志愿者走进社区、学校，宣传江苏生态文明及碳达峰、碳中和等环保知识，倡导绿色低碳生活。加强与《如皋日报》、如皋电视台、《新民晚报·新如皋》《江苏法治报》等媒体合作，宣传环保知识和环保法律法规，被录用宣传稿件180余篇。

【自然资源保护宣传】 3月，全市以义务植树节活动为契机，通过电视媒体、悬挂横幅、微信公众号等方式宣传造林绿化工作。3月12日，在长江边开展义务植树活动，栽植中山杉3000余株，推动全市春季植树活动在各镇（区、街道）铺开。4月，世界地球日宣传周期间，市自然资源和规划局联合如皋生态环境局，围绕“珍爱地球，人与自然和谐共生”主题，在龙游湖开展世界地球日宣传活动，通过百人签名、快闪、趣味活动等方式引导全社会树立“尊重自然、顺应自然、保护自然”生态文明理念。该宣传项目获评全省自然资源系统宣传好项目奖。在“爱鸟周”宣传期间，在龙游湖广场开展“爱鸟周”主题宣传活动。6月，全国土地日宣传周期间，围绕“节约集约用地，严守耕地红线”主题，走进如城街道孔庙社区、万达广场、吴窑镇大石村开展土地日主题宣传活动，宣传农村不动产登记、基本农田保护、土地复垦等法律法规，发放宣传资料3000余份，接受咨询400余人次。围绕《〈中华人民共和国土地管理法〉实施条例》最新修订内容开展专题讲座3次。8月，开展全国测绘法宣传日活动，在如城街道大司马路举办现场宣传活动，增强群众对版图意识和测绘工作认知度。

【涉水宣传】 年内，市水务局成功创建省级节水型高速公路服务区、如皋港党建水文化传承基地，探索“节水＋党建”“节水＋服务区”“节水＋教育”“节水＋旅游”模式，实现节水教育常态化、立体化、全覆盖。3月22日，利用“世界水日”“中国水周”等时机，结合节水型高速服务区创建工作，在沈海高速白蒲服务区开展“节水中国、你我同行”主题联合宣传活动。开展节水专题讲座、节水知识培训、节水意识调查、有奖知识问答等系列活动，呼吁社会公众树立正确用水观念，增强全社会水资源、水安全、水环境、水生态保护意识。

（袁华丽　郑淑一　贾浩珍）

6月5日，如皋市在龙游河生态公园举办“人与自然和谐共生”纪念世界环境日现场活动

（张建国　摄）

科学技术

综述

【概况】 2021年，如皋市优化科技创新管理体制，组建市科技创新委员会，突出党对科技工作领导，凝聚市科技局、财政局、发展改革委等部门科技创新工作合力。市科技创新委员会下设办公室，与市科学技术局、市科学技术协会一体化运行。完善科技创新职责体系，加强职能机构配置、编制保障，如皋市科技创业园更名为如皋市科技创新中心，升格副科级事业单位。启动“创新如皋”三年行动计划（2021—2023），建立“1+8”（1个计划，即《创新如皋三年行动计划（2021—2023）》；8个意见办法，即《关于实施高新技术企业“倍增计划”的意见》《如皋市产学研项目管理办法》《如皋市新型研发机构建设实施意见》《如皋市双创载体建设管理实施意见》《如皋市科技创新服务平台管理办法》《如皋市科技强企人物评选办法》《关于加快推进人才创新创业发展的若干政策意见》《关于提升知识产权创新支撑力的实施意见》）推进体系。全市科技创新重点指标持续提升。年内，全社会研究与试验发展经费支出33.52亿元，企业研发投入占地区生产总值2.34%，规模以上工业有研发活动企业52.82%，均创历史新高；高新技术产业产值占规模以上工业总产值比重比上年提升5.46个百分点；技术合同成交额41.4亿元，占地区生产总值比重2.94%，位居南通第二。9月28日，全国科技创新百强县市名单揭晓，如皋市上榜，列第17位。12月6日，如皋市被省科技厅纳入首批江苏省创新型示范县（市、区）建设名单，南通唯一。

【科技创新工作激励】 4月20日，市委办、市政府办印发《关于实施创新驱动战略、推进经济高质量发展的激励意见》，从推动科技产业融合、提升企业自主创新能力、支持平台载体建设、促进科技成果转化、加大金融扶持力度、加强知识产权保护、加强高端人才引育、优化科技创新服务8个方面对23项科技创新工作进行激励。年内，全市14个镇（区、街道）中，有11个镇（区、街道）制定出台相应激励配套政策，构建市、镇两级政策支撑体系。全市兑现市级科技创新奖励近7500万元，惠及企业600余家。

【企业创新能力】 年内，全市新增高新技术企业122家，净增46家，新增数、净增数分别位居南通第二、第一。新增高新技术产业企业64家；新增国家级科技型中小企业573家、省民营科技型企业110家，省高新技术企业入库备案93家。至年末，全市有高新技术企业315家、高新技术产业企业251家、科技型中小企业573家、省民营科技型企业511家。年内，培育省潜在独角兽企业2家（江苏卓远半导体有限公司、江苏中科新源半导体科技有限公司）、省瞪羚企业5家（江苏沃能电气科技有限公司、南通世睿电力科技有限公司、南通恒康数控机械股份有限公司、江苏远业液压机械有限公司、江苏纽唯盛机电有限公司）。全市实现高新技术产业产值638.25亿元，比上年增长28.3%，占全市规模以上工业总产值比重45.1%。

【科技人才】 年内，市科技局紧紧围绕高质量发展要求，深入开展人才调研，掌握全市外籍专家和专业人才基本情况。截至年末，全市持有有效工作许可证外籍专家和专业人才67人。年内，江苏卓远半导体有限公司和江苏清能动力科技有限公司获批外国专家工作室。组织企业参加省科技厅举办的各类国际合作引智线上交流活动，针对国际交流合作较频繁、产业代差较大的电子信息产业和氢能产业，持续加大引入力度。全力推动高端人才落户，成功引入双创团队3个（新瑞药业、势加透博、卓远半导体）、服务企业“科技副总”11人。评选如皋市科技强企人物5人。

【科技创业大赛】 年内，如皋市先后举办第七届“梦想之星”创业大赛和创新创业大赛暨如皋市级攻关计划路演大赛，征集参赛项目100余个。13个项目入围南通“通创荟”科技创业大赛决赛，南通惠沣科技有限公司“热塑性高分子热熔网胶在氢能源电池隔膜的应用”项目获成长组三等奖。11个项目入围江苏省创新创业大赛行业赛，其中江苏奕隆机电科技有限公司“汽车底盘电控部件生产”项目和南通惟怡新材料科技有限公司“量子点透镜”项目被推荐参加第十届中国创新创业大赛，入围中国创新创业大赛全国赛优秀企业名单。江苏新瑞药业有限公司“肿瘤诊断创新药阿法肽注射液的研发及产业化”项目在科技部主办的全国颠覆性技术创新大赛中获评优胜项目。

创新载体建设

【概况】 2021年年末，全市拥有国家火炬特色产业基地4个，分别是国家火炬如皋输变电装备特色产业基地、如皋化工新材料特色产业基地、如皋新能源汽车特色产业基地、如皋软件园软件产业基地；建有省创新型园区1家（如皋软件园）、省创新型乡镇3家（白蒲镇、丁堰镇、石庄镇）；建有各级工程技术研究中心142家，其中，省级45家、南通市级97家，省企业院士工作站1家、省科技公共服务平台2家、产业技术研究院8家；建有科技企业孵化器7家，其中，国家级3家、省级2家；建有众创空间8家，其中，省级4家、南通市级1家。年内，全市9家创新创业（简称“双创”）载体参加南通市双创载体星级评定，麦腾智慧天地获评五星级，市科技创业园、市科技城创业中心、如皋开发区创业中心、如皋高新区梦想之家、下原智汇空间获评四星级，下原镇创业中心、光华创业园和如商汇获评三星级。

2021年如皋市新增省级工程技术研究中心名录

表50

类别	载体平台名称	承担单位
省级工程技术研究中心	江苏省（聚星）高韧性低碳合金钢工程技术研究中心	南通聚星铸锻有限公司
省级工程技术研究中心	江苏省（新瑞）药物研发工程技术研究中心	江苏新瑞药业有限公司
省级工程技术研究中心	江苏省（申模）复杂检具工艺及制造工程技术研究中心	申模南通机械科技有限公司
省级工程技术研究中心	江苏省（威世）生物制药工程技术研究中心	威世药业（如皋）有限公司

【研发机构建设】 年内，全市新增省级工程技术研究中心4家，新增南通市工程技术研究中心16家。江苏秦烯新材料有限公司与中国科学院半导体研究所联合共建如皋市化合物半导体产业研究所。江苏思源赫兹互感器有限公司、江苏明德玩具股份有限公司省级工程技术研究中心通过验收，江苏神马电力股份有限公司、江苏泰慕士针纺科技股份有限公司、梦百合家居科技股份有限公司、南通百川新材料有限公司在省工程技术研究中心绩效考评中获优秀等次。

【企业孵化器】 年内，全市新增孵化器2家，投资4000余万元，新增孵化面积4万平方米，至年末，各孵化器总孵化面积33万平方米。全年孵化企业689家，其中，在孵企业324家，毕业企业193家，到期出园企业81家，淘汰企业91家，孵化项目涵盖先进制造、生物医药、互联网及移动互联网、新能源、新材料、电子信息、软件开发、现代农业、文化创意、高技术服务等高新技术领域。引进本科以上人才224人。申请专利127件，其中发明专利60件，获授权71件。申报高新技术企业、科技型中小企业、民营科技型企业等省级以上科技计划项目55个，获批项目31个。5家孵化器参加省级孵化器绩效评估考核，其中4家孵化器获B等级。各孵化器内在孵企业全年实现应税销售4.86亿元，完成税收2982.11万元。

【众创空间】 年内，全市新建众创空间4家，分别为长江镇智创园、如皋工业园区创客盲盒、开发区创合、高新区智慧谷。全市众创空间面积2万平方米，入驻企业和团队100余家。

科技成果

【概况】2021年，全市申报各级各类科技项目1317个，获省以上科技计划项目立项850个，其中，国家级697个、省级153个，争取资金额4668.5万元。南通华东油压科技有限公司承担的“面向工业4.0的智能铸造工艺管理系统合作研发”项目等4个项目获省国际科技合作项目立项；江苏力星通用钢球股份有限公司承担的“叉车高性能特种轴承关键技术研发及产业化”项目获省科学技术二等奖；江苏隆昌化工有限公司承担的“重金属污染耕地高效稳定修复与安全利用关键技术及应用”项目、江苏中铁山桥重工有限公司承担的“大节段钢桁梁整体制造与架设关键技术及应用”项目获省科学技术三等奖。江苏卓远半导体有限公司黄宏嘉主持“国产碳化硅1700伏特功率器件核心技术研究开发”项目获国家高端外国专家引进计划支持；“第三代半导体材料及装备的研发和产业化”项目获省政策引导类计划支持。江苏卓远半导体有限公司、江苏清能动力科技有限公司外国专家工作室获省外国专家工作室立项。如皋博爱医院有限公司祁雷等10人入选省双创计划“科技副总”。

【新瑞药业公司肿瘤早期诊断新药研发项目获评全国颠覆性技术创新大赛优秀项目】年内，江苏新瑞药业有限公司（简称“新瑞药业公司”）“肿瘤诊断1类生物技术药氟[18F]阿法肽注射液研发及产业化”项目获批省科技成果转化项目，在科技部主办的全国颠覆性技术创新大赛中获评优秀项目、南通唯一。

该项目研发的正电子分子影像1类新药氟[18F]阿法肽注射液为肿瘤早期诊断药物，对恶性肿瘤的诊断比CT更早，比基因检测更为准确。截至年末，该注射液进入三期临床试验。

【卓远半导体公司6个项目获南通市级以上科技项目立项】年内，江苏卓远半导体有限公司（简称“卓远半导体公司”）6个项目获南通市级以上科技项目立项，获资助965万元。其中“国产碳化硅1700伏特功率器件核心技术研究开发”项目获批科技部高端外国专家引进计划，获资助35万元；“第三代半导体材料及装备的研发和产业化”项目获批省引进国外技术、管理人才专项项目，获资助10万元；“第三代半导体超快激光隐形切割关键技术与装备合作研发”获批省国际科技合作项目，获资助80万元；“集成电路级大尺寸金刚石基片研发及产业化”项目获省重点研发计划立项，获资助40万元；外国专家工作室获批省外国专家工作室；“国产化碳化硅1700V/600A IGBT模块核心技术”项目被列入南通市产业创新“揭榜挂帅”项目，获资助800万元。

产学研合作

【概况】2021年，市科技局通过小分队洽谈、点对点深入企业、线上平台对接等多种形式推进产学研合作。全年征集企业技术需求317个，开展各类专题产学研对接活动22次，新增5万元以上产学研合作项目264项，合作金额7956万元，年内实际

2021年如皋市新增南通市级以上部分科技计划项目情况

表51

计划类别	项目名称	承担单位	争取资金（万元）
科技部高端外国专家引进计划	国产碳化硅1700伏特功率器件核心技术研究开发	江苏卓远半导体有限公司	35.0
省科技成果转化项目	肿瘤诊断1类生物技术药氟[18F]阿法肽注射液研发及产业化	江苏新瑞药业有限公司	1000.0
省引进国外技术、管理人才专项项目	第三代半导体材料及装备的研发和产业化	江苏卓远半导体有限公司	10.0
省国际科技合作项目	高色域显示量子点粉体的合作研发	南通惟怡新材料科技有限公司	80.0
	面向工业4.0的智能铸造工艺管理系统合作研发	南通华东油压科技有限公司	80.0
	节能型高精度快速恒温半导体工业直冷机的合作研发	中科新源材料技术有限公司	80.0
	第三代半导体超快激光隐形切割关键技术与装备合作研发	江苏卓远半导体有限公司	80.0
省重点研发计划	集成电路级大尺寸金刚石基片研发及产业化	江苏卓远半导体有限公司	40.0
	氢燃料电池无油空压机的研发	势加透博洁净动力如皋有限公司	40.0

续表 52

计划类别	项目名称	承担单位	争取资金（万元）
省重点研发计划	5G 光通信激光器模块高精密贴片设备研发	南通辰同智能科技有限公司	120.0
省现代农业项目	“三减”健康美味休闲肉制品创制关键技术研究与应用	南通玉兔集团有限公司	50.0
	超声辅助 -OH 体系制备低分子量肝素关键技术研发	江苏联众肠衣有限公司	50.0
省技术转移奖补资金	省技术转移奖补资金	南通斯密特森光电科技有限公司	5.0
	省技术转移奖补资金	中科新源材料技术有限公司	2.5
省科学技术奖	高品质精密轴承滚动体关键制备技术及产业化	江苏力星通用钢球股份有限公司	20.0
	重金属污染耕地高效稳定修复与安全利用关键技术及应用	江苏隆昌化工有限公司	10.0
	大节段钢桁梁整体制造与架设关键技术及应用	江苏中铁山桥重工有限公司	10.0
省外国专家工作室	外国专家工作室	江苏卓远半导体有限公司	—
	外国专家工作室	江苏清能动力科技有限公司	—
省双创计划“科技副总”	祁雷	如皋博爱医院有限公司	—
	张捷	江苏惠沣环保科技有限公司	—
	付才力	江苏千牧生物科技股份有限公司	—
	王再学	如皋市金茂橡胶有限公司	—
	庞胜利	江苏宇石能源集团有限公司	—
	潘君丽	伟达塑胶工业（南通）有限公司	—
	张城	江苏万达特种轴承有限公司	—
	李洪均	南通永铝数控机械科技有限公司	—
	包加桐	恩派特江苏环保产业有限公司	—
	王磊之	江苏冠甲水利科技有限公司	—
南通市产业创新“揭榜挂帅”攻坚计划项目	国产化碳化硅 1700V/600A IGBT 模块核心技术	江苏卓远半导体有限公司	800.0
	高品质轴承滚动体智能化热处理渗碳工艺技术	江苏力星通用钢球股份有限公司	480.0

支付 5166 万元，签约数比上年增长 49.1%，位居南通第一。10 月 28 日，在如皋市科技·人才洽谈会上，现场签约项目 24 个，投资总额 326 亿元。

【产学研合作项目】 年内，全市新增省级产学研合作项目立项 6 个。森松（江苏）重工有限公司与上海交通大学长期建立产学研合作关系，签订合作协议金额 300 万元，其“IFV 中间介质气化器的研发”项目，实现每秒液化天然气处理量 220 ~ 250 吨，高于普通水平近 30 吨，传热富裕量≥ 20%，高于普通水平近 10 个百分点。

（陈万仓）

2021 年如皋新增省级以上产学研合作项目情况表

表 53

项目名称	承担单位	合同金额（万元）	支付费用（万元）
纳米级熔喷材料的聚合应用及纳米级丝径的熔喷网胶研发	江苏惠沣环保科技有限公司	32.68	32.68
乘用车用阻尼材料胶料研制	如皋市金茂橡胶有限公司	30.00	30.00
基于天然气燃料的 SOFC 发电技术研发	江苏宇石能源集团有限公司	150.00	35.00
PCL 基可降解高分子复合材料的研发	伟达塑胶工业（南通）有限公司	35.00	30.00
回转轴承疲劳试验平台开发及轴承寿命研究	江苏万达特种轴承有限公司	35.00	35.00
深度对抗协同的安全防护检测研究	南通永铝数控机械科技有限公司	30.00	30.00

农业科技

【概况】2021年，全市新增省农业科技型企业3家，累计23家。新增省重点研发计划（现代农业）立项2个。获批南通市级科技指导性计划立项31个，立项数继续保持南通县（市）领先。全市农业科技企业新获高新技术企业认定6家，累计23家。加强南通市农业科学技术推广奖成果管理，“现代蚕桑高质量发展生产技术创新集成与应用”项目获南通市农业科学技术推广奖二等奖，“林下轮牧二黄土鸡生态高效规模养殖技术集成与推广”“‘如皋黑塌菜+N’高效种植模式的推广应用”2个项目获南通市农业科学技术推广奖三等奖。

【科技“强农惠农”特色服务】年内，市科技局征集农业生产技术需求32个，开展产学研活动4次，达成产学研合作项目16项，解决有效技术需求22个。6月7日，市科技局依托江苏农村科技服务超市如皋苗木花木产业分店，在如城街道、磨头镇开展“支农强农富农”系列送科技下乡活动。活动中，邀请专家对种植技术等知识进行讲解和传授，举办微型盆景和水培技术培训交流会，开展科技宣传咨询活动，接受现场群众咨询150余人次，累计发放资料600余份，无偿发放品牌肥料200余袋。

【省级农高区创建】7月，如皋市启动省级农业高新技术产业示范区（简称“农高区”）创建。年内，完成农高区发展规划和创建方案编制，在如城街道、磨头镇布局25平方千米创建区域，确定以绿色健康为主题、以健康食品加工为主导产业、以花木盆景和休闲农业为协同、以科技研发转化检测全方位服务为支撑、到2025年实现区内农业高新技术产业总产值235.5亿元的发展目标。出台《关于支持创建省级农业高新技术产业示范区的政策意见》，着重从科技创新、产业集群、人才支持、对外开放4个方面出台10条激励政策，涉及创新主体培育、研发平台建设、关键技术攻关、产业集聚、品牌培育等方面。制订农高区建设发展规划、实施方案，完成核心区控制性详规初稿。完成搬迁清苗132户，涉及建设用地38公顷；总建筑面积6000平方米的农高区规划展示馆大楼完成布展装修，其中展馆面积850平方米。全年新入驻人良生物、朗邦科技等项目4个。

【农业科技型企业培育】年内，南通玉兔集团有限公司实施的“‘三减’健康美味休闲肉制品创制关键技术研究与应用”项目、江苏联众肠衣有限公司实施的“超声辅助-OH体系制备低分子量肝素关键技术研发”获省重点研发计划（现代农业）立项。南通欧意姆制冷设备有限公司、市泽宇畜产品有限公司、市桦儒肠衣有限公司3家企业被认定为省农业科技型企业。至年末，全市有农业科技型企业23家。

【农业科技教育】年内，市农业农村局举办新型经营主体带头人培训班2期，培训201人；举办高素质农民培训班15期，培训3402人。组织基层农技推广人员培训班2期，培训农技员148人；组织52名市镇两级各类产业农技人员参加省级培训。持续推进省级现代农业产业技术体系建设工作，以省级现代农业产业技术体系建设基地为示范窗口，推动科技成果展示、示范。完成新品种、新技术试验示范12项，建设示范点10个，对接20个新型经营主体，技术指导培训600余人次。

（陈万仓　刘金宁）

3月14日，市科技局邀请花木种植专家送种植技术到田头　（市科技局　供图）

气象测报

【概况】2021年，市气象局定期对1个国家基本站和15个区域站设备开展检查维护，保证气象装备稳定运行，气象基础业务质量保持稳定，气象探测数据传输率、及时率、可用率分别为99.99%、99.97%、99.99%。进一步推进气象观测质量管理体系建设，持续推进气象观测工作标准化，按南通市气象局要求完成内部检查，完成不符合项整改。完成大气环境监测站建设，主要观测PM2.5、PM10两个要素，全年向生态环境部门提供重要气象信息、风雨实况数据10余次。开展“十四五”全市观测网络站点规划调研，初步完成5个新增站点建站选址工作，新增冻土观测设备1套。完成第30次全国酸雨观测质量样品考核及能见度仪校标工作。全年报送决策气象服务材料104期，为防灾减灾工作提供决策依据。开展公共气象服务，在春运，中高考，作物播种、收割，重要节假日及重要活动期间，发布重要天气报告34期，预警信号70期，专题气象服务材料263期，微博、微信服务3629次，短信170万余条。召开全市基层气象防灾减灾协理员、信息员培训会，开展专业气象知识基础培训，建强气象协理员和信息员队伍，更新气象协理员、信息员74人，共431人，城乡覆盖率百分之百，气象预警实现村村通。完成冬小麦、油菜、物候资料、土壤水分观测及对比资料数据上传，完成如皋生态与农业气象服务84期、如皋特色农业气象服务51期。

【气象科研】 年内，市气象局实施南通市气象局课题“薄壳山核桃在如皋生长的气候适应性研究”，顺利结题；课题“基于深度学习的南通地区臭氧临近预报技术研究”获南通市气象局批准立项。全年在省级以上期刊发表科技论文（第一作者）3篇，其中，《如皋地区薄壳山核桃物候生长观察初报》发表于《现代园艺》，《江苏省如皋市干旱的诊断分析及预警技术》发表于《科学与技术》，《沿江地区薄壳山核桃建园技术》发表于《上海农业科技》。

（王剑林）

地震监测

【概况】 2021年年末，如皋市建有地震台1个；有监测项目2个，分别为强震和测震观测项目。测震仪器运行率99.97%，连续率99.94%，完整率99.85%，强震仪器连通率百分之百。全市建有地震宏观观测点10个。年内，市地震局加强对10名宏观测报人员管理和业务培训，制定地震宏观观测点管理办法和宏观观测工作考核办法，规范地震宏观信息报送制度，推进全市地震宏观观测工作向制度化、规范化方向发展。完成国家地震烈度速报，建成预警工程如皋如城基准站。全年监测到里氏1.0级以上地震6次。5月19日，启东市海域M1.2级地震；7月13日，启东市海域M2.2级地震；7月14日，如东县海域M2.0级地震；12月2日，如东县海域M1.7级地震；12月8日17时18分58秒，盐城市大丰区海域（北纬33.48度，东经121.14度）发生3.8级地震，震源深度15千米；12月22日21时46分16秒，常州市天宁区（北纬31.76度，东经120度）发生4.2级地震，震源深度10千米。

【地震应急处置】 年内，市地震局进一步完善地震灾情速报网建设和提高地震灾情速报员队伍水平，及时做好人员信息更新和业务辅导工作，利用“12322”平台开展灾情速报演练7次，提升地震灾情速报员灾情报告能力和响应速度，全市获评省优秀地震灾情速报员8人。11月17日盐城大丰区海域5.0级地震和12月22日常州市天宁区4.2级地震发生后，如皋市大多数地区震感明显。市地震局立即启动地震应急预案，及时响应，有效处置，迅速开展震感和灾情信息收集工作，及时形成报告报送市政府；认真做好震情监视跟踪和余震应对准备工作；通过微信公众号对外发布信息，做好舆情跟踪与引导，有效防范地震谣传或谣言；保持值班电话24小时畅通，及时处理群众来电来询。

（苏　雯）

科技普及

【概况】 2021年，市科协突出“融媒体＋科普”，组织开展专题科普报告、科技下乡、科普知识竞赛等系列活动，推动科普进农村、进社区、进企业、进学校、进军营活动近60场。全年在如皋电视台常态化播出科普大篷车节目近50场，在《如皋日报》刊发科普专栏10期，在如皋电台推广《科技小贴士》52篇，微信公众号“如皋微科普”推出科普知识近1200条。组织“院士专家科普社区行”系列科普活动，邀请省特聘医学专家、省心脏病首席科技传播专家张代民，东南大学公共卫生学院营养与食品卫生学系主任王少康等专家到如皋，为市民普及健康养生常识。开展“科学防疫、喜迎新春”科普知识微信有奖竞答活动，参赛人数2.3万余人次；组织人员参加由省科协主办的公民科学素质大赛线下赛活动，获二等奖；组织开展如皋市公民科学素质网络知识竞赛，参与答题3万余人次。5月，围绕“百年回望：中国共产党领导科技发展”主题，举办如皋市第33届科普宣传周主场活动。9月，围绕“百年再出发，迈向高水平科技自立自强”主题，举办全国科普日主场活动，包含“红色百年路·科普万里行”全国科普大篷车庆祝建党100周年联合行动（如皋站）启动仪式，“庆祝建党百年”科普主题展，乡村振兴图片展和科普大篷车展品体验，市青少年科技创新之星、优秀科技辅导员颁奖仪式等。

【科技助农】 年内，市科协设置“庆祝建党百年”科普主题展、乡村振兴图片展和科普大篷车展品体

9月14日，如皋市农民科学素质大赛在市文化馆举办。图为决赛现场

（市科协　供图）

验等科技下乡活动。市种植业协会围绕乡村振兴战略，举办各类种植业技术培训班20余场次，受众2000余人次。城北街道平园池村获评2020年度江苏省科技志愿服务点（社区或村）先进典型。以“践行科技为民，助力乡村振兴”为主题，与市农业农村局联合举办农民科学素质大赛线下赛，通过笔试、竞答形式，评选一等奖2名、二等奖3名、三等奖3名。该活动被评为全省“全国科普日”优秀活动。

【青少年科创教育】 年内，市科协持续推进“科普大篷车”、院士专家科普进校园活动，邀请中科院老科学家、科普演讲团成员陈光南、吴瑞华、孙万儒，中国科技馆原党委书记苏青等到如皋，为中小学生举办高端科普报告20余场，向青少年普及现代科学技术前沿知识，传播科学思想、科学方法和科学精神。推动如师附小、开发区第二实验小学等5所学校成功申报青少年科技素养公益项目。组织开展2021年全市中小学生科技公益夏令营，开设C++、Python、动画影像、仿生机器人等课程8门，吸引近200名中小学生参加。组织青少年参加省“诗词里的科学”网络挑战赛，获小学组一等奖、中学组三等奖。在南通市第二届青少年科技创新市长奖评选中，2个项目获评市长奖，2人获评耕耘奖。评选表彰市青少年科技创新之星20人、优秀科技辅导员10人。

【气象科普宣传】 年内，市气象局线上线下双管齐下，推动气象防灾减灾知识普及。通过微博、微信等平台，定期发布气象灾害、防雷安全等科普防御小知识。落实“党建+科普”基层党建书记项目，提升气象党建科普文化阵地及青少年素质教育基地气象科普馆等硬件设施。开展气象冬令营、夏令营活动，通过读书会、气象实验、参观气象科普馆等多形式，多层次、多渠道引导未成年人体验气象科学、培养气象兴趣。开展科普宣传志愿服务进乡村、进社区、进学校、进企业，全年在搬经镇刘庄村、如皋高新区平明社区、如城街道迎新社区、花园社区等村（社区）开展气象科普志愿服务12场，受众800余人次。获评“全国科普日”活动先进个人1人。

（王兆勇　王剑林）

教　育

综述

【概况】 2021年，如皋教育系统围绕办好人民满意教育的总体目标，以建设“高质量教育县域样板、长三角北翼教育名城”为统领，以服务如皋现代化建设为使命，深化改革，加快发展，全面提高教育高质量发展水平。年内，如皋市成为全省首批“幼小衔接”实验区（南通仅如皋、通州）。参加全省义务教育学校标准化建设监测达标率百分之百，创历年新高。市第二中学成功晋级省四星级普通高中，全市8所普通高中实现省四星级普通高中全覆盖。如皋中学、市实验初中、如师附小获评省文明校园。如师附小成立省小学跨界学习研究所。9月10日，市委、市政府召开高质量教育县域样板创建动员大会，出台《如皋高质量教育县域样板建设纲要》《如皋市创建“全国义务教育优质均衡发展县（市、区）”实施方案》等文件，对学校布局、经费投入、基础设施、教师队伍等方面谋划、部署。

【基础设施建设】 年内，全市教育系统实施新开工项目9个、改造项目39个、校舍加固项目1个，完成跨年度项目7个。如师二附、如师三附、港城第二实验幼儿园、何庄幼儿园、白蒲幼儿园5所新建学校，以及如皋中学品质提升一期工程交付并投入使用。推进如皋中学品质提升二期、白蒲中学品质提升、如皋中专北扩工程及新城高中、如皋初中新校区、志颐小学、附小新城幼儿园、仙鹤幼儿园、附小开发区校区及幼儿园新建工程等教育重点工程。实施中小学教室照明改造提升工程，对88所学校4233间教室进行照明改造，全市所有中小学校普通教室、专用教室实现护眼照明灯全覆盖。依据中共中央国务院《关于进一步加强和改进未成年人思想道德建设的若干意见》和教育部《中小学心理健康教育指导纲要》相关要求，完成全市中小学校心理健康咨询室升级改造。完成国家教育考试指挥中心、保密室和中考阅卷点双电源改造。

【德育】 年内，市教育局“区域整体推进‘生活德育·生态体验’的实践研究”项目获评省前瞻性教学实验培育项目。江安中学获评省中小学思政育人特色学校。市实验初中德育课程成为全省首批中小学“一校一案”德育典型案例。实施教育关爱工程，推进教师全员家访，建立特殊学生“一生一策”关爱档案2947个，结对帮扶学生3546个。创推“好父母微课堂”家庭教育微课堂21期。3月4日，全市教育系统学雷锋志愿服务活动启动仪式在李渔小学举行，邀请雷锋生前战友、全国学雷锋事迹报告团成员赵明才宣讲雷锋事迹，来自全国各地学雷锋公益组织志愿者及全市中小学德育副校长、教育志愿服务分队负责人参加活动。

【素质教育】 年内，如皋市全面落实“双减”（有效减轻义务教育阶段学生过重作业负担和校外培训负担）工作，推进作业设计、布置、批改等规范管理；实施“一校两品”（每一所学校形成具有特色的体育、艺术品牌项目各至少1个；全体学生都有体艺方面两个特色项目的参与和体验过程）体育艺术提升工程，提升课后服务质量，学生参加率百分之百。推进大阅读工作，市实验小学参加省“诗词中的科学”大赛获一等奖（大赛共设一等奖3个）。强化体育工作，建成全国青少年校园足球特色学校2所、省体育特色学校7所。如皋开发区实验小学在全省中小学体育健康干预与监测中获第一名。加强艺术教育，举办如皋市第九届校园艺术节。市实验小学获省校园艺术节一等奖。推进社团建设，磨头小学、白蒲镇林梓小学、如皋高新区新华幼儿园、搬经镇加力幼儿园等学校参加啦啦操、跳绳等项目大赛，获国家级冠军5个、一等奖16个。8月28日，如皋市“双减”工作动员部署会议在市行政中心召开。10月12日，“为奥运喝彩”助学助教公益活动走进安定小学，设奥林匹克体艺教育课堂、学校体艺教育发展座谈会两大板块。在奥林匹克体艺教育课堂上，“为奥运喝彩”艺术写生团艺术家为学生们提供素描、水墨画、书法、写生系列艺术课程，奥运会武术表演冠军赵庆建、国际轮滑公开赛冠军臧应璐等专业运动人员为学生们提供武术、拳击、篮球、轮滑等方面运动科普实践和体能提升指导、奥林匹克精神文化系列体育课程；学校体艺教育发展座谈会上，“为奥运喝彩”助学助教公益活动参与各方代表就践行“双减”政策，从地方政府支持、地方教育规划、教育资源引进等方面，对学校体艺特色发展开展深入探讨。10月24日，全市青少年校园篮球联赛总决赛在市奥体中心举行。10月29日，全市小学阶段第十四届“大阅读”教学展示观摩培训暨秋季“读书节”活动在安定小学举行。10月30日至31日，全市青少年校园足球“支云杯”邀请赛在奥体中心举办。11月13日，下原初级中学在第二届全省青少年“诗词里的科学”网络挑战赛中获一等奖3名、二等奖3名、三等奖8名。11月20日，全市青少年跳绳比赛暨学校跳绳社团联盟展示在市奥体中心举行。

【科学教育】 年内，市教育局每月常态化开展科学教师业务研修活动，联合市科协组织开展公益科技夏令营、优秀科技辅导员培训和青少年科技创新标兵培育等活动。日更“如皋小学科学工作坊”公众号，设置《科学历史上的今天》《趣味科学小知识》《科学教师加油站》3个子栏目，进行科学知识普及。李渔小学教师徐燕执教的科学课在全国小学科学新教材培训中展播；如师附小幼儿园在全省STEM［科学（Science）、技术（Technology）、工程（Engineering）、数学（Mathematics）四门学科英文首字母缩写］教育大会上做经验介绍；开发区第二实验小学被评为南通市科普教育基地；白蒲小学在南通市小巧手比赛、南通市青少年航空模型竞赛中均获得团体一等奖；2所学校、4人次在第二届南通市青少年科技创新市长奖评选中获奖，获奖总数居南通第一；在青少年无人机大赛、“金钥匙”科技竞赛、青少年科技创新大赛等科技竞赛活动中，获南通市级以上奖项600余人次，其中，在第五届全国青少年无人机大赛中获一等奖20人次、二等奖24人次、三等奖17人次；在南通市科学小院士评选活动中，当选“小院士”1人，获“小院士”提名奖1人。市教育局在全省金钥匙竞赛等活动中获优秀组织奖。4月15日，南通市“科研普惠工程”走进磨头镇，南通市教育科学研究院专家及各县（市、区）教科研骨干教师200余人参加活动，共享教育科研在促进学校发展、教师发展、学生发展方面成果。

【教育教学研究】 年内，市教育局推进教育教学改革，聚焦“双减”“多元发展”“高品质发展”等，开展主题研讨与实验研究。抓实“双减”工作，对学业负担满意度低于80%学校实行各项考核“一票否决”，在小学低年级学段推行“无纸化”绿色测评。推动“活动单导学”课堂模式转型升级，组织各学段教研员研发高质量课堂评价标准，借力课程游戏化项目推进幼教课改。安定小学成为全省中小学课堂教学改革区域推进现场会课改现场，江安高级中学被评为南通市基础教育“立学课堂”先进集体，获评南通市基础教育“立学课堂”先进个人8

10月12日，“为奥运喝彩”助学助教公益活动走进安定小学。图为前中国篮球运动员孙明明为学生们进行篮球运动科普实践指导　（市教育局　供图）

5月27日至28日，全省第四届统编小学语文教材主题观摩研讨活动在市实验小学举行。图为教学展示活动现场　（市教育局　供图）

人，4所幼儿园在“学前教育专业人才培养实践探索”项目研究活动中获二等奖。策应新高考、新中考、新评价要求，修订各学段教育教学质量综合评价方案，在2021年度全省教育研究成果奖评审活动中，如皋获一等奖1项、二等奖5项、三等奖1项。对各学段出台高品质课程开设意见，强化区域推动校本课程体系建设。完善拔尖人才培养联动机制，建立“强基种子”选拔标准，畅通小学、初中、高中一体化培养路径。制定《如皋市高品质高中课程开设意见》，推动普通高中内涵建设和特色发展。制定《关于义务教育阶段资优生培养的实施意见》，完善资优生培养方案，在省中小学课程基地与学校文化建设项目和省基础教育前瞻性教学改革实验项目评审活动中，获立项2个。教师发展中心被南通市教育科学研究院评为教研工作先进单位。全年新增省级立项课题25项、南通市级立项课题92项，全市教师出版教育教学专著6部，在全国中文核心期刊上发表论文16篇。5月27日至28日，省第四届统编小学语文教材主题教学观摩研讨活动在实验小学举办，全省专家学者、教师代表共500余人参加活动，共同探讨“小学古诗文教学的‘法’与‘度’”。

【师资队伍建设】年内，市教育局加强师德师风建设，常态化开展教师政治学习、师德主题教育培训。全市16万名教师参加师德师风满意度调查，满意度97.54%。全年招聘新教师489人，招聘高层次人才教师70人，面向初中、高中招录定向师范生150人。开展乡村教师培育站、新教师大练兵等活动。提请市政府出台《如皋市优秀教育人才评选和管理办法》《“如皋教育”先进典型通报表扬办法》。李继东家庭被教育部评为“教育世家”，杜新建成为“苏教名家”培养工程培养对象，袁晓琳、洪建林获评省特级教师，袁晓琳、刘顺然、洪建林、周兰梅获评正高级职称，袁晓琳获评省教育系统先进个人（优秀教师）。如皋红军小学红色传承团队获评第十二届“感动南通·教育人物（群体）”。组织教师参加南通市中小学实验教学技能比赛，获一等奖9个；参加“领航杯”信息化教学能手比赛，五门学科均获南通市一等奖。职教教师参加技能教学大赛，获省等级奖10个、南通市一等奖17个。实施教师精准交流，新派出交流教师475人，占符合交流条件教师总数20.6%；交流骨干教师254人，占交流教师总数53.5%，高于国家规定交流比例。

【困难学生资助】年内，市教育局对家庭经济困难学生实行精准资助，将原建档立卡、城乡低保、残疾学生、农村特困救助供养、边缘易致贫、特困职工家庭子女6类家庭困难学生全部纳入教育资助范围。全年资助4.61万人次、4068.24万元，其中，中职免学费1.98万人次、2173.49万元，中职国家助学金资助学生1955人次、195.5万元，普通高中免学费658人次、55.27万元，高中国家助学金3685人次、368.5万元，义务教育阶段学生生活补助1.46万人次、938.7万元，资助学前教育儿童5391人次、336.78万元。全年办理生源地信用助学贷款208人、213.6万元。广泛开展社会捐助活动，全市30余个机构（企业）或个人资助家庭贫困学生2600余人次，资助总额149万余元。

【依法治教】年内，市教育局推行行政执法“三项制度”（行政执法公示制度、执法全过程记录制度和重大执法决定法制审核制度），推进行政服务“一件事”“信易批”“告知承诺”三项改革，全年办结事项1.53万件，提前办结率百分之百。成立校外教育培训监管科，开展校外教育培训机构专项治理，清理违规广告点位312个，全市57家学科类校外培训机构全部关停，压减率百分之百，压减经验被“双减”工作省级联席会议办公室作为典型案例进行全省推广。对照全国义务教育优质均衡发展县（市、区）、省学前教育普及普惠县创建标准，开展全覆盖专项督查。实施制度执行系统工程，每季度对学校制度学习与执行情况进行检查与通报。聘任372名公检法司人员兼职中小学校法治副校长。新增南通市依法治园示范园20所，创成率百分之百。如皋教育法治建设成果被中央政法委《法治参考》杂志，以《教育高质量发展视域下推进依法治校标准化的实践与探索》为题报道。

【如皋在教育部专题会议上交流教育高质量发展县域经验】 1月28日下午，教育部基础教育质量监测中心组织召开县域管理与教育质量视频研讨会。如皋作为教育部遴选的全国7个教育高质量发展县（市、区）之一参会，在会上以《优质均衡谱写教育高质量发展新篇章》为题交流如皋教育高质量发展典型经验。

【李继东家庭获评全国教育世家】 9月，教育部公布全国首批教育世家名单，江苏5个家庭入选。如皋市李继东家庭榜上有名，南通唯一。

李继东的祖父李子明出生于1932年2月，1947年成为一名教师。从教生涯中，他秉承着“把学生们培养成对人民群众有用的人”朴素理念。在李子明影响下，李继东的父亲李新民21岁便成为一名教师。他由于脊柱反S型侧弯，右侧上下肢肌肉收缩而行走不便，上班期间每天早晨五点起床，花费两个多小时推着自行车到学校，从不迟到。在“教书育人”家教家风熏陶下，李继东从小立志成为一名优秀教师，1995年师范学校毕业后走上从教之路。他深耕课堂，苦练内功，获全国课堂教学竞赛特等奖1次、一等奖4次，先后获省教学成果奖、省教育科研优秀成果奖、省教育研究成果奖，应邀到全国各地执教公开课100余节。著有《游戏与小学语文教学》一书，编著“用游戏重构儿童的学习生活”系列书籍12本，发表教学论文50余篇。

（钱彩云）

学前教育

【概况】 2021年年末，全市有幼儿园80所，在园幼儿32162人。其中公办幼儿园65所，就读公办幼儿园幼儿27819人，占86.50%；民办幼儿园15所，就读民办幼儿园幼儿4343人，占13.50%。民办幼儿园中，有普惠性民办幼儿园6所，在园幼儿2052人，占6.38%。全市在公办幼儿园和普惠民办幼儿园就读29817人，占比92.88%。全市有幼儿教职员工3472人，其中专任教师2289人（研究生学历5人，占0.22%；大学以上学历1501人，占65.57%；专科以上学历2289人，占100%；正高级职称2人，副高级职称37人，副高级职称以上人数占1.70%）。年内，全市学前教育三年毛入园率百分之百。如皋开发区何庄幼儿园异地新建并投入使用，港城第二实验幼儿园建成投入使用。

【课程游戏化】 年内，市教育局通过名师工作室、微项目研究、专家团宣讲、进园沉浸诊断、小微园联盟等举措，开展如皋市课程游戏化推进会、项目组展示、观察教研系列、幼小衔接宣讲、课程前审议、主题课程评比、种子站活动等系列活动，全面推进区域课程游戏化项目建设。在省区域课程游戏化项目中期视导中获优秀等次；“稳步持续着力填洼，一个也不落”课程游戏化经验被推荐至省课程游戏化群。市教育局先后承办南通市建构游戏观摩和南通市音乐游戏展评活动，3人获南通市青年教师基本功比赛一等奖，5个案例获南通市建构案例评比一等奖，100余人在省“蓝天杯”和“行知杯”论文评选、省教育学会优秀论文（案例）评选中获一等奖。

【优质幼儿园创建】 年内，皋南幼儿园、长江镇永平幼儿园、江安镇东燕幼儿园3所幼儿园通过省优质幼儿园复审。截至年末，全市有省优质幼儿园56所、南通市优质幼儿园10所。

【港城第二实验幼儿园】 秋季，港城第二实验幼儿园启用。港城第二

5月21日，全市幼儿园课程游戏化第11次推进活动在下原镇花园幼儿园举行。图为花园幼儿园野趣园游戏场景之一　　（市教育局　供图）

实验幼儿园位于长江镇新城区（光泽路），占地面积6582平方米，总投资5200万元，内设乐高坊、美工馆、科学发现室、儿童阅览室、多功能活动厅、幼小衔接体验馆等，外建塑胶操场、篮球场、足球场、沙水区、种植区、碳化积木区、攀爬墙及大型体育活动器械，设立4轨共12个班。在满足幼儿个性化需求基础上，贯彻“小孩童，大玩家”教育理念，以循环水系、多样玩具、高端智能设备、园林化户外设计，给予孩子丰富的材料及充足时间与空间，释放幼儿天性。采取“外引进，内培养”方式，改善师资结构，提高整体教师素质，每班配备1名本科及以上学前教育专业专任教师，公办教师占比50%。年内，在全市区域游戏、课程叙事、优秀案例征集，共同体蹲班指导、男幼师联盟等活动中，公开展示8人次，2名教师分别在赛课、主题叙事评比中获一等奖。承担省级“十三五”课题“基于幼儿立场的创意戏剧游戏的开发与实施研究”，成功申报陈鹤琴“十四五”课题“陈鹤琴生活教育指导下幼儿园劳动教育生活化的实践研究”。教职工在省级以上各类论文评比中获奖15人次，在省级以上期刊发表论文4篇。年末，在全市幼儿园质量评估中获第一名。

（顾志新　熊凌燕）

义务教育

【概况】2021年年末，全市义务教育阶段有小学60所、初中25所、特殊教育学校1所。有在校小学生68175人、初中生30967人；在校小学教师4108人、初中教师2885人，其中，小学专任教师4064人、初中专任教师2885人。全市小学适龄儿童入学率、巩固率、毕业率、升学率均为百分之百。小学学业合格率百分之百，初中学业合格率98.7%。

【中考】年内，如皋学子在中考中，总均分列南通第一，超出南通大市均分20.82分；普通高中录取控制线南通最高，校际分差南通最小（63.75分）。如皋初中、龙游湖学校2所初中排名南通前十，如皋初中、龙游湖学校、滨江初中、实验初中、搬经初中5所初中排名南通前20，高明初中、常青初中等7所初中排名南通前30，23所学校位居南通前1/3，所有学校进入南通前100名。

【李渔小学】李渔小学于2020年6月投入使用，学校精神为“授人以渔，立人之美”。年内，研发“笠翁对韵”“数学思维”“珠心算”“英语启蒙”等特色课程，创立“善听、静思、乐讲”的“立美课堂”，推行“读百部名著”“观百部影片”“赏百首名曲”“品百幅名画”“访百个景点”“评百场戏剧”的“六个一百”素养培养工程。课题“基于李渔生活美学思想的‘教育戏剧’育人实践研究”成功申报省教育科学“十四五”规划，开展教育戏剧全学科渗透研究。不断探索绿色评价新模式、新路径，成功举办如皋市低年级段绿色测评现场推进会暨“幼小衔接”教研活动。注重活动育人，“开学第一课”“5·20”亲子运动会、“敦厚崇礼·开蒙立志”一年级入学仪式、“校园文化艺术节”“敬礼！国旗！”主题升旗仪式等活动，为学生扣好人生第一粒扣子。建立习惯要求清单24项，进教室、进家庭，并对每位学生习惯达成情况进行测评，形成每位学生独一份《习惯养成测评分析报告》，促进学生均衡发展、全面发展。取消“三好生”评选名额限制，增加视力、体质指数、劳动、艺术等项目，评选“五好生”“李渔之星”。努力践行“双减”和“幼小衔接”，将校外培训项目魔方、人工智能等适时引入延时服务；成立陶土、数独、创客、足球、戏曲、琵琶、舞蹈等特色社团10余个，实施周三半日社团，“同课不同班”让孩子们体验更为丰富的校园生活。利用微信公众号开辟“李小鱼好声音”栏目，让每位学生都有机会展读、展唱、展才艺。校园剧《歌唱二小放牛郎》被“学习强国”录用，在市校园艺术节评比中获一等奖，被纳入南通市校园艺术节会演节目。加强教师队伍建设，组织教

9月28日，李渔小学举行“敬礼！国旗！”主题升旗仪式　（市教育局　供图）

师参加各类比赛，获省一等奖1项、南通市一等奖4项、如皋市一等奖11项。

【刘海小学】 丁堰镇刘海小学创建于1947年。2017年拆旧新建，被列为南通市为民办实事工程；2019年投入使用。新建后的刘海小学融书院文化与园林艺术于一体，青砖黛瓦，曲院回廊，是一所独具特色书院式学校。聚焦“办美丽乡村学校，育阳光自信儿童”办学目标，确立“书写自信人生”办学主张，打造“书院教育”特色，用“六个百分百”（百分百孩子能写一手漂亮的字、画一幅好看的画、演奏一种乐器、擅长一项运动、背诵百首诗词、自信发表演讲）促进学生全面发展。先后获评省智慧校园、南通市绿色校园。2021年年末，拥有全国模范教师1人，南通市“1115工程”教育家型教师培养对象1人，南通高层次人才培养对象1人，南通市园丁奖获得者1人，南通市级、如皋市级学科带头人、骨干教师4人及优秀教育工作者8人。安定—刘海联盟团队获评感动南通教育群体提名奖。年内，举行“童心向党”系列活动，开办“刘海红色课堂”，“学雷锋”“非遗进校园”“世界地球日”“情暖立冬”等活动被新华社、中国教育新闻网等国家级媒体报道。开辟刘海新劳动教育基地，开发新劳动教育课程，用劳动推动德育、智育、体育、美育、劳育“五育”并举，助力“双减”落地，被推荐为全省劳动教育取样学校。“好父母微课堂”《诗意田园！来这所书院式校园领略如皋娃的劳动风采》在全市推介。开办缤纷社团，在市第九届校园艺术节展演中，参展作品获一等奖1个、二等奖3个。全面提升教育教学质量，成功晋级全市甲级小学行列，获评市义务教育阶段教育教学工作二等奖（全市第五名）。承担省级课题研究，参加省市级课堂教学竞赛、教学设计比赛，6人次获一、二等奖。师资队伍建设“闪亮行动”典型案例获评市一等奖。

【市实验初中】 年内，市实验初中坚持依法治校，规范民主决策，完成综合楼建设、校园视导系统建设等重大事项。加强普法教育，开展宣讲宪法、法制副校长进校园、院士进校园等活动。在“能·慧文化”引领下，注重“养成教育”“沉浸教育”“素养教育”“心理教育”，通过班主任例会、先进典型介绍、青蓝师徒结对等活动开展德育队伍建设，8位教师被评为市优秀教育工作者。获评南通市优秀家长学校。落实“双减”政策，推行“六项制度”（按时清校制度、早上弹性到校制度、课间休息保障制度、作业公示制度、晚延时后零作业制度、睡眠时间管控制度），进一步增强教学效益。设计专门表格对“双减”工作实行每日督查，让“双减”落地生根。扎实推进“70”“80”“90”教师发展工程，形成教师发展合理梯队。通过合作共同体建设、联盟学区共建、教师交流，发挥教学骨干示范引领作用，随堂听课、推门听课、办公室微备课蔚然成风。搭建“六大节日”（艺术节、读书节、科技节、体育节、英语节、社团节）等平台，让学生在自我管理、活动策划、风采展示中发展自我。组织剪纸、器乐、书画、机器人等社团40余个，丰富学生校园生活。开展“四操”（眼保健操、跑操、室内操、欢乐板艺操）活动，活跃学生文体生活。年内，近400名学生在省、南通市级比赛中获奖，其中，原创话剧《红色腰鼓》、舞蹈《爱的传递》获全省一等奖。市实验初中成为全省创·享语言实践基地，连续第三届获评省文明校园。

（张瑞华　马建峰）

年内，刘海小学成为全省劳动教育取样学校。图为刘海小学芽苗菜种植体验课

（市教育局　供图）

特殊教育

【概况】 2021年年末，全市有特殊教育学校1所（市特殊教育学校）。有教职员工43人，其中，专任教师38人，中小学（幼儿园）高级教师

8 人，教育硕士 9 人，南通市、如皋市优秀教育人才 19 人；有在校学生 255 人。2021 年，全市适龄残疾儿童少年义务教育入学率百分之百。

【融合教育】 年内，市教育局调整特殊教育指导中心组织机构，创新“党建 +”融合教育模式，通过省特殊教育发展工程暨第二期特殊教育提升计划落实情况视导调研。建成普通学校融合教育资源中心 46 个。成立特殊教育需要儿童诊断与评估专家委员会，建立融合教育巡回指导制度，开展市第二届融合教育优课暨教学设计评比活动，4 位资源教师参加南通市融合教育优课评比，获一等奖 3 人、二等奖 1 人。6 所学校通过南通市三星级融合教育优秀学校验收。组织评选第一届如皋市融合教育先进个人 12 人。对全市 0 ~ 16 周岁申领残疾人证儿童进行筛查，做好特殊教育需要儿童控辍保学工作。江苏卫视城市频道以《整合无痕、倡导全纳，打造康教融合新“皋”地》为题直播如皋市融合教育工作。

【特殊教育品牌打造】 年内，市特殊教育学校打造“生命教育”办学特色，创生“能豆”校园文化标识。“‘党建 + 课程’打通送教上门的最后一米”项目获评第三批南通市中小学校“一校一品”党建文化品牌。落实“双减”政策，配备减负书包，建成“小红花 · 星心之家”特殊教育需要儿童成长指导中心，开通“525”热线，建立“一生一策”关爱档案。4 名学生绘画作品入选全国残疾青少年冬奥会、冬残奥主题绘画展。

（孙红兵　许小燕）

普通高中教育

【概况】 2021 年年末，全市有普通高中 8 所，实现四星级普通高中全覆盖。有普通高中在校生 18196 人；有普通高中教职工 2110 人，其中专任教师 1896 人。年内，市第二中学成功创建省四星级普通高中，石庄中学、搬经中学通过省四星级普通高中复审；江安中学被评为省思政育人特色学校。12 月 12 日，江苏省石庄高级中学举办建校 70 周年办学精神研讨暨石庄教育发展基金会成立仪式。中科院院士、东华大学材料学院院长、博士生导师朱美芳，中国科学院过程工程研究所研究员、博士生导师曹宏斌等石庄中学优秀校友应邀出席会议，共同研讨“石中建校 70 周年办学精神”；石庄教育发展基金会正式成立。

【学业水平测试】 年内，全市报考普通高中信息技术学业水平测试学生 6094 人，比上年增加 1175 人，其中，高二学生 6074 人、高三学生 20 人。参加普通高中学业水平测试考生 6151 人，比上年增加 898 人。

【高考】 年内，全市参加普通高校招生报名考生 5586 人。报考普通类考生 5051 人（文科 1389 人、理科 3662 人），比上年增加 318 人；报考艺体类考生 535 人。高等职业技术学校提前单招录取 474 人，较上年减少 1 人。参加普通高校招生统考考生 4946 人，比上年增加 225 人。空军、海军飞行员录取 3 人，其中如皋中学学生陈姝亦成为年内全省录取的两名女性飞行学员之一，是全市首位被空军录取的女飞行学员。

【江安高级中学】 江安高级中学创办于 1941 年 2 月，是中国共产党以“坚持民主抗日立场，贯彻学用一致精神”为建校宗旨，在苏中抗日根据地创建的最早农村学校之一。校训为“诚 · 毅”，实践“对党对国赤胆忠诚，为乡为民勇敢刚毅”育人追求，传承红色校史精神代代相传，凝练成深厚鲜明的办学特色——真诚教育。坚持“思政育人”，常态化开展“每月一红歌”“每学期一次红色实践”“每年追随革命足迹 25 千米微长征”等红色文化教育活动。以体验“治沙精神”活动为抓手，推进劳动实践项目。实施省革命传统教育课程基地、省品格提升工程“红色文化砥砺‘赤子情怀’的江中行动”、省首批“一校一品”党建文化品牌项目“红色背景下的‘真诚’党建”3 个省级项目，成为全省第四届中小学生品格提升工程会议参观观摩点。推进青年教师发展工程、教学名师领航工程和卓越教师培养工程，教师丁海燕入选教育部乡村优秀青年教师培养奖励计划（南通唯一）。举办南通“立学课堂 · 江中样本”教育教学改革成果展示会。2021 届高考特殊类型招生控制线上线率位列南通第九，获全市教学质量综合评估特等奖。围绕“真诚课堂”模式构建教师专业发展等课题研究，开设革命传统教育校本课程，实施政治学科德育基地项目，建设革命传统教育课程基地等，形成课堂、课题、课程、特色项目、课程基地、品格提升工程、前瞻性项目内涵体系建设。完成“书院校园改造”工程。通过省四星级普通高中复审，获省智慧校园、省思政育人特色学校、省品格提升工程项目学校、南通市先进基层党组织、南通市中学示范团校、南通市“立学课堂”先进集体等称号。

（黄富春　王鹏鹏）

中等职业教育

【概况】 2021 年年末，全市有公办中等职业学校 2 所，即如皋中等专业学校（简称“如皋中专”）和如皋第一中等专业学校（技工学校）（简称“如皋第一中专”)。有在校在籍学生9732人。有专任教师792人,其中双师型教师348人,占比43.93%;具有研究生及以上学历专任教师数124人,占比15.65%;专任教师中有高级职称327人(正高级教师5人),占比41.28%。年内,如皋中专和如皋第一中专年内招录新生3160人,毕业2590人。

【专业建设】 年末,全市有省现代化实训基地6个、省现代化专业群8个。年内,如皋中专新增专业2个(中职环境监测技术与电气自动化技术、五年一贯制高职新增烹饪工艺与营养),至年末,全市有五年一贯制高职专业6个;如皋中专与思源电气股份有限公司共建电气企业学院,第一中专与市建筑产业协会筹备共建如皋建筑产业学院,两所中专高一年级中职班均开设“标准化基础”课程。

【技能竞赛】 年内,市教育局组织中职教师参加省职业学校教学能力大赛,获二等奖5个、三等奖5个。如皋中专信息技术组代表江苏省参加全国职业院校技能大赛教学能力比赛,获二等奖。组织师生参加2021—2022学年度省技能大赛,获一等奖4个、二等奖5个、三等奖11个。

【对口高考】 年内,如皋市1384名学生参加全省职教高考,本科上线1095人,本科上线率79.1%,占比超过全省本科计划的1/5,连续16年位居全省第一。如皋中专本科上线人数全省第一,第一中专本科上线率全省规模学校第一,都超过500人,创历史新高。

【校企合作】 年内,市教育局根据《如皋市职业教育校企合作三年行动计划(2021—2023)》文件精神,研究制定含七项奖励政策的考评细则。两所中专与多家企业进行订单班合作办学,开设机电一体化、数控技术、中餐烹饪(酒店管理)、数控加工(加工中心操作工)、建筑工程施工、汽车制造与装配等专业29个,招收学生1028人,两所中专各聘任10名企业技术骨干担任学校产业教授。

【高职、技师院校建设】 10月27日,如皋市举行高职、技师院校建设推进大会。会议发布如皋中专建设江苏联合职业技术学院分院和高水平高职院校规划、如皋第一中专(技工学校)建设技师学院规划。年内,如皋中专新建综合楼完成主体工程建设,完成两栋宿舍公寓楼升级改造,公开招聘研究生学历教师19人,完成450人五年制高职招生目标。第一中专与技工学校实现合并办学,建立“一套班子、两块牌子”管理体制;启动技工学校学生招生培养工作,招生600人,制订中技班9个专业实施性教学计划。公开招聘新教师20人,其中本科学历14人、硕士学历6人。

(陈 斌 李加峰)

高等教育

【自学考试】 2021年,全市报名参加省自学考试2949人次。毕业111人,其中,专科毕业27人,本科毕业84人。

(王鹏鹏)

【成人高考】 年内,全市成人高考报考2033人次,其中,高中起点升专科1183人,高中起点升本科9人,专科升本科841人。参考1691人,参考率83.18%。1614人被录取,其中,高中起点升专科933人,专科升本科674人,高中起点升本科7人。

(徐海峰)

【开放教育】 年内,如皋开放大学与江苏开放大学、大连理工大学、福建师范大学、西安交通大学等6所高校合作办学,开设行政管理、财务管理、工程管理等专业100余个。全年招生1030人,毕业1385人。年末,在读学员3064人。年内,“面向弱势群体的终身学习有效服务个案研究”等2个课题获省终身教育研究会立项。举办残疾人学历提升班和村干部学历提升班。组织成人学员参加大学生创新创业大赛,获省三等奖1个、南通市特等奖2个。被评为江苏地区年度优秀奥鹏服务站。

(刘 晖)

社会教育

【概况】 2021年,市教育局以“一镇一品”“一镇多品”培训品牌建设为引领,广泛开展现代农民职业技术培训、城乡居民培训、老年教育培训等培训活动,全年举办培训班820个,培训20万余人次,其中,现代农民教育培训工程培训4.26万人次,城乡居民培训5.81万人次,老年教育培训3.52万人次。为解决老年人在运用智能技术方面遇到的困难,进一步帮助老年人融入智慧社会、享受智慧生活,各镇社区教育中心开展老年人智能手机专项培训100余场次,3000余名老年人参加培训。市教育局被评为省“智慧助老、赋能银龄”社区教育专项行动先进集体。以各类学习型组织创建为抓手,推进学习型社会建设,获评南通市优秀学习型组织6个、南通市优秀学习型家庭6个、南通市优秀学习型个人6人,丁堰镇邵秀琴等3人被评为省“百姓学习之星”。围绕“庆建党百年华诞,谱终身学习新篇”主题,各镇社区教育中心开展老年教育、党史教育、职业技能培训、创业再就业讲座等特色鲜

6月27日，市老年大学艺术团送“致敬百年路，快乐追梦新征程”文艺演出到城北街道复兴庄　（薛如生　摄）

明、形式多样、内容丰富的全民终身学习活动周活动。10月15日，南通市全民终身学习活动周在如皋开发区平园池乡村振兴学院启动。

（周红林）

【老年教育】年内，市老年大学开设班级42个，在聘教师45人，在校学员900余人，设置文学、书法、国画、素描、英语等课程28门。试行网上报名招生，《多措并举助力老年人跨越“数字鸿沟”》被省发展改革委、省卫健委主办的《贯彻落实国务院办公厅〈关于切实解决老年人运用智能技术困难实施方案〉工作动态》第15期刊用。启动学制改革试点，对音乐、电子琴等8个专业按层次分班，减少复式教学班12个，逐步改变“不考试、不升级、不毕业”传统办学模式。在学员中开展党史教育活动，举办“唱红歌、颂党恩”活动，征集书法、绘画、摄影、征文等作品。柔力球班在华柔杯全国柔力球线上交流活动中获A组优胜奖，在全国第七届柔力球网络视频比赛中获柔力球《复兴的力量》项目一等奖；3篇论文获全国第十四次老年教育研讨会、老年教育学术委员会三届三次全委会优秀论文奖；创作歌曲《基建狂魔大中国》获感动中国词曲创作网络大赛优秀奖。举办“我心向党，魅力夕阳”专场文艺演出，参演400余人。创排节目参加全市庆祝建党百年文艺演出20场次。开辟“第三课堂”，与“慧老汇”老龄服务平台、市朗诵协会、市图书馆等联合举办“等你来”阅读接龙会、“我心向党读好书”全民阅读月、庆祝中国共产党成立百年歌咏和“百人颂百年、共绘中国梦”大幅画创作展示等活动，参与学员1400余人次。在学员中广泛开展健康、消防、金融、防范非法集资和金融诈骗等知识宣传。推进长寿文化和花木文化课题研究，完成校本教材《如皋长寿养生》《如皋花木盆景》初稿编写。6月，市老年大学市文化馆分校揭牌，设素描初级、中级和国画中级3个班级，年末在校学员120人。

（时益平）

文化·体育

公共文化服务阵地

【概况】 2021年年末，全市有公共图书馆2家（市图书馆、市少儿图书馆）、图书分馆29家、图书流动服务点17处、少儿图书分馆12家。年内新建南通港航如皋分中心、“家家乐”超市总部、荣威集团3家图书分馆，全域旅游、红十四军纪念馆、金陵金鼎酒店、泰华酒店、水绘园5处流动服务点“读书角”。南通港航如皋分中心图书分馆是全省首家水上服务区图书馆，被“学习强国”、《中国新闻广电报》等媒体报道。新建安定小学、何庄中心幼儿园2家少儿图书馆分馆。全市有农家书屋347家。有市级文化馆1家、分馆14家。全市备案博物馆5家，其中，国有博物馆4家（如皋市博物馆、江苏盆景博物馆、李昌钰刑侦科学博物馆、市红十四军纪念馆）、非国有博物馆1家（如皋丝毯艺术博物馆）。

【基层公共文化基础设施管护体制改革】 年内，市文体广电和旅游局制定《如皋市农村公共文化基础设施管理使用办法》，从定义要求、职能范围、设施管理、服务供给、保障措施和考核评估等方面明确农村公共文化基础设施管护要求，进一步明晰农村公共文化基础设施管护主体责任，健全管护标准，保障管护经费。全面排查全市各级公共文化空间和基础设施设备运行管理情况，形成问题清单33个，14个镇（街道）、28个村完成公共文化基础设施提升。

【公共文化服务标准化体系建设】 年内，市文体广电和旅游局推进公共文化服务标准化体系建设，重点围绕公共文化服务提供标准、保障标准、评价标准3个方面，编制标准46项。其中，涉及市文化馆标准16项、市图书馆标准11项、市博物馆标准12项、市少儿图书馆标准6项，镇（街道）文体工作规范化工作标准1项。完成公共文化服务标准化体系培训和宣传工作。

【农家书屋】 年末，全市人流密集场所建成阅读面积10平方米以上、藏书不低于200册“东皋书角”107处；有“百姓茶馆”文明实践点278个、“你好，邻居”邻里活动中心26处，实现读书角全覆盖。建成南通市五星级、四星级、三星级韬奋书房各1家，南通市五星级、四星级、三星级韬奋书房分别为3家、5家、9家。对全市347家农家书屋进行动态积分制管理和星级评定，新评定三星级农家书屋25家，创成南通市四星级农家书屋8家，累计有星级农家书屋98家。

【市图书馆】 市图书馆为国家一级馆，总建筑面积1.02万平方米。年末，馆藏纸质图书99.13万册、电子图书15.35万册，馆藏古籍30706册。年内，新购纸质图书5025种、1.2万册，期刊450种，数字化扫描图书60册。全年接待读者50万人次，新办借阅证2.5万份，借阅165万册次，电子图书点击量34.53万次，流动图书送书1.08万册次。全年开展各类活动50余场，其中，举办“建党百年、峥嵘岁月”党史学习读书活动、著名作家弋舟文学创作分享会、庆祝中国共产党成立100周年——“颂建党百年，做时代新人”讲座等活动15场次，摄影技巧、国学阅读技巧、手工书制作、手绘风筝等培训25场次。将全民阅读与党史教育深度融合，推出“党史学习领跑全民阅读”主题系列活动，深入基层分馆、学校、社区等场所，线上线下同步推出党史学习经典书籍、视频讲座等，多渠道、多载体打造立体化阅读平台；设置党史教育阅读专柜，举办党史学习读书分享会、党史知识竞赛、红色影片播放等活动，线上推出“21天党史学习打卡”活动和专题图片展，将党史学习、青少年成长教育和爱国主义教育相结合。开展图书巡展进基层活动，举办“小人书里寻小人儿·儿童连环画展”“庆祝中国共产党成立100周年特展”等精品图书展览进学校10所、企业4家。4月，被国家图书馆确认为第十六届文津图书奖联合评审单位，连续六届受邀参与该项目。5月至10月，推荐作品参加全省“阅百年历程·传精神力量”书法作品征集展示活动，获奖项8个，市图书馆获优秀组织奖。7月，成为中国古籍保护协会会员单位。

【市少儿图书馆】 市少儿图书馆为国家二级馆，总面积6500平方米，年内购书5000余册，年末馆藏14.4万册。全年接待读者24.6万人次，办理借书证5702份，年末持有效读者证1.78万人。全年举办各类图书类活动56场次，先后被中国新闻出版广电网、交汇点、人民图片等媒体报道。走进安定小学、何庄幼儿园、吴窑风毛小学、健康幼儿园、李渔小学、如师附小，举办“书香校园行”活动；走进如城街道城西社区、长巷社区，举办“书香社区行”活动。举办《团圆》绘本故事会活动。开展“送图书进乡村”志愿服务活动4次，送图书到搬经镇刘庄社区，如城街道城西社区、长巷社区、何庄社区共1200册。举办庆祝建党100周年“讲红色故事”活动，全市所有幼儿园参与逐级选拔。研究课题“公共图书馆少儿读者服务分析与研究”被列入省级图书馆大数据研究课题立项项目。

【如皋新华书店】 年内，如皋新华书店实现营业收入1.37亿元、利润1515.95万元，比上年分别增长6.74%和8.44%，均超额完成任务指标。全力做好党史学习教育指定用书发行工作，征订率为全市党员总数的96%。全年发行各类政治理论读物800余万元，刷新政治理论读物发行纪录。在春秋两季学校课本发行中，排除疫情防控、极端天气等不利因素影响，做到到货即分、随分随送、第一时间送到学生手中。举办“我心向党”——中小学朗读大赛、“红色阅读‘π’队”第五届如皋阅读马拉松、“‘阅读红色经典，传承红色基因’”——第四届21天亲子共读等以庆祝建党100周年为主题阅读推广活动。被表彰为2019—2020年省双优诚信发行单位。

【市文化馆】 市文化馆为国家一级馆，总建筑面积1.03万平方米。年内，举办南通书画名家作品展、雉水新风书画展、永远跟党走主题书画摄影作品展、东皋印社展览、江苏“百年百场”优秀艺术作品全省巡展、南通百年江海潮红色绘本展等展览12期。举办暑期少儿免费艺术培训，开设声乐、器乐、舞蹈、非遗等项目10余个，培训班次14个，参培少儿200人次。举办庆祝建党百年“闪闪的红星”“童心向党”“非遗庆华诞”等非物质文化遗产（简称“非遗”）进校园、进社区活动32期，与市第二中学、安定小学联合开设非遗课堂活动，精选非遗项目10个，开展常态化非遗教学，培养非遗后备人才。以文化科技卫生“三下乡”、第四届南通非遗集市、市第十二届旅游文化节等活动为平台，通过展销、展览、展演等形式开展非遗集市活动，展示、展销传统技艺、传统美术、传统戏剧类等非遗特色项目20个。

【市博物馆】 市博物馆为中国博物馆协会团体会员，建筑面积9973平方米，设“秀水流韵”历史文化展、

年内，如皋新华书店举办“我心向党”——庆祝中国共产党成立100周年主题读物联展活动
（如皋新华书店　供图）

红十四军纪念馆　　（市退役军人事务局　供图）

"秀水群英"名人展、"常绿家园"自然展、"物华天宝"珍宝展四大基本陈列。馆藏瓷器、书画、铜器、玉器、印章五大类2610件（套），其中国家二级文物18件（套）、三级文物95件（套）。年内，接待观众19.6万余人次。馆藏品清光绪霁蓝釉描金"二龙戏珠"赏瓶被"学习强国"、人民网等媒体展示报道。年内，举办"岁月漫漫·难掩其华"——如皋本地出土文物展、"邮'记'初心"——邮票上的百年党史专题展、第十三届爱心团队爱心大使展、"三叶映红，跟党前行"——建党百年百件党史文献展、"尺素诗情"——清末民初名人手札展等展览8个，开展春节、端午节、国庆节、"5·18"国际博物馆日、文化和自然遗产日等重大节庆日等主题线下活动和馆藏精品赏析、"如博之友联欢会""如博之夏"暑期特色鉴赏课程等线上活动60余场次。

【红十四军纪念馆】 1月4日，红十四军纪念馆获省文物局博物馆备案确认书，进入博物馆序列。年内，红十四军纪念馆发挥红色文化教育阵地作用，精心策划，推出"雉水红韵"——献礼建党100周年系列活动，面向全市15万余名中小学生深入开展"加强馆校衔接、共建第二课堂"活动，利用户外拓展基地开展"重走长征路"实践体验活动，开展革命功臣宣讲革命斗争史和红色教育进校园等活动。设立未成年人"学雷锋"志愿服务活动联系点，组织中小学生担任小小义务讲解员，在烈士墓前栽种纪念树、开展护鸟育林活动。举办"我心中的红十四军纪念馆"摄影比赛、革命历史知识有奖问答和"缤纷冬日、七彩夏日"未成年人第二课堂、红色电影放映周等系列活动。协助省委网信办拍摄党史系列视频《我比任何时候更懂你》之《中国工农红军第十四军》，获全省红色文化传播奖。全年接待参观者60余万人次，社会满意率百分之百。

（宋淑娜　马　洁　邓建芹　蔡晓晶）

公共文化活动

【概况】 2021年，市文体广电和旅游局调整群众文化活动补助分配金额，对举办"乐一天"文体艺术节的村（社区），按照每村（社区）4000元标准给予全覆盖补助。优化"送戏下乡"计划安排，打造重点文艺精品，完善群众文化活动和文艺人才培养机制，群众文化活动日益丰富，公共文化服务阵地作用发挥明显。持续擦亮"雉水之夜"群众文化品牌，实施群众文化活动"4·6"计划（镇区每年举办较大型文体活动4次以上、村社区每年举办文体活动6次以上）。结合庆祝建党百年等重大事件节点和元旦、春节、元宵、端午、中秋等传统节日，市镇村三级采取"线上+线下"双线结合方式，举办"永远跟党走"红色主题大型文艺演出5场、"雉水之夜"国庆·人民的节日文艺晚会暨非遗购物节3场、"庆华诞，忆党恩"——"雉水之夜"乡村行文艺巡演15场，送戏下乡156场，戏曲进校园29场，举办农民"乐一天"艺术节活动181场。

【全民阅读】 年内，市新闻出版局把推动城乡阅读空间提质增效、办好群众性阅读活动作为落实党史学习教育"我为群众办实事"具体举措，围绕推进书香如皋建设，全面深化融合方式，加强优质内容供给，丰富线上线下阅读资源，优化城乡阅读设施条件，加大阅读志愿服务力度。开展学习和贯彻中共十九届五中全会精神网络知识竞赛活动，累计参与2.4万人次，满分率92.1%。推广数字化阅读，用好省"数字农家书屋"平台，推动"阅读红色经典，传承红色基因""我爱阅读100天"等线上读书打卡活动，打造城乡新型阅读平台。落实"百姓点单"差异化选书模式，全年累计采购图书25万元实洋。组织开展"我的书屋、我的梦"农村少年儿童暑期阅读实践活动，5篇作品获省级奖项，1篇获国家级奖项。下原镇花园小学一名小学生在全省2021年度“我心向党”中小学生诵读大赛中获一等奖第一名。市委宣传部被中宣部、农业农村部、国家乡村振兴局联合表彰为新时代乡村阅读季“我爱阅读100天”读书活动全国百强。

【戏曲进基层】 年内，市文体广电和旅游局首次尝试选送经典戏曲全本作为“戏曲进乡村”演出内容，由各镇（街道）从《天仙配》《女驸马》《养妈不养爸》《婆与媳》等10个传统经典或创新剧目中，挑选群众喜爱剧目，利用线上平台，采用“点单式”手段为群众提供精准服务，全年送戏曲进乡村56场。举办“圆梦工程”戏曲进校园专场巡演活动29场，通过木偶表演、卡通舞蹈等形式，传承弘扬传统文化。

【“永远跟党走”雉水之夜主题文艺晚会】 6月10日，南通市“永远跟党走”夏夜千场红色主题文化活动启动仪式、如皋市“永远跟党走”雉水之夜主题文艺晚会在市红十四军纪念馆举行。晚会表演诗朗诵《军长的机枪》、木偶剧《抗战小英雄》、舞蹈《车轮滚滚》、民歌《如皋号子颂党恩》、合唱《没有共产党就没有新中国》等节目10个，吸引1000余名市民观看。

【建党百年专场文艺演出】 6月28日，如皋市“永远跟党走”庆祝中国共产党成立100周年文艺晚会在大剧院举行。整场演出持续近2个小时，在合唱《跟着共产党走》中拉开序幕，由“峥嵘岁月”“初心如磐”“使命荣光”3个篇章组成，通过舞蹈《红色曙光》、情景表演《星星火种》、表演唱《如皋号子颂党恩》、非遗串烧《花篮献党》、群口快板《齐心奋进新征程》等15个文艺节目，讲述在中国共产党带领下，英雄儿女们披荆斩棘、奋勇前行，最终走向胜利的光辉历史，阐释共产党人的精神密码和初心使命，重现党带领人民自力更生、艰苦奋斗，推动经济社会快速发展的奋进历程，表达如皋各界群众欢庆建党百年的喜悦心情，唱响如皋儿女不忘初心跟党走，乘风破浪加油干的信心和决心。

7月1日，现代京剧《杜鹃山》专场演出在市文化馆举办

（市文体广电和旅游局　供图）

【庆祝建党百年京剧《杜鹃山》专场演出】 7月1日，庆祝建党百年现代京剧《杜鹃山》专场晚会在市文化馆举办。演出由“长夜待晓”“春催杜鹃”“情深如海”“青竹吐翠”“砥柱中流”“铁窗训子”“飞渡云堑”“雾岭出晴”“漫卷红旗”8个部分组成，重温在秋收起义的巨大影响下，发生在湘赣边界的革命斗争故事，追忆革命峥嵘岁月，弘扬革命精神、传承红色基因。

【“雉水之夜”国庆·人民的节日广场文艺晚会暨非遗购物节】 9月28日，“雉水之夜”国庆·人民的节日广场文艺晚会暨非遗购物节在市文化馆南广场举行。演出在开场舞《让我们舞起来》中拉开帷幕，由反映人民生活水平和幸福指数节节攀升的歌曲《幸福小康》，体现中国共产党百年艰苦奋斗、百年励精图治的快板《风雨百年圆梦新时代》，传承传统婚俗文化、展现移风易俗成果的小品《送彩礼》等13个节目组成。现场摆摊设点，推出非遗夜市，活动持续3天，邀请全市非遗传承人、实体书店参与，举办书香夜读、活力夜健、欢乐夜娱、水绘夜游、古城夜购、寿乡夜品等系列活动，让市民畅享“文化大餐”。

（宋淑娜）

文学艺术

【概况】 2021年年末，市文联下设作家协会、戏剧曲艺家协会、美术家协会、音乐家协会、舞蹈家协会、摄影家协会、书法家协会、民间文艺家协会8个专业协会，市检察院文联、市传媒集团文联2个行业文联，镇（区、街道）文联14个，实现全覆盖。各文艺家协会拥有会员1300余人。其中国家级会员26人，年内新增2人（中国音乐家协会会员曹建国、中国美术家协会会员管煜）；省级会员144人，年内新增10人；南通市级会员355人，年内新增13人。

10月11日，“诵读红色经典·传承红色基因”——如皋市“诵读学传”活动走进江安镇如皋红军小学。图为诗朗诵《古诗新唱》（江安镇 供图）

【文艺创作】 年内，市文联紧扣建党100周年和全面建成小康社会主题，制定下发“创作优秀文艺作品、献礼建党一百周年”主题文艺创作活动方案，激励广大文艺家投身“礼赞全面小康，致敬建党百年”创作。牵头各文艺家协会完成《2021年度文艺精品创作题材规划》，收集整理8个艺术门类创作题材、21个重点文艺作品创作生产计划。加强与如皋籍在外文艺名家对接并提供相应的创作服务，邀请他们返乡开展文艺创作辅导、开班讲课。动员文艺工作者参加第三届南通文学艺术创作大赛及各种国家级和省级赛事。在第三届南通文学艺术创作大赛中，报送作品115件（组），申报新人10人。持续开展文艺人才培养“青蓝工程”等人才培训活动。由缪新华作词的歌曲《誓言》入选中宣部第九批“中国梦”主题新创歌曲，倪瑞美的短篇小说《失语》《云影》分别在《小说选刊》《雨花》杂志发表，李兵的小说《苍蒲》在《十月》杂志发表，吴建军书法作品入展“百年征程”——江苏省庆祝中国共产党成立100周年美术书法精品展，蔡晓霞工艺美术作品《婴戏图》获省文艺大奖第六届民间文艺奖，薛爱民作品《百鸟朝凤》入围第八届“紫金奖”文创产品设计综合赛终评，李美英的摄影作品《甜蜜的事业》入展第十届全国农民摄影大展，市摄影家协会会员吴树建、徐慧、邱宇、薛冯等人多幅作品被《人民日报》《新华日报》《朝闻天下》等省级以上官方媒体刊载。年内，市文体广电和旅游局围绕庆祝建党百年，组织全市文艺爱好者创作精品文艺作品。歌曲《一朵向阳花》被央视音乐频道播出，《一个都不能少》《温暖小康路》《信仰的力量》等歌曲登上“学习强国”平台，歌曲《幸福小康》入选省艺术基金资助项目，如皋号子《风调雨顺五谷丰》参加全国农民丰收节展演。冒炳国书法《放鹤亭》、木偶短剧《火烧竹篱笆》参展（演）省第五届“文华奖”展演活动，在南通市庆祝建党百年群众文艺新作品征集中，小品《一碗面》、歌曲《永恒的誓言》获三等奖，歌曲《温暖小康路》获优秀奖。

【文艺活动】 年内，市文联围绕“礼赞全面小康，致敬建党百年”重大主题，开展“五月风”文艺展示月系列活动，举办“书系长三角·同心颂小康”如皋·金山·海盐书法作品邀请展、“美丽南通行”2021南通文艺界走进如皋采风创作活动、钱志扬中国画展、“雉水新风”——如皋市青年美术家协会作品展、“那一抹红色的记忆”——红色经典阅读分享会等文艺活动，涵盖音乐、文学、书法、美术、摄影、民间文艺、戏剧曲艺、舞蹈等艺术门类，多形式、多维度、全方位地聚焦如皋推动高质量发展生动实践及全市人民开拓奋进的精神风貌。开展系列群众性文艺惠民活动。2月7日，在市行政中心开展“庆祝建党100周年，迎新春送春联”活动，邀请10位如皋当地书法名家为机关干部现场书写春联、“福”字。2月20日，“艺满六甲、墨润八秩”沈正书法展在市文化馆开幕，展出中国书法家协会会员沈正书法精品60余件。3月7日，举办“三月的芳华”女作家文学作品朗诵会。5月14日，“雉水新风”——青年美术家协会作品展在市文化馆开幕，展出如皋青年美术家作品71幅，涉及国画、油画、漆画等画种。5月25日，“五月风”文艺展示月之“书系长三角·同心颂小康”如皋·金山·海盐三地书法作品邀请展在市文化馆开展，紧扣“高质量发展”“人文关怀”和“家园建设”3个主题，精选上海市金山区、浙江省海盐县和如皋市三地书法家作品展出。5月25日，鲁迅文学奖、茅盾文学奖新人奖、郁达夫小说奖、百花文学奖等多种奖项获得者弋舟在市图书馆举办文学创作分享会。5月28日，国家一级美术师、如皋籍画家钱志扬中国画展在市文化馆开展，展出钱志扬画作58幅。6月18日，市文联举办中国摄影家协会会员康健《光影情缘》摄影作品集首发

9 月 20 日，如皋籍“菜场里的女作家”陈慧读者见面会在如皋新华书店举行（市文联　供图）

式。6 月 25 日，庆祝中国共产党成立 100 周年职工书画展在市文化馆开展，展出全市广大职工书画爱好者书画作品 100 幅。6 月 30 日，由市书法家协会、东皋印社主办，市文化馆协办的“朱印华诞、印证百年”东皋印社庆祝中国共产党建党百年作品展在市文化馆开幕，展出篆刻 110 方、书法作品 22 幅。6 月 30 日晚，南通市“我为妈妈庆生”庆祝建党 100 周年红色诗文诵读会如皋分会场演出在红十四军纪念馆举行。7 月 8 日，庆祝中国共产党成立 100 周年如皋市美术作品展在市文化馆开幕。9 月 20 日，“菜场里的女作家”陈慧读者见面会在市新华书店举行。12 月 17 日，南通市曲艺家、舞蹈家志愿服务团走进如皋开发区实验初中，通过传统曲艺引导青少年树立正确审美观，培育深厚民族情感，继承和弘扬中华优秀传统文化。

【文艺精品生产扶持】 年内，如皋市落实第三届南通文创大赛文艺创作作品扶持经费，起草完善重点推进作品任务书，利用政策杠杆激励广大文艺工作者创作优秀文艺作品。市文联对接联系文学等 7 个艺术门类 115 件（组）作品，申报新人 10 人，申请文化产业扶持资金近 30 万元。市文体广电和旅游局根据《如皋市促进文化产业高质量发展激励办法》精神，鼓励支持文艺精品创作，扶持歌舞类、书画类、戏剧类、文学类、美术类、民间艺术类等文艺创作项目 88 个，拨付扶持资金 118.12 万元；奖励文化产业人才 59 人、18.63 万元。举办原创优秀舞台文艺作品展演活动，从 46 件报送作品中择优遴选 19 件作品参加展演，评选出一等奖 2 件、二等奖 4 件、三等奖 6 件、优秀奖 7 件，优秀组织单位 6 个。

【乡镇文联】 年内，市文联整合乡村文艺资源，加快推进乡镇文联组建工作。6 月 21 日，全市首个乡镇文联城北街道文联成立。截至 10 月中旬，全市实现乡镇文联全覆盖。11 月，省文联基层文联工作创新调研组一行到如城街道文联，考察文艺赋能镇村工作。12 月 30 日，市文联推动 8 家市文艺家协会与各镇（区、街道）文联结对共建，要求各文艺家协会从开展文艺活动、提升创作能力、铸造“一镇一品”等方面与乡镇文联结对共建。

【“文艺志愿服务之花开遍雉水大地”项目获省文联工作创新提名奖】 12 月，省文联发布《关于 2021 年全省文联工作创新奖和创新提名奖的通报》，表彰 2021 年全省文联工作创新奖 11 项、创新提名奖 15 项。市文联“文艺志愿服务之花开遍雉水大地”项目获全省文联工作创新提名奖，为南通唯一获奖的县级文联。

年内，市文联推动新时代文明实践与文艺志愿服务有机融合，打通宣传群众、凝聚民心、文化惠民“最后一千米”，吸引集聚优质文艺资源、广大文艺爱好者加入队伍，全年参与各级各类文艺惠民活动文艺志愿者 900 余人。开展义务送春联、“回家过年”主题摄影、“我们的节日”元宵主题活动、“五月风”文艺展示活动、庆祝建党 100 周年文艺惠民活动系列主题志愿服务活动 100 余场，受众 20 万余人次。

（冯　杰　宋淑娜）

文化遗产保护

【物质文化遗产保护】 2021 年年末，全市各级文物保护单位 53 处，其中，全国重点文物保护单位 2 处（水绘园、如皋公立简易师范学堂旧址）、省文物保护单位 6 处（城东水关遗址、文庙大成殿、集贤里民居、白蒲镇民居、石庄汤氏宅、如皋定慧寺）、南通市文物保护单位 2 处（戴联奎墓石刻、何昆墓）、如皋市文物保护单位 43 处；一般不可移动文物 43 处，总量居南通各县（市、区）榜首。年内，中国共产党江苏如皋县委印被认定为国家一级文物。市博物馆馆藏文物 109 件（套），被认定为国家二级文物 14 件（套）、国家三级文物 32 件（套），其中金属类（含钱币）6 件（套）、陶瓷类 7 件（套）、杂件类 33 件（套）。白蒲镇民居——国、共、美三方军事停战谈判小组旧址，何昆墓，中国工农红军第十四军成立遗址，华中野战军第一师师部遗址，俞铭璜、沈序故居，烈士陵园，如泰工农红军建军遗址，吴庄烈士陵园，新四军烈士纪念碑共9处文物保护单位，被列入第一批省不可移动革命文物名录。公布如皋市第二批一般不可移动文物9处，撤销登记10处，保留登记2处。

年内，水绘园消防工程设计方案省文物局批准实施；如皋公立简易师范学堂旧址安防工程设计方案（修改版）报省文物局专家评审；城东水关遗址、定慧寺、石庄汤氏宅3处省级文物保护单位文物修缮工程设计方案，获省文物局专家组评审通过，申请国家级、省级文物保护专项资金873.09万元；李昌钰刑侦科学博物馆展陈布馆EPC项目申请省级文物保护专项资金100万元；市博物馆馆藏珍贵文物预防性保护项目申请省级文物保护专项资金140万元。如皋开发区、如皋高新区、如皋港工业园区完成文物资源区域评估总面积14.3平方千米。张皋过江通道、运盐河及3个建设工程（如城街道GJ2009-99号地块、如城街道GJ2007-72号D地块、长江镇CJ2013-1130号地块）完成考古调查勘探工作。推进沪渝蓉高速铁路工程如皋段和全市首个考古前置的如城街道GJ2013-191号D地块考古调查勘探工作。如城街道GJ2009-99号地块A区完成考古发掘工作，运盐河如皋徐家桥唐宋遗址考古发掘项目获国家文物局批复。全市5家备案博物馆完成文物安全直接责任人公告公示挂牌。

【非物质文化遗产保护】 年末，全市国家级非物质文化遗产项目2个（如皋盆景制作技艺、如皋丝毯织造技艺）、省级8个（杖头木偶戏、如皋董糖制作技艺、如皋民舞倒花篮、如皋民舞莲湘、如皋风筝制作技艺、白蒲茶干制作技艺、林梓红木雕刻、黄氏玉容丸制作技艺）、南通市级36个（比上年新增8个）、如皋市级62个。年内，开展市第七批非遗项目、第六批非遗传承人、第三批非遗传承基地申报工作，7个项目、35名传承人、12个传承基地通过初评。结合建党百年开展“闪闪的红星”“童心向党”“非遗庆华诞”等非遗活动，举办非遗进校园、进社区活动32场次。

【历史文化街区修缮利用】 年内，如皋市推进历史文化街区修缮利用，新添文化遗存9处，完成2个历史街区、33处历史建筑挂牌。东大街、集贤里获省级历史文化保护资金900万元。东大街美丽宜居街区塑造获批省美丽宜居建设试点项目，水绘园风景区入选江苏“运河百景”标志性运河文旅产品名单，东大街获首批省级旅游休闲街区称号，跻身省级夜间文旅消费集聚区。

【大运河如皋段运盐河勘探】 年内，如皋市启动运盐河保护与利用规划编制，规划范围主要为运盐河及周边区域，全长10.5千米（城区段2.7千米，郊野段7.8千米），面积450公顷（重点区域51.5公顷，一般区域398.5公顷），涵盖徐家桥遗址、十里铺遗址、朱家坝桥、汤湾庙、东陈古镇、贾公祠等文化资源。开展运盐河如皋段考古勘探工作，初步发现北宋、南宋期间诸多历史文化遗存，发掘整理修复宋元瓷器、陶罐等19件，初步掌握古掘沟走势及两岸文化遗存分布情况。

【如皋丝毯织造技艺入选国家级非物质文化遗产】 6月10日，国务院印发《关于公布第五批国家级非物质文化遗产代表性项目名录的通知》，如皋丝毯织造技艺入选第五批国家级非物质文化遗产代表性项目名录扩展项目（传统技艺类）名录。至此，全市拥有国家级非遗项目2个。

如皋丝毯织造技艺具有2000余年历史，于明末清初形成独具风格的地方传统手工工艺。如皋丝毯织造技艺以独特手工打结方法达到画面分色、套色、韵色、跳色等特殊效果，从而使挂毯造型准确，表现力丰富，色彩凝练厚重，能充分展

2021年如皋市博物馆、纪念馆、艺术馆名录

表54

序号	馆名	地址	性质
1	市博物馆	府西路文化广场	国办
2	江苏盆景博物馆	益寿南路279号	国办
3	李昌钰刑侦科学博物馆	圃园路199号	国办
4	红十四军纪念馆	福寿东路148号	国办
5	如皋丝毯艺术博物馆	中山路10号碧霞路靖海门内	民办
6	石庄历史文化展示馆	石庄镇北大街凤鸣桥往北100米	国办
7	鲁班祠	水绘园风景区内	国办
8	市城市规划展示馆	府西路文化广场	国办
9	市科技展示馆	府西路文化广场	国办
10	如皋中学校史馆	如皋中学内	国办
11	汽车文化馆	惠民路、海阳北路交叉口西150米	民办

现各种流派画家作品的艺术特色。作品被国外博物馆、中国驻外机构及美国哈佛大学等收藏，其中，《和平的春天》《桂林山水》作为国家礼品赠予联合国，代表性作品《北京千年风景图》获第十一届中国民间文艺山花奖。

【中国共产党江苏如皋县委印被认定为国家一级文物】 6月28日，省文物局组织专家对中国共产党江苏如皋县委印进行定级评审，专家组现场出具鉴定意见，认为该印是截至当前发现的中国共产党组织史上县一级党组织最早印章，极具革命历史文物价值，被认定为国家一级文物。

1965年秋，如皋县民政科翻建旧房（原国民党看守所）时，发现一枚保存完好的中国共产党江苏如皋县委印。印章上圆下方，印上部直径3.7厘米，上圆高0.15厘米，印下部边长3.9厘米，下方高1.9厘米，质地为水藻花青田石，色泽包浆，略显淡黄白色，微透起冻，印面镌刻白文篆书“中国共产党江苏如皋县委印”。经考证，该印章是在1929年1月时任中共如皋县委书记徐芳德被捕时（同月英勇牺牲）被国民党收缴，后被打入国民党内部的地下工作者藏于原国民党看守所下水道内。该印章见证中共早期地方基层组织成长和发展的风云历程，记录着共产党人“革命理想高于天”的崇高信仰。

（宋淑娜　苏　雯）

大众传媒

【报纸】 2021年，《如皋日报》发行量1万份。组织开展“融媒先锋基层行，志愿服务我先行”活动，凝聚如皋“挺进县域二十强、争创文明典范城”最广泛力量。网评文章《从体育大国迈向体育强国，中国有底气！有实力！》《乡土人才兴，乡村振兴旺》被中央网信办全网推送。4月22日，头版头条推出深度报道《让科技创新成为高质量发展第一引擎》，A2、A3通版推出《激发科技创新源动力，提升区域核心竞争力》，宣传贯彻全市科技创新大会精神。7月1日，推出通版报道《致敬百年芳华，汲取前行力量》。

【电视】 年内，如皋电视台《如皋新闻》栏目组织开展“融媒先锋基层行，志愿服务我先行”活动，开设《奋斗百年路，启航新征程》《我为群众办实事》《认真学习贯彻十九届六中全会精神》等栏目。江苏永友精品粮油产业园秋粮入仓镜头被《新闻联播》“联播快讯”板块综合录用；《红色阅读主题公交车上线》《红色木偶戏进校园，党史教育润童心》《长江最大水上绿色综合服务区现身如皋》等4篇报道被《朝闻天下》录用，用稿数量和层次比往年有新突破。7月1日，选取如皋第一个共产党人吴亚鲁的母校如皋师范、如皋第一个党支部诞生地鄂埭村、如皋百岁老党员肖开圣、万里长江绿色服务区流动党员活动室等8个中共如皋地方史具有代表性意义的地点和人物，报道收听收看庆祝中国共产党成立100周年大会盛况。8月7日，全市首次开展全员核酸检测，如皋电视台对全市范围内核酸检测实时情况、典型人物、感人事迹进行特别报道，宣传党员干部、医护人员、社区工作者及志愿者抗疫事迹。

【广播】 年内，市人民广播电台着力打造“看得见的广播”和公益品牌。全年播出广播节目6296小时，品牌栏目《政风行风热线》音视频同步直播取得良好传播效果；创造性开设“政协有事好商量”直播间，拉近听众与政治协商距离；策划开设《红色地图之书记大党课》栏目10期，30余万人收听；直播节目《我在如皋过大年》全天候直播；开设《童声百秒诵经典》，录制100名学生朗诵音频100个，献礼建党100周年；创意编排广播剧《星星之火》，参加中共南通市委组织部“不忘初心——我的入党故事”活动，在南通各县（市、区）巡演7场。重点打造“983黄丝带”公益品牌，推出如洋爱心图书捐赠公益行动，打造“爱心、希望、力量”品牌内涵。全年推出“厉害了我的老师”“红色基因——我和我的党支部”“音乐中的如皋党史”等特别新闻报道。

6月22日，如皋市“红色木偶戏进校园，党史教育润童心”被中央电视台新闻频道《朝闻天下》栏目报道

（市融媒体中心　供图）

2021 年如皋市南通市级及以上优秀广播电视奖名录

表 55

序号	标题	颁奖单位	等次
1	《布衣天下师》	江苏省广播电视局	二等奖
2	《借力破冰逆势扬》	江苏省广播电视局	三等奖
3	《“偶”战“疫”》	江苏省广播电视局	三等奖
4	《贾昊翔，传承记忆中的“老味道”》	江苏省广播电视局	三等奖
5	《上善新如皋》	南通市文化广电和旅游局	一等奖
6	《幸福生活唱出来》	南通市文化广电和旅游局	一等奖
7	《渔民老高上岸记》	南通市文化广电和旅游局	一等奖
8	《长寿之乡绿色农产品助力北极科考，如皋黑塌菜登上“雪龙”2 号》	南通市文化广电和旅游局	一等奖
9	《借力破冰逆势扬》	南通市文化广电和旅游局	一等奖
10	《血与火的生命之歌》	南通市文化广电和旅游局	一等奖
11	《布衣天下师》	南通市文化广电和旅游局	一等奖
12	《“偶”战“疫”》	南通市文化广电和旅游局	一等奖
13	《贾昊翔，传承记忆中的“老味道”》	南通市文化广电和旅游局	一等奖
14	《村晚小偶戏、文明大礼包》	南通市文化广电和旅游局	一等奖
15	《绿叶对根的情谊》	南通市文化广电和旅游局	二等奖
16	《最柔软的馈赠、最后的牵挂》	南通市文化广电和旅游局	二等奖
17	《最燃的青春在乡村》	南通市文化广电和旅游局	二等奖
18	《如皋市 2020 年集体婚礼全媒体特别直播》	南通市文化广电和旅游局	二等奖
19	《致敬中国军人——守护你我，抗洪必胜》	南通市文化广电和旅游局	二等奖
20	《“抗洪勇士”冒小驰醒了》	南通市文化广电和旅游局	二等奖
21	《奔小康，看老乡》	南通市文化广电和旅游局	二等奖
22	《“有事好商量”：找准民心最大“公约数”》	南通市文化广电和旅游局	二等奖
23	《我和我的祖国》	南通市文化广电和旅游局	二等奖
24	《“微笑之城、大爱如皋”——志愿接力马拉松》	南通市文化广电和旅游局	二等奖
25	《她·阅读》	南通市文化广电和旅游局	二等奖
26	《十一勇士》	南通市文化广电和旅游局	二等奖
27	《转身》	南通市文化广电和旅游局	二等奖
28	《非遗传承人》	南通市文化广电和旅游局	二等奖
29	《如皋市 2020 年 520 集体婚礼》	南通市文化广电和旅游局	二等奖
30	《调解面对面》	南通市文化广电和旅游局	二等奖
31	《畜禽粪污：科学消纳　变废为宝》	南通市文化广电和旅游局	二等奖
32	《燃放烟花爆竹，勿忘安全第一》	南通市文化广电和旅游局	二等奖
33	《春暖花会开》	南通市文化广电和旅游局	二等奖
34	《同根同梦，情暖中秋》	南通市文化广电和旅游局	二等奖
35	《布衣天下师——胡瑗》	南通市文化广电和旅游局	二等奖
36	《声音杂志　回家的路》	南通市文化广电和旅游局	二等奖
37	《最后的愿望》	南通市文化广电和旅游局	二等奖
38	《参与垃圾分类，争做文明市民》	南通市文化广电和旅游局	二等奖
39	《“钰鉴”组合：打个“铁的”去上海》	南通市文化广电和旅游局	二等奖

2021 年如皋市获南通市报纸好新闻获奖名录

表 56

序号	标题	颁奖单位	等次
1	《“敬礼！”今天，如皋 5000 多名学生如约而至，完成了“一个人的升旗仪式”！》	南通市新闻工作者协会	一等奖
2	《如皋籍青年科学家黄志伟荣获 2020 年“科学探索奖”》	南通市新闻工作者协会	二等奖
3	《王成：我在太空“放风筝”》	南通市新闻工作者协会	二等奖
4	《用一座城的温暖欢迎英雄回家》	南通市新闻工作者协会	二等奖
5	《“抗洪勇士”冒小驰醒了》	南通市新闻工作者协会	三等奖
6	《如皋日报》2021 年 9 月 8 日 A3 版	南通市新闻工作者协会	三等奖

2021 年如皋市获江苏省县市好新闻、县市融媒优秀作品奖名录

表 57

序号	标题	颁奖单位	等次
1	《参与垃圾分类，争做文明市民！》	省县市报（融媒）研究会	一等奖
2	《农家凳上拉家常　流水账里话小康》	省县市报（融媒）研究会	二等奖
3	《十一勇士》	省县市报（融媒）研究会	二等奖
4	《“敬礼！”今天，如皋 5000 多名学生如约而至，完成了“一个人的升旗仪式”！》	省县市报（融媒）研究会	三等奖
5	《这梦想，不休不止》	省县市报（融媒）研究会	三等奖

【新媒体】“如皋发布” 年末，“如皋发布”微信订阅用户突破 24 万人、微博粉丝数超过 179 万人。年内，“如皋发布”围绕如皋“两会”、高质量发展、乡村振兴、疫情防控等中心工作，先后推出“高质量发展在如皋”“乡村振兴看如皋”“抗疫见行动”“如小朗防诈反诈”等专栏，以专题专栏、一图读懂、热门视频等形式彰显全市上下抓生产促发展的精气神，为全市经济社会发展提供舆论支持。打造阅读量 10 万 + 人次微信文章 11 篇，阅读量 1 万 + 人次微博文章 866 篇，阅读量 1 万 + 人次政务头条号文章 52 篇。紧扣庆祝中国共产党成立 100 周年宣传主线，围绕党史学习教育要求，组织全市网络媒体平台，综合运用创意图文、评论专访、图片征集等方式手段，全方位营造共庆百年华诞、共创历史伟业的浓厚网络氛围。成功承办省委网信办为民办实事项目——“e 起致富”苏货直播新农人培育行动南通专场线下培训活动。创新网上宣传方式，建设网上传播平台，聚焦主题主线，持续讲好如皋故事。《如皋“创新”网络文化建设，让时政宣传“潮”起来》《生态清朗、文化繁荣，江苏如皋着力构建网络文明建设新“皋”地》等 10 余篇专题稿件被央广网、新华网、交汇点等主流媒体报道。围绕“奋斗百年、如愿皋地”活动主题，全年开展网络文化活动 100 余项。“七一”前夕，联合“新浪江苏”微博开展“奋斗百年、如愿皋地”线上线下城市推广活动，截至年末，阅读量 3749.5 万次。开展“Dou 出如皋年味”系列网络文化活动，播放量 1409.4 万次。专题视频《如皋“最帅天团”亮相！世界长寿之乡百岁老人组团贺新春！》被省委网信办推送。

“如 e 融媒”App 年内，“如 e 融媒”手机客户端收集、创作发布新闻信息 3200 余条。其中，《如皋突发 11 级暴风，这些人彻夜无眠……》《“铁嘴”姚呈明获评全国优秀党务工作者》《今起！南通全境设卡重启布控！》等点击量破 1 万人次作品 11 条。策划并开设“认真学习贯彻十九届六中全会精神”“党员冬训，理论送暖”“新春走基层”“扛起新使命，谱写新篇章——贯彻落实省第十四次党代会精神环省行（南通篇）”等新闻专题 33 个。与市行政审批局合作，打造“云上店小二”，24 小时为群众答疑行政审批问题。结合文明典范城市创建，打造“爱如皋·随手拍”文明微治理有奖互动平台，为政府部门履行职能提供参考。推出中高考考分查询，以网络直播形式推出《我们一起填志愿》特别节目。年内，“如 e 融媒”App 以总分第二名成绩获评 2021 年中国城市 App 综合示范奖。

“如皋融媒体中心”公众号 全年推送信息 343 期，累计发文 1422 篇，全年阅读总量 280 万 + 人次。其中，推出《紧急通知！全部暂停！》《关于昨晚如皋那场“妖风”的全部信息，都在这里了——》阅

读量超2万人次作品2篇，推出《紧急通知！@所有如皋人，医保业务暂停！》《水绘园免费开放？官方公告来了！》等阅读量超1万人次作品12篇。推出“融媒先锋基层行，志愿服务我先行”系列报道作品20余篇、“百年风华，如皋印迹”系列作品50余篇。4月，“如皋融媒体中心”视频号开通。全年发布作品346个，其中，单条点赞数1000+人次作品42个，点赞数破1万人次作品3个。短视频《如皋交警：当你老了，我们依然在！》单条播放量近100万人次，获点赞2.4万人次，被央视频转发。策划《如皋人，这是你的国庆记忆》，阅读量22.3万人次。围绕疫情防控、反诈骗宣传，创作编排《防疫不是儿戏》《防不胜防》等系列短视频。

中共如皋市委新闻网　日均发布新闻超40条，全年开设“奋斗百年路，启航新征程”“新春走基层”“2021如皋‘两会’特别报道”“贯彻党代会精神，谱写现代化建设新篇章”“聚焦十九届六中全会”“国防和双拥教育”“阳光下成长”等专题10余个。

如皋市人民政府网站　年内，如皋市人民政府网站通过《信息公开》《政务服务》《政民互动》等栏目发布信息1万余条，组织开展城市环境综合整治行动方案、犬类管理集中整治行动方案、既有多层住宅加装电梯实施意见等政策解读66次，制作“秸秆禁烧禁抛与综合利用”“政务服务‘十个一’提升‘如意’营商环境”等专题26个，开展在线访谈23次，实施为民办实事和规范性文件在线意见征集17次，回应公众关注热点和在线咨询349次。向政府网站报送如皋市经济社会发展成果和惠民举措信息，被南通市人民政府网站录用1744条。政府网站内容保障工作连续三年位列南通各县（市、区）第一名。

【媒体融合】 年内，市融媒体中心（传媒集团）构建适应融媒体生产“策采编发评”流程，实现整合资源、一次采集、多种产品、全媒体传播。举办“融合生长”大讲堂11期，邀请光明日报社、新华日报社等上级媒体专家为编辑、记者授课，锤炼新闻采编队伍。紧紧结合党史教育主题策划系列融媒体作品，充分挖掘如皋丰富的红色资源，严格把好内容关、导向关、品质关。按照“我为群众办实事”主题实践活动要求，开展以“融媒先锋基层行，志愿服务我先行”为主题的“4个100”特色融媒体新闻行动，推出《红色征途亮亮说》《红色剪影》《红色诵读》《音乐党史课》等融媒体作品1500余个，全方位、多角度讲述党的光辉历程，提升党史学习丰富性、互动性。创排杖头木偶剧《抗战小英雄》，用非物质文化遗产展演红色经典故事，把党史讲清楚、说明白，被中央电视台报道。拓宽外联渠道，讲好如皋故事，提升在外形象。全年在南通及以上媒体用稿528件，其中，中央电视台新闻频道采用6篇，江苏卫视《江苏新时空》录用16篇，《南通日报》头版头条用稿6篇，《新华日报》用稿14篇，《新时代、新党员、新风采》专栏开篇被《新华日报》头版刊出。被“学习强国”平台录用稿件252篇，比上年增长26%。其中，全国平台用稿45篇，比上年增长390%。重大主题稿件被南通市委网信办采用33篇，被省委网信办采用5篇，2篇网评文章被中央网信办在全网推送。配合中央电视台完成探访顾庄生态园、如皋开发区黑鱼产业等直播。注重质量提升，重点打造木偶剧《抗战小英雄》，电视纪录片《一百个孩子一百个家》《非遗传承人》《转身》《肩上的世界》，广播剧《星星火种》等原创文艺精品。全年在南通市级各类比赛和评比活动中，获一等奖4个、二等奖8个、三等奖5个，1人被授予全省广播电视技术能手称号。市融媒体中心（传媒集团）获全省县市新闻中心系统先进单位称号，连续第二年参加中华全国新闻工作者协会东西部县级融媒体中心交流协作，全媒体作品《镶金的黄瓜，你吃过吗？》入选“县融1+1”全媒体技能练兵案例库。“破题‘媒体+’提升可持续发展能力”被省委宣传部评为全省18个县级融媒体中心建设优秀案例之一。

（高　磊　顾忠兵　史勇华　许晓益）

社会科学

【概况】 2021年年末，市哲学社会科学界联合会下辖社科群众学术团体20个，涵盖哲学、政治、经济、文化、教育、金融等学科。年内，市社科联着重强化研究本土应用性课题和省、南通市对策性课题，承担2021年度南通市经济与社会发展市县协作课题——“推进县域治理现代化的如皋探索”获南通市县课题专项立项，于7月结项；课题“美丽乡村建设的基层实践与路径研究”获南通市第十五届哲学社会科学优秀成果奖二等奖；课题“生态治理的实践和启示——以如皋市为例”获2021年度省社科应用精品工程立项。指导市场监管学会、硬笔书法家协会、红十四军研究会、历史文化研究会、长寿研究会等8家有科研能力学会，在各自专业领域完成课题和论文17项（篇）。2月，完成第五届哲学社会科学优秀成果评奖工作，评选一等奖哲学社会科学优秀成果2项、二等奖4项、三等奖6项、优秀奖8项。12月，召开社科理论界学习中共十九届六中全会精神座谈会。《如皋市党史学习教育简报》第207期集中刊登社科界专家学者心得体会。

【社科普及】 年内，市社科联开展社科普及宣传周活动，组织人员参与省社科普及宣传周知识有奖竞答活动，联合两家省级社科普及示范基地开展省社科普及资助项目“跟我学非遗”和“唤醒红色记忆，传承红色基因”活动。借助“文明如皋”微信公众号，每周开设《社科微讲堂》栏目1期，内容涵盖安全、健康、文化等方面，其中，全年推出“非遗系列”专题科普内容16期。联合汽车广播FM98.3开设省社科普及资助项目《东皋人文》栏目，每两月1期，内容包括“词人王观的文学成就”“龙游河的传说”等，向市民传递如皋历史人文知识。

【社科普及基地建设】 年内，市社科联加强对社科普及示范基地指导，按照时间节点组织开展社科知识普及活动，将社科知识送进社区、企业和学校，发挥社科普及基地示范作用。安定小学南通市级社科普及示范基地创建通过南通社科联验收。截至年末，全市有省级基地2家、南通市级基地7家，其中市文化馆被评为2020—2021年度《江苏省社科普及促进条例》实施工作成绩显著单位。

【“东皋大讲堂”】 年内，市社科联关注未成年人心理健康问题，邀请浙江理工大学教授侯公林，为全市400余位心理老师和班主任代表作题为《中小学生心理压力管理》讲座，同时通过微信平台向全市直播。邀请江海少年团少年宣讲员为部分党员作题为《共产党员为什么这么帅》专题宣讲。组织全市心理教师开展2021年度“东皋大讲堂”心理健康教育主题宣讲进校园活动，持续3个月，累计宣讲52场，被评为2021年度省社科联系统工作创新案例。

（张　力）

史志

【党史编研】 2021年，市委党史办（市地方志办）编印《中国共产党在如皋100年大事记》，全书约10万字。向全市各界征集2003—2012年党史资料3万字。论文《中共江苏省委与通海如泰革命根据地建设》《论红十四军的历史贡献》分获南通市委宣传部和南通市委党史办联合组织的庆祝建党100周年理论研讨会论文征集二等奖、三等奖，《一只绣花枕套》《暗夜明灯——中共如皋第一个支部》等3篇文章被“学习强国”登载；《他们与新四军队伍站在一起》获省老区建设促进会优秀奖；《论红十四军的历史贡献》在省社科联、省新四军研究会庆祝建党100周年大会上交流。

【地方志编修】 年内，市委党史办（市地方志办）精益求精打造年鉴精品，结合全市经济社会发展特色和年度特色，调整、优化栏目，充分展示亮点、特色。优化编纂流程，加大对年鉴数据和史实的审核力度，强化编校力度。制作微视频二维码18个，立体化展示全市各条战线所取得的成绩。在南通地区率先开展旧志点校工作，落实乾隆版《如皋县志》（共5册）校注经费、人员、审稿专家等，年内，完成点校初稿，其中1～3册完成审稿，第一册定稿。按照省方志办新要求推动《江苏名镇·白蒲镇志》改版。指导九华镇《丝渔村志》编纂工作，派专人打印电子稿，提高编修进度。完成省地方志办《红色地名》专刊文章撰写，以及省地方志办《江苏小康印迹——记录小康工程》图片征集任务。完成《南通老字号志》如皋部分（8家老字号单位）文稿、图片、视频收集及资料编写工作。

【史志宣传利用】 年内，市委党史办（市地方志办）配合全市党史学习教育，多渠道开展宣传教育。设计党史知识测试题库1000条，借助“雉水在线”学习平台，面向全市党员开展在线知识测试；承办市级机关党史知识竞赛笔试和现场决赛。整理30个红色小故事在“雉水先锋”平台登载，推出12个红色地标供各单位开展现场活动。开展“七个一百”（百场宣讲、百个故事、百集视频、百件文献、百年大事、百书赠阅、百题竞赛）系列党史宣传活动，制作《党旗“皋”扬映初心》专题片展现如皋百年奋斗历程，联合南通电视台等媒体拍摄《碧血丹青映江海》系列片，宣扬土地革命时期中共如皋县委印章和牺牲的七位县委书记故事。配合南通及如皋市委宣传部开展百图大事进校园、百名烈士事迹展、红色记忆新闻行动等活动。《“四个一百”助推党史学习教育入脑入心》被“学习强国”登载。进市级机关部门、镇、村（社区）、企事业单位、学校宣讲“四史”、习近平总书记“七一”重要讲话、十九届六中全会精神等104场，受众1.5万余人，相关做法被中共中央党史和文献研究院官网报道。拍摄“百年风华、如皋印迹”党史宣传微视频104集在各级媒体播放，点击总量50万人次，其中两个视频分获如皋市红色主题短视频作品大赛二、三等奖。在《如皋日报》每月开设《史志天地》栏目1期，累计刊发史志类文章82篇；在“如皋发布”微博每月推出《党史月读》1期，总阅读量15万人次。向全市机关、镇、村（社区）、企事业单位赠送《中共如皋地方史》（1～3卷）、《中国共产党在如皋一百年大事记》

2000 套及《逐梦雉水》系列影像志、《丹心永昭——红十四军在如皋》专题片 100 余套。重点挖掘张謇与如皋相关史料并开展研究和宣传，组织撰写文章被《如皋日报》、《南通日报》、"学习强国"等媒体发表 20 余篇。研究并挖掘张謇与如皋的渊源及深远意义，策划举办"张謇与如皋"座谈会，弘扬张謇企业家精神。

【红十四军（新四军）研究会】 年末，市红十四军（新四军）研究会有会员 59 人，年内新增 1 人。年内，以庆祝建党百年为契机，助力全市党史学习教育，先后协助上海、南京等地在如皋拍摄党史专题片，协助省委组织部拍摄反映有着 90 年党龄的红十四军老战士吴九成革命历程的党员教育片《回家的路》。配合市委组织部，拍摄专题片《光荣在党 50 年》；接受省委组织部《江海红十四军》摄制组、淮安电视台《红色苏皖边》摄制组及省广播电视台、《新华日报》、《现代快报》等媒体专题采访 23 次；协助市委宣传部、市档案馆举办"'百年足迹、光辉历程'——如皋档案中的党史"图片展；协助推送红色珍档入展长三角珍贵档案展、中国共产党在江苏历史展。撰写研讨（理论）文章 12 篇，其中，获全国新四军铁军精神与政协统战理论主题征文大赛二等奖 1 篇。《红十四军与通海如泰革命根据地》修编工作进入编审阶段；编写《如皋新四军人物史料》第一辑，形成样书，收录 300 位时任地方区级、部队营级以上人物史料，共 50 万字。

史料征集与宣传　年内，市红十四军（新四军）研究会寻访红十四军首任政委董畏民之孙、红十四军第一支队支队长刘廷杰之子，征集两位红军将士照片和史料。踏访如东掘港、如皋石庄等 5 个镇，核实、征集土地革命时期如皋县委委员陈其理、新四军"飞将军"陈福田、如皋警卫团副团长何正及其妻、永安沙地下斗争开拓者陈公伯等人史料。走访新四军老战士或其后代 9 家，征集中共如皋县委第一任书记王盈朝、红十四军烈士 2 人、新四军老战士 3 人及程克烈士实物史料 12 件、照片 18 张、书籍 18 册。联合市委党史办、市退役军人事务局举行实物史料捐赠红十四军纪念馆仪式。

【东燕小学成为全省第四所红军小学】 2 月 21 日，江安镇东燕小学被全国红军小学建设工程理事会命名为中国工农红军南通如皋红军小学，为如皋第一所、全省第四所红军小学。

东燕小学所在地江安镇是江苏境内唯一中央序列红军武装——中国工农红军第十四军诞生地，具有厚重的红色文化底蕴。东燕小学重视红色基因传承，打造"瑞红园""景晖园""思红亭"等校园红色景观，举办参观、祭扫红十四军纪念碑，唱红色歌曲、读红色经典、讲红色故事、重走红军路等活动，深入开展爱国主义和革命传统教育，让师生体悟革命先辈英勇无畏的革命精神。全国红军小学建设工程理事会认为，将东燕小学命名为中国工农红军南通如皋红军小学，对于铭记红色历史、发扬红军精神、坚定革命信仰有重要意义。

【《如皋年鉴（2020）》获评全省一等年鉴】 8 月 30 日，省地方志办通报 2021 年全省年鉴质量评审结果，《如皋年鉴（2020）》获评一等年鉴（最高等次），为南通市唯一获此奖项的县级年鉴。

《如皋年鉴（2020）》全书 97.6 万字，突出"创新"和"规范"两大主题，在挖掘时代特色和如皋地方特色方面持续发力。框架设计特色鲜明，设"卷首彩页"和"特载""大事记""中国花木之乡""世界长寿养生福地""开放合作"等类目 25 个，凸显如皋地方特色和发展主旋律，其中"制造业""中国花木之乡"两个篇目被省地方志办列入全省地方综合年鉴（2020 卷）推荐篇目；编写体例严谨、规范；内容记载紧紧围绕市委、市政府年度总体发展目标和主要任务，真实、系

8 月 30 日，《如皋年鉴（2020）》获评全省一等年鉴，为南通市唯一获此奖项的县级年鉴
（市委党史办　供图）

统地记载全市各条战线发展动态、重大事件和成功经验，反映“强富美高”新如皋建设取得的丰硕成果。

【《江苏名镇·白蒲镇志》出版发行】 8月,《江苏名镇·白蒲镇志》经江苏人民出版社出版发行。

《江苏名镇·白蒲镇志》于2017年年初被列入江苏名镇志文化工程首批出版计划。历时4年，历经资料征集、初稿编纂，初审、复审、终审、验收等环节，于2020年完成传统江苏名镇志编纂，并于2021年完成全媒体改版，成为全市首部江苏名镇志、全媒体志。

《江苏名镇·白蒲镇志》书首设总述，志末附大事记、编后记，重点设置“古镇风韵”“滋味白蒲”“特色产业”“民间文化”“名镇名人”等篇目，使用精美图片130余幅、视频二维码20余个，精练文字16万字，彰显白蒲古镇的“名”与“特”，具资料性、著述性和审美性，是读者了解白蒲历史与现实的窗口。

（王小星　谢建奇）

档案

【概况】 2021年年末，市档案馆馆藏档案204个全宗，其中年内新增文书档案9.8万卷、共19.9万件、数码照片档案8577张。

【档案业务指导】 年内，市档案局（馆）指导14个镇（区、街道）档案中心及中心各部门、市级机关各部门及国有企业开展档案集中整理，完成2020年度文件材料收集、整理工作。加强重大事件、重大建设项目、重要企业等档案指导，开展土地确权、出生医学证明、疫情防控、精准扶贫等档案指导工作。推动民营企业规范建档，在深入调研和现场察看基础上，对企业档案管理进行分类指导，以江苏汇名天然气集团有限公司企业档案管理为试点，推动企业系统规范建档。

【档案接收征集】 年内，市档案局（馆）接收2020年度婚姻档案1.58万件、土地确权档案9.8万卷、出生证明档案16.8万件进馆。做好疫情防控、精准扶贫档案整理指导工作，接收疫情防控档案2873件、精准扶贫档案1069件。征集重大活动档案121件。开展地方特色档案、散存于社会的有价值档案资料征集，全年征集谱志类、书法作品类档案资料251件。

【档案利用服务】 年内，市档案局（馆）进一步强化“忠诚管档、真诚服务”品牌建设，全年接待档案利用1.21万人次，调阅档案2.1万件，出具证明9881份。加大“民生档案资源共享平台”推广力度，及时更新、上传共享数据，并指导相关单位规范使用。保管利用科获评省巾帼文明岗。

【档案宣传】 年内，市档案局（馆）组织开展“6·9”国际档案日系列宣传活动，举办“档案话百年”征文活动，收到市内外征文92篇，其中获国家档案局“档案话百年”征文优秀奖3篇。中国共产党江苏如皋县委印、朱德为如皋烈士陵园题词、张爱萍为红十四军题词3件馆藏珍贵档案入选“江苏百件红色珍档”，并先后入展“建党百年，初心如磐”——长三角红色珍贵档案展、“百年征程，初心永恒”——中国共产党在江苏历史展。6月28日，中国共产党江苏如皋县委印被评定为国家一级文物。

【档案编研】 年内，市档案局（馆）挖掘馆藏档案资源，举办“百年足迹、光辉历程”——如皋档案中的党史图片展，分8个部分以156个版面，从档案角度系统展示中国共产党领导如皋人民百年奋斗历程。展览内容成为全市“七一”大党课教材。完成《如皋档案中的党史》《大事如皋（2020）》编纂工作。聚焦国家一级革命文物中国共产党江苏如皋县委印，协助《新华日报》、中国

7月，“百年足迹、光辉历程”——如皋档案中的党史图片展在市行政中心举办

（市档案馆　供图）

江苏网、“学习强国”平台、江苏卫视、南通电视台等媒体拍摄专题片。论文在全国档案庆祝中国共产党成立100周年学术论坛征文活动中获评三等奖4篇，在省档案工作者年会上获评优秀论文11篇。

【档案安全】 年内，市档案局（馆）织密完善全市档案安全防范网络体系，做到馆内馆外齐头并进，机关、镇村齐抓共管，引入安全顾问机制，定期不定期进行安全专项检查，发现问题及时处置。及时解决消毒设备存在安全隐患且不满足实际工作需要等问题，购置大容量档案消毒舱，对档案馆文书档案有序、全面开展杀菌消毒。年末，邀请安全专家对所有镇（区、街道）和相关村（社区）档案安全工作进行全面检查，现场提出整改措施，确保全面消除安全隐患。

【档案执法】 年内，市档案局（馆）组织全市档案工作者集中观看“十四五”全国档案事业发展规划公益大讲堂，促进全社会档案意识提高。提升档案行政执法能力，对各镇（区、街道）及市级机关部门开展档案年终执法检查。创新引入专家机制，对检查中发现的问题提出整改意见并督查整改。

【“红色声像档案数据库建设及开发利用研究”项目入选省档案科技重点项目】 11月22日，省档案局（馆）下达19个2021年度省档案科技项目计划，其中重点档案科技项目计划3个，市档案馆和江苏华夏电影胶片修复技术有限公司合作的“红色声像档案数据库建设及开发利用研究”项目成功入选省重点档案科技项目，成为南通市唯一入选计划项目。

“红色声像档案数据库建设及开发利用研究”项目对江苏华夏电影胶片修复技术有限公司库存22万盘电影胶片、录音录像带，3万件电影海报、文献资料及3万余份（张）中华人民共和国成立前《新华日报》《解放日报》《晋察冀日报》，进行声像档案数字化，建立基础数据库；研究中国共产党历史主线，按领袖人物、党史事件、党的历程等类别，把红色声像档案数据库按规则细分剪辑成音视频影像素材，著录编目，存储成精准细分的红色声像档案素材库；运用精分红色声像档案素材库，制作《红色记忆》《红色珍档》《红色足迹》《双百人物》《中国共产党历史上的今天》等系列红色短片；自主研发编辑软件，搜索识别软件，建设4500T大容量存储服务器、远程访问查询平台，充分共享资源，成为全省乃至全国珍贵精准红色声像档案资源库。年内，完成短视频《中国共产党历史上的今天》365集，每集时长4分钟，被省教育厅列为空中课堂栏目内容；建成以帧幅为单位，初级目标量1000万帧的720P–4K技术标准的精分数据库。

（周春燕）

历史文化研究

【历史文化研究会】 2021年年末，市历史文化研究会有团体会员10个、个人会员72个，下设白蒲、丁堰、石庄、东陈4个基层分会和2个在城会员组织。年内，以清朝诗人汪之珩编纂的《东皋诗存》为主体，开展如皋诗词收集整理工作，初步完成《东皋诗存》《莲因集》《志颐堂诗文集》《同人集》收集整理主体工作，录入文字200余万字。继续做好《如皋戏剧》发行工作，赠送领导、研究人员及相关部门和馆藏单位。2月，《如皋戏剧》获市第五届哲学社会科学优秀成果优秀奖。收集整理家谱10余部，精选冒氏、刘氏、黄氏、江氏、何氏、蔡氏6部家谱撰写家谱撮要，入编南通市江海文化研究会《南通家谱撮要》，为南通县（市、区）中入编家谱最多。协助市政协征集如皋文史第33辑《如皋百人话百年》资料，发动会员撰写文史稿件20余篇，参与如皋文史资料编审工作。加强调查研究，在传承保护全市文物古迹，挖掘如皋历史名人等方面提出建议，撰写调研文章，被如皋市以上报刊刊登180余篇，其中《江海文化研究》刊登14篇。承担清乾隆年间《如皋县志》点校本主审任务。参与陈展“雉水风流”——东皋印派文献展，该展被列入江苏艺术基金2021年度传播交流推广项目。

【红楼梦研究会】 年末，如皋红楼梦研究会有会员77个，其中，团体会员12个、个人会员65个。在北京、上海、山东青岛、江西九江、江苏苏州和德国设立研究中心共6家。年内，如皋红楼梦研究会反复阅读《脂砚斋重评石头记》，认为“脂砚斋”为冒辟疆三位侍妾的合称。选址筹建如派红学展览馆，以文学形式，从“末世遗梦”“灵石寄梦”“曲句谙梦”“如皋证梦”等10方面梳理冒辟疆著作《红楼梦》来龙去脉。深入解读《红楼梦》第一回隐情、题记与结语传递信息，水绘园与大观园关系，冒辟疆与杜濬等友人关系，冒辟疆诗文与著作《红楼梦》关系等，为冒辟疆著作《红楼梦》进一步提供证据。《江苏社会科学》2021年第一期刊登《冒辟疆著作〈红楼梦〉的若干力证》。3月26日，新华日报社主办的《人文周刊》学术争鸣栏目刊登江苏中华文化促进会副会长、《扬子晚报》原副总编周桐淦文章《〈红楼梦〉作者曹雪芹是冒辟疆笔名》，推介如派红学的研究成果。4 月 21 日，在南京市召开“弘扬中国传统文化”红学新探研讨会，研讨顾浩《〈红楼梦〉的作者到底是谁？》一文。5 月 13 日，在上海市举办如派红学上海采访交流座谈会，推介如派红学研究成果。9 月 6 日，《江南时报》刊登《冒辟疆著作〈红楼梦〉的一大铁证》。

（史有生　吴希林　刘伯健）

体育

【概况】 2021 年，如皋市开展全民运动健身模范城市创建活动，深化体育改革，推进体教融合，打造特色学校。持续完善体育场地设施建设，全民健身活动线上线下全面发力，业余训练水平不断提升。全年承办南通市级及以上赛事 7 项，其中，国际级赛事 1 项、省级 4 项。完成国民体质测试 3128 人，国民体质合格率 97.5%，比上年上升 1 个百分点。9 月，如皋市被国家体育总局表彰为全国群众体育先进单位。10 月，市奥体中心获评铅球、铁饼、标枪国家高水平单项后备人才基地。

【体育设施】 年末，全市有体育设施（场地）5669 个，其中，室内体育场地 2105 个、室外体育场地 3564 个，每万人拥有体育场地 45.79 个；场地总面积 390 万平方米，人均体育场地面积 3.15 平方米。年内，全市新建改建全民健身路径 20 条，新建改建标准化篮球场 10 片、乒乓球场 2 片、羽毛球场 4 片、乒乓球室 18 间、台球室 4 个、棋牌室 14 间、健身房 15 间、笼式足球场 2 片、智能化全民健身设施 22 件组；推进健身步道建设，新建改建全民健身步道 17.5 千米。推进体育公园建设，新建改建各类体育公园 5 座。

1 月 1 日，如皋市迎元旦健步行活动在水绘园启动（市文体广电和旅游局　供图）

【群众体育】 年内，全市新增晨晚练健身点 56 个，累计建有晨晚练健身点 1231 个。全市经常参加体育锻炼人数（每周参加体育锻炼频度 3 次及以上，每次体育锻炼持续时间 30 分钟及以上，每次体育锻炼的运动强度中等及以上）占全市常住人口的 20%。先后举行元旦健步行活动、第三届“本草杯”迎新春象棋擂台赛、“共圆小康梦，幸福舞起来”广场舞大赛、第三届微马（5000 米）赛、“体彩杯”三八妇女节趣味运动会、三级社会体育指导员广场舞培训、镇（区、街道）职工拔河比赛、《国家体育锻炼标准》达标赛等体育活动，累计 1.4 万余人参赛。组队参加南通市第十二届运动会暨第三届全民健身运动会健美操（社体部）比赛，在中青年组啦啦操比赛中，获规定套路金牌和自选套路银牌，团体总分位居第二。全年培训一级社会体育指导员 7 人、一线社会体育指导员 18 人、二级社会体育指导员 15 人、三级社会体育指导员 402 人。完成一线社会体育指导员保险办理 390 人，全面完成省社会体育指导员系统信息录入工作。4 月 13 日，举办“开启新征程，健身再出发”全省老年人体育节如皋市分会场启动仪式，近 1000 人参加健身操、32 式太极剑、太极柔力球等健身展示活动。老年人体育节健身活动在全市 14 个镇（区、街道）全面展开，11 月中旬结束，16.5 万人次老年人参与活动。4 月 19 日，省柔力球俱乐部联赛南通分站赛在如皋全民健身中心举行，南通市崇川区、经济开发区、通州区、海门区，启东市、如皋市、海安市 7 支柔力球代表队、100 余名老人参赛。7 月 15 日，南通市老年人体育节气排球展示交流暨省老年人气排球俱乐部联赛南通分赛区展示活动，在市奥体中心体育馆举行，累计举行比赛 15 场次，南通市崇川区、通州区、海门区，启东市、如皋市 11 支中老年男女气排球队、130 名运动员参赛。10 月 5 日至 6 日，华东地区跆拳道邀请赛在奥体中心举行，吸引华东地区 18 支代表队、260 余名青少年跆拳道爱好者参赛。

【学校体育】 年内，如皋市先后举办少儿啦啦操比赛、青少年校园篮球联赛、青少年跳绳比赛暨学校跳绳社团联盟展示、青少年长跑比赛、青少年毽球赛等校园比赛 123 场次，近 3000 名青少年参加比赛。11 月 15 日，国

2021 年如皋承办南通市级及以上赛事活动情况

表 58

级别	赛事名称	举办时间	主办单位	承办单位
国际	第四届“Mlily 梦百合”杯围棋精英公开赛	2020 年 12 月 28 日 — 2021 年 1 月 31 日	中国围棋协会 梦百合家居科技股份有限公司	市文体广电和旅游局
省级	省柔力球俱乐部联赛南通分站赛	4 月 23 日	省老年人体育协会 省柔力球俱乐部	市文体广电和旅游局 市老年人体育文化协会
省级	省青少年田径锦标赛暨训练营	5 月 13—27 日	省体育局、省教育厅、省文明办	南通市体育局 市文体广电和旅游局
省级	省青少年男子足球锦标赛	5 月 19—25 日	省体育局、省教育厅、省文明办	南通市体育局 市文体广电和旅游局
省级	省青少年女子足球锦标赛	5 月 29 日—6 月 5 日	省体育局、省教育厅、省文明办	南通市体育局 市文体广电和旅游局
南通市级	南通市第十二届运动会（中小学生部）足球赛	7 月 16—18 日	南通市政府	南通市体育局 南通市教育局 市文体广电和旅游局
南通市级	南通市十二届运动会田径比赛（中小学生部）	10 月 10—11 日	南通市政府	南通市体育局 南通市教育局 市文体广电和旅游局

家体育总局体操运动管理中心、中国蹦床与技巧协会举办全国少儿啦啦操精英赛，白蒲镇林梓小学“梓娃”啦啦操队获街舞示范套路、花球星级规定动作双冠军；磨头镇磨头小学“崇美”啦啦操代表队在公开儿童混合组街舞校园啦啦操示范套路（第三套）和街舞校园（大课间）啦啦操自选动作两个项目中获双冠军。9 月，在南通市第十二届运动会中小学生部跆拳道比赛中，如皋代表队获金牌 4 枚、银牌 7 枚、铜牌 5 铜枚，3 名学生被评为优秀运动员。在南通市第十二届运动会暨第三届全民健身运动会（社体部）跳绳比赛中，白蒲小学在 3 分钟单摇男子组、女子组，4×30 秒单摇混合，1 分钟一带一单摇混合，1 分钟 10 人集体跳混合，3 分钟 10 人 8 字跳 6 个比赛项目中获金牌。

【竞技体育】 年末，市少体校设置田径、皮划艇、游泳等业余训练项目 4 个，有注册运动员 81 人，其中年内新增 10 人。入选省级运动员 3 人，向南通市体校输送运动员 6 人。先后组织教练员 12 人次参加南通市体育教练员体能训练专题培训班、全省体校教练员通识知识更新轮训班、全省基层教练员业务（康复）培训班。如皋籍运动员在省级及以上体育赛事中，获金牌 3 枚、银牌 10 枚、铜牌 7 枚。3 月，在第十四届全国运动会中，如皋籍运动员杨柳所在女子足球队获铜牌，黄跃所在男子赛艇队获男子赛艇双人双桨比赛第六名，石高峰获男子团体击剑金牌、个人比赛铜牌，李彤在皮划艇激流回旋女子单人皮艇决赛中获铜牌。石高峰、李彤入选参加第三十二届夏季东京奥运会。4 月，组织 10 名运动员参加全省长跑竞走项群赛，9 名运动员进入决赛，其中，获亚军 2 个、季军 1 个，进入前八名 5 人；在全省县级组田径锦标赛中，获金牌 3 枚、银牌 6 枚、铜牌 4 枚，总分 202 分，居全省县市第七名，苏中排名第一。4 月，市少年体校运动员沈浩获全国第二届黄山越野跑锦标赛专业组第四名。5 月，组织运动员参加全省投掷项群赛，获 U13 ~ 14 组女子铅球第一名、女子铁饼第三名，U15 ~ 16 组女子铅球第二名、男子铁饼第二名。11 月，在全国 U16 标枪基地锦标赛中，如皋国家田径训练基地运动员谢安琪、魏有康分获标枪第三名、第六名，谢安琪获“优秀苗子”称号。

【足球运动】 年末，全市有足球俱乐部 20 个，其中年内新组建 6 个；从事足球运动人员 646 人，比上年新增 186 人。举办足球赛事 110 场，累计参赛人员 4400 人次，现场观众累计 2.8 万人次。南通支云足球俱乐部参加中国足球协会甲级联赛保级赛程，在 4 个阶段的 34 场激烈对决中，进球 62 个，在参加联赛的 18 支队伍中列第五位，比上年上升 7 位。4 月 20 日，南通支云足球俱乐部与市青少年校园足球工作领导小组办公室就推进校园足球健康发展，实现“一体化设计，一体化推送，自成系统，相互支撑”合作格局等事宜达成协议。南通支云足球俱乐部首批与高明小学、郑甸小学、江中小学、安定小学、李渔小学等9所学校签约进校园合作协议，建成支云校园足球示范基地6个。

文体产业

【文化产业】 2021年年末，全市有规模以上文化产业单位152家，其中年内净增18家；全市规模以上文化产业单位完成主营收入159.84亿元，比上年增长21.08%。市文化创意产业园通过省文化产业示范园区复核验收，江苏华夏电影胶片修复技术有限公司、精聚彩研画材（南通）有限公司获批南通市文化产业示范基地。审核发放2020年度文化产业激励扶持资金399.15万元，其中，发放文化产业企业奖励金19家、110万元。江苏华夏胶片电影修复技术有限公司文旅融合建设项目获省文旅产业奖励扶持资金90万元，南通斯密特森光电科技有限公司被认定为第一批全省文化和旅游装备技术研发中心，获省文旅产业奖励扶持资金50万元。

【重点文化产业项目建设】 年内，国际园艺会展中心、江苏盆景大观、一下未来科技城、水木春秋度假村、可穿戴智能设备、功能性服装及高端自动化设备生产等10个项目被确认为南通市级重点文化产业项目，计划总投资61.26亿元，年内完成投资22亿元。

【媒体+产业】 年内，市融媒体中心（传媒集团）实现主营业务收入2619万元，比上年增长8%。实施“品牌如皋”计划，瞄准房产家装、健康医疗、汽车交通、金融教育等行业，开展车展、房交会、家装建材展、花木盆景展等重点展会12场次，举办电视歌手大赛、诚信商家承诺线上评比、超级宝宝秀等活动20场次，承接科技·人才洽谈会开幕式、“七一”文艺晚会、“雉水之夜”文艺演出等全市性大型活动6场次。“皋兴购·美好生活直播季”项目被评为省最佳消费扶贫直播活动。策划“周四主播特价团”，为如皋当地商户及陕西省洋县特色农产品进行直播带货，销售2000余单，销售额15万元。选

2020年度如皋市文化产业企业获奖励情况表

表59

序号	企业名称	奖励金额（万元）	评奖门类
1	南通泰莱顺文教用品有限公司	5	新增规模以上制造业企业
2	如皋市昌晨印刷机械有限公司	5	
3	南通高鹏宠物用品有限公司	5	
4	如皋博笑休闲用品有限公司	5	
5	森家展览展示如皋有限公司	5	新增规模以上服务业企业
6	江苏奥思影视传媒有限公司	5	
7	南通市橙子文化创意中心	5	
8	南通博阳展览展示有限公司	3	
9	江苏紫天传媒科技股份有限公司	25	做强重点文化服务业企业
10	漫寻影业（江苏）有限公司	10	
11	江苏酷浪网络科技有限公司	15	
12	南通石可影视文化发展有限公司	5	
13	如城镇艺园永业会展科技南通有限公司	6	创建文化产业基地
14	南通杰克拜尼服帽有限公司	6	
15	如皋市王氏手工花灯制作社	1	非遗项目产业化
16	如皋水绘红楼文化传媒有限公司（如皋烧饼制作技艺非遗传承人——陈秀珠）	1	
17	如皋市木偶艺术团	1	
18	如皋市才艺竹制品厂	1	非遗项目产业化
19	如皋市博艺丝毯有限公司	1	
合计	—	110	—

派主播参加南通市青年助力乡村振兴网络直播大赛，获金奖。

【体育产业】 年内，全市体彩销量13964.58万元（大乐透6917.38万元，竞猜5762.65万元，即开1284.55万元），超额完成年度目标任务。优化体彩销售网点布局，新建网点9家，退出网点11家，网点移址3家，年末全市有体彩销售网点146家。全年投入3.93万元对243户贫困群众、老党员、五保户、低保户开展“夏送清凉，冬送温暖”慰问活动。全市体育场馆实现经营收入537.33万元，比上年增长6.4%。争取中央、省级大型场馆免费低收费开放补助150万元。组织各类企业积极进行体育产业引导资金申报，助力体育产业发展，其中南通支云足球俱乐部成功申报体育产业发展专项基金100万元。

【斯密特森光电科技公司被认定为省文化和旅游装备技术研发中心】 10月26日，省文化和旅游厅公布第一批10家省文化和旅游装备技术研发中心认定名单，南通斯密特森光电科技有限公司上榜，为南通唯一上榜企业。

南通斯密特森光电科技有限公司是从事精密光学元件、天文望远镜、数码影像等产品研发生产的国家高新技术企业，在天文望远镜行业具有较高专业性与知名度，占据全球中高端天文科普望远镜市场主要份额。拥有研发团队40余人，引进国内外先进生产设备，研发生产高端天文科普望远镜，可拍摄全景照片的轻便型托架、独创的智能化天文星系数码产品，以及可精准追踪多功能托架。拥有注册商标41个、发明专利167件，其中发明专利“天体缩时摄影的方法”获第二十二届中国专利优秀奖，在研学旅游、乡村旅游方面具有推广价值。2021年，实现应税销售4.62亿元，纳税6866万元，比上年分别增长18.4%和73.21%。

（宋淑娜　高　磊　顾忠兵）

文体市场管理

【概况】 2021年，市文体旅游综合执法大队梳理行政处罚事项587项（赋权长江镇行使392项）、行政强制事项15项、行政奖励事项6项、其他权力事项6项，委托市行政审批局行使11项，划转市行政审批局行使47项，均实现平台公示全覆盖。全年出动执法人员3315人次，检查各类文体场所1105家次；新立案件28件，结案28件（含2020年结转3件），全年办案数量31件，罚没总额18万元。承办的“通州某园林古建筑工程有限公司擅自修缮不可移动文物法宝寺案”获全省文物行政处罚案卷评查二等奖；“某主题咖啡馆擅自从事点播影院放映活动案”被省全面推进依法行政工作领导小组办公室评为全省依法行政优秀案例。市文体旅游综合执法大队获评2019—2020年度全国“青少年维权岗”、南通市“扫黄打非”先进集体。

【文体旅市场专项整治】 年内，市文体旅游综合执法大队联合市公安、市场监管、卫健等部门对全市23家游泳场所进行全面检查，累计出动执法人员120余人次，下达行政指导意见书1份、责令改正通知书5份，立案1件。常态化开展广播电视广告“双随机”监管，开展境外卫星电视传播秩序专项整治行动，市文体广电和旅游局获评2021年度全省境外电视传播秩序专项整治工作成绩突出单位。

【文化执法领域未成年人保护】 年内，市文体旅游综合执法大队开展未成年人保护及校园周边文化市场检查专项行动。严厉惩治网吧、歌舞娱乐场所、游戏游艺场所违规接纳未成年人等违法违规行为，办理接纳未成年人案5件。联合公安、城管、市场监管等部门，出动70余人次，突击检查如皋开发区某网吧，查出该网吧违法接纳上网未成年人4人，对该网吧实行顶格处罚。开展校园周边环境整治，重点检查校园周边非法出版物、影响未成年人身心健康书籍销售等情况，全年检查相关经营单位117家次，立案查处1件。检查经营性互联网文化单位3家，未发现违法违规行为。强化青少年维权联络站桥梁纽带作用，不断织密未成年人权益保护网络，延伸青少年维权触角，全年与城区及周边镇（区、街道）中小学开展维权互动交流活动12场次。

【“扫黄打非”】 年内，市新闻出版局坚持专项治理与综合治理相结合、集中行动与日常监管相结合，正本清源，进一步净化出版物市场、清除网上有害信息，抵御有害思想对社会主义核心价值观侵蚀，筑牢积极健康、向上向善意识形态安全防线。全年开展“扫黄打非”主题阅读活动48场、“扫黄打非”法治宣讲4场、“扫黄打非”主题文艺演出10场，累计受众3万余人次。深入开展“扫黄打非”基层站点示范创建，城北街道新生社区获全国“扫黄打非”进基层示范点称号。将“扫黄打非”基层工作力量与融媒体中心记者通讯员队伍、邮政寄递业乡邮员快递员队伍、交通运输业公交出租车司机队伍（简称“三类主体”）有机结合，建立“扫黄打非”工作站90个，加入“扫黄打非”工作志愿者队伍850余人。三类主体所属工作站向市“扫黄打非”办提供举报线索近90条。编排《你好，如小朗》动画片，全年播放、巡演8000余场。开展“扫黄打非”专场文化惠民巡演10场、“扫黄打非”主题讲堂30课，分发“扫黄打非”宣传折页、海报1万余份。开通“护苗”主题宣传大巴12辆。开展“护苗2021”进校园活动，走进22所偏远村级小学，受众2万余人。开展“扫黄打非”集中行动，立案查处某图文设计中心擅自从事出版物出版印刷案，配合市“扫黄打非”办、市公安局核查境外出版物线索2条，移交市公安局淫秽色情网站线索2条。

【电影放映阵地管理】 年内，市新闻出版局在春节期间，开展线上老电影展播和线下公益电影放映点播服务。联合江苏华夏电影史料馆在“如皋发布”开展红色经典老电影“云上看”活动；在市文化馆、村（社区）固定放映点每天定时播放《渡江侦察记》《柳堡的故事》《夺冠》《半条被子》等新老电影30余部，让全市城乡居民重温经典。开展电影上门服务，走进南通斯密特森光电科技有限公司、南通荣威娱乐用品有限公司等规模以上企业，让企业员工不出厂门就能观看院线大片。全年农村公益电影放映2200场，超额完成省和南通下达场次任务。联合华夏电影史料馆，将馆藏影片数字化扫描、技术修复、精心挑选后，开展“‘党报记录的党史’专题展”“致敬建党百年”——电影文化惠民年展、红色电影海报展、红色电影专题展播、“党史上的今天”系列短视频剪辑展播和百部红色电影进校园等活动，开展“四史”（党史、新中国史、改革开放史、社会主义发展史）教育电影课、“百片千村万场”公益电影展映和《守岛人》《童年周恩来》等影片观看活动，全年累计观展23.5万人次，观影102.5万人次。对各影院持续落实《电影放映场所恢复开放疫情防控指南》《重点场所重点单位重点人群新冠肺炎疫情常态化防控相关防护指南》要求，确保“防得住”，确保“放得开”。8月，受疫情影响影院暂停营业期间，对影院全覆盖巡查检查，指导、督促影院落实主体责任，严格执行疫情防控规定，突出抓好员工健康状况监测、防疫培训、清洁消毒、设备检修维护、防疫物资保障等工作。消防安全月期间，全面开展消防安全“进影院”活动，联合市消防救援大队组织开展影院消防安全知识培训及应急演练，全市19家影院主要负责人、从业人员共100余人参加演练。

【柔性执法】 年内，市文体旅游综合执法大队强化行政指导运用，将行政指导融入执法办案，在查处违法案件过程中，对未造成危害后果的5起轻微违法行为，运用行政指导意见书，告知当事人违法事实，提出意见或建议，责令其限期改正。制定涉企轻微违法行为不予行政处罚清单22条和一般违法行为从轻减轻行政处罚清单13条，构建柔性执法与行政处罚配合衔接行之有效的行政执法体系。开创“责令整改+警告”新型执法办案模式，办案2件。

【平安文体旅市场建设】 年内，市文体广电和旅游局持续推进文体旅市场疫情防控和安全生产工作，印发《如皋市文体旅游行业安全生产制度》等文件，落实安全生产主体责任、文体旅行业消防安全、旅游包车、危险化学品使用等专项整治三年行动实施方案。开展安全生产培训教育活动，系统内各类特种作业人员持证上岗率百分之百。设计制作专题海报8类，开展各类安全宣传教育17次。联合市公安局、市场监管局、消防救援大队等部门，开展高危文旅项目、游泳场馆、消防安全等专项整治，查找隐患425条，年内全部整治完毕。

（宋淑娜　马　洁）

卫生健康

综述

【概况】 根据市卫健委年报数据：2021年年末，全市拥有医院35家（含护理院8家）、乡镇卫生院（社区卫生服务中心）14家、门诊部29个，村卫生室（社区卫生服务站）353个，个体诊所、厂校医务室141个。全市共有床位6790张，每1000位常住人口拥有床5.5张；执业（助理）医师3488人，每1000位常住人口拥有执业（助理）医师2.84人；注册护士2927人，每1000位常住人口拥有注册护士2.39人。全市有卫技人员7649人、村卫生室工作人员862人。年内，全市医疗卫生机构总诊疗748.91万人次，门、急诊743.11万人次，健康检查86.06万人次；出院总人数17.8万人，住院病人手术4.88万人，出院者平均住院9.6日。医疗机构实际开放总床日数237.47万床日，实际占用总床日数174.72万床日，病床周转次数27.4次，病床使用率73.57%。5岁以下儿童死亡率控制在2.79‰，报告甲乙类传染病发病率100.36/10万。

【医药卫生体制改革】 年内，如皋市继续推进医共体建设和镇村卫生服务一体化管理改革工作。强化镇卫生院公益性质，克服医疗资源不足和疫情影响，有序开展医疗服务，逐步规范内部管理。全市镇卫生院门急诊176.6万人次，出院2.99万人次，比上年分别上升19.81%、7.69%；平均住院率1.69%，比上年下降9.46%；门诊次均费用151元，住院次均费用4968元，与上年相比略有上升。全年实现医疗总收入5.92亿元，其中医疗业务收入4.56亿元（药品收入2.21亿元）、财政补助1.17亿元，医疗业务收入占比77.09%，为患者减少医疗费用近4400万元。研究制定《如皋市紧密型医共体组成及职责》《如皋市紧密型医共体章程制定工作指导意见》等配套政策文件13个，在全市所有镇（区、街道）全面推开医共体建设。依托市人民医院、中医院2个医共体龙头单位建立远程会诊中心、医学影像中心、远程心电中心、医学检验中心等八大技术服务中心。完善公立医院院长绩效考核办法、镇卫生院绩效考核办法，制定镇村卫生服务一体化管理实施细则，实施镇村HIS（医院信息管理）系统合并，明确镇卫生院（社区卫生服务中心）为法人单位，对辖区村卫生室（社区卫生服务站）全面实现人员、业务、药械、财务等一体化管理。实施分级诊疗新机制，通过龙头医院举办短期培训班、学术交流、手术演示、业务讲座，以及专家“蹲点式”在基层开展门诊、查房、培训指导等，提升成员单位业务技术整体水平。通过行政推动、政策拉动、考核促动，调动人才下沉服务积极性，形成急重症患者在龙头医院住院、慢性病和恢复期患者在基层卫生院康复治疗服务模式。龙头医院市人民医院、市中医院下基层义诊1886人次，查房1100人次，培训1212人次，检验检查结果互认10.35万人次，在基层建立专家工作室13个，医共体内转诊3097人次，有效缓解基层群众看病难、看病贵问题。

【医疗卫生服务】 年内，市卫健委以等级医院创建、重点专科建设、人才引进、卫生信息化等工作为重点，强化医疗机构管理和服务能力建设。提升基层服务能力，在全市乡镇卫生院（社区卫生服务中心）开展“优质服务基层行”活动，石庄镇、白蒲镇、磨头镇、九华镇4家乡镇卫生院达到卫生院服务能力评价国家推荐标准，9家乡镇卫生院（社区卫生服务中心）达到国家基本标准。基层医疗机构新建南通市基层特色科室8个，累计14个。加强人才队伍建设，鼓励卫技人员提升学历水平，新增硕士研究生8人、博士研究生1人。全年招聘卫技专业人员215人。其中研究生19人、本科生153人；公立医院136人（事业编制71人、合同制65人）、民营医院79人。招录免费培养农村订单定向医学生60人，其中，本科学历46人、大专学历14人。评选市第六届德技双馨医卫工作者20人，发放奖励10万元；激励优秀基层工作人员107人，发放人才经费156.8万元。

【公共卫生】 年内，市卫健委不断增强公共卫生实效，全面规范实施基本公共卫生服务项目31类，其中14类55个服务项目人均补助标准100元。全市居民电子健康档案建档率91.17%；全年为65岁以上老年人免费健康体检22.44万人，中医药健康管理服务老年人20.72万人；规范管理高血压患者16.57万人、糖尿病患者5.1万人，严重精神障碍患者规范管理率98.8%，肺结核患者规范管理率95.2%。推进家庭医生签约服务，常住人口签约82.57万人，其中建档立卡低收入人群签约率百分之百。出台《如皋市2021年度村卫生室绩效考核实施办法（试行）》，建立乡村医生绩效考核办法和薪酬制度。加强村卫生室服务能力建设，如城街道顾庄社区卫生服务站、城北街道邓元第二社区卫生服务站、长江镇中心沙居卫生室、白蒲镇朱家桥村卫生室、白蒲镇月旦居卫生室被评为甲级村卫生室。创新家庭医生服务模式，在如城街道第一社区卫生服务中心试行预约上门和家庭医生病床服务。迎接国家卫生城市复审，以803.7分通过国家卫生城市暗访。12月，47个村（社区）建成省级卫生村，省级卫生村实现全覆盖；城北街道、长江镇建成省健康镇，全市累计建成省健康镇5个；新建省健康村（社区）11个，累计建成45个。

【院前急救】 年内，“120”急救指挥中心接听求助电话8.41万个，指挥派车3.2万车次，有效出车2.65万车次，救助2.67万人次。参加政府大型活动医疗保障102车次、406人次。新冠病毒疫苗接种保障出动救护车62车次、3000余人次；专车转运出车269车次，转运发热患者和新冠肺炎密切接触者304人次。

12月9日至10日，长江镇、城北街道省健康镇创建工作通过省爱卫办考核评估
（市卫健委　供图）

新冠肺炎疫情防控

【概况】 2021年，如皋市按照“外防输入、内防反弹”要求，规范开展常态化新冠肺炎防控。充分发挥“大数据＋网格员＋铁脚板”作用，排查重点地区抵达如皋人员2.13万人，其中集中医学观察5930人；开展重点地区人员核酸检测6.45万人次，调查管理密接123人、次密接248人。强化入境人员管理，全年集中管理入境人员2503人，其中，昆山专班接驳抵达如皋833人、换班船员273人，其他地区入境二次隔离1189人。严格落实入境人员解除隔离后28天健康监测措施，累计跟踪监测606人，开展核酸检测2752人次，入境人员家属核酸检测1763人次，全部阴性。严格按照规定频次开展高风险岗位人群核酸检测，36类应检尽检重点人群核酸检测85.84万人份，应检尽检率百分之百。年内，如皋市实现新冠肺炎疫情“零输入、零病例、医院内零感染”。

【疫情防控能力建设】 年内，如皋市建立卫生、公安联合流调队伍120人、消杀队伍743人、核酸采样队伍2567人、医疗救治队伍144人，专业人员和社工组成的心理健康服务队伍1238人。依托6家二级以上医院改造建设发热门诊，建成发热诊室24个、留观室66间。提档升级10家镇卫生院（社区卫生服务中心）发热诊室，配备专用移动DR（直接数字平板X线成像系统）。建成PCR实验室（基因扩增实验室）10个，在市人民医院隔离病区建成核酸检测基地，配备核酸扩增仪56台，按10∶1混检实际日检测56万

年内，市卫健委开展新冠病毒疫苗流动接种点进企业服务。图为 6 月 16 日江苏九鼎新材料股份有限公司新冠病毒疫苗流动接种点 （市卫健委 供图）

余人份。装备负压救护车 10 辆（公立医院 8 辆、民营医院 2 辆）。开展全员核酸检测预登记工作，年内完成登记注册 116.85 万人，占全市第七次全国人口普查常住人口数的 94.35%。

【新冠病毒疫苗接种】 3 月，如皋市启动 18 周岁以上人群新冠病毒疫苗接种工作。年内，按照“条块结合，以块为主”原则，各镇（区、街道）及行业主管部门“同组织、同推进、同考核”。全市建成接种服务点 35 个，其中新建接种服务点 21 个（临时点 2 个、流动点 1 个）；配备接种台 203 张，其中年内新增 143 张，日接种能力 4.8 万剂次。先后组织重点人群、18 岁以上人群、12 ~ 17 岁学生、3 ~ 11 岁儿童接种及第三次加强针接种，截至年底，首针接种 113.97 万剂次，全人群首针接种率 92.03%，全程接种率 87.74%；完成加强针接种 32.09 万人。

疾病防控

【概况】 2021 年，全市报告法定传染病 2940 例。其中丙类传染病 4 种、1531 例；乙类传染病 12 种、1409 例，死亡 4 例；甲类及参照甲类报告管理的新冠肺炎无症状感染者 1 例。报告甲乙类传染病发病率 100.36/10 万。年总报告发病率为 209.41/10 万，比上年下降 31.84%；总报告死亡率为 0.29/10 万。乙类传染病前 5 位依次为梅毒、肺结核、淋病、猩红热、肝炎；丙类传染病前 3 位依次为手足口病、其他感染性腹泻病、流行性腮腺炎。

【免疫规划】 年内，全市儿童计划免疫建卡率百分之百，免疫规划疫苗累计接种 17.22 万针次。基础接种率分别为：脊灰疫苗 99.79%、麻腮风疫苗 99.81%、百白破疫苗 99.63%、卡介苗 99.81%、流脑疫苗 99.86%、乙脑疫苗 99.82%、甲肝疫苗 99.86%、乙肝疫苗 99.82%。18 ~ 24 月龄百日咳、白喉、破伤风，4 岁脊髓灰质炎病毒，2 岁流行性乙型脑炎，3 岁和 6 岁流行性脑脊髓膜炎，6 岁白喉、破伤风疫苗加强接种率分别为 99.82%、99.66%、99.78%、99.83%、99.82%、99.76%。乙肝疫苗首针及时率 95.20%，麻风疫苗接种及时率 91.75%，麻腮风疫苗接种及时率 91.80%。年内，市卫健委预防接种上岗培训 884 人次，新冠病毒疫苗接种人员上岗培训 2013 人次。开展新冠病毒疫苗接种工作，全市累计接种 257.03 万剂次。

【急性传染病防控】 年内，市卫健委常规开展传染病监测网络直报工作，网报率百分之百。应急处置流行性感冒暴发疫情 2 起、聚集性手足口病疫情 1 起、痢疾 2 例、百日咳 2 例、伤寒 1 例、出血热 1 例、布病 1 例、麻疹 1 例、恶性疟疾 1 例、疑似麻疹疫情 34 起、急性弛缓性麻痹病例 3 例，处置传染病自动预警信息 251 次。

【重大疾病防控】 年内，市卫健委对既往艾滋病病毒（英文缩写“HIV”）感染者和艾滋病病人开展常规监测。发现 HIV 感染者 47 例和艾滋病病人 15 例，均开展个案调查和心理疏导。HIV 抗体筛查标本 24.8 万份，随访管理 HIV 抗体阳性、艾滋病病人 537 例，CD4T 淋巴细胞（人体免疫系统中一种重要免疫细胞，是艾滋病病毒攻击对象，其检测结果对艾滋病治疗效果判断和对患者免疫功能的判断有重要作用）免费检测 484 人次。哨点监测 400 人，检出感染丙肝病毒 4 例、梅毒 22 例。新发肺结核病人 310 例，病原学阳性率 61.29%；非肺结核防治机构报告肺结核患者或疑似肺结核患者数 721 例，转诊追踪到位 710 例，总体到位率 98.47%；病原学阳性肺结核病人密切接触者筛查 443 例，筛查率百分之百；MDR（多重耐药性）高危人群耐多药筛查率百分之百。处理学校肺结核病预警信息 30 起。开展高一新生及寄宿制初中生肺结核病筛查工作，肺结核病筛查 9964 人。其中发现潜伏感染 93 例并实施有效干预；发现疑似肺结核患者 7 例。继续推进重点人群肺结核病筛查工作，对参加体检的 65 岁以上老年人，进行症状问诊和 X 线摄片检查，健康随访管理 23 万人次，发现可疑症状者2329人，主动发现肺结核患者19例。强化艾滋病病毒感染者结核病筛查工作，筛查519例，筛查率96.83%，发现肺结核患者2例。与市人民医院联合开展“学生人群肺结核感染状态筛查和干预的前瞻性队列研究”课题研究。全年报告疑似麻风病病例21例、高度疑似麻风病例4例，麻风病人密切接触者检查10人，疫点调查800人，治愈存活麻风病人随访478人。查钉螺310.51万平方米，查到有螺面积1500平方米（历史环境复现），灭螺面积5万平方米。开展当地人群、流动人群、渔船民血吸虫病监测1483例，未发现血吸虫病病人。监测零售食用碘盐含量120份；人群尿碘营养监测学生200人、孕妇100人和甲状腺触诊检查学生200人。血检“三热”病人（发热在38.5℃以上，临床诊断为疟疾、疑似疟疾、不明发热原因病人）2730例，RDT(疟疾快速诊断试纸条)监测686例，血片符合率百分之百，未发现疟疾病例。

【慢性病综合防控】 年内，市卫健委全年分别新登记管理高血压、糖尿病高危人群3.99万例、2.02万例，新发现高血压病人1.65万例、糖尿病病人6744例，累计为高血压病人建档23.54万份，为糖尿病人建档7.06万份。按要求对高血压、糖尿病人随访管理，高血压规范管理率70.39%，年内最末一次血压控制率64.65%；糖尿病规范管理率72.21%，最末一次血糖控制率52.67%。在全市小学开展二年级儿童口腔疾病筛查和免费窝沟封闭工作，完成儿童口腔筛查1.06万人，窝沟封闭服务覆盖率77.38%。组织机关事业单位职工1116人参加第六届全国“万步有约”健走精英赛，如皋市被评为全国优秀健走示范区，市疾控中心等5家单位获全国优秀健走组织单位奖。实施心脑血管疾病综合防控项目，筛查石庄镇、城南街道35岁以上居民4010人，发现高危人群1294人，高危率32.27%；高危人群心电图免费检查1110人，颈动脉超声检查1111人。推动各镇（区、街道）均完成400人慢阻肺高危人群筛查任务，选取如城街道参加省级慢阻肺综合防控项目，筛查3000人，发现慢阻肺高危人群570人，进一步免费肺功能检查和诊断298人，确诊慢阻肺37人。实施健康素养监测项目，问卷调查结果显示，全市居民健康素养水平29.45%。开展健康素养在线测试8.91万人，正确率72.17%。推行健康支持性环境建设，全年建成健康步道3条、健康街区1条、健康小屋2家、健康食堂酒店1家、健康超市1家；维护更换2家健康主题公园宣传标语和路牌；对14家乡镇卫生院统一配备健康一体机。发放《健康之窗》宣传画1732套，编印和发放12种常见病、控烟、健康素养66条和“三减三健”（减盐、减油、减糖，健康口腔、健康体重、健康骨骼）4类宣传折页各2.4万份，编印和发放新冠肺炎疫情防控宣传资料500份。推广新媒体宣传，为全市58家医疗卫生单位安装健康联播平台，制作和发布273篇主题宣传日和疾病预防控制科普知识微信，策划拍摄宣传类视频7个。开展“三减三健”专项行动，邀请专家对健康食堂（餐厅、酒店）厨师及社区健康生活方式指导员开展合理膳食培训；免费测量骨密度、普及健骨操和八段锦健身功法，服务群众1000余人；发放健康支持性工具2万余套。举办“健康科普秀，巡讲进万家”等主题宣传活动40余场次，接受群众咨询4000余人次。11月24日至25日，如皋市省级慢性病综合防控示范区建设工作通过省级复审专家组现场评估检查，被再次确认为省慢性病综合防控示范区。

5月至6月，市卫健委组织医护人员进小学，免费为二年级学生进行口腔筛查。图为白蒲小学学生接受免费口腔筛查服务　（市卫健委　供图）

【卫生监测】 年内，市卫健委对全市集中式供水单位出厂水、末梢水及二次供水采样监测196份，合格率百分之百。开展公共场所健康危害因素监测工作，监测宾馆4家、商场1家、美容店1家及理发店2家，完成基本情况调查表8份、从业人员健康状况调查表78份；采集室内空气、公共用品用具样品共180份，现场检测噪声、一氧化碳、甲醛、相对湿度等物理化学健康危害因素560个点次，总合格率83.51%。完成第六次医用X射线工作者辐射流行病学医学随访调查工作，调查67名放射人员及对照组。实施国家农村环境卫生监测项目，采集土壤样品20份、合格率百分之百，稻谷样品20份、合格率95%，入户问卷调查100份，调查农村校园20所。对医疗卫生机构开展消毒质量监测9家，监测样品312份，合格305份，合格率97.76%。对6家幼托机构开展消毒质量监测工作，采集检测空气、物体表面、餐具等样品181份，合格147份，合格率81.22%。食品安全风险及食源性疾病样品监测81份，报告食源性疾病331例。创建南通市营养餐厅1家。监测20所学校教室卫生，20所学校均存在不合格项目；网报学生因病缺课学校覆盖率百分之百，日报告率97.37%。开展儿童青少年常见病防控健康父母行动，完成20家学生家庭学习环境监测和评估，合格率百分之百。

妇幼健康

【概况】 2021年年末，全市有助产技术服务机构13家、计生技术服务机构25家。年内，全市孕产妇5840例，出生活产数5903例，孕产妇死亡率16.94/10万。由南通市妇幼健康专科联盟立项资助的“免费婚检孕检一站式服务模式的效果评价”课题经南通专家组评审结题，“探索经济增长对婴儿死亡率的拐点”课题入选南通市妇幼健康专科联盟立项资助课题。市妇幼计生服务中心被国家卫健委计划生育药具不良反应监测中心评为全国避孕药具不良反应监测工作先进单位，被国家药品不良反应监测中心通报表扬，“两癌”检查项目典型案例被省妇幼保健院评为群众欢迎奖。

【生育全程服务】 年内，全市早孕建册5663例，早孕建册率92.87%；五次规范产检5724例，规范产检率93.87%；产后访视6014例，产后访视率98.62%。家庭医生基础包签约5662例，签约率93.87%；个性化签约4102例，签约率68%。开展0～6岁儿童健康管理，新生儿访视6074人，访视率99.61%；健康管理6.23万人，管理率98.29%。筛查高危儿3462例、Ⅰ类体弱儿3659例，专案管理率百分之百；筛查Ⅱ类及Ⅲ类体弱儿1369例，均按要求转诊和随访。实施预防艾滋病、梅毒、乙肝病毒母婴传播项目，孕期初检孕妇5633人、住院分娩产妇4894人，接受艾滋病咨询率及HIV抗体、梅毒、乙肝表面抗原检测率均为百分之百。艾滋病感染孕产妇4例，均给予规范抗病毒治疗；梅毒感染产妇13人，所生新生儿13人，均规范给予预防性治疗；乙肝表面抗原阳性产妇所生儿童168人，乙肝免疫球蛋白注射率百分之百。开展乙肝暴露儿童免疫后效果评价，检测269人，母婴阻断成功267人，成功率99.3%。

【母婴安全保障】 年内，市卫健委孕产妇和新生儿危急重症救治中心设立基层请会诊、转诊急救专用联系电话，协调市“120”急救指挥中心落实请会诊接送专家车辆。市卫健委全年组织开展危重孕产妇和新生儿救治演练活动2次，覆盖全市11家助产机构。全面落实妊娠风险筛查与评估及高危专案管理，孕期建册6169例，筛查异常4370例；接诊评估5441例，发现黄色风险4296例、橙色风险1116例、红色风险74例、紫色风险44例。建立高危孕产妇市、镇、村共管机制，将重点孕妇特别是严重妊娠合并症、并发症孕产妇纳入监管范围。开展苏康码“黄码”孕产妇大排查，确定苏康码“黄码”及来自中、高风险疫情地区的孕产妇健康管理机构和分娩机构，聚焦从重点关注地区到如皋孕产妇，及时采取有效措施。开展母婴安全飞行检查，对4家单位下发整改通知书，约谈1家，4家单位均认真对照问题清单，切实落实整改措施，按期提交整改报告，并对照标准要求，加大硬件投入，改善医疗环境，加强质量管理，改进医疗服务质量，完善救治流程，规范危重症救治。

【出生缺陷防治】 年内，市卫健委婚前医学检查4690对，婚检率93.41%；孕前优生健康检查2944对，任务完成率113.23%；早孕随访1.91万人次，妊娠结局随访3607人次。实施农村妇女叶酸增补项目，新增增补对象5778人，发放叶酸2.27万瓶，目标人群叶酸服用率94.09%。开展产前筛查和新生儿疾病筛查，产前筛查5898例，筛查率97.78%；遗传代谢性疾病筛查4915人，筛查率99.96%；听力筛查4888例，筛查率99.41%；新生儿先天性心脏病筛查4916人，筛查率99.98%，筛查阳性274人，确诊先天性心脏病84例。10月起，将先天性甲状腺功能减低症和苯丙酮尿症纳入新生儿遗传代谢性疾病筛查病种，采用串联质谱技术筛查，筛查病种增加至29种。

【生殖健康服务】 年内，市卫健委在城北街道、丁堰镇、白蒲镇、下原镇、磨头镇5个镇（街道）开展城乡妇女“两癌”检查工作，将目标人群由农村适龄妇女拓展为城乡适龄妇女，完成宫颈癌检查4.26万例，其中，HPV检测1万例，阴道镜检查1803例，宫颈活检1377例。确诊宫颈癌前病变185例、宫颈癌23例。接受乳腺癌检查4.39万例，转诊乳腺钼靶X线摄影检查1089例，乳腺活检127例，确诊乳腺癌癌前病变2例、乳腺癌23例。宫颈癌和乳腺癌检查任务完成率分别为100.27%和103.33%。开展基本避孕服务，全市25家基本避孕服务协议机构，全年开展各类免费计生手术5773例。在全市设免费避孕药具发放点363个，发放免费避孕药具2.94万人次。监测上报避孕器械不良事件1137例，上报率为918例/百万人口，监测上报避孕药品不良事件277例，均达到优秀水平。

【托幼（育）机构卫生保健】 年内，市卫健委对3家新办幼儿园、7家托育机构进行招生前卫生评价，开展日常督查；对40家托幼机构进行现场指导，推广使用营养软件；对27家托育机构开展卫生保健及疫情防控工作督导。培训幼儿园新上岗保育员162人并考核发证，组织全市幼儿园园长及保健老师150人参加南通市级卫生保健培训。开展在园儿童、儿童入园前及托幼机构工作人员健康体检工作，全年为儿童健康体检3.4万人，体检率百分之百，为3.39万名在园儿童建立视力健康电子档案；对托幼机构工作人员实施免费健康体检3779人。

【出生医学证明管理】 年内，市卫健委依托全国一体化在线政务平台开展身份认证和数据共享服务，使用实人认证（人脸识别）功能，确保“人”“证”一致，实现2014年后签发的出生医学证明电子证照可线上查询。全年签发出生证明5203份，其中，首次签发4945份、补发156份、换发102份。废证7份，完成出生证真伪协查鉴定8份。全面完成2020年1月前签发的17.66万份出生医学证明档案进馆工作。

职业健康

【重点职业病监测】 2021年，市卫健委随访职业性尘肺病病人47例，信息核查47例，其中死亡13例。开展尘肺病主动监测工作，选取中型粉尘危害企业1家，对其中210名接尘劳动者进行免费职业健康检查，未发现尘肺样改变病例。通过省职业病防治信息管理平台查询如皋市报告重点职业病监测个案数据31620条，按5%比例抽取1585份职业健康检查个案进行现场复核，复核不通过12份。按5%抽取率，核实职业健康检查机构报告的2015—2020年接触粉尘类职业健康检查3次及以上个案基本信息45条，复核不通过17条。收集2019—2020年所有间皮瘤病例（3例）、肝血管肉瘤病例（1例）、白血病病例（14例）基本信息、职业史和诊断信息并随访。

【职业病报告】 年内，市卫健委落实专人负责国家职业病及健康危害因素监测信息系统的管理和审核工作，通过省职业病信息报告人员培训并取得合格证书。定期对国家职业病及健康危害因素监测信息系统中用人单位信息卡、职业健康检查个案报告卡、疑似病人报告卡、职业病报告卡、职业性有害因素监测管理卡进行审核。其中审核用人单位信息卡148张、职业性有害因素监测卡423张，通过县、市级审核；审核疑似职业病报告卡35张，其中职业病诊断机构发现15例、职业健康检查机构发现20例，职业病种类分别为噪声聋19例、硅肺7例、电焊工尘肺5例、铸工尘肺3例、苯中毒1例，县、市级均审核通过；审核职业病报告卡19张，其中新病例8例、硅肺晋级病例1例、无职业病10例。

【职业病危害因素监测】 年内，市卫健委完成21家用人单位工作场所职业病危害因素监测工作。其中建筑用石加工企业19家，黑色金属铸造企业和水泥制造企业各1家；中型企业1家，小型企业和微型企业各10家。监测重点职业病危害因素为矽尘、噪声、游离二氧化硅含量。其中总尘监测点数21个，合格点数5个，合格率23.81%；呼吸性粉尘监测点数32个，合格点数16个，合格率50%，除3个监测点为水泥粉尘外，其余均为矽尘；噪声监测点数59个，合格点数24个，合格率40.68%。监测项目情况均通过国家工作场所职业病危害因素监测系统及时上报并通过审核。

卫生监督

【概况】 2021年，市卫健委受理卫生许可审批事项891件，其中，公共场所许可868件，放射诊疗许可及变更22件，饮用水许可1件。全年抽检样品894份，合格714份，合格率79.9%。其中公共场所样品734份，合格670份；消毒产品21份，合格21份；集中消毒餐饮具4份，合格3份；学校教学环境检测108份，合格0份；学校饮水检测27份，合格20份。全年开展各类专项整治、专项检查22次；接处投诉举报43件；执行国家及省级“双随机”监督任务单618家，其中关闭40家，完结率百分之百。查处卫生健康违法案件123件，其中，医疗卫生类41件、公共场所卫生类29件、消毒产品卫生类13件、放射卫生类4件、传染病防治类18件、职业卫生类18件，决定罚没款134.01万元。“某医疗美容有限公司未按规定保管病历资料”案例获全省优秀案例三等奖，办理的“张某某非医师行医案”入选全省十大典型案例，办理的“某中医诊所使用非卫生技术人员开展诊疗活动案”入选全省中医药监督执法六大典型案例，“普法先行助力企业发展监管并重服务地方经济”案例入选南通市十大优秀普法依法治理创新案例。

【职业卫生监督】 年内，市卫健委以镇（区、街道）为单位，组织粉尘危害类职业卫生用人单位主要负责人和职业卫生管理人员职业健康安全知识培训19场次，参培2400余人。开展粉尘危害专项整治行动，完成272家纳入粉尘危害治理范围的用人单位专项执法检查，对于存在问题较多单位，立案12起，罚款20万元。将粉尘浓度超标1倍以上、体检需复查人员10例以上、疑似职业病未进入诊断程序、存在职业病或疑似职业病的用人单位列为重点监管对象，其中1家粉尘浓度超标1倍以上用人单位年内按规定进行粉尘治理，并委托第三方单位进行重新检测，结果合格；64家体检需复查人员10例以上用人单位，对涉及的1909人次劳动者逐一确认，确保入职人员均为复查合格人员或按规定进行调岗；疑似职业病未进入诊断程序用人单位14家，其中立案1起。对4家职业健康检查机构和1家职业卫生技术服务机构进行监督检查，立案查处1家，并于一周后闭环复查，发现仍存在未按规定告知劳动者职业禁忌情形，对该企业再次立案调查、责令整改，并罚款5000元。集体约谈5家开展职业卫生技术服务的第三方服务机构，督促其严格依法提供相关服务。

【公共卫生监督】 元旦、春节期间，市卫健委结合疫情防控要求，对全市1377家公共场所单位开展专项检查，对39家不合格单位下发卫生监督意见书提出整改意见。对97家空间密闭性高、人群密集度大的公共场所进行通风专项监督检查，未发现违法行为；对23家使用集中空调通风系统的公共场所单位开展集中空调通风系统监督检查，对无应急预案、无清洗消毒记录、空气处理机组清洗不全面、检测不及时等问题提出整改要求。对全市23家游泳场所开展“放心游”专项监督检查，持证游泳场所监管覆盖率百分之百，游泳池水质抽检覆盖率百分之百，监督检查和抽检结果公示率百分之百，新建游泳场所百分百设置符合标准的强制通过式浸脚消毒池。

年内，市卫生监督所对各镇（区、街道）开展职业卫生法律知识和健康知识普及活动。图为3月29日，首场培训在东陈镇举办 （市卫健委 供图）

【医疗市场监督】 年内，市卫健委查处无证行医案件14起，罚款48.95万元，没收违法所得6.82万元、药品器械30件。移送涉嫌犯罪案件1件。提供线索并协助公安机关查处受到刑事处罚后再次非法行医案件3件。对医疗机构多元化监管，在全市一级以上医疗机构全面开展依法执业自查工作基础上，对5家医疗美容机构、99家门诊部、26家个体诊所、5家康复护理院、27家中医备案诊所、3家中医门诊部、25家中医综合诊所、21家民营医院、14家卫生院（社区卫生服务中心）及5家市直医疗卫生单位开展监督检查，实施行政处罚8起。

【传染病防治监督】 年内，市卫健委检查各级各类医疗卫生机构336户次、公共场所3256户次、集中医学隔离点116户次、企业280户次、学校93户次。对2家未严格执行疫情防控规定的医疗机构实施行政处罚。开展传染病防治分类监督综合评价，评价医疗机构67家，其中优秀2家、合格65家。抽检餐饮具集中消毒单位样品3批次，行政处罚3家。节日期间加大消毒产品监督力度，对商场超市销售的妇女、婴幼儿、老年人等特殊人群卫生用品进行监督抽检，立案4件。对消毒产品生产企业试行分类监督综合评价，试点评价16家，其中，优秀5家、合格11家。抽检消毒产品生产企业6家，合格率百分之百。

【学校卫生监督】 年内，市卫健委联合市教育局对全市各学校开展学校卫生工作培训。对国家卫健委双随机监督抽到的23所学校进行监督检查，学校教学环境检测18所，饮水检测22所。检测结果显示，18家学校教学环境均不合格，5所学校饮用水样品不合格。在发放卫生监督意见书督促各学校整改的同时，通报市教育局。高考期间对全市5家考点学校饮水进行监督抽检，合格率60%，督促不合格学校整改到位。

【饮用水卫生监督】 年内，市卫健委每季度参与镇级水厂多部门联合监督检查1次，未发现违法行为。对南通鹏鹞水务有限公司等4家集中供水单位落实日常监督检查，未发现违法行为。监督检查现制现售饮用水水质处理器2台，对水质进行抽检，结果均合格。

红十字救护

【概况】 2021年年末，市红十字会有基层组织91个，团体会员88个；志愿服务基地5个，志愿服务组织10个；登记志愿者1324人，注册志愿者161人。年内，新建红十字博爱家园3家（下原镇野树村博爱家园、如城街道迎新社区博爱家园、江安镇徐柴村博爱家园），累计7家。城南街道宋家桥社区博爱家园获评南通市优秀博爱家园。强化学校红十字会规范化建设，提升红十字青少年工作水平，搬经镇搬经小学、如师附小、下原镇花园小学获评南通市红十字达标学校，如皋开发区第三实验小学获评省红十字示范学校。6月25日下午，如皋市召开红十字会第五届理事会暨第一届监事会第二次会议，审议通过市红十字会第五届理事会增补理事、常务理事及第一届监事会增补监事名单，选举产生第五届理事会会长、新增副会长及第一届监事会监事长、副监事长，审议通过《如皋市红十字会第五届理事会聘请名誉会长的决议（草案）》，提名通过秘书长人选。班子成员均不再兼任市卫健委领导职务，成为首任独立运行班子。

【献血和造血干细胞捐献】 年内，市红十字会全年采集全血1万人次、成分血492人次，采集全血量1.54万个单位，机采血小板764.5个单位。向临床供应全血2个单位、红细胞1.45万个单位、血浆161.83万毫升、单采血小板803.5个治疗量、冷沉淀凝血因子486.75个单位。无偿献血占临床用血比例105.9%。全市新增造血干细胞志愿者采样入库85例，完成全年任务109.25%。

【募捐工作】 年内，市红十字会筹集爱心捐款6.2万元，支援河南省水灾灾区。腾讯“99公益日”期间，实施省红十字会“救在身边”筹资子项目，联合市慈善会开展“雉水仁心助医”项目，筹资84.3万元，取得互联网筹资历史性突破。

【救护培训】 年内，市红十字会深入学校、机关、企事业单位、社区、旅游景区开展红十字应急救护知识宣传和培训，培训救护员1273人，普及性培训1.15万人。搭建普及救护平台，将如皋市通用技术学校确定为救护普及培训基地，举办小班化培训70余班次，培训3650人次。升级赋能水绘园风景区救护站，救护站面积70余平方米，添置体外除颤仪（AED）、担架、心肺复苏模拟人、急救包、宣传展板等。安排志愿者轮流进驻站点，安排优秀师资对景区全体员工进行救护员培训。利用主题宣传日和重大节日，开展救护行动。

【养老照护培训和志愿服务】 年内，市红十字会先后深入城南街道平明社区、城南街道宋家桥社区、江安镇徐柴社区开展养老照护知识培训3场次，累计培训500人。继续依托红十字养老照护志愿服务队，开展以健康陪护、帮忙跑腿、电器修理、政策指导、代购物品等为主要内容的养老照护志愿服务活动65次，服务6000余人。

（施小飞）

人民生活

就业创业

【就业】 2021年，如皋市新增城镇就业1.12万人，完成年目标任务124.94%。城镇失业人员再就业6603人，完成年目标任务173.81%；城乡就业困难人员再就业4512人，完成年目标任务300.8%。开发公益性岗位230个，完成年目标任务287.5%。年末，城镇登记失业人数2623人，城镇登记失业率1.73%。年内，市人力资源社会保障局援助未就业高校毕业生就业，2021届离校未就业高校毕业生实名制调查1535人，就业率96.35%。援助脱贫劳动力就业，帮扶转移就业5157人，落实公益性岗位、技能培训、社保等就业专项资金169人共87.47万元。加大返乡进城务工人员、残疾人、失业青年等就业困难人员就业援助力度，实名登记返乡进城务工人员6159人，对其中有就业愿望的5437人开展岗位推荐，发送招聘会信息手机短信3万余条；举办残疾人专场招聘会2场、城乡就业困难人员专场招聘会22场；开展青年启航活动，帮助980名失业青年再就业。动态跟踪95名长江退捕渔民再就业情况，其中38名有就业意愿退捕渔民就业率百分之百。

【人力资源招聘】 年内，市人力资源社会保障局常态化开展用工调查，走访调查重点规模企业生产状况及用工计划100余家次，调查企业用工需求2935家次。市镇联动开展线下招聘活动，举办“春风行动”线下招聘会，1800余人进场求职，达成就业意向800余人；推动四个主功能区和九华镇举办基层小型招聘会5场，达成就业意向1112人次。3月26日恢复实体市场现场招聘活动后，至年末累计举办招聘会133场，服务企业1522家次，提供岗位19664个，服务各类求职者1万余人次，达成就业意向4736人次。强化线上招聘力度，开展“春风行动”线上专场招聘会22场，推介497家企业岗位需求1.8万个，服务求职

3月13日，如城街道在水绘园举行“就业在如城、温暖送给您”“春风行动”线下专场招聘会，提供文秘、会计、安保、家政、装备制造等就业岗位1500余个

（邱宇　摄）

者 2.4 万人次；利用“移动云”大数据平台两次推送招聘信息 18.03 万人次，吸引 17.95 万人次浏览。开展“直播带岗”活动 3 次，累计推送就业岗位 1500 余个，吸引 5.75 万人次观看，达成就业意向 850 余人。

【职业技能等级认定】 年内，市工考办完成职业技能鉴定取证 6688 人，其中，初级 236 人、中级 4560 人、高级 1641 人、技师 251 人。完成专项能力考核 2100 人。新备案职业技能等级认定机构 15 家，累计 18 家；新备案专项能力考核单位 4 家，累计 4 家。举办人社系统窗口业务技能操作比武竞赛、市第四届育婴员职业技能竞赛等职业技能竞赛 13 场，累计 2000 人参赛。市技工学校获批电焊工职业资格认定考核单位。

【就业补贴】 年内，如皋市累计给予 4054 人次公益性岗位财政补贴 795.01 万元，其中，岗位补贴 419.13 万元、社保补贴 375.88 万元。发放 2021 年度就业困难人员灵活就业社保补贴 337 人、224.34 万元。

【稳岗补贴】 年内，市人力资源社会保障局完成 658 家企业 4796 人留在如皋就业补贴参保情况审核，169 家企业 1251 人返回如皋就业补贴参保情况审核。发放企业社保补贴 116 家、337 人共 224.34 万元，小微企业社保补贴 1 人、3500 元，从业伤害保险补助企业 504 家、1.26 万人共 386.12 万元，“以工代训”补贴 8228 家企业、6.28 万人共 4237.2 万元。

【创业】 年内，市人力资源社会保障局支持自主创业成功 5346 人，扶持农民自主创业 2291 人，引领大学生创业 899 人，创业带动就业 19544 人。发放创业担保贷款 91 笔共 1985 万元、富民创业担保贷款贴息 42 笔

9 月 27 日，由市劳动就业管理处承办的南通市创业孵化基地论坛暨省级创业指导专家团基层行活动在如皋第一中专（技工学校）举行（市人力资源社会保障局　供图）

共 67.83 万元。发放 2020 年度省级大学生优秀创业项目奖励资金 40 万元。“照护保险居家照护服务”项目通过省级大学生优秀项目评审。2020 年度省级大学生创业项目（艺远堂）通过省级复核。9 月 27 日，南通市创业孵化论坛暨省级创业指导专家团基层行活动在如皋举办。活动中，南通各县（市、区）优秀创业孵化基地代表围绕各基地运营模式、创业培训、项目成果等方面展开交流，邀请省级创业指导专家王阳作题为《平台型载体：后疫情时代创业孵化基地的机遇与挑战》专题讲座。

【就业创业技能培训】 年内，市人力资源社会保障局开展城乡劳动者就业技能培训 1.68 万人、新生代农民工职业技能培训 6359 人、创业培训 782 人。全年发放创业培训补贴 1040 人、76.7 万元，岗位技能提升培训补贴 2158 人、279.86 万元，企业岗位技能提升培训企业补贴 25 家、36.36 万元，个人职业技能培训补贴 851 人、99.1 万元。

（刘海燕）

收入与消费

【概况】 2021 年，城乡居民抽样调查数据显示，全年实现全体居民人均可支配收入 41545 元，比上年增长 10.4%。其中工资性收入 24611 元，比上年增长 10.9%；经营净收入 6092 元，比上年增长 9.9%；财产净收入 3358 元，比上年增长 6.9%；转移净收入 7485 元，比上年增长 10.6%。城乡居民人均收入比

2021 年如皋市城镇居民人均可支配收入、人均生活消费支出情况表

表 60

指标名称	总额（元）	增幅 (%)
可支配收入	53735	9.4
工资性收入	32458	9.8
经营净收入	5997	12.6
财产净收入	5173	5.6
转移净收入	10107	8.4
生活消费支出	29784	18.2

续表 60

指标名称	总额（元）	增幅 (%)
食品烟酒	8425	15.9
衣着	2256	24.2
居住	5262	12.1
生活用品及服务	1723	12.2
交通通信	3852	19.9
教育文化娱乐	5286	27.7
医疗保健	2211	19.5
其他用品和服务	769	12.4

2021 年如皋市城镇常住居民家庭基本情况表

表 61

指标名称	单位	数量	增幅（%）
调查户数	户	110	0.0
户均常住人口	人	3.4	-2.9
恩格尔系数	%	28.3	-0.5
人均文教娱乐支出占消费支出比重	%	17.8	1.4
人均住房建筑面积	平方米	64.5	5.0
每百户耐用消费品拥有量			
洗衣机	台	124	1.1
电冰箱	台	137	-4.2
空调器	台	275	6.9
助力车	辆	204	-0.4
固定电话	部	25	4.2
移动电话	部	313	2.6
彩色电视机	台	229	0.0
家用计算机	台	85	18.1
家用汽车	辆	91	0.0

为 2.04∶1，比上年缩小 0.04。人均生活消费支出 25179 元，比上年增长 20.6%。恩格尔系数（居民家庭中食物支出占消费总支出比重）28.3%。

【城镇居民收入与消费】 年内，城镇居民人均可支配收入 53735 元，比上年增长 9.4%；人均生活消费性支出 29784 元，比上年增长 18.2%。年末，全市城镇居民人均住房建筑面积 64.5 平方米，比上年增长 5.0%。

【农村居民收入与消费】 全年农村居民人均可支配收入 26280 元，比上年增长 11.4%；人均生活消费支出 19412 元，比上年增长 24.5%。年末农村居民人均住房面积 66.5 平方米，比上年增长 8.1%。

（王　源）

2021 年如皋市农村居民人均可支配收入、人均生活消费支出情况表

表 62

指标名称	总额（元）	增幅 (%)
可支配收入	26280	11.4
工资性收入	14784	12.3
经营净收入	6210	6.9
财产净收入	1085	9.8
转移净收入	4201	15.6
生活消费支出	19412	24.5
食品烟酒	5525	18.5
衣着	1098	35.6
居住	3495	23.1
生活用品及服务	1319	29.4
交通通信	2666	21.3
教育文化娱乐	3287	32.8
医疗保健	1566	25.0
其他用品和服务	456	35.7

2021 年如皋市农村常住居民家庭基本情况表

表 63

指标名称	单位	数量	增幅（%）
调查户数	户	90	0.0
户均常住人口	人	3.8	5.6
恩格尔系数	%	28.5	1.4
人均文教娱乐支出占消费支出比重	%	16.9	1.0
人均住房建筑面积	平方米	66.5	8.1
每百户耐用消费品拥有量			
洗衣机	台	114	8.0
电冰箱	台	157	15.8
空调器	台	221	20.8
助力车	辆	212	7.1
固定电话	部	34	0.0
移动电话	部	307	5.5
彩色电视机	台	207	8.4
家用计算机	台	36	-5.3
家用汽车	辆	70	1.4

社会保险

【养老保险】 企业养老保险　2021年年末，如皋市企业养老保险在职参保23.23万人，年内净增3.49万人；离退休人员7.6万人，年内净增5013人。年内，全市企业养老保险基金总收入50.42亿元，其中征缴收入23.76亿元；总支出49.81亿元；结余2亿元。发放企业离退休人员养老金76.55万人次，养老金支出24.64亿元。减员1447人，新增遗属176人，接收退休人员档案4908份，退休人员养老金发放率、社区管理率、档案接收率百分之百。统筹调整企业退休人员养老金保障水平，涉及企业退休人员7.22万人，人均上调141.66元/月，增幅5.1%。全年养老保险待遇资格认证75987人。对退休人员免费健康体检4万余人。对全市623名90周岁以上高龄退休老人、94名特困退休人员、12名新中国成立前老工人、50名重病退休人员开展节日慰问，对828名死亡退休人员家属开展丧抚慰问，累计支付慰问金53.2万元。

机关事业单位养老保险　年末，全市机关事业养老保险参保单位288家，在职参保人员2.01万人，年内新增1078人；退休人员1.24万人，年内新增372人。年内，机关事业养老保险基金征缴收入5.18亿元，支出9.38亿元，基金累计结余0.62亿元。全面做实职业年金历史（2014年10月至2018年1月）单位“虚账”共3.44亿元、财政贴息资金0.71亿元，合计4.15亿元，保障机关事业单位退休人员职业年金待遇计发率百分之百，获省人力资源社会保障厅、财政厅联合发文表扬。完成2020年度退休“中人”待遇核定补发工作，累计核定补发364人共671万元，被省人力资源社会保障厅书面表扬。完成机关事业单位退休人员2021年度养老金调整补发工作，平均涨幅4%，补发1705万元。

城乡居民基本养老保险　年末，全市城乡居民养老保险参保30.5万人，年内缴费29.5万人，占应缴费人数96.7%；全年征收保费3.4亿元；总支出10.11亿元，其中，基础养老金支出7.46亿元，个人账户支出1.18亿元，丧葬费等其他支出1.47亿元；年末结余37.62亿元。年内，城乡居民基础养老金由每人每月170元提高到184元，城乡居民基本养老保险保障水平由每人每月197.16元提高为254.35元。进一步做好困难群众基本生活保障工作，为1.08万名困难群体实施代缴居保，为2万人办理待遇领取手续，确保困难群体百分百登记参保、百分百享受城乡居民基本养老保险待遇。12月，居保全面上线省一体化平台，14个镇（区、街道）同步开启一窗受理、一网通办、就近能办、异地可办、全省通办服务新模式。

【生育保险】 年内，全市城镇职工生育保险参保20.07万人，比上年末增加1.59万人；基金收入7926.4万元。生育保险基金全年支出4731.94万元，比上年增加7.5%。其中，生育医疗费用支出841.59万元，生育津贴和一次性营养补助支出3890.35万元。

【医疗保险】 基本医疗保险　年内，全市参加基本医疗保险125.6万人。其中，参加职工医疗保险31.95万人，比上年增加2.4万人，增长8.12%，参保率由年初18.9%提高至25.44%；城乡居民基本医疗保险参保93.65万人，比上年减少2.36万人，下降2.46%。全市职工医保基金收入13.3亿元，支出13.22亿元，住院政策范围内总体报销比例80%。全市城乡居民医保基金收入13.24亿元，支出14.77亿元，住院政策范围内总体报销比例71%。推广与基本医保相衔接的惠民商业补充医疗保险“医保南通保”，参保9.42万人，年内理赔772人次共498.89万元。完成医保异地联网结算28.73万人次、4.34亿元。

照护保险　启动照护保险个性化服务，推进辅具服务工作，引入第三方开展照护保险社会化评定，实施“义工助照护，服务献爱心”项目，探索义工参与照护保险服务新模式。照护定点服务机构实现14个镇（区、街道）全覆盖，为群众提供居家上门服务14.53万余人次，支付各项照护保险待遇5681.86万元。

10月24日，市医疗保障局举办照护保险技能比武大赛。图为比赛现场

（市医疗保障局　供图）

医保基金监管　通过日常巡查、专项督查、飞行检查等方式，开展假病人、假病情、假票据、假证明专项整治，持续惩处欺诈骗保行为。加大与公安、市场监管、卫健委、纪委监委等部门沟通，推进医保协议管理与行政执法、刑事司法、纪检监察有效衔接，建立“一案多查”工作机制，形成监管合力。全年向市场监管部门移交案件1件，向市纪委监委移交案件3件，公安机关立案10件，追回违规费用1300万元，发布典型案例13件。健全基金监管诚信体系，认定并向市信用平台进行推送一般失信行为8例。

医保公共服务　推进参保登记、异地就医备案等19项医保乡镇赋权工作，优化医保经办服务流程，构建乡镇基层医保服务平台。打造医保公共服务品牌，九华镇医保服务站建成“15分钟医保服务圈”省级示范点，东陈镇、江安镇、石庄镇建成“15分钟医保服务圈”南通市级示范点，在市人民医院、中医院、第三人民医院、第四人民医院建立共建驻点医保服务站，实现医保经办服务“一站通办”。

医保改革　推行“总额预算+点数奖励”医保支付体系，持续推进按病种付费支付方式改革，完善以价值为导向医保支付机制。全市按病种付费病种423种，按病种付费基金支出占住院统筹基金支出38.2%。推进药品医用耗材招采制度改革，全面推进网上应采尽采，满足群众个性化需求。落地国家集中采购药6批次、省集中采购药2批次，完成采购金额1520万元，降低药品费用支出1600万元，与改革前药品价格相比，平均降价48.72%。

【工伤保险】　年内，如皋市工伤保险参保人数19.08万人，工伤保险基金总收入0.71亿元，总支出0.97亿元，享受待遇0.15万人，累计结余0.67亿元。市人力资源社会保障局全年受理工伤认定申请1823件，其中，单位申报1531件、个人申报292件，工伤调查1603人次，成功调解疑难工伤案件69件，组织劳动能力鉴定773人次。

【失业保险】　年内，如皋市失业保险参保18.44万人，失业保险基金总收入11189.53万元；总支出10694.88万元，其中，发放36697人次失业保险金5806万元，代缴39216人次失业职工医疗保险1311万元，发放6994人次失业补助金500.7万元，发放6689家企业稳岗返还资金1613.08万元。

【被征地农民基本生活保障】　年内，如皋市新增2199名失地农民被纳入征地保障，征收保障资金3.14亿元，被征地农民社会保障率百分之百。发放被征地农民保障资金5.11亿元，被征地农民保障资金发放率百分之百。被征地农民保障资金累计结余26亿元。做好95名“失水渔民”纳入被征地保障体系资金征缴服务和参保登记工作，按期跟踪“失水渔民”保障情况，做到应保尽保、应发尽发。

【社保卡制作发放】　年内，市人力资源社会保障局新制个人首张社会保障卡1.69万张，累计持卡142.06万张。将纳入邮储银行如皋市支行、交通银行南通分行纳入社保卡合作银行。合作银行便民制卡服务网点由年初20家增至年末时35家。11月30日，正式在全市范围内发行第三代社保卡，增加“非接触”功能，对接更多社会服务渠道，在社会保障、医疗健康、金融服务、交通出行等政务和民生领域实现应用。

（刘海燕　孙春燕）

社会救助

【民政救助】　城乡居民最低生活保障　2021年，市民政局按计划推进在册低保复核抽查工作，按20%比例抽查1165户。对低收入人口集中走访排查，确认申请对象1050户、3252人，其中，低保边缘家庭982户、3016人，支出型困难家庭68户、236人。7月1日起，全市城乡居民最低生活保障标准由710元/人·月提高至750元/人·月。全年保障农村低保5549户、9615人，落实资金5716万元；保障城市低保158户、205人，落实资金149万元。

特困供养　7月1日起，农村特困人员基本生活标准由每人每月880元调整为975元，城市特困人员基本生活标准不变，为每人每月1795元。全年保障特困人员5621人。其中集中供养1014人；保障农村“五保”等农村特困人员5563人，落实资金6175万元；保障城市“三无”等城市特困人员58人，落实资金125万元。将特困人员照料护理待遇与基本照护保险、居家养老政府购买服务等政策相衔接，统筹安排。对分散供养特困人员按全护理、半护理、全自理三种情况，分别按低保标准40%、20%、10%比例提供照料护理服务。评估分散特困人员自理能力4516人。其中全自理3971人，占比88%；半护理475人，占比11%；全护理72人，占比1.6%。全年发放护理补贴201万元。推进失能失智特困人员集中供养，新建供养机构1家，改造1家，集中供养53人，照料护理由政府兜底保障。强化政策衔接，印发《关于做好我市被征地农民社会保障政策与特困人员救助供养制度有效衔接的通知》，确保群众利益最大化。

流浪乞讨人员救助　年内，市

民政局落实24小时全天候救助管理服务，强化亲情救助，对流浪乞讨人员实施全方位、全时制救助，和市人民医院等医院签订医疗救助协议，对救助对象简化入院程序，实现“先救治，后救助”。加大寻亲力度，充分运用“互联网+寻亲”模式。全年救助51人次，成功帮助寻亲4人。加大街面巡查力度，开展夏季送清凉和冬季送温暖专项行动，及时劝导流浪乞讨人员进救助管理站接受救助，对不愿入站接受救助的流浪乞讨人员，现场发放防暑御寒物资。加大救助政策和救助热线宣传力度。加大对流浪未成年人的保护性救助，救助流浪未成年人2人。7月20日，与公安部门联合行动，从非法寄养点接回未成年人24人，履行临时监护职责，保障其基本生活，为适龄儿童少年办理入学申请，安排专人接送，确保其基本权益得到保障。

精神病人和麻风病人救助　年内，如皋市对江滨医院收治的精神病人及麻风病人生活补助标准由每人每月710元提高至750元。市民政局围绕“亲情医护·绿色家园”优质服务品牌建设，依托创新“工娱康复治疗项目”服务体系，做好对“三无”人员（民政部门收养的无生活来源、无劳动能力、无法定抚养义务人或法定抚养义务人丧失劳动能力而无力抚养的公民）、优抚对象、低保人员、流浪乞讨人员等精神病患者的救助治疗。江滨医院全年住院救治精神病人144人、麻风病人58人，院外管理麻风病人29人。

儿童救助　年内，市民政局实施“明天计划”项目，救助患重病儿童3人，一次性补助2万元。实施“福彩圆梦·孤儿助学”工程，资助孤儿70人共9.33万元。

临时救助　年内，市民政局下发临时救助审批权限到乡镇，方便困难群众及时享受救助，提高救助效率。明确建档立卡低收入农户申请临时救助直接根据事由和困难程度给予救助，不再核查申请救助对象家庭经济状况。对建档立卡户和急难型困难对象申请临时救助，直接根据事由给予临时救助，无须民主评议和公示，体现临时救助政策的灵活性和温度。全年临时救助1980人次，落实资金388万元。

（冒爱锋）

【残疾人救助】　年内，市残联采取精准慰问、职业培训、学历提升、就业直通车、日间照料、居家托养、医疗救助等措施，对原建档立卡低收入户残疾人和其他五保、困难残疾人352人开展重点监测，及时帮扶，巩固脱贫成果。持续实施建档立卡重度残疾人家庭无障碍环境改造工程，全年改造300户。统筹专项救助资金403.9万元，对肇事肇祸精神病人住院服药全程托底救助，全年救助1900余人次。

（朱云翔）

【医疗救助】　年内，如皋市实施“因病支出型贫困家庭医疗救助”为民办实事项目，对因病支出型贫困家庭大额医疗费用负担进行靶向精准救助，支出54.87万元。全面落实困难人员参保资助政策，完善困难人员动态参保机制，健全医疗救助“一站式”结算服务模式，减轻困难群众医疗负担。全年救助5.08万人，补贴参保资金3655.13万元。门诊救助26.91万人次，救助支出1942.89万元；住院救助1.3万人次，救助支出1712.24万元，困难人群政策范围内住院费用基金支付比例83.57%。

（孙春燕）

【慈善救助】　年内，市慈善会（慈善基金会）主动将慈善工作融入全市中心工作，推动巩固脱贫成果与乡村振兴有机衔接。着力防止低保、建档立卡低收入人口等特殊困难群众返贫致贫，有重点地实施慈善救助项目。开展“情暖江海·如皋”春节慰问和日常济困救助活动，支出264.2万元，救助2240人次。低收入家庭重大疾病患者实施医疗救助，支出438.2万元，救助1923人次，其中向省慈善总会申请救助金71.78万元，救助低保及特困家庭儿童大病患者14人，单笔最高救助16.5万元。开展慈善“圆梦”“济困”助学活动，对低收入家庭的高中、职中一年级新生和当年被高校录取新生分别给予每人1500元和3000元资助，累计资助孤儿、单亲家庭及特殊困难家庭学生118.2万元、569人次。开展为孤寡老人送餐志愿服务活动、资助老年人文体协会和残疾人艺术团、安抚高龄老人、重阳慰问等敬老助残系列活动，全年支出69.8万元，780余人次受益。

慈善募捐　年内，市慈善会（慈善基金会）募集慈善资金10470.8万元。提升社会各界经常性捐赠、爱心月劝募捐赠、冠名基金捐赠和网络募捐质量和水平，不断扩展基金募集渠道，增强慈善实力。组织实施“慈善一日捐”活动，引导全市机关、镇村、企事业单位及干部职工奉献爱心、开展扶贫济困，实现“一日捐”慈善捐赠额2800余万元。推动冠名基金增量加值，全年新增冠名基金收入7996.6万元，其中新增冠名基金2个，募集基金245万元。9月，开展“99公益日”网络募捐活动，运用腾讯平台为“雉水仁心助医”项目募集资金102万元。9月18日，举行“慈善宣传月”文艺演出暨捐赠动员大会。市四套班子成员及市级机关、镇（区、街道）党政负责人现场捐赠，115家企业代表现场举牌募捐，善款收入近1700万元。会议通报第十届如皋慈善奖评选结果，表彰慈善明星单位36个、慈善工作先进单位40个、慈善明星个人45人、优秀慈善工作者45人。

慈善公益　年内，市慈善会（慈善基金会）支援河南郑州抗灾26万元，并协助部分救灾物资发往河南灾区；出资61.3万元向各镇（街道）赠送抗疫物资，救治抗疫一线病伤人员。参与对口支援，支持陕西省宁强县和洋县38.9万元。资助全市各类志愿服务活动8万元。资助教育和社区公益活动，安排教育发展基金9935.9万元为部分学校修建校舍和添置教学教研设备；冠名基金单位出资90.9万元助力乡村振兴，支援村（社区）修筑道路、整治河道、环境改造等公益事业。根据南通市慈善总会和老区建设促进会要求，助力村级光伏发电试点项目建设。

慈善组织建设　年末，全市14个镇（区、街道）均建有慈善分会，347个村（社区）均建有慈善工作站。年内，市慈善会（慈善基金会）加强对镇区慈善分会、村（社区）慈善工作站的指导与管理，推动开展慈善活动。对全市村（社区）慈善工作站实行分档管理，着力抓好示范村（社区）、重点村（社区）慈善工作，及时表彰村（社区）慈善工作站建设先进典型，带动其他村（社区）发展。全市镇村两级募集2795万元，有3个镇（区、街道）募集善款超300万元（长江镇募集718万元，搬经镇募集391万元，城北街道募集337万元），19个村（社区）筹集善款超10万元。如皋慈善基层组织建设经验被《中国社会报》《公益慈善报》等媒体报道。

（徐　斌）

【红十字救助】　年内，市红十字会实施“博爱送万家”项目，筹备款物38万余元，慰问困难群众、道德模范、精神病人和麻风病人等4080人。实施关爱“农村小天使”人道救助，救助白血病患儿2人、先天性心脏病患儿1人、重症患儿1人，发放救助金2.6万元。继续对口江安镇实施“健康扶贫”人道救助，救助住院自负费用超过2万元患者13人、患有门诊特殊慢性病的建档立卡低收入户64人，救助8.22万元。开展“关爱精神病人”送温暖活动，出资9.99万元，采购春秋款外衣450套、夏季款外衣902套赠送精神病患者。日常救急、助医、助困救助11.02万元。

（施小飞）

9月18日，如皋市举行“慈善宣传月”文艺演出暨捐赠动员大会。图为市委书记何益军在会上作慈善捐助动员　（邱宇　摄）

社会福利

【老年人福利】　自2021年1月起，如皋市调整100岁以上人员尊老金发放标准，100～104岁补助标准由每人每月360元调整为500元，105岁及以上人员补助标准由每人每月420元调整为650元，全年发放尊老金5100余万元。

【儿童福利】　年末，如皋市保障集中供养孤儿5人、分散供养孤儿22人，事实无人抚养儿童208人，重病儿童70人、重残儿童477人。年内，提高孤儿基本生活保障标准，集中供养标准由每人每月2650元提高至2760元，分散供养标准由每人每月1855元提高至2070元。全年发放孤儿基本生活补贴69.3万元、孤儿外困境儿童基本生活补贴593.34万元。建立困境儿童分色管理、留守儿童“三案”（档案流转制、个案跟踪制、预案首问制）机制，定期摸底排查，全市782名困境儿童和28名留守儿童均实行“一人一档”管理，构建市镇村三级调度机制，实现所有村居儿童主任全覆盖，压实家庭监护责任，消除儿童无人监护和监护不到位现象。白蒲镇儿童“关爱之家”成功打造省级儿童“关爱之家”示范点，全市累计4家；如城街道、城南街道、长江镇和搬经镇儿童“关爱之家”被确定为省级示范点创建储备项目。

【残疾人福利】　残疾人“两项补贴”　年内，如皋市印发《关于进一步完善困难残疾人生活补贴和重度残疾人护理补贴制度的通知》，自2021

年1月起，将566名三级、四级精神或智力残疾人列入生活保障范围，将259名一级、二级言语类重残人员列入护理补贴范围。印发《关于明确困难残疾人生活补贴和重度残疾人护理补贴制度的通知》，自1月起，农村重度残疾人护理补贴标准由每人每月80元提高至90元，城镇由每人每月120元提高至130元，资金由按季发放调整为按月发放。年内，发放困难残疾人生活补贴1.71万人、1.3亿元，发放困难重度残疾人护理补贴1.49万人、1693.37万元。

残疾人康复　年内，市残联将全市所有有康复需求的残疾儿童纳入救助范围，全年有297名残疾儿童接受康复训练，儿童训练有效率95.8%，家长满意度百分之百。做好残疾人辅助器具申请、发放工作，为332位残疾人适配辅助器具459件。加强辅助器具免费租赁点建设，投入26.91万元，建成辅助器具免费租赁点5个，累计建成7个，配有轮椅、四角手杖、腋拐、助行器等辅助器具，全年服务297人次。3月，省残联党组书记、理事长万力到如皋调研残疾人工作时，认为如皋市残疾人辅助器具适配、助残组织建设工作有特色、有亮点，值得推广。10月，在中国残联举办的中国国际福祉博览会暨中国国际康复博览会上，如皋市残疾人辅助器具免费租赁项目作为全国10个代表项目之一被专题推介。

残疾人托养　年内，市残联建立健全以家庭为基础、社区为依托、机构为支撑的残疾人托养服务体系，制订《如皋市残疾人托养服务实施方案》，全年托养776人，超过年初既定目标41.1%。其中依托“残疾人之家”，开展日间照料服务残疾人405人；依托各镇（区、街道）敬老院，设立残疾人集中托养服务点，开展全日制托养服务，进驻失能、半失能残疾人21人；开展居家托养服务，明确居家托养人员条件、服务标准和服务内容，于10月启动居家托养入户服务工作，首批居家托养服务350人，至年末，累计提供服务2916人次。

残疾人就业　年内，市残联开展按比例安排残疾人就业年审工作，年审企业460家，按比例安排残疾人就业1070人。开通“残疾人就业直通车”，举办线上线下招聘会各1场，104名残疾人参加招聘活动，达成就业意向17人。打造残疾人网络就业基地，招引南通识芯科技有限公司落户如皋，引进视频审核、网络安全审核、数据处理等就业项目，吸纳55名符合条件的残疾人入职，人月均收入2800元。走访企业25家，寻求辅助性就业项目，洽谈残疾人就业储备项目9个。全年帮助残疾人实现就业160人。

【福利彩票】 年内，全市完成福利彩票销售9013万元，其中即开票2030万元，总销售额和即开票销售额均居南通各县（市）首位。优化网点布局，加大增机布点力度，新增站点7家、智能投注机3台。提高站点开机率，全面排查僵尸站点，劝退5家。开展福彩助学、助残、助老活动，打造阳光福彩、公益福彩品牌形象。

【儿童康教融合项目入选省残联创新创优示范项目】 年末，省残联通报全省残联系统创新创优示范项目18个，如皋市儿童康教融合项目上榜，为南通市唯一入选项目。

年内，市残联与市教育局联合下发《关于组织残健儿童共同开展融合教育活动的通知》，为特殊儿童融合教育提供政策支撑和基本遵循。在市残疾人康复中心设立融合教育实践基地，在西城幼儿园、健康幼儿园、光华幼儿园等5所学校设立融合教育共建基地。根据残健儿童身心特点及特殊儿童教育康复需要，全年通过各种模拟场景开展融合教育活动18次，提高特殊儿童适应自然和社会环境能力，参与儿童540人次。11月10日，如皋市儿童康教“融合无痕，倡导全纳，打造康教融合新‘皋’地”经验做法被江苏卫视城市频道《残疾预防、惠及你我》栏目直播推介。

（冒爱锋　朱云翔）

住房保障

【城市住房保障】 2021年，市住房城乡建设局序时推进252号、35号地块等8处安置房建设，全年完成棚户区改造3749套，调拨2897套安置房房源用于搬迁安置。加大退租房屋推介力度，盘活保障房小区营业用房，通过公共资源中心招租7户。全年审批经济适用住房上市交易7套，补缴不动产收益金77.1万元；审核房改房上市205套（间）、公有住房出售38套、老职工住房补贴137人。全年接受群众咨询400余人次。通过现场咨询、悬挂标语、消防演练、安全培训、隐患排查等方式开展“安全生产月”各项活动。对保障房加强日常安全巡查和维修管理，通过“无人机+铁脚板”机制，全年发送提醒短信5000余条，巡查1000余户次，小修300余户，大中修理34户。排查城镇既有老旧建筑9106栋，涉及14.8万户，排查面积291.4万平方米，针对隐患清单制定“一案一策”整改措施，根据实际情况加固或拆除，筑牢既有建筑房屋安全防线。

【老旧小区改造】 年内，如皋市制定《如皋市城镇老旧住宅小区改造工作实施意见（试行）》，明确老旧小区改造实施程序及相关职能部门、单位工作职责，对老旧小区改造申

年内，健康花苑小区实现绿化美化、停车泊位升级、老旧信箱换新等改造，新增汽车停车位 21 个、非机动车停放车位 40 个　（汤乾玮　摄）

报程序进行规范。全年老旧小区改造新开工 35 万平方米，竣工 18.63 万平方米，改造住房 2600 余户，惠及群众 8600 余人。进一步改进“适老化改造”工作，研究出台《既有多层住宅加装电梯实施意见》，至年末，14 个单元申请加装电梯。

【农村危房改造】 年内，如皋市按照“不落一栋、不落一户、应查尽查”原则，开展拉网式、全覆盖排查，在南通县（市）中率先完成 11.36 万户经营性自建农房摸底排查和 15.1 万户农房采集系统录入工作，争取省级危房改造补助资金 92 万元，完成危房改造 62 户。

（苏　雯）

【住房公积金】 年内，南通市住房公积金管理中心如皋管理部执行南通市住房公积金管理中心《关于调整购买第二套住房公积金贷款额度的通知》，购买第二套住房公积金贷款额度调整为原标准 50%，最高贷款额度 20 万元/人。支持美丽宜居城市建设，执行南通市住房公积金管理中心《关于提取住房公积金支付既有多层住宅加装电梯个人分摊费用的通知》，助力城镇老旧小区改造。宣传并推广逐月提取住房公积金偿还商业贷款业务，全市 18 家商业银行开通此业务，其中 8 家银行开通线上申请功能。1 月，与人社部门实现数据互联，职工在办理“封存满半年未重新就业”提取业务时，不再需要提供纸质社保证明。3 月，与市场监管部门实现数据互联，共享“多证合一”数据，实现新注册企业公积金开户预登记。接入住房城乡建设部平台，实现个人公积金缴存贷款等信息查询、退休提取公积金、贷款职工公积金缴存使用证明、公积金单位登记开户、公积金单位及个人缴存信息变更、提前还清公积金贷款、公积金个人住房贷款全部还清证明、异地购房提取 8 项业务“跨省通办”。3 月、12 月，接入“长三角一网通办”平台，实现职工在长三角地区异地申请公积金贷款线上出具电子缴存证明和异地购买商品住房零材料线上申请提取公积金功能。6 月，接入全国住房公积金小程序，实现全国范围内公积金缴存、贷款信息查询和异地公积金账户转移接续。开通公积金个人账户同城转移线上申请功能。11 月，与建设银行合作，将个人公积金账户查询、退休提取公积金、转账提前归还公积金贷款功能移植到建设银行 STM 业务终端，延伸公积金业务自助办理渠道。

归集　年内，全市新增住房公积金开户单位 548 个，比上年增长 51.38%，累计建立住房公积金制度单位 3453 个；新增住房公积金开户 2.06 万人，完成目标任务 152.24%。全年归集住房公积金 21.38 亿元，完成目标任务 117.05%，比上年增长 34.91%，累计归集额 129.78 亿元，归集余额 45.32 亿元。全年实缴存额、新建单位数、新建人数均居南通六县（市、区）管理部第一位，年终综合排名南通市第一。

贷款　年内，为 2876 名职工发放个人贷款 11.38 亿元，累计为 3.37 万名职工发放贷款 100.16 亿元，贷款余额 56.84 亿元。年内，做好存量房公积金贷款（含组合贷款）预审批试点工作，凡购买存量房申请公积金贷款（含组合贷款）者，在买卖双方签订合同后，进行贷款预审批，预审批通过后，合并办理存量房转移登记和抵押登记，不再分别办理。

（朱宇翔）

社会事务

人口家庭

【概况】 2021年年末，全市常住人口122.67万人，比上年年末减少1.2万人。其中城镇人口76.52万人，比上年增长0.4%；城镇化率62.38%，比上年提高0.86个百分点。年末户籍人口139.45万人，比上年减少0.94万人。全市育龄妇女28.3万人，比上年减少0.5万人，其中已婚育龄妇女19.8万人，比上年减少0.8万人。生育登记7622人，其中，一孩4187人、二孩3141人、三孩294人。出生统计5922人，其中，一孩3118人、二孩2509人、多孩295人。出生人口男女性别比（出生统计）107.4（女婴数量为100时所对应男婴数）。人口出生率5.05‰，人口死亡率9.61‰，人口自然增长率-4.56‰。

【计划生育家庭发展】 年内，全市新增农村计划生育家庭奖励扶助对象（简称“奖扶对象”）6034人，新增独生子女伤残死亡家庭特别扶助对象（简称“特扶对象”）325人。年审享受奖扶对象8.9万人、特扶对象3886人。全年发放计划生育奖扶金8419.97万元、特扶金3212.64万元。发放3894名持独生子女父母光荣证企业退休职工、85名城镇老年居民一次性奖励金共1263.76万元。落实计生特殊家庭联系人制度，组织春节、中秋慰问计生特殊困难家庭活动。组织镇村计生干部开展家庭医生签约服务宣传活动，协助计生特殊家庭签约3886人，将特别扶助对象纳入2021年重点人群健康体检对象。

【托育机构监管】 年末，全市在国家托育机构备案系统备案托育机构4家。年内，市卫健委引导托育机构规范有序发展，进行托育机构备案工作指导，指导机构注册使用国家托育机构备案系统，备案通过4家。组织各镇（区、街道）对辖区内托育机构开展调查、政策宣传、疫情防控指导和安全风险隐患排查，联合市市场监督局、公安局、住房城乡建设局、生态环境局、消防救援大队等部门开展联合检查。组织托育机构人员参加南通市托育机构卫生保健工作培训班和卫生保健考试。开展“科学养育，呵护成长”公益服务活动15场。推动普惠托育工作，

2021年年末如皋市人口数及构成情况表

表64

指标名称	人口数（万人）	比重（%）
年末常住人口	122.67	—
城镇人口	76.52	62.4
乡村人口	46.15	37.6
年末户籍人口	139.45	—
18岁以下	18.79	13.5
18～34岁	25.14	18.0
35～59岁	55.36	39.7
60岁及以上	40.16	28.8
男性人口	69.30	49.7
女性人口	70.15	50.3

如皋悦智荟管理服务有限公司托育中心被列入省普惠托育民生实事项目，被评为省示范性普惠托育机构。

【计划生育服务机构监督】 年内，市卫健委对全市26家母婴保健与计划生育服务机构开展侵害未成年人案件强制报告制度专项检查和“放心生”专项检查，未发现相关违法行为。

【市计生协会】 年末，全市建有各级各类计生协会组织502个，有协会理事1.09万人、会员12.17万人。年内，市、镇计生协会慰问计生困难特殊家庭657户，赠送计生失独困难家庭彩电11台，争取南通市计生协资金2.5万元，帮助丁堰镇计生失独家庭危房新建。办理计划生育综合医疗保险2183人，理赔199人，理赔金额44.6万元。12月，为首批70周岁以上孤身失独老人安装“一键通”呼救智能机，可在突发紧急状况发生时，长按该键2秒钟后发送求救信号。7月，市计生协会被省计生协会评为全省计生协工作成绩突出单位。

（施小飞）

【婚姻登记】 2021年，市民政局办理各类婚姻登记13799对、离婚申请2762对。提供档案查阅服务6000余份，回复调查函200余份。推行婚姻登记跨区域办理，自6月1日起，开展南通全城通办和跨省通办试点工作。推进“婚姻登记一件事”改革，协调公安、卫健等部门，梳理整合、流程再造，形成生育登记、户口簿婚姻状况变更、户口迁移等“一窗办”服务体系。推进婚俗改革，对办理结婚登记的新婚夫妇宣传新时期文明婚嫁观，发放婚事新办简办倡议书1000余份，签名约2000人次。深化婚姻登记改革，取消一切婚姻登记收费项目。

【收养登记】 年内，市民政局办理收养登记61例，通报收养家庭信息到镇（街道）和村（社区），形成市、镇、村一体保障被收养儿童利益格局。对不符合收养家庭出具不予受理通知书14份。

【殡葬事业】 年末，全市有殡仪馆2个、火化炉11台，全年火化遗体12860具。编制《如皋市殡葬设施布局规划（2021—2035）》。出台《关于进一步规范遗体接运车辆管理工作的实施意见》，全程公开购买服务公告、经营主体申报、资格审核、经营主体预公示等程序；优化遗体火化接运费用方式，由向群众直接收取改为由殡仪馆与运营主体统一结算；统一车辆标识，驾驶员统一持证上岗。安装监控系统，实现对遗体接运工日常操作规范、文明礼仪、廉洁服务等情况全方位监督。进一步推进惠民殡葬，免除殡葬基本服务费，每具遗体补助标准由420元调整为1375元。全年发放惠民殡葬补助7210人，兑付772.7万元。对选择骨灰撒海（江）或可降解丧葬（在市民政局规定的生态墓地、生态殡葬园埋葬骨灰，且无具体墓穴、不专门占用土地），给予1000元奖励性补助。

（冒爱锋）

基层治理

【社区建设】 2021年，市民政局推进全市村（居）民委员会换届选举工作，对重点阶段重点工作及需注意事项进行专项培训、业务督导，编制换届选举提醒函4期，指导各镇（街道）依法依规组织选举。全市347个村（居）民委员会推选产生村（居）委会成员1775名，其中，主任347名、副主任394名、委员1034名，选民参选率96.73%，一次性选举成功率百分之百。指导换届后城乡社区组织村务监督委员会、村民代表及村民小组长选举工作。建立社区服务设施建设激励和使用管护机制，持续推动城乡社区综合服务设施改造升级。拨付社区建设省补资金164万元，改造提升城乡社区党群服务中心11个，其中，新建5个、改扩建6个。江安镇徐葛社区、白蒲镇合兴村、东陈镇尚书村被列入省民政厅为民办实事的社区党群服务中心建设项目。印发《关于加强新型农村社区建设的实施方案》，加强新型农村社区治理服务，着力促进乡村振兴和城乡协调发展，至年末，新型农村社区全部建有每100户不少于30平方米的党群服务中心，建有居家养老服务中心和残疾人之家，设置文体活动场地，幼儿园、卫生室、市政公用设施等公共服务设施配套到位，统一设置防灾避难场所，城乡基本公共服务均等化初步实现。以“微治理促和谐、重协商促富民、守村规促诚信”为主题，打造如城街道新民社区、城北街道平原池村、搬经镇高明庄社区为新型农村社区“一村一品”典型。指导白蒲镇进一步优化镇、村两级便民服务设施配套建设，打造“三社联动”典型（蒲东社区）和社区治理典型（蒲西社区）。以“村规民约推进人情减负”为主题，开展专题协商议事活动，培育如城街道龙游河村为社区议事协商典型，挖掘吴窑镇老庄社区板凳议事等议事典型，推进社区民主机制建设。

【社会工作】 年末，全市有持证社会工作者412人。年内，市民政局将社工人才队伍建设列入“十四五”如皋市人才工作规划。对参加全国社会工作者职业水平考试人员进行免费培训，对取得职业水平证书者，按初级800元、中级1500元、高级2000元标准给予一次性获证奖励。全年报考社工1111人，是上年报考人数4.5倍。通过职业资格水平考试58人，其中，社工师2人、助理社工师56人。推进镇级社工站建设，印发《关于开展乡镇（街道）社会工作服务站建设的实施方案（试行）》，在白蒲镇、丁堰镇先期试点建成乡镇社会工作服务站。至年末，全市建成镇（街道）社会工作服务站8个。

【社会组织管理】 年末，全市有注册登记社会组织356个，其中，社会团体146个、民办非企业单位209个。年内，全市新增民政部门注册登记社会组织9个，其中，社会团体2个、民办非企业单位7个。完成11个社会组织等级评估工作，获评AAAAA等级1个、AAAA等级2个、AAA等级3个、AA等级2个、A等级3个。年内，市民政局进一步健全社会组织内部治理机制，促进社会组织登记管理规范化。开展年度检查，年检社会组织244个。对社会组织换届换证工作进行一对一培训，严把社会组织负责人任职资格条件和行业协会商会会费收取档次两个关口，累计完成30个社会组织证书换发。抽查社会组织12个，重点做好行业协会商会涉企收费情况检查抽查和校外培训机构日常督查。清理整治“僵尸型”社会组织，依法对连续3年不参加年检的社会组织立案审查，对1个社会组织作出撤销登记行政处罚，清理注销“僵尸型”社区社会组织967个。培育、扶持社会组织发展壮大，实施社会组织孵化基地运营服务项目，招标引进上海市奉贤区泽宇社会工作服务中心，托管运营市社会组织

10月27日，市蓝天乐益社工服务站留守妇女社会支持公益项目——“‘益’心爱她”，被评为全省社会组织参与乡村振兴十佳案例 （市民政局 供图）

服务中心，推进镇级社区社会组织孵化培育和全市社会组织规范化管理。落实专项资金12万元，向社会组织购买服务，实施公益创投项目7个，为辖区群众提供未成年人关爱、老年人心理抚慰等专业服务。蓝天乐益社工服务站“‘益’心爱她”案例入选全省社会组织参与乡村振兴十佳案例，绿色科普服务协会“绿动江河‘益’起护——守护48千米江岸线”案例入选社会组织参与长江经济带发展十佳优秀案例。推进“我为企业减负担”工作，倡导协会商会进一步对会员单位减免会费，对收费信息集中公示。开展社会组织专项整治工作，劝散涉嫌非法社会组织1个。

【区划地名】 年内，市民政局做好地名普查成果转化工作，为《江苏省标准地名词典》提供词条目录17个；核对378条《江苏标准地名录》（省卷）词条释文初稿，完成信息和数据补充完善；核实《如皋市地名文化故事》地名词条125条，年内完成初稿。开展不规范地名专项整治活动，整改不规范地名2个。开展平安边界创建活动，确保边界安全稳定。联合市退役军人事务局、文体广电和旅游局等部门和单位，对全市辖区范围内具有红色地名意义的建筑物、村落等进行梳理，完成3个红色地名资料收集整理。红十四军公园入选省首批100个红色地名目录。

【龙游河村入选全国村级议事协商创新实验试点单位名单】 12月8日，民政部公布全国村级议事协商创新实验试点单位，如城街道龙游河村上榜，系南通市唯一。

龙游河村以“众人事情众人商量”协商工作法为核心，实现“众人商量”范围清单化，涉及村民自治章程、村规民约修订、重大工程建设、重大经济活动等7个方面；实现“众人商量”组织程序化，设立村“两委”讨论、确定“众人”名单、公示商量内容、组织“众人商量”等流程；实现“众人商量”场所固定化，设立议事场所4个，按议事组织程序、要求等配套所需物资器材，悬挂制度，由专人负责场所管理；强化村党组织领导，强化决策执行，强化全程监督。

（冒爱锋）

社会矛盾预防和化解

【概况】 2021年，市信访局接待群众上访1112批2663人次，其中集体访140批1580人次。受理办理群众来信事项4552件，比上年上升9.16%。办理市主要领导批信414件，其中市委书记批信180件，市长批信234件；办理南通市长信箱、人民网地方领导留言板信访件454件；受理办理阳光信访信息系统信访件3684件（国家信访局1009件，省政府信访局1163件，南通市信访局314件，如皋市本级登记信件1198件），信访事项及时受理率百分之百，按期办结率百分之百，群众满意率95.35%。源头预防社会矛盾，落实市每月、镇每周、村每天矛盾纠纷排查责任，排查各类矛盾纠纷4915件，处置化解率93.2%。在全市集中开展房地产涉稳项目矛盾纠纷大排查大化解活动，排查交办房地产领域突出群体性矛盾33件，压实包案责任，联动化解矛盾。市信访联席会议牵头召开信访形势分析会议13次，加强信访信息收集研判，向市委、市政府报送不稳定预警信息，均得到及时处置。加强信访工作宣传力度，宣传稿件分别被国家信访局《人民信访》录用1篇、省级以上主流报刊录用7篇、省政府信访局录用10篇、南通市信访局录用58篇。加强信访工作调研，《关于信访工作源头治理的调研报告》获评2021年度全省信访系统优秀调研报告。市信访局被省信访工作联席会议办公室表彰为规范越级进京访秩序专项整治成效显著单位，信访维稳工作考核列南通市各县（市、区）第二位，被省政府信访局表彰为江苏最美信访干部1人。

【信访工作责任制落实】 4月20日，市委、市政府印发《如皋市2021年度信访工作考核奖惩暂行办法的通知》，明确信访工作考核奖惩标准、奖惩范围、奖惩条件。6月10日，市委、市政府印发《镇（区、街道）领导班子成员信访包案工作责任制规定（试行）的通知》，全面压实镇（区、街道）、部门领导班子成员信访包案工作责任。在全市建立“每月一通报”“实时一提醒”“每季一考核”工作制度，延伸工作责任触角，压实信访工作责任。建立信访工作约谈机制，发挥信访工作“三项建议权”（《信访条例》赋予县级以上信访工作机构3项职权，即改进工作建议、完善政策解决问题建议和给予行政处分建议的职权）作用，先后有4个镇（区、街道）、部门主要负责人因信访工作考核绩效滞后被市委、市政府主要领导约谈；市纪委牵头相关部门，对8起镇（区、街道）、部门党政干部信访工作责任落实不到位，引发群众越访的相关责任人进行批评教育、诫勉谈话和组织处理。

【信访积案事项化解】 年内，市信访局在全市集中开展治理重复信访、化解信访积案专项行动，国家信访局交办270件国治件结案率百分之百，化解率95.56%；省政府信访局交办181件省治件化解177件，化解率97.79%。3月1日，市委办印发《涉法涉诉信访积案百日攻坚专项行动考核奖励办法（试行）》，建立考核组织，明确目标任务和奖励依据，进一步增强政法部门做好涉法涉诉信访工作的责任感和紧迫感，提升政法部门执法司法工作水平，全面实现涉法涉诉信访积案控增减存。5月28日，市信访工作联席会议办公室在全市启动重点信访矛盾“百日攻坚”活动，全面落实市、镇党政领导包案化解责任。

【信访案件督办查办】 年内，如皋建立由市委督查室和市纪委总牵头，市信访联席办总扎口，抽调市纪委监委、市委组织部、市委政法委、市公安局、市信访局及相关职能部门人员组成的联合督查组，组织对信访责任制落实及重点地区不稳定情况跟踪督导17次，累计督办重点信访案件226件、群众越访事项27件，处理解决重点信访苗头性问题31起，督查督办案件办结率百分之百。

【信访案件复查复核】 年内，市信访局代表市政府受理信访复查事项55件，作出复查意见5件，不予受理30件，经政策解释申请人放弃复查申请20件。申请南通市政府复核4件，无纠正件，均予维持。

【信访法治化建设】 年内，市信访局不断加强信访法治化建设，在全市集中开展新修订的《江苏省信访条例》贯彻学习和宣传活动，印制宣传手册3万余份，组织集中宣讲14场次。依据法律法规，依法、及时、妥善处置异常上访应急处置工作，教育引导信访群众通过合法手段依法理性反映诉求。

【信访机制体制创新】 年内，市信访局加强信访业务标准化管理，深化全市信访业务标准化建设。探索建立信访工作，“以党委政府研究推动信访矛盾化解、党政领导接访解决信访突出矛盾、党政领导包案化解疑难信访问题、网上信访规范办理解决信访矛盾、联席会议研究会商解决信访问题、重要时段重大节日走访教育帮困、实行分片管理压实矛盾化解责任、落实多元分类化解信访矛盾积案、坚持信访工作通报考核跟踪督办、压实工作责任落实失职问责追责”“十个常态化”机制，推动一批时间跨度长、处理难度大、易激化矛盾的重点疑难信访案件得到有效化解，信访工作生态环境实现良性循环。

【领导干部接访活动】 年内，如皋市先后印发《关于进一步优化如皋市"两代表一委员"密切联系群众工作机制的实施意见的通知》《关于进一步强化领导干部包案化解和接访下访工作的通知》，在全市集中开展党政领导干部接访下访包案化解突出问题活动。市四套班子领导全年接待群众124批、127人次，其中市委、市政府主要负责人接访群众20次，接待交办事项22件，办结率百分之百；14个镇（区、街道）三套班子主要负责人接访群众2035批2561人次，接访事项均得到及时处理。持续开展县（市、区）党政主要领导干部接访下访"百县千案"活动，8件市主要领导包案接访事项化解率百分之百。

（佘越剑）

社会信用体系建设

【概况】 2021年，如皋市持续推进行政许可和行政处罚工作"双公示"，至年末，"双公示"平台累计录入信息7.16万条，其中，行政许可事项6.45万条，行政处罚事项6100条。规范信用"红黑名单"认定、审核确认、查询公示、修复矫正、异议处理等工作机制，实现信用"红黑名单"数据库共建共享共用。建立"红黑名单"常态化发布机制，发挥"红黑榜"引导和警示作用。全年发布信用红榜28期，发布2021年度海关高级认证企业市长质量奖获奖、下半年度环保信用评价绿色等级企业、市第十三届爱心大使、市第十三届爱心团队、市青年岗位能手、药品零售守信A级企业名单，涉及企业1631家。发布黑榜6期，包含2021年度海关失信企业、发生死亡责任事故单位、下半年度环保信用评价黑色等级企业、有能力而拒不履行生效法律文书确定义务企业等诚信"黑榜"11类，涉及企业325家。累计为机关部门开展信用审查2.68万家，出具信用法人自主查询报告253份，出具个人信用报告362份，对规模企业建立信用档案1019家。年内，如皋市获全省政务诚信考核第一等次。在城市信用监测排名中列全国第20位、全省第三位、南通第一位。

【信用产品应用推广】 年内，如皋市全面实施信用承诺，归集企业承诺及违诺信息2.9万余条，在环保、不动产登记、招投标、人防等领域实行告知承诺制。会同市司法局梳理形成全市首批拟实施证明事项告知承诺制事项清单；梳理省级清单外如皋市拟实施证明事项告知承诺事项清单，报省司法厅批准。推进企业信用管理培训和示范创建工作，成功申报信用管理培训企业28家、南通市级示范企业3家，总数居南通各县（市）之首。持续推进信用分级分类监管，制定《如皋市企业信用分类分级监管实施办法（试行）》《关于全面推进市场主体信用分类分级监管的实施方案》，对全市规模以上工业企业和85家建筑企业进行试评价，从司法监管、行业合规、自身素质等五个维度设置评价指标，设置加、减分项，赋予每个信用主体基本分值，评价A+级企业51家、A级企业75家、B级企业351家、C级企业309家、D级企业55家。根据信用等级高低实施差异化监管，与"双随机、一公开"监管有机结合。组织信用体检和信用宣传活动。对全市841家规模以上企业开展信用体检公益活动，引导企业通过公益性信用体检，完善信用记录，规避信用风险，提升管理水平，营造诚实守信良好氛围。图文并茂制作《〈江苏省社会信用条例〉解读》"普法邮品"1万余份，通过邮政快递传递到千家万户。

【信易+】 年内，市税务局拓展信用评定结果应用覆盖面，利用税收大数据为守信纳税人、缴费人提供更精准、更便捷融资方案，助力纳税

12月7日，如城街道举办"积极防范信用风险，打造优良营商环境"企业负责人信用知识学习培训班

（如城街道　供图）

人、缴费人将良好的纳税信用转化为融资优势。加强“银税互动”资金扶持，与如皋农商行联合推出“防疫快贷”“仁心享贷”“复工速贷”等无抵押免担保纯信贷产品，惠及企业2949家，发放贷款总额60亿元。市交通运输局推行涉企经营许可事项实行告知承诺改革，对申请人自愿承诺符合许可条件并按要求提交材料的，当场作出许可决定。对通过告知承诺取得许可的企业，在“信用如皋”网站上及时公示，加强事中事后监管。发现企业不符合许可条件的，及时依法取消许可决定并注销证件，并将失信违法行为记入企业信用记录，不再允许通过告知承诺制办理许可。全年通过告知承诺制取得许可企业6家。团市委持续加强与市财政局、如皋农商行合作，完善《如皋市青年创业贷款贴息管理办法》《如皋市青年创业人员创易贷管理办法》，对信用状况为优的青年简化放贷手续，全年累计信用审查青年135人，发放“新农菁英”贷1.33亿元，挖掘“新农菁英”人才70人。

（章　旭）

退役军人事务

【退役军人思想政治建设】 2021年，市退役军人事务局完善退役军人“红色先锋”志愿服务队组织架构，建立志愿者名录，规范志愿服务台账，吸纳退役军人志愿者1.28万余人。分级分层推进机关企事业单位“戎耀之家”建设，全年新建6家，累计28家，中如建工集团“戎耀之家”获省级优秀“戎耀之家”称号。立足红色文化主阵地、文旅融合试验地、初心之旅目的地，加强红十四军纪念馆——退役军人红色教育基地建设。组织开展“老兵永远跟党走”、红色故事“三进”等活动，涵养退役军人爱党爱国真挚感情，“老兵永远跟党走”微视频获省退役军人事务厅“老兵永远跟党走”三微系列活动三等奖。打造“奉献、创新、和谐、快乐”军休文化品牌，引领军休干部贡献余热，6人获评南通市最美退役军人（军嫂）称号，军休干部瞿友祥被退役军人事务部评为全国先进军休干部。市军休所编排情景舞剧《红军阿哥你慢慢走》作为南通市唯一入选节目，参加全省军休系统庆祝中国共产党成立100周年文艺调演。

【退役安置】 年内，市退役军人事务局对年内转业军官、符合政府安排工作退役士兵开展座谈会、岗前培训、观摩学习、实践锻炼、主题党日等活动，帮助军转人员熟悉地方情况、调适择业心态。转业士官安排事业单位岗位数占比30%，比上年提高5.87个百分点；安排央企、省部属等国企占比70%。军转干部行政岗位安置率百分之百。

【退役士兵就业创业】 年内，如皋市组织开展退役士兵专场招聘会2场，提供就业岗位1400余个。依托省就业创业信息平台、用工之家、微信公众号、人社就业直通车等线上途径定期发布招聘信息10余次，44家企业提供岗位336个。鼓励退役军人提高职业竞争力，先后组织退役士兵参加高职扩招全日制大专学习5人，成人学历提升156人，个性化培训15人。发挥优秀退役军人企业家示范引领作用，引导退役军人参与企业产品展陈、创业创新比赛等活动，1名退役军人企业家获“戎耀今生”全省第二届退役军人创业创新大赛一等奖，市退役军人事务局获评优秀组织奖。

【优待抚恤】 年内，市退役军人事务局及时调整抚恤补助资金发放方式，按月打卡发放抚恤补助金。审核下达各类优待补助经费，全面落实优抚对象免费体检工作，完成残疾人员新式残疾证换发，保质保量完成优抚对象年度确认工作。针对60周岁以下退役军人，推出“爱军保”保险项目，成为南通首家实现优抚对象商业保险全覆盖地区。扩大退役军人关爱基金基本规模，及时为困难退役军人实施关爱帮扶。组织重点优抚对象参加短期疗养和医疗巡诊工作，为残障重点优抚对象家庭进行无障碍宜居改造。

【拥军优属】 年内，市退役军人事务局将双拥工作纳入对市级机关各部门高质量发展考核指标。推进双拥文化阵地建设，培塑典型、提升亮点，开展省级双拥模范城创建活动，吾悦广场获评省双拥示范基地。丰富军民双拥共建内涵，到福建省走访慰问驻训分队；与驻如部队开展庆党百年主题共建活动；动员全市66家机关、企事业单位与驻如皋连以上部队结对共建，赠送慰问品90万元。“通通优”拥军卡在交通出行、景点游览等方面增添如皋特色服务项目7个。联合市人民检察院开展烈士纪念设施管理保护专项行动，各级累计投入1500余万元，推进乡镇慰烈园建设，建成九华镇红色主题教育基地等乡镇烈士陵园5座，修缮烈士陵园5座，整修零散烈士纪念设施180个，迁移散葬烈士墓120座。11月9日，如皋市烈士纪念设施管护工作被《光明日报》以《江苏如皋：落实管护烈士纪念设施尽显责任担当》为题报道。

【新城吾悦广场被命名为省双拥示范基地】 12月3日，新城吾悦广场双拥示范街区被省双拥办命名为省双拥示范基地，加上2015年首批获命名的红十四军纪念馆，如皋市拥有

12 月 3 日，新城吾悦广场双拥示范街区被命名为省双拥示范基地。图为揭牌仪式（市退役军人事务局　供图）

省级双拥示范基地 2 个，在南通市各县（市、区）中数量最多。

年内，吾悦广场双拥示范街区内 100 余家商户继承和发扬拥军优属传统，以实际行动履行社会拥军责任。开展“幸福中国家暨拥军优属优惠服务季”活动，为现役、退役军人和优抚对象提供商品优惠、会员等专属优惠优待服务。

（邓建芹）

民族宗教事务

【概况】 2021 年年末，全市有少数民族人口 6000 余人，约占户籍总人口的 0.43%，分属于苗族、土家族、侗族、彝族、白族、壮族等 36 个少数民族，居住较为分散，其中苗族人口最多，有 1500 余人。全市有依法登记宗教活动场所 36 处，其中，佛教 26 处，道教、基督教各 5 处。

【民族事务】 年内，市民宗局开展“民族团结进步宣传伴我行”“民族团结进步宣传进企业进学校进社区”“铸牢中华民族共同体意识同心讲堂”等系列活动。开展以“加强少数民族流动人口服务管理”为主题的“有事好商量”协商议事活动，进一步完善服务管理工作机制。围绕“一镇一点一特色”目标，深入推进“红石榴家园”创建，搬经镇高明庄社区、南通师范高等专科学校如皋校区学前教育第二学院获评全省第二批“红石榴家园”。完成民族团结促进会换届工作，选举产生市民族团结促进会第二届理事会和新一届市民族团结促进会会长、副会长、秘书长。

【宗教事务】 年内，市民宗局向宗教界传达学习中共十九届六中全会精神和全国宗教工作会议精神，组织开展如何引导宗教与社会主义社会相适应理论研讨。加强宗教团体和场所建设，以“四进”活动为载体，开展“三爱五认同”（“三爱”指爱党、爱国、爱社会主义；“五认同”指对伟大祖国的认同，对中华民族的认同，对中华文化的认同，对中国共产党的认同，对中国特色社会主义的认同）主题教育。成立市民族宗教事务服务中心，完成佛教协会、道教协会、基督教“三自”（自治、自养、自传）爱国运动委员会换届工作。开展学习宣传《中华人民共和国安全生产法》专题活动，做好加强宗教活动场所既有建筑安全管理协商议事活动。从严从实做好宗教领域常态化疫情防控工作，扎实开展安全专项整治，委托专业安全鉴定机构对 8 万平方米宗教活动场所既有建筑进行全面安全鉴定。宗教界主动服务社会，积极参与扶贫济困、敬老助残、捐资助学、支持防疫工作等社会公益慈善，全年组织各类捐赠近 100 万元。

（陈　凤）

公共安全

灾害性天气

【概况】 2021年，如皋市重大气象事件接近常年（1991—2020年，下同），主要灾害性天气有寒潮、大风、暴雨、强对流、高温、台风、雾和霾等。

【寒潮】 全年出现寒潮天气6次。其中过程最低气温出现在1月5日至8日，48小时（5日至7日）最低气温降幅11.4摄氏度，过程最低气温-9.3摄氏度，出现在8日早晨；48小时最低气温降幅最大出现在11月6日至8日，降幅为14.3摄氏度，过程最低气温2.4摄氏度，出现在8日早晨。

【大风】 全年出现大风天气19次，其中，13次为冷空气影响，3次为地面气旋影响，1次为冷空气与地面气旋共同影响，2次为高压后部影响。受影响时，风力一般为陆上、沿江江面5～7级。受强冷空气影响，11月30日出现西北大风，陆上和沿江江面风力普遍为6～8级，最大风速17.3米/秒（8级，城北街道柴湾站）。

【暴雨】 全年出现暴雨日数7天。受台风“烟花”影响，7月25日至27日出现连续强降雨过程，其中，26日20时至27日20时出现暴雨，最大降水量79.2毫米（下原站）。

【强对流】 全年全市出现强对流过程22次。其中伴有短时强降水13次，最大小时雨量72.2毫米（石庄站，6月10日）；伴有雷暴大风22次。4月30日20时至21时，受东北冷涡影响，出现8～11级大风天气，其中，最大风力出现在柴湾（11级，风速29.4米/秒）。此次灾害共造成3504人受灾，受伤25人，死亡1人，超1000间房屋受损，小麦、油菜等成片倒伏，合计直接经济损失1304.18万元。

【高温】 全年出现35.0摄氏度及以上高温日数7天，较上年减少2天；年极端最高气温36.6摄氏度，出现在7月14日。高温天气导致部分工厂企业停产停业，带来经济损失。

【台风】 全年受2次台风影响，分别为6号台风“烟花”、14号台风“灿都”。7月24日夜间至29日，受台风“烟花”影响，出现明显风雨天气，累积降水量141.4～204.1毫米（搬经镇常青站）；最强降雨时段为25日夜至27日，降雨量46.9～134.0毫米；最强风力时段出现在25日至26日，陆上和沿江江面出现7～8级大风，最大风速出现在城南街道桃园（8级，风速20.2米/秒）。9月12日8时至15日12时，受台风“灿都”外围环流影响，出现较强风雨天气，累积雨量11.5～26.0毫米（城北街道柴湾站）；陆上和沿江江面出现6～7级大风，最大风速出现在搬经镇（7级，风速16.0米/秒）。

【雾和霾】 全年出现霾日数18天，比上年少15天；大雾日数33天，比上年少1天，其中，浓雾天气9次，强浓雾天气10次，特强浓雾天气5次。出现雾和霾天气时，大气维持静稳状态，对污染物稀释、扩散不利，空气质量相对较差。

（王剑林）

防灾减灾

【概况】 2021年，如皋市主要遭受“4·30”大范围强对流灾害天气、第6号台风“烟花”、第14号台风“灿都”等自然灾害袭击，累计受灾农作物12.16公顷，受灾人口9155人，直接经济损失1104.18万元。年内，市应急管理局组织市级相关职能部门，汛前认真落实防汛措施，备足防汛物资；汛中及时贯彻落实各级防汛防旱指令，合理调度应急力量，第一时间开展救援，及时统计上报灾情；汛后积极开展灾后恢复重建和隐患排查治理。长江镇、江安镇、石庄镇等重点镇区，对防洪排涝设施、沿江堤防、闸站、长江岸线的水利工程建设情况进行多轮检查排查，并采取维修加固措施。

【气象灾害防御】 年内，市气象局成立气象服务工作领导小组，做好重要节点、灾害性天气的预报、监测和预警工作。全年更新手机短信预警责任人1318人，预警信息发布实现到村到户到人。开展气象服务应急演练6次。针对“4·30”极端大风天气开展叫应服务，全年发布、继续发布、变更各类气象预警信号97次，发送手机气象短信170万余条，通过微博、微信发布气象信息3629次。面对汛期复杂天气，加强与市市域治理现代化指挥中心、市应急指挥服务中心、市应急管理局、市水务局等部门会商研判，密切监测水情、雨情。市气象灾害防御领导小组办公室先后启动重大气象灾害应急响应7次，其中，Ⅱ级响应1次、Ⅲ级响应3次、Ⅳ级响应3次，保障安全度汛。加强对施放气球监管，重大节假日期间对城区和东陈镇、丁堰镇等镇开展专项巡查。开展防雷安全宣传进企业等专项活动，完成重点监管单位防雷安全执法检查82家，全市未发生防雷安全生产事故。完成市应急救援指挥中心突发事件预警信息发布平台建设并通过验收，开始试运行。

【防汛抗旱】 年内，市防汛抗旱指挥部科学调度全市水利工程，有效增加河道水资源，改善城乡水环境。在沿江储备编织袋15.19万只、土工布1.24万平方米，木材200.9立方米、铁丝8720千克、块石2.12万吨，配齐移动防汛抢险器械。组织各防汛单位开展汛前检查，对江苏熔盛重工有限公司四号坞西侧坞壁场地塌陷处，申请中央资金120万元及时修复。投入防汛经费100万元，对长江永平闸段进行应急处理抛石抢护；投入100万元，用于焦港闸上下游深塘应急抢险工程省级块石归还；争取经费76万元用于增补防汛物资。年内，如皋市屡遭暴雨和强对流天气影响。7月26日夜间3点40分，如皋市长江高潮位5米（废黄河高程），为1997年以来最高纪录。7月至9月，台风活动频发，其中6号台风“烟花”、14号台风“灿都”对如皋市带来较大影响。受台风天气影响，如皋市出现大风暴雨等极端天气，部分河道水位出现短时超警。全市各级防汛部门科学调度水利工程，坚持24小时值班，深入江堤一线巡查，及时掌握雨水工情和防汛动态，加强水利工程检查督查，快速治理险工隐患，安全度汛。2月、11月，组织开展沿江水利工程汛后检查，制订岁修工程计划。

【森林防火】 年内，市自然资源和规划局有序推进森林火灾风险普查工作，完成11个小样地标准地预选工作。联合市应急管理局、消防救援大队和如城街道开展森林防火应急救援演练。对辖区内长江两岸及高速公路、国省道两侧绿色通道开展全面摸底调查，建立巡查台账。全年出动34个小组、68人次，检查各镇（区、街道）森林防火工作，排查森林火灾风险隐患5个，年内全部整改到位，实现森林火灾零发生目标。

【地质灾害防治】 年内，市自然资源和规划局编制完成《如皋市“十四五”地质灾害防治规划》，为112家企业提供地质灾害危险性区域评估查询，并出具地质灾害评估报告。汛期及时组织各镇（区、街道）对重点区域进行重要工程、交通干线等巡查，未发现地质灾害隐患点。全年未发生地质灾害。

（陈聪颖　王剑林　贾浩珍　郑淑一）

农产品质量安全

【概况】 2021年年末，全市有绿色食品34个、有机农产品14个、省级绿色优质水稻基地14个、省级绿色优质小麦基地8个、省级绿色优质黑塌菜基地1个，拥有农产品地理标志证明商标6个（如皋盆景、如皋黑塌菜、如皋白萝卜、如皋萝卜干、如皋香堂芋、白蒲黄芽菜）、农业农村部农产品地理标志登记产品2个（如皋黄鸡、下原蘘荷）。绿色优质农产品占比65.9%，其中绿色食品基地面积1.37万公顷、有机产品基地面积276.39公顷、省级绿优基地面积3.9万公顷。年内，市农业农村局开展“万户农业规模主体监管行动”，推广省农产品质量追溯平台，累计注册企业1775家，目标任务完成率109.38%，抽检覆盖率百分之百；开展督查巡查近9000次，巡查覆盖率百分之百；出具追溯标签76万余张、二码合一合格证55万余张、合格证7万余张，实现入网主体日常监管、产品质量追溯和生产经营档案电子化管理全覆盖。3月，如皋市被省食品安全委员会授予农产品质量安全市称号。

【种植业农产品质量安全】 年内，全市新认证绿色食品企业16个、绿色食品17个，种植总面积9885.92

公顷。新增省级绿色优质小麦基地8个，面积8920公顷；新增绿色优质黑塌菜基地1个，面积1873.3公顷。新官紫桃、如皋黑塌菜年内通过农业农村部农产品地理标志登记产品评审。全年定性检测果蔬样品10万余份，定量检测果蔬样品1000余份，检测合格率均超过99%。

【畜禽产品质量安全】 年内，市农业农村局在全市开展牛羊“瘦肉精”专项整治、禽蛋质量安全监测与监管、惩处违法违规调运生猪行为百日巩固行动等专项活动，与经营户签订承诺书（责任状）2688份。在养殖环节，抽取羊尿样1341份、猪尿样2376份；在屠宰环节，抽样检测生猪尿样1.1万份、肉牛尿样836份、肉羊尿样1245份，检测出肉牛尿样中克伦特罗阳性1例，并移交公安部门调查处理。开展畜产品例行监测和监督抽检，全年检测样品340份。全市产地检疫生猪32.35万头、牛羊2.万头（只）、家禽1875万羽，屠宰检疫生猪17.94万头、羊2.81万只、牛3607头、家禽150.15万羽。对全市9家屠宰企业（生猪屠宰企业5家、牛羊禽屠宰企业4家）开展日常督查，发放整改通知书3份。对兽药饲料生产、经营、使用环节开展业务指导，规范生产经营使用行为。

【水产品质量安全】 年内，市农业农村局开展水产品质量安全宣传，发放资料61份，培训指导52人次。检查生产经营企业31家，出动执法人员116人次。抽检样品58个，其中省级12个、南通市级7个、如皋市本级39个。开展水产苗种产地检疫工作，受理水产苗种生产单位检疫申报5次，出具水产苗种产地检疫合格证明5份，均用于增殖放流。

（刘金宁）

食品安全

【概况】 2021年年末，全市有持证食品生产企业303家，在业247家，其中，肉制品加工企业58家、白酒生产企业6家、食品添加剂生产企业6家、食用植物油生产企业1家、乳制品生产企业1家；有持证小作坊248家，在业168家，其中，肉制品小作坊107家、豆制品小作坊31家、糕点小作坊18家。有食品销售单位1.3万家，其中特殊食品销售单位671家；餐饮服务单位（持许可证＋微型餐饮）7638家，其中各类食堂598家。年内，如皋市推进基层食品安全委员会办公室标准化建设，划定食品安全网格，将协管员纳入基层综合治理“网格”。开展食品安全风险隐患排查治理，实行农村集体聚餐食品安全风险会商机制，推进学校食堂“互联网＋明厨亮灶”工程。组织开展食品安全宣传周活动，举办各类宣传活动15场次。开展食品安全城市创建宣传活动，树立大型墙体广告25处，张贴宣传标语148条，电子显示屏宣传56处，设立高速公路高炮广告2处，发布宣传短信155.7万条，制作食品安全常识宣传短片1部。开展食品市场专项整治等行动4次，处置各类食品安全事件8件。

【食品安全监管】 年内，市市场监管局组织全市在业食品企业参加国家市场监管总局“食安员”App考试76次，累计参加企业247家，考试合格638人，合格率百分之百。督促在业企业自查覆盖率百分之百，自查报告率百分之百。在露酒、黄酒、大桶水、粮食加工品、糕点等生产企业推进食品生产电子追溯系统，全市建立食品安全电子追溯体系企业108家，占全市在业食品生产企业43.7%，其中肉制品、乳制品、食用油脂、白酒、食品添加剂生产企业全覆盖。规范和提升小作坊食品生产经营，获评省“名特优”食品小作坊5个，累计5个；获评南通市示范小作坊21个，累计27个。对在业小作坊抽检，抽检146家、277批次，其中1批次糕点、2批次配制酒、1批次肉制品抽检不合格。提升食品抽检实效及后处置效果，抽检1.17万批次，不合格223批次，合格率98.1%，其中农产品专

11月2日，市市场监管局工作人员走进市实验小学，开展食品安全宣传活动

（市市场监管局 供图）

项抽检 742 批次，不合格 78 批次，合格率 89.5%。农产品、普通食品公示率百分之百。全年收到不合格报告 317 份，处置完结 169 件，3 个月内核查处置率百分之百。

【食品安全专项整治】 年内，市市场监管局对辖区内 164 家学校开展春、秋季食堂专项整治，推进所有学校食堂，在明厨亮灶率百分百基础上，落实“互联网 + 明厨亮灶”要求。推进校园安全守护行动，检查校外食品销售经营者 293 家、校外餐饮服务经营者 165 家。开展保健食品行业专项清理整治工作，检查保健食品经营单位 1515 家，举办科普宣传 65 场次，参加人数 2151 人次，发放宣传材料 2748 份。推进婴幼儿配方乳粉质量安全提升专项行动，检查经营单位 353 家次，发现经营资质问题 2 个、经营行为问题 9 个，年内均按要求整改到位。做好特殊食品专区专柜规范化经营工作，促成商场超市、药店、母婴店和食杂店 4 种类型共 53 家特殊食品经营单位全面达标。

药械妆安全

【概况】 2021 年年末，全市有零售药店 512 家；第二、第三类医疗器械批发药店 464 家，第二、第三类医疗器械零售专卖店 120 家；化妆品重点监管单位 196 家；医疗机构 569 家。年内，市市场监管局办理药械妆简易案件 341 件，罚款 1600 元。移交其他部门案件 6 件。移送稽查执法立案办结 58 件，罚没金额 92.86 万元。其中药品类 17 件，罚没 59.27 万元；医疗器械类 32 件，罚没 23.3 万元；化妆品类 9 件，罚没 10.29 万元。查处药械经营使用单位未明码标价、商业贿赂、虚假宣传等案件 17 件。

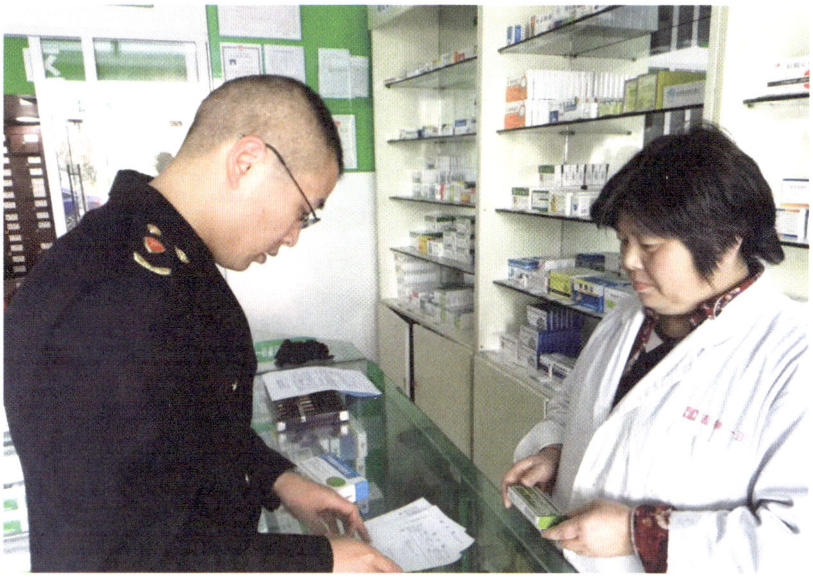

11 月 2 日，市市场监管局丁堰分局执法人员对药械经营单位开展常规检查

（市市场监管局　供图）

【药品安全】 年内，全市新开零售药店 60 家，注销 31 家，变更 163 家，停止营业 16 家，配备执业药师药店由年初 453 家增至年末 482 家，执业药师配备率由 91.89% 提高至 94.14%。市市场监管局对零售药店检查实现全覆盖，重点对新开办、第二类精神药品零售、血液制品及质量体系重大变化、存在重大风险隐患或被行政处罚等单位加强监管。强化医疗机构药品质量检查，三级医院检查覆盖率百分之百，二级及以下医院检查覆盖率 97.88%。全年发出整改意见书 920 份，责令改正通知书 321 份，整改问题 2233 个。完成 120 个批次药品抽验任务。开展中药饮片整治、新冠病毒疫苗监管、含兴奋剂药品零售检查及城乡接合部药品流通专项检查。上报药品不良反应报告 1882 份。开展“平安药店”创建工作，将药店采购、销售、处方药管理、不合格品处理、广告、疫情防控等 15 个方面内容，列入平安药店创建要求，评选“平安药店”参创先进单位 16 家。

【医疗器械安全】 年内，市市场监管局对植入类医疗器械经营企业实施全覆盖检查。对医疗器械批发企业三级监管检查全覆盖，对二级以上医疗机构医疗器械质量检查全覆盖，出具整改意见书 715 份，责令改正通知书 161 份，整改问题 680 个。组织避孕套、装饰性彩色平光隐形眼镜、无菌和植入性医疗器械、新冠病毒检测试剂、“清网”行动等专项检查。上报医疗器械不良反应报告 744 份。

【化妆品安全】 年内，市市场监管局重点检查美容美发场所、大型商场超市、专卖店、集中交易场所、儿童化妆品使用场所等 365 家次，出具整改意见书 29 份、责令改正通知书 5 份，整改问题 36 个。完成化妆品监督抽样检测 14 个批次，全部合格。上报化妆品不良反应报告 60 份。

特种设备安全

【概况】 2021 年，市市场监管局细化特种设备安全生产职责，检查特种设备使用单位安全生产工作 58

家次，发现安全隐患113条，全部整改闭环。通过智慧监察系统与全市4738家特种设备使用单位签订安全生产主体责任告知承诺书，开展自查自改工作，隐患整改到位率百分之百。持续开展“百团进百万企千万员工”“安全生产月”“安全宣传五进”“领导干部说安全”等活动，开展安全宣讲近100场次，宣讲受众1000人次。组织市特种设备安全生产专业委员会成员单位开展联合检查，跨部门检查企业212家，所有问题隐患均整改闭环。

【特种设备安全监管】 年内，市市场监管局推动特种设备使用单位企业云平台开户率百分之百。完成年度监督检查4212家，隐患整改4459条。推进开工告知、检验缴费、注册登记网络化，全面实现不见面审批。依托监管平台预警功能，提早发现超期未检和逾期未整改隐患情况，督促各使用单位完成整改。将254家特种设备重点使用单位列入现场安全监督检查计划重点，摸排重大风险点，建档立册。通过安装高清摄像头实现气体充装单位全天候“阳光充装”。开展对燃气管道多轮专项排查，全年检查23家，发现隐患39条，均整改到位。配合南通市市场监管局特种设备安全监察处对辖区气站进行分等定级检查，认定A级气站2家。开展特种设备“安全生产月”活动、特种设备“大排查大整治”活动、快开门式压力容器“回头看”、起重机双限位加装等专项整治，全面推行电梯无纸化维保、电梯鼓式制动器隐患排查工作，按序时进度完成各项整治任务。在南通市率先开启电梯安全监管综合平台试点工作，完成电梯救援维保电话“96333”公示牌、检验检测合格标志更新工作。推进全市在用叉车、起重机全面安装声光报警。组织人员参加南通市特种设备安全监察人员知识更新培训暨特种设备监察人员业务技能竞赛，获团体第二名；参加南通市叉车司机职业技能竞赛，获团体三等奖。9月16日，南通市燃气压力管道事故应急演练现场观摩会在长江镇召开。

（张　妍）

网络安全

【概况】 2021年，如皋市全力构筑网络安全绿色屏障，在南通市率先建成网络安全应急指挥中心。紧扣《如皋市网络安全统筹协同工作制度》，协调各镇（区、街道）、各部门建立健全党委（党组）网络安全工作领导机构，配备网络安全专员，开展全市互联网资产普查、弱口令专项整治行动、人脸识别应用安全专项监督检查、互联网信息系统自查整改等活动。按月对市行政审批局、教育局、水务集团、城管局、卫健委等单位开展网络安全检查。现场督查网络信息系统运行情况，针对密码设置等可能出现安全问题的环节及网络安全责任制落实情况提出整改意见，现场下发交办单。持续聚力打造“皋城网安”品牌，常态化开展网络安全宣传和检查活动，推动网络安全进社区、进企业、进校园等，以通俗易懂、喜闻乐见形式宣传网络安全知识和防护技能。市委网信办获南通市庆祝中国共产党成立100周年网络安全保障工作先进集体称号。10月11日，南通市网络安全宣传周（如皋专场）开幕式暨网络安全应急演练在如皋举行。

【网络意识形态安全】 年内，如皋市加强党对网络意识形态工作全面领导，推进网络意识形态工作责任制落实，全市网络意识形态领域总体平稳有序、积极向上。把网络意识形态专项检查纳入市委巡察范围，分批次、有针对性地对市水务局、人民检察院、交通产业集团等部门开展网络意识形态专项检查，从严从紧从实推动整改取得实效。开展市互联网企业党群服务中心建设，至年末，进入文化氛围布置阶段。10月30日，如皋高新区互联网企业“红领”党务通工作室揭牌成立。华夏电影数字展示馆被确认为省级网络文明素养实践教育基地建设单位，小咖秀（江苏）科技有限公司被确定为南通市级网络文化传播示范基地。

【网络综合治理】 年内，如皋市推进网络综合治理体系建设，下发《关于加快建立如皋网络综合治理体系的实施意见》，建立责任清单。成功处置上级网信部门交办网络举报线索12条、市内举报线索15条，紧急核查救助自杀网民5人次，查找失联未成年人7人次；教育批评违规网民27人次，侦办涉网案件8起。市文体广电和旅游局查处擅自从事互联网上网服务经营活动案1件，核查移交市公安局网监大队淫秽网页线索2条。市市场监管局查办违法违规营销案件9起，年内结案8起，罚没款27万余元。关停影响健康网络生态的微信公众号1家。开展清朗系列专项行动，汇总编印《如皋市互联网系统“学讲话、学法规”简明读本》；对全市自媒体平台实施“每日好帖推荐”制度，推动各自媒体平台提高正能量信息传播比例；组织开展年度自媒体“十佳”网络正能量传播案例评选；联合如东县委网信办开展“赓续红色基因，共建清朗空间”庆祝建党百年网络人士红色教育主题活动。成立“如e净网”互联网违法和有害信息举报工作室，制订网络辟谣联动工作机制实施方案、网络信息管理联合执法协作机制，全年接收各类有害信息举报1万余条。打造清朗网络空间卡通形象“如小朗”，制作网信普法动画片《你好，如小朗》，开展“法润雉水、如e净网”网信普法进社区活动。案例“小舆情里的大民生”被南通市委网信办录用。9月9日，如皋作为南通县（市、区）唯一代表接受并通过省委网络综合治理体系建设督查组督查。

【网络安全保卫】 年内，市公安局侦办网安类案件49起，比上年上升308%；抓获违法犯罪嫌疑人141人，比上年上升683%；检查涉网单位166次。破获南通市首例伪造人脸识别认证技术和南通市首例利用黑客技术盗取比特币新型网络案件2起。组建专班，严打网络水军，刑事处理4人。市公安局网络安全保卫大队被省公安厅记集体三等功。市市域治理现代化指挥中心进一步夯实网络安全工作，提高计算机网络与信息安全保障能力和防护水平，投入58万余元建设终端响应平台，提高终端病毒、木马、入侵攻击等威胁防御能力，有效防御网络病毒感染与传播。部署互联网出口区防毒墙，有效拦截网络病毒和恶意代码1万余次。通过网络态势感知设备，抓取上网流量，对监测到的病毒和威胁及时向相关单位进行通报并提出处置建议和意见，全年下发网络安全事件通报12期。规范开展网络安全等级保护测评工作，掌握重要系统的安全状况，排查安全隐患1处、薄弱环节2处，及时整改，并加强安全保护管理措施和技术措施。

（史勇华　马晓梅　许晓益）

交通安全

【概况】 2021年年末，全市有机动车38.48万辆，比上年新增1.69万辆。其中，大型汽车1.12万辆，小型汽车31.81万辆，摩托车、低速车等5.55万辆。有机动车驾驶人56.12万人。年内，市公安局受理车驾管业务77.72万余起，办理新车上牌2.46万辆，完成驾驶人考试6.02万人次。打造“三千米”便民服务圈，建立“警保”“警医邮”合作站点23家，在基层派出所增设车驾管业务窗口，推行“线上办、一窗办、就近办”服务，车驾管实体业务办结率比上年提升12%。全年查处各类交通违法88.73万起，其中，酒驾醉驾1482起，农村载客汽车超员888起，超载超限5028起，涉危涉化363起，行人及非机动车违法10.96万起。“110”报警服务台接报交通类警情5.19万起，比上年上升23.97%；发生亡人事故118起，比上年下降44.34%；重大交通肇事逃逸事故连续四年保持全破。全年未发生死亡2人及以上和涉危涉校交通事故。市公安局交通管理经验在全省城市交通管理现场会观摩交流，市公安局交警大队事故处理中队被省公安厅表彰为新时代江苏公安交警基层所队标杆单位。

【交通秩序提升】 年内，市公安局会同教育部门加强“小手拉大手”宣传教育，利用自建短信平台、行业协会信息渠道强化对客货运重点驾驶人、农村地区车主和驾驶人“点对点”提示，制作道路交通安全警示教育片《职与责》及系列微视频16条，以案说法、以案示警，被公安部交管局微博、央视频、“学习强国”平台等媒体推广24条次。定期曝光违法、事故驾驶人和企业名单。邀请人大代表、政协委员、知名版主、热心网友等为网络“观察官”“监督员”，建立“文明交通啄木鸟”议事群，对群内反映的交通信号设置、道路交通隐患、违法线索举报等及时跟踪处理、反馈处置情况。研究制订《高质量文明城市建设城区交通秩序综合提升专项行动方案》，推动全市党员干部、公职人员开展“走在文明前列，争做文明表率”活动。抽调警力3.1万人次在城区常态开展交通秩序整治，通过全国文明典范城市及文明城市国家级和省级测评。全年完成各类交通安保任务276次，保障惠政路龙游河跨线工程、海阳路福寿路转盘拆除改造等70余项城建工程项目

11月24日，在如城街道福寿路与益寿路交叉路口值守的交警，对未按规定佩戴安全头盔行为现场查纠　（吴环宇　摄）

实施。

【道路交通安全隐患整治】 年内，市公安局落实“一镇一中队，一村一辅警”，推进道路交通安全“生命防护工程”。投入1.3亿元对如皋境内22条县道全线及214个事故多发点位进行安全隐患治理，实现辖区国道、省道沿线全线亮化。打造“零事故”重点运输示范企业，采取物理隔离法、声像防控法、警企联动法等精准防控措施，全面推动运输企业自主防控体系提档升级。在主城区新增、出新停车泊位2852个，增设、更新交通标牌710块，出新、施划交通标线6.86万平方米；为全市563辆工程运输车加装安全防护设施。全年清理重点隐患车辆489辆、驾驶人证件905本。

（马晓梅）

消防救援

【概况】 2021年年末，市消防救援大队下辖消防救援站9个，其中年内新建3个（搬经镇政府专职消防救援站、江安镇政府专职消防救援站、白蒲镇政府专职消防救援站）；建有派出所保安消防队8个。年内，市消防救援大队深化岗位练兵，依托训练设施探索实战化训练，全年开展灭火演练172次，修订应急预案291份。接警1852起，投入警力1.9万人次、车辆4279辆次，处置火灾1137起，抢救被困人员228人，成功处置南通永联包装材料有限公司、菲斯特金属表面处理厂火灾等事故。

【消防监督执法】 年内，市消防救援大队检查单位3202家，发现火灾隐患4497处，整改火灾隐患4385处，下发责令改正通知书2154份、行政处罚决定书316份、临时查封决定书85份，责令“三停”（停止施工、停止使用、停产停业）46家。组织火灾调查33起，完成4个挂牌督办重大火灾隐患整改销案，协助办理失火罪1起。开展冬春火灾防控、小作坊专项治理及高层住宅小区达标建设等专项治理活动，通过采用物理隔离、人员搬离、临时查封、宣传告知等综合性措施，加大对隐患单位和区域整治力度。执行分片包干、常态化错时检查等工作标准，采取工作约谈、媒体曝光、死看死守等超常规措施，对苏浙大市场、东大街和白蒲老街古建筑群、红十四军纪念馆、安置小区等重大（区域性）火灾隐患单位、突出风险源进行集中攻坚。组建“蓝精灵”服务队实施“夕阳红工程”，帮助412名独居残障老人检查清除家庭消防安全隐患。推进社会单位落实火灾技术防控措施，安装电气火灾监控系统44套、电动车智能充电桩324套、独立式烟感报警器631个、简易喷淋设施238套，完成5万平方米以上大型商业综合体消防安全管理达标验收。

【消防宣传】 年内，市消防救援大队消防站接待受教育群众1.2万人，深入企业、农村、社区、学校、机关、家庭开展消防宣传312次，指导社会单位开展消防演练512次，向群众发放消防宣传手册、卡片13万余张，结合重点单位例会培训消防安全责任人、消防安全管理人、危险物品从业人员、特殊岗位人员1万余人次。加强消防宣传阵地建设，在如城街道文峰城市广场旁建成全市首座消防主题公园，建成微型消防体验点3个。

（尹 颖）

安全生产

【概况】 2021年，全市发生生产安全事故5起，死亡5人，比上年均下降37.5%。其中建筑施工类2起，与上年持平；冶金机械等八行业发生事故3起，比上年减少3起、下降50%。未发生一起死亡2人（含2人）以上安全生产事故。

【安全生产责任制落实】 年内，如皋市进一步落实各级领导责任，制订《市委常委会成员、市政府领导班子成员2021年安全生产重点工作清单》，各镇（区、街道）和部门同步参照制订。重大节日、重要时段各级领导干部开展带队督查形成常态。夯实部门监管责任，落实安委会工作规则，坚持每季度至少召开一次全市安委会全体（扩大）会议，每月召开一次安委会成员单位联络员会议。健全完善安全生产考核体系，先后制定出台安全生产考核办法、考核细则和考核评价指标文件。强化企业主体责任，持续开展企业安全生产主体责任告知承诺专项行动，深入开展行业企业安全管家能力提升行动，通过现场组织培训、考核、亮相、点评等形式，督促企业安全管理人员提升业务能力和管理水平。

【安全生产专项整治】 年内，如皋市聚焦全市25项、重点行业领域93项、各板块73项安全生产重点工作，以及贯彻落实国务院安委会明确的树牢安全发展理念、安全隐患排查整改和安全生产基层基础3个方面突出问题，化工行业、粉尘涉爆、公路水路运输、危险化学品企业搬迁、建筑施工和燃气5个重点行业领域24项重点任务和消防、特种设备、危废处置3个重点领域12项工作任务推进安全生产专项整治。成立4个督查组，每月抽取1个重点行业，对行业主管部门和14个板块开展全覆盖督查，推进专项整治重点任务落实落地。开展危险化学品使用安全专项治理工作，对全市2476家涉及危险化学品使用企业检查1.03万家次，查出问题隐患1.05万条（年内整改到位9899条），立案查处459件，实施行政处罚741.74万元，其中对化工行业、医药行业共17家危险化学品检查74家次，查出隐患374条（年内整改到位272条），立案调查企业19家次，实施行政处罚39.25万元。开展违法违规“小化工”“小字头”、停产停业企业长效治理，发动部门执法人员和镇、村、组三级干部1668人次，检查小企业、小作坊5297家次，未发现违法违规“小化工”“小字头”及停产停业企业（个人）。

【安全生产行政执法】 年内，市应急管理局深入开展事故分析研判，针对事故易发时段、类型和原因，持续开展专项执法，倒逼企业对安全风险突出、事故易发环节进行管控消除。对全市生产安全事故情况进行全面分析、评估和研判，深究根源并形成分析报告。加强执法交流，定期开展执法案例分享活动，发布事故风险提示。保持执法高压态势，聚焦危险化学品、烟花爆竹、高温熔融、粉尘涉爆等高风险领域和薄弱环节，开展“安全生产执法365行动”，惩治各类违法违规行为。全年行政处罚立案549件，比上年上升35.56%；处罚999.71万元，比上年上升9.13%，其中，行政处罚10万元以上案件5件、20万元以上案件4件。

【安全生产宣传培训教育】 年内，市委常委会、市政府常务会议讨论安全生产议题18次，传达学习各级重要会议精神，研究部署安全生产工作。市委理论学习中心组全年召开集中学习会4次、专题研讨会1次，学习习近平总书记关于安全生产重要论述精神、观看《生命重于泰山》安全生产宣教专题片等。深入企业开展“百团进百万企业千万员工”学习宣讲活动620场次，受众4万余人。以“落实安全责任、推动安全发展”为主题，开展安全生产月活动，发放宣传资料2.3万份。在全市开展新修正的《中华人民共和国安全生产法》宣传贯彻等活动。对全市659家规模以上工贸企业、68家涉爆粉尘企业、110家高温熔融企业主要负责人和安全生产管理人员开展安全生产基础知识测试2轮，参加测试1664人次，低于70分补考517人次，60分以下约谈28人次。

9月14日，市委书记、如皋开发区党工委书记何益军（左四）率队对企业开展安全生产大排查大整治专项行动　　（邱宇　摄）

【工业企业安全生产风险报告工作】 年内，市应急管理局将工业企业安全生产风险报告工作与标准化建设、专项整治和执法检查等有机结合，先后组织召开动员部署会议和专题培训会议9次，“风险报告系统”企业目录中的5788家企业于三季度全部完成报告工作。根据各板块、各企业安全生产风险报告情况，分析研判全市安全生产基本情况，开展“线上巡、线下查”风险报告信息核查活动，保证风险报告质量。组织开展风险报告三级复查复核活动，全覆盖检查重点领域企业风险管控措施落实情况。开展风险报告专项执法活动，以风险报告管理规定为依据，立案处罚76家次。

应急管理

【应急管理体系建设】 2021年，如皋市建成市应急指挥服务中心，实现与国家、省、南通市和14个镇域治理中心互联互通。14个镇（区、街道）建成镇级治理中心，对辖区重点园区、重点企业、重点路段和重点卡口实时监控，实现处置各类突发事件“一张图指挥”。科学应对“4・30”大范围强对流灾害天气、6号台风“烟花”等灾害天气袭击，第一时间将省、市、县三级救灾资金，拨付到受灾群众手中。

【应急预案修订】 年内，如皋市构建县镇村企4个层次应急救援预案体系。市政府将应急预案编制工作列入年度安全生产目标责任考核重要内容，制订总体应急预案1个、部门专项预案30个；14个镇（区、街道）编制完成总体预案14个、各类专项应急预案182个、个性预案23个；辖区所有村（社区）全部完成现场处置方案修订；4600余家企业完成综合预案、专项预案和现场处置方案修订。

6月27日，如皋市防汛暨危险化学品事故应急救援演练在南通阳鸿石化储运有限公司举行
（市应急管理局　供图）

【应急预案演练】 年内，全市各市级部门、14个镇（区、街道）分别开展各类演练活动21次、52次，4600余家企业开展预案演练并落实演练评估要求，所有村（社区）以社区志愿者为主体完成应急演练任务。6月27日，市政府在南通阳鸿石化储运有限公司组织开展防汛暨危险化学品事故应急救援演练，长江镇政府、市委宣传部、市应急管理局、市交通运输局、市公安局、市人武部、如皋生态环境局、市消防救援大队、市水务局、市卫健委和南通阳鸿石化储运有限公司联合，出动各类车辆27辆，人员180人。7月16日，南通市2021年防汛抢险暨危险化学品安全事故应急救援综合演练在长江镇百川新材料有限公司举行。南通、如皋两级应急管理局、公安局、水务局、发展改革委、生态环境局等部门单位参与演练，参演车辆42辆、人员310余人、冲锋舟（橡皮艇）10艘、移动排水泵6台，70余万人同步视频观摩。9月16日，在南通中油燃气有限责任公司举办燃气压力管道泄漏事故救援演练。市委网信办、市市场监管局、市发展改革委、市公安局、市应急管理局及如皋生态环境局等部门单位参与演练，出动消防等各类车辆11辆、人员近300人。

【救援队伍建设】 年末，全市有消防救援大队1个、国家救援站1个、兼职消防队6个。年内，市应急管理局持续强化应急队伍能力建设，14个镇（区、街道）设立应急管理和防灾减灾联动机构，推进辖区应急救援队伍建设，日常保持20人的民兵应急分队，遂行各类应急处突任务。辖区4600余家企业，结合企业安全风险现状，加强自身应急力量建设，提升自救互救能力。

（陈聪颖）

街道·镇

如城街道

【概况】 如城街道是市委、市政府所在地，是如皋经济、政治、文化、交通中心，与江苏南通国家农业科技园区管理办公室、如皋工业园区实行三套班子一体化运作。2021年7月13日，滨溪社区党总支筹备委员会正式揭牌成立。2021年，如城街道有22个村（社区）村营收入超100万元，宗岱、长港2个经济薄弱村村营收入均超50万元。大力发展特色农业，新增规模农业项目6个。新民社区"合力微治"治理品牌获评南通市首批"一村（社区）一品"新型农村社区治理十佳品牌，花木大世界通过国家花木交易服务标准化试点验收，市新星供销有限公司通过国家农业社会化服务标准化试点验收。全年实现农林牧渔业增加值4.83亿元、农林牧渔业服务业增加值3798万元。完成建筑业总产值113.56亿元，增幅6.52%；建筑业营业收入106.13亿元，占总产值比重93.46%。新增有资质建筑业企业5家，新增有资质房地产开发经营企业4家。

【城市建设】 年内，如城街道推进16号、120号、118号、265号、紫光路北延新增、强村加油站等10个新地块搬迁，全年搬迁1640户，搬迁面积63万平方米。常态化推进文明典范城市创建，突出精管善治、惠民为民，整治拆除绘园一区等老旧小区违章搭建，完成新民、紫光等安置小区外墙修复改造。东大街被列入省美丽宜居城市第二批试点项目，光华村被评为南通市美丽宜居乡村。

【生态环境保护】 年内，如城街道持续深入打好污染防治攻坚战，大气PM2.5年均浓度与空气质量优良天数比率考核居全市第二名。以"河长制"为抓手，常态化开展巡河工作，镇、村两级巡河率分别为百分之百、99.32%，位列全市第一。大力推进水环境治理，新增养鱼河道18条，龙池港被评为省生态河道。提高农业废弃物处理水平，规模养殖场粪污综合利用率98%，废旧农膜回收利用率90%，秸秆机械化还田率95%。加大农村生活垃圾治理力度，收运处理率百分之百。提升农村基础设施建设和管护水平，新增绿化造林25公顷，新建农路5千米、生命安全防护工程10千米。化解各级环境信访件153件，比上年下降14.5%，未发生省级以上环境信访事件。

【社会事业】 年内，如城街道完成居保征缴2.02万人、2762.5万元，完成率居全市第一。城镇新增就业2998人，新增创业596人。统筹推进救孤、助残、济困等民政事业发展，救助困难群众106户、18.42万元，为辖区1613名残疾人发放两项补贴1050.68万元，为7873名高龄老人发放尊老金614万元。高标准打造退役军人服务站，成功创建南通唯一国家级退役军人服务站示范点。做好信访维稳工作，接待群众信访726次，党政领导接访327次，成功化解信访问题36件。依托社会治理现代化指挥中心和长巷、秀水社区"双融合"，建立"萤火虫工作站"，实现"工作站内发现问题、'传声音柱'实时提醒、流动网格员迅速到点"工作模式，织起基层治理立体网。强化安全生产责任制落实，查处违法企业38家，企业安全培训1100余人次，未发生较大以上安全事故。

（马暄舒）

2021 年如城街道社会经济主要指标一览表

表 65

项目	计量单位	数量	增幅（%）
一、乡镇基本情况			
乡镇行政区域面积	公顷	9719	持平
居民委员会	个	23	持平
村民委员会	个	11	持平
耕地面积	公顷	2995	持平
农业机械总动力	千瓦	30252	0.59
二、人口与就业			
户籍户数	户	62069	0.48
户籍人口	人	188576	0.11
常住户数	户	88760	0.12
常住人口	人	210836	−0.21
乡镇从业人员	人	131244	0.80
第一产业	人	8523	−0.46
第二产业	人	65160	1.79
第三产业	人	57561	−0.12
三、乡镇经济			
地区生产总值	万元	3206446	8.37
第一产业	万元	48290	7.09
第二产业	万元	946679	14.02
第三产业	万元	2211477	6.15
四、农业生产			
农作物播种面积	公顷	6247	19.38
其中：粮食作物播种面积	公顷	1884	0.21
农业保险面积（种植业）	公顷	1482	14.18
市级以上农业龙头企业	家	11	持平
市级以上农业龙头企业销售收入	万元	75928	−17.08
粮食总产量	吨	11976	0.82
肉类总产量	吨	1289	−37.67
禽蛋产量	吨	745	7.04
水产品产量	吨	1877	1.62
五、企业情况			
法人企业	家	4092	35.18
规模以上工业企业	家	67	11.67

续表 65

项目	计量单位	数量	增幅（%）
法人企业从业人员	人	86150	−0.11
规模以上工业企业从业人员	人	10530	1.28
建筑业企业	家	57	9.62
建筑业企业从业人员	人	31229	26.84
六、贸易			
限上社会消费品零售总额	万元	561363	9.44
商品交易市场	个	16	−46.67
营业面积 50 平方米以上的综合商店或超市	个	135	8.87
七、财政收入			
财政总收入	万元	201035	−0.86
一般公共预算收入	万元	176133	5.10
八、社会事业			
乡镇公路里程	千米	871	2.23
金融机构网点	个	56	9.80
农民专业合作社	个	30	−61.04
农民专业合作社成员	户	2442	−85.00
学校总数	所	14	持平
小学	所	8	持平
在校学生总数	人	37760	1.21
小学在校学生	人	19810	1.59
教师总数	人	2331	1.30
小学专任教师	人	1051	1.25
幼儿园、托儿所	所	18	持平
医疗卫生机构	个	94	持平
医疗卫生机构床位	个	2400	持平
执业（助理）医师	人	650	持平
自来水用户	户	80352	43.18
提供住宿的社会工作机构	个	2	持平
提供住宿的社会工作机构床位	个	220	持平
提供住宿的社会工作机构收养人数	人	130	1.56
城乡居民基本医疗保险参保人数	人	104943	2.10
城乡居民基本养老保险参保人数	人	20192	−72.28
城乡居民最低生活保障人数	人	433	−65.36

城南街道

【概况】 城南街道位于如皋市主城区东南，与市政府毗邻，是国家卫生街道、省健康街道。2021年，城南街道实现村集体收入3451.07万元；农村产权交易涉农资金交易296笔，成交金额1751.43万元。全年化解村级债务35.3万元，比上年下降12%。新增总投资3.3亿元的重大农业项目1个（皋邻中心），新增百亩特色农业种植项目2个（申徐黑塌菜和设施叶菜项目、夏庄小微盆景项目）、养殖项目2个（左邬水蛭项目、桃林观光绿色农业项目），累计新增土地流转205.4公顷。新增高标准农田建设面积140公顷，完成率72%；新增成片造林面积40公顷，完成率200%；新增如皋市级示范家庭农场6个（浩梅家庭农场、桃花源家庭农场、鑫颖家庭农场、新沂家庭农场、顾里家庭农场和星辉家庭农场）、南通市级1个（双虎家庭农场）、省级1个（新元家庭农场），新增省级示范合作社1家（如皋鑫顺牲猪养殖专业合作社）。实现项目农业投入4.3亿元，新增投资额1000万元以上农业项目4个（皋邻中心、浩森园艺、欣洋食品二期、夏横河环境提升项目）。夏庄社区成功创建南通市乡村振兴示范村。

【城市建设】 年内，城南街道坚持以区域发展竞争力为目标，更高标准、更大力度推进城市建设。全年完成初熙路南延、讯发路西延、兴园路（桃金路—老丁磨公路）污水管道建设、桃园片区兴园路过夏横河污水倒虹管改造、左一项目污水管连接、幸福河绿化改造，完成城南小学食堂建设、围墙及室外配套工程等工程施工图设计及预算，完成夏庄社区服务中心改造。完成《高新区（城南街道）产业园区优化规划布局实施方案》和《智能制造产业园控制性详规（成片开发区）》编制工作。完成市住房城乡建设局所涉项目征地红线（6条道路＋人才公寓）、张八里花苑周边、GXQ2016-80号A等6个地块建设红线图，完成平明小区GXQ2017-101号B区地块报批，编制讯发路与马九线交叉口工程安全评审报告，完成讯发路两侧改造工程。

【生态环境保护】 年内，城南街道完成夏横河整治工程，总投资超3000万元。全年改厕806户，实现旱厕百分百填埋。全面排查摸底排灌设施，维修泵站68座，新建泵站3座，建成村（社区）污水处理站8个，完成837户分散型农户生活污水治理。整治河道10条。进一步提档升级农桥农路，对曙光西路西侧桥头村级连接线工程进行道路翻建，达到四级公路标准；整改桥梁40座。建成桃林秸秆处理点，年收集农作物秸秆1500吨，解决秸秆乱堆乱抛现象。全面改造提升三类垃圾堆放点13处，农村庭院和破落房屋整治工作全覆盖。完成新桃路东侧排水管网、明龙小区和龙游河小区雨污混接改造等工程。

【社会事业】 年内，城南街道摸排、清理各安置小区“僵尸车”86处，清理小区乱堆放、乱种植点位1856个；更新小区内移风易俗宣传栏内容132组，破损、褪色及缺失公益广告2540处；定期整理小区维修项目1624个，联络市住房城乡建设局落实质保期内维修项目34个，限期修复质保期外零星维修项目1590个。完成居民养老保险16257人，完成率100.9%；完成企业职工保险2100人，完成率151%；完成居民医疗保险37336人，实现应缴尽缴。完成平明安置房、观凤路、城南二路、青年人才公寓、茅雉河南延工程、汪明路6个征地失地农民进保451人。排查、化解矛盾741件，化解成功率98.4%。不断健全社会保障体系，累计发放各类民政补助1482.8万元、优抚补助882.57万元；继续加大对养老事业投入，为敬老院安装监控点位24个，完善敬老院硬件设施，累计投入约550万元。发放独生子女父母奖励金2817人共5.63万元、计划生育奖励扶助金4748人共448.85万元、独生子女伤残死亡特别扶助金226人共179.41万元、并发症特别扶助金10人共2.4万元。举办“书香致敬百年路·共舞追梦新征程”全民阅读活动、“奋斗致敬百年路·共舞追梦新征程”文艺巡演、“文化走帮扶·情浓敬老院”端午节文艺演出等主题活动，全年组织开展大型群众文化活动17场次，村（社区）全覆盖开展“乐一天”文体艺术节。优化公共文化服务设施，投入20万元创建南通市四星级韬奋书房及东皋书角，投入近70万元完成文化站消防设施改造。文化站对辖区内常住人口全年服务48万人次，各村（社区）综合文化服务中心累计开展各种大型群众文化活动34场次。建成马塘分院新冠病毒疫苗接种点，全年接种新冠病毒疫苗10.89万剂次。设置集中隔离点，按照分类管理要求进行管控。建成老年人友善医院机构。完成65岁以上老年人、慢性病、特殊人群健康体检1.61万人，退休人员及优抚对象健康体检832人，心血管疾病筛查2000余人；完成少儿体检6651人次。

（范海蓉）

2021 年城南街道社会经济主要指标一览表

表 66

项目	计量单位	数量	增幅（%）
一、乡镇基本情况			
乡镇行政区域面积	公顷	7812	持平
居民委员会	个	10	持平
村民委员会	个	7	持平
耕地面积	公顷	3958	持平
农业机械总动力	千瓦	24275	0.35
二、人口与就业			
户籍户数	户	18221	0.34
户籍人口	人	63809	−0.25
常住户数	户	16995	−1.05
常住人口	人	58475	−0.56
乡镇从业人员	人	32572	3.62
第一产业	人	3028	−18.62
第二产业	人	16141	10.11
第三产业	人	13403	2.67
三、乡镇经济			
地区生产总值	万元	421425	10.52
第一产业	万元	39412	6.86
第二产业	万元	215702	13.61
第三产业	万元	166311	7.61
四、农业生产			
农作物播种面积	公顷	6695	−6.39
粮食作物播种面积	公顷	4606	−2.37
农业保险面积（种植业）	公顷	3935	−0.05
市级以上农业龙头企业	个	6	50.00
市级以上农业龙头企业销售收入	万元	87603	28.71
粮食总产量	吨	32769	−0.14
肉类总产量	吨	4086	20.28
禽蛋产量	吨	721	6.97
水产品产量	吨	1146	1.60
五、企业情况			
法人企业	个	1296	12.50
规模以上工业企业	个	45	18.42
法人企业从业人员	人	175736	5.97
规模以上工业企业从业人员	人	4195	14.62
建筑业企业	个	16	23.08
建筑业企业从业人员	人	156918	2.51

续表 66

项目	计量单位	数量	增幅（%）
六、贸易			
限上社会消费品零售总额	万元	25063	19.03
商品交易市场	个	0	-100.00
营业面积 50 平方米以上的综合商店或超市	个	49	持平
七、财政收入			
财政总收入	万元	111992	9.17
一般公共预算收入	万元	67966	-0.35
八、社会事业			
乡镇公路里程	千米	404	持平
金融机构网点	个	6	持平
农民专业合作社	个	23	-69.33
农民专业合作社成员	户	4080	-80.62
学校总数	所	5	持平
小学	所	2	持平
在校学生总数	人	6140	-3.84
小学在校学生	人	3446	12.17
教师总数	人	541	27.90
小学专任教师	人	227	19.47
幼儿园、托儿所	所	5	-16.67
医疗卫生机构	个	26	13.04
医疗卫生机构床位	床	85	持平
执业（助理）医师	人	66	持平
自来水用户	户	16995	-1.05
提供住宿的社会工作机构	个	1	持平
提供住宿的社会工作机构床位	床	96	持平
提供住宿的社会工作机构收养人数	人	62	-7.46
城乡居民基本医疗保险参保人数	人	53258	0.28
城乡居民基本养老保险参保人数	人	32398	-2.38
城乡居民最低生活保障人数	人	544	-4.06

城北街道

【概况】 城北街道地处如皋市北郊，由原袁桥镇、柴湾镇所辖区域和原如城镇所辖新生、新王庄、太平、鹿门、邓元、城北、东风、庆余、普济9个社区及邵庄、陆桥、阚庄3个村合并而成，有新型社区2个（北郊花苑、柴湾小区），村民小组950个。2021年，新增规模农业项目5个，规模农业总投资4亿元。新开工星百味、久德农博园、溯源黑鱼加工项目等规模农业项目6个，续建1个（新牧牧业），总投资额9.91亿元。新增如皋市级示范农场6家，凯松家庭农场获批南通市示范家庭农场，润杰农场获批省级示范家庭农场。江苏弘玖水产有限公司、市泽宇畜产品有限公司、市皋润肠衣有限公司分别被确认为省级、南通市级、如皋市级农业龙头企业。农业保险全面完成投保任务，一般种植面积投保率超90%，高效设施农业投保率超60%。完成高标准农田1%占补平衡项目48宗、6.14公顷，推进双楼庄村省以上投资土地整理项目建设。全年经产权交易平台流转土地项目 96 个，流转面积 999.93 公顷。新增资质建筑业入库企业 3 家。完成建筑业总产值 43 亿元，比上年增长 6.9%；建筑业营业收入占地区总产值比重 61%。

【城市建设】 年内，城北街道围绕实现产业化和城镇化“双轮驱动”目标，完善产业城市空间布局。先后编制总体发展规划、控制性详细规划，探索产业集聚区、综合服务区、人口集聚区等功能分区划定。全年实施基础设施投资项目 23 个，总投资 2.52 亿元。完成惠民路（花市路—邓元路）、邓元路（惠民路—跃龙路）绿化提升工程及天杨路综合提升工程，改造道路 5 千米，新增绿化面积 10.66 万平方米。建成江苏金通灵氢能机械科技有限公司东侧规划路。开展搬迁攻坚活动，实施签约搬迁项目 11 个，签约 1816 户，签约率 97.06%。完成土地征收 2 宗、8.8 公顷，办理土地农转用 16 宗、19.33 公顷，完成土地供应 8 宗、54.36 公顷。城市精细化管理再上新台阶，优化物业管理水平，改善居住环境，维修屋面、防水修补 2460 平方米，疏通污水管网 3520 米，维修路面 1251 平方米，消除外墙隐患 243 处，维修窨井盖 177 个，维修路灯 27 盏。新增停车位 667 个。开展老镇区环境秩序整治，示范推进垃圾分类，新建垃圾中转点 5 处，依法拆除破损及违规广告牌 116 块及各类小广告、“牛皮癣”。年内，通过省健康镇省级考核评估。

【生态环境保护】 年内，城北街道全面落实煤炭减控等专项措施，累计拆改 10 吨以下燃煤锅炉 72 台，拆除 20 吨燃煤锅炉 3 台、35 吨燃煤锅炉 1 台，推进 20 家铸造企业完成工业炉窑整治提升。推动双钱集团（江苏）轮胎有限公司、南通荣威娱乐用品有限公司完成 VOCs 治污设施升级改造工程，江苏泰慕士针纺科技股份有限公司、市大昌电子有限公司完成挥发性有机物综合治理。关停化工企业 11 家、搬迁 2 家，综合整治“散乱污”企业 36 家。加大对餐饮油烟直排行为限期治理力度，161 家餐饮企业油烟净化装置全部安装到位。推进水环境片区化治理先行启动区工程，南至如泰运河、西至头港河、东至如海运河、北至红旗河，总面积 17.5 平方千米，涉及三级河道 1 条、四级河道 18 条。疏浚、治理重点流域、黑臭水体河道 24 条。推进“333”（以“三消除”“三整治”“三提升”为主要内容的城镇污水处理提质增效、精准攻坚行动简称。“三消除”即消除县城建成区黑臭水体、污水直排口、污水管网空白区；“三整治”即整治工业企业排水、“小散乱”排水、阳台和单位庭院排水；“三提升”即提升城镇污水处理综合能力、新建污水管网质量管控水平、污水管网检测修复和养护管理水平）行动，对丰登路以西、通扬运河以东、如泰河以北、起凤路以南区域 2.47 平方千米范围内 1 个省级市场、2 个商业开发小区、1 所学校、12 处老小区、2 家企业，实行雨污分流改造；督促搬迁地块、建设工地严格落实扬尘管控措施。不断完善村社区网格化巡查监管机制，压降环境信访总量。建立生活垃圾临时堆放点 21 处、生产垃圾临时堆放点 8 处、建筑垃圾临时堆放点 19 处、市级农膜农药收购点及农膜回收点 2 个，常态推进村（社区）垃圾中转点建设，万新社区等 5 个村（社区）垃圾中转点建设到位，新增新型垃圾分类车辆 14 辆、垃圾分类收集桶 2000 只。

年内，城北街道以治水为重点，全面开展环境整治。图为里庄村河道整治成果
（城北街道　供图）

【社会事业】 年内，城北街道临时救助城乡低收入群众 187 人，发放临时救助金 39.05 万元；慈善救助 514 人，救助金额 97.59 万元。为 3705 个独生子女家庭兑现父母奖励金 12 万余元，关怀计划生育特殊家庭，走访慰问计生特困家庭 68 户，发放慰问金 1.2 万元。成功创建国家级示范退役军人服务站，建成五星级村级退役军人服务站 10 个；全年慰问走访退役军人 878 人，发放慰问金 13 万余元；优抚对象临时救助 130 人，发放救助金 20.28 万元。深化医疗卫生体制改革，推进国家基本公共卫生服务项目，印发健康教育宣传资料 492 种；建立居民电子健康档案 13.34 万份，建档率 91.53%；新增叶酸服用人数 978 人，发放叶酸 3610 瓶。完成新冠病毒疫苗接种 22.94 万针次，18 岁以上人群首针完成率 81.38%，全人群

首针接种率80.27%。如皋师范附属小学开发区校区开工建设。实验中学乒乓球社团获南通市比赛团体第一名；实验小学啦啦操社团参加国家级比赛获冠军2项，科技社团参加国家级赛事获一等奖6人次；第三实验小学轮滑球社团获省级赛事冠军、国家级赛事亚军；实验幼儿园在省青少年科技模型大赛中获一等奖；第三实验小学京剧社团节目《迎来春色换人间》获省级比赛参赛资格。推进"四好农村路"创建工作，常态化整治农村公路沿线乱搭乱建、乱堆乱放和运输车辆遗抛撒漏等行为，新建平园池村环村道路，打造安全路、生态路、旅游路、文化路和产业路"五路合一"样板工程。新增平园池、阚庄村2个嵌入式养老服务综合体，实现居家养老服务站全覆盖；建设智慧养老工程，每月上门服务80岁以上老人8904人次。深入开展公墓改造提升工程，全面改造村级公墓14个，新增骨灰存放架格位6520个，进墓率94%。

【平园池村党总支获评省乡村振兴先进集体】 年内，平园池村党总支被省委、省政府表彰为全省乡村振兴先进集体。

平园池村党总支因地制宜，创新思路，按照"建载体、联党员、带农户、助增收"原则，运用"党建+"模式，通过土地流转、资源整合、招商引资等形式调整农业产业结构，发展乡村旅游，增加村集体收入，推动村集体经济发展；成立劳务合作社，加快村剩余劳动力转移步伐，定点靶向为各类经营主体提供劳动力，每年增加村民务工收入400余万元；进行"田水园林路"综合改造整治，打造生态宜居美丽家园；开展每年一度"荷花节""菊花节"等节庆活动，吸引游客观光旅游，为当地特色农副产品销售搭建平台。年内，扎实开展好"我为群众办实事"实践活动，累计投入近3000万元，从产业配套、村庄环境、移风易俗、交通出行、文体卫生等方面入手，实施村庄道路扩宽、会车点建设，河道生态治理，居家养老建设等工程12个。6月，成功举办如皋平园池第五届荷花节暨乡村振兴培训学院揭牌仪式，被江苏广电总台《乡村宝藏》节目报道。平园池村被授予省基层党组织书记实训基地、省主题创意农园、南通市乡村振兴示范村、南通全面建成小康社会暨决战"过万亿"先进集体等称号；平园池村党总支被评为南通市先进基层党组织，党总支书记刘炜建当选省"百名示范"村（社区）书记。

（张　翎）

2021年城北街道社会经济主要指标一览表

表67

项目	计量单位	数量	增幅（%）
一、乡镇基本情况			
乡镇行政区域面积	公顷	17070	持平
居民委员会	个	19	持平
村民委员会	个	20	持平
耕地面积	公顷	8551	持平
农业机械总动力	千瓦	85338	0.59
二、人口与就业			
户籍户数	户	52964	−0.09
户籍人口	人	163316	−0.68
常住户数	户	46809	1.04
常住人口	人	168057	−1.00
乡镇从业人员	人	83205	4.80
第一产业	人	11535	−8.02
第二产业	人	48924	6.00
第三产业	人	22746	9.88
三、乡镇经济			
地区生产总值	万元	2099818	9.22

续表 67

项目	计量单位	数量	增幅（%）
第一产业	万元	105564	7.05
第二产业	万元	1279553	12.34
第三产业	万元	714701	4.36
四、农业生产			
农作物播种面积	公顷	13021	-9.32
粮食作物播种面积	公顷	10537	1.18
农业保险面积（种植业）	公顷	8992	8.74
市级以上农业龙头企业	个	18	38.46
市级以上农业龙头企业销售收入	万元	345376	3.24
粮食总产量	吨	74628	0.69
肉类总产量	吨	5434	-32.30
禽蛋产量	吨	9286	7.03
水产品产量	吨	2039	1.59
五、企业情况			
法人企业	个	2813	11.36
规模以上工业企业	个	152	9.35
法人企业从业人员	人	77622	11.27
规模以上工业企从业人员	人	28996	11.35
建筑业企业	个	12	33.33
建筑业企业从业人员	人	6205	11.34
六、贸易			
限上社会消费品零售总额	万元	104998	38.27
商品交易市场	个	8	持平
营业面积 50 平方米以上的综合商店或超市	个	67	4.69
七、财政收入			
财政总收入	万元	143203	1.78
一般公共预算收入	万元	82283	-1.28
八、社会事业			
乡镇公路里程	千米	345	持平
金融机构网点	个	19	-34.48
农民专业合作社	个	14	-84.44
农民专业合作社成员	户	2907	-74.78
学校总数	所	8	持平
小学	所	5	持平
在校学生总数	人	13024	4.89
小学在校学生	人	7517	4.04
教师总数	人	964	2.66
小学专任教师	人	409	4.87

续表 67

项目	计量单位	数量	增幅（%）
幼儿园、托儿所	所	30	持平
医疗卫生机构	个	59	3.51
医疗卫生机构床位	床	832	-4.81
执业（助理）医师	人	334	-5.65
自来水用户	户	46809	11.75
提供住宿的社会工作机构	个	1	持平
提供住宿的社会工作机构床位	床	200	持平
提供住宿的社会工作机构收养人数	人	129	-6.52
城乡居民基本医疗保险参保人数	人	85688	-13.37
城乡居民基本养老保险参保人数	人	29966	-4.77
城乡居民最低生活保障人数	人	883	-6.36

长江镇

【概况】 长江镇位于如皋市最南端，紧邻长江下游入海口，与苏州张家港市隔江相望。镇区规划总面积204平方千米。2021年，长江镇完成村集体收入4871.5万元，比上年增长24.12%，其中22个村（社区）集体收入超100万元。建设通居“四好”农村公路7.13千米，新建一跨桥6座，维修改造桥梁11座。田王村被确认为省特色田园乡村，长青社区入围南通市产业兴旺创建计划。全年土地整理收入2452.69万元，经营服务收入265.47万元，投资收益951.43万元。镇域综合竞争力跃居全国百强第62位，比上年前移2位。

【副中心城市建设】 年内，如皋港工业园区盘活低效、闲置用地70.14公顷。投入1.3亿元实施精品城建项目15个，纬五路、德源路等主干道改造提升工程如期竣工。开通运营901、902路公交线路，连接南通主城区。金雅名都荟邻里中心如期开业，开元名都五星级酒店实现封顶。新增绿化面积0.15万平方米，提升改造龙游湾沿江生态景观带示范段堤顶路5.5千米。

【生态环境保护】 年内，长江镇全域全面推进“自己的河道自己管护”“十年禁捕”工作，入江排口“一口一策”分类整治，水上绿色综合服务区正式开放运营。上海电气一期飞灰填埋场封场项目如期竣工，化工新材料园区关停，退出企业“两断三清”（断水、断电，清原料、清设备、清场地）全部通过验收。开展扬尘、危废等环保问题专项整治。累计投入2000万元，完成郭园片区、二案老街区截污纳管、污水处理设施提升等工程。

【社会事业】 年内，长江镇全年申报灵活就业社保补贴1252人次，累计帮扶就业困难人员1181人次。如师三附、第二实验幼儿园建成启用。常住人口核酸检测完成率110%，新冠病毒疫苗首针接种率97%，列全市第一。“大数据+指挥中心+综合执法队伍”综合行政执法经验在全市推广。开展“我为群众办实事”实践活动，解决群众急难愁盼问题214个。

（范　峰）

2021年长江镇社会经济主要指标一览表

表 68

项目	计量单位	数量	增幅（%）
一、乡镇基本情况			
乡镇行政区域面积	公顷	20059	持平
居民委员会	个	27	3.85
村民委员会	个	6	持平
耕地面积	公顷	7685	持平

续表 68

项目	计量单位	数量	增幅（%）
农业机械总动力	千瓦	57225	0.59
二、人口与就业			
户籍户数	户	48966	−0.60
户籍人口	人	135735	−0.64
常住户数	户	46650	−1.15
常住人口	人	128527	−1.15
乡镇从业人员	人	92523	0.89
第一产业	人	13800	−0.63
第二产业	人	51723	0.19
第三产业	人	27000	3.06
三、乡镇经济			
地区生产总值	万元	2491941	11.96
第一产业	万元	75943	7.84
第二产业	万元	1350387	17.66
第三产业	万元	1065611	5.76
四、农业生产			
农作物播种面积	公顷	14948	30.35
粮食作物播种面积	公顷	9002	0.23
农业保险面积（种植业）	公顷	9021	22.94
市级以上农业龙头企业	个	6	持平
市级以上农业龙头企业销售收入	万元	35890	0.93
粮食总产量	吨	59539	0.12
肉类总产量	吨	5037	4.42
禽蛋产量	吨	17671	7.03
水产品产量	吨	2068	1.62
五、企业情况			
法人企业	个	1860	5.92
规模以上工业企业	个	173	13.82
法人企业从业人员	人	59712	持平
规模以上工业企业从业人员	人	29098	持平
建筑业企业	个	13	持平
建筑业企业从业人员	人	3022	25.13
六、贸易			
限上社会消费品零售总额	万元	113719	0.76
商品交易市场	个	8	持平
营业面积 50 平方米以上的综合商店或超市	个	125	4.17
七、财政收入			
财政总收入	万元	215710	13.68

续表 68

项目	计量单位	数量	增幅（%）
一般公共预算收入	万元	122640	12.63
八、社会事业			
乡镇公路里程	千米	710	0.28
金融机构网点	个	18	持平
农民专业合作社	个	123	0.82
农民专业合作社成员	户	31310	0.03
学校总数	所	10	11.11
小学	所	6	20.00
在校学生总数	人	18142	4.58
小学在校学生	人	8171	2.43
教师总数	人	1188	6.07
小学专任教师	人	361	16.83
幼儿园、托儿所	所	6	持平
医疗卫生机构	个	55	−5.17
医疗卫生机构床位	床	399	−12.88
执业（助理）医师	人	210	−16.00
自来水用户	户	44195	2.32
提供住宿的社会工作机构	个	6	100.00
提供住宿的社会工作机构床位	床	686	10.65
提供住宿的社会工作机构收养人数	人	334	59.05
城乡居民基本医疗保险参保人数	人	93379	−6.71
城乡居民基本养老保险参保人数	人	53780	0.11
城乡居民最低生活保障人数	人	794	−16.42

白蒲镇

【概况】 白蒲镇位于如皋市东南部，是全国重点镇、全国建制镇示范试点镇、省历史文化名镇、省百家名镇，是著名黄酒之乡、红木雕刻之乡。2021年，白蒲镇重点围绕液压铸造、纺织服装两大传统产业和高端装备、新材料两大新兴产业，外抓增量、内优存量，进一步优化产业结构。新增应税销售1亿元及以上企业4家，累计16家；新培育规模企业3家，累计56家。实现全部工业应税销售81.53亿元，比上年增长20.49%，其中规模工业应税销售53.8亿元，比上年增长7.8%。实现服务业应税销售16.79亿元，比上年增长39.7%。始终坚持农业农村优先发展，持续强化农业基础地位，进一步加快农业农村现代化步伐。持续加大农业龙头企业培育和招引力度，新增重大农业项目2个（总投资2000余万元的创业米厂、1500余万元的蒲新生态园农产品展厅）。新增南通市级示范家庭农场1家、如皋市级5家，合兴恒孚稻米合作社获评国家级示范社。实现城镇、农村居民人均可支配收入分别为55012元、26430元，比上年分别增长7.9%、8%。

【项目建设】 年内，白蒲镇紧盯智能装备、光电线缆、高端新材料等产业项目，强化总部经济招引，坚持“大抓项目、抓大项目”。全年新签约项目8个，其中单体投资5亿元项目1个（耀春汽车零部件）；投资额10亿元的力源金河技改项目获签约。南通市重大服务业项目江苏亿创建设工程有限公司年内建成投产，实缴税金4850万元。完成设备投入项目8个，总投资额1.4亿元。实现竣工项目7个，竣工率百分之百；转化项目11个，转化率60%以上。盘活低效用地21.4公顷，完成全年目标任务107%。

【科技创新】 年内，白蒲镇不断增强创新驱动能力，净增高新技术企业4家，新增产学研合作项目9个，新增商标申请106个，17家高新技术企业通过省知识产权贯标备案。南通德晋昌光电科技有限公司光伏组件智能制造车间获批省智能车间，江苏纽唯盛机电有限公司获评省瞪羚企业。

【小城镇建设】 年内，白蒲镇进一步提升城镇承载力、吸引力、竞争力，坚持修旧如旧、建新如旧，对老街、美国长老会旧址进行保护性修缮。完成蒲东安置小区配套工程，实现惠蒲新世纪北区主体工程全部封顶，完成印池仿古商业街区外部装潢，启动沿河风光带建设。建成镇级消防站并投入使用。完成机场油库及新材料产业园项目地块搬迁51户、绘春园地块搬迁207户。新建污水管网4.18千米。加快构建内序外畅综合交通网络，新建通居路7.87千米，全面完成蒲盛路路面及路灯改造工程，完成新蒲南桥加固工程并通过验收，启动226省道南延搬迁。

【生态环境保护】 年内，白蒲镇深入推进人居环境整治，农村生活垃圾收运处理率百分之百。完成秸秆禁烧禁抛与综合利用工作。开展“自己的河道自己管护、自己的环境自己守护”主题活动，治理黑臭河道17条，建设生态河道3条，疏浚三级河道26条段、四级河道85条段，南通市级以上考核断面水质均达到Ⅲ类标准。

【社会事业】 年内，白蒲镇全面完成广场健身路径改造、“十号河”生态河建设、高标准粮田建设工程、翻身河整治、分散农户生活污水生态化治理等10件为民办实事项目。接续开展“爱心白蒲”主题活动，常态化慰问百岁老人、困难群体及优抚对象等，不断织密织牢民生保障网。新增就业418人。进一步提升“白蒲教育”品牌知名度，完成学前教育体制改革，总投资4000万元建成白蒲幼儿园并投入使用。持续提升医疗卫生服务水平，白蒲镇卫生院勇敢分院儿科获评省基层特色科室，月旦社区、朱家桥村卫生室获评南通甲级卫生室。举办“我们的村晚”等文化惠民工程，白蒲镇被中华诗词学会授予中华诗词之镇称号，为南通市首家。推进基层“三整合”试点工作，白蒲镇中心派出所被南通市公安局评为学习枫桥经验先进派出所、公安机关成绩突出党员集体，白蒲镇司法所获评省优秀司法所、省后续照管先进集体。

（李锐敏）

2021年白蒲镇社会经济主要指标一览表

表69

项目	计量单位	数量	增幅（%）
一、乡镇基本情况			
乡镇行政区域面积	公顷	14483	持平
居民委员会	个	14	持平
村民委员会	个	15	持平
耕地面积	公顷	8017	-0.01
农业机械总动力	千瓦	148652	2.67
二、人口与就业			
户籍户数	户	36225	-0.29
户籍人口	人	117826	-0.88
常住户数	户	32202	-0.44
常住人口	人	96450	-1.20
乡镇从业人员	人	57871	1.20
第一产业	人	9241	-9.72
第二产业	人	30793	4.00
第三产业	人	17837	2.88
三、乡镇经济			
地区生产总值	万元	1031905	9.64

续表 69

项目	计量单位	数量	增幅（%）
第一产业	万元	86213	3.50
第二产业	万元	596451	11.89
第三产业	万元	349241	7.53
四、农业生产			
农作物播种面积	公顷	15825	0.80
粮食作物播种面积	公顷	12477	0.17
农业保险面积（种植业）	公顷	10882	0.84
市级以上农业龙头企业	个	3	持平
市级以上农业龙头企业销售收入	万元	12028	5.97
粮食总产量	吨	90544	-1.47
肉类总产量	吨	5272	-45.54
禽蛋产量	吨	5181	7.02
水产品产量	吨	4257	1.60
五、企业情况			
法人企业	个	1007	4.90
规模以上工业企业	个	56	12.00
法人企业从业人员	人	31893	0.77
规模以上工业企业从业人员	人	6432	11.94
建筑业企业	个	4	持平
建筑业企业从业人员	人	3897	-3.37
六、贸易			
限上社会消费品零售总额	万元	6641	20.81
商品交易市场	个	4	-33.33
营业面积 50 平方米以上的综合商店或超市	个	118	-43.81
七、财政收入			
财政总收入	万元	39125	11.28
一般公共预算收入	万元	25001	15.32
八、社会事业			
乡镇公路里程	千米	580	0.87
金融机构网点	个	14	16.67
农民专业合作社	个	21	-47.50
农民专业合作社成员	户	1392	-31.29
学校总数	所	9	持平
小学	所	6	持平
在校学生总数	人	9464	5.84
小学在校学生	人	4820	6.35
教师总数	人	759	4.69
小学专任教师	人	271	5.45

续表 69

项目	计量单位	数量	增幅（%）
幼儿园、托儿所	所	8	-20.00
医疗卫生机构	个	40	持平
医疗卫生机构床位	床	580	38.10
执业（助理）医师	人	260	持平
自来水用户	户	32202	-0.44
提供住宿的社会工作机构	个	1	持平
提供住宿的社会工作机构床位	床	200	持平
提供住宿的社会工作机构收养人数	人	120	持平
城乡居民基本医疗保险参保人数	人	75080	1.37
城乡居民基本养老保险参保人数	人	27802	-2.09
城乡居民最低生活保障人数	人	943	-18.28

搬经镇

【概况】 搬经镇位于如皋市西部，北依海安县，西接泰兴市，素有“如皋西门户，秀美金搬经”美誉，是全市面积最大、人口最多的建制镇，为全国重点镇、国家卫生镇、全国文明镇、省重点中心镇。2021年，搬经镇新增规模工业企业13家、规模以上服务业企业3家、限上服务业企业11家，实现全部工业应税销售72.4亿元，比上年增长44.8%；服务业应税销售26.2亿元，比上年增长15.68%，其中营利性服务业快速增长，完成1.9亿元，比上年增长455%。综合运用技改贴息、科技补助等手段，推动工业技改投入10.8亿元，比上年增长44%，规模企业技改覆盖面55.3%，纳税500万元以上企业技改全覆盖。控制能源消费总量和能源消费强度，单位工业增加值能耗较上年下降15.5%，1千瓦时用电产生工业应税销售额比上年增长14.6%。

【项目建设】 年内，搬经镇实现外资到账525万美元，比上年增长872.2%。全年新开工南通斯伯特精密制造有限公司机床生产项目，南通市泳宇新型建材有限公司蒸压砂加气砌块、板材生产项目，市久固混凝土有限公司年产40万立方米预拌混凝土、20万吨预拌湿砂浆项目，市乾峰混凝土有限公司年加工40万立方米商品混凝土项目，南通群翔纺织科技有限公司年织造300万米坯布项目，江苏创合橡塑有限公司汽车密封用零部件加工项目，南通国宇新能源科技有限公司风电锚板、金属模具加工项目，顺帆家庭用品（南通）有限公司玻璃保温瓶胆自动化成套生产线共8个设备投入类项目，中皋农产品蔬菜加工项目、兰佛卡离心式压缩机生产项目、海泰科特航空零部件一期项目3个项目年内实现竣工，恋轩服装生产项目、如钰机胶印机加工项目、程恒汽车冲压件项目、曼淇威微特电机生产项目、高泰磨具生产项目、海泰科特航空零部件制造项目6个项目实现转化达产，卓凡信息咨询服务有限公司通过南通市重大服务业项目认定，项目建设年度考核位居全市第二。深度挖潜老园区，整合搬迁低效企业，盘活闲置用地20.53公顷。

【科技创新】 年内，搬经镇实现高新技术产业产值占规模以上工业总产值45%，比上年增加8个百分点；企业研发投入占营业收入比重3.2%，完成技术合同登记1.6亿元。净增高新技术企业2家，累计16家；培育一般科创型企业2家，累计2家。获评省“双创人才”1人、如皋市“雉水英才”2人。全年新增省级企业技术中心2家［南通聚星铸锻有限公司、顺帆家庭用品（南通）有限公司］、省级工程技术研究中心1家（南通聚星铸锻有限公司），新增南通市级智能车间1家（南通市泳宇新型建材有限公司）。

【小城镇建设】 年内，搬经镇全面展开镇区建设，总部经济大楼实现主体竣工，新为民服务中心、镇域现代化指挥中心进入装修阶段，搬经人民医院实现主体封顶。新增房地产企业、建筑企业各1家，全年房产销售面积5.68万平方米，凤凰城二期、梧桐苑、常春花苑、商务酒店等重点项目全年新建建筑面积16.93万平方米，镇区中心片区初见雏形。完成绘龙路南段接通工程，完成镇区入口、绘龙路、顺帆路、搬居河等绿化美化亮化工程，完成新334省道、江曲线搬经路段亮化工程，新增镇村路灯150盏。完成

"四好农路"创建工程，维修管养农路347千米。

【乡村振兴】 年内，搬经镇用好用活"国家级农业产业强镇"金字招牌，完成农业产业投资4400万元，各建设项目全部竣工并通过市镇两级验收；新建高标准农田693.33公顷。招引规模农业项目4个，建成香堂芋特色农产品基地7.22公顷，新增黑塌菜连片种植面积133.33公顷。"伴今"猪头肉获评南通老字号。获评南通市新型职业农民标兵2人，新增南通市级农民专业合作社示范社1家。搬东社区完成如皋市级乡村振兴示范村项目建设。

【生态环境保护】 年内，搬经镇优化人居环境外包管理机制，持续推行月度季度考核考评机制。推进农村人居环境整治、黑臭水体整治，治理黑臭河道30条共29.84千米，新建生态河1条。铺设主副镇区污水管网3.85千米，完成2122户分散农户生活污水处理治理任务。

【社会事业】 年内，搬经镇加大民生保障和改善力度。打造教育品牌，全年投入教育事业300万元，全面改善中小学教学条件，实施课后延时服务，奖励先进师生。全镇5所小学在全市教育质量监测中均被评为甲等，搬经镇再获教学质量考核一等奖。完成市人民医院第八分院建设、消防站基础设施提升、镇区道路改造提升、如泰运河生态驳坡等十大民生实事项目。居民医疗保险、养老保险全覆盖，新增城镇就业717人。完善基层救助体系，救助一般困难群众191人次、37.55万元，救助受灾农户35户、13.6万元，救助重病困难家庭77人次、30.7万元。开展慈善募捐工作，募捐390.74万元，慈善救助349人次、42.54万元。优化公共服务，接稳接好社保、医保、市场准入等24个市级部门赋权下放到镇事项。将镇级养老院收归政府运营，试运行智慧养老工程，年内服务6682人，服务总时长9.44万小时。以基层"三整合"改革为契机，全面提档升级为民服务中心，顺利承接市自然资源和规划局、城管局等单位审批事项下放。

（史子杰）

2021年搬经镇社会经济主要指标一览表

表70

项目	计量单位	数量	增幅（%）
一、乡镇基本情况			
乡镇行政区域面积	公顷	18178	持平
居民委员会	个	18	持平
村民委员会	个	17	持平
耕地面积	公顷	9990	持平
农业机械总动力	千瓦	124777	2.65
二、人口与就业			
户籍户数	户	41359	−0.50
户籍人口	人	132202	−0.87
常住户数	户	37050	−0.11
常住人口	人	103667	−1.19
乡镇从业人员	人	54686	−1.92
第一产业	人	14238	−5.00
第二产业	人	23694	−3.89
第三产业	人	16754	3.97
三、乡镇经济			
地区生产总值	万元	809986	9.46
第一产业	万元	91607	5.61
第二产业	万元	395480	11.91
第三产业	万元	322899	7.69

续表 70

项目	计量单位	数量	增幅（%）
四、农业生产			
农作物播种面积	公顷	19379	−10.40
粮食作物播种面积	公顷	13307	0.08
农业保险面积（种植业）	公顷	10393	−3.12
市级以上农业龙头企业	个	5	66.67
市级以上农业龙头企业销售收入	万元	35999	58.99
粮食总产量	吨	86196	0.73
肉类总产量	吨	19756	64.21
禽蛋产量	吨	15001	36.19
水产品产量	吨	2652	1.53
五、企业情况			
法人企业	个	1122	7.27
规模以上工业企业	个	57	18.75
法人企业从业人员	人	49785	4.45
规模以上工业企业从业人员	人	6325	2.05
建筑业企业	个	4	持平
建筑业企业从业人员	人	10625	−0.23
六、贸易			
限上社会消费品零售总额	万元	16290	1.88
商品交易市场	个	11	−8.33
营业面积 50 平方米以上的综合商店或超市	个	105	−3.67
七、财政收入			
财政总收入	万元	33176	5.18
一般公共预算收入	万元	17398	3.58
八、社会事业			
乡镇公路里程	千米	496	1.22
金融机构网点	个	13	−13.33
农民专业合作社	个	58	−25.64
农民专业合作社成员	户	13122	16.12
学校总数	所	9	12.50
小学	所	5	持平
在校学生总数	人	10368	15.20
小学在校学生	人	5269	−12.18
教师总数	人	774	43.33
小学专任教师	人	281	0.36
幼儿园、托儿所	所	12	持平
医疗卫生机构	个	42	−14.29
医疗卫生机构床位	床	226	−28.71

续表 70

项目	计量单位	数量	增幅（%）
执业（助理）医师	人	218	−0.91
自来水用户	户	37050	−0.11
提供住宿的社会工作机构	个	1	持平
提供住宿的社会工作机构床位	床	165	−31.25
提供住宿的社会工作机构收养人数	人	57	−5.00
城乡居民基本医疗保险参保人数	人	81205	−17.89
城乡居民基本养老保险参保人数	人	32128	−7.82
城乡居民最低生活保障人数	人	792	−32.25

江安镇

【概况】 江安镇位于如皋市西南部，南与靖江市接壤，西与泰兴市毗邻，是南通市级中心镇、国家级卫生镇、省水美乡镇，是中共如皋第一个独立党支部、中国工农红军第十四军诞生地，著名革命老区。辖村（居）民小组 719 个，镇区建成区面积 5 平方千米。2021 年，完成一般公共预算收入 1.71 亿元，比上年增长 9.6%，占全年目标任务 122.14%，排名全市乡镇第一。实现全部工业应税销售 54.65 亿元；比上年增长 15.64%；全部工业实缴税金 1.97 亿元，比上年增长 17.09%。完成服务业应税销售 31.03 亿元，占全年目标任务 103.44%。新增限上批发零售住宿餐饮企业 9 家，新增规模以上服务业企业 2 家。建成高标准农田 426.67 公顷，粮食生产总量 5.5 万吨。成功创建四星级农产品安全监管所。招引规模农业项目 5 个，投资总额 2.5 亿元。经济薄弱村年村营收入超 55 万元，脱贫指数全部达标。周庄社区贲家巷获评省传统村落，联络新社区入围全国特色产业亿元村名单。

【项目建设】 年内，江安镇完成设备投入项目 6 个（江苏汤臣汽车零部件有限公司 2 个、江苏凯迅达高铁传动技术开发有限公司 2 个、南通沪达机械设备有限公司 1 个、江苏凡好科技有限公司 1 个），总投入 0.81 亿元；竣工项目 3 个（市合宏精密机械科技有限公司、江苏东跃模具科技有限公司、江苏安锦电气科技有限公司各 1 个），总投资 3.05 亿元；实际转化项目 8 个（江苏汤臣汽车零部件有限公司、南通市烨达汽车零部件有限公司、南通沪达机械设备有限公司、如皋聚诚精密模具有限公司、南通玉兔集团有限公司、如皋市坤瀚智能装备有限公司、江苏北辰环境科技有限公司、如皋市合宏精密机械科技有限公司各 1 个）。新开工建设单体投资 1 亿元以上土建项目 3 个 [拓丰健康科技（南通）有限公司、江苏安锦电气科技有限公司、江苏汤臣汽车零部件有限公司各 1 个]。聚焦园区企业高质量发展，推动 9 家企业实现“腾笼换凤”，落户上海、苏南地区项目 6 个。

【科技创新】 年内，江安镇新增高新技术企业 4 家（南通合瑞源生物科技有限公司、江苏格林机械有限公司、如皋市安瑞电子有限公司、南通市敦强紧固件制造有限公司），累计 12 家；入库高新技术企业 4 家（江苏恒义机械锻造有限公司、南通杰西卡新型材料有限公司、南通合瑞源生物科技有限公司、如皋市安瑞电子有限公司）。江苏汤臣汽车零部件有限公司被认定为南通市一般科创型企业。

【小城镇建设】 年内，江安镇不断完善基础设施，完成富安路、环池安置小区管网配套及镇区基础设施维修等工程，结合镇中社区黑臭水体整治工程，完成老变电所路北、人民路西侧截污纳管工作，镇区截污纳管做到应接尽接。3 个老集镇分别在集中居住区新建小型生活污水处理设施，铺设管网 500 米。对拉马河、焦港沿线及部分乡村振兴示范村等村（社区）实施分散式污水处理设施建设，惠及农户 1417 家。弘扬红色文化，初步建成镇区入口“火种广场”，建成小龙河东侧“红旗桥头堡”。开工建设政府西侧地块尚上雅居项目。推进镇区环境整治，整治毁绿占道 2 公顷，查处占道经营案件 5 起，拆除大型户外广告 5 处，查处乱倒固废垃圾 2 起，整治烧烤店油烟污染 6 家，规范管控 8 家建筑工地扬尘。

【生态环境保护】 年内，江安镇设置垃圾分类收集桶 783 套，建设垃圾中转站 28 个，对生活垃圾杂物做到日产日清，主要路面全天候保洁。

整治黑臭水体15条，建设生态河1条。各村（社区）全面启动“自己的河道自己管护”工作，群众动员率95%，完成“三清一排”（清理垦坡种植、河面恶性水生植物、河坡垃圾，整治污水排放口）三、四级河道483条。拆除内河非法码头2座，完成京粮绿谷、顺航建材、大乐商贸3座码头粉尘在线监测安装任务。对废品收购行业整治工作“回头看”，整改提升4家，搬迁9家，关闭4家。推进无资质非法混凝土搅拌站整治工作，拆除2家。

【社会事业】 年内，江安镇新增城镇职工养老保险1915人，居民养老保险征缴2.73万人，居民转职工保险1316人。以创业促进就业，新增创业104人，创业带动就业482人；回引劳动力126人，帮助就业困难、灵活就业人员申报社保补贴226人次。擦亮江安教育品牌，持续实施爱心教育基金助教活动，获全市高中教育质量综合评估特等奖，义务教育教学综合实力跃居全市首位。完成东燕小学、江安小学改造出新，东燕小学挂牌中国工农红军南通如皋红军小学。17个村（社区）均开展“乐一天”农民文体艺术节。成立江安镇文联。江安镇卫生院主体工程实现竣工。免费健康检查65岁以上老人、慢性病患者及建档立卡低收入人群1.66万人。全年排查纠纷975起，成功调处906起。开展惩治治理电信网络诈骗违法犯罪专项行动，成功劝阻3起，及时止损8万元。村级法治文化阵地建成率87%，16个村（社区）通过省级民主法治村（社区）考核验收，省级民主法治村（社区）创建率52%，被命名为省级法治文化建设示范点1个、南通市级1个。对园区66家企业常态化进行安全督查，对全镇22家大型商超、7家加油站、189家营业餐饮单位进行例行安全检查。处置危险化学品车辆异常驻留工单15起，工单满意率百分之百。常态化做好新冠肺炎疫情防控工作，实施加强免疫接种5597针次，开展全民核酸检测一次。

（石建海）

2021年江安镇社会经济主要指标一览表

表71

项目	计量单位	数量	增幅（%）
一、乡镇基本情况			
乡镇行政区域面积	公顷	11996	持平
居民委员会	个	13	持平
村民委员会	个	18	持平
耕地面积	公顷	6632	−0.01
农业机械总动力	千瓦	108535	0.59
二、人口与就业			
户籍户数	户	36338	−0.27
户籍人口	人	115181	−0.81
常住户数	户	32546	−0.27
常住人口	人	86514	−1.13
乡镇从业人员	人	50995	1.48
第一产业	人	9214	−5.79
第二产业	人	28131	4.97
第三产业	人	13650	−0.18
三、乡镇经济			
地区生产总值	万元	608818	9.71
第一产业	万元	61125	5.47
第二产业	万元	296106	13.41
第三产业	万元	251587	6.66
四、农业生产			

续表 71

项目	计量单位	数量	增幅（%）
农作物播种面积	公顷	12011	-6.36
粮食作物播种面积	公顷	8923	-0.12
农业保险面积（种植业）	公顷	7720	-2.15
市级以上农业龙头企业	个	7	持平
市级以上农业龙头企业销售收入	万元	22066	3.77
粮食总产量	吨	55282	0.23
肉类总产量	吨	12551	27.69
禽蛋产量	吨	3618	7.04
水产品产量	吨	2479	1.60
五、企业情况			
法人企业	个	725	-20.59
规模以上工业企业	个	44	29.41
法人企业从业人员	人	19370	0.60
规模以上工业企业从业人员	人	3557	-2.55
建筑业企业	个	3	持平
建筑业企业从业人员	人	835	22.79
六、贸易			
限上社会消费品零售总额	万元	7844	56.56
商品交易市场	个	0	-100.00
营业面积 50 平方米以上的综合商店或超市	个	98	持平
七、财政收入			
财政总收入	万元	32722	12.61
一般公共预算收入	万元	17291	11.05
八、社会事业			
乡镇公路里程	千米	627	持平
金融机构网点	个	9	持平
农民专业合作社	个	39	-57.14
农民专业合作社成员	户	7218	-52.58
学校总数	所	7	持平
小学	所	4	持平
在校学生总数	人	8093	-1.95
小学在校学生	人	5053	-3.18
教师总数	人	520	-21.80
小学专任教师	人	280	-6.04
幼儿园、托儿所	所	4	持平
医疗卫生机构	个	48	持平
医疗卫生机构床位	床	402	持平
执业（助理）医师	人	201	持平

续表 71

项目	计量单位	数量	增幅（%）
自来水用户	户	32546	−0.27
提供住宿的社会工作机构	个	1	持平
提供住宿的社会工作机构床位	床	336	持平
提供住宿的社会工作机构收养人数	人	112	19.15
城乡居民基本医疗保险参保人数	人	67725	−14.29
城乡居民基本养老保险参保人数	人	27300	−2.22
城乡居民最低生活保障人数	人	514	−25.40

磨头镇

【概况】 磨头镇位于如皋市中部，是全国环境优美镇、国家级生态镇、国家级卫生镇、省文明镇、省级创业型乡镇。2021 年，磨头镇完成全部工业应税销售 49.69 亿元，比上年增长 29.1%；实现工业投入 10.4 亿元，比上年增长 29%；规模以上工业应税销售 34 亿元，比上年增长 23.64%。规模以上工业总产值 30.9 亿元，比上年增长 25.4%；净增规模工业企业 5 家。实现服务业应税销售 23 亿元，比上年增长 42.5%，营利性服务业收入 1.84 亿元，比上年增长 104.59%。乡村振兴动能强劲，完成规模农业项目 5 个，总投资 2 亿元；新增家庭农场 7 个。被省委、省政府表彰为全省脱贫攻坚暨对口帮扶支援合作先进集体。

【项目建设】 年内，磨头镇重点关注科创型企业、高新技术企业、外资企业，集中力量引进一批技术含量高、带动能力强优质项目，签约落户项目 11 个，累计外资到账 372 万美元。实行“一条龙”精准服务，调动土地、资金等资源向重点项目集聚。全年单体投资 1 亿元以上项目新开工 5 个（利昂模具、玖通塑业、蓝歌带业、沃能高压电气、准航电缆），竣工项目 5 个（伺华精密机械、博阳模具、泰昇机械、好润精密模具、华智电气），转化项目 9 个（泽明家居、海高纺织、盛鑫食品、凌力制造、丰沃德汽车零部件、颢葳环保、众翔模具、众鑫模具、沃能电气），设备投入项目 8 个（海高、皋鑫、耀发、超阳、众翔、凌力、瀚海、蓝歌），盘活低效用地 22 公顷。

【科技创新】 年内，磨头镇有研发活动企业 44 家，占比 93.6%。研发投入占主营业务比重 3.1%。新申请发明专利 60 件。完成技术合同登记 1.7 亿元，实施产学研合作项目 5 个。推进科创项目招引和培育，新增科学研究和技术服务业 1 家（南通腾昌网络科技有限公司），新增高新技术企业 4 家、累计 9 家，高新技术企业入库 4 家。科创型入库企业 9 家，新增一般科创型企业 1 家，招引科创型项目 4 个。

【小城镇建设】 年内，磨头镇坚持产城融合发展理念，对镇区规划进行修编，优化产业区、居住区、商贸区等功能布局，推动城镇与产业协同发展。突出做优做强做美中心板块城镇，实施卓吾中路、健康路、日升南路等道路提升改造工程，完成卓吾广场、磨头小学北侧停车场等便民设施建设，打造日升河、龙游河“双河”生态景观带，张窑路、姚李路、康复路、星狄路、花木园区西二路等“四好农村路”竣工通车。加强镇区管理，持续开展户外广告整治、垃圾分类治理等专项行动；坚决依法拆除违法建设，全年查处违法建设 28 起，拆除违法建筑面积 1914 平方米。

【生态环境保护】 年内，磨头镇持续推进农村人居环境整治，序时开展“四好农路”路肩整治、垦坡种植清理、整洁户评比等系列行动。实施黑臭河道综合整治工程，涉及河道 31 条、总长度 19.2 千米。开展河道“三清”、破落建筑及畜禽粪污治理等专项整治，推进垃圾收集、分类设施建设，做好秸秆禁烧禁抛和综合利用。加大污染防治攻坚力度，建成污水管网 2 条，完成农户生活污水治理 1353 户。关停各类“散乱污”企业 8 家，对全镇 2017—2019 年两轮“散乱污”企业开展“回头看”，环境信访举报和越级举报比上年分别下降 13.82%、69.23%。

【社会事业】 年内，磨头镇新增城镇就业 916 人，累计发放社会救助 1331.9 万元。完成社保扩面任务 1321 人，完成率 107%，其中居民养老保险转职工养老保险 732 人，完成率 140%。城乡居民医保实现全覆盖。新时代文明实践站实现基层全覆盖，举办群众文化活动 110 余场，创建星级农家书屋 5 家。不断创新社会治理机制，“两代表一委员”“我为群众办实事”“有事好商量”等密切联系群众活动提质增效，累计梳理实事项目206条，实现办结率、满意率百分之百。落实领导包案、接访下访制度，妥善处理历史遗留问题，矛盾调处成功率94.11%。深化镇域治理现代化建设，办理联动工单32件。开展“安全生产提升月”“矛盾纠纷化解月”等专项活动，社会大局保持安全稳定。8月27日，邀请50余名在校大学生举办优秀学子联谊会，促进学子们了解家乡发展，增进对家乡的情感，为打造中小科创企业集聚区储备人才。9月28日，磨头镇文联成立。

【全省鲜食玉米品鉴与现场观摩会】 6月29日，全省鲜食玉米品鉴与现场观摩活动在磨头镇丁冒村金旺家庭农场内举行。来自全省相关县（市、区）农技推广站负责人、特粮特经作物产业体系玉米相关专家、特粮特经作物鲜食产业联盟各试点负责人及新型经营主体代表近60人参加活动。活动中，参会人员观摩金旺农场特粮特经作物鲜食产品产业技术集成与推广联盟项目核心示范区“青玉米—青毛豆—如皋黑塌菜”种植模式，听取省农科院经济作物所专家等有关鲜食特色农产品种植技术讲座，共同探讨如何采用优质绿色生产技术，示范推广鲜食玉米、豆类、黑塌菜等特色鲜食农产品高效栽培模式。

（沈　越）

2021年磨头镇社会经济主要指标一览表

表72

项目	计量单位	数量	增幅（%）
一、乡镇基本情况			
乡镇行政区域面积	公顷	10309	持平
居民委员会	个	5	持平
村民委员会	个	16	持平
耕地面积	公顷	4969	−9.82
农业机械总动力	千瓦	41465	0.15
二、人口与就业			
户籍户数	户	23907	−0.15
户籍人口	人	79808	−0.81
常住户数	户	21016	持平
常住人口	人	62197	−1.13
乡镇从业人员	人	37480	0.56
第一产业	人	8015	−0.10
第二产业	人	14467	0.10
第三产业	人	14998	1.37
三、乡镇经济			
地区生产总值	万元	558838	9.89
第一产业	万元	53489	3.34
第二产业	万元	270961	13.07
第三产业	万元	234388	7.95
四、农业生产			
农作物播种面积	公顷	9050	−13.97
粮食作物播种面积	公顷	5388	−0.46
农业保险面积（种植业）	公顷	4005	−4.39
市级以上农业龙头企业	个	2	持平

续表 72

项目	计量单位	数量	增幅（%）
市级以上农业龙头企业销售收入	万元	9300	持平
粮食总产量	吨	35772	−0.03
肉类总产量	吨	7384	20.30
禽蛋产量	吨	998	7.08
水产品产量	吨	1009	1.61
五、企业情况			
法人企业	个	750	7.76
规模以上工业企业	个	50	13.64
法人企业从业人员	人	19240	1.34
规模以上工业企业从业人员	人	5760	4.94
建筑业企业	个	10	25.00
建筑业企业从业人员	人	3539	14.31
六、贸易			
限上社会消费品零售总额	万元	4122	2.51
商品交易市场	个	1	持平
营业面积 50 平方米以上的综合商店或超市	个	67	3.08
七、财政收入			
财政总收入	万元	24450	17.68
一般公共预算收入	万元	15076	6.78
八、社会事业			
乡镇公路里程	千米	490	持平
金融机构网点	个	7	持平
农民专业合作社	个	75	持平
农民专业合作社成员	户	11146	持平
学校总数	所	4	持平
小学	所	3	持平
在校学生总数	人	4606	−3.21
小学在校学生	人	3021	−0.98
教师总数	人	323	0.94
小学专任教师	人	167	0.60
幼儿园、托儿所	所	4	33.33
医疗卫生机构	个	26	持平
医疗卫生机构床位	床	345	持平
执业（助理）医师	人	138	持平
自来水用户	户	21016	持平
提供住宿的社会工作机构	个	1	持平
提供住宿的社会工作机构床位	床	260	0.78
提供住宿的社会工作机构收养人数	人	55	持平

续表 72

项目	计量单位	数量	增幅（%）
城乡居民基本医疗保险参保人数	人	55136	0.20
城乡居民基本养老保险参保人数	人	21185	0.03
城乡居民最低生活保障人数	人	625	0.64

丁堰镇

【概况】 丁堰镇位于如皋东大门，与如东县接壤，是国家卫生镇、省文明镇、南通市工业重镇，常住户15776户，常住人口5万人。2021年，实现镇村居民人均可支配收入分别为6.42万元、5.11万元，增幅分别为12%、8%。完成规模工业总产值93.13亿元，全部工业应税销售89.84亿元，总量位居全市面上镇第一名。完成全部工业实缴税金2.4亿元，总量位居全市面上镇第二。实现规模以上服务业营业收入2.53亿元，比上年增长36.3%，服务业应税销售总量和税收增幅均列全市第四，开放型经济考核位居全市第一，综合实力跻身全国千强镇，列第545名。梦百合家居科技股份有限公司、江苏里高智能家居有限公司、南通恒康数控机械股份有限公司等12家企业税收超500万元。

【项目建设】 年内，丁堰镇成功签约波兰助力自行车外资项目、新冠精密机械生产项目等招商引资项目，南通茂博车业有限公司注册成立。实现外资到账310万美元。通过集聚人力精力和资源要素，建立重大项目攻坚专班，跟踪推动单体投资20亿元的梦百合智能控制系统、智能家居扩建项目和单体投资10亿元的大唐分布式能源站2个重特大项目建设。新开工建设单体投资10亿元及以上重特大项目2个（梦百合、中昊港创项目）、5亿元项目2个（思博特、清溢德项目），新开工建设功能家具研发及产业化项目、年加工医用敷料、医用无纺布项目等设备类项目9个。盘活低效用地21.12公顷，任务完成率105.59%。

【科技创新】 年内，丁堰镇培育科创项目12个，新增高新技术企业9家，累计18家。净增有效发明专利19件。南通恒康数控机械股份有限公司获评省瞪羚企业，南通欧意姆制冷设备有限公司获批省农业科技型企业。南通牧野机械有限公司、南通欧意姆制冷设备有限公司入选南通专精特新“小巨人”企业。江苏启宸新材料有限公司建成南通智能车间。新增战略性新兴产业企业8家、启明计划（青年人才）项目人才1人、“雉水英才”2人。新增产学研合作11项，合同金额285万元。

【小城镇建设】 年内，丁堰镇成立城镇开发攻坚指挥部，启动如泰运河以北搬迁工作，完成镇2021-1号地块商住楼所有住户（共16户）签约搬迁及市瑞南金属材料有限公司、南通永晖船舶设备制造有限公司2家企业搬迁。提档升级镇区路灯、绿化等基础设施，完成团结路全面改造，精品一条街初具规模。集中整治乱搭乱建、乱堆乱放行为，坚决消除流动摊贩、流动煤气罐、店外占道经营现象，划设非机动车停车线700米。实施户外广告设施专项整治行动。深度治理生活垃圾，日收运量约1吨。

【乡村振兴】 年内，丁堰镇挖掘老街等特色资源，发展农村新业态。全年创建省级水稻绿色高产项目1个，建立化肥农药减量示范项目1个，创建省级绿美村庄1个（丁堰镇赵明村）。实施省级秸秆综合利用项目，以农作物秸秆收储为核心，通过机械化、网格化、联盟化，夏秋季秸秆打捆面积1000余公顷，增加村营收入约80万元。建立镇级农业废弃物回收中心1个、村级农业废弃物回收集中点10个。通过宣传发动、示范引导，开展农资零差率配送经营单位16家，配送服务面积633.33公顷，农业废弃物回收率90%以上。推进“自己的河道自己管护”工作，综合治理农村水环境，建设样板河10条。

【生态环境保护】 年内，丁堰镇系统推进污染防治，全面落实蓝天、碧水、净土保卫战任务。全年优良天数比例89.7%，全市排名第一。市级考核断面曙光电灌站、新334省道桥全年平均水质达到Ⅲ类考核目标要求。完成长夹河水环境问题整治，整治排口6个，对直排长夹河生活污水进行截污纳管。印发镇级环保热线举报电话卡片，随时接受群众举报和监督，全年环境信访件较上年降低12.1%。

【社会事业】 年内，丁堰镇核酸检测4.42万人，全年接种新冠病毒疫苗8.24万剂次。争取上级资金160余万元，升级改造长寿星养老服务中心硬件设施，长寿星养老服务中心从一般养老服务提升为专业化养老服务。新建新堰居家养老服务站，推进刘海村居家养老服务站辅助设施建设。丁堰初中中考成绩创10年内最好成绩；丁西小学、刘海小学在全市教学综合评估中进入甲级方阵。镇卫生院添置CT、DR、彩超机等大型医疗设备，村（社区）卫生室实现提档升级。开展法律服务、法律讲堂等活动，深化“大数据+网格化+铁脚板”治理机制，信访积案化解率80%。对企业安全生产督查278家次，查出隐患数650条，完成整改641条，未发生因检查督查不力引发安全生产事故。全年对接市文化馆、图书馆等单位完成各类文化艺术展览34场次，到村（社区）开展“爱心邮路”“红军长征”“二十四节气”、书画篆刻等展览14场次，组织“乐一天”“送戏下乡”等文艺演出活动11场，开展各类文艺培训22场次。

【丁堰镇智能制造产业园】 丁堰镇智能制造产业园规划范围为：东至沈海高速，西至凤仪路，南至兴盛路，北至334省道，用地面积约2.5平方千米，重点发展健康家居、高端新材料、智能制造等产业。年末，园内有企业近40家，其中规模以上企业17家，有梦百合家居科技股份有限公司、江苏明德玩具股份有限公司、南通杨天机电设备有限公司等应税销售超1亿元企业12家。年内，总投资20亿元梦百合扩建项目、总投资10亿元中昊港创业园项目、总投资10亿元大唐分布式能源站项目3个项目加快推进建设。园区企业全年完成应税销售48亿元，实缴税金1.3亿元。

（宗位泽）

2021年丁堰镇社会经济主要指标一览表

表73

项目	计量单位	数量	增幅（%）
一、乡镇基本情况			
乡镇行政区域面积	公顷	7053	持平
居民委员会	个	8	持平
村民委员会	个	5	持平
耕地面积	公顷	4071	0.01
农业机械总动力	千瓦	58487	0.59
二、人口与就业			
户籍户数	户	15652	−0.79
户籍人口	人	49409	−1.21
常住户数	户	14314	−0.36
常住人口	人	39214	−1.53
乡镇从业人员	人	24081	4.17
第一产业	人	5970	−12.96
第二产业	人	14258	7.94
第三产业	人	3853	26.41
三、乡镇经济			
地区生产总值	万元	697821	11.30
第一产业	万元	40638	6.16
第二产业	万元	497867	13.57
第三产业	万元	159316	5.96
四、农业生产			
农作物播种面积	公顷	7594	−5.17
粮食作物播种面积	公顷	6144	−0.18

续表 73

项目	计量单位	数量	增幅（%）
农业保险面积（种植业）	公顷	5454	-3.26
市级以上农业龙头企业	个	2	持平
市级以上农业龙头企业销售收入	万元	21058	33.79
粮食总产量	吨	44284	0.22
肉类总产量	吨	4152	16.56
禽蛋产量	吨	425	7.05
水产品产量	吨	1569	1.62
五、企业情况			
法人企业	个	604	-18.05
规模以上工业企业	个	47	9.30
法人企业从业人员	人	21058	1.55
规模以上工业企业从业人员	人	9902	1.72
建筑业企业	个	2	100.00
建筑业企业从业人员	人	492	122.62
六、贸易			
限上社会消费品零售总额	万元	8238	0.83
商品交易市场	个	2	持平
营业面积 50 平方米以上的综合商店或超市	个	28	持平
七、财政收入			
财政总收入	万元	28108	-25.26
一般公共预算收入	万元	15951	-16.58
八、社会事业			
乡镇公路里程	千米	351	4.46
金融机构网点	个	6	持平
农民专业合作社	个	16	-64.44
农民专业合作社成员	户	4709	-76.42
学校总数	所	4	持平
小学	所	3	持平
在校学生总数	人	1278	-3.40
小学在校学生	人	909	-3.30
教师总数	人	187	-1.58
小学专任教师	人	104	-8.77
幼儿园、托儿所	所	7	持平
医疗卫生机构	个	25	4.17
医疗卫生机构床位	床	60	持平
执业（助理）医师	人	60	7.14
自来水用户	户	14314	0.10
提供住宿的社会工作机构	个	1	持平

续表 73

项目	计量单位	数量	增幅（%）
提供住宿的社会工作机构床位	床	120	持平
提供住宿的社会工作机构收养人数	人	66	-13.16
城乡居民基本医疗保险参保人数	人	29860	4.79
城乡居民基本养老保险参保人数	人	10160	-7.52
城乡居民最低生活保障人数	人	531	24.36

东陈镇

【概况】东陈镇位于如皋东北部，东与如东县相邻、北与海安市接壤，是清朝四部尚书戴联奎故里，古迹有贾公庙、贾公桥遗址，是国家卫生镇、全国环境优美镇、中国老年宜居名镇。2021年，完成全部工业应税销售36.85亿元，比上年增长17.9%；规模工业企业应税销售24.83亿元，比上年增长12.87%；亿元工业企业应税销售12.14亿元，比上年增长7.78%。服务业企业应税销售34.61亿元，比上年增长52.61%。新增新开业规模工业企业2家，新增规模以上服务业企业2家、限上企业培育5家。实现农业总产值13.2亿元，比上年增长6.36%；实现农业增加值7.4亿元，比上年增长7.11%。

【项目建设】年内，东陈镇完成外资到账284万美元。立足城东工业区，围绕先进智能制造业和5G产业，与如皋工业园区整合资源，成功招引赛杰爱迪中晶电子签约。强化赛杰爱迪、万达轴承等单体投资10亿元以上项目服务，赛杰爱迪项目完成厂房建设。全年招引落户项目4个（高懿数控、卓阔智能装备、昊达环保材料、禾木健身器材），总投资4亿元。凯晖蓝牙键盘扩建项目竣工试生产，瑞鑫数控、旭日包装、纳博木业、顺邦化纤4个项目实现转化。完成设备投入类项目8个，累计投资额1.15亿元。“腾笼换凤”盘活低效用地，累计招引落户单体投资1亿元及以上企业4家。

【科技创新】年内，东陈镇新增高新技术企业4家，累计13家。搭建企业与高校之间桥梁纽带，推动规模以上企业产学研深入融合，全年完成技改项目21个，技改投入2.99亿元，比上年增长54.8%。上海理工大学饶俊峰博士与南通东风特种电线有限公司合作项目成功通过如皋“雉水英才”认定。

【小城镇建设】年内，东陈镇结合文明典范城市创建工作，集中整治镇区店外经营、车辆乱停乱放、违规户外广告，对杨枝街店面实施改造。金润玺景二期（东皋府）全面竣工，完成销售8.61万平方米，完成销售总量98%。逸璟园项目一期工程8.8万平方米销售完毕；二期工程新开工建设建筑面积17.2万平方米，实现预销售70%，年内主体竣工13万平方米。投入50万元完成安置房丽水花园外立面改造。推进4座危桥改造，总投资约500万元雪岸大桥实现竣工通车。建设通居路4.7千米，启动建设康居路提档升级工程。

【乡村振兴】年内，东陈镇开展农业招商，成功申报重大规模农业项目3个；完成规模农业项目2个，总投入7000万元。成功招引江苏腾达仓储项目、上海世鑫蔬菜种植专业合作社落户，药食同源薏仁酒项目竣工进入试运行阶段。鼓励引导村集体和能人大户创办家庭农场、合作社，全年新增家庭农场9家，累计18家。万富社区旺富农地股份合作社流转土地149.2公顷，通过南通新型合作农场创建验收。新增如皋市示范家庭农场6家（建鸿家庭农场、传颖家庭农场、恩然家庭农场、八字门家庭农场、鸿森家庭农场和卜冯家庭农场）、南通市级示范家庭农场1家（祥和家庭农场）、省级示范家庭农场1家（长寿紫桃园家庭农场）。放大蝶尾金鱼、全红草莓、中萃粳米等特色农产品品牌效应，结合垂钓采摘、观光旅游开展读书节、采摘节等特色农业休闲旅游活动，发展休闲农业经营主体12家，总经营面积54.6公顷。总投资4000万元，建设高标准农田75.34公顷。推进土地规模化流转工作，新增土地流转项目443个，流转土地231.4公顷。集体资产出租成交3个，成交金额478.89万元。杨庄社区村营收入突破100万元，完成117.43万元；山河社区、尚书村等10个村（社区）村营收入超70万元。南东陈社区被列入南通市乡村振兴示范村培育名单。

【生态环境保护】年内，东陈镇完成分散农户污水处理设施建设1490户。重点实施丁堡河、通扬河两侧1千米范围内的秸秆打捆离田，实际打捆面积667公顷。全年出动清洁人员590人次，清运垃圾2.6万立方米。维修或拆除破落建筑53个，建成建筑垃圾临时堆放点23处、生产性垃圾临时堆放点86处、村级垃圾中转点23个、垃圾桶固化点近2000个，各村（社区）建立建筑垃圾和生产性垃圾集中堆放点130余处。落实水环境长效管护，整治黑臭水体6条，打造生态河道1条。开展最美庭院评比，评选“最美庭院”4808户。发展绿色种养循环及粪污资源化利用面积400公顷，化肥使用量比上年下降5%以上。设立农药废弃包装物回收点，回收利用率超80%。畜禽粪污资源化利用中心、动物无害化处理中心实现正常运转。

【社会事业】 年内，东陈镇完成企业职工基本养老保险1034人，企业职工基本医疗保险1027人、惠民商业补充医疗保险“医保南通保”12208人。排查全镇残疾人2757人次，为1367名残疾人上门评定、核查。社会临时救助123人次、救助资金26.89万元，慈善救助51人次、救助资金8.45万元。激活“通通优”拥军卡982张，办理退役军人和家属综合医疗保险“爱军保”583人；改造升级烈士纪念设施，迁移56名烈士墓进入丁北慰烈园；发放优抚金518万元。新增南通市骨干教师1人、南通市教坛新秀1人。凌云社区建成公共文化服务中心，杨庄社区建成居家养老服务站。全年围绕重要时间节点开展主题实践活动20余场次，受惠群众3100余人。

（冒许鹏）

2021年东陈镇社会经济主要指标一览表

表74

项目	计量单位	数量	增幅（%）
一、乡镇基本情况			
乡镇行政区域面积	公顷	11644	持平
居民委员会	个	12	持平
村民委员会	个	11	持平
耕地面积	公顷	6429	持平
农业机械总动力	千瓦	71391	0.59
二、人口与就业			
户籍户数	户	25242	−0.63
户籍人口	人	76663	−1.11
常住户数	户	23115	0.10
常住人口	人	58907	−1.43
乡镇从业人员	人	36553	2.39
第一产业	人	10103	5.03
第二产业	人	10123	2.57
第三产业	人	16327	0.72
三、乡镇经济			
地区生产总值	万元	632061	9.34
第一产业	万元	68878	7.17
第二产业	万元	352248	10.43
第三产业	万元	210935	8.26
四、农业生产			
农作物播种面积	公顷	12068	10.43
粮食作物播种面积	公顷	8011	0.62
农业保险面积（种植业）	公顷	7061	11.28
市级以上农业龙头企业	个	1	持平
市级以上农业龙头企业销售收入	万元	4458	持平

续表 74

项目	计量单位	数量	增幅（%）
粮食总产量	吨	55418	0.95
肉类总产量	吨	5284	-31.20
禽蛋产量	吨	4882	7.04
水产品产量	吨	4116	1.60
五、企业情况			
法人企业	个	778	14.24
规模以上工业企业	个	44	12.82
法人企业从业人员	人	21065	8.49
规模以上工业企业从业人员	人	3765	12.76
建筑业企业	个	8	14.29
建筑业企业从业人员	人	8580	5.78
六、贸易			
限上社会消费品零售总额	万元	6176	28.43
商品交易市场	个	2	持平
营业面积 50 平方米以上的综合商店或超市	个	53	26.19
七、财政收入			
财政总收入	万元	37181	-8.41
一般公共预算收入	万元	12717	-16.85
八、社会事业			
乡镇公路里程	千米	183	-81.13
金融机构网点	个	9	持平
农民专业合作社	个	29	-57.97
农民专业合作社成员	户	7559	251.25
学校总数	所	6	持平
小学	所	4	持平
在校学生总数	人	1814	-2.10
小学在校学生	人	1232	-3.98
教师总数	人	251	-4.56
小学专任教师	人	131	0.77
幼儿园、托儿所	所	4	持平
医疗卫生机构	个	32	3.23
医疗卫生机构床位	床	125	-37.81
执业（助理）医师	人	108	-33.74
自来水用户	户	23103	1.36
提供住宿的社会工作机构	个	1	持平
提供住宿的社会工作机构床位	床	100	38.89
提供住宿的社会工作机构收养人数	人	52	持平
城乡居民基本医疗保险参保人数	人	51805	0.59
城乡居民基本养老保险参保人数	人	20367	-3.92
城乡居民最低生活保障人数	人	652	-1.36

下原镇

【概况】 下原镇地处如皋中南部，为如皋创新发展先行镇。2021年，完成工业应税销售25.9亿元，比上年增长35.18%；完成工业税金7262万元，比上年增长4.09%。完成服务业应税销售15.54亿元，比上年增长67.79%；实现服务业税收7715.5万元，比上年增长9.6%。完成全社会固定资产投资10.35亿元，比上年增长37%。其中工业固定资产投资8.9亿，比上年增长38.5%；服务业固定资产投资1.45亿元，比上年增长28.8%。完成到账外资341万美元，完成外贸进出口额3.07亿元。新增规模以上服务业入库企业1家（南通精石藏锋广告有限公司）、限上批发业企业6家（南通市天资医疗设备有限公司、南通迈立美新材料有限公司、南通木西金属材料有限公司、南通宏曼金属材料有限公司、南通春泰金属材料有限公司、南通顺康医疗器械有限公司）、限上餐饮业企业1家（南通林里香餐饮服务有限公司）。聚力打造下原蘘荷文化创意园和大田种植示范基地，成功创建“下原蘘荷”江苏省区域公共品牌，《绿色食品下原蘘荷生产技术规程》获批省团体标准。

【项目建设】 年内，下原镇突出生命健康、智能制造及光电技术等产业，提升产业集聚度，招引一批大健康产业链项目和高科技含量项目，重特大项目实现零的突破。全年签约10亿元项目1个（超达模具）、5亿元以上项目3个（宇洋、惠沣、永发）、高技术项目1个（厚宏，总投资1.2亿元）。严格执行重大项目挂钩联系、跟踪推进、协商会办机制，全年实现新开工单体投资1亿元及以上项目3个（永成、爱福一期、炯圣），竣工项目4个（贝览得、泰赛、国准、希格玛），转化项目6个（华阳、浩宏、申工、博笑、臣杰、瑞富泰），盘活闲置低效用地20公顷，其中总投资1亿元的永成项目实现当年开工、当年竣工、当年转化。新增农业重大项目1个（鼎皋特种水产养殖项目，总投资2000元），培育省级示范家庭农场1家（晓琴家庭农场）、南通市级示范家庭农场1家（春蕾家庭农场）。

【科技创新】 年内，下原镇组织13家企业申报高新技术企业，江苏天佑医用科技有限公司等5家企业通过高新技术企业认定，如皋臣杰精密机械有限公司等5家企业通过南通高新技术企业入库企业认定。培育省专精特新“小巨人”企业1家（江苏惠沣环保科技有限公司）。征集企业技术需求9项，推动产学研合作6项，通过省技术合同认定1.75亿元。申请发明专利77项，新增发明专利授权14件，均创历史新高。持续做优医疗器械生产研发CDMO（生产研发共享）平台、医疗器械服务办公室和共享仓库三大服务平台，实质化建立创业导师团队，常态化开展创业辅导服务，不断加快特色产业集聚步伐。下原镇科创中心（省级科技企业孵化器）获省级孵化器绩效评价B级认定；智汇空间通过省级专业化众创空间（生物医药与医疗器械）认定，建立“众创空间—孵化器—加速器—科技产业园区”全链条科创服务体系。

【小城镇建设】 年内，下原镇规划建设镇区东大门，完成桃园路提档改造、绿化、亮化等工程，“下驾车马及浮雕墙”及“解元读书处”组雕基本竣工。推进富景花苑建设和农贸市场改造项目。优化镇区交通环境，完成兴原路提升、蘘荷文化创意园建设及康园路、迎驾路等镇区干道提升改造。实施人居环境精品线路“村村有”“村村优”计划，全面推进村组干道硬质化、6米主干道绿化提升和亮化“三个全覆盖”工程，全年建成硬质化道路16.5千米，绿化提升道路35条，亮化提升39条，6个村（社区）实现“三个全覆盖”。统一规划实施镇区雨污管网分离、人行道修复、绿化修补等工程，铺设富盛路、惠园路等路段污水管网1200米，新建花园老集镇雨水管网1100米。新建镇北老工业园区、花园老集镇污水提升泵站2座，实现镇区污水管网全收集。全面疏浚镇区管网13.1千米，解决管网淤塞问题。加强镇区规范化、精细化管理，新建镇级便民疏导点1处，新增垃圾分类亭70余个、垃圾桶400余个，全镇15个村（社区）均新建垃圾集中收集点1处，垃圾清运做到日产日清。

【生态环境保护】 年内，下原镇环保信访反馈交办事项整改率百分之百。聚焦生态环境短板，有针对性开展破落建筑“清零”、分散农户治污、庭院环境整治、列养线路管护等专项行动，拆除修整破落建筑438户，完成分散治污改造2400户。深入开展“自己的河道自己管护”，建立农村河道长效管护机制，打造桃园村鱼花池河精品示范点，全镇清理黑臭河道78条（段），河道护坡7.5千米。

【社会事业】 年内，下原镇新增就业985人，劳动力回引124人。全年参保照护险311人，退休人员及遗属补助领取人员的资格认证率百分之百。推进星级敬老院和烈士陵园建设。全年新冠病毒疫苗接种4.15万人。创新基层治理服务机制，整合建房管理、移风易俗、信访维稳、污染防治等社会治理资源下沉至网格，集中组织所属业务部门开展现场办公45次，解决问题125个。持续推进“东皋书吧”建设和文化体育设施开放，开展镇村志愿服务活动200余次。以三年安全生产专项整治行动为主线，开展风险辨识管控、危险化学品使用安全、违法违规“小化工”等专项整治行动，全镇安全生产形势保持稳定。

【下原科技产业园】 年内，下原镇加大科技产业园基础设施建设力度，分批次有序推进园区地块搬迁工作，同步推进基础配套设施建设。园区一期工程规划面积106.2公顷，基础设施建设总投资4000余万元，至年末，完成道路、雨污排水管网、绿化、供水管网、亮化工程、污水提升泵站建设。以大健康产业和先进制造业为主导产业，重点招引医疗器械、智能装备制造、汽车零部件等产业契合度高、投资体量大、发展前景好的项目。截至年末，落户项目10个，其中，20亿元项目1个（标龙科创园），10亿元项目1个（超达电池箱体生产），5亿元项目3个（惠沣热熔喷胶及医用高分子材料生产、永发医用设备生产、宇洋环保设备），1亿元项目5个（希格玛光疗仪、贝览得生活用品、泰赛生物科技、国准医疗器械生产及检测平台、厚宏医疗设备）。

（王晓伟）

2021年下原镇社会经济主要指标一览表

表75

项目	计量单位	数量	增幅（%）
一、乡镇基本情况			
乡镇行政区域面积	公顷	7081	持平
居民委员会	个	8	持平
村民委员会	个	7	持平
耕地面积	公顷	3975	持平
农业机械总动力	千瓦	30027	0.70
二、人口与就业			
户籍户数	户	16714	−0.22
户籍人口	人	58357	−0.75
常住户数	户	15761	8.50
常住人口	人	45346	−1.07
乡镇从业人员	人	30882	−0.42
第一产业	人	5575	−3.70
第二产业	人	13948	3.00
第三产业	人	11359	−2.76
三、乡镇经济			
地区生产总值	万元	321934	8.17
第一产业	万元	33092	6.67
第二产业	万元	129613	9.89
第三产业	万元	159229	7.13
四、农业生产			
农作物播种面积	公顷	8414	20.22
粮食作物播种面积	公顷	5576	0.65
农业保险面积（种植业）	公顷	6794	25.05
市级以上农业龙头企业	个	0	持平
市级以上农业龙头企业销售收入	万元	0	持平

续表 75

项目	计量单位	数量	增幅（%）
粮食总产量	吨	38944	1.12
肉类总产量	吨	2057	-10.64
禽蛋产量	吨	1450	7.01
水产品产量	吨	536	1.52
五、企业情况			
法人企业	个	454	6.82
规模以上工业企业	个	34	13.33
法人企业从业人员	人	20157	3.15
规模以上工业企业从业人员	人	5844	7.19
建筑业企业	个	4	100.00
建筑业企业从业人员	人	1983	-49.34
六、贸易			
限上社会消费品零售总额	万元	5570	6.28
商品交易市场	个	4	持平
营业面积 50 平方米以上的综合商店或超市	个	70	持平
七、财政收入			
财政总收入	万元	18328	24.63
一般公共预算收入	万元	10135	14.15
八、社会事业			
乡镇公路里程	千米	256	持平
金融机构网点	个	8	持平
农民专业合作社	个	28	-67.06
农民专业合作社成员	户	7800	-64.95
学校总数	所	4	持平
小学	所	3	持平
在校学生总数	人	3120	-8.80
小学在校学生	人	2072	-3.85
教师总数	人	264	-0.38
小学专任教师	人	152	9.35
幼儿园、托儿所	所	6	持平
医疗卫生机构	个	20	-9.09
医疗卫生机构床位	床	112	持平
执业（助理）医师	人	133	持平
自来水用户	户	14421	-0.72
提供住宿的社会工作机构	个	1	持平
提供住宿的社会工作机构床位	床	85	持平
提供住宿的社会工作机构收养人数	人	78	-2.50
城乡居民基本医疗保险参保人数	人	44892	-0.95

续表 75

项目	计量单位	数量	增幅（%）
城乡居民基本养老保险参保人数	人	17440	-6.11
城乡居民最低生活保障人数	人	465	12.86

吴窑镇

【概况】 吴窑镇位于如皋市中南部，镇区建成区面积450公顷。2021年，实现全部工业应税销售28.15亿元，比上年增长20.3%。其中规模工业企业完成应税销售18.85亿元，比上年增长16.2%；应税销售超1亿元企业完成应税销售11.3亿元，比上年增长11.5%。实现服务业应税销售25.05亿元，比上年增长2.2%。发展农村集体经济，存量合作社转型7家。引导农民参加合作社，流转土地209.53公顷，新增县级示范社4家，累计12家。依托综合社试点创建合作社2家（长庄村蓝博旺土地农地专业合作社、平田村股份经济合作社），获专项奖励资金50万元。总投资1050万元老庄高标准农田项目全面建成通过验收。17个村居实现村营收入1152万元，比上年增长12%。实现农民人均纯收入6.5万元，比上年增长6%。实现外贸进出口总值3.4亿元，比上年增长79%。

【项目建设】 年内，吴窑镇开展大型招商活动2次，外出考察项目50余次，搜集项目信息87条，成功签约丰源纸业2000万元设备类项目和雷锘高端定制家居5000万元设备类项目。实现到账外资297万美元。全年开工建设项目1个（友恒瑜伽用品生产项目，总投资5亿元），新增设备投入类项目5个（远业技改项目、发力智能箱柜项目、力威办公家具生产项目、丰源纸管项目和友恒运动瑜伽用品生产项目），总投资9000万元。全年竣工项目2个（艾贝思凯嵌入式智能科技产品生产项目、黛奥比航空座椅及配件生产项目）；转化项目6个（捷皋一、二期项目，力威项目，思凯琳项目，艾贝思凯项目，黛奥比项目），项目转化率百分之百。工业固定资产投资7.2亿元，比上年增长32%。盘活低效用地13.8公顷，完成率103.5%。强化农业企业招商引资，招引占地0.2公顷大石居蔬菜绿色生产基地落户。

【科技创新】 年内，吴窑镇打造人才创业新载体——吴窑镇科创中心，吸引省“双创”人才王激尧无线充电项目率先入驻孵化。新增高新技术企业8家；申报发明专利35件，获授权28件；新增10万元以上产学研项目4个。规模以上企业技改完成率84.6%，超500万元税金企业技改实现全覆盖。成功引进省“双创”人才和“雉水英才”各1人，被市科创委认定科创项目2个（澄风电子科技、南京银坤集团项目），进入市科创项目库项目6个。

【小城镇建设】 年内，吴窑镇合理谋划用地区域，完成村庄规划编制、土地利用总体规划调整、园区空间布局优化等工作。通过“四好”农路国家级验收。完成北沿江高铁如皋西站前期道路规划等各项准备工作。完成总建筑面积1.2万平方米的华尔登小区二期建设工程手续报批。镇卫生院消防设施建设项目提前竣工。全年基础设施建设投入645万元，完成长庄东路、菊阳路2条道路提档升级工程，新建通居路6条。建设东部工业园区雨水管网1100米，完成环南路前期设计。

【生态环境保护】 年内，吴窑镇投资106万元升级改造镇级垃圾中转站，建设村级垃圾中转站17个。建立农药包装废弃物回收点19个，其中，镇级2个、村级17个。深入推进污染防治攻坚，投入572万元建设环境基础设施。开展大气治理系统工程，购买雾炮车、洒水车，常态化对镇区道路扬尘进行管控，空气优良天数比例84.2%，PM2.5下降至32.3微克/立方米。

【社会事业】 年内，吴窑镇举办文化惠民活动23场次、全民阅读活动9场次，9个村（社区）举办乐一天农民文体艺术节。完成低保、五保户信息核查，实现动态化管理。开展低收入人口集中认定工作，排查建档立卡等6类重点低收入对象1747人。发放尊老金236万元、残疾人“两项补贴”749万元，临时救助困难家庭36户。稳步推进慈善救助，募捐慈善款42.87万元。关心关爱退役军人，组建退役军人“红色先锋”志愿服务组织，帮扶困难退役军人21人，建成吴窑慰烈园。镇退役军人服务站被确定为南通市享受国家抚恤补助优抚对象年度确认工作试点先进单位。全年教育支出642万元，实施吴窑幼儿园报告厅改造、江中小学食堂屋面维修、吴窑初中报告厅维修等工程。持续提升办学水平，获评南通市学科带头人1人、南通市骨干教师2人，18人在南通市、如皋市优秀课评比、教学基本功比赛中获一等奖，60余名学生在第五届全国青少年无人机大赛、省金钥匙科技竞赛、省青少年国际绘画展等活动中获一、二等奖，江中小学被评为省青少年航空科普教育基地。弘扬文明新风，推动新时代文明实践所和17个实践站发挥教育引领实效，三元社区冒建芳被评为江苏好人、如皋爱心大使，陈家村“诚信小伙”陈伟感人事迹被《人民日报》等主流媒体报道。

（石启承）

2021年吴窑镇社会经济主要指标一览表

表76

项目	计量单位	数量	增幅（%）
一、乡镇基本情况			
乡镇行政区域面积	公顷	6429	持平
居民委员会	个	8	持平
村民委员会	个	9	持平
耕地面积	公顷	3371	持平
农业机械总动力	千瓦	36066	6.58
二、人口与就业			
户籍户数	户	18904	0.29
户籍人口	人	63301	−0.87
常住户数	户	17873	−0.71
常住人口	人	49548	−1.19
乡镇从业人员	人	29844	0.99
第一产业	人	7613	−4.40
第二产业	人	14435	1.11
第三产业	人	7796	6.62
三、乡镇经济			
地区生产总值	万元	362296	8.42
第一产业	万元	28065	5.41
第二产业	万元	169047	10.56
第三产业	万元	165184	6.82
四、农业生产			
农作物播种面积	公顷	7222	16.73
粮食作物播种面积	公顷	4452	0.25
农业保险面积（种植业）	公顷	3297	持平
市级以上农业龙头企业	个	1	持平
市级以上农业龙头企业销售收入	万元	6778	11.61
粮食总产量	吨	28922	2.17
肉类总产量	吨	7400	122.22
禽蛋产量	吨	2332	26.12
水产品产量	吨	486	1.67
五、企业情况			
法人企业	个	542	−9.21
规模以上工业企业	个	25	持平

续表 76

项目	计量单位	数量	增幅（%）
法人企业从业人员	人	29654	-1.50
规模以上工业企业从业人员	人	4475	-47.15
建筑业企业	个	5	持平
建筑业企业从业人员	人	19980	30.49
六、贸易			
限上社会消费品零售总额	万元	86000	251.34
商品交易市场	个	2	持平
营业面积 50 平方米以上的综合商店或超市	个	25	持平
七、财政收入			
财政总收入	万元	25174	25.99
一般公共预算收入	万元	12927	8.39
八、社会事业			
乡镇公路里程	千米	401	持平
金融机构网点	个	4	持平
农民专业合作社	个	20	-79.38
农民专业合作社成员	户	6185	-70.80
学校总数	所	3	持平
小学	所	2	持平
在校学生总数	人	3347	-4.45
小学在校学生	人	2253	-4.53
教师总数	人	274	3.01
小学专任教师	人	152	2.70
幼儿园、托儿所	所	5	持平
医疗卫生机构	个	23	持平
医疗卫生机构床位	床	82	持平
执业（助理）医师	人	68	持平
自来水用户	户	17873	5.55
提供住宿的社会工作机构	个	2	持平
提供住宿的社会工作机构床位	床	280	-7.89
提供住宿的社会工作机构收养人数	人	180	36.36
城乡居民基本医疗保险参保人数	人	46980	1.83
城乡居民基本养老保险参保人数	人	18665	0.61
城乡居民最低生活保障人数	人	485	-5.27

九华镇

【概况】 九华镇是如皋市南大门。2021 年，完成全部工业应税销售 66.88 亿元，比上年增长 21.6%；完成服务业应税销售 46.17 亿元，比上年增长 225%；完成外贸进出口总额 12 亿元，实际利用外资 200 万美元。全年新增规模以上工业企业 7 家；新增应税销售超 1 亿元企业 4 家，累计 12 家。新增规模以上服务业企业 4 家，净增限上服务业企业 7 家。南通星球石墨股份有限公司成功上市，成为如皋首家科创板上市企业；江苏永大化工机械有限公司获评省级专精特新“小巨人”企业；进一步优化千亩水产养殖、千亩特色蔬菜、千亩设施林果，龙舌艾草规模种植、营西设施西瓜、九华设施西瓜、小马桥湖桑等5个规模农业项目落户九华镇，总投资8000万元。南通顺捷农业服务专业合作社进一步扩大土地流转规模，总承包面积546.67公顷。镇综合实力位于全国千强镇第476位。

【项目建设】 年内，九华镇招商引资洽谈项目55个，其中10亿元以上项目5个。实现工商注册外资173万美元，实际到账外资93万美元。完成设备类投资项目8个，投资主体分别为江苏华培动力科技有限公司、江苏奕隆机电科技有限公司、江苏众成物流机器有限公司、江苏永大化工机械有限公司、南通星球石墨股份有限公司、上汽联创智能网联科技（江苏）有限公司、南通华普工贸有限公司、南通三荣实业有限公司，设备总投入14113万元。完成转化项目10个，投资主体分别为南通星球石墨股份有限公司、江苏奕隆机电科技有限公司、南通三荣实业有限公司、通利环保科技南通有限公司、南通永锠数控机械科技有限公司、磨恩纺织科技（南通）有限公司、南通融智金属制品有限公司、南通协迈服饰有限公司、如皋岩达机械工业有限公司、江苏众成物流机器有限公司。

【科技创新】 年内，九华镇实现高新技术产业产值占规模以上工业产值比重52.86%，比上年提升12个百分点，超全市平均水平。全年净增高新技术企业2家，总数17家，高新技术企业占全镇规模以上企业总数比重31.5%，高新技术企业总数位列一般镇第三。南通冠坤数控机床有限公司产品被认定为南通市科创项目，南通星球石墨股份有限公司、南通富仕液压机床有限公司相关产品通过南通首台（套）重大装备及关键零部件认定，江苏奕隆机电科技有限公司“汽车底盘电控部件生产”项目获国家重大技术装备项目认定；新培育江苏奕隆机电科技有限公司、南通爱可普环保设备有限公司2家南通市级工程中心。全年完成产学研合作项目8个，完成技术合同成交额1.65亿元。规模以上工业企业研发费用占主营业务比重3.2%。科技创新工作考核排名持续稳居全市前三名。

【小城镇建设】 年内，九华镇改造提升赵元村千年银杏园，新建姜园耕读生态园，姜园穆义丰酒博物馆完成布馆建设。成功出让外滩西侧地块39.12公顷，按序时完成富华路、联创路、市场路、环西路等园区路桥建设8.8千米，累计新增绿化面积12.5万平方米、配套路灯556盏套，完成雨污水管网建设30千米。完成何王小区、四圩小区配套建设。锦绣小游园、锦绣路改造、兴隆路西延、营防老集镇污水截污等工程完成设计、招标工作。

【生态环境保护】 年内，九华镇投入5000余万元，新建镇区污水管网1500余米，维修完善村庄污水处理配套设施等，实现镇区污水管网全覆盖；整治三级河道24条、四级河道37条，总长度31千米，清淤土方量24万立方米。加大黑臭河道排查及整治力度，整治黑臭河道9条、4300余米。实现县级以上考核断面水质优Ⅲ率百分之百，入江支流水质消除劣Ⅴ类。开展大气污染系统治理，PM2.5全年平均浓度29.3微克/立方米，低于全市考核指标34微克/立方米；空气质量优良天数308天，优良率85.1%，高于全市84.7%约束性指标。保持土壤环境质量稳定，全年未发生一起土壤环境污染事件。被省生态环境厅命名为省生态文明示范乡镇。

【社会事业】 年内，九华镇完成九华幼儿园教学楼、郑甸小学食堂、九华小学外立面、郑甸幼儿园建设等工程，建成南通市基层特色医疗科室3个。累计接种新冠病毒疫苗超10万人次，组织全镇全民核酸检测实战演练1次，48小时内完成核酸检测全民6万余人。全年累计摸排新冠防疫重点人员7000人次，核酸采样2.34万人次，集中医学观察213人次。整合提升为民服务中心硬件设施，建成全市唯一省级“15分钟医保服务圈”示范点。城乡居民养老保险参保2.11万人，任务完成率109.4%，完成保费2464万元。城镇新增就业389人，任务完成率127%。新增企业职工养老保险参保1233人，任务完成率117%。城乡居民养老保险转企业职工养老保险940人，任务完成率138%。医疗保障工作综合排名全市第一。完成失地进保265人。人力资源和社会保障工作综合排名全市第二。在全省率先建成智慧广电乡镇。开展富民帮促行动，确保低收入人口收入增幅达标。推进安全生产专项整治三年行动，全面进行隐患排查并建立隐患整治问题清单，定期开展综合应急演练，安全生产形势总体平稳。全年排查调解各类矛盾纠纷1725件，调处成功1709件，调处成功率99%。挖掘红色资源优势建成红色教育主题公园，全年接待6264人次，开展学习活动42场。举办九华镇首届机关全民健身运动会、第四届大型公益乡村旅游节暨第四届九华枇杷节、“乐一天”等活动，全年开展各类文化活动100余场次，累计18万余人次参与；邀请专家开展各类宣讲50余场次；“扫黄打非”基层站点标准化建设实现19个村（社区）全覆盖。

（陈志锋　马灿灿）

2021 年九华镇社会经济主要指标一览表

表 77

项目	计量单位	数量	增幅（%）
一、乡镇基本情况			
乡镇行政区域面积	公顷	7334	持平
居民委员会	个	5	持平
村民委员会	个	14	持平
耕地面积	公顷	3892	0.01
农业机械总动力	千瓦	44043	2.94
二、人口与就业			
户籍户数	户	21381	−0.58
户籍人口	人	68833	−0.72
常住户数	户	22874	20.96
常住人口	人	54976	−1.04
乡镇从业人员	人	32747	−0.05
第一产业	人	7712	−0.19
第二产业	人	16941	0.03
第三产业	人	8094	−0.06
三、乡镇经济			
地区生产总值	万元	519802	9.86
第一产业	万元	39948	3.61
第二产业	万元	269190	13.08
第三产业	万元	210664	7.18
四、农业生产			
农作物播种面积	公顷	6348	−6.07
粮食作物播种面积	公顷	4857	−0.33
农业保险面积（种植业）	公顷	4644	18.26
市级以上农业龙头企业	个	0	持平
市级以上农业龙头企业销售收入	万元	0	持平
粮食总产量	吨	33489	0.31
肉类总产量	吨	2199	20.30
禽蛋产量	吨	2566	7.05
水产品产量	吨	2535	1.60
五、企业情况			
法人企业	个	684	0.15
规模以上工业企业	个	53	12.77
法人企业从业人员	人	23833	0.09
规模以上工业企业从业人员	人	7649	7.84
建筑业企业	个	5	25.00
建筑业企业从业人员	人	697	17.34

续表 77

项目	计量单位	数量	增幅（%）
六、贸易			
限上社会消费品零售总额	万元	5031	252.81
商品交易市场	个	3	持平
营业面积 50 平方米以上的综合商店或超市	个	52	持平
七、财政收入			
财政总收入	万元	43091	12.92
一般公共预算收入	万元	21867	3.24
八、社会事业			
乡镇公路里程	千米	358	持平
金融机构网点	个	9	持平
农民专业合作社	个	21	-64.41
农民专业合作社成员	户	7503	-51.96
学校总数	所	4	持平
小学	所	3	持平
在校学生总数	人	3637	2.22
小学在校学生	人	2408	-0.95
教师总数	人	254	0.40
小学专任教师	人	133	-4.32
幼儿园、托儿所	所	4	-42.86
医疗卫生机构	个	21	-4.55
医疗卫生机构床位	床	136	-57.76
执业（助理）医师	人	65	-57.24
自来水用户	户	22874	23.95
提供住宿的社会工作机构	个	2	持平
提供住宿的社会工作机构床位	床	1230	64.00
提供住宿的社会工作机构收养人数	人	333	5.05
城乡居民基本医疗保险参保人数	人	43484	-23.55
城乡居民基本养老保险参保人数	人	20624	-31.94
城乡居民最低生活保障人数	人	583	-7.46

石庄镇

【概况】 石庄镇地处如皋市西南部，南依长江，西接靖江市，与张家港市隔江相望。2021 年，完成全口径增值税 2.04 亿元。实现规模工业产值 64.82 亿元，比上年增长 28.36%；全部工业应税销售 59.69 亿元，比上年增长 26.46%；规模工业应税销售 45.14 亿元，比上年增长 27.15%。实现全部工业实缴税金 2.17 亿元，比上年增长 4.33%。制造业投资比上年增长 42.2%，居全市各镇第三。高新技术投资占全部投资比重 60.3%，全市第一。实现服务业应税销售 55 亿元，占年度目标任务 183%，服务业综合排名全市第一。新增规模企业 9 家，累计 47 家。

【项目建设】 年内，石庄镇实现到账外资 205 万美元，完成率居全市各镇第四位。完成设备投入项目 7 个，总投入 1 亿元，其中，设备投入 500 万元项目 3 个（品材包装、允超水泥、上海电气）、1000 万元项目 2 个（卓杰桩业、钻裕水泥）、

2000万元项目1个（时欣家具）、3000万元项目1个（华旭钢构）。竣工项目1个（汇舸环保）。实现转化项目4个（精聚彩研、华景环保、上海电气、汇舸环保）。盘活低效用地17.01公顷。新培育单体投资1亿元服务业项目3个（兴埠贸易、桥兴贸易、兴北贸易）、南通市级重大服务业项目1个（南通嘉速网络有限公司）。新增规模农业项目2个（时光花海、楼房中药材种植园），总投资5200万元。项目建设综合排名全市面上镇第三。

【科技创新】 年内，石庄镇完成技术合同成交额1.7亿元，新增入库高新技术企业4家，高新产业产值占比30.07%，研发投入占营业收入比重3.9%，新增产学研合作项目6个。成功申报一般科创企业2家（江苏秦烯新材料有限公司、市桦儒肠衣有限公司）、入库科创企业6家[市丽德塑业有限公司、南通华罡建材有限公司、南通航睿钢结构有限公司、南通市真伟复合材料有限公司、汇舸（南通）环保设备有限公司、南通源码电磁科技有限公司]。

【小城镇建设】 年内，石庄镇完成前河（龙游河）绿化、亮化、智慧化工程，推进前河（龙游河）文化工程建设；启动杨庄路口至桑木桥东片区环境提升改造工程。推动张靖皋过江通道到镇区连接线方案设计项目。加大智慧工地建设，推行施工工地安装远程视频监控系统23个。全面出新赵桥线、西板桥南路等重点道路和345国道沿路店牌店招。完成东板桥路北延亮化工程。10月1日，业琛商业广场开业。项目占地2.84公顷，总建筑面积4.6万平方米，总投资2亿元，为全市首家集购物、餐饮、娱乐、休闲于一体的乡镇第三代商业综合体。占地面积53.3公顷的时光花海项目试运营。

【生态环境保护】 年内，石庄镇深入实施人居环境改善工程，推进生态河道建设和农村黑臭水体整治，专项整治内河码头27家，新建污水管网项目1.39千米，完成1080户分散式农户生活污水生态化治理和撤并镇区生活污水处理。设计老镇区污水管网及污水处理设施工程方案，打造石北港生态河道，持续推广“自己的河道自己管护”，签订管河护河承诺书，形成“人人管河护河”良好氛围。

【社会事业】 年内，石庄镇全年发放城乡低保、五保、退役军人和其他优抚对象等各类补助、救助资金2840.26万元。新增城镇就业人数385人，农村劳动力转移587人。深入推进“我为群众办实事”实践活动，办结216件，办结率百分之百。举办“张迺见先生书法展”，组织开展庆祝建党百年文艺演出、农民“乐一天”、全民阅读等群众性文化活动40余场，人均接受公共文化场馆服务次数4次以上。邹蔡村党建引领移风易俗、树文明立新风经验被市委宣传部在全市面上推广。开展公众健康咨询活动30余次，新冠病毒疫苗第三针加强针接种率超过80%，全员核酸检测率90%以上。实施“大数据+网格化+铁脚板”网格化社会治理模式，促进治理向末梢延伸；发挥党员先锋作用，打造“五老调解室”“港港经百姓茶馆”等特色品牌。化解县级以上重复访信访件9件，化解率90%；承办市长热线交办单1040件，办结1025件。全面持续开展安全整治工作，全年检查隐患800余条，隐患整改率百分之百，立案查处企业4家，处罚金额5.38万元。

【省级耕地保护受激励乡（镇）】 10月27日，石庄镇被省自然资源厅通报表扬为2021年省级耕地保护工作成效突出的镇，获资金奖励200万元。

年内，石庄镇合理规划推进土地“双整治”（占补平衡和增减挂钩）工作，落实基本农田保护措施，强化执法监察管理，及时查处督促整改各类乱占耕地行为76宗、72.12公顷，摸底排查农村乱占耕地135宗，发放农村房地一体不动产登记证1.95万宗，完成占补核查项目29个，盘活低效用地17.82公顷。

（杨　丰）

2021年石庄镇社会经济主要指标一览表

表78

项目	计量单位	数量	增幅（%）
一、乡镇基本情况			
乡镇行政区域面积	公顷	8229	持平
居民委员会	个	11	持平
村民委员会	个	10	持平
耕地面积	公顷	5008	7.87

续表 78

项目	计量单位	数量	增幅（%）
农业机械总动力	千瓦	32827	0.59
二、人口与就业			
户籍户数	户	24927	0.45
户籍人口	人	81513	−0.88
常住户数	户	22106	0.47
常住人口	人	64026	−1.19
乡镇从业人员	人	42906	2.62
第一产业	人	11382	−2.57
第二产业	人	21738	3.66
第三产业	人	9786	6.83
三、乡镇经济			
地区生产总值	万元	561034	10.15
第一产业	万元	49915	4.88
第二产业	万元	306742	12.50
第三产业	万元	204377	8.09
四、农业生产			
农作物播种面积	公顷	7081	−6.74
粮食作物播种面积	公顷	4803	0.17
农业保险面积（种植业）	公顷	3860	3.51
市级以上农业龙头企业	个	2	−33.33
市级以上农业龙头企业销售收入	万元	57560	23.78
粮食总产量	吨	28996	1.32
肉类总产量	吨	5535	14.03
禽蛋产量	吨	4786	14.99
水产品产量	吨	774	1.57
五、企业情况			
法人企业	个	610	2.52
规模以上工业企业	个	47	11.90
法人企业从业人员	人	13571	26.86
规模以上工业企业从业人员	人	5109	29.54
建筑业企业	个	7	40.00
建筑业企业从业人员	人	711	8.05
六、贸易			
限上社会消费品零售总额	万元	16313	8.01
商品交易市场	个	4	持平
营业面积50平方米以上的综合商店或超市	个	90	−2.17
七、财政收入			
财政总收入	万元	33147	14.24

续表 78

项目	计量单位	数量	增幅（%）
一般公共预算收入	万元	16883	12.22
八、社会事业			
乡镇公路里程	千米	482	9.05
金融机构网点	个	9	持平
农民专业合作社	个	19	137.50
农民专业合作社成员	户	6326	11.12
学校总数	所	5	持平
小学	所	3	持平
在校学生总数	人	7206	−3.11
小学在校学生	人	3043	−6.88
教师总数	人	570	持平
小学专任教师	人	195	持平
幼儿园、托儿所	所	8	−20.00
医疗卫生机构	个	30	持平
医疗卫生机构床位	床	315	26.00
执业（助理）医师	人	189	5.00
自来水用户	户	19006	0.60
提供住宿的社会工作机构	个	1	持平
提供住宿的社会工作机构床位	床	148	−8.64
提供住宿的社会工作机构收养人数	人	52	−14.75
城乡居民基本医疗保险参保人数	人	49328	0.12
城乡居民基本养老保险参保人数	人	20398	5.25
城乡居民最低生活保障人数	人	737	−6.83

人物·荣誉

新任市领导

司祝建 如皋市人大常委会主任、党组书记

司祝建，男，1964年3月出生，汉族，如皋人，1986年8月参加工作，1990年12月加入中国共产党，中央党校、省委党校研究生学历。

1983年9月至1986年8月，南通师范专科学校生化专业学习，取得大专学历；1986年8月至1992年5月，如皋中学教师，团委副书记、书记；1992年5月至1998年4月，任团市委副书记（1993年8月至1995年12月，中央党校经管专业学习，取得大学学历）；1998年4月至2000年4月，任东陈镇党委副书记、镇长（1998年11月至2000年12月，苏州大学世界经济专业研究生课程进修班学习结业）；2000年4月至2002年8月，任东陈镇党委书记；2002年8月至2002年11月，任市委宣传部副部长，兼如皋日报社党组书记、社长；2002年11月至2003年1月，任如东县委常委；2003年1月至2006年6月，任如东县委常委、宣传部部长（2004年9月至2007年7月，省委党校企业管理专业学习，取得研究生学历；2004年9月至2007年7月，中央党校经济管理专业学习，取得研究生学历）；2006年6月至2010年2月，任如东县委常委、组织部部长；2010年2月至2011年6月，任如皋市委常委、市政府副市长；2011年6月至2012年1月，任如皋市委常委、市政府常务副市长；2012年1月至2012年3月，任如皋市委副书记、市政府副市长；2012年3月至2017年2月，任如皋市委副书记；2017年2月至2019年1月，任南通市水利局局长、党组书记；2019年1月至2021年1月，任南通市委宣传部常务副部长；2021年1月至2021年2月，如皋市人大常委会主任人选；2021年2月起，任如皋市人大常委会主任、党组书记。

顾留忠 如皋市委常委，市政府常务副市长、党组副书记，市行政学校校长，市红十字会会长

顾留忠，男，1972年9月出生，汉族，如皋人，1992年8月参加工作，1995年12月加入中国共产党，中央党校大学学历。

1990年9月至1992年7月，苏州大学政治系学习，取得大专学历；1992年8月至1995年11月，常青乡团委工作、团委书记；1995年11月至1996年3月，任常青乡乡长助理、副乡长人选；1996年3月至1998年4月，任常青乡副乡长（1996年8月至1998年12月，中央党校经济专业学习，取得大学学历）；1998年4月至2000年4月，任加力乡党委副书记；2000年4月至2001年1月，任常青镇党委副书记、纪委书记；2001年1月至2002年11月，任常青镇党委副书记、镇长；2002年11月至2005年12月，任江安镇党委书记；2005年12月至2007年7月，任如皋经济开发区党工委副书记、纪工委书记，管委会副主任；2007年7月至2010年12月，任市发展改革委党组副书记、副主任，市招商局局长、党委副书记；2010年12月至2011年1月，任如皋港区党工委副书记、管委会主任，长江镇党委副书记；2011年1月至2011年7月，任如皋港区党工委副书记、管委会主任，长江镇党委副书记、镇长；2011年7月至2012年2月，任如皋港区党工委副书记、管委会主任；2012年2

月至2012年3月，任如皋港区党工委副书记、管委会主任，长江镇镇长人选（机构升格、副处职）；2012年3月至2013年3月，任长江镇党委副书记、镇长，如皋港区党工委副书记、管委会主任；2013年3月至2013年6月，任长江镇党委副书记、行政工作组组长（副处职），如皋港区党工委副书记、管委会主任；2013年6月至2016年11月，任长江镇党委副书记、镇长，如皋港区党工委副书记、管委会主任（2016年7月起主持长江镇党委工作）；2016年11月至2017年7月，任长江镇党委副书记、镇长（主持党委工作），如皋港区党工委书记、管委会主任；2017年7月至2017年12月，任长江镇党委副书记、镇长（主持党委工作），如皋港区党工委书记；2017年12月至2018年1月，任长江镇党委书记、如皋港区党工委书记；2018年1月至2019年2月，任长江镇党委书记；2019年2月至2019年5月，任长江镇党委书记、如皋港工业园区党工委书记；2019年5月至2019年6月，如皋市政府副市长人选，任长江镇党委书记、如皋港工业园区党工委书记；2019年6月至2019年11月，任如皋市政府副市长、党组成员，长江镇党委书记、如皋港工业园区党工委书记；2019年11月至2021年1月，任如皋市政府副市长、党组成员；2021年1月至2021年2月，任如皋市委常委，市政府副市长、党组成员；2021年2月起，任如皋市委常委，市政府常务副市长、党组副书记，市行政学校校长，市红十字会会长。

朱莹滢 如皋市委常委、组织部部长、统战部部长，市政协党组副书记，市委市级机关工作委员会书记

朱莹滢，女，1976年9月出生，汉族，启东人，1999年8月参加工作，1995年6月加入中国共产党，中央党校研究生学历。

1995年9月至1999年8月，南京理工大学化工学院环境监测专业学习，取得大学学历；1999年8月至2000年9月，任启东市永阳乡党务干事兼台角村党支部副书记（1999年9月至2001年12月，苏州大学人文学院研究生课程进修班结业）；2000年9月至2001年11月，任启东市纪委党风廉政室纪检监察员；2001年11月至2001年12月，任启东市纪委党风廉政室副主任；2001年12月至2002年7月，任启东市纪委副局级纪检监察员、党风廉政室副主任（2002年4月至2002年7月，借至南通市委组织部干部教育科工作）；2002年7月至2003年1月，南通市委组织部干部教育科、干部教育处科员；2003年1月至2004年12月，任南通市委组织部干部教育处副科级组织员；2004年12月至2007年7月，任南通市委组织部干部教育处正科级组织员；2007年7月至2012年2月，任南通市委组织部干部教育处、党政干部处、机关干部处主任科员［2007年9至2010年7月，中央党校经济学（经济管理）专业学习，取得研究生学历］；2012年2月至2016年3月，任南通市委组织部干部教育处副处长；2016年3月至2018年1月，任南通市委组织部干部教育处处长、市干部培训中心主任；2018年1月至2019年5月，任南通市委组织部干部教育处处长；2019年5月至2020年8月，任南通市委组织部企事业干部处处长；2020年8月至2021年1月，任南通市委组织部干部四处处长；2021年1月至2021年6月，任如皋市委常委、组织部部长；2021年6月至2021年7月，任如皋市委常委、组织部部长，市委市级机关工作委员会书记；2021年7月起，任如皋市委常委、组织部部长、统战部部长，市政协党组副书记，市委市级机关工作委员会书记。

陈鸣华 如皋市委常委，市政府副市长、党组成员，市科技创新委员会办公室党组书记

陈鸣华，男，1979年9月生，汉族，海门人，2001年8月参加工作，2002年9月加入中国共产党，省委党校研究生学历。

1998年9月至2001年7月，江苏公安专科学校刑侦专业学习，取得大专学历；2001年8月至2002年3月，海门市公安局悦来派出所见习；2002年3月至2007年4月，海门市公安局政治处人事科见习、办事员（2003年8月至2005年12月，中央党校法律专业学习，取得大学学历；2006年12月，取得南京大学高等教育自学考试行政管理专业管理学学士学位）；2007年4月至2008年8月，海门市政府办公室工作；2008年8月至2008年9月，南通市农业机械管理局科员；2008年9月至2010年12月，任南通市农业机械管理局办公室（法规处）副主任（副处长）（2009年9月至2012年7月，省委党校社会学专业学习，取得研究生学历）；2010年12月至2011年12月，南通市委办公室信息处工作；2011年12月至2013年12月，南通市委办公室副主任科员；2013年12月至2017年3月，南通市委办公室主任科员；2017年3月至2019年5月，任南通市委办公室秘书三处处长；2019年5月至2020年9月，任南通市委全面深化改革委员会办公室专职副主任；2020年9月至2021年6月，任如皋市委常委（挂职）、南通市委全面深化改革委员会办公室专职副主任；2021年6月至2021年7月，任如皋市委常委（挂职）、市科技创新委员会办公室党组书记，南通市委全面深化改革委员会办公室专职副主任；2021年7月至2021年8月，任如皋市委常委、市科技创新委员会办公室

党组书记；2021 年 8 月起，任如皋市委常委，市政府副市长、党组成员，市科技创新委员会办公室党组书记。

吴海军 如皋市政府副市长、党组成员

吴海军，男，1977 年 3 月出生，汉族，海安人，2001 年 8 月参加工作，1999 年 11 月加入中国共产党，大学学历。

1997 年 9 月至 2001 年 7 月，沈阳农业大学水利学院农田水利工程专业学习，取得大学学历；2001 年 8 月至 2002 年 9 月，南通市水利局办事员；2002 年 9 月至 2007 年 10 月，南通市水利局科员；2007 年 10 月至 2009 年 7 月，任南通市水利局农村水利处（科技处）副处长；2009 年 7 月至 2010 年 2 月，任南通市水利局规划与建设处副处长；2010 年 2 月至 2015 年 1 月，任南通市水利局规划与建设处处长（2012 年 7 月至 2012 年 12 月，新疆维吾尔自治区伊宁县水务局挂职；2012 年 12 月至 2013 年 12 月，挂职伊宁县水务局副局长、党组成员）；2015 年 1 月至 2015 年 2 月，任南通市水利局办公室主任、规划与建设处处长；2015 年 2 月至 2019 年 4 月，任南通市水利局办公室主任；2019 年 4 月至 2019 年 5 月，任南通市水利局办公室主任、人事处处长；2019 年 5 月至 2020 年 9 月，任南通市水利局副局长、党组成员（2019 年 5 月至 2020 年 6 月，兼任南通市水利局办公室主任、人事处处长）；2020 年 9 月至 2021 年 6 月，任南通市水利局副局长、党组成员，如东县委常委（挂职）；2021 年 6 月至 2021 年 7 月，如皋市政府副市长人选、党组成员；2021 年 7 月起，任如皋市政府副市长、党组成员。

顾凡 如皋市政府副市长、党组成员

顾凡，女，1983 年 5 月出生，汉族，南通人，2003 年 8 月参加工作，2005 年 12 月加入中国共产党，省委党校研究生学历。

1998 年 9 月至 2003 年 6 月，南通高等师范学校教育学专业学习，取得大专学历；2003 年 8 月至 2005 年 8 月，通师二附小学教师（借共青团南通市崇川区委工作）；2005 年 8 月至 2007 年 12 月，共青团崇川区委科员（2006 年 3 月至 2007 年 3 月，抽调至崇川区重大项目推进办公室招商二局任局长助理；2007 年 12 月，取得江苏省高等教育自学考试委员会南京师范大学法学专业大学学历），2007 年 12 月至 2009 年 5 月，任崇川区侨办主任助理；2009 年 5 月至 2010 年 2 月，任崇川区侨办副主任；2010 年 2 月至 2012 年 6 月，任崇川区外事侨务办公室副主任；2012 年 6 月至 2016 年 1 月，任崇川区城东街道党工委委员、纪工委书记（2013 年 9 月至 2016 年 7 月，省委党校科学社会主义专业学习，取得研究生学历）；2016 年 1 月至 2016 年 12 月，任南通市委宣传部理论处干部；2016 年 12 月至 2020 年 12 月，任南通市委宣传部文化改革发展处处长；2020 年 12 月起，任如皋市政府副市长、党组成员。

陈刚 如皋市政府副市长、党组成员，市委政法委副书记，市公安局局长、党委书记

陈刚，男，1974 年 6 月出生，汉族，南通人，1997 年 5 月参加工作，2000 年 6 月加入中国共产党，中央党校大学学历。

1993 年 9 月至 1996 年 7 月，江苏广播电视大学机电专业学习，取得大专学历；1996 年 7 月至 1997 年 5 月，待业；1997 年 5 月至 2003 年 8 月，南通市公安局港闸分局秦灶派出所民警；2003 年 8 月至 2005 年 9 月，任南通市公安局港闸分局幸福派出所副所长（2004 年 8 月至 2006 年 12 月，中央党校法律专业学习，取得大学学历）；2005 年 9 月至 2009 年 10 月，任南通市公安局港闸分局永兴派出所教导员；2009 年 10 月至 2011 年 7 月，任南通市公安局崇川分局狼山派出所所长；2011 年 7 月至 2014 年 6 月，任南通市公安局崇川分局副局长；2014 年 6 月至 2017 年 4 月，任南通市公安局治安支队副支队长；2017 年 4 月至 2019 年 3 月，任南通市公安局食药环侦支队支队长；2019 年 3 月至 2020 年 9 月，任南通市公安局指挥中心主任；2020 年 9 月至 2021 年 6 月，任南通市公安局指挥中心主任；2021 年 6 月至 2021 年 7 月，任如皋市政府副市长人选、党组成员，市委政法委副书记，市公安局局长人选、党委书记；2021 年 7 月起，任如皋市政府副市长、党组成员，市委政法委副书记，市公安局局长、党委书记。

（市委组织部　供稿）

新闻人物

马玙 最美科技工作者

马玙，女，1932 年 2 月出生，如皋人，汉族，中共党员，首都医科大学附属北京胸科医院（北京市结核病胸部肿瘤研究所）主任医师，国务院政府特殊津贴获得者。

马玙从事结核病防治事业 66 年，先后发表中英文论文 130 余篇，参与 17 部专著相关篇章撰写工作。作为结核病领域权威临床科学家，经过费时、烦琐、危险的一线临床科研，产生成果成为国内乃至国际临床诊疗方案、指南、策略。马玙培养硕博研究生 10 余人，很多学生成为全国各大医院结核专业领域骨干和学科带头人。她用

精湛医术解除病人痛苦，用心温暖每一位患者，用行动诠释着“全心全意为病人服务”初心，曾获北京市有突出贡献专家、首都精神文明建设奖、首都十大健康卫士、全国卫生系统先进工作者、全国优秀科技工作者、第二届国之大医特别致敬奖等表彰。2021 年 11 月，被中央宣传部、中国科协、科技部、中国科学院、中国工程院、国防科工局 6 部门联合表彰为最美科技工作者。

孙友宏　中国工程院院士

孙友宏，男，1965 年 7 月出生，如皋人，中共党员，中国地质大学（北京）党委副书记、校长，第八届国务院学位委员会学科评议组成员，第八届教育部科学技术委员会地学与资源学部副主任。

孙友宏长期致力于钻探工程理论研究、技术创新和装备研发，围绕潜在油气资源和地球深部探测等国家重大战略需求，主持研发冻土带天然气水合物低温钻探冷冻取样关键技术，为中国陆域天然气水合物的新发现提供技术支撑；主持研发顶部驱动精准控压取样钻探装备关键技术及“地壳一号”万米大陆科学钻探钻机，并成功应用于“松科 2 井”施工，完成钻井深 7018 米，创造亚洲国家实施大陆科学钻探井深新纪录；主持研发油页岩地下原位裂解及多工艺钻探取心关键技术，并成功从地下开采出高品质油页岩油，推动中国油页岩资源开发利用技术取得重大突破性进展。他曾获国家技术发明二等奖 2 项（均排名第一）、第十三届光华工程科技奖、省部级科技奖励一等奖 5 项（均排名第一）。2021 年 11 月，当选中国工程院院士。

鲍国俊　记二等功

鲍国俊，男，1983 年出生，汉族，如皋人，2001 年 12 月入伍，中共党员，武警江苏总队某站站长，中校警衔。

鲍国俊历任排长、助理员、政治指导员、宣保股干事、站长等职，先后立个人三等功 5 次，其所带中队被评为基层建设标兵中队，立集体二等功一次。2021 年，鲍国俊参与多项重大任务，有效发挥“智库”作用，多次纠正办案中的问题，表现突出，被武警江苏总队政治工作部批准记个人二等功一次。

（《如皋年鉴》编辑部）

先进人物

姚呈明　全国优秀党务工作者

姚呈明，男，汉族，1961 年 5 月出生，如皋人，中共党员，市人大常委会党组成员、专职委员、机关党组副书记，政工师。

姚呈明自 1990 年借调至县委宣传部，始终坚守在党的基层党务工作战线，特别是党建理论武装的前沿阵地，用“冒热气”的家常话和 5000 余场透着“泥土味”的宣讲，将党建理论火种撒播进“寻常百姓家”，成为老百姓离不开的“姚理论”“姚铁嘴”，成为中央宣传部表彰的基层理论宣讲先进个人。转岗市人大党组成员、机关党组副书记后，他在抓实市人大机关支部标准化规范化建设同时，以一人带动一群人，在全国首创以师带徒签约培养宣讲学徒，创办“理论名嘴孵化器”——姚呈明理论武装工作室，3 年带出 46 名深受群众欢迎的“理论快递哥、快递妹”。2020 年 10 月，姚呈明理论武装工作室被中央宣传部表彰为全国基层理论宣讲先进集体。他把工作室分站开到青海、陕西等地，开展理论扶贫，不辞劳苦奔波于大山深处，进农家小院、村居宣讲；每天通过网络平台为西部宣讲人员传授宣讲技艺，培养出一支支“不走的宣讲队”，从扶志扶智上开拓出一条东西部合作扶贫新模式。2019 年 6 月，姚呈明被省委授予全省优秀党务工作者称号。2021 年 6 月，被中共中央表彰为全国优秀党务工作者。

（刘铁凡）

周云　全国法院先进个人

周云，女，1968 年 8 月出生，汉族，中共党员，大学学历，法律硕士学位，任市人民法院党组成员、审判委员会专职委员、执行局局长。

她率先垂范，处处为干警树立标杆。带领团队不断改革创新，通过竞选组长、成员双向选择，在南通法院系统率先构建执行团队办案模式，实现新老案件分离，简案快速办理，繁案精准办理，类案归并办理。建立联动执行机制，与金融机构对接，推行查扣冻事项集中办理；与市自然资源和规划局合作，实现不动产网络专线查询，集中办理银行存款柜面查扣冻事项近 2000 件；与市税务局在不动产司法拍卖中加强涉税协作。建立信息公开机制、快速反应机制、信用惩戒机制，化解沉积 10 余年老案、难案。她心系百姓，耐心细致热情地对待每个当事人，极力化解利益纠纷，获群众致谢锦旗 60 余面。她严以律己，始终保持一颗清廉之心、公正之心，维护法律公正和神圣。市人民法院执行局先后被省高级人民法院表彰为执行工作先进集体、记集体三等功，市人民法院被确定为全省解决执行难长效机制建设示范法院。周云先后被评为全省政法系统“忠诚卫士”、优秀法官，被省高级人民法院记二等功 1 次、一等功 1 次。2021 年 12 月，被最高人民法院表彰为全国法院先进个人。

（李　军）

缪永辉　全国农村留守儿童关爱保护和困境儿童保障工作先进个人

缪永辉，男，汉族，1966年11月出生，如皋人，中共党员，中央党校大学学历，市民政局党组书记、局长。

缪永辉自2019年2月任市民政局党组书记、局长后，先试先行，成立全国首家县（市）级关心留守儿童工作委员会，在省内打造儿童“关爱之家”示范点、出台《留守儿童服务体系建设资金补助办法》和《留守儿童“关爱之家”服务规范》，在农村基层学校——林梓小学建立留守儿童服务组织、留守儿童成长档案、留守儿童成长足迹馆等，筑牢留守儿童保护“底线”。他主动作为，探索建立“政策宣讲+大数据+铁脚板”困境儿童保障精准排查模式，实现市、镇（街道）和村（社区）儿童福利政策宣讲全覆盖，及时将符合保障标准儿童纳入保障范围，其中困境儿童占比5.62%，实现农村困境儿童应保尽保、应救尽救。2021年9月，缪永辉被民政部表彰为全国农村留守儿童关爱保护和困境儿童保障工作先进个人。

（冒爱锋）

吴建平　全国司法所模范

吴建平，男，1963年9月出生，汉族，如皋人，中共党员，学历，长江镇司法所所长。

吴建平自2016年任司法所所长后，足迹遍布长江镇，主持化解疑难复杂纠纷483件，其中重大矛盾纠纷101件，并将平南社区打造成全国和谐社区建设示范社区、省民主法治示范社区。打造最优法治化营商环境，带领司法所工作人员共同参与社会稳定风险评估项目208件，其中涉及重大项目13个。注重社区矫正执法水平建设，既坚持依法依规严管，又注重人性化关怀。在全市率先试点推行“矫务长制”，设置“一长三员”，即矫务长（司法干警）、矫务员（专职社工）、网格员、矫正小组成员，实现精细管理、精准矫治、精心帮扶。2021年9月，南通市社区矫正“矫务长制”现场推进会推广长江司法所经验做法。结合“美丽乡村”“法治乡村”建设，吴建平在长江镇二百亩社区率先开展援法议事活动，指导将污染防治、河道整治、禁止电捕鱼等列入村规民约，培养一批“法律明白人”当上社区依法治理“好军师”，成为全省城乡基层援法议事范例。2021年10月，被司法部表彰为全国司法所模范。

（刘海波）

周谷俊　全国退役军人服务保障先进个人

周谷俊，男，汉族，1971年2月出生，市退役军人服务中心主任、退役军人事务局信访办主任。

周谷俊勇挑权益维护和矛盾化解重担，各类信访件受理率、处理率、反馈率均为百分之百。组织各镇（街道）退役军人服务中心开展大排查、大走访、大谈心活动，对重点对象全部按照职责职能归口包案，先后化解信访件15起，钝化信访矛盾40余起。通过创星级、树标杆、立典型，以点带面深入推进基层退役军人服务保障体系建设，有效保障全市退役军人服务站规范运行，培育国家级乡镇（街道）示范型退役军人服务站8家、省优秀退役军人服务站2家、南通五星级镇（街道）退役军人服务6家站、南通市五星级村（社区）退役军人服务站46家。2021年12月，被退役军人事务部表彰为全国退役军人服务保障先进个人。

瞿友祥　全国先进军休干部

瞿友祥，男，1959年1月生，汉族，如皋人。1977年9月入伍，中共党员，上校军衔。2009年3月退休，2010年10月关系转至如皋市军休所。

瞿友祥退休不褪色，在政治上、思想上、行动上始终与党中央保持高度一致。在担任军休所老干部支部组织委员期间，协助做好军休人员走访慰问和思想政治工作，定期为行动不便军休人员开展送学上门活动，为有困难老党员添支党费。主动发挥政治优势和专业特长，积极参与为困难群众送温暖、农村移风易俗志愿宣传、疫苗接种点志愿服务等社会公益活动，新冠肺炎疫情期间为湖北武汉和一线医务工作者捐款3次。积极参加军休所各项文体活动，参演情景舞剧《红军阿哥你慢慢走》作为南通唯一入选节目参加省退役军人事务厅军休系统文艺调演；苦练门球技战术，取得门球国家一级裁判员、国家二级教练员资格，率队参加省市级门球比赛获冠军10次；取得国家围棋二级裁判员资格证书，为学校社团义务教学，被授予优秀社会指导员称号，专业培训围棋学子1000余人，其中培养5段选手12人。2021年12月，被退役军人事务部表彰为全国先进军休干部。

（邓建芹）

王禹　全国市场监管卫士

王禹，男，1973年9月出生，汉族，如皋人，中共党员，大学学历，市市场监管局长江分局局长。

王禹于2015年7月任市场监管局长江分局局长。他打造党建服务品牌，被南通市级媒体报道；他凝聚人心，引导长江分局上下“事合、人合、力合、心合”；提出监管执法统一、全员稽查办案要求，推行以“身边人教身边人”监管模式，形成赶学比超良好氛围。在他带领下，长江分局破解冷链食品、企业食堂、小作坊、小餐饮监管难题，解决无证照餐饮经营户规范问题；专业化监管药械安全，提升各项检查中问题发现率、规范处置率；以精细化监管抓特种设备安全，辖区内945家特种设备使用单位自查自改率和安全承诺书签订率均为百分之百。长江分局获评南通市场监督系统十佳基层分局。2018—2021年，他立案查处一般程序案件324件，罚没款940万余元，依法成功办理市市场监管局历史上最高额罚款案件，被市委、市政府嘉奖6次，记三等功1次。2021年12月，被国家市场监督管理总局评为全国市场监管卫士。

（张　妍）

卢春燕　*省劳动模范和先进工作者*

卢春燕，女，汉族，1978年1月出生，如皋人，群众，高中学历，市环境卫生管理处雾炮车驾驶员。

卢春燕责任心强、技术精，在努力提高自身文化素质同时，刻苦钻研技术，熟练掌握扫路车、洒水车、垃圾清运车、雾炮车等环卫专业车辆维修、保养技术。凭着过硬的专业技能，工作中从未发生交通安全事故。面对上下班高峰因道路交通拥挤而胎耗大、油耗多等情况，凭着精湛的驾驶技术尽量保持中速行驶，她的汽车每100千米耗油量比其他同类型汽车少2升左右。她以岗为家，无论严寒酷暑从不退缩；她舍小家为大家，为洁净的城市环境无怨无悔默默奉献。2017年，获南通市劳动模范称号。面对新冠肺炎疫情，主动请缨到最危险的隔离区转运生活垃圾。2021年4月30日，被省委、省政府表彰为省劳动模范和先进工作者。

杜莉　*省劳动模范和先进工作者*

杜莉，女，1975年3月出生，汉族，如皋人，中共党员，大专学历，电信如皋分公司白蒲支局支局长。

杜莉于1995年进入电信行业工作，她从为群众服务中不断积累经验、提升技能，在学习钻研中把握企业动向、发掘企业需求，做到大客户预前服务到位，大客户服务满意度在如皋电信领域名列第一，在南通市电信行业技能大赛中获三等奖，被评为南通市五一创新能手。2013年被破格担任常青电信支局支局长后，她认真分析市场环境、营销短板、竞争失利原因，拿出整改方案，严格管理，全面提升服务水平，挽回大客户、高端客户，带领常青电信支局由综合排名全市倒数第一发展为全市第三，员工收入排名全市第二。2015年任白蒲支局支局长后，通过以岗代训、以会代训、以活动代训，培育一支匠心型营业员、销售员、线务员队伍。创新设计和实施宽带安装维护闭环管理，有效管控宽带安装维修质量和时限，带领白蒲支局由落后进入优秀行列，被评为南通市劳动模范。2021年4月30日，被省委、省政府表彰为省劳动模范和先进工作者。

李继东　*省劳动模范和先进工作者*

李继东，男，汉族，1977年5月出生，如皋人，中共党员，大学学历，安定小学校长，正高级教师。

李继东坚守教学一线，在教学中加强探索实践，研究成果获省教学成果二等奖；参加各级教学竞赛，获特等奖、一等奖10余次，其中，国家级特等奖1次、一等奖4次，省一等奖1次。针对小学语文教学儿童本位缺失状况，明确提出“小学语文教学游戏化”教学主张，积极实践探索，丰富理论学习，编撰出版《游戏与小学语文教学》一书，该书被评为省教育科学优秀成果二等奖。在《现代中小学教育》等中文核心期刊发表文章30余篇，其中被中国人民大学复印报刊资料《小学语文教与学》全文转载4篇。主持省教育科学“十二五”规划课题“小学语文游戏教学研究”获省第四届教育科学优秀成果二等奖，被评为省精品课题；主持课题“小学游戏课程的开发和实施”，被评为省前瞻性教学改革实验项目；参与的省教育科学“十二五”规划课题“‘言意共生’语文教学观的理论与实践研究”被评为省精品课题。他先后被评为省特级教师、省优秀教育工作者、省“333”高层次人才培养对象。2021年4月30日，被省委、省政府表彰为省劳动模范和先进工作者。

李薛俊　*省劳动模范和先进工作者*

李薛俊，男，汉族，1967年11月出生，如东人，群众，高中学历，江苏力星通用钢球股份有限公司风电大球工段工段长。

李薛俊狠抓生产质量管理，确保连续20年生产运行无质量、安全事故。他勇于科技创新，攻克风电大球制造技术难关，助推企业转型升级和结构调整。2008年11月，李薛俊带动一班人参与江苏力星通用钢球股份有限公司风力发电专用钢球项目研制，该项目获国家级重点新产品称号、中国机械工业科学技术部三等奖；2010年11月，他所在创新小组创新项目成果获全国职工优秀技术创新成果二等奖；2011年3月，他研制的精密钢球热处理连线可调节间距式分选装置获批实用型专利。他先后被评为如皋市劳动模范、南通市劳动模范。2021年4月30日，被省委、省政府表彰为省劳动模范和先进工作者。

杨镇华　*省劳动模范和先进工作者*

杨镇华，男，汉族，1983年1月出生，如皋人，群众，大专学历，福欣家庭农场农场主。

杨镇华潜心钻研，掌握病虫害有效防治和各种化肥科学施用方法，主动向周边农户推广农药化肥减量使用和水稻绿色防控技术。他尝试生态种植，从改良土壤、选优品种、施用有机肥、生物防治等方面入手，提前育秧和栽插，稻米品质得到提升，使每亩稻田增加收入约300元。他创建福欣家庭农场，其中富硒农业示范园20公顷，先后被评为南通市、省示范家庭农场；以富硒大米为原料开发的富硒黄酒取得专利，获评江苏名特优农产品创新产品奖。组建白蒲镇康之源全产业链服务联盟，总投资1000万元，流转土地97.33公顷，开发以优质食味大米为主的农产品20余种；添置农业机械、粮食烘干设备等硬件，新建农产品展示厅，以“互联网+企业+家庭农场（种植大户）+基地”形式开展农业全产业链服务。他先后被评为省创业之星、全国农村青年致富带头人。2021年4月30日，被省委、省政府表彰为省劳动模范和先进工作者。

沈爱军 *省劳动模范和先进工作者*

沈爱军，男，汉族，1978年6月出生，如皋人，群众，大学学历，江苏元辰安装集团有限公司沈阳分公司项目经理，工程师。

沈爱军将所学新技术与理论不断糅和，刻苦钻研、苦练技能，始终奋斗在一线。2008年担任江苏元辰安装集团有限公司沈阳分公司项目经理后，一直团结大家，不断开拓思维、创新管理。于2015年推行班组考核制、项目责任考核制，充分调动管理人员积极性，实现当年员工人均收入比上年提高20%，缴纳利税及公司利润年均比上年提高5%。他坚持“质量求生存”，在施工过程中以国家行业标准为准绳，严把材料质量关、施工质量关，所负责施工的工程均一次性交验合格。他先后获南通市五一劳动奖章、省五一劳动奖章。2021年4月30日，被省委、省政府表彰为省劳动模范和先进工作者。

陈大彬 *省劳动模范和先进工作者*

陈大彬，男，汉族，1962年4月出生，如皋人，中共党员，高中学历，城南街道申徐村党总支书记、村委会主任。

陈大彬自2003年任城南街道申徐村党总支书记、村委会主任，始终将村民增收作为重中之重，先后引进南通超达装备股份有限公司、江苏科健海绵有限公司、南通中海钢结构有限公司，利用优势资源做足做好农业产业化项目，积极培育特色香堂芋、黑塌菜项目12公顷，全托管农业项目33.33公顷、园林项目33.33公顷及水蛭项目21.33公顷，为剩余劳动力提供就业岗位300余个。他做好做优民生工程，实现申徐村五横三纵道路拓宽、绿化、亮化到位，全面实施渠道硬质化，河道生态驳坡3050米，拆坝建桥10座，完成所有河道黑臭水体整治。申徐村先后获省民主法治示范村、省卫生村等称号，陈大彬获省基层党建工作突出贡献奖，被评为全省首届“百名示范”村书记等称号。2021年4月30日，被省委、省政府表彰为省劳动模范和先进工作者。

陈晓斌 *省劳动模范和先进工作者*

陈晓斌，男，汉族，1970年11月出生，中共党员，大学学历，市委办公室机要秘书。

陈晓斌29年如一日默默坚守在枯燥、烦琐而又清贫的机要、档案管理岗位，累计规范处理上级文件近12万份，及时处理各级领导批示6万余件，无一延滞失误，推动所在部门被省委办公厅认定为第一批直接收取文件的县（市）级单位。他工作上恪尽职守，严谨细致，精益求精，每年处理以市委、市委办公室名义发文，《情况通报》《每日动态》等2600余件，严把公文格式关、审核关、保密关，做到规范、高效、零失误，确保公文严肃性和权威性。强化机要文件管理、印章使用管理，从未出错。他永远将重心放在工作和事业一边，不计名利、乐于吃苦，甘当工作生活中一头默默奉献“老黄牛”。由于多年伏案工作，致使他颈椎受损，同时患有高血压和冠心病，但他从未有过缺勤、请假现象。他先后被评为南通市先进工作者、如皋市劳动模范、如皋市“十佳”公仆，获市委、市政府嘉奖5次。2021年4月30日，被省委、省政府表彰为省劳动模范和先进工作者。

倪张根 *省劳动模范和先进工作者*

倪张根，男，汉族，1975年3月出生，如皋人，群众，研究生学历、硕士学位，梦百合家居科技股份有限公司董事长、中国轻工工艺品进出口商会副会长，高级工程师（正高级）。

2003年，倪张根创办梦百合家居科技股份有限公司。18年中，他持续推进科技创新，创建省太空记忆绵工程技术研究中心、省企业技术中心、省研究生工作站、省博士后创新实践基地，主导承担国家火炬计划产业化示范项目2项、省科技支撑计划项目1项，“非温感记忆绵制备技术”项目获省科学技术奖二等奖。主持开发“CNCHK数控振动刀异型海绵切割机”系列产品等新产品30余项。作为第一发明人，拥有授权专利145件，其中获评中国专利优秀奖、省专利奖金奖各1件。拥有软件著作权2件。参与起草国际标准1项、国家标准3项、团体标准1项、行业标准1项，累计发表学术论文6篇，其中2篇学术论文被SCI（世界著名科学引文索引）和EI（世界著名工程索引）收录，先后入选省科技企业家培育工程培育对象、省“333”高层次人才培养工程培养对象（中青年学术技术带头人）。梦百合家居科技股份有限公司产品国内行业内市场占有率超过80%，完全替代同类进口产品；产品销至全球73个国家和地区，在塞尔维亚、泰国、西班牙、美国等国家和地区设有控股公司，全球化布局初具雏形。累计为近4500名农民劳动力提供就业岗位；成立恒康慈善基金会，新冠肺炎疫情暴发后，为72家国内医院及慈善机构，累计捐赠床垫2.06万张、枕头200件、医用防护服688套；捐赠塞尔维亚政府医用防护服1000套、口罩5万只、0压床垫及枕头3500件。他先后被评为省有突出贡献的中青年专家、南通市劳模等。2021年4月30日，被省委、省政府表彰为省劳动模范和先进工作者。

黄小军　*省劳动模范和先进工作者*

黄小军，男，汉族，1977年12月出生，如皋人，群众，高中学历，江苏九鼎新材料股份有限公司型材后加工组组长。

黄小军一直努力学习新知识，掌握新技能，成长为一名学习型、知识型、创新型企业员工。先后参与江苏九鼎新材料股份有限公司通讯杆开发，风力叶片打孔、拉挤制品试制，自制移动除尘设备解决灯杆车间粉尘无组织排放问题，自制工装夹具提高生产效率、制品尺寸精度，设计、研制可移动水幕除尘系统解决车间工具切割时产生较多噪音和粉尘问题。不论在哪个岗位，他都不计得失，毫无怨言，迅速适应并有所作为。经过22年磨砺，他以高超的实践操作能力成为江苏九鼎新材料股份有限公司“特种兵”，被评为南通市劳动模范，获南通市五一劳动奖章。2021年4月30日，被省委、省政府表彰为省劳动模范和先进工作者。

（应　晶）

王海飞　*全省脱贫攻坚暨对口帮扶支援合作先进个人*

王海飞，男，1984年5月出生，汉族，如皋人，中共党员，大学学历，市发展改革委对外协作科副科长。

王海飞自2019年1月起负责市对口帮扶支援合作工作。他推动如皋、洋县两地主要领导交流互访、召开联席会议推进对口协作工作6次，组织全市20余家单位部门、6个镇（区、街道）、18个社区、10所学校、3家医院、48家企业先后与洋县结对，累计协调捐赠洋县额外财政资金295.54万元、社会帮扶资金311.91万元，推进洋县如皋产业园建设，推动慧家优选、初曦酒业、康丰现代牧业肉牛养殖等项目落户洋县。落实青海籍拉面从业人员在如皋务工期间房屋租金、税费减免，创业人员小额担保贷款及子女就读等优惠政策；助力三峡库区移民农产品销售146.93万元；组织1家企业、1家商会与云南省镇雄县坪上镇屯上村结对挂牌督战，捐赠扶贫资金10万元。创新消费协作模式，通过线下支持洋县在如皋开设扶贫专馆洋县有机农产品直营店、线上借助消费扶贫平台，助力洋县农副产品销售，其中，线下专馆销售700余万元，线上销售550余万元。2021年10月31日，被省委、省政府表彰为全省脱贫攻坚暨对口帮扶支援合作先进个人。

（曹伟婷）

缪德军　*省优秀共产党员*

缪德军，男，1976年11月生，汉族，如皋人，中共党员，大学学历，市教育局党组成员、副局长（挂职），江苏省白蒲高级中学党委书记、校长，中学数学高级教师。

缪德军扎根农村高中教育23年，恪守“对党忠诚为根，实干担当为本，办人民满意的教育为要”理想信念。他实施精神关怀，赋予乡村教育信仰力量，创建卓越教师培养体系，形成有理想信念、有道德情操、有扎实学识、有仁爱之心“四有”好教师团队，建立“偕行共进，幸福成长”教学研体系。他励志精业，善于抓住教育管理关键节点，不断创新创优；以共识引领集聚办学向心力，以价值引领提升育人影响力，以教学引领带动团队执行力，以前瞻引领激发质量内生力，不断实现白蒲高级中学教育质量升级跨越。他推行课堂教学改革，构建“本真课堂”，重构教育教学新生态。基于“办美好学校教育，育乡村时代新人”办学目标，他打造让一方百姓有获得感、幸福感的高质量乡村教育品牌。白蒲高级中学2018年、2019年、2020年高考本一上线率分别为86.85%、90.45%、95.62%，分别位列南通市第六、第四、第二。课堂教学改革成果在2020年省教育厅组织的暑期校长培训班、全省中小学课堂教学改革区域推进会等活动中交流，被《半月谈》、“学习强国”、《江苏教育报》《江苏教育》等媒体报道。先后被评为省优秀教育工作者、省首届教育家型校长。2021年6月，被省委表彰为省优秀共产党员。

（钱彩云）

储开平　*省优秀党务工作者*

储开平，男，1970年11月出生，汉族，如皋人，中共党员，省委党校大学学历，如城街道党工委书记。

储开平扎根乡镇工作30余年，从事基层党务工作26年，2016年开始一直担任乡镇党委书记。他参加省委党校乡镇党委书记培训班，圆满完成理论学习、教学研讨、党性教育、调研报告等各项任务，以全班第一名优异成绩毕业。高效推进丁堰镇工业园区二期建设，仅用1个月时间完成52户搬迁任务。切实履行好第一责任人职责，对镇党委研究决定的重点工作和事项，率先垂范，狠抓落实，做到令行禁止、雷厉风行。认真落实“三会一课”和民主生活会制度，每年为党员干部上大党课4次，向村（社区）、企业等基层支部送党课3次。聚力推进“书记项目”，积极打造“狼性干部”群雁队伍，组织“狼性团队”素质拓展培训班，培训92人次，储备一支有活力、有能力、有毅力的高素质后备力量。每年对村（社区）班子及成员开展考察测评和谈心谈话工作，提拔重用工作优异者，筑牢基层党建堡垒阵地。倾情服务群众，稳步推进一系列民生工程，提升群众幸福感、获得感。始终把发展着力点放在实体经济上，鼓励老企业加大技改，引导新企业加强创新，加大招商引资力度，努力招引更多优质项目，推动辖区经济高质量发展。2021年6月，被省委表彰为省优秀党务工作者。

（马暄舒）

道德楷模

冒小驰 中国好人

冒小驰，男，1995年出生，东陈镇人，中国人民解放军陆军某集团军某旅排长。

2020年7月22日，安徽省庐江县同大镇白石天河石大圩段突发险情，冒小驰与27名党员骨干组成突击队，危急关头筑成人墙帮助群众撤离。刚把身边最后两名群众安全护送过去，水势骤然暴涨，冒小驰瞬间被洪水卷走。在队员们合力救援下，冒小驰被救起并迅速送至医院抢救，经过4次肺泡灌洗手术、呼吸机辅助呼吸、连续抗感染治疗16天，才脱离生命危险。8月24日，刚刚康复出院的冒小驰顾不上休养，又第一时间回到连队参加训练。因在抗洪中表现英勇，他被记个人二等功，立功奖金被他捐赠给家乡敬老院。2020年11月，冒小驰当选爱岗敬业类江苏好人。2021年2月，冒小驰当选敬业奉献类中国好人。

何建军 江苏好人

何建军，男，1976年10月生，如皋绿叶义工志愿服务队党支部书记、队长，绿缘素公益餐厅负责人。

自2010年投身公益事业后，何建军组织策划并参与公益活动1257场次，个人累计志愿服务时长1860小时，服务困难群众1万余人次。他贴近空巢老人、留守儿童、失独家庭等不同群体服务需求，制定“一对一”结对帮扶机制，牵头爱心人士为贫困学生捐助善款120余万元；开办绿缘素公益餐厅，为环卫工人供应早餐，为69位高龄孤寡老人、空巢老人提供免费送餐服务。他将志愿服务与文明城市创建等中心工作紧密融合，先后组织3000余名志愿者深入城市社区、沿街店铺等，广泛宣传公民道德规范，劝阻不文明行为，组织开展参加法治宣传、扶贫助困、美化家园等活动，以实际行动助力全国文明城市建设。2021年7月30日，河南新乡水灾发生后，何建军带领绿叶义工团队和社会爱心人士，筹集大米5吨、食用油110箱及其他救援物资运往卫辉市，帮助转移群众生活安顿。8月，何建军被省文明办评为助人为乐类江苏好人。

石秀峰 江苏好人

石秀峰，男，1944年10月生，市人大常委会退休干部。

2021年2月14日下午3点多，石秀峰在河边散步时发现有人溺水呼救。在拨打过报警电话后，眼见溺水男子逐渐失去知觉，石秀峰顾不上不久前才做过心脏搭桥手术，毅然蹚入冰冷河水，向落水男子一步步挪去，抓到落水男子时，河水已漫到脖子。在这危急关头，两名路人跳入水中接力救援，三人合力将落水男子救上岸，此时石秀峰已经精疲力竭。8月，石秀峰被省文明办评为见义勇为类江苏好人。

冒建芳 江苏好人

冒建芳，女，1966年4月生，吴窑镇三元社区村民。

1992年，冒建芳的丈夫突发急性脑出血去世。两个女儿还小，公婆没有收入，家里还有债务，陡然失去顶梁柱，生活的重担全部压在年轻的冒建芳肩上。公婆劝她改嫁，但冒建芳不忍心抛下他们，要强又能干的她远赴毛里求斯打工3年，攒钱偿还债务。1999年冒建芳带着公婆组建新的家庭，她说：“公婆对我就像亲闺女一样，他们失去唯一的儿子，我不能扔下他们不管，再结婚我也要照顾他们一辈子。”冒建芳和丈夫一起帮老人按摩、洗衣、做饭，细致安排老人的饮食起居，老人生病时24小时轮流陪护……在外人看来，这个没有血缘关系的前儿媳，比亲生女儿还要贴心。冒建芳一家四代同堂，日子越过越红火。11月，冒建芳被省文明办评为孝老爱亲类江苏好人。

吕军 市第五届敬业奉献道德模范

吕军，男，1973年6月生，市中医院党委副书记、院长、工会主席，主任中医师。

吕军是业务扎实的“多面手”。利用业余时间学习并取得研究生学历、硕士学位，获评南通市226高层次人才、南通市名中医，主持的科研项目多次获奖。他是抗疫一线的“守护者”。2020年2月24日，主动请战出征湖北驰援黄石抗击疫情。2021年，南京禄口机场疫情暴发，吕军正确分析研判，以硬核举措高效推进市中医院疫情防控。他是清廉无私的“铁面人”，恪守廉洁从医行为准则，是患者口中“不肯开药”的吕大夫。“好家风涵养好作风”，他的父亲、妹妹、妻女都是医疗战线的战士，吕军传承父辈治病救人的济世情怀，精勤不倦、清正廉洁，又用实际行动影响着下一代。2020年10月，当选全省抗击新冠肺炎疫情先进个人。2021年11月，吕军当选市第五届敬业奉献道德模范。

汪秀珍 *市第五届敬业奉献道德模范*

汪秀珍，女，1966年8月生，中学高级教师，心理咨询师，白蒲高级中学教师。

汪秀珍自1987年参加工作后，连续担任班主任工作35年，担任双班语文教学工作31年，并长期兼任备课组组长、年级组组长等。汪秀珍初心不改、坚守讲台、默默耕耘，55周岁的她仍奋斗在高三教学第一线。她是教育追梦人、睿智的班主任、精益求精的语文老师。课堂上，她力求将每一节课备熟、备精、备活，将抽象知识具体化，将复杂知识简易化，将枯燥知识形象化，让学生在轻松愉快的课堂中学到语文知识；课堂外，她用宽严相济的方法感化一个个学生，用真诚的倾听和热情的沟通，帮助学生驱散成长过程中的阴霾。汪秀珍以强烈的事业心和责任感、精湛的教育教学水平，成为同事和学生心中一面旗帜，获“雉水教坛常青树”称号。2021年11月，汪秀珍当选市第五届敬业奉献道德模范。

何建军 *市第五届助人为乐道德模范*

参见P332 **何建军** 江苏好人

陈子芬 *市第五届助人为乐道德模范*

陈子芬，女，1964年3月生，市绿野生态农业观光中心总经理。

陈子芬作为一名普通农家女，用自己的勤劳和智慧，先后从事医疗器械、特种养殖、苗木种植、乡村旅游等产业，安置农村留守人员就业，带动周边群众致富。她加入下原镇“从善助学联盟”，连续10年，捐款资助品学兼优的贫困学生；每年自费为下原镇陈桥村党员人手订阅一份党报，发放党建学习资料，为党员送去精神食粮；先后累计捐资8万元为村修建水泥路2.5千米，为村委会捐献空调、打印机、电视机等设备用于日常办公；多年为村里数十名困难户缴纳一事一议筹资筹劳费用；在疫情期间，向一线抗疫人员捐赠消毒液、洗手液等物资，主动提出将自己经营的三星级乡村旅游点作为观察点。2021年11月，陈子芬当选市第五届助人为乐道德模范。

石秀峰 *市第五届见义勇为道德模范*

参见P332 **石秀峰** 江苏好人

严怀岗 *市第五届见义勇为道德模范*

严怀岗，男，1983年6月生，市怀岗建材经营部店主。

2019年11月11日中午，江安镇黄市新村村民刘某在屋前河边洗衣物时不慎滑入河里。河水湍急，水深4米左右，岸边刘某的婆婆夏某慌忙去拉刘某，反而被拖入河中。两人在水中无助挣扎，距离岸边越来越远。眼看水流要将人淹没，此时，驾车经过的严怀岗发现险情后立即停车，不顾河水冰凉刺骨，纵身跳入河中，艰难地救起婆媳俩，并开车将呛水过多的刘某送到医院，为她垫付医药费。2021年11月，严怀岗当选市第五届见义勇为道德模范。

吴功明 *市第五届诚实守信道德模范*

吴功明，男，1950年8月生，城南街道张八里社区居民。

吴功明捕捞螺蛳有几十年历史，周围人都亲切地称他为“打螺爷爷”。2020年5月6日，吴功明像往常一样去河边打螺蛳，意外在岸边拾得一个装有1700元现金的钱包，相当于卖500千克螺蛳的价钱。根据钱包里的身份证信息，他多方打探，几番辗转终于亲手将钱包送还失主。当失主执意要拿出些钱来感谢吴功明时，他连连摆手拒绝。虽然吴功明生活条件艰苦，每日打螺更是劳累，但是他却觉得：“拾金不昧是做人最基本的道理，打螺虽然辛苦，但挣的钱干干净净，花起来才安安心心。”面对意外之财不贪婪，诚信送还失主的故事传开后，社区群众交口称赞。2021年11月，吴功明当选市第五届诚实守信道德模范。

张来祥 *市第五届诚实守信道德模范*

张来祥，男，1974年3月生，磨头镇人，市公交615路驾驶员，是一名退伍军人，部队服役期间曾立三等功2次，被评为优秀士兵4次，受到嘉奖7次。2020

年6月19日，在五一路公交停车场打扫车厢卫生时，发现后排座位上有一只灰色电脑包，他立即将电脑包送到班组调度室，清点财物后上交至821公交车队寻找失主。失主从车队拿到失而复得的钱包，无比感激，对张来祥拾金不昧行为赞不绝口。2021年11月，张来祥当选市第五届诚实守信道德模范。

吴建军 *市第五届孝老爱亲道德模范*

吴建军，男，1971年10月生，长江高级中学副校长。

吴建军自结婚后，一手包揽家里大事小事、粗活细活，在家人心里，他就是一棵大树，为家人遮风挡雨。岳母患上子宫内膜癌，每次都是吴建军陪同治疗。因医院预约时间不固定，有时天不亮就赶往医院，深更半夜才能回家，他都始终相伴。岳母生病期间行动不便，他坚持陪护，搀扶她上厕所，帮她洗头、洗脚、喂饭……在自己母亲患上肺部栓塞后，他连续几十天连轴转，下班后照顾岳母、母亲两位老人住院治疗、生活起居，前前后后体重减轻10余千克。新冠肺炎疫情肆虐之时，妻子赶赴抗疫前线，他照顾好家里老小，成为妻子坚强后盾。2021年11月，吴建军当选市第五届孝老爱亲道德模范。

冒建芳 *市第五届孝老爱亲道德模范*

参见P332 **冒建芳** *江苏好人*

“皋城管家”爱心志愿服务队 *市第十四届爱心团队*

市城管局“皋城管家”爱心志愿服务队成立于2007年6月，注册志愿者185人，将爱心志愿服务与城市管理相结合，累计走访市区及周边乡镇困难家庭326户，慰问孤寡、空巢老人73户，结成“一对一”帮扶对子30余个。结合传统习俗与特殊群体所需所盼，深化“情暖福利院”品牌活动，关心帮助孤寡老人、孤儿。连续10年举办端午“粽香传情”志愿活动，与社区和福利院孤寡老人、孤儿同乐，赠送粽子和慰问品。与市特殊教育学校共建“放飞梦想，伴你成长”爱心基地，开设城管知识课堂，用手语授课；策划趣味互动游戏，赠送文具、书籍；带领孩子走出教室，亲近自然与社会。充分发挥专业优势，推进“垃圾分类，绿色起航”活动，通过分类知识竞赛、线上线下科普讲堂、模拟投放益智游戏、主题活动心得分享等形式，引导市民养成垃圾分类习惯。开展“法润民心，与法同行”活动，普及宪法和城市管理相关法规。开展“城管志愿服务进万家”活动，在小区进行消防安全、垃圾分类、高考静音、施工噪音宣传，集中组织小区环境整治，为年长老人剪头发、量血压。被表彰为南通市城管系统志愿服务先进集体、如皋市十佳优秀志愿服务组织；成员被表彰为南通市优秀城管志愿者4人，南通好青年、如皋市爱心大使、如皋市十佳优秀志愿者各1人次。

“滨江盟”护江志愿队 *市第十四届爱心团队*

2019年12月，长江镇长江社区、永平闸社区、知青社区、长青社区、二百亩社区、头案社区等社区工作人员，沿江热心村民，环保志愿者等共同组建“滨江盟”护江志愿队。他们以“同饮长江水，共护母亲河”为宗旨，通过自身的实际行动，倡导护江、爱江，守护好长江母亲河。始终致力于开展护江宣传和实践，除定期巡江外，汛期24小时江堤上不离人。截至2021年年底，服务队开展包括环江堤植树复绿、清理江堤沿岸垃圾、增殖放流鱼苗、护江知识竞赛、进社区宣传垃圾分类知识和长江环境满意度调查等志愿活动60余次，参与1000余人次，吸引越来越多年轻人加入守护母亲河的行列。先后被《新华日报》《扬子晚报》、掌上南通等媒体广泛宣传，获评市优秀志愿服务组织、市第二届微爱公益项目大赛一等奖、市第十四届爱心团队。

“平凡渡”杨天公益团队 *市第十四届爱心团队*

2015年，南通杨天机电设备有限公司成立杨天公益团队，后更名为“平凡渡”杨天公益团队。连续7年组织开展公益活动，每年参与凉山支教、大病救助等贫困助学项目，累计捐赠130余万元；帮助公益基金会募集贫困学生助学金，脚步遍及四川省凉山彝族自治州、攀枝花市，云南省江城县、澜沧县、孟连县、西盟佤族自治县、弥渡县，陕西省洋县等地区，惠及贫困学生1000余人。2021年，在江安、丁堰镇贫困助学及大病救助27人、3.1万元；资助陕西洋县50名困难儿童每人1200元助学金。5月，启动“天使之羽”助学计划，与四川省凉山彝族自治州和攀枝花市签署战略合作协议，为监狱服刑人员贫困子女开展助学项目，号召更多爱心人士参与，项目当年助学129人，募集资金28.1万元。组织南通杨天机电设备有限公司全体员工每天抽出2小时，连续3天，用答题、捐款等方式参与“99公益互动”活动。

自由公益人团队 *市第十四届爱心团队*

自由公益人团队成立于2013年，成员数量由成立之初20余人发展至285人。在9年的爱心传递中，自由公益人团队以“自由公益，与善同行”为宗旨，采取“1+1助学”模式，结对云南、贵州等边远山区贫困学生，累计组织帮扶活动50余场次。在云南山区筹资组建“东皋悦读”“青草书屋”图书角等，组织云南大学生暑期实践“如皋行夏令营”活动，累计捐赠书籍5万余册，捐助衣物、学习用品、体育用品200余万元，“一对一”助学款200余万元，累计帮扶学生800余人，其中考入大学、继续深造300余人。团队带头人姜峰中、陈培峰等3人获评江苏好人、江苏省最美网格员、南通市新风典型、如皋市道德模范等称号。

市公证处爱心服务团队 市第十四届爱心团队

市公证处爱心服务团队以“爱心公证”为初心，主动开展结对帮扶和法治志愿服务活动。2016年，如皋市公证处“法伴我行公证春蕾班”在江安镇葛市小学正式开班，办班5届，帮扶学生73人，自捐、协调捐助款物6万余元。2020年成立公证家事法律服务中心，牢固树立“站好自己岗、尽好自己责”就是奉献爱心的职责理念，针对老、弱、病、残、幼开展爱心活动，开辟爱心绿色通道、减免办证收费，主动为当事人收集材料，压减当事人提供材料的数量，实现“民有所需、我有所应”。针对疫情期间办证难题，创新思路实施“云上无忧服务”计划，线上办理美国、加拿大等云上公证137件。2021年，全年办理公证8264件，无一错假证，实现当日出证率51.6%。市公证处获评省巾帼文明岗、省公证处参与行政执法示范机构、省业务创新服务优化先进集体、省公共法律服务工作成绩突出集体，1人获评省人民满意公证员，2篇公证案例入选司法部案例库。

陈伟 市第十四届爱心大使

陈伟，男，1985年10月生，吴窑镇陈家村村民。

2019年4月起，陈伟在南京经营一家名为“橙果园”水果店，积累一定固定客户群，吸引500余名顾客成为会员，大多顾客都充值两三百元。2020年，受突如其来的新冠肺炎疫情影响，“橙果园”水果店生意日渐萧条，于2021年4月倒闭。客户充值的预付款有15万余元没有消费完，陈伟没有立刻离开南京，他联系一部分顾客，将手上仅有的6万余元全部退掉，并告知其他顾客，所欠预付款一定会还上，并留下自己的手机号码和老家如皋的家庭地址，确保顾客方便联系。

陈伟回到老家如皋，为尽快还钱同时打3份工，除每个月抽一天到南京还钱，陈伟一天都不敢休息，最终还清所有欠款。

丁海荣 市第十四届爱心大使

丁海荣，男，1989年9月生，磨头镇新港村村民。

2009年，丁海荣在一次机械操作时，不慎失去右手。2018年10月，丁海荣母亲因意外被截去右脚，父亲患有脑梗，妻子身体也不好。命运让一家人尝尽生活的苦楚。但丁海荣并不怨天尤人，而是凭借勤劳的“一只手”、智慧的头脑和一股不服输的韧劲，自强不息。2010年12月，丁海荣在新港村建厂房、添设备，开办诚海机械配件加工厂。凭借他手巧，吃苦耐劳、顽强拼搏的精神，将诚海机械配件加工厂厂房面积扩大到120平方米。丁海荣用“一只手”坚强地撑起一个家。“作为残疾人能够有这样的机会，我想好好珍惜。最苦的日子挺过去了，现在一家人在一起，就想把日子越过越好。”对于未来的日子，丁海荣充满信心。

蒋黎黎　杨文杰 市第十四届爱心大使

蒋黎黎，女，1981年9月生；杨文杰，男，1995年8月生，二人均为东陈镇蒋宗村村干部。

2021年11月30日16时30分左右，蒋黎黎在村里巡查时，发现一户村民家厨房着火。她一边呼救一边拨打119火警电话，根据消防人员提示，切断电源，又通知分组干部杨文杰，并与周围邻居一起用水盆接水救火。杨文杰到场后发现厨房内有人被困，他冒着满屋浓烟找到被困人，将其抱住拖至屋外。被困村民因抢救及时，未被烧伤。火势也被随后到场的消防人员扑灭。

蒋文莉 市第十四届爱心大使

蒋文莉，女，1986年1月生，绿叶义工城南支队队长。

2015年，蒋文莉加入绿叶义工城南支队。面对绿叶义工城南支队没有活动经费、没有办公地点，她自掏腰包，并把自己家腾出来作为办公场所。2016年冬天，蒋文莉筹备建起免费为环卫工人提供饭菜的“爱心粥屋”。每天凌晨四点半，她和志愿者伙伴就开始忙碌，淘米、切菜、熬汤，六点准时把热乎乎的两菜一汤，送到环卫工手上。逢年过节，他们为环卫工人包饺子、煮汤圆、包粽子。“爱心粥屋”累计服务环卫工人510余人次，志愿服务时间长1.82万小时。

焦永茂 市第十四届爱心大使

焦永茂，男，1938年7月生，城南街道杨花桥村退休教师。

焦永茂从事教学38年，退休后，远近学生都喜欢请他帮忙辅导功课，听他讲历史故事。“大娃娃来请教我功课，我就讲讲国家的历史故事；小娃娃来玩，我就陪他们读读绘本，玩玩数独游戏。”对于找上门的“娃娃们”，焦永茂总是笑脸相迎，还办起校外家庭辅导站。被他辅导过的孩子长大成人后带着谢礼登门探望，焦永茂总是摇摇手，婉言谢绝。他是远近出名的“百科全书”，帮助乡亲拟写借贷合同、在社区定期组织校园普法知识讲座、倡导婚丧嫁娶新风尚等，是乡亲们的贴心人。

卢建 市第十四届爱心大使

卢建，男，1983年10月生，市241路公交驾驶员。

5月31日，卢建到站对公交车进行车内检查时，发现一位乘客的包落在公交车上，打开包一看，里面有两条金项链和一个铂金戒指。在他将包保管好，准备回程时上交时，失主家人找到公交站台。卢建在核实身份、上报公司管理人员后，将包归还给失主家人。失主为感谢卢建，赠送锦旗到卢建所在公交公司。卢建笑笑说：“身为公交人，这是我该做的。”

陆志深 市第十四届爱心大使

陆志深，男，1932年6月生，城南街道退休干部。

执一支笔、读一份报、忆一段党史、讲一个故事……这是城南街道九旬老党员陆志深坚持数年的日常。只要得空，陆志深就会深情地给乡亲们讲述中国共产党一路走来的奋斗故事。虽已年至九旬，常常讲一个小时就要休息一下，但他仍不辞辛苦，奔走于村庄、学校、机关和企事业单位，讲述红色故事，厚植红色基因，被称为不拿报酬的红色宣讲员。为不断提高综合素质，陆志深总是把学习放在第一位，克服重度青光眼的障碍，戴着老花眼镜，吃力地反复读原著、学原文、悟原理，一有感触，就详细地记录在心得笔记上，推动宣讲水平提升。

孙娟 市第十四届爱心大使

孙娟，女，1980年12月出生，市公安局“110”报警服务台接警副班长。

2021年3月14日晚7时51分，正在值班的孙娟接到一通特殊的报警电话。“姐姐，我很难受，不想活了，我现在已经在河边了……”听筒那边传来断断续续的说话声及女孩的哭泣声。报警女孩14岁，住在郭园某小区，平日在泰州上学，刚和父母吵过架，情绪激动。孙娟一边稳定女孩的情绪，询问女孩具体位置，女孩始终不愿透露。孙娟一边指令市公安局郭园派出所出警，一边反复拨打女孩的电话，电话终于再次接通。孙娟耐心细致地与女孩聊起家常。慢慢地，女孩向她敞开心扉。在孙娟不断劝说、引导下，女孩放弃轻生念头，找到寻找她的出警民警。

王国林 市第十四届爱心大使

王国林，男，1953年4月生，长江镇谢楼村居民，国林果蔬农业合作社种植基地负责人。

王国林在谢楼村承包土地16.7公顷，种植萝卜、生菜等蔬菜，经加工后送往上海、南京等地的蔬菜供应链公司、大型蔬菜市场、餐饮店、超市。他秉持着“来自社会，回馈社会”理念，在种植、加工过程中，将谢楼村建档立卡低收入户中有劳动能力村民纳入合作社，负责收割、打包、装车等，同时帮助解决120余位乡邻就业问题。他先后救助困难户20余户，筹资为村级主干道安装路灯30余盏，修建硬质化道路3千米。

许映发 市第十四届爱心大使

许映发，男，1944年11月生，磨头镇高庄社区居民。

50余年前，无儿无女的许映发夫妻收养一名弃婴，取名许金美。许金美6岁那年突发癫痫病。周围人劝他们：孩子反正是领养的，实在不行就重新领养一个。可是许映发夫妇不忍心放弃这个孩子，更加无微不至地抚养着女儿。许金美14岁那年，癫痫病情恶化，许映发夫妻俩虽拼尽全力把她从死亡线上拉回，但女儿却从此瘫痪在床。许映发夫妇坚持无微不至地照料女儿。卧床30余年的许金美，身上没有一点褥疮。许映发妻子因为年龄增长和长年累月的劳累，患有梅尼埃病，三口之家的担子落在近八旬的许映发老人身上，但他仍没有放弃女儿。

向玉凤 市第十四届爱心大使

向玉凤，女，1973年4月生，搬经镇常青幼儿园保育老师。

向玉凤丈夫重度残疾，需拄双拐才能勉强行走。2016年，丈夫突发脑梗，生活完全不能自理。上无公婆、父母分担，下有两个孩子需要照顾，向玉凤硬是没有放弃，撑起这个风雨飘摇的家。早起烧饭、洗衣，送两个孩子上学，再给丈夫洗漱、穿衣，安顿好丈夫，马不停蹄赶到学校……她每天如陀螺一般忙个不停。

夏志友 市第十四届爱心大使

夏志友，男，1947年10月生，东陈镇刘杨村村民。

一次偶然的机会，夏志友了解到孤寡老人这一群体需要社会更多关爱，便在每年重阳节，给镇上敬老院的老人每人送上两袋脆饼，这一送就是20年，从未间断。夏志友用情真意切的爱，在助老之路上将“老吾老以及人之老”的美德积极传承。平常外出时，夏志友看到有需要帮助的老人，都会主动上前。在日常生活中他也总是想他人之所想、急他人之所急，资助村里的困难家庭、帮助他们解决困难，为村里修桥补路，尽心尽力、奉献爱心，周围邻里对他都称赞不已。

张佳鑫 市第十四届爱心大使

张佳鑫，男，1992 年 9 月生，如皋港长源国际码头工作人员，磨头镇高李村村民。

2021 年 12 月 27 日 10 时许，在如皋港长源国际码头停泊时，一名船民因船舶甲板结冰脚底打滑不慎滑入江水中。张佳鑫和另一位同事收到救援指令后第一时间赶至现场，将救生圈抛给落水船民。但因衣服厚重、江水温度低、体力消耗大，落水者无力抓住救生圈上岸。张佳鑫见状，不顾江水寒冷，立即套上救生衣，沿码头边护舷蹚至江水中，将落水者救至岸边。

周向东 市第十四届爱心大使

周向东，男，1980 年 9 月生，长江高级中学教师。

周向东有着 18 年乡村学校教学经历。他负责困难学生国家助学金的申请、审核等工作，每学期开学之初，他和各班班主任一起，了解学生家庭情况，做到让每一位确有困难的学生享受到国家资助政策。在班主任工作中，他对班级困难学生嘘寒问暖，为他们购买学习和生活用品。周向东先后经历母亲心脏换瓣和起搏器安装手术、父亲因意外左脚踝骨折手术两次、妻子肺部结节手术，陪护家人期间，作为高三地理备课组长，地理组及他个人教学质量没有受任何影响。

张祖根 市第十四届爱心大使

张祖根，男，1982 年 1 月生，中共党员，南通圣马科技有限公司负责人。

张祖根作为一名回乡创业的大学生，先后成立南通圣马信息科技有限公司和江苏云奇建筑机械有限公司，创造就业岗位 100 余个。2020 年新冠肺炎疫情初期，为如皋初中捐赠口罩、消毒液、额温枪等抗疫物资 8 万余元。帮扶陕西洋县因家庭贫困辍学儿童 12 人，累计捐助 2.4 万元。逢年过节，张祖根参与社区组织的慰问活动，为丁堰镇敬老院老人及社区 11 名困难群众送去物资。他主动对接“云帆渡”天使基金，捐款 5000 元助学大凉山贫困儿童。

（陈　飞）

年度荣誉

2021 年如皋市获市（厅）级及以上集体荣誉名录

表 79

单位名称	被授予称号	授予单位	授予时间
如皋市	全国群众体育先进单位	国家体育总局	2021 年 8 月
如皋市	省生态园林城市	省政府	2021 年 1 月
如皋市	省农产品质量安全县（市、区）	省食品安全委员会	2021 年 3 月
如皋市	推动“放管服”、商事制度等改革工作成绩突出的地方	省政府办公厅	2021 年 5 月
如皋市	水利建设投资落实好、省水利基本建设投资计划完成率高、年度工作成效明显的地方	省政府办公厅	2021 年 5 月
如皋市	对完成年度计划脱贫致富奔小康成效显著、探索创新有实质成效和重要经验的地方	省政府办公厅	2021 年 5 月
如皋市	南通市安全生产目标管理责任制考核优秀单位	南通市政府	2021 年 3 月
市人民检察院	全国打击危险废物环境违法犯罪行为活动表现突出集体	生态环境部、最高检、公安部	2021 年 1 月
市委宣传部	“新时代乡村阅读季”之“我爱阅读 100 天”读书活动全国“百强”	中宣部、农业农村部、国家乡村振兴局	2021 年 1 月

续表 79

单位名称	被授予称号	授予单位	授予时间
市人民检察院	全国节约型机关	国家机关事务管理局、中直管理局、国家发展改革委、财政部	2021 年 8 月
市人民检察院	全国检察宣传先进单位	最高人民检察院、检察日报社	2021 年 11 月
市铁路建设指挥部盐通铁路项目部	全国工人先锋号	中华全国总工会	2021 年 4 月
江苏北环生物科技有限公司	全国巾帼现代农业科技示范基地	全国妇联	2021 年 11 月
江安镇联络新社区	全国特色产业亿元村	农业农村部	2021 年 11 月
如皋开发区新生社区	国家“扫黄打非”工作站示范点	新闻出版局	2021 年 12 月
如皋红军小学	全国传承好红色基因赓续红色血脉先进单位	全国红军小学建设工程理事会、中国关心下一代委员会、共青团中央、全国妇联、全国红办	2021 年 12 月
市工商联	全国“五好”县级工商联	全国工商联	2021 年 12 月
磨头镇政府	省脱贫攻坚暨对口帮扶支援合作先进集体	省委、省政府	2021 年 10 月
市人民检察院	省先进基层党组织	省委	2021 年 6 月
市人民检察院	省检察机关信息工作先进单位	省人民检察院	2021 年 1 月
如皋开发区审批局劳动人事争议调解中心窗口	省金牌劳动人事争议调解组织	省人力资源社会保障厅	2021 年 1 月
白蒲镇白蒲小学	“十三五”省科学教育综合示范学校	省科学技术协会	2021 年 1 月
白蒲镇白蒲小学	省体育特色学校	省教育厅、省体育局	2021 年 1 月
城北街道平园池村	省科技志愿服务点（社区或村）先进典型	省科协	2021 年 1 月
吴窑镇江中小学	省青少年航空科普教育基地（2020—2024）	省科协、省科技厅、省教育厅	2021 年 1 月
市人民法院搬经法庭	省优秀人民法庭	省高级人民法院	2021 年 2 月
白蒲高级中学团委	省五四红旗团委	团省委	2021 年 4 月
市水务局	省防汛抗旱先进集体	省委、省政府	2021 年 5 月
市人民法院政治部	省法院新闻舆论工作先进集体	省高级人民法院	2021 年 5 月
长江镇田王村王家庄	省特色田园乡村	省特色田园乡村建设工作联席会议	2021 年 5 月
市人民法院	省法院类型化纠纷诉调工作先进集体	省高级人民法院	2021 年 6 月
市人民法院审判管理办公室	省法院审判管理工作先进单位	省高级人民法院	2021 年 7 月
水绘园	省“运河百景”标志性运河文旅产品	省文化和旅游厅	2021 年 8 月
东大街历史街区	省夜间文化和旅游消费聚集区	省文化和旅游厅	2021 年 8 月
江安镇周庄社区贲家巷	省传统村落	省住房和城乡建设厅	2021 年 9 月
江苏东部高速公路管理有限公司如皋服务区	省级节水型高速服务区	省水利厅、省交通运输厅等	2021 年 9 月
石庄镇政府	省耕地保护激励单位	省自然资源厅	2021 年 10 月
市人民法院	省法院信息化工作先进集体	省高级人民法院	2021 年 10 月
东大街历史街区	省旅游休闲街区	省文化和旅游厅、省发展改革委	2021 年 10 月
东大街历史街区	省文化和旅游消费便捷支付示范区	省文化和旅游厅	2021 年 10 月
市统计局	省第七次全国人口普查工作成绩显著集体	省第七次全国人口普查领导小组办公室 江苏省统计局	2021 年 11 月

续表 79

单位名称	被授予称号	授予单位	授予时间
长江镇政府	省第七次全国人口普查工作成绩显著集体	省第七次全国人口普查领导小组办公室 江苏省统计局	2021 年 11 月
白蒲镇政府	省第七次全国人口普查工作成绩显著集体	省第七次全国人口普查领导小组办公室 江苏省统计局	2021 年 11 月
如城街道办事处	省第七次全国人口普查工作成绩显著集体	省第七次全国人口普查领导小组办公室 江苏省统计局	2021 年 11 月
如皋开发区第三实验小学	省红十字示范学校	省红十字会、省教育厅	2021 年 12 月
白蒲镇白蒲小学	省节水型学校	省水利厅	2021 年 12 月
如皋第一中专建筑机电部高二 19 汽车班	省先进班集体	省教育厅	2021 年 12 月
如皋第一中专高三综合部高三 18 营销班	省先进班集体	省教育厅	2021 年 12 月
如皋第一中专高三综合部高三 18 机电 2 班	省先进班集体	省教育厅	2021 年 12 月
江安高级中学	省中小学思政育人特色学校	省教育厅	2021 年 12 月
市税务局磨头分局	省巾帼文明岗	省妇联	2021 年 12 月
市人民法院刑庭	省法院扫黑除恶专项斗争先进集体	省高级人民法院	2021 年 12 月
市人民检察院	省公共机构节能低碳示范单位	省机关事务管理局、发展和改革委员会、省工业和信息化厅、财政厅、生态环境厅	2021 年 12 月
市自然资源和规划局	省地质资料管理工作成绩显著单位	省自然资源厅	2021 年 12 月
市司法局	省行政复议工作先进集体	省司法厅	2021 年 12 月
市司法局	省司法行政系统信息工作先进集体	省司法厅	2021 年 12 月
市司法局	省司法行政政法专项转移支付绩效评价优秀单位	省司法厅	2021 年 12 月
市司法局	省公证业务创新服务优化先进集体	省司法厅	2021 年 12 月
东大街	省放心消费创建示范街区	省放心消费创建工作办公室、省市场监管局	2021 年 12 月
市科协	县级科协创新发展能力提升计划优秀单位	省科协	2021 年 12 月
市科协	省科技志愿服务优秀组织单位	省科协	2021 年 12 月
如皋海智基地	优秀省级海智基地	省科协	2021 年 12 月
市发展改革委	南通全面建成小康社会暨决战“过万亿”先进集体	南通市委、市政府	2021 年 2 月
市财政局	南通全面建成小康社会暨决战“过万亿”先进集体	南通市委、市政府	2021 年 2 月
市自然资源和规划局	南通全面建成小康社会暨决战“过万亿”先进集体	南通市委、市政府	2021 年 2 月
市商务局	南通全面建成小康社会暨决战“过万亿”先进集体	南通市委、市政府	2021 年 2 月
市行政审批局	南通全面建成小康社会暨决战“过万亿”先进集体	南通市委、市政府	2021 年 2 月
城南街道办事处	南通全面建成小康社会暨决战“过万亿”先进集体	南通市委、市政府	2021 年 2 月

续表 79

单位名称	被授予称号	授予单位	授予时间
长江镇政府	南通全面建成小康社会暨决战“过万亿”先进集体	南通市委、市政府	2021 年 2 月
丁堰镇政府	南通全面建成小康社会暨决战“过万亿”先进集体	南通市委、市政府	2021 年 2 月
江安镇政府	南通全面建成小康社会暨决战“过万亿”先进集体	南通市委、市政府	2021 年 2 月
城北街道平园池村村委会	南通全面建成小康社会暨决战“过万亿”先进集体	南通市委、市政府	2021 年 2 月
如城街道顾庄社区居委会	南通全面建成小康社会暨决战“过万亿”先进集体	南通市委、市政府	2021 年 2 月
东陈镇南东陈社区居委会	南通全面建成小康社会暨决战“过万亿”先进集体	南通市委、市政府	2021 年 2 月

2021 年如皋市获市（厅）级及以上奖励先进个人名录

表 80

姓名	所在单位	被授予称号	授予单位	授予时间
姚呈明	市人大常委会	全国优秀党务工作者	中共中央	2021 年 6 月
周　云	市人民法院	全国法院先进个人	最高人民法院	2021 年 12 月
缪永辉	市民政局	全国农村留守儿童关爱保护和困境儿童保障工作先进个人	民政部	2021 年 9 月
周谷俊	市退役军人中心	全国退役军人服务保障体系先进个人	退役军人事务部	2021 年 12 月
翟友祥	市军队离休退休干部休养所	全国军休先进个人	退役军人事务部	2021 年 12 月
王　禹	市市场监管局	全国市场监管卫士	国家市场监督管理总局	2021 年 12 月
卢春燕	市环境卫生管理处	省劳动模范	省委、省政府	2021 年 4 月
杜　莉	中国电信股份有限公司如皋分公司白蒲支局	省劳动模范	省委、省政府	2021 年 4 月
李继东	安定小学	省先进工作者	省委、省政府	2021 年 4 月
李薛俊	江苏力星通用钢球股份有限公司	省劳动模范	省委、省政府	2021 年 4 月
杨镇华	福欣家庭农场	省劳动模范	省委、省政府	2021 年 4 月
沈爱军	江苏元辰安装集团有限公司沈阳分公司	省劳动模范	省委、省政府	2021 年 4 月
陈大彬	城南街道申徐村党总支、村委会	省劳动模范	省委、省政府	2021 年 4 月
陈晓斌	市委办	省先进工作者	省委、省政府	2021 年 4 月
倪张根	梦百合家居科技股份有限公司	省劳动模范	省委、省政府	2021 年 4 月
黄小军	江苏九鼎新材料股份有限公司	省劳动模范	省委、省政府	2021 年 4 月
王海飞	市发展改革委	省脱贫攻坚暨对口帮扶支援合作先进个人	省委、省政府	2021 年 10 月
缪德军	市教育局	省优秀共产党员	省委	2021 年 6 月

续表 80

姓名	所在单位	被授予称号	授予单位	授予时间
储开平	如城街道党工委	省优秀党务工作者	省委	2021 年 6 月
陈　艳	市退役军人事务局	《中国退役军人》宣传工作先进个人	退役军人事务部办公厅	2021 年 10 月
于永芳	市老科协	中国百名优秀老科技工作者党员	中国老科协	2021 年 11 月
戴拥军	市应急管理局	省危险化学品安全生产先进个人	省应急管理厅	2021 年 1 月
贾小敏	红十四军纪念馆	省红色旅游五好讲解员	省文化和旅游厅	2021 年 1 月
吴光兰	如皋开发区行政审批局	全省金牌劳动关系协调员	省协调劳动关系三方委员会	2021 年 2 月
许　永	市信访局	全省最美信访干部	省政府信访局	2021 年 3 月
周　霞	城北街道政法条线	省后续照管先进个人	省戒毒管理局	2021 年 3 月
李　曼	市自然资源和规划局	省自然资源信访工作成绩突出个人	省自然资源厅	2021 年 3 月
徐灵宇	城北街道办事处	省法律援助工作先进个人	省司法厅	2021 年 4 月
江彩霞	市人民法院	退休司法警察警衔荣誉章	省高级人民法院	2021 年 5 月
周　云	市人民法院	省百名政法先进典型	省委政法委	2021 年 6 月
陈大彬	城南街道申徐村党总支	省“百名示范”村（社区）书记	省委组织部	2021 年 6 月
刘炜建	城北街道平园池村党总支	省“百名示范”村（社区）书记	省委组织部	2021 年 6 月
魏　娜	市林业技术指导站	省“十佳最美森林医生”	省林业局	2021 年 6 月
谢晓明	市档案馆	省档案宣传工作先进个人	省档案馆	2021 年 8 月
袁晓琳	如皋中学	省教育系统先进个人	省教育厅	2021 年 9 月
章彬等 195 人	—	省第七次全国人口普查工作成绩显著个人	省第七次全国人口普查领导小组办公室、省统计局	2021 年 11 月
洪建林	如皋开发区实验小学	省特级教师	省教育厅	2021 年 12 月
陈春健	市自然资源和规划局	省地质资料管理工作成绩显著个人	省自然资源厅	2021 年 12 月
杜晓锋	市委办	2020 年度南通全面建成小康社会暨决战“过万亿”先进个人	南通市委、市政府	2021 年 2 月
严可文	市政府办	2020 年度南通全面建成小康社会暨决战“过万亿”先进个人	南通市委、市政府	2021 年 2 月
徐玮萌	市人力资源社会保障局	2020 年度南通全面建成小康社会暨决战“过万亿”先进个人	南通市委、市政府	2021 年 2 月
邓曙光	市住房城乡建设局	2020 年度南通全面建成小康社会暨决战“过万亿”先进个人	南通市委、市政府	2021 年 2 月
杨　鹏	市农业农村局	2020 年度南通全面建成小康社会暨决战“过万亿”先进个人	南通市委、市政府	2021 年 2 月
杨小鹏	市交通运输局	2020 年度南通全面建成小康社会暨决战“过万亿”先进个人	南通市委、市政府	2021 年 2 月
田岱华	市安全生产执法监察大队	2020 年度南通全面建成小康社会暨决战“过万亿”先进个人	南通市委、市政府	2021 年 2 月

续表 80

姓名	所在单位	被授予称号	授予单位	授予时间
王友林	市税务局	2020 年度南通全面建成小康社会暨决战“过万亿”先进个人	南通市委、市政府	2021 年 2 月
王洪海	长江镇政府	2020 年度南通全面建成小康社会暨决战“过万亿”先进个人	南通市委、市政府	2021 年 2 月
刘　莉	搬经镇党委	2020 年度南通全面建成小康社会暨决战“过万亿”先进个人	南通市委、市政府	2021 年 2 月
沙辰宇	石庄镇政府	2020 年度南通全面建成小康社会暨决战“过万亿”先进个人	南通市委、市政府	2021 年 2 月
张　成	白蒲镇党委	2020 年度南通全面建成小康社会暨决战“过万亿”先进个人	南通市委、市政府	2021 年 2 月
张　健	市交通产业集团	2020 年度南通全面建成小康社会暨决战“过万亿”先进个人	南通市委、市政府	2021 年 2 月
谢　鹏	下原镇政府	2020 年度南通全面建成小康社会暨决战“过万亿”先进个人	南通市委、市政府	2021 年 2 月
戴亚军	磨头镇政府	2020 年度南通全面建成小康社会暨决战“过万亿”先进个人	南通市委、市政府	2021 年 2 月
陈小芳	市科学技术局	2020 年度南通全面建成小康社会暨决战“过万亿”先进个人	南通市委、市政府	2021 年 2 月
黄宇琳	如皋生态环境局	2020 年度南通全面建成小康社会暨决战“过万亿”先进个人	南通市委、市政府	2021 年 2 月
浦小军	如皋生态环境局	2020 年度南通全面建成小康社会暨决战“过万亿”先进个人	南通市委、市政府	2021 年 2 月
石国平	市人民医院	南通市抗击新冠肺炎疫情先进个人	南通市委	2021 年 1 月
顾　钰	市人民医院	南通市抗击新冠肺炎疫情先进个人	南通市委	2021 年 1 月
陈　志	市中医院	南通市抗击新冠肺炎疫情先进个人	南通市委	2021 年 1 月
朱文祥	市中医院	南通市抗击新冠肺炎疫情先进个人	南通市委	2021 年 1 月
王宇环	市第三人民医院	南通市抗击新冠肺炎疫情先进个人	南通市委	2021 年 1 月
王明建	市第四人民医院	南通市抗击新冠肺炎疫情先进个人	南通市委	2021 年 1 月
谢仁圣	市疾病预防控制中心	南通市抗击新冠肺炎疫情先进个人	南通市委	2021 年 1 月
周祥国	市疾病预防控制中心	南通市抗击新冠肺炎疫情先进个人	南通市委	2021 年 1 月
高礼勇	市疾病预防控制中心	南通市抗击新冠肺炎疫情先进个人	南通市委	2021 年 1 月
冒拥军	市“120”急救指挥中心	南通市抗击新冠肺炎疫情先进个人	南通市委	2021 年 1 月
章卫东	长江镇卫生院（所）	南通市抗击新冠肺炎疫情先进个人	南通市委	2021 年 1 月
杨增珍	江安镇卫生所	南通市抗击新冠肺炎疫情先进个人	南通市委	2021 年 1 月
张春湘	如皋市东陈镇卫生所	南通市抗击新冠肺炎疫情先进个人	南通市委	2021 年 1 月
丁　阳	如皋市东陈镇卫生所	南通市抗击新冠肺炎疫情先进个人	南通市委	2021 年 1 月
任德宏	城北街道卫生所	南通市抗击新冠肺炎疫情先进个人	南通市委	2021 年 1 月
陈晓锋	搬经镇卫生院	南通市抗击新冠肺炎疫情先进个人	南通市委	2021 年 1 月

续表 80

姓名	所在单位	被授予称号	授予单位	授予时间
孙少芳	城南街道社区卫生服务中心	南通市抗击新冠肺炎疫情先进个人	南通市委	2021 年 1 月
黄欣欣	博爱医院	南通市抗击新冠肺炎疫情先进个人	南通市委	2021 年 1 月
冒子荣	广慈医院	南通市抗击新冠肺炎疫情先进个人	南通市委	2021 年 1 月
王琳玲	丁堰镇红桥村卫生室	南通市抗击新冠肺炎疫情先进个人	南通市委	2021 年 1 月
章小刚	磨头镇曹石村卫生室	南通市抗击新冠肺炎疫情先进个人	南通市委	2021 年 1 月
王　磊	市疾病预防控制中心	南通市抗击新冠肺炎疫情先进个人	南通市委	2021 年 1 月
章剑峰	市政府办	南通市抗击新冠肺炎疫情先进个人	南通市委	2021 年 1 月
朱洪海	市政府办	南通市抗击新冠肺炎疫情先进个人	南通市委	2021 年 1 月
夏建国	市卫健委	南通市抗击新冠肺炎疫情先进个人	南通市委	2021 年 1 月
蔡薛培	市卫健委	南通市抗击新冠肺炎疫情先进个人	南通市委	2021 年 1 月
吴敬民	市纪委	南通市抗击新冠肺炎疫情先进个人	南通市委	2021 年 1 月
金　鑫	市融媒体中心	南通市抗击新冠肺炎疫情先进个人	南通市委	2021 年 1 月
郭飞翔	如皋海关	南通市抗击新冠肺炎疫情先进个人	南通市委	2021 年 1 月
陈新锋	市建筑安全生产监督站	南通市抗击新冠肺炎疫情先进个人	南通市委	2021 年 1 月
陈　慎	市农业农村局	南通市抗击新冠肺炎疫情先进个人	南通市委	2021 年 1 月
许海霞	如皋生态环境局	南通市抗击新冠肺炎疫情先进个人	南通市委	2021 年 1 月
章金元	城北街道城北社区居委会	南通市抗击新冠肺炎疫情先进个人	南通市委	2021 年 1 月
吴亚兵	南通国家农业科技园区管理办公室	南通市抗击新冠肺炎疫情先进个人	南通市委	2021 年 1 月
石红兵	长江镇海坝社区居委会	南通市抗击新冠肺炎疫情先进个人	南通市委	2021 年 1 月
杨　飞	城南街道办事处	南通市抗击新冠肺炎疫情先进个人	南通市委	2021 年 1 月
刘宏芳	磨头镇场西村村委会	南通市抗击新冠肺炎疫情先进个人	南通市委	2021 年 1 月
凌　玲	江安镇社会管理服务中心	南通市抗击新冠肺炎疫情先进个人	南通市委	2021 年 1 月
左文峰	市应急管理局	南通市 2020 年度安全生产目标责任制考核先进个人	南通市政府	2021 年 3 月
丁小庆	市应急管理局	南通市 2020 年度安全生产目标责任制考核先进个人	南通市政府	2021 年 3 月
周小艳	如皋师范学校附属小学	南通市园丁奖	南通市政府	2021 年 9 月

附　　录

组织机构及负责人名录

中国共产党如皋市委员会

书　记　何益军
副书记　王鸣昊　丁兴华
常　委　何益军　王鸣昊　丁兴华
缪爱诚（7月17日免）　高　峰　程瑞琴
顾留忠（1月13日任）　秦金春　夏　淼
朱莹滢（女，1月31日任）
陈鸣华（7月17日任）
卢志敏（7月29日任）
马金华（1月31日免）
刘向阳（1月31日免）
茅红宇（女，1月13日免）
石慧宏（挂职，6月止）

如皋市人民代表大会常务委员会

主　　任　吴道健（1月31日辞）
司祝建（1月31日提名，2月26日任）
党组书记　吴道健（2月9日免）
司祝建（2月9日任）
党组副书记　陈万圣
副 主 任　陈万圣　张　勇　钱志刚
党组成员　缪爱诚（7月20日任）
龚卫东（12月24日免）
左伯华（8月13日任）
王贵成（6月16日任）
纪成如（12月24日任）

如皋市人民政府

党组书记　王鸣昊
党组副书记　茅红宇（女，2月9日免）
顾留忠（2月9日任）
市　　长　王鸣昊
副 市 长　茅红宇（女，2月20日辞）
顾留忠　陈晓彬（6月4日辞）
黄文斌
陈鸣华（7月17日提名，8月5日任）
张亚鸾（女）　张百璘
吴海军（6月4日提名，7月26日任）
顾　凡（女）
陈　刚（6月4日提名，7月26日任）
林文美（女，科技镇长团团长挂职，10月22日免）
唐余宽（科技镇长团团长挂职，10月22日任）
党组成员　刘　栩（挂职）
陈　迪（挂职）

中国人民政治协商会议如皋市委员会

主席、党组书记　张元健
党组副书记　冒　平　缪爱诚（7月20日免）

缪小华
朱莹滢（女，7月20日任）
副　主　席　缪小华　冒　平　杜永红（党外）
郑振明（党外）　严世斌
刘晓洁（女）
党组成员、秘书长　许映亮（11月15日免）
冒海清（11月15日任）

中共如皋市纪律检查委员会

书　记　秦金春
副书记　马铁军　倪新建
常　委　刘培林（5月15日免）　吴敬民
江其林（6月24日免）
孙　健（6月24日提名，7月26日任）
朱小青（6月24日提名，7月26日任）

如皋市监察委员会

主　任　史有根（2月20日免）
秦金春（2月26日任）
副主任　马铁军　倪新建
委　员　江其林（6月24日免）
孙　健（6月24日免）
吴敬民（6月24日提名，7月29日任）
朱小青
印国华（6月24日提名，7月29日任）
吴红兵（6月24日提名，7月29日任）

市纪委监委派驻市委办公室纪检监察组组长
殷亚平（女）
市纪委监委派驻市人大机关纪检监察组组长　陈　建
市纪委监委派驻市政府办公室纪检监察组组长
程继红（女）
市纪委监委派驻市政协机关纪检监察组组长
陈建宏（3月26日免）　谢孙锋（5月15日任）
市纪委监委派驻市委组织部纪检监察组组长　李益民
市纪委监委派驻市委宣传部纪检监察组组长　施建石
市纪委监委派驻市委政法委纪检监察组组长　章　兵
市纪委监委派驻市发展和改革委员会纪检监察组组长
徐春建（6月24日免）　俞晓荣（6月24日任）
市纪委监委派驻市人民法院纪检监察组组长　周　标
市纪委监委派驻市教育局纪检监察组组长　万久平（女）
市纪委监委派驻市公安局纪检监察组组长
吴　琼（11月15日免）　刘志斌（11月15日任）
市纪委监委派驻市财政局纪检监察组组长　韩国强
市纪委监委派驻市人民检察院监察组组长　徐　剑
市纪委监委派驻市住房和城乡建设局纪检监察组组长
王宏兵
市纪委监委派驻市交通运输局纪检监察组组长　殷桂平
市纪委监委派驻市国有资产监督管理办公室纪检监察组组长　徐春建（6月24日任）
市纪委监委派驻市供销合作总社纪检监察组组长
俞晓荣（6月24日免）
市纪委监委派驻市卫生健康委员会纪检监察组组长
郭继锋（3月26日免）　莫桂宇（5月15日任）
市纪委监委派驻市市场监管局纪检监察组组长
冯　健

如皋市人民法院

院长、党组书记　唐明渠
党组副书记　顾雪红（女）
副　院　长　顾雪红（女）　黄卫东（12月24日辞）
任　锋　李斯武
政治处主任　袁夏华
执行局局长　周　云（女）
专职委员　吴剑平（女，党外）　周　云（女）

如皋市人民检察院

检察长、党组书记　吴晓栋
党组副书记　高　丽（女）
副检察长　高　丽（女）
李国平（12月24日辞）　李文祥
专职委员　倪伯斌　卢海琴（女）
政治部主任　范小华（6月24日免）
冒　峰（6月24日任）

市委工作机构、部门管理机构、合署挂牌机构和直属事业机构

市委办公室
主　任　杜晓峰
副　主　任　贲如江　沈晶晶（女）
孙　鑫（挂职，3月26日免）
黄大鹏　陆海峰（挂职，3月26日任）
市档案局副局长　冒玉书（3月26日免）

章礼君（3月26日任）

市委组织部

部　　长　缪爱诚（1月21日免）
　　　　　朱莹滢（1月21日任）
常务副部长　纪成如
副 部 长　陈　实　张　勇（10月28日任）
部务委员　姜洪峰（1月12日免）
　　　　　姚建军（3月26日任）

市委宣传部

部　　长　高　峰
常务副部长　陈建军
副 部 长　纪树华　钱钰璐（女）　刘志伟

市委统战部

部　　长　缪爱诚（7月17日免）
　　　　　朱莹滢（女，7月17日任）
常务副部长　薛建兵（5月15日免）
　　　　　宗爱君（5月15日任）
副 部 长　陆爱斌（11月15日免）
　　　　　姚大平(5月15日免）朱益红（女）
　　　　　许映华（5月15日任）
　　　　　丁卫兵（11月15日任）

市委政法委

书　　记　程瑞琴（女）
常务副书记　马小平（11月15日免）
　　　　　高生健（11月15日任）
副 书 记　钱志强（3月26日免）
　　　　　杨　明（3月26日任）
　　　　　丁陆一（兼）曹　蓉（女，11月15日任）
　　　　　缪　飞（12月24日任）
政治处主任　殷高林（11月15日免）
　　　　　苏秀银（女，11月15日任）

市委研究室

主　任　许映华（5月15日免）
副主任　李　兵（3月26日任）

市委机构编制委员会办公室

主　任　纪成如（兼）
副主任　张世闻（3月26日免）姚建军（3月26日免）
　　　　徐玮萌（女，3月26日任）

市委巡察工作办公室

主　　任　倪新建（兼）
专职副主任　冯　峰

市委第一巡察组

组　长　倪　兵
副组长　张来建　明小海　黄　麟（12月24日免）

市委第二巡察组

组　长　吴金林（9月30日免）金　晖（9月30日任）
副组长　秦　宗　尹小庆　杨智龙（12月24日任）

市委第三巡察组

组　长　冒玉书（3月26日任）
副组长　刘正林　陶益军　张　云（女）

市委第四巡察组

组　长　陈　建
副组长　许海霞（女）丁小建

市委老干部局

局　长　陈　实（兼，5月15日免）
　　　　吴晓晖（5月15日任，9月30日免）
　　　　徐亚军（12月24日任）
副局长　严金宏　薛海华（6月24日任）
　　　　薛爱平（6月24日免）
　　　　张海兵（6月24日免）

市委机要局（市委办公室挂牌机构）

局　长　贲如江（兼，5月15日任）
副局长　徐关保（3月26日免）张　晨（3月26日任）

市委全面深化改革委员会办公室

副主任　徐关保

市公务员局（市委组织部挂牌机构）

局　长　纪成如（兼）

市委党建工作领导小组办公室（市委组织部挂牌机构）

主　任　陈　波（5月15日任）
副主任　陈　波（5月15日免）

市考核工作委员会办公室（设在市委组织部）

副主任　贾华兵

市级机关工作委员会（在市委组织部挂牌）

书　　记　朱莹滢（女，6月24日任）
常务副书记　丁　群（6月24日任）
副 书 记　丁　群（6月24日免）
　　　　　王亚松（9月30日任）

市委非公有制企业和社会组织工作委员会（在市委组织部挂牌）

书　记　陈　实（兼）
副书记　彭之俊

市新闻出版局（在市委宣传部挂牌）

局　长　纪树华（兼）
副局长　张小波　王贞慧（女，挂职）

市互联网信息办公室（市委宣传部挂牌机构）

主　任　纪树华

市委网络安全和信息化委员会办公室（设在市委宣传部）

副主任　丁　群（女）

市精神文明建设指导委员会办公室
主　任　钱钰璐（女）
副主任　陆　兵　邵亚丽（女，3 月 26 日任）
市民族宗教事务局（在市委统战部挂牌）
局　长　陆爱斌（11月15日免）　丁卫兵（11月15日任）
副局长　丁卫兵（11 月 15 日免）　倪东波（3 月 26 日免）
市委台湾工作办公室（在市委统战部挂牌）
主　任　朱益红（女，兼，5 月 15 日任）
副主任　潘文胜（女）　田晶晶（女，9 月 30 日免）
市法学会
副会长　黄庆庆（3 月 26 日免）　丁晓文（3 月 26 日任）
市事业单位登记管理局
副局长　郁　梅（女）
市委离退休干部工作委员会
书　记　陈　实（兼，5 月 15 日免）
　　　　吴晓晖（5 月 15 日任，9 月 30 日免）
　　　　徐亚军（12 月 24 日任）
副书记　田芝华
市委党校、市行政学校
市委党校校长　丁兴华（兼）
市行政学校校长　茅红宇（女，2 月 9 日免）
　　　　　　　　顾留忠（2 月 9 日任）
常务副校长　石留权
副　校　长　施国华（12 月 24 日免）
　　　　　　环立忠（5 月 15 日免）　孙海云（女）
　　　　　　朱洪海（12 月 24 日任）
市委新闻中心
主　任　陈建军（兼）
副主任　邵亚丽（女，3 月 26 日免）　徐鑫焱（女）
　　　　孙　路（女，5 月 15 日任）
　　　　马志刚（6 月 24 日任）
市委党史工作办公室
主　任　徐亚军（12 月 24 日免）　丛　越（12 月 24 日任）
副主任　侯　晖（女）　顾小平　薛海华（6 月 24 日免）
　　　　范小华（6 月 24 日任）
市档案馆
馆　长　谢晓明
副馆长　徐爱军（女，9 月 30 日免）　陈　红（女）
　　　　陈永圣　杨海鹏（9 月 30 日任）

市人大常委会办公室、各工作委员会

办公室
主　任　龚卫东（12 月 30 日免）
　　　　纪成如（12 月 24 日提名，12 月 30 日任）
副主任　吉小燕（女）
研究室
主　任　朱华杰
副主任　卢　群（11 月 15 日提名，12 月 30 日任）
信访督办室
主　任　刘金城（12 月 30 日免）
　　　　景雪玲（女，11 月 15 日提名，12 月 30 日任）
财政经济工委
主　任　彭深海（12 月 30 日免）
　　　　李晓红（女，11 月 15 日提名，12 月 30 日任）
副主任　钱建宏（女）
人事代表联络工委
主　任　冒　燕（女，3 月 26 日提名，5 月 27 日任）
副主任　冒　燕（女，3 月 26 日免）
监察和司法工委
主　任　谢晖来（9 月 30 日免）
　　　　何福平（11 月 15 日提名，12 月 30 日任）
副主任　张　轶
教科文卫工委
主　任　林　凯（12 月 30 日免）
　　　　范晓强（11 月 15 日提名，12 月 30 日任）
副主任　姜　宇（女，11 月 15 日提名，12 月 30 日任）
外事民宗侨台工委
主　任　杨国斌（12 月 30 日免）
　　　　缪永辉（11 月 15 日提名，12 月 30 日任）
副主任　张媛媛（女）
环资城建工委
主　任　朱留宽
副主任　朱兴雨
农业农村工委
主　　任　朱国镔（12 月 30 日免）
　　　　　朱为民（11 月 15 日提名，12 月 30 日任）
副 主 任　胡欣荣（12 月 30 日免）
　　　　　缪爱国（11 月 15 日提名，12 月 30 日任）
专职委员　周荣明（11 月 15 日免）
　　　　　姚呈明（7 月 27 日免）　张爱民
　　　　　王桂兰（女，11 月 15 日免）
　　　　　丁建兰（女）　神俊华
　　　　　孙世军　张　健（12 月 24 日提名）
　　　　　洪　军（女，12 月 24 日提名）

市政府工作机构

市政府办公室
主任、机关党组书记　陈小燕

副　　主　　任　陈晓华（3月26日免）
丁陆一　章剑峰（5月15日免）
吴正隆　戴轶楠（5月15日免）
孙　锴（挂职）
周小荣（3月26日任）
严可文（3月26日任）
马薛松（12月24日任）
徐育松（12月24日任）
党　组　成　员　胡银飞
陈　宜（女，5月15日免）
江　宇（女，5月15日任）
卢应锋（6月24日任）
刘　晨（3月26日任）　周小荣

市发展和改革委员会

主任、党组书记　郭　建
党组副书记　倪新福（3月26日免）
吕　庆（11月15日免）
戴海峰（5月15日任）
副　　主　　任　倪新福（3月26日辞）
冒　军（3月26日辞）　章建德
葛　波　戴海峰
白宝平（3月26日任）
孙爱民（12月24日任）
党　组　成　员　徐春建（6月24日免）
徐亚锋（12月24日任）

市教育局

局长、党组书记　郭其龙
党组副书记　左伯华（兼，8月13日免）
冯志刚（5月15日任）
副　　局　　长　田小飞（3月26日辞）
丁　非（党外，6月24日辞）　冯志刚
陈强燕（5月15日任）
石春梅（女，8月13日任）　缪德军（挂职）
朱爱华（女，挂职，12月24日辞）
孙兴波（挂职，8月13日任）

市科技创新委员会办公室（6月24日，市科技创新委员会办公室成立，建立党组）

党组书记　陈鸣华（6月24日任）
党组副书记　丛明昌（6月24日任）
章剑峰（6月24日任）
党组成员　陈广建（6月24日任）
李伟华（6月24日任）
黄存华（6月24日任）
陈洪波（6月24日任）
蔡建兰（女，6月24日任）
董　宇（6月24日任）

市科学技术局（6月24日，市科技局党组撤销）

局　　长　宗爱君（5月27日辞）
丛明昌（6月24日提名，7月26日任）
党组书记　宗爱君（5月15日免）
党组副书记　陈广建（6月24日免）
副　局　长　李伟华　徐　强（6月24日辞）
冒　峰（6月24日辞）
郭震寰（6月24日任）
董　宇（6月24日任）　蔡建兰（女）
佘小宇

市公安局

局　　长　陈晓彬（7月26日辞）
陈　刚（6月16日提名，7月26日任）
党委书记　陈晓彬（6月16日免）
陈　刚（6月16日任）
政　　委　邢新华
党委副书记　邢新华　张　勇
副　局　长　张　勇　郑云娟（女）　张　新　张　斌
李　祝
党委委员　章春建　邱　俊　吴旭东（11月15日任）
丁　力（11月15日任）
范　群（11月15日任）

市民政局

局　　长　缪永辉（11月30日辞）
丁山燕（11月15日提名，11月30日任）
党组书记　缪永辉（11月15日免）
丁山燕（11月15日任）
党组副书记　张昌明（9月30日任）
副　局　长　刘　荣（9月30日辞）
程学军（女，3月26日辞）　张叶庆
颜海群　吉俊国（5月15日任）
张昌明（9月30日任）

市司法局

局长、党组书记　卢延林
副　　局　　长　陶建军（12月24日辞）　缪霄峰
从　越（12月24日辞）
陈非非（女，5月15日辞）
孙　锴　吴亚军（12月24日任）
尤亚敏（女，党外，5月15日任）
党　组　成　员　陆建梅（女，3月26日任）

市财政局

局长、党组书记　冒海清

党组副书记　杨　玉（9月30日免）
副　局　长　杨　玉（9月30日辞）　张建明
　　蔡志斌　丁正付（6月24日辞）
　　张小俊　王宏波（9月30日任）

市人力资源和社会保障局

局长、党组书记　胡晓勇
副　局　长　薛宜发　周昌峰
　　程　蓉（女，11月15日辞）
　　阮铁均（11月15日任）

市自然资源和规划局

局长、党组书记　石　剑
党组副书记　朱贵宏　冒国华
副　局　长　朱贵宏　冒国华　陶文建　范　彦
党组成员　秦爱华

市住房和城乡建设局

局长、党组书记　苏　强
党组副书记　韩　欣（12月24日免）
　　杨大勇（挂职，5月15日任）
副　局　长　王建华（9月30日辞）　张建军
　　顾新建　王　庆
　　赵仁奇（9月30日任）
党组成员　陈志坤

市城市管理局

局　长　何福平（11月15日辞）
　　黄山虎（11月15日提名，11月30日任）
党组书记　何福平（11月15日免）
　　黄山虎（11月15日任）
党组副书记　沙　进
副局长　沙　进　翟建兵　孙夏兵
　　杨海燕（党外，6月24日辞）　袁权民
　　陈文红（挂职）

市交通运输局

局长、党组书记　吴小平
党组副书记　卢玉兰（女，6月24日免）
副　局　长　洪　勇　田　骏　葛　军　刘志俭
　　肖　宏
总工程师　卢玉兰（女，6月24日免）

市水务局

局长、党组书记　朱建军
副　局　长　管　峰　陈大平
　　黄国建（6月24日任）
总工程师　丁小星

市农业农村局

局　长　朱为民（11月30日辞）
　　柳杰军（11月15日提名，11月30日任）
党组书记　朱为民（11月15日免）
　　柳杰军（11月15日任）
副　局　长　姜石泉　陈玉峰　季浩民　王志斌
　　周　杰　高迎旭（女，9月30日任）
党组成员　陈　慎　张海兵（6月24日任）
　　王建梅（女，3月26日任）
总农艺师　陈　慎（3月26日免）
　　王建梅（女，3月26日任）
总畜牧兽医师　陈　慎（3月26日任）

市商务局（口岸办）

局　长　顾卫国（9月30日辞）
　　佘　飞（9月30日提名，11月30日任）
党组书记　顾卫国（9月30日免）
　　佘　飞（9月30日任）
党组副书记　佘　飞（9月30日免）
副　局　长　郭成凤（女，3月26日辞）
　　刘加峰　吴志强（3月26日辞）
　　朱伟锋　赵　辉（3月26日任）
　　李　军（9月30日任）
市口岸办副主任　刘加峰（兼）

市文体广电和旅游局

局　长　谢裕斌（5月27日辞）
　　夏建国（5月15日提名，5月27日任）
党组书记　陈仁高（3月26日免）
　　谢裕斌（3月26日任）
党组副书记　谢裕斌（3月26日免）　阮强舟
副局长　陈仁高（3月26日辞）　阮强舟
　　张国平（3月26日辞）　朱志兵　冒　逊
　　姚寓韶（党外，11月15日辞）
　　范建兵（9月30日辞）
　　杨　阳（5月15日辞）　吴爱兵　胡建锋

市卫生健康委员会

主任、党组书记　马军华
党组副书记　吴海燕（女，3月26日任）
副　主　任　吴海燕（女）　秦龙银　谢宇晨
　　康　岚（女，3月26日辞）
　　夏建国（5月15日辞）
党组成员　章献方（兼，3月26日免）
　　郭继锋（3月26日免）
　　冒拥军（3月26日任）

市退役军人事务局

局　长　冯　昕（3月26日辞）
　　陈晓华（3月26日提名，5月27日任）

党组书记　冯　昕（3月26日免）
陈晓华（3月26日任）
党组副书记　夏　勇
副局长　夏　勇　陈子富（3月26日辞）
张金森（8月13日任）
党组成员　施　才（3月26日免）

市应急管理局

局长　陆海峰（3月26日辞）
陆　荫（3月26日提名，5月27日任）
党委书记　陆海峰（3月26日免）　陆　荫（3月26日任）
副局长　秦永忠（6月24日任）　杨　建
张善良（3月26日辞）　陈海峰　崔建备
总工程师　徐　兵
党委委员　徐　兵　张　斌
安全生产委员会办公室副主任　张　斌

市审计局

局长、党组书记　薛　煜
党组副书记　康建芳（女，5月15日免）
副局长　康建芳（女，5月10日辞）
朱宏彬（党外，5月10日辞）
龚志鸿　韩晓静（女，8月30日任）
陈　瑶（女，党外，12月24日任）
党组成员　汤春华　汤元建（11月15日任）
总审计师　汤春华

市统计局

局长、党组书记　章　彬
副局长　季　康（党外）　黄爱军
石红梅（女，11月15日任）
党组成员　谢晓飞　葛明明（女，11月15日任）
总统计师　石红梅（女，11月15日免）
葛明明（女，11月15日任）

市市场监管局

局长、党组书记　贾宏斌
副局长　沙　群（9月30日辞）　王志刚
纪　勇　石昭峰　李晓东
张　晔（6月24日辞）　谢　娟（女）
党组成员　陈建国　冯　健　谭志明

市行政审批局

局长　范晓强（11月30日辞）
徐　猛（11月15日提名，11月30日任）
党组书记　范晓强（11月15日免）
徐　猛（11月15日任）
党组副书记　杨晓峰　范荣华（11月15日免）
朱贵宏（兼）
副局长　杨晓峰　范荣华（11月15日辞）　谢　健
徐　猛（11月15日辞）
陈　岗（9月30日辞）　张亚军　田向阳
党组成员　刘宝林
总工程师　卢宗志

市医疗保障局

局长　张智娟（女，3月26日辞）
焦晓斌（3月26日提名，5月27日任）
党组书记　张智娟（女，1月26日免）
焦晓斌（3月26日任）
副局长　薛正刚　徐爱宁（女，12月24日辞）
叶伟锋（12月24日任）

市信访局

局长　孙　鑫（3月26日辞）
陆海峰（3月26日提名，5月27日任）
党组书记　孙　鑫（3月26日免）　陆海峰（3月26日任）
副局长　明小虎　施俊杰　居怀军
黄国建（6月24日辞）

市地方金融监督管理局

局长、党组书记　邱德华
党组副书记、副局长　王荷春（11月15日免）
副局长　宗　晓
张晶晶（女，11月15日任）

市政府国有资产监督管理办公室（3月26日，市政府国有资产监督管理办公室党组成立）

主任　刘培林（3月26日提名，5月27日任）
党组书记　刘培林（3月26日任）
副主任　朱宏彬（3月26日任）
吴晓燕（女，3月26日任）

市政府合署办公机构、挂牌机构、部门管理机构和直属事业机构

市委外事委员会办公室（设在市政府办公室）

副主任　江　宇（女）

市政府研究室

副主任　周小荣（3月26日免）　刘　晨（3月26日任）

市市域治理现代化指挥中心

主任、党组书记　丁陆一
副主任　卢　建（11月15日免）
卢应锋（6月24日免）　费建国
徐绍鑫（挂职）

崔亚云（女，6月24日任）

市粮食和物资储备局（在市发展和改革委员会挂牌）

副局长　吕　庆（11月15日免）　徐亚锋（12月24日任）

市政府教育督导室（设在市教育局）

副主任　陈强燕（5月15日免）　环立中（5月15日任）

市社会矛盾纠纷调处中心

主　任　杨　明（11月15日任）

副主任　吴亚军（12月24日免）　陶建军（12月24日任）

明曙光　戴世燕（女）　高　辉（8月13日任）

市委全面依法治市委员会办公室（设在市司法局）

副主任　申爱学

市人民防空办公室

副主任　韩　欣（12月24日免）

市文物局

副局长　张国平（兼，3月26日免）

市政务服务管理办公室

副主任　范亦男（女）

市融媒体中心（市广播电视台）

主　任（市广播电视台台长）　刘志伟

总编辑　王贞慧（女）

副主任　姚寓韶（党外，11月15日免）

严保林（5月15日免）　张　强　何　军

陆　冉（3月26日任）

邱　辰（女，5月15日任）

市城市建设管理中心［6月24日，根据南通市委编办《关于如皋市政府投资项目工程建设中心更名的批复》（通编办发〔2021〕56号）文件规定，市政府投资项目工程建设中心更名为市城市建设管理中心］

主　任　张加琴（5月15日免）　杨大勇（6月24日任）

副主任　薛小青（6月24日任）　缪世兴（6月24日免）

刘建华（6月24日任）

陈　萍（女，6月24日任）

市政协办公室、各工作委员会

办公室

主　任　严佩兰（女，12月30日辞）

顾燕枫（女，11月15日提名，12月30日任）

副主任　刘亚丽（女）

经济科技和农业农村委员会

主　任　孙德祥（12月30日辞）

张益群（11月15日提名，12月30日任）

副主任　沈德君

教卫文体和文史委员会

主　任　孙天骄

副主任　程学军（女，3月26日提名，7月6日任）

环境资源和城乡建设委员会

主　任　陈晓仲

副主任　朱生全（12月30日辞）

许　蝶（女，11月15日提名，12月30日任）

社法民宗和港澳台侨委员会

主　任　詹文天（12月30日辞）

陆爱斌（11月15日提名，12月30日任）

副主任　刘　霞（女）

委员工作委员会

主　任　沙海军（3月26日提名，7月6日任）

副主任　顾艳枫（女，12月30日辞）

黄恒娥（女，11月15日提名，12月30日任）

提案委员会

主　任　万有富（12月30日辞）

周海如（女，11月15日提名，12月30日任）

副主任　吴小蓉（女）

群众团体

工商联

主　　席　杜永红

党组书记　薛建兵（5月15日免）　许映华（5月15日任）

党组副书记　缪爱国（11月15日免）

副　主　席　薛建兵（5月15日辞）

许映华（5月15日提名，12月24日任）

副　主　席　缪爱国（11月15日辞）

余国平（3月26日辞）　常伟华

范亚林（11月15日提名，12月24日任）

总工会

主　　席　周太荣（9月30日免）

顾卫国（9月30日提名）

党组书记　周太荣（9月30日免）　顾卫国（9月30日任）

副主席　许益飞（3月26日任）　沙旭宇　章　军

苏小燕（女）　陈光荣

团委

书　记　储　凯（3月26日免）　沈　伟（11月15日任）

副书记　陈新煜（5月15日免）　金　霞（女）

陈明锦（11月15日任）

尤婷婷（兼，女，11月15日任）

妇联

主　　席　李晓红（女，11月15日辞）
　　　　　程　蓉（女，11月15日提名，12月7日任）
党组书记　李晓红（女，11月15日免）
副 主 席　张　峰（女）　缪剑云（女）
　　　　　刘培媛（女，挂职，11月15日任）
　　　　　潘海燕（女，挂职，11月15日止）

侨联

主　席　姚大平（5月15日提名，6月24日任）
副主席　王晓云（女，3月26日辞）

科协（6月24日，市科协党组撤销）

主　　席　张　勇（5月15日辞）
　　　　　章剑峰（5月15日提名，6月10日任）
党组书记　张　勇（5月15日免）
　　　　　章剑峰（5月15日任，6月24日免）
副 主 席　黄存华　秦永忠（6月24日辞）　陈洪波
　　　　　蔡建兰（女，6月24日提名，9月14日任）

文联

主　席　张小凤（女）
副主席　田　祥

残联

理 事 长　戴　斌（6月24日辞）
　　　　　吴来平（6月24日提名，8月11日任）
党组书记　戴　斌（6月24日免）
　　　　　吴来平（6月24日任）
党组副书记　谢万华
副理事长　谢万华　郭锦泉　陈久平

红十字会

会　　长　茅红宇（女，2月9日辞）
　　　　　顾留忠（2月9日提名，6月25日任）
常务副会长　康　岚（女，3月26日提名，6月25日任）
副 会 长　章献方（3月26日辞）
　　　　　沙海燕（女，5月15日提名，6月25日任）

市社科联

主　席　陈建军（兼）
副主席　吴小燕（女）

镇（区、街道）

如皋经济技术开发区（国家级）

党工委

书　　记　何益军（6月21日任）
常务副书记　郝晓东（12月2日免）
副 书 记　丁兴华（7月17日任，12月2日免）
　　　　　卢志敏（12月2日任）
　　　　　吴　鹏（12月2日任）
委　　员　张小平

管委会

副主任　赵宏祥（12月2日免）　吴　鹏（12月2日免）
　　　　孙得利　刘亚东（12月2日任）　顾季青
　　　　王建云（女）　杨永辉（6月4日任）

纪工委

书　记　曹汉清

城北街道

党工委

书　记　赵宏祥（12月24日免）　吴　鹏（12月24日任）
副书记　卢小冬（6月24日免）　丁建龙（6月24日任）
　　　　周海如（女，兼，11月15日免）　郭锡兵（兼）
　　　　马　乐（女，兼，11月15日任）
　　　　邱　俊（挂职，12月24日免）
　　　　季兴华（挂职，12月24日起）

办事处

主　任　卢小冬（5月15日免）　丁建龙（6月24日任）
副主任　冒　俊　张红建　丁新建　印　霞（女）
　　　　徐　军　顾德军（12月24日任）
　　　　娄劲松（挂职，工资行政关系在公安）
　　　　钟俊如（挂职，工资行政关系在公安）

人大工委

主　任　黄亚周（9月30日辞）
　　　　李元庆（9月30日提名，11月30日任）

长江镇

党　委

书　记　卢志敏（12月2日免）
　　　　许　薇（女，12月2日任）
副书记　许　薇（女，12月24日免）
　　　　秦　天（12月24日任）
　　　　高源兵　王洪海（3月26日任）
　　　　黄山虎（挂职，11月15日止，工资行政关系在公安）
　　　　陈　飞（挂职，12月24日任，工资行政关系在公安）

人大主席团

主　席　秦　天（12月2日辞）　龚卫东（12月2日提名）
副主席　刘　康

政　府

镇　长　许　薇（女，12月2日辞）
　　　　秦　天（12月2日提名）

副镇长　汪　东　陈红军　陈佳佳
顾　潍（女，5月15日辞）　孙　强
孔　静（11月15日提名）
顾如江（5月15日提名，6月24日任）
周步宇（12月24日提名）
殷燕军（挂职，工资行政关系在公安）
石卫明（第一书记挂职）
姚子健（挂职，第十四批科技镇长团，11月11日起）
唐　刚（挂职，第十四批科技镇长团，11月11日起）

如皋港工业园区

党工委
书　记　卢志敏（12月24日免）
许　薇（女，12月24日任）
副书记　许　薇（女，12月24日免）
秦　天（12月24日任）
管委会
主　任　许　薇（女，12月24日免）
秦　天（12月24日任）
副主任　金其林　杨明华

如皋港化工新材料产业园管理办公室［9月30日，根据《关于更名设立如皋港化工新材料产业园管理办公室的批复》（通编发〔2021〕122号）精神，如皋港现代物流园区管委会更名为如皋港化工新材料产业园管理办公室）］

主　任　纪坤岗（9月30日任）
副主任　夏　刚（9月30日任）　苏志强（9月30日任）

如皋高新技术产业开发区

党工委
书　记　石　兵
副书记　刘亚东（12月2日免）　薛　煜（12月2日任）
管委会
主　任　刘亚东（12月24日免）　薛　煜（12月24日任）
副主任　丛明昌（6月24日免）　何李川　田学平
符　行　肖智杰　宗小海（9月30日任）
陆玲玲（女，挂职，4月25日起）
纪工委
书　记　宗小海（9月30日免）　邹　波（9月30日任）

城南街道

党工委
书　记　刘亚东（兼，12月24日免）
薛　煜（兼，12月24日任）
副书记　李小军　阮爱银（女）
杨　明（挂职，3月26日止，工资行政关系在公安）
孙海波（挂职，12月24日起，工资行政关系在公安）
人大工委
主　任　丁　飞
办事处
主　任　李小军
副主任　谢书平　沈　燕（女）　姚小维（9月30日任）
季陈中（9月30日免）　杨　飞（3月26日免）
罗宇舟（挂职，第十四批科技镇长团，11月11日起）
张仁辉（挂职，第十四批科技镇长团，11月11日起）

如皋工业园区

党工委
书　记　崔建村
副书记　沙海军（3月26日免）　孙　鑫（3月26日任）
张长健　金　晖（9月30日免）
管委会
主　任　沙海军（3月26日辞）　孙　鑫（3月26日任）
副主任　马京武　郭震寰（党外，6月24日辞）
张　婧（女）　张昌明（9月30日辞）
张开玉　徐　浩（9月30日任）

如城街道

党工委
书　记　崔建村（5月15日免）　储开平（5月15日任）
副书记　仲纪元　冒爱群　丁红林（女）
刘志斌（挂职，11月15日止，工资行政关系在公安）
范　群（挂职，12月24日起，工资行政关系在公安）
人大工委
主　任　周小芳（女）
副主任　殷小红（女）　彭理英（女）
办事处
主　任　仲纪元
副主任　范存莲（女）　王宏波（9月30日辞）
张静静（女）　张志红（女）　周长慧（女）
范　群（挂职，12月24日止，工资行政关系在公安）
石祥圣（挂职，12月24日起，工资行政关系在公安）

孙夏华（挂职，工资行政关系在公安）
孙文钦（挂职，12月24日止，工资行政关系在公安）
於乾英（女，挂职，第十四批科技镇长团，11月11日起）
陆春红（女，挂职，第十四批科技镇长团，11月11日起）

纪工委
书　记　许　鹏（9月30日任）

江苏南通国家农业科技园区管理办公室

党工委
书　记　刘向阳（2月9日免）
副书记　崔建村

管委会
主　任　崔建村
副主任　吴亚兵　郭桂忠　陈　晖
　　　　张　晔（6月24日任）

纪工委
书　记　许　鹏

丁堰镇

党　委
书　记　储开平（5月15日免）　刘小冬（5月15日任）
副书记　刘小冬（5月15日免）　戴铁楠（5月15日任）
　　　　林璐璐（女，3月26日任）
　　　　阚书宏（挂职，工资行政关系在公安）

人大主席团
主　席　洪　军（女，3月26日辞）
　　　　李丽萍（女，3月26日提名，7月12日任）
副主席　吴　畏（3月26日辞）

政　府
镇　长　刘小冬（5月15日辞）
　　　　戴铁楠（5月15日提名，7月12日任）
副镇长　顾　琴（女，9月30日辞）
　　　　张金森（5月15日辞）
　　　　陈小强（5月15日提名，7月12日任）
　　　　方烁淼　张　磊（3月26日提名，7月12日任）
　　　　程　洋（12月24日提名）
　　　　姜　哲（第一书记挂职，3月26日止）

白蒲镇

党　委
书　记　张　成
副书记　陈慧华　沙亚峰（3月26日免）
　　　　朱志聪（3月26日任）　黄庆庆（3月26日任）
　　　　马小锋（挂职，工资行政关系在公安）

人大主席团
主　席　王亚明
副主席　侯茂华（3月26日辞）
　　　　赵红飞（3月26日提名，7月10日任）

政　府
镇　长　陈慧华
副镇长　宗炳生（3月26日辞）　徐拥军
　　　　朱金建（9月30日辞）　尹　颖（女）
　　　　达　栋（3月26日提名，7月10日任）
　　　　范存睿（3月26日提名，7月10日任）
　　　　徐继业（5月15日提名）
　　　　丁　焱（9月30日提名）

下原镇

党　委
书　记　张亚东
副书记　崔　金　赵红飞（3月26日免）
　　　　魏　巍（3月26日任）
　　　　袁　鹏（挂职，12月24日止，工资行政关系在公安）
　　　　王　振（挂职，12月24日起，工资行政关系在公安）

人大主席团
主　席　杨　海
副主席　张　建（3月26日辞）

政　府
镇　长　崔　金
副镇长　曹武元　蔡爱忠（3月26日辞）　邓陈胜
　　　　曹慧华　许　卫（5月15日提名）
　　　　陈韦嘉（第一书记挂职，5月15日止）

九华镇

党　委
书　记　丁山燕（11月29日免）
副书记　姜洪峰　吴　为
　　　　薛松祥（挂职，工资行政关系在公安）

人大主席团
主　席　杨　阳（5月15日提名，7月24日任）
副主席　肖茂华（3月26日辞）

政　府
镇　长　姜洪峰
副镇长　胡素华（女）
　　　　陈书培（3月26日提名，7月24日任）
　　　　苏伯全（3月26日辞）　陈　亮
　　　　张　进（5月15日提名）
　　　　高新星（第一书记挂职，3月26日止）

石庄镇

党　委

书　记　陈　飞

副书记　杨海鹏（3月26日免）　丁　毅（3月26日任）
　　徐　建
　　石祥圣（挂职，12月24日止，工资行政关系在公安）
　　卢　宇（挂职，12月24日起，工资行政关系在公安）

人大主席团

主　席　丁　毅（3月26日辞）
　　杨　飞（3月26日提名，7月20日任）

副主席　林炳文

政　府

镇　长　杨海鹏（3月26日辞）
　　丁　毅（3月26日提名，7月20日任）

副镇长　刘　华（3月26日辞）　王正华（3月26日辞）
　　唐铜香　金志华（女，3月26日辞）
　　倪劲松（3月26日提名，7月20日任）
　　吴锋成（5月15日提名）

江安镇

党　委

书　记　孙　康（5月15日免）　王　鹏（5月15日任）

副书记　王　鹏（5月15日免）　申　燃（5月15日任）
　　张小兵（5月15日免）　郭　庆
　　唐晓星（5月15日任）
　　丁亚波（挂职，12月24日止，工资行政关系在公安）
　　杜连雨（挂职，12月24日起，工资行政关系在公安）

人大主席团

主　席　申　燃（5月15日辞）
　　张小兵（5月15日提名，7月25日任）

副主席　马　彬（3月26日辞）

政　府

镇　长　王　鹏（5月15日辞）
　　申　燃（5月15日提名，7月25日任）

副镇长　唐晓星（5月15日辞）　吴红云（女）
　　陈小强（5月15日辞）　余鲲鹏
　　秦虎跃（3月26日辞）
　　张　进（第一书记挂职，5月15日止）
　　黄新宇（3月26日提名，7月25日任）
　　蒋宝峰（3月26日提名，7月25日任）
　　王道吉（9月30日提名）
　　倪新华（9月30日提名）

搬经镇

党　委

书　记　刘　莉（女，5月15日免）
　　卢小冬（5月15日任）

副书记　张　兵　梅志祥（3月26日免）　张兴龙
　　张　妍（女，3月26日任）
　　陈云龙（挂职，工资行政关系在公安）

人大主席团

主　席　杨建华（3月26日辞）
　　周　勇（3月26日提名，7月25日任）

副主席　张　斌（9月30日辞）

政　府

镇　长　张　兵

副镇长　石明良（3月26日辞）　许　鹏（3月26日辞）
　　葛志昊（3月26日提名，7月25日任）
　　张　斌（9月30日提名）　袁　健
　　王钰崧（女）
　　王正华（3月26日提名，7月25日任）
　　顾承龙（5月15日提名，7月25日任）
　　殷小宏（3月26日提名，7月25日任）
　　杨　鹏（第一书记挂职，3月26日止）

东陈镇

党　委

书　记　焦晓斌（3月26日免）　张　勇（3月26日任）

副书记　张　勇（3月26日免）　储　凯（3月26日任）
　　冒　华（3月26日免）　王　洁（3月26日任）
　　喻晓春（挂职，工资行政关系在公安）

人大主席团

主　席　谢小丽（女）

政　府

镇　长　张　勇（3月26日辞）
　　储　凯（3月26日提名，7月9日任）

副镇长　王　洁（3月26日辞）
　　朱亚光　盛聪锋　张津诚
　　张　晗（女，9月30日提名）
　　沈　伟（3月26日提名，5月15日辞）
　　陈新煜（5月15日提名，7月9日任，9月30日辞）
　　吴　杰（第一书记挂职，3月26日止）

吴窑镇

党　委

书　记　袁天明（5月15日免）　石晓鹏（5月15日任）

副书记　石晓鹏（5月15日免）　周　勇（3月26日免）

朱　永（挂职，工资行政关系在公安）
人大主席团
主　席　周永刚（3月26日辞）
沙亚峰（3月26日提名，7月17日任）
政　府
镇　长　石晓鹏（5月15日辞）
薛鹏飞（5月15日提名，7月17日任）
副镇长　严海兵　钱锦锋　季陈中（9月30日提名）
吴　伟　殷小宏（3月26日辞）
丁邦民（第一书记挂职，3月26日止）

磨头镇

党　委
书　记　柳杰军（11月29日免）
副书记　王　红（女）　李丽萍（女，3月26日免）
钱康梅（女，3月26日任）
申　进（挂职，工资行政关系在公安）
人大主席团
主　席　薛　涛
副主席　单芝龙（3月26日辞）
政　府
镇　长　王　红（女）
副镇长　赵小成（3月26日辞）　蔡　娟（女）　陈　飞
沙　尉（3月26日提名，7月27日任）
薛明慧（女，3月26日提名，7月27日任）
王正权（3月26日辞）

市属企业

市传媒集团

党委书记　刘志伟
党委副书记　王贞慧（女）
董事长、总经理　刘志伟
副总经理　姚寓韶（党外，11月15日免）
严保林（5月15日免）　张　强
何　军　陆　冉（3月26日任）
邱　辰（女，党外，5月15日任）

富皋万泰投资发展有限公司

党委书记、董事长　张书强
党委副书记、总经理　章爱平
副总经理　赵天海　周　静（女）
周　培（女，8月13日任）
纪委书记　薛建明
党委委员　卢晓剑　许益飞（3月26日免）
赵天海　薛建明　周　培（女）
陆春飞（9月30日任）

市城市产业发展集团有限公司

党委书记、董事长　曹金林
党委副书记、总经理　魏志兵
副总经理　孟志远　胡成建
纪委书记　韦　华（女）

江苏皋开投资发展集团有限公司

党委书记、董事长　薛晓云
党委副书记、总经理　许　强
副总经理　周　峰　严循国（12月14日免）
徐宏建（12月14日免）　桑西方
石　勇
纪委书记　葛拥军

市交通产业集团有限公司［5月15日，根据《关于薛建兵等同志职务任免的通知》（皋委干〔2021〕72号）精神，整合市交通产业集团有限公司、如皋港集团、市富港工程建设有限公司，重组新的市交通产业集团有限公司］

党委书记、董事长　张　健（5月15日免）
薛建兵（5月15日任）
党委副书记、总经理　刘建华（5月15日免）
许　宁（5月15日任）
副总经理　许　宁（5月15日免）
张兆民（5月15日免）
孙宏琛　陈　然（5月15日任）
杨　洋（5月15日任）
张　敏（女，11月15日任）
纪委书记　黄　俊

如皋港集团

党委书记　马玉东（5月15日免）
董事长、总经理　马玉东（5月15日免）
副总经理　陈　然（5月15日免）
纪委书记　陈　然（5月15日免）

市富港工程建设有限公司

董事长、总经理　许　宁（5月15日免）
副总经理　杨　洋（5月15日免）

其他机构

市接待办公室

主任、党组书记　贲如江
副主任　程　飞　管堃芃（3月26日任）

市供销合作总社

理事会主任　张益群（11月15日辞）

吕　庆（11月15日提名，12月6日任）
党组书记　张益群（11月15日免）
吕　庆（11月15日任）
党组副书记　王　岳
理事会副主任　王　岳　何玉堂（3月26日辞）　王红德
郭成凤（女，3月26日提名，6月4日任）
监事会主任　周咏梅（女）

市招商局

局　长　佘　飞
副局长　吉俊国（5月15日免）　陈　飞（挂职）
纪国杰（挂职）　环向荣（挂职）
林　波（挂职）

市管企事业单位

市党员干部现代远程教育中心

主　任　吴晓晖（5月15日免）　陈继露（9月30日任）
副主任　章志刚（9月30日免）

市疾病预防控制中心

主任、书记　沙留强
副主任　张晓莉（女）　吴　坚
周祥国（党外，6月24日免）

市卫生监督所

所长、书记　范旻昊
副所长　何云祥　周　宇（女）

市交通运输综合执法大队

大队长　陈建华
教导员　唐幸炜
副大队长　范晓兵　石　峰　汤建平　张小燕　赵玉军
副教导员　周小兵

市社会保险基金管理中心

主任、书记　丁玉林
副主任　谢仁杰　周晴晖（女）　季苏岷（女）
副书记　陆江华

市人才服务中心

主任、书记　张建华
副主任　赵晓建

市城市建设管理综合执法大队

大队长　杨小卫
教导员　姚松来
副大队长　张　敏（女，11月15日免）　赵四军
葛　伟
副教导员　吴　昊

市农技推广中心

主任、书记　丁　峰
副主任　袁小华　吴小兵

市事业单位登记管理局

副局长　郁　梅（女）

市财政结算管理中心

主　任　谢晓红（女）
副主任　张　伟（女）　陆建英（女）

市预算管理审核中心

主　任　章晓峰
副主任　秦　军　陈　宏（女）

市机关事务服务中心

主　任　卢应锋（6月24日任）

市文体旅游综合执法大队

大队长　陈建波
教导员　孙　伟
副大队长　郭　勇

市农林水利综合执法大队

大队长　陈　慎（3月26日免）　杨　鹏（3月26日任）
教导员　陈小明
副大队长　马　宏　倪玉堂　汤小勤

市公共资源交易中心

主　任　刘宝林
副主任　胡　静（女）　丁树华

市房屋征收管理办公室

主　任　陈志坤

白蒲中学

书　记　缪德军（11月15日免）　柳永红（11月15日任）
校　长　缪德军（8月13日免）　柳永红（8月13日任）
副书记　柳永红（8月13日任，11月15日免）
副校长　石春梅（女，8月13日免）　宋　勇
丁惠军（8月13日任）　张文跃（8月13日任）

石庄中学

校　长　邹晨光
书　记　马　华
副书记　邹晨光
副校长　马　华　丁锁勤　毛　娟（女）
石　坚（8月13日任）　朱建华（8月13日免）

江安中学

书记、校长　杨　勇
副校长　章小建　张志成　孙兴华
沈百林（8月13日任）
肖雄伟（8月13日任）

市一中

校　长　鞠九州（8月13日免）　陈宽林（8月13日任）
书　记　陈宽林
副书记　鞠九州（8月13日免）

副校长　陈　军（8月13日免）许金松（8月13日免）
薛　钧　王　华　丁文桂
田利剑（8月13日任）宗兴峰（8月13日任）

搬经中学

书记、校长　严　勇
副　校　长　洪海军　祝存建　李华林（8月13日任）
胡海鹏（8月13日任）
杨小娟（女，8月13日任）

市二中

校　长、书　记　柳永红（8月13日免）
曹正国（8月13日任）
副书记、副校长　曹正国（8月13日免）
副　　校　　长　纪友根　潘建国
刘建国（8月13日任）

长江中学

书记、校长　黄建锋
副　校　长　蔡　建　吴建军　陆小祥
顾钱睦（8月13日任）

如皋中专

校　长　贾建军
书　记　王　军（8月13日免）贾建军（8月13日任）
副书记　贾建军（8月13日免）
副校长　郭夕国（8月13日免）徐年华
徐　峰　陆克平　杨雷华（8月13日任）

第一中专（技工学校）[6月29日，根据《如皋技师学院创建方案》（皋政办发〔2021〕91号）文件精神，如皋第一中等专业学校和市技工学校领导班子进行整合，并成立中国共产党江苏省如皋第一中等专业学校（技工学校）委员会]

校　　长　曹江泉（8月13日免）陈　军（8月13日任）
书　　记　曹江泉
副 校 长　韩克山　刘　剑　陈玉华　陆晓丽（女）
田岱越（8月13日任）葛仁建（8月13日任）
党委委员　韶庆生（8月13日任）

技工学校

校　长　张永飚（党外，8月13日免）
副校长　田岱越（8月13日免）韶庆生（8月13日免）

市通用技术教育实验学校（市青少年素质教育实践基地）

书　　　　记　卢海兵
校长（主任）　陈　亮
副　　书　　记　吴国建（8月13日免）陈　亮
副校长（副主任）　吴国建（8月13日免）
邱永忠（8月13日免）
王树云（8月13日任）
何海军（8月13日任）
副　　校　　长　曹树泉（8月13日免）周　栋
朱沈国　秦换鱼（女，8月13日任）

如皋初中

校　长　孙兴波

市人民医院

院长、副书记　朱银圣（5月15日免）
石国平（5月15日任）
书　　　记　朱小平
副　　院　　长　卢弘栩　石国平（5月15日免）
石高寒　郭江宏
姜　燕（女，5月15日任）
纪 委 书 记　张文怡（女）
总 会 计 师　石晓燕（女，5月15日任）

市中医院

院　　长　贾　运（5月15日免）吕　军（5月15日任）
书　　记　贾　运（5月15日任）
副 书 记　贾　运（5月15日免）吕　军
副 院 长　沈安明（党外）吕　军（5月15日免）
刘　俊　谢轶群（女）
纪委书记　吴宏匀（女）
总会计师　吴丽萍（女，5月15日任）

条线管理部门、企事业单位

国家税务总局如皋市税务局

局长、党组书记　沙　兵（3月26日免）
解应贵（3月26日任）
副　　局　　长　黄建兵　严建军　周　昇　周宏兵
范晓军　倪锦祝
纪 检 组 组 长　顾宝丰

中华人民共和国如皋海关

关　长　陈夫忠（10月30日免）吴志明（4月25日任）
副关长　黄　海（10月30日免）张晓春　王晓军

如皋市气象局

局　长、党组书记　陈新育
副　　局　　长　肖　霁　张开进
纪　检　组　组　长　张开进

如皋市消防救援大队

大队长　郑　伟
教导员　唐铁军（7月6日免）张春强（7月6日任）

如皋出入境边防检查站

站　长　王建华
政　委　忽伟军（1月15日免）徐圣忠（1月15日任）

副站长　王爱军　崔恒宽

中华人民共和国南通如皋海事处

副处长　蒋楠隽（主持工作，1月13日任，10月26日免）

苏　健（主持工作，10月26日任）

李佳华（11月30日免）

李承前（挂职，4月30日免）

朱登轩（挂职，4月20日任）

南通市如皋生态环境局

局长、党组书记　黄晓勤（2月23日免）

黄晓华（8月2日任）

副　局　长　陈文扣　苏　燕（女，党外）　崔恒勇

陈志阳（12月27日任）

徐宣安（8月2日免）

许　疆（12月27日免）

党　组　成　员　张林红　许海霞（女，11月10日任）

中国邮政集团有限公司江苏省如皋市分公司

总经理、党委书记　王嵩阳

副　总　经　理　冯国华　周奇彬（3月31日任）

张进梅（3月31日任）

许卫权（3月31日免）

沈　荣（3月31日免）

纪　委　书　记　许卫权（3月31日免）

周奇彬（3月31日任）

工　会　主　席　许卫权（3月31日免）

张进梅（3月31日任）

中国电信股份有限公司如皋分公司

总经理、党委书记　徐东建

副总经理、纪委书记　戴云卿（12月28日免）

金　勇（12月28日任）

副总经理、工会主席　仇春彬

副　总　经　理　汤毓謇

中国联合网络通信有限公司如皋市分公司

总　经　理　邱　易

总经理助理　张　权　刘国芹

中国移动通信集团江苏有限公司如皋分公司

经　理　周　舟

副经理　吴光燕（3月8日免）　吕娟娟（女）　龚亚欢

国家电网江苏省电力公司如皋市供电公司

总经理、党委副书记　管建明

党委书记、副总经理　李　勇

副总经理、党委委员　周　鑫　王　震　纪斌斌

纪委书记、工会主席、党委委员　徐　华（8月11日免）

顾东泽（8月11日任）

江苏省如皋市烟草专卖局（南通市烟草公司如皋分公司）

党组书记、局长、经理　吴　彬（3月24日免）

许　谦（3月24日任）

副　局　长　王鸿俊（9月18日免）

顾海军（12月6日任）

副　经　理　单友兰

如皋市盐务管理局（江苏省盐业公司如皋支公司）

经理、书记　陈　超

副　经　理　鲁　骏　陈　旭（8月19日免）

经理助理　张解阳（8月19日任）

中国人民银行如皋市支行

党　组　书　记、行　长　窦佐伟

党组成员、纪检组组长兼总稽核　徐晓东

党　组　成　员、副　行　长　吴小红（女）

中国工商银行股份有限公司如皋市支行

行长、书记　王　曙

副　行　长　李　军　朱　建　朱海炼

行长助理　许瑞静（女，4月26日免）

江海洋（5月25日任）

纪委书记　汤小军

中国建设银行股份有限公司如皋市支行

行长、书记　顾新生

副　行　长　章世维　顾　鹏

周礼伟（挂职，8月10日免）

纪委书记　陆亚建

中国银行股份有限公司如皋支行

党总支书记、行长　顾鹏飞（8月2日免）

张金国（8月2日任）

纪检委员、副行长　陆卫东

副　行　长　邱　晔（4月30日免）

刘爱红（4月30日任）丁保兵

杨燕红（女）

中国农业银行股份有限公司如皋市支行

党委书记、行长　石　慧（女，4月6日免）

方向明（4月6日任）

党委副书记、副行长　周　铭

党委委员、副行长　缪世杰　倪存波

党委委员、纪委书记　顾庆庆

中国农业发展银行如皋市支行

行长、党支部书记　丁　炜

副行长兼客户部主管　蒋青云

副行长兼综合部主管　黄　成（9月6日免）
王蓉子（9月6日任）

交通银行股份有限公司南通如皋支行

行长、书记　曹　霞（女，11月30日免）
孙宝彤（11月30日任）

副　行　长　宗位滨　朱　敏（11月22日免）

行长助理　宗　祥

江苏如皋农村商业银行股份有限公司

党委书记、董事长　刘　刚

行长、党委副书记　徐晓兵

监事长、纪委书记　刘　锋

副　行　长　展爱云（女）　黄璀迎　叶雁琳（女）
沈群瑶（女）　季丛荣（12月20日任）

招商银行股份有限公司如皋支行

行长、书记　高　华（女）

副　行　长　蔡海峰（9月9日免）

行长助理　季筱磊（女 9月9日免）
沙彦行（9月9日任）

上海浦东发展银行如皋支行

行长、书记　谢鸿飞

副　行　长　王　艳（女）

中国民生银行股份有限公司如皋支行

行　长　赵国林（5月27日免）　梁　鹏（5月27日任）

行长助理　陈　圆（9月6日免）　邢　燕（8月9日免）
曹雷军（8月9日任）

南京银行股份有限公司如皋支行

副行长（主持）　赵　威

行长助理　陈　坚　张　强

江苏银行股份有限公司如皋支行

行长、书记　石　瑀（8月13日免）
曹冬云（8月13日任）

副　行　长　杨建明　龚　婷（女，5月23日任）

行长助理　龚　婷（女，5月23日免）
裴友平（5月23日任）

中信银行股份有限公司南通分行如皋支行

行　长　黄　飞（10月25日免）
杨　洋（10月25日任）

副行长　杨　洋（10月25日免）　曹　阳（11月8日任）
胡　敏（女）

华夏银行股份有限公司南通分行如皋支行

行　长　花嘉乐（7月9日免）　秦　捷（7月9日任）

副行长　秦　捷（7月9日免）　蒋本山（8月23日任）
谢思明（8月23日任）

行长助理　徐雅丽（女，4月23日免）

兴业银行股份有限公司如皋支行

行　长　苏　旺

副行长　李　华　王　敏

中国邮政储蓄银行如皋市支行

行长、书记　项志宙（10月20日免）
姚华海（10月20日任）

纪检委员、副行长　张　明

副　行　长　范谷雨

无锡农村商业银行股份有限公司如皋支行

行　长　黄海东

江苏张家港农村商业银行股份有限公司如皋支行

行　长　赵小静

江苏常熟农村商业银行股份有限公司如皋支行

行　长　钱怡静（女）

行长助理　薛　慧

南通如皋润泽村镇银行股份有限公司

党支部书记、董事长　刘晓霞（女）

监事会主席、党支部副书记　董　静（女）

行　长　李瑞峰

行长助理　殷俊华

中国人民财产保险股份有限公司如皋支公司

总经理、支部书记　冒建勋

副　经　理　陈伏虎　周宏建　徐正华　许志祥

中国人寿保险股份有限公司如皋支公司

经理、书记　曹　军

副　经　理　孙建东

经理助理　徐相维　傅小娟（女）

中信证券股份有限公司如皋健康南路证券营业部

总　经　理　曹培荣

副总经理　黄　嘉

华泰证券股份有限公司如皋福寿路证券营业部

总经理　纪　熙（3月1日免）　王勇胜（3月1日任）

东海证券股份有限公司如皋中山东路证券营业部

总经理　沙　晨

中国银河证券股份有限公司如皋健康路证券营业部

总经理　张元潮

如皋中学

校　长　左伯华（8月19日免）
季小军（8月19日任）

书　记　季小军

副书记、纪委书记　蒋　晶（女）

副　校　长　刘　建　蒋　晶（女）
季小军（8月19日免）
刘国良　缪德军（8月19日任）

重要文献

勇担新使命　砥砺再出发　奋力谱写如皋现代化建设新篇章（摘要）

——在中国共产党如皋市第十三次代表大会上的报告

（2021 年 7 月 28 日）

市委书记　何益军

这次大会的主要任务是，深入学习贯彻中共十九大和十九届二中、三中、四中、五中全会精神，全面贯彻落实习近平总书记系列重要讲话特别是视察江苏重要讲话指示精神，总结我市第十二次党代会以来的工作，确定今后五年的奋斗目标和主要任务，选举产生中共如皋市第十三届委员会和中共如皋市第十三届纪律检查委员会，动员全市各级党组织和广大党员干部团结带领全市人民，勇担新使命，砥砺再出发，奋力谱写如皋现代化建设新篇章。

现在，我代表中国共产党如皋市第十二届委员会向大会作报告，请予审议。

一、回首五年路，风雨兼程开拓奋进

市第十二次党代会以来的五年，是应对重大挑战、经受重大考验、实现持续发展的五年。五年来，市委坚持以习近平新时代中国特色社会主义思想为指引，团结带领全市人民，直面风险挑战，锐意攻坚克难，全力推动经济社会平稳较快发展，总体完成“十三五”规划确定的目标任务，书写高水平全面建成小康社会的如皋篇章，形成建设“强富美高”新如皋的生动局面。

五年的拼搏奋斗，经济发展更加强劲。始终坚持量质并举，稳增长、调结构、转方式，县域经济发展一年一大步，经济总量跃居全国百强县（市）第 16 位，综合实力位居全国百强县（市）第 24 位。地区生产总值、人均地区生产总值分别突破 1300 亿元、10 万元，年均增长 9.7%、10%，增速位居全省前列。一般公共预算收入 72 亿元，税收占比 84.7%、居南通第一。工业应税销售突破 1700 亿元，实现五年翻番；服务业应税销售突破 1800 亿元，五年增长 2.7 倍。三次产业结构优化调整为 5.9∶47.8∶46.3，新兴产业产值、高新技术产业产值占规模以上工业比重分别达到 32.3%、40%。项目建设强势推进，累计引进重大项目 258 个，日达精密智造、金鹰产业园等百亿级项目纷纷落户。金融支持实体经济持续发力，贷款总量破千亿，上市企业数南通县（市）第一。

五年的接续发力，改革创新更具活力。始终坚持以改革破难题、以开放激活力、以创新增动力，区域竞争积蓄新优势。全面深化改革扎实推进，“放管服”改革成效明显，营商环境评价连续多年位居全省前列；政务服务标准化建设获批省级试点，组建全国标准化分委会 2 家，新增承担全国标准化分委会秘书处单位 2 家，成立全省首家生态环境保护执法司法联动中心，创成国家基层标准化改革创新先行区。对外开放不断深化，省级高新区成功设立、如皋港物流园入选中国物流园区 50 强，外贸进出口总额突破 160 亿美元，累计完成到账外资 17.5 亿美元，港口吞吐量、集装箱吞吐量年均分别增长 20%、75.5%。科创引领更为突出，全社会研发投入占地区生产总值比重 2.6%，万人发明专利拥有量、高新技术企业数分别增加到 26.5 件和 270 家，均实现五年翻番；累计本土培育国家级人才 4 人，数量南通第一；国家专精特新“小巨人”企业数全省县市领先，获评全国科技创新百强县。

五年的精雕细琢，城乡建设更显质感。始终坚持城乡一体化发展，以城带乡、协调并进，城乡面貌焕然一新，创成苏中苏北首个县级全国文明城市，并高分蝉联。城乡统筹发展成效明显，“一城两区三基地”的城市格局逐步拉开，主城区建成区面积扩大到 41.8 平方千米，中心城区面貌显著改观；乡村振兴步伐加快，农村基础设施明显改善，建成省级特色田园乡村 6 家、总量南通第一，入选国家农业绿色发展先行区，获评南通唯一全国农村产业融合发展试点示范市。区域交通条件极大改善，高铁南站、通皋大道一期等一批重大交通基础设施相继建成，张皋过江通道工可获批、大临开工，北沿江高铁如皋西站正式设立。生态环境持续向好，蓝天、碧水、

净土三大保卫战取得新成效，跻身海绵城市省级试点，斩获国家节水型城市、中国人居环境奖等一批国家级城市荣誉。

五年的倾力投入，民生福祉更为殷实。始终坚持把增进民生幸福作为工作标尺，用实实在在的惠民举措提升群众获得感。财政用于民生支出占比每年保持80%以上，实施内外城河整治、镇级民营医院和水厂回购等66件民生实事。城乡居民收入稳步提升，分别增长45.3%、51.9%。脱贫攻坚圆满收官，建档立卡户实现稳定脱贫，对口帮扶扎实推进。社会事业更有温度，各类社会保障持续提标扩面，民生兜底保障网不断织密织牢；教育均衡发展，“全阶优质”成为如皋教育鲜明标识，获评全国义务教育发展基本均衡县（市、区）；医疗卫生服务水平持续提升，新冠肺炎疫情防控取得阶段性成果，疫苗接种有序开展，国家卫生镇实现全覆盖；文旅事业加快发展，公共文体服务网络全面建成，被列为大运河文化带江苏段规划核心区，创成南通唯一省级全域旅游示范区，南通支云成功“冲甲”。群众安全感满意度逐年提升，信访总量持续下降，扫黑除恶专项斗争取得实效，政法队伍教育整顿取得阶段性成效，获评省平安县市、省法治建设示范县市。

五年的从严从实，党的建设更有成效。始终筑牢绝对忠诚“压舱石”，认真开展“两学一做”学习教育、“不忘初心、牢记使命”主题教育和党史学习教育，党员干部得到思想洗礼、夯实信仰根基。意识形态领域管理不断加强，理论武装更加有力，典型宣传持续深化，成为全国首批融媒体中心建设试点县。坚持在一线培养选拔干部，圆满完成乡镇党委、村（社区）“两委”换届。基层党建创新提质，获批全国首批党建标准化试点，基层党组织的战斗堡垒作用进一步增强。全面压实“两个责任”，始终保持惩治腐败高压态势，持之以恒纠“四风”，认真做好上级巡视巡察反馈意见整改落实，高质量完成市委巡察全覆盖，营造风清气正的政治生态。人大监督有力有效，政协工作有声有色，统一战线巩固壮大，人武、群团、老干部、双拥、关心下一代等工作取得新进展，各方力量参与共建共治，作出积极贡献。

回顾五年来走过的不平凡历程，我们深刻感受到：

必须始终把党要管党、从严治党作为第一责任。五年来，我们始终坚持站在政治和全局的高度，把抓好党建作为最大的政绩，充分发挥党的领导核心作用，统筹推进党的政治、思想、组织、作风、纪律和制度建设，锻造出一支敢闯敢拼、履职担当的过硬队伍，为全市经济社会发展提供有力的政治保障和组织保障。我们也及时发现全面从严治党中的一些薄弱环节，以零容忍的态度、猛药去疴的决心，动真碰硬查处一批顶风违纪案件，全力清障护航、激浊扬清。实践启示我们，党的领导才是根本保证，只有全面加强和改善党的领导，党政紧密团结，人大、政协齐心协力，党员干部率先垂范，全市上下才能风正劲足、政通人和，我们的力量才会无坚不摧，我们的事业才会无往不胜。

必须始终把科学发展、加快发展作为第一要务。五年来，我们牢牢把握发展至上的主基调，高扬争先创优的主旋律，始终坚持走高质量发展之路，狠抓项目建设助推经济增长，猛攻产业转型积蓄发展优势，加快城市建设增强承载能级，推动经济平稳健康发展。我们也及时纠正经济发展中背离科学发展、可持续发展的行为偏差，以揭短亮丑的态度、刮骨疗毒的手段，积极稳妥地推动个别“灰犀牛”事件的处置，正确的政绩观和科学的发展观进一步树牢。实践启示我们，发展才有出路，只有将科学发展作为解决一切问题的根本，不为风险所惧，不为干扰所惑，在发展中转方式，在改革中谋创新，才能开辟高质量发展新境界。

必须始终把执政为民、共建共享作为第一追求。五年来，我们始终把“人民对美好生活的向往”作为工作的奋斗目标，从人民群众的立场和角度想问题、办事情，把工作重心聚焦到人民群众最关心、最迫切、最现实的问题上来，创新管理服务民生，惠民投入逐年攀升，为民举措件件暖心，切实让发展成果更多惠及全市人民。实践启示我们，民生才是根本，只有坚持以人民为中心的发展思想，持续为人民群众谋利益，才能最大限度地凝聚民心、集中民智、激发民力，创造出经得起历史检验的发展实绩。

必须始终把苦干实干、务实担当作为第一导向。五年来，我们坚定“事在人为、人贵精神”的信念，把抓好工作落实作为推动发展的着力点，把心思向“谋实事”上聚焦、把精力向“干实事”上用劲，始终做到把责任扛在肩上，把压力留在当下，推动各项工作落实见效，干成许多大事要事。我们坚决破除形式主义、官僚主义，大力整治“庸懒散慢拖”等作风顽疾，破除好大喜功、坐而论道的不良倾向，查处敷衍塞责、出工不出力等突出问题，为“强富美高”新如皋建设提供过硬作风保障。实践启示我们，实干才是关键，只有持续奋力拼搏，始终坚持实干不争论、苦干不畏难、巧干不折腾，才能把如皋的事业干好、干成功。

回望过去，我们没有任何理由骄傲自满，更没有任何理由停滞不前。必须清醒看到，如皋的发展还面临着一些问题：创新转型的步子还不快，支撑发展的重特大项目还不多，土地利用效益还相对偏低，经济发展的质效亟待提高；城市功能、管理还不够完善，城市特色化、区镇竞争力、城乡融合度还有待提升；公共服务供给还不够充分，发展的普惠性有待增强；干部队伍工作作风和能力建设仍需加强，一些党员干部创新突破、担当实干的精气神还需提振，眼界、理念、能力与当前发展要求还不相适应；极少数党员领导干部思想滑坡、以权谋私，不守底线，违反党纪国法，给我们的事业带来巨大损害。对此，我们必须正视存在问题，采取坚决措施，切实加以解决。

二、展望新征程，科学锚定发展方向

今后五年是如皋全面建设社会主义现代化新征程的首个五年，是如皋攻坚突破、转型提升的关键五年。立足承前启后、继往开来的历史新起点，需要我们以时代的高度、战略的眼光辩证审视所面临的形势。

纵观大势，如皋在现代化新征程中应该大有可为。洞察大势，方能顺势而为。未来五年，世界百年未有之大变局加速演进，中美关系、全球疫情、世界经济恢复等存在不确定性，但我国在危机转化中发展的新优势正在重塑、"双循环"活力日益增强，江苏落实习近平总书记"争当表率、争做示范、走在前列"要求、谱写"强富美高"新篇章进入关键期，南通长三角一体化沪苏通核心三角强支点城市建设等战略部署纵深推进，为如皋发展带来诸多机遇。未来五年，如皋虽然面临资源承载有限、空间容量不足等多重"紧约束"，但"一带一路"、长三角一体化发展、苏南国家自主创新示范区建设等国家战略加快实施，为如皋更深层次融入区域发展、更广范围集聚高端要素创造更多有利条件。机会稍纵即逝，抓住就是机遇，抓不住就是挑战，我们必须本着对历史负责、对人民负责的态度，抢抓机遇、乘势而上、起而行之，用发展统一思想，用发展凝聚力量，用发展破解难题，在服务和融入新发展格局中展现更大作为、成就更好发展。

审视自身，如皋在现代化新征程中理应有所作为。认清自身，方能找准方向、赢得未来。经过"十三五"的发展，我市经济总量成功跃居长江以北县市首位，但工业用地亩均税收、人均公共服务支出、常住人口城镇化率、城乡居民人均可支配收入等多项指标，对照总量和均量并重、质量和效益并举的要求，距离实至名归的长江以北最强县市还有差距。短板就是空间、差距就是潜力，我们也要看到，一个深水良港、两条过江通道、三座高铁站点、五条高速公路的综合交通新格局，国家一类开放口岸、国家级开发区、省级高新区等高能级平台，全国文明城市、中国最具幸福感城市等"金字招牌"，积蓄未来发展的巨大潜力；一批打基础的重大产业项目、城建重点工程全面推进，国企改革、园区共建等一批利长远的关键举措落地实施，为新一轮发展提供坚实支撑；尤其是经过"十三五"的发展，我们在风险考验和发展历练中积累丰富经验，全市广大干群精神振奋、干劲十足，由量变到质变的势能正加快形成。自身优势再多，用不好等于没有，用好才有发展，我们必须坚定信心、铆足干劲，更好地把区位优势转化为发展优势，把资源优势转化为创新优势，在现代化建设新征程中全力跑出高质量发展加速度。

锚定目标，如皋在现代化新征程中更要主动作为。发展无坦途，奋斗无止境。当前的如皋，已经进入高质量发展的攻坚期、转型创新的加速期、城市能级提升的突破期、民生福祉持续提高的普惠期，不仅要完成"工业投入三年超千亿"等硬任务，还要打造更具比较优势的一流创新生态、"如意"营商服务品牌等软环境；不仅要实现主要发展指标"量"的合理增长，更要推动区域经济发展等"质"的稳步提升；不仅要建设人民更加满意的全国文明典范城市，还要促进乡村全面振兴，加快实现城乡融合发展，推动发展成果更好惠及人民群众，发展任务更艰巨、要求更全面。路虽远行则将至，事虽难做则必成，我们必须始终保持使命在肩、奋斗有我的精神状态，主动抬高目标定位，自加工作压力，立足南通争一流、全省进位次，创新举措、务实作风，在新起点上开创如皋现代化建设新局面。

今后五年工作的指导思想和总体要求是：坚持以习近平新时代中国特色社会主义思想为指引，深入贯彻落实中央及省委、南通市委各项决策部署，把握新发展阶段、贯彻新发展理念、服务新发展格局，以推动高质量发展为主题，以改革创新为动力，以满足人民日益增长的美好生活需要为根本目的，围绕"挺进县域二十强、争创文明典范城"目标，深入实施"产业兴市、创新强市、生态立市"核心战略，全力发展高质量经济、建设高标杆城市、创造高品质生活、抓好高标准党建，勇当长三角北翼高质量发展排头兵，奋力谱写如皋现代化建设新篇章。

围绕上述指导思想和总体要求，今后五年，全市经济社会发展的主要目标是：

——致力打造高质量发展先行区。坚持以新发展理念引领高质量发展，突出产业兴市，狠抓六大优势产业链建设，推动"3232"产业质效全面提升，主要经济指标年年进位，发展水平持续攀升。到2025年，地区生产总值1900亿元，一般公共预算收入120亿元，战略性新兴产业产值占工业总产值比重45%以上，综合实力挺进全国百强县（市）前二十。

——**致力打造创新要素集聚区。**坚持创新强市，全面提升创新能级，以高层次创新园区、高效率成果转化、高水平人才支撑为核心的创新体系初步建成，加快形成以创新为主要支撑的发展方式，使创新成为经济社会发展的主引擎。到2025年，全社会研发投入占地区生产总值比重3.3%，人才综合竞争力、营商环境评价继续保持全省前列，建成省级创新型县（市）。

——**致力打造生态宜居样板区。**坚持生态立市，持续加大生态建设力度，绿色发展取得更大进展，城市加快转型、镇村特色更加鲜明，城乡融合水平稳步提升，建设近悦远来的宜居宜业美丽家园。到2025年，林木覆盖率、城市绿化覆盖率完成上级下达任务，城镇化率逐年提升，创成国家历史文化名城、国家全域旅游示范区、国家生态园林城市。

——**致力打造民生幸福先导区。**坚持以人民为中心的发展思想，加快构建优质均衡的公共服务体系，建立健全多层次广覆盖的社会保障体系，奋力朝着幼有善育、学有优教、劳有厚得、病有良医、老有颐养、住有宜居、弱有众扶的目标迈进。到2025年，城乡居民可支配收入增长与经济增长基本同步，创建全国义务教育优质均衡发展县（市），争创全国文明典范城市。

——**致力打造社会治理示范区。**市域治理体系和治理能力现代化取得新突破，"五治融合"的基层治理体系基本形成，重大风险防范化解能力、突发公共事件应急能力、防灾减灾救灾能力显著增强，本质安全水平更加巩固。到2025年，群众安全感、满意度稳步提升，建成省级安全发展示范市。

三、奋进"十四五"，全力迈向现代化

"十四五"时期是如皋实现加速发展、追赶跨越的重要窗口期，我们必须紧紧抓住这关键五年，以"立大志、吃大苦"的决心毅力，全面贯彻新发展理念，积极抢抓发展机遇期，强化全要素融合发展，努力走出一条彰显如皋特色的现代化发展之路。

未来五年，我们要集中精力，着重抓好以下六项工作。

（一）推动产业转型，加快多链融合，全面提高经济发展新质态。坚持优势产业引领、重大项目带动、重点企业支撑，促进产业链与服务链、价值链精准衔接、深度融合，打造长三角最具资源和成本优势的中高端产业基地。

1\. 以打造产业链为抓手，全力构建现代产业体系。围绕"3232"产业体系，大力实施强链补链行动，重点打造六大产业链条，培育壮大特色优势产业集群。在整体"强链"上下功夫。聚焦四大主导产业链，发挥标杆企业引领作用，狠抓全链条聚合、集群化扩张。新材料产业要以金鹰产业园、纳川新材料等一批重特大项目为依托，整合园区资源，实现根本转型，推动化工材料产业向高性能纤维复合材料、电子信息材料、新能源材料等领域拓展深化；汽车及零部件产业要释放斯堪尼亚、江苏华永、超达模具等重点企业带动效应，加快向整车制造量产化、零部件产品专业化、氢能产业规模化方向集聚发展；新型电力装备产业要放大思源赫兹、神马电力、赛杰爱迪等骨干企业比较优势，大力突破关键技术、核心部件和重要环节，向特高压、智慧电网、高端线缆等领域延伸发展；高端成套设备及关键零部件产业要以森松重工、力星钢球、星球石墨等一批上市企业为引领，持续做精做强细分领域，向高端机械设备制造、精密数控装备、高精度激光设备等领域加紧突破，力争形成两个产值超500亿元、两个超200亿元的地标性产业集群。在高端"补链"上下功夫。加快推动电子信息和生命健康两大新兴产业裂变式发展，积极构建"链主企业＋骨干企业＋高成长企业"的产业生态，电子信息产业要重点聚焦新型显示器件、半导体设备、集成电路及关键元器件等领域，依托日达精密等"头部"企业逐步形成全产业链生态布局；生命健康产业要立足"绿色创新"主题，做大做强和府餐饮等龙头企业，加快引进和孵化一批技术先进、成果领先的高新技术企业，推进健康食品与绿色康养协同发展，打造百亿级健康产业集聚区。在终端"扩链"上下功夫。坚持先进制造业和现代服务业"双轮驱动"，以国家火炬计划软件产业基地为依托，加快人工智能、物联网、大数据、区块链等新技术推广应用，引导信息服务向市场、设计、生产等环节渗透。持续放大港口岸线、一类开放口岸、保税物流中心等资源效益，加快完善基础设施和平台建设，构建高效率、低成本的商贸物流流通体系，促进产业与物流深度联动，不断提升产业基础能力和产业链现代化水平。

2\. 以优化服务链为支撑，全力做强重大项目引擎。坚持"项目为王"理念，不断提升服务质量和保障力度，推动项目建设大突破，促进产业层次大提升。精准招引提质态。强化招商链式思维，绘制"产业招商地图"，突出投资强度、科创能力、亩均产出、环境影响等准入标准，开展全链条、跨链条整合招商，着力招引头部企业、科技型中小企业、高新技术产业和战略性新兴产业项目，从源头上推进产业结构调优调高调新。狠抓服务促转化。

持续完善全过程、精细化、保姆式服务体系，深入落实挂钩联系、帮办代办、集中观摩等推进机制，及时化解障碍，实行闭环管理，加快广大特材、日达精密等一批重特大项目建设进度，全力推动金鹰产业园、纳川新材料、斯堪尼亚商用车等项目快开工、快见效。集聚要素强保障。深入实施工业用地全生命周期管理，加大闲置低效地块盘活力度，为更多高质量项目腾出发展空间。成立产业投资母子基金，积极引入社会资本和优秀管理团队，打造政府、产业、资本三方互动平台，服务推动产业契合度高、科技含量足、成长潜力大的优质项目加快落地转化。

3. 以提升价值链为导向，全力加快转型升级步伐。大力弘扬新时代企业家精神，引导企业聚焦主业，练好内功，不断向价值链中高端攀升。突出技改推动效益提升。通过技改贴息等政策激励，推动传统行业企业开展设备更新换代、技术迭代升级，加快制造业智能化改造和数字化转型，推进机器换人、两化融合，促进实体经济与数字技术融合发展，新增省级示范智能车间 15 家、星级以上云企业 40 家以上。分类培育推动层次提升。支持工业龙头企业通过产业整合、上市挂牌等方式做优做强，打造更多具有生态主导力的“链主”企业，力争培育年产值突破 100 亿元、50 亿元的工业企业分别达 3 家和 6 家，境内外上市企业总数 20 家以上；鼓励优质中小企业深耕细分市场，持续开展技术积累，培育更多产业链上的隐形冠军，力争新增省级、国家级专精特新“小巨人”企业 20 家、10 家。打造品牌推动价值提升。深入实施企业家队伍能力提升工程，培育壮大“张謇式”企业家群体，引导梦百合、力星钢球等本土企业树立“百年老店”追求，加强自主品牌建设，积极主导和参与各类标准制定，加快抢占行业发展制高点，提升市场话语权和产品附加值。

（二）强化科创引领，加快要素融合，持续激发县域发展新动力。深入实施“创新如皋”三年行动计划，加速集聚各类创新资源要素，深度推动产创融合，使科技创新“关键变量”真正成为高质量发展“最大增量”，致力打造创新要素集聚区。

1. 立体化构筑科创矩阵。围绕建设国家创新型县（市），积极构建以科创走廊为主阵地、各类载体平台为硬支撑的全域创新大格局。打造区域科创走廊。以高新区为创新发展核心区，以如港路快速通道为主轴线，以省农高区（筹）、磨头中小科创企业集聚区、吴窑高铁科创产业基地、长江龙游湾科创智谷等为依托，全力构建链接南北双核、联动协同发展的产业科创走廊。壮大科创载体集群。采取委托运营、联建共建等方式，提升科技企业孵化器建设水平和服务能力，推进电子信息、智能制造、高端新材料等专业孵化器建设，确保实现国家级孵化器主功能区全覆盖；积极推进在上海、深圳等地建设“飞地孵化器”，建立“双向孵化”机制，开辟域外科创“新大陆”。做强产业研发平台。围绕六大产业链布局创新链，加快建设特高压输变电等产业协同创新联合体，建设好江南大学健康食品产业研究院、吉林大学汽车产业研究院、半导体产业技术创新中心，积极与国内具有优势学科基础的知名高校、科研院所联合建立新型研发平台，推动省重点实验室、院士工作站等研发机构实现新突破，确保年均新增省级以上研发机构超 4 家。

2. 多层次提升科创能力。强化企业创新主体地位，引导企业实施一批核心技术攻关工程，全面提升区域科技实力和创新能力。培育科创梯队。深入实施高企“倍增计划”，建立创新型企业引培联动机制，培育壮大“科技型中小企业—高新技术企业—瞪羚和独角兽企业—科创板上市企业”的科创梯队，确保年均新认定国家科技型中小企业 200 家，五年高企数量突破 600 家，高新技术产业产值占规模以上工业总产值比重超过 48%。助推企业创新。落实研发费用加计扣除、高企所得税减免等优惠政策，鼓励企业积极参与省市“揭榜挂帅”、科技攻关等，引导力星钢球、双钱轮胎、江苏华永等企业研发平台争创国家级研发机构，推动大中型工业企业及规模以上高企研发机构覆盖率 95% 以上，每万人口高价值发明专利拥有量 10 件。深化产学研合作。发挥科技镇长团、高校成果转移中心和专业技术经纪人桥梁纽带作用，充分挖掘企业技术需求，推动科技综合服务平台高效运营，确保年均新实施产学研合作项目 150 项以上。

3. 全方位汇聚科创资源。深化科创委建设，统筹协调、综合运用好各类要素资源，全面打造高效、便捷、友好的一流创新生态。完善科创体系。进一步加强创新动力机制、创新成果转化机制和优化协同机制方面的探索，充分发挥科技创新“二十三条”激励作用，定期开展政策执行绩效评估和调整优化，提高政策奖励的精准度，以体制创新催生发展新动能。突出金融赋能。持续完善企业“白名单”和科技贷款风险分担机制，设立科技产业引导基金，常态化开展科技型企业银企对接，引导更多银行等金融机构积极参与市场主体创新。夯实人才支撑。强化产教融合，深化校企合作，加快推动如皋中专升格职业技术学院、第一中专升格技师学院，不断夯实优质技能人才支撑；突出产才融合，聚焦“高精尖缺”导向，完善接轨国际的引才、育才、用才机制，加强双招双引，实施名校优生引进计划，高品质建设青年人才公寓国际社区，引进省级以上高端人才 50 人、“雉水英才”200人、名校学子回如就业1000人，全力打造创新人才高地。

（三）深化改革开放，加快跨江融合，积极增创区域竞合新优势。积极融入重大发展战略，推动更深层次改革，实行更高水平开放，在竞争中合作，在融合中发展，打造改革开放新高地。

1. 主动融入区域发展。深度融入长三角一体化发展，积极参与沪苏通城市群建设，努力在开放合作、互利共赢上实现新突破。优化综合交通格局。围绕打造长三角区域交通节点城市，全力配合北沿江高铁、张皋过江通道等重大交通工程建设，推动如常、东如、沪陕如皋段扩容等高速公路建设，加快推动通皋大道二期工程建设，构建外畅内序的城市快速路网，全面融入长三角综合交通体系。大力整合提升沿江、内河港口作业区，加快优化港口开发、岸线利用和集疏运体系建设，打造江海河铁多式联运枢纽港。强化区域协同发展。以“一城两区三基地”为载体，深度融入长三角产业链供应链体系，主动对接上海“五个中心”和苏南现代化示范区建设，探索推进研发总部和生产基地双向布局，主动承接上海苏南高端资源溢出，实质化推动与苏南地区在产业、园区、港口等领域开展深度合作，持续加快产业、人才、技术的高水平导入，提升区域发展的紧密度和协同度。深化对外开放合作。进一步落实稳外资、稳外贸系列举措，支持企业通过参与海外投资并购开辟国际市场，引导存量外资企业增资扩股和利润再投资，全力引进高质量外资项目，深化保税物流中心和港口联动发展，高标准打造跨境电商产业园，探索设立国别合作园区，力争实现到账外资20亿美元、进出口总额超1300亿元，新增国家级外贸转型升级基地1家，积极申报国家综合保税区。

2. 推进全面深化改革。坚持用创新的思维寻求改革的路径，持续激发各类市场主体活力。综合改革试点再深化。强化改革举措系统集成，统筹推进标准化综合改革、生态环境司法保护集成改革等15项省级以上和市域治理现代化改革、深化医药卫生体制改革等9项自主改革试点任务，形成可复制、可推广的经验做法，打造一批改革特色亮点。重点领域改革再扩大。巩固园区去行政化、基层“三整合”成果，深化事业单位改革，推动资源配置更优化、权责关系更协同、保障服务更高效。深化国有企业市场化转型，健全投资风险评价和科学融资决策体系，不断做大国有企业资产规模和主营业务收入。积极探索建筑业混改，建立供应链金融，依托龙头企业组建产业联盟，提升建筑业发展质效。“如意”营商环境再优化。持续深化“放管服”改革，加强政务服务标准化体系建设，落实重点企业执法司法“白名单”制度，大力推进柔性执法和包容审慎监管，加快建立覆盖全流程监管环节的新型监管机制，构建“企业全生命周期”服务链；以争创国家社会信用体系建设示范城市为契机，加快市场信用体系建设，推进信用监管全面渗透，完善失信联合惩戒、守信正向激励制度；推动构建“亲清”政商关系，在界限分明、公开透明、依法依规中做到亲而有度、清而有为，致力打造零障碍、低成本、高效益的营商环境。

3. 提升开放载体能级。坚持高质量、高能级打造对外开放新高地，拓展区域发展新空间。经济技术开发区要坚决扛起全市开放发展主阵地担当，重点推进三个百亿级产业链快速发展，全力打造先进装备制造业和高质量外资集聚先行区，实现到账外资超8亿美元，跻身全国开发区四十强。长江镇要锚定“打造更加开放的一体化前沿区”，加快跨江融合步伐，加速构建智能装备制造、高端新材料和现代物流“2+1”产业发展体系，推动实现“亿吨大港、百万标准箱”的发展目标，确保工业、服务业应税销售突破1200亿元和1500亿元，真正担起全市主要经济指标“半壁江山”的重任。如皋工业园区要发挥城市核心区域的优势，突出产城融合，着力发展好以商务商贸、金融服务、文化旅游为代表的都市型经济，持续做优传统产业、不断壮大新兴产业，大力推进城东工业区建设，建成国家级众创空间，打造特色鲜明的高端制造业集聚区，确保高企超百家、上市企业十家。高新区要奋力打造如皋创新驱动的核心策源地，积极融入南通沿江科创带，加快建设“一核两园三区”，持续推动软件与信息服务、智能制造、光电科技等区中园和下原、磨头等托管园区特色发展，确保新增高企150家，挺进省级高新区前十五，加速迈进国家级高新区。

（四）坚持绿色协调，加快城乡融合，全域打造宜居宜业新高地。统筹城乡发展，彰显城市特色内涵，提升乡村发展质量，优化城乡生态环境，全力打造生态宜居样板区。

1. 突出功能品质提升，打造特色鲜明的现代城市。抢抓新一轮国土空间规划调整契机，围绕“一主一副、双核驱动”空间结构，推动各板块融合发展，增强城市发展的整体性、协调性。提高中心城区首位度。坚持系统谋划、片区开发，统筹城区三大板块一体化建设，推动各片区城市功能协同发展，高标准整合东大街、定慧寺等历史文化资源，规划建设古掘沟历史文化遗址公园，着力塑造内外城河风光带和龙游河、如泰运河、通扬河、茅雉河生态廊道等城市特色空间，加快推进老城区反差地段更新、生态打造和文旅开发，大力实施新城区金融集聚区、高铁南站商务圈等功能配套项目，梯次推动老城片区和新城区功能互补、融合发展。精心建设城市副中心。锚定长江镇跨江融合桥头堡定位，加快推进沿江公路快速化、通皋大道连接线等重点交通工程，提高区域辐射承载力，带动周边乡镇组团集聚发展。强化城市功能配套和特色塑造，高起点规划城市布局，高质量推进港产城融合，高水平建设滨江生态廊道，持续打造“一心一带三片区”的现代城市空间，初步建成如皋城市副中心。倾力提升城市高品质。积极转变城市治理理念，构建良性互动、共治共管的现代城市管理格局，打造精致细腻、整洁有序的城市环境；加快智慧城市建设，推动智慧城管、综合执法平台整合，实现系统互融互通，提升城市智能化、精致化管理水平；大力实施城市品质提升工程，合理开发地上地下空间，增强突发灾害应对能力，建设海绵城市、韧性城市，全面提升城市服务功能和综合承载能力。

2. 加快乡村振兴步伐，建设幸福宜居的美丽镇村。扎实推进国家农业绿色发展先行区建设，加快农业农村现代化，形成田园乡村与现代城镇各具特色、交相辉映的城乡发展新形态。持续推动农业提质增效。深入推进高标准农田建设，培育壮大新型农业经营主体，加快发展新型合作农场，稳步推动粮食和农副产品增产保供。大力推动绿色种养循环农业试点工作，加强地方性种质资源保护开发利用，开展“两品一标”认证和特色产品商标注册，实现农产品绿色优质安全发展。坚持规模化品牌化市场化导向，全产业链推进花木盆景和黑塌菜等中国地理标志农产品发展。高起点创建省农高区，强化农文旅融合，加快培育精致农业、旅游观光、生态休闲等新兴业态，促进乡村产业多元化发展。大力推动镇区特色发展。发挥镇区城乡融合发展的联结作用，深化新型城镇化建设，推动重点镇突出产业发展导向，完善基础设施和功能配套，不断增强产业集聚度和辐射带动力。支持一般镇立足区位条件、资源禀赋和发展基础，综合提升产业层次、人文内涵和镇容镇貌，因地制宜打造现代化的精致宜居小镇。全面推动美丽乡村建设。以乡村振兴示范村、先进村培育为抓手，加大乡村基础设施建管力度，强化“四好农村路”建设，深入开展农村人居环境整治提升，统筹推进农村庭院环境、建房管理等重点工作，新增省级特色田园乡村 10 个，美丽宜居乡村建成率 95% 以上。

3. 厚植绿色发展底色，构建全域覆盖的生态体系。以更严要求、更大力度深入推进生态文明建设，走好生态优先、绿色发展之路。坚持绿色低碳发展。牢固树立生态环保理念，坚决落实“共抓大保护、不搞大开发”要求，统筹推进岸线整治、生态修复和沿江景观带建设。以积极争取“整县屋顶分布式光伏开发试点”为契机，深入开展碳达峰行动，严控高能耗高排放产业，加快能源结构调整优化。持续改善环境质量。统筹做好工业废气、工地扬尘、餐饮油烟等管控治理，聚焦农业面源污染、农村黑臭水体等问题，系统推进全域水环境整治，加强土壤环境分类管理，强化重点地块风险管控和治理修复，全面打造“天蓝、水清、土净”的生态家园。健全环境治理机制。构建全覆盖、多层次、立体化的环境监测预警体系，深化执法司法联动中心、公益诉讼检察指挥中心建设，着力消除环境污染隐患，切实解决群众反映的环境问题，为高质量发展构筑起绿色安全屏障。

（五）围绕共建共享，加快功能融合，更好满足人民生活新期待。坚持把增进人民福祉作为一切工作的出发点，持续推动社会保障功能、服务供给功能和示范引领功能相辅相成、相得益彰，致力打造更有温度的民生幸福先导区。

1. 注重扩面与提效并重，让保障功能更高效。采取针对性更强、覆盖面更广、效果更明显的举措，健全多层次、可持续的社会保障体系。拓宽群众就业渠道。落实更加积极的就业政策，突出抓好高校毕业生、农民工、退役军人等重点群体就业，加大对自主创业、灵活就业扶持力度，健全终身职业技能培训制度、劳动关系协调机制，确保城镇登记失业率控制在 3% 以内，努力实现更加充分更高质量的就业。加快富民增收步伐。巩固拓展脱贫成果，持续深化对口帮扶，健全防止返贫致贫监测和帮扶机制，分层分类实施富民强村帮促行动，大力发展花木、建筑等特色富民产业，确保农村居民收入增长快于城镇居民。筑牢民生保障底线。积极推进社会保险应保尽保，完善多层次社会救助体系，统筹做好社会福利、慈善事业、优抚安置等工作，不断提升普惠性、兜底性社会保障水平。

2. 注重普惠与提质并举，让服务功能更优质。满怀真情办好民生实事，加大优质公共产品和服务供给，在实现普惠共享的基础上，更加注重品质提升、功能完善，不断满足人民群众对美好生活的需要。打造全阶优质教育新样板。始终坚持办好人民满意教育，深化教育领域综合改革，扩大优质教育资源供给，加强师资队伍建设，加快推进教育品质提升工程，打造“高质量教育县域样板、长三角北翼教育名城”。构建紧密高效就医新格局。更加注重医疗资源提质扩容、均衡布局，完善公共卫生应急管理体系，高标准建成如皋市医学中心，确保市人民医院通过三级甲等医院评审。慎终如始做好疫情防控，全面推进紧密型医共体建设，提升市镇村一体化卫生服务水平，加快补齐公共医疗卫生服务短板。建设老幼乐享和谐新生活。落实优化生育政策，完善普惠安全的托育服务，促进人口长期均衡发展。积极应对人口老龄化挑战，推进养老机构公建民营改革，构建居家社区机构相协调、医养康养相结合的养老服务体系。

3. 注重坚守与传承并行，让示范功能更彰显。在更高起点上深入推进全国文明典范城市创建，持续激发崇德向善的精神力量，不断提升社会文明程度和城市文化软实力。增强核心价值引领力。大力培育和践行社会主义核心价值观，建强“如 e 融媒”、如皋发布等舆论阵地，打造清朗网络空间，积极传播正能量、唱响主旋律。倡树社会文明新风尚。巩固深化新时代文明实践中心建设全国试点成果，广泛开展群众性精神文明建设活动，完善志愿服务激励保障机制，推动移风易俗常态化，大力选树宣传道德模范典型，持续擦亮“微笑之城·大爱如皋”特色品牌。推动文旅事业大繁荣。加强非遗文化保护利用，做好红色文化传承，深入开展文体惠民活动，扎实推进“书香如皋”建设，高水平办好精品体育赛事，基本建成现代公共文化服务体系。积极培育新兴文化业态，调优文化产业结构，做优文旅消费集聚区平台，积极引进文旅龙头企业，强化区域文旅资源整合，水绘园风景区争创国家 AAAAA 级景区，长青沙岛争创省级旅游度假区、进入国家 AAAAA 级景区创建序列。

（六）聚焦善治善成，加快系统融合，大力提升社会治理新成效。坚持全局把握、系统推动，聚力“五治融合”，加快提升基层社会治理现代化水平，全力打造社会治理示范区。

1. 推动更高质量的民主法治。坚持党的领导、人民当家作主、依法治市有机统一，不断提升法治如皋建设水平。坚持发展民主政治。发挥市委统揽全局、协调各方作用，支持人大、政协依法履行职能，完善大统战工作格局，加强和改进群团工作，推动军民融合深度发展，形成同心同德、共促发展的强大合力。持续深化法治建设。严格执行重大行政决策程序，确保决策科学民主。扎实推进行政执法体制改革，完善“大数据 + 指挥中心 + 综合执法队伍”的新模式，加快构建协同高效的综合行政执法体系。深入开展“民主法治示范村（社区）”创建，扎实推进“八五”普法工作，着力营造浓厚法治氛围。健全完善监督体系。持续推进政法领域全面深化改革走深走实，构建完善执法司法制约监督体系，切实提升司法公信力。建立健全权力规范运行和多元监督机制，进一步完善党务、政务、司法和各领域办事公开制度，推进公权力运行法治化、规范化。

2. 促进更高效能的社会治理。加强和创新基层社会治理，推动政府治理同社会调节、居民自治良性互动，着力提高基层治理社会化、法治化、智能化和专业化水平。完善高效治理格局。全面推进市域社会治理现代化试点工作，坚持推行“大数据 + 网格化 + 铁脚板”工作机制，纵深推进“网格 +”融合发展，更好推动市镇两级治理现代化指挥中心实战化运行、场景化应用，最大限度整合资源、集聚要素，实现社会治理“一网统管”、民生服务“一格覆盖”。激发协同治理活力。持续深化“两代表一委员”工作机制，充分发挥群团组织、社会组织作用，激发群众参与热情，推进社会治理“五治融合”发展，健全充满活力的多元协同治理体系。提升精准治理水平。明晰基层权责界限，建好建强专业化网格队伍，大力实施“互联网 + 基层治理”行动，进一步推动社会治理重心向基层下移，实现市域治理现代化水平走在全省前列。

3. 建设更高水平的平安如皋。更好统筹发展和安全，增强忧患意识，有效防范化解各类风险挑战，坚定维护社会安定、人民安宁。守稳重大风险“底线”。完善社会矛盾排查预警和调处化解综合机制，严格落实接访和信访包案制度，坚决防止大规模群体性事件发生。常态化开展惩治非法金融活动，确保不发生区域性、系统性金融风险。守住安全生产“红线”。高标准推进安全生产专项整治“三年大灶”和重点行业领域专项整治，加快安全生产信息化智能化建设，压紧压实党政领导责任、部门监管责任、属地管理责任、企业主体责任，全面夯实安全生产基层基础，健全完善长效治理机制，系统提升本质安全水平，推进安全生产治理能力现代化。守牢社会稳定“防线”。常态化推进扫黑除恶斗争，深入实施新一代雪亮技防和“平安前哨”工程，严厉惩治电信网络诈骗违法犯罪，持续开展平安系列创建活动，排查整治突出治安问题，强化食品药品监管，坚决防止重特大公共安全事件发生。健全公共安全应急响应机制，推进应急管理体系和能力现代化。

四、铸就新辉煌，党建引领筑牢保障

奋进“十四五”，启航新征程，必须落实新时代党的建设总要求，以党的政治建设为统领，推进全面从严治党向纵深发展，以高质量党建领航如皋现代化建设。

（一）把稳政治方向之舵，让理想信念引领奋斗征程。坚持以习近平新时代中国特色社会主义思想为指引，自觉加强党性锤炼，铸就对党绝对忠诚的政治品格。要把准理想信念“定星盘”。始终把忠诚镌刻在如皋干部的骨子里、融入血液中，提高政治判断力、政治领悟力、政治执行力，不断增强“四个意识”、坚定“四个自信”、做到“两个维护”。要把牢思想认识“总开关”。巩固深化“不忘初心、牢记使命”主题教育和党史学习教育成果，大力弘扬伟大建党精神，深入学习贯彻习近平总书记系列重要讲话特别是视察江苏重要讲话指示精神，切实把学习成果转化为推动如皋高质量发展的强大动力。要把好意识形态“方向盘”。落实意识形态工作责任制，加强舆情信息分析研判和处置力度，牢牢掌握意识形态工作的主动权。发挥姚呈明“理论武装工作室”示范带动作用，讲好如皋故事、传播如皋声音，用美好发展愿景鼓舞人心，切实把“十四五”各项目标任务、思路举措转化为广大干群的共同意志和自觉追求。

（二）昂扬拼搏奋斗之志，让担当实干融入精神血脉。干部作风关乎事业成败，必须锤炼过硬作风，推动广大党员干部用实干奉献扛起责任担当。要展现勇争一流的精神风貌。持续增强“功成不必在我、功成必定有我”的担当意识，在直面区域竞争加剧、要素资源短缺等现实挑战上做到不退缩，在化解历史矛盾、加快现代化建设等职责使命上做到不退让，特别是机关干部要围绕推动发展比效率、园区干部要围绕服务项目比贡献、基层干部要围绕化解矛盾比担当，拿出“发展有我、实干看我、奋斗忘我”的精气神，努力在发展速度上勇争先、在项目建设上创佳绩、在服务群众上尽全力，形成比学赶超、争先创优的生动局面。要坚持求真务实的工作作风。牢固树立正确的政绩观和科学的发展观，既要牢牢守住底线，又要善于解放思想，推动视野格局、思维理念、工作方法全面适应现代化新征程；既要做服务发展的推动者，又要做善于化解矛盾的攻坚手，以扎实的举措推动工作取得突破；既要保持“一张蓝图绘到底、一任接着一任干”的发展定力，又要善于开拓性谋划、创造性落实，在革故鼎新中塑造高质量发展新优势。要树牢实绩为先的用人导向。落实新时代好干部标准，突出实干实绩，加快探索干部选拔任用新机制，在经济发展、城市建设、招商引资、矛盾调处等基层一线考察识别干部，着力打造一支谋事有想法、干事有激情、共事有担当的干部队伍。健全党政机关定期轮岗制度，实施干部能力素质提升计划，全面提高“七种能力”，让如皋干部更具狼性特质。深入落实“三项机制”，优化市委大督查机制和考核体系，持续加大督查力度，激励更多干部担当作为，以真督实考凝聚干事创业、高效落实的强大合力，真正让吃苦者吃香、有为者有位。

（三）突出固本强基之举，让战斗堡垒更加坚强有力。我们的事业根基在基层，必须牢固树立大抓基层的鲜明导向，以高质量党建的“一颗子”激活基层“一盘棋”。要在建强组织体系上见实效。完善“四位一体”党组织架构，进一步健全完善街道大工委、社区大党委、网格大支部运行机制，有效实现“红网”与“网格”深度融合；严格落实“属地管理+行业指导”责任，加强新兴业态的党建工作，确保“两新”党组织有形有效覆盖；强化区域党建联盟建设，促进互融互动，持续整顿软弱涣散党组织，不断增强凝聚力和战斗力。要在狠抓队伍建设上下真功。扎实推进党员“拓源提质”行动，全面优化党员队伍建设；强化村（社区）干部专职化管理，深入实施“头雁领航”工程，优化提升村级班子，以组织振兴保障乡村全面振兴；大力开展“两在两同”建新功行动，让党员冲在攻坚第一线、让党旗飘扬在发展最前沿。要在夯实基层组织上出实招。以支部星级评定为抓手，推动村（社区）党群服务中心、“两新”党建阵地提档升级，建设一批高质量示范党支部；以实施“书记项目”为载体，破解基层党建堵点难点，全力推动基层服务型党组织建设；以皋城党员先锋“十带头”为标准，选树一批党员先锋模范，通过典型培育促进基层党组织全面进步、全面过硬，以示范引领点燃服务发展、服务民生的红色引擎。

（四）绷紧纪律规矩之弦，让风清气正成为鲜明底色。全面从严治党永远在路上，必须把严的主基调长期坚持下去，纵深推进党风廉政建设和反腐败工作。要压紧压实“两个责任”。从加强市委常委会自身建设做起，以上率下，一级做给一级看，认真落实市委常委会议事规则和决策程序，推动权力规范运行。严格落实党风廉政建设责任制，做到真抓真管、严抓严管。持续强化政治监督，深化“巡察+”模式，稳步推进十三届市委巡察全覆盖，以抓住“关键少数”来管住绝大多数。要驰而不息纠治“四风”。深入贯彻落实中央八项规定精神，持续为基层松绑减负，深挖细查隐形变异“四风”问题，坚决防止反弹回潮。完善党内问责机制，对不敢担当、作风漂浮、推诿扯皮的坚决予以问责，达到“问责一个、警醒一片”的震慑效果。要坚定不移惩治腐败。坚持挺纪于前，深化运用监督执纪“四种形态”，以身边发生的违纪违法案件为戒，常态化开展纪律警示教育，真正做到以案示警筑牢防线，以案为鉴警钟长鸣。始终保持反腐败高压态势，严肃查处在行政审批、工程建设、国企投融资、执法司法等领域的腐败问题，精准纠治民生领域“微腐败”，一体推进不敢腐、不能腐、不想腐，为如皋现代化建设营造风清气正的社会环境。

弘扬治沙精神　全面乘势聚力
高质量建设南通跨江融合发展样板区（摘要）

——在市委十三届三次全体（扩大）会议上的讲话

（2021年12月31日）

市委书记　何益军

这次全会的主要任务是，以习近平新时代中国特色社会主义思想为指引，全面贯彻落实中共十九大和十九届历次全会精神，按照中央、省委经济工作会议和省市党代会部署要求，总结今年工作，安排明年任务，动员全市各级党组织和广大党员干部，解放思想再出发，振奋精神勇向前，团结带领全市上下大力弘扬如皋治沙精神，乘跨江之势、聚创新之力，高质量建设南通跨江融合发展样板区。

下面，根据常委会讨论精神，我讲四个方面意见：

一、共克时艰、勇毅前行，现代化如皋建设实现良好开局

今年是“十四五”规划开局之年，也是全面建设社会主义现代化的起步之年，面对宏观环境复杂多变、经济下行压力加大、要素资源约束趋紧的叠加影响，市委认真贯彻中央和省委、南通市委决策部署，以思想解放优化发展赛道，以重点突破带动全局提升，在克难奋进中优作风、聚合力、攻关键，改革发展稳定和党的建设各项事业取得新进步，现代化如皋建设实现良好开局。

（一）坚持顺时而谋，方向路径更加明晰。始终坚持以新思想定向领航，引导全市上下聚焦“十四五”发展目标，确立“挺进县域二十强、争创文明典范城”的奋斗指向，明确以“五区建设”为引领，一体化推进三大核心战略，“勇当长三角北翼高质量发展排头兵、谱写如皋现代化建设新篇章”的方向更加明确、路径更趋优化。市委常委会牢固树立正确的政绩观和科学的发展观，以“立大志、吃大苦、创大业”的决心毅力，坚持以上率下、一级做给一级看，持续谋划推动经济运行、科技创新、党的建设等九个方面49项重点工作，跨江融合发展样板区、六大优势产业链培育、创新引领优化赛道等关键领域破题开篇，历史遗留问题化解取得积极成效，市科创委、产业链长制、高质量考核等体制机制更加优化，全市上下干事创业的精气神更加提振、争先创优的主旋律更加响亮，为新一轮高质量发展夯实坚强保障。

（二）坚持量质并举，综合实力稳步提升。始终抓牢发展第一要务，预计全年实现地区生产总值1410亿元，一般公共预算收入77.8亿元，分别增长9%和8%，经济总量、综合实力分别跃居全国百强县（市）第16位、第21位。项目建设高质高效，一批重特大项目、科创型项目成功落地，全年新签约10亿元以上项目32个。日达精密、正海磁材、斯堪尼亚商用车等重特大项目扎实推进，新开工制造业重特大项目15个，其中3个获南通高端制造业奖励；完成重特大服务业项目8个。转型发展向前迈进，六大优势产业链占规模工业应税销售比重超80%；培育超100亿元、超50亿元企业各1家；新增规模以上工业企业180家、南通第一；培育国家制造业单项冠军1家，新增国家级、省级专精特新“小巨人”企业2家和8家，国家级累计总量和省级新增数南通第一；获评省市示范智能车间17家，南通第一；新增上市企业3家、南通第一，新入轨企业3家、股改1家，设立产业引导母基金和科创基金，新增制造业贷款30亿元、创历史新高；能耗“双控”精准实施，单位地区生产总值能耗、工业增加值能耗预计实现双下降。改革开放持续深化，国企整合改革和市场化转型扎实推进，在全省率先探索以信用为基础的企业分级分类新型监管方式；研究制订跨江融合五年行动方案，新增1亿元以上沪通产业项目17个。全年预计实现到账外资3.24亿美元，制造业外资到账额南通领先，港口集装箱吞吐量超55万标准箱，外贸进出口总额290亿元。

（三）坚持创新引领，发展动能持续增强。大力实施“创新如皋”三年行动计划，出台科技23条、人才22

条激励政策，入选首批省创新型示范县市创建名单。载体平台提档升级，省农高区、龙游河科创走廊等一批高能级平台载体谋划建设，启动上海交大如皋科技创新中心等飞地孵化器建设，主功能区孵化器全部开园，高新区创新驱动发展综合评价跃居苏中苏北省级高新区第一。创新要素加速集聚，企业“白名单”和科技贷款风险分担机制建立完善，推动成立2家科技支行，新增科技贷款8.48亿元；入选国家重点人才计划1人、省“双创计划”6人，卓远半导体获批国家高端外国专家引进计划。创新能力持续增强，高新技术产业产值占比45.7%，新增潜在独角兽企业2家、瞪羚企业5家，净增高企47家、新增省重点研发计划数、省国际科技合作项目数、省科学技术获奖数、南通“揭榜挂帅”项目数均列南通第一。新瑞药业荣获国家颠覆性技术创新大赛优胜奖。

（四）坚持统筹协调，城乡发展日趋均衡。一体化构建“一主一副”城市新格局，城市品质与乡村风貌得到同步提升。北沿江高铁如皋西站正式获批，张皋过江通道开工建设，沪陕高速扩建、通皋大道二期等重点工程有序推进，惠政路龙游河桥等24条城市主次干道提档升级，内序外畅的综合交通网络加快构建。城市品质提升可观可感，西部片区城市更新全面启动，两河风光带、龙游河三期、龙游湾公园生态景观示范带、青年人才公寓国际社区等一批城市功能性项目扎实推进，完成26个地块91.4万平方米搬迁，改造老旧小区18万平方米、惠及群众2600余户；城市管理日趋精细，城管综合执法标准化入选国家试点。农业现代化步伐加快，粮食、生猪等重要农产品稳产保供，新增全国农业创业园区（基地）2家，国家地理标志农产品1个，入选全国绿色种养循环农业试点县，获评省农产品质量安全市、省首批绿色蔬菜产业（黑塌菜）特色县。协同推进环境治理和生态建设，创新生态公益检察领域“三长”联动保护机制，农村人居环境整治提升、黑臭水体整治和“自己的河道自己管”有序开展，以资源化利用为主线推进农村河道片区治理工作成效显著，市考以上断面均达Ⅲ类水质标准，优良天数比例85.6%，新增省级特色田园乡村1个、省级绿美乡村8个，入选全国水系连通及水美乡村建设试点县，“美丽如皋”建设成效进一步彰显。

（五）坚持以人为本，民生福祉不断殷实。以民生改善促进共同富裕，全年财政民生支出占比80.9%。全力做好富民增收文章，新增就业2.8万人，“双联双助”实现帮村帮户全覆盖，预计城乡居民人均可支配收入分别增长10.5%、11.5%。全面深化拓展合作范围，持续推动如洋对口协作再上新台阶。高质量教育县域样板创建启动实施，“双减”政策有序落实，如皋中专、第一中专升格工作扎实推进，如师二附、三附等建成启用，教育现代化年度监测得分连续五年领跑全省。疫情防控常抓不懈，人民医院新院区启动建设，医共体格局初步形成，高分通过国家卫生城市复审。区域供水三期和水质提升工程竣工通水。常态化创建机制不断优化，全国文明典范城市创建扎实推进，移风易俗持续深化，文明行为蔚然成风，涌现出全国最美家庭、教育世家、优秀党务工作者和中国好人等一批先进典型。社会治理机制不断创新，“大数据+指挥中心+综合执法队伍”试点工作稳步推进，“两代表一委员”接待日、有事好商量等活动常态化开展，“数字化区域治理”体系持续完善，“红网+网格”融合推进，城市开发历史遗留问题攻坚取得阶段性突破，相关金融机构风险得到稳妥处置。启动全国信访工作示范县（市）创建，平安如皋、法治如皋建设深入推进，安全生产形势总体平稳，公共安全感位居全省县（市）前列。

（六）坚持从严从实，党的建设得到加强。深入学习宣传贯彻中共十九届六中全会精神，精心组织建党100周年庆祝活动，伟大建党精神深入人心。持续推进党史学习教育走深走实，落实民生实事项目3000余件，学教成效在推动发展中得到充分展现。基层党组织建设持续加强，圆满完成市镇党委和村（社区）“两委”换届任务，班子梯次结构明显优化、整体功能显著提升，村干部管理实现“专职化”；基层堡垒不断筑牢，围绕村（社区）组织振兴，对村（社区）综合考核实施提级管理，紧扣乡村振兴按季举办“村书记大讲坛”，成立平园池村乡村振兴培训学院，“田园党建”入选全国乡村振兴示范案例，新增省“百名示范”村（社区）书记2名。以作风建设为着力点，建立完善市委大督查工作机制，以小切口开展专项督查26项，比学赶超、争先创优的良好氛围持续强化。深入开展政法队伍教育整顿活动，政法铁军进一步锤炼。严格落实“两个责任”，加强监督执纪“四种形态”运用，惩治腐败始终保持高压态势。市人大、市政协充分发挥自身优势，聚焦市委“点题”，在民主法治建设、营商环境打造、科创能力提升、乡村河道管护等方面发挥重要作用。爱国统一战线不断壮大，群团组织作用积极发挥；国防动员、双拥共建活动扎实开展，和衷共济、团结奋进的良好局面得到进一步巩固。

如皋的每一份成绩、每一点进步，都离不开上级党委政府的坚强领导，都饱含着大家的智慧心血、拼搏付出。在此，我代表市委，向奋战在全市各条战线上的广大干部群众，向给予真诚理解、鼎力支持的老干部和社会各界人士，表示衷心的感谢并致以崇高的敬意！

在肯定成绩的同时，我们也清醒地看到发展中存在的问题和不足：新旧动能转换速度还不快，重特大项目的支撑度和产业链的集聚度还不足，主功能区发展贡献度还需加快提升；生态环保、安全生产等领域风险点仍然存在，共同富裕的步伐还需加快，发展的普惠性还有待增强；少数党员干部科学发展、创造性抓落实的能力还需进一步提升，党风廉政建设还需持续加强，等等。这些问题都需要我们高度重视，在今后工作中认真加以解决。

二、振奋精神、乘势聚力，加快积蓄高质量发展的更强动能

在南通市第十三次党代会上，南通市委要求如皋打造“跨江融合发展样板区”，为我们加快发展指明方向、明晰路径。乘跨江之势、聚创新之力，需要我们认清形势、把准要求。从外部形势看，面对国际形势依然严峻复杂和国内需求收缩、供给冲击、预期转弱的三重压力，中央把稳增长、促创新、保稳定作为明年经济工作的核心内容，明确“七大政策”，为稳定发展大局保驾护航；省党代会提出“六个显著提升”总体要求，省委经济工作会议也明确指出将坚持改革创新“双轮驱动”，经济持续恢复、长期向稳向好的总体态势不会改变。从如皋实际看，我们拥有长三角一体化发展、扬子江城市群建设等重大战略叠加机遇，拥有良好的“1235”区位交通格局，既有港口又有临港空间的战略资源，既有近年来重大项目尤其是百亿级重特大项目积蓄的强劲势能，又有世界长寿乡、优质教育品牌等显性优势，这些都是我们跨江的底气、融合的信心，总的来说，支撑如皋高质量发展的基础条件更加向好，跨江之时和融合之势在我一方、发展于我有利。

道阻且长，行则将至；行而不辍，未来可期。我们要清醒认识到，随着跨江融合的深入推进，外部的常规性竞争必将更加激烈、偶然性挑战也将愈发严峻；踏上现代化如皋建设的新征程，也更会遇到一些难以想象的“坡”和“坎”，这些都需要我们像当年“战高沙”那样不畏艰险、像“育良田”那样勇往直前，更需要我们进一步传承和弘扬“治沙精神”并赋予它新的时代内涵，牢固树立“过了一山再登一峰”的信念和意志，全力跑好我们这代人的“接力赛”，不断绘就如皋更加出彩的明天！

大力弘扬如皋治沙精神，就是要全面凝聚“以上率下、勠力同心”的磅礴力量。新中国成立之后，面对土地贫瘠、灾害频繁的现状，县委吹响“治沙改土”的集结号。在此期间，时任县委主要领导带头上阵，常委班子率先垂范，全县上下积极响应，干部群众竞相参与，全面掀起轰轰烈烈的百万人民治沙热潮。当前，我们肩负“挺进县域二十强、争创文明典范城”“打造跨江融合发展样板区”的历史重任，工作面广量大、任务艰巨，比以往任何时候都需要全市上下凝心聚力、携手共进。需要市委班子以上率下、亲力亲为。积极发挥总揽全局、协调各方的领导核心作用，既要强化全局统筹和整体把控，狠抓目标任务落实；又要全力推动工作重心下沉，一级做给一级看、一级带着一级干，始终同人民想在一起、干在一起，让工作更有底气、更接地气。需要党员干部示范引领、冲锋在前。坚决把该扛的责任扛起来、把承担的任务落实好，努力在经济发展、城乡融合、党的建设等各方面做好样子、作出示范，做到发展有我、实干看我、奋斗忘我。需要人民群众积极响应、踊跃参与。充分发挥群众的主体作用，始终坚持与人民团结一致、共同奋斗，在“自己河道自己管护”、文明典范城创建上动员群众深度参与，在产业培育、转型升级上引导广大企业积极投入，在招商引资、项目建设上推动在外乡贤广泛助力，全面凝聚起万众一心、众志成城的强大合力。

大力弘扬如皋治沙精神，就是要始终发扬“同甘共苦、发奋图强”的光荣传统。在那段激情燃烧的岁月里，全县干部群众共甘苦，男女老少齐上阵，同吃同住同劳动，即使风餐露宿，依旧执着奋斗，凭借不甘人后的心气和永不示弱的志气，彻底挖除穷根，甩掉“小六子”“吃供应”的落后帽子。面对跨江融合发展新机遇、区域竞合发展新态势，我们更加需要发扬发奋图强、自强不息的拼搏精神，积极抢抓发展机遇，加快优化发展赛道，在新一轮经济地理重塑中抢占先机、赢得胜势。立足新起点，需要我们坚定“立大志、吃大苦”的决心，聚焦主要矛盾和矛盾的主要方面，抓住和解决问题的根本与关键，吃苦不言苦，知难不畏难，全力顶住经济下行压力、化解信访遗留问题、建强基层组织堡垒，努力以工作的辛苦指数换取如皋的发展指数和群众的满意指数。需要我们提振“争先进、创一流”的干劲，始终保持不满足、不懈怠的竞争状态，把“行行争第一”作为永恒的工作追求，在产业转型赛道上，持续拉足创新发展马力，拉响产业腾飞引擎，加速推动从“构建产业链”向“培育创新链”的全面重构，全力紧跟南通新一轮高质量发展的步伐。需要我们满怀“建新业、立新功”的豪情，自觉在大局中找准工作定位、发展方向，既要主动作为、创新突破，在优化营商环境、延续城市文脉、强化民生保障上彰显新业绩；也要小处着手、攻坚发展，推动国家历史文化名城、国家生态园林城市、全域旅游示范区创建等系统性任务落地落实，在接续奋斗中展现新作为。

大力弘扬如皋治沙精神，就是要不断磨炼“坚韧不拔、敢于斗争”的坚强意志。通过数十载如一日的艰苦奋战，凭借“誓将山河重安排”的坚韧意志和“踏平坎坷成大道”的斗争精神，如皋人民咬紧牙关、铆足干劲、战天斗地，用近半个世纪的时间将80万亩贫瘠沙土变成高产良田，谱写一曲改造大自然的胜利壮歌。踏上新征程，我们面临的发展形势更趋复杂、任务更为艰巨、矛盾更加尖锐，迫切需要进一步增强识变之智、应变之方、求变之勇，以愚公移山的顽强毅力和一往无前的斗争血性，战胜前进道路上的各种困难挑战。必须直面历史矛盾，一以贯之管到底。面对少数“灰犀牛”事件带来的不良影响，既要时刻警醒反思，科学总结过去的经验教训，找寻未来发展道路上的指引和参考；又要善于化危为机，提高斗争本领，拿出更大的政治勇气和智慧，主动理旧账解难题，把宝贵的资源禀赋用在刀刃上，竭尽所能将历史包袱变成发展财富。必须坚定发展方向，一股韧劲干到底。全面贯彻新发展理念，加快破除思维定式、工作惯性和路径依赖，在产业链链主企业培育、主功能区专业孵化器打造、园区跨江结对共建等重点领域持续用力、加快破题，以自身发展的高质量化解“成长中的烦恼”，全力推动经济社会发展行稳致远。必须保持历史耐心，一张蓝图绘到底。牢固树立“功成不必在我，功成必定有我”的胸襟和信念，以滴水穿石的坚韧和执着，脚踏实地把全国文明典范城市、安全生产示范市创建等事关群众利益和长远大局的工作基础打牢。只要是为了党的事业和人民的利益，就要“甘当铺路石，愿抓未成事”，坚定不移、锲而不舍地干事创业，努力创造出经得起时代检验的发展实绩。

大力弘扬如皋治沙精神，就是要持续擦亮“真抓实干、善作善成”的最强标识。从二十世纪五十年代试点探索，到七十年代全面会战，再到世纪之交扫尾收官，一代又一代如皋儿女矢志不渝、接续奋斗，成功创造治沙改土的历史壮举，充分彰显真抓实干、善作善成的精神力量。当前，我们既要应对加快发展和化解矛盾的双重要求，又要应对扩大总量和提升质量的双重任务，既要巩固“稳”的基础又要积蓄“进”的力量，唯有练就过硬本领、勇担时代重任，才能把美好蓝图变为生动现实。必须坚持以实为要。坚决破除坐而论道、空喊口号等不良现象，牢固树立正确的政绩观和科学的发展观，确保发展方向不偏不倚、前进步伐坚实有力、各项事业蹄疾步稳。必须坚持以干为重。坚决摒弃好大喜功、叶公好龙的不良倾向，准确把握大局大势，敢于跨越思想鸿沟、突破思维禁锢，紧紧围绕科技创新、跨江融合、数字经济等引领未来发展、改变竞争格局的重点领域，找准“牵一发而动全身”的关键环节，主动作为，精准发力，加快实现乘势而上、借梯登高。必须坚持以诚为本。牢固树立一切围绕目标转、一切聚焦结果干的发展导向，全面练就新时期“治沙”的铁骨钢肩，一以贯之抓推进，踏石留印抓落实，奋力推动现代化如皋建设开创新局面、再创新优势、铸就新辉煌。

同志们，时代有时代的大潮流、大节奏，我们也应有自己的小浪潮、小节奏，要跑出现代化新如皋建设的加速度，我们唯有大力弘扬如皋治沙精神，不负韶华、顽强拼搏，不负重托、接续奋斗，才能踏准跨江融合的快节拍，跟上时代发展的大步伐！

三、苦干实干、加压奋进，加快打造南通跨江融合发展样板区

2022年是党的二十大召开之年，也是全面贯彻落实省市党代会精神的开局之年。做好明年工作，必须坚持以习近平新时代中国特色社会主义思想为指导，全面贯彻中共十九大和十九届历次全会及中央、省委经济工作会议精神，坚持稳中求进工作总基调，完整、准确、全面贯彻新发展理念，主动融入新发展格局，大力弘扬如皋治沙精神，着力推动高质量发展，持续改善民生，保持社会大局稳定，纵深推进全面从严治党，高质量建设南通跨江融合发展样板区，以优异成绩迎接党的二十大胜利召开。

综合考虑各方面因素，全年经济社会发展的主要预期目标是：地区生产总值增长7%以上，一般公共预算收入增长8.6%，高新技术产业产值占比48%，全社会研发投入占地区生产总值比重2.75%，固定资产投资增长9%，制造业投资占固定资产投资比重65%以上，规模以上工业应税销售增长20%以上，规模以上工业增加值增长12%左右，规模以上服务业重点行业营业收入增长15%以上，社会消费品零售总额增长8%，实际利用外资3.6亿美元以上，城乡居民人均可支配收入与经济增长基本同步，万元地区生产总值单位综合能耗下降、主要污染物减排完成上级下达任务。

确定上述预期目标，既是落实省和南通市的总体要求，又考虑我市发展实际，与党代会精神和“十四五”目标任务相匹配，有利于引导预期、提振信心、增强各方面的积极性，充分体现紧跟南通新一轮发展“高光时刻”的奋斗指向。在实际工作中，我们要尽最大的努力争取更好的结果。做好明年工作，要坚持稳字当头、稳中求进，确保经济运行、社会政治等各方面都要稳。各板块各部门既要聚焦聚力守护实体经济基本盘，夯实“稳”的基础，也

要完整、准确、全面贯彻新发展理念，全力推动项目建设、科技创新、外资外贸等工作迈出更加坚实步伐，努力在质量、结构和效益等各方面积蓄“进”的力量；既要增强工作的系统性，把握好各项工作的关联性和耦合性，防止畸轻畸重、顾此失彼，也要统筹疫情防控和经济社会发展，统筹发展与安全，继续做好“六稳”“六保”工作，为完成全年目标任务提供良好发展环境。

根据上述目标，明年要重点抓好六个方面：

（一）抓投入、稳增长，推进更高质量的经济发展。 发展之路没有终点，必须深入实施“产业兴市”战略，以转型升级为导向、项目投入为牵引、要素保障为支撑，确保经济运行稳中有进、发展质效持续提升。发力项目建设“主战场”。扎实开展“项目招引突破年”活动，严把项目准入关口，编好用好产业链招商图谱，坚持传统创新并重、招商招才结合、三次产业联动，持续发力六大优势产业链项目，更加注重项目质态，新签约10亿元以上项目36个，力争50亿元、100亿元级重特大项目实现再突破；招引科创项目120个。坚持完善领导挂钩服务制度和重大项目推进“八项机制”，全力推动金鹰产业园、斯堪尼亚商用车、思源储能等一批重特大项目早开工快建设，正海磁材、赛杰艾迪、国石石墨烯等在建项目快竣工快投产，力争新开工10亿元以上项目28个，其中，50亿元级项目4个、100亿元级项目2个，入选南通市高端制造业项目5个以上。跑赢产业升级“段位赛”。大力实施制造业三年倍增行动，紧扣推进优势产业高质量发展要求，“一链一策”做实做细六大优势产业链发展规划，广泛延伸产业链、提升价值链、融通供应链，推动产业链式布局、专业化配套、集群化发展，确保六大优势产业链占规模工业应税销售比重82%以上，战略性新兴产业产值占工业总产值比重40%。以“2523”大企业、上市企业培育为抓手，积极培植一批引领型“链主”企业、优势骨干企业、细分行业头部企业和优质中小型配套企业，力争新增国家级、省级专精特新“小巨人”企业分别2家、4家，规模以上工业企业180家以上、上市挂牌企业2家、应税销售超50亿元工业企业1家。用好工业企业资源利用绩效评价、智能制造与工业节能诊断服务，鼓励企业“触网”融合，推动传统产业乘“云”而上、借“数”转型，确保规模企业技改覆盖面超60%，实施超1亿元技改项目30个，新增国家级两化融合贯标企业4家。以省级现代服务业高质量发展集聚示范区创建为契机，推动总部经济、商贸物流、科技服务等生产性服务业规模化、高端化发展，文化旅游、康养服务等生活性服务业个性化、品质化提升，新增服务业重大项目6个，确保服务业增加值增长7%以上。打好要素保障“组合拳”。用足用好增值税留抵退税、研发费用加计扣除等减税降负政策，保障企业能源安全稳定供应，帮助中小微企业纾困解难，持续稳定市场主体预期，引导企业保持定力、共克时艰；积极上争用地计划，扎实推进低效用地盘活增效和园区空间再造，探索科创产业用地（Ma）政策，优化配置土地资源；强化金融支持，推动银企精准对接常态化，发挥产业基金引导和社会资本撬动作用，确保新增子基金2支以上、制造业贷款增量30亿元以上；大力开展点对点用工服务保障，支持校企合作共建实训基地，推行“订单培养、订单招工”，培养技能型人才6000人，推动更多要素资源高效直达实体经济。

（二）抓创新、谋转型，激发更加强劲的发展动能。 科技创新永无止境，必须以省创新型示范县市创建为引领，更大限度集聚优质创新资源，更大力度推动创新成果落地转化，持续提升创新浓度、创业热度、人才密度。提升科创载体竞争力。精心编制龙游河科创走廊总体规划、特色空间风貌提升规划，重点打造雉水科学城、龙游湾科创智谷，让“好风景”变成“新经济”。积极融入南通沿江科创带建设，加快推动省级农高区创建取得实质性进展，鼓励吴窑等有条件的镇利用闲置资产改造建设科技企业孵化器，深化与上海交大“双飞地”合作模式，共同打造大零号湾如皋（上海）科技成果转化创新平台，积极推动更多板块与上海苏南等高校科创园共建成果转化基地，让“好平台”释放“新动能”。激发企业主体创新力。深入推进高企倍增计划，注重知识产权运用和价值实现，鼓励引导企业加大研发投入、提升产学研合作层次，积极参与省市“揭榜挂帅”、科技攻关和行业标准制定，支持力星钢球、海泰科特等建设细分领域重点实验室，鼓励日达精密建立国家级实验室，围绕精密滚动体、人造金刚石、高纯半导体、汽车轻量化材料、光电显示等领域，积极推动产业、技术、制造业创新中心建设实现突破，确保新认定国家级高新技术企业166家、科技型中小企业620家，新增省级工程（企业）技术研究中心6家以上、实施产学研合作项目230个以上，技术合同成交额超60亿元。增强创新生态吸引力。健全完善科创委统筹推进科创工作机制体制，充分发挥创新政策激励效应，加快建设如皋产业研究院、科创投集团、人才资本中心，实质化运行科创产业引导基金，高标准建设青年人才公寓国际社区，持续优化科技镇长团管理模式，常态化开展“招才引智”、创新创业大赛等活动，挖掘用好在外人才资源优势，强化“苏科贷”“高企直通车”、科技担保等科技金融服务，确保新增贷款9亿元，引进各类高层次创新创业人才30名、名校优生200名以上；大力弘扬张謇企业家精神、工匠精神，营造热爱科学、崇尚创新、宽容失败的浓厚氛围，为“科创皋地”建设强基赋能。

（三）抓改革、强开放，培育更具活力的发展后劲。改革开放没有完成时，必须以跨江融合为主抓手，加速融入长三角一体化，推动改革与开放协同发力，全面激发发展新活力，持续拓展开放新空间。更高标准提升改革成效。进一步放大“如意”营商环境品牌效应，深化“放管服”改革成效，积极争创国家信用示范城市，持续增强市场主体获得感和满意度；深入开展国企改革三年行动，优化国有资本布局，深化国有企业市场化转型，加快推进建筑业企业混合所有制改革，组建如皋建筑产业联盟，推动国资国企做大做强、建筑业发展提质增效；积极争取国家和省级改革试点，力争在经济体制、农业农村、生态文明等重点领域，打造更多具有如皋标识的改革品牌。更宽领域推动跨江融合。集聚长三角和扬子江城市群高端要素资源，扎实推进跨江融合五年行动，积极承接上海五大中心和苏南自主创新示范区建设溢出效应，力争各重点园区均与上海苏南 1 ~ 2 家园区建立紧密合作关系，在设施联通、产能对接、产业协同、路径优化等方面开展深层次、广领域合作。以跨江融合推进跨国合作，推动如皋港积极争创国家综合保税区，开发区加快建设高质量外资集聚的开放重地，不断提高外资利用水平；支持外贸企业通过保市场、保订单、保份额，在实现稳步发展的同时努力扩大进出口规模，力争外贸进出口总额 310 亿元，集装箱吞吐量突破 60 万标准箱。更深层次激活园区潜能。全力推动开发区与上海嘉定和临港新片区氢能产业园开展实质性共建、如皋港化工新材料产业集中区升格为化工园区、高新区做大“高新份额”加速迈进国家级高新区、如皋工业园区做强东西部园区扛起主城担当，扎实推进下原、磨头等共建园区建设，打造一批产业合作“区中园、园中园”；学习借鉴先进园区经验，在完善提升各类园区上精耕细作，全面优化运营机制、功能配套、外部环境等，大力提升项目吸引力和承载力，让主阵地功能更完善、贡献更突出、特色更彰显。

（四）抓建设、重管理，展现更富魅力的城乡面貌。城乡品质没有最高级，必须坚持功能和品质并重、内涵和形象并举，以提升区域发展竞争力为目标，更高标准、更大力度推进城乡建设，让精致城市与田园乡村交相辉映。让城市中心更有品质。坚持多规合一，精心组织编制国土空间总体规划和各类专项规划，形成市域空间开发保护利用一张图；以申报国家历史文化名城、创建国家生态园林城市为抓手，统筹推进旧城改造、城市更新与新城建设，稳步推动西部片区加快升级、中心城区功能提档和老旧小区更新改造，加快推进两河两岸景观带、金融集聚区建设等重点工程，科学布局建设口袋公园、城市绿地等配套设施，支持长江镇主动融入南通西部片区，打造港产城融合的城市副中心；倾力倾心做好城市精细管理和长效巩固，完善智慧城管运行体系，强化“数字治堵”“数字治城”应用，使城市拥有可感知的温度、可安放的生活。让区域交通更加完善。抢抓交通强省契机，全力服务北沿江高铁、张皋过江通道、G40 改扩建等重大交通工程建设，配合做好 S30 如常高速和东如高速前期研究，加快通皋大道二期、226 省道如皋段建设进程，畅通对外交通大动脉。立足现有村庄基础，全面推动农村公路提档升级，完善重点组团和节点的交通连接体系，加快促进城乡融合发展；深化如港路、沿江路快速化研究成果，确保中山路“白改黑”、紫光路北延等城市主次干道全面通车，打通市内交通微循环，以市域交通体系快速完善推动城市能级大提升。让乡村振兴更加出彩。聚焦种源安全和耕地保护，坚决遏制耕地“非农化”，防止“非粮化”，加强高标准农田和水利等农村基础设施建设，确保农产品有效供给。以国家农业绿色发展先行区建设为引领，加快构建现代化农业产业体系，持续壮大新型农业经营主体，推动地理标志农产品产业链式发展，加快“三黑三白”、小微盆景等特色产业规模化、效益化进程；以平园池、顾庄等一批示范项目为重点，大力发展乡村旅游、生态休闲、农村电商等新业态，致力推动农文旅融合发展。深入推进乡村振兴示范村、先进村培育，发动更多的乡贤助力农村产业、公益事业，支持鼓励低收入村整村推进分布式光伏建设，充分利用三四级河道推广光伏应用场景，促进村集体收入稳步增长。做实做深农村人居环境整治提升工作，全力推动河道管护向庭院环境治理拓展，充分发动群众参与“最美庭院”评比，大力推广运用绿色种养循环、畜禽粪污和农业废弃物资源化利用等试点经验，争取走在全省前列，创成省级特色田园乡村 1 个、南通特色村庄 2 个，美丽宜居乡村建成率 90% 以上，推动乡村由干净整洁向生态宜居转变。

（五）抓环境、优生态，建设更宜人居的美丽如皋。环境改善没有休止符，必须用最严的尺子丈量生态，用最高的标准抓好保护，用最大的决心推动绿色发展，让美丽如皋颜值更高、气质更佳。提升绿色发展成效。树立绿色发展鲜明导向，加快编制碳达峰行动方案，推动纺织印染等重点行业节能减排、清洁能源替代，严控高耗能、高排放项目准入，积极争取省级碳达峰碳中和专项资金支持，推动产业结构变轻、发展模式变绿、经济质量变优。在生活领域大力倡导简约适用、绿色低碳的生活方式。厚植生态环保底色。深入打好污染防治攻坚战，突出精准治水，强化重要水体保护、地下水污染防控、关键断面水质监测，确保市考以上断面水质全部在优Ⅲ类以上；围绕科学治气，靶向治理建筑扬尘、餐饮油烟、车船污染，做好重污染天气防范应对，确保 PM2.5浓度、空气优良率达到省定目标；强化系统治土，加强用地污染状况调查、土壤环境监测和危险废物全生命周期监管，确保土壤环境质量总体保持稳定。构建特色治理体系。继续推进长江大保护，重点打造沿江绿色生态廊道，让黄金水岸更具“绿色含量”；全域实施“自己的河道自己管护”长效机制，系统推进片区水环境治理、生态河道建设等治水工程，积极打造“水韵古镇”，助力“水韵如皋”建设；大力实施环保信用评价和信息披露，加强环境行政执法和刑事司法联动，健全生态补偿和生态环境损害赔偿制度，推动跨区域、跨流域生态环境联保共治，着力打造生态环境治理体系的如皋样板。

（六）抓民生、促共富，实现更加美好的幸福生活。民生考场没有满分卷，必须全面落实以人民为中心的发展思想，以真挚情怀、务实举措保障和改善民生，让人民群众切实感知共同富裕的速度与温度。夯实共同富裕的物质基础。完善全方位就业创业服务体系，突出抓好重点人群就业，关心关注低收入困难群众，扩大中等收入群体规模，确保农村居民收入增长快于城镇居民。推动社保扩面提质，完善社会救助体系，发展残疾人保障、慈善救助事业，提升社会福利、退役军人保障等公共服务精准供给水平，让兜底性民生底线织得更牢。做好脱贫攻坚成果巩固与乡村振兴的有效衔接，深化如洋对口协作，持续带动低收入农户稳定增收。优化共同富裕的服务供给。围绕打造“高质量教育县域样板、长三角北翼教育名城”，加快建设如皋初中新校区、如皋中学品质提升等 14 项重点工程，扎实开展两所中专升格工作，深化全国义务教育优质均衡发展县市创建，推动全面优质向全面发展加快迈进。常态化做好疫情防控，持续做实紧密型医共体，加快推动人民医院新院区、搬经镇人民医院等工程建设，不断提高城乡医疗卫生服务能力。发展多元化养老托育，用心用情解决“一老一小”现实问题。围绕创建国家全域旅游示范区，积极引进文旅龙头企业，扎实推进水绘园 AAAAA 级景区创建、古运盐河遗址考古、李昌钰博物馆二期、贤达人士沙元炳实业报国精神研究等重点工作，不断提升城市文化软实力。大力弘扬如皋治沙精神，发挥新时代文明实践中心阵地作用，项目化推进文明典范城创建，深化移风易俗、文明乡风建设，持续擦亮“微笑之城·大爱如皋”的特色品牌，标注全域文明新高度。强化共同富裕的治理保障。贯彻落实总体国家安全观，防范化解重大风险，抓好非法集资、金融、房地产等领域风险防范处置，持续推动政府全口径债务率稳步下降。突出“五治”融合，试点开展网格服务管理标准化建设，启动社会治理综合服务中心建设，打造市域社会治理现代化标杆城市建设的工作平台，努力提高社会治理的如皋辨识度。深化新时代“枫桥经验”如皋实践，完善矛盾纠纷多元化解机制，不断提高初信初访和信访积案化解率。开展新一代雪亮技防工程建设，常态化开展扫黑除恶，扎实推进“平安如皋”“法治如皋”“数字如皋”建设，争创全国社会治安防控体系建设示范城市。严格落实安全生产责任制，继续开展好安全生产专项整治三年行动，加强危险化学品、交通运输、建筑施工等重点行业领域安全隐患排查整治力度，抓实食品药品安全监管，坚决防范遏制重特大事故，不断提升本质安全水平，提升防灾减灾抗灾救灾能力，努力实现高质量发展和高水平安全良性互动。

四、凝心聚力、务实笃行，持续夯实坚强有力的政治保障

准确把握新时代党的建设总要求，大力弘扬治沙精神，推动全面从严治党向纵深发展，以高质量党建引领现代化如皋建设。

（一）强化思想引领，坚定对标看齐的政治自觉。政治建设是党的根本性建设，必须摆在首位、落到实处。牢牢站稳政治立场。任何时候、任何情况都要与以习近平同志为核心的党中央保持高度一致，同党的政治纪律和政治规矩对标，向党的理论和路线方针政策看齐，忠诚拥护“两个确立”，坚决做到“两个维护”。强化思想理论武装。持续巩固深化党史学习教育成果，坚持以习近平新时代中国特色社会主义思想定向领航，把新思想作为应对困难挑战的重要法宝、推进如皋现代化建设的“行动指南”，确保上级有要求、如皋有行动、落实见成效。守好意识形态阵地。严格落实意识形态工作责任制，牢牢把握正确政治方向、舆论导向和价值取向，巩固全市意识形态领域良好态势。深化媒体融合，放大“如 e 融媒”等平台效应，围绕迎接党的二十大开展系列活动，广泛宣传如皋跨江融合、产业发展、文明典范城市创建等工作成效，持续提升如皋影响力和美誉度。

（二）激励担当作为，锻造素质过硬的干部队伍。政治路线确定之后，干部就是决定因素，必须以治沙精神为支撑，加快锻造一支本领强、作风硬、敢担当的高素质干部队伍。营造比学赶超的浓厚氛围。广大党员干部要充分认识“拼”的紧迫性、增强“争”的主动性，以只争朝夕的紧迫感加快追赶，以勇争一流的进取心加速超越，做到干就干成一流，做就做到极致，使锐意进取

成为如皋党员干部最鲜明的特质。要充分发挥考核“指挥棒”作用，优化考核评价体系，严格结果运用，持续激发全面争先创优的内生动力，推动更多干部走在前列、干在实处、勇当先锋。增强攻坚克难的过硬本领。注重优化干部成长路径，主动对标苏南、学习先进，建立健全与苏南地区干部联合培养机制，常态化开展研讨交流、委托培训、挂职锻炼等工作，着力提升广大党员干部创新发展、狠抓落实的能力和水平。始终把项目建设主战场、维护稳定第一线、服务群众最前沿作为锤炼干部的练兵场，让广大干部在推动发展中练本领、在实践熔炉里长才干。打造干事创业的良好环境。坚持凭实绩用干部，用好用活“三项机制”，更加突出人岗相适、以德为先，让真正有情怀的实干者有平台。积极放大市委大督查“助推器”作用，加大对不担当、不作为、慢作为、假作为等问题的整治力度，以真督实查推动党员干部转作风、强担当、提效能，让躺平不动的无为者有压力。

（三）注重固本强基，构筑坚强有力的基层堡垒。牢固树立大抓基层的鲜明导向，使基层党组织成为教育党员的学校、团结群众的核心、攻坚克难的堡垒。聚焦“头雁＋雁阵”强基提效。深入实施“头雁工程”，持续擦亮驻村第一书记工作品牌，常态化开展“村书记大讲坛”和“标杆书记”培育，打造过硬的村（社区）带头人队伍。以“五个一批”拓宽村干部来源，全力推进农村人才回引、后备力量培养。探索建立村干部实绩档案系统，用好村（社区）综合考核机制，不断激发村干部干事创业活力。依托“标准＋示范”融合提质。加大党的组织在新领域新业态覆盖力度，组建区域型、产业型、项目型党组织，确保应建尽建。统筹推进各领域基层党组织标准化、规范化建设，完善街道“大工委”、社区“大党委”联席会议制度，深化“红网＋网格”建设，常态化推进软弱后进党组织整顿，增强基层党组织的凝聚力和战斗力。聚力“党员＋品牌”赋能争优。以基层党建示范点培育为抓手，以书记项目为引领，开展“一支一品”创建活动，充分发挥机关、国企等党组织书记主体作用；深入实施“红领＋”工程，推动“两新”组织党务工作者创新创优，打造一批非公企业党建联盟和特色品牌；以皋城党员先锋为抓手，深入推进“两在两同”建新功、“攻坚有我”显担当行动，使每名共产党员都能成为一面鲜红的旗帜。

（四）从严管党治党，涵养正气充盈的政治生态。坚定不移推进党风廉政建设和反腐败斗争，一体推进不敢腐、不能腐、不想腐，努力建设人民满意的廉洁如皋。拧紧管党治党“螺丝钉”。把“严”的主基调坚持下去，加强对“一把手”和领导班子监督，以更坚决的态度、更有效的举措，压紧压实“两个责任”。点亮监督执纪“探照灯”。严格落实中央八项规定精神，准确运用监督执纪“四种形态”，毫不松懈纠治“四风”，坚持问题导向，找准制约发展的绊脚石，着力解决加重基层负担、漠视侵害群众利益等问题。用好巡察利器，做深做实巡察“后半篇文章”。打好反腐败斗争“持久战”。保持惩治腐败高压态势，聚焦重大工程建设、开发园区、国有资产管理、政府及国资公司投融资、粮食安全等重点领域精准发力，持续强化不敢腐的震慑。深化以案促改、以案促治，找准腐败背后的体制性障碍、机制性梗阻、制度性漏洞，切实扎牢不能腐的笼子。坚持警示教育、纪律教育常态化制度化，筑牢不想腐的自觉，持续巩固风清气正的良好氛围。

政府工作报告（摘要）

——在如皋市第十八届人民代表大会第一次会议上

（2022 年 1 月 11 日）

市长　王鸣昊

现在，我代表市人民政府向大会作工作报告，请予审议，并请市政协委员和其他列席人员提出意见。

2021 年及本届政府工作回顾

过去的一年，面对严峻复杂的国内外环境和疫情冲击等多重挑战，市政府在中共如皋市委的正确领导下，在市人大、市政协的监督支持下，坚持以习近平新时代中国特色社会主义思想为指导，全面贯彻落实中央、省、南通决策部署和市委工作要求，把握新发展阶段、贯彻新发展理念、构建新发展格局、推动高质量发展，较好完成全年各项目标任务，实现“十四五”发展和现代化建设良好开局。

一、突出稳中求进，实体经济持续提质提效。综合实力显著跃升。预计完成地区生产总值1410亿元、增长9%；一般公共预算收入77.8亿元、增长8%；规模以上工业总产值1450亿元、增长17.5%，服务业增加值655亿元、增长8.7%；全社会固定资产投资增长7.1%，其中工业投资增长10.2%；社会消费品零售额515亿元、增长12.5%；金融机构人民币存贷款余额分别为1751亿元、1531亿元，分别增长5.8%、17.5%。产业集群蓄势做强。实现规模工业应税销售1350亿元、增长24%，六大优势产业链应税销售占比超80%，培育超100亿元、超50亿元企业各1家，1亿元企业56家，纳税超1亿元企业1家，新增规模以上工业企业180家、南通第一。完成服务业应税销售1846.6亿元，新增规模以上服务业企业65家，入围全国电子商务进农村综合示范县。完成建筑业总产值1610亿元，入库税金超10亿元，获国优奖2个。粮食、生猪等重要农产品稳产保供，完成农业农村重大项目投资29亿元，新增全国农业创业园区（基地）2家、国家地理标志农产品1个、省级示范家庭农场7个，高标准农田面积占比68%，入选全国绿色种养循环农业试点县，获评省农产品质量安全市、省首批绿色蔬菜（黑塌菜）产业特色县。发展质态持续优化。战略性新兴产业产值、高新技术产业产值占规模以上工业比重分别为39%、45.7%。精准能耗管控，单位工业增加值能耗预计下降5.8%，综合能耗度电销售增长33%，整县（市）屋顶分布式光伏开发项目获国家能源局立项，在全省率先全面推开。万达轴承入选国家制造业单项冠军企业，如高高压、嘉好热熔胶入选全国专精特新“小巨人”企业，思源赫兹、汤臣汽配入选中央财政支持重点“小巨人”项目。新增省级服务型制造业示范企业1家、省五星级上云企业1家、省市示范智能车间17家。主导或参与制定国际、国家、行业标准14项，新增国家级标准化试点1项、省级2项、江苏精品2件，如高高压、泰慕士获南通市长质量奖。高质量打造资本市场“如皋板块”，星球石墨、森松重工、超达装备成功上市，新入轨企业3家、股改1家。

二、突出量质并举，重大项目实现快落快转。招大引强持续突破。牢固树立“项目为王、招商为先”理念，聚焦六大优势产业链精准出击，组建市场化招商队伍5支，成功举办科技人才洽谈会和上海、深圳、苏州等地投资促进周活动，新签约10亿元以上项目32个，其中，50亿元级3个、100亿元级2个。项目建设加快推进。开展“重大项目质态提升年”活动，健全月度观摩、项目单挑机制。新开工重特大制造业项目15个、服务业项目8个，竣工项目7个，转化达产项目4个，3个项目获南通高端制造业奖励。省、南通市重大项目完成年度投资计划。完成技改投入145亿元、占规模工业投入44.9%。新建项目中高新技术企业投资项目占比54.5%、高技术制造业和战略性新兴产业项目占比72.7%。斯堪尼亚商用车项目通过省发改委备案。要素保障不断强化。金融支持实体力度不断加大，设立产业引导母基金和科创基金，新增制造业贷款30亿元、创历史新高。土地利用效率持续提升，完成生态空间管控区域调整，编制土地征收成片开发方案，盘活存量用地320公顷，租赁集体经营性建设用地112.4公顷，办理全省首例集体经营性建设用地抵押权登记。

三、突出创新赋能，发展活力越发充足充沛。创新主体持续壮大。深入实施高企培育“倍增”计划和“小升高”行动，净增高企47家，新增潜在独角兽企业2家、瞪羚企业5家、高新区及集聚区科创项目15个、省级企业研发机构9家。获批省级资金类科技计划项目12项、省科学技术奖3个、南通“揭榜挂帅”项目5个，总量均居南通第一。每10亿元地区生产总值发明专利拥有量25.8件。新瑞药业荣获全国颠覆性技术创新大赛优胜奖。创新生态不断优化。组建市科技创新委员会，启动实施“创新如皋”三年行动计划，出台科技23条、人才22条激励政策，新增省外国专家工作室2家，入选国家重点人才计划1人、省“双创计划”6人，卓远半导体获批国家高端外国专家引进计划项目。建立科技型企业“白名单”制度，成立科技支行2家，发放科创型企业贷款8.5亿元。获批省创新型示范县市。创新资源加速集聚。省级农高区、龙游河科创走廊启动规划建设，建成上海交大如皋科技成果转化平台等飞地孵化器，开工建设青年人才公寓国际社区，主功能区孵化器全部开园，新增省级众创空间2家。高新区省级排名位居苏中苏北第一。

四、突出改革开放，内生动力不断激发迸发。重点改革不断深化。全面推进国企改革三年行动，推动建立“3+2”主业体系，实现主营业务收入90亿元、主营业务利润3亿元，新增AA+主体信用评级1家，完成全民所有制企业公司制改革24家。推动镇级债务提级管理，顺利完成省政府下达债务管控预期任务。强化农村综合改革，累计完成产权交易额26.9亿元，建成农民合作社综合社16家，获批省农村改革试验区。双向开放持续扩大。新批超亿美元项目2个，实际利用外资3.24亿美元、增长2.9%，制造业外资到账额南通领先。进出口总额290亿元，服务外包执行额20.9亿美元、增长35.8%。境外投资1600万美元，外经营业额1.35亿美元。新开国际国内航线6条，集装箱吞吐量55万标准箱。水上绿色综合

年内，盐通高铁如皋南站综合客运枢纽全面建成。图为如皋南站夜景（邱　宇　摄）

服务区建成运营。营商环境显著改善。顶格落实各项惠企纾困政策，减税降费7.9亿元，发放惠企资金3.3亿元。“放管服”改革纵深推进，“证照分离”改革取得阶段性成效，重点企业执法检查“白名单”制度全面实施，市场主体信用分类分级监管实现规模以上工业企业和在建项目施工企业全覆盖，商事制度改革获省政府督查激励，“如意”营商环境品牌效应持续放大。

五、突出品质提升，城乡环境更趋宜居宜业。城市功能持续优化。国土空间规划、国家历史文化名城保护规划编制工作有序推进。新改建城市道路35千米、桥梁29座。完成28个地块111万平方米搬迁，老旧小区改造18万平方米、惠及群众2600户。城市西部片区更新改造全面启动。龙游河三期、宏坝河风光带建设基本完成。智慧停车一期项目建成投运。交通工程持续推进。北沿江高铁如皋西站正式获批，南站综合客运枢纽建成投运。张靖皋长江大桥开工建设，通皋大道二期工程大临开工。G40改扩建工程有序推进，S226如皋北段竣工通车，老204国道三期改造建成通车。惠政路龙游河桥等24条城市干道提档升级。完成农村桥梁改造30座、通居路50千米、交通安全生命防护工程462千米、治理安全隐患点214个。镇村建设持续深化。深入推进农村人居环境整治五年提升行动，镇级垃圾中转站实现全覆盖，改造农村供水管网153.8千米、户表17.5万户。新增省级生态文明建设示范镇2个、示范村3个、美丽宜居乡村85个。新增省级特色田园乡村1个、传统村落1个、绿美乡村8个，水利建设获省政府督查激励，入选全国水系连通及水美乡村建设试点县。

六、突出精准施策，污染防治始终有力有效。环境质量持续改善。常态化落实河长制、断面长制、点位长制，推行“自己的河道自己管护”模式，市考以上断面继续保持优Ⅲ类水质。环境空气质量管控提升行动扎实开展，PM2.5平均浓度下降至31.5微克/立方米，优良天数比例85.5%。牢牢把握“共抓大保护、不搞大开发”战略导向，全力推进长江“十年禁渔”，化工企业“两断三清”全面完成。中央、省环保督察交办问题完成整改销号，各级环境信访总量下降6.5%。重点工程有序推进。龙游湾生态景观带建设全面启动，5.5千米示范段如期建成。以资源化利用为主线推进农村河道片区治理，完成城北先行区、1片区水环境治理工程及15条农村生态河道建设任务，消除黑臭水体223条。建成分散农户生活污水处理设施2.5万户。上海电气一期飞灰填埋场封场项目竣工。治理体系不断健全。生态环境保护执法司法联动机制持续优化，创新生态公益检察领域“三长”联动保护机制，建成一体化平台，提起公诉25件、审理案件227件。

七、突出共建共享，人民生活更加有得有感。疫情防控毫不放松。认真贯彻“外防输入、内防反弹”策略，全面落实常态化疫情防控措施，核酸筛查基地、疫情防控队伍等应急处置能力建设不断加强，核酸日混检能力40万人份。全人群疫苗全程接种率88%，超过国家和省定标准。保障体系更加健全。新增就业2.8万人、创业5346人，发放富民创业贷款1985万元，落实稳岗返还资金1579万元。预计城乡居民人均可支配收入分别增长10.5%、11.5%。城乡居民医保、职工“五险”实现动态全覆盖，城乡居民基础养老金、城乡低保等标准持续提高，全面落实残疾人“两项补贴”、重点优抚对象抚恤优待和退役士兵安置政策。脱贫致富奔小康工作获省政府督查激励。坚持“房住不炒”，有效落实地价房价精准化“双控”制度。公共服务更加均衡。高质量教育县域样板创建启动实施，“双减”政策有序落实，特殊类型招生控制线上线率70.1%。如师二附、三附等投入使用，附小新城园、志颐小学等工程稳步推进，技工学校与第一中专启动技师学院创建工作。医共体格局初步形成，人民医院新院区开工建设，搬经镇、江安镇卫生院主体工程完工。高分通过国家卫生城市复审。获评全国群众体育先进单位。

八、突出协同共治，社会大局保持安定稳定。安全生产形势稳定。专项整治“三年大灶”高标准推进，生产安全事故起数、死亡人数在去年大幅下降基础上又均下降37.5%，消防、防汛等工作持续深化，食品药品安全有效保障。法治建设稳步推进。“八五”普法实质性启动。率先推行行政复议体制改革，行政案件败诉率低于南通平均水平。城管综合执法标准化入选全国试点。社会治理不断创新。数据赋能市域治理初见成效，智慧应用平台实时预警各类隐患1万余次，全网协同处置各类诉求超24万件，“三跨”问题解决率、群众满意度南通领先。启动全国信访工作示范县（市）创建，历史遗留问题化解取得积极成效，相关金融机构风险得到稳妥处置，进京登记访批次人次分别下降75.6%和78.5%。扫黑除恶专项斗争常态化开展，群众安全感位居全省县（市）前列。

切实加强政府自身建设，自觉接受市人大法律监督、工作监督和市政协民主监督，主动接受社会公众舆论监督，市人大代表建议、政协委员提案办理率、满意和基本满意率均为百分之百。此外，人武、统计、供销、气象等工作不断加强。海事、海关、边检等口岸单位高效运转。积极支持工青妇、残联、科协、工商联等群团组织发挥作用。外事、红十字会、关心下一代、慈善会及各涉老组织工作取得新进步。

五年来，我们紧扣高质量发展主题，持之以恒促进产业转型升级，“强”的基础更加厚实。始终坚持与时俱进、乘势创新，从“奋力构建长江经济带战略支点重要支撑”，到“勇当长三角北翼高质量发展排头兵、谱写如皋现代化建设新篇章”，坚定不移以新发展理念推动高质量发展，综合实力实现历史性跃升。地区生产总值连跨5个百亿级台阶，年均增长9%，增速位居全省前列。三次产业结构优化为5.5∶48∶46.5，累计引进重大项目32个，获批国家制造业单项冠军3个、专精特新“小巨人”企业8家。上市企业数南通县（市）第一。省级高新区成功设立。创成国家基层标准化改革创新先行区，入选国家农业绿色发展先行区、省全域旅游示范区。综合实力跃居全国百强县第21位。

五年来，我们践行为民服务宗旨，持之以恒加大惠民利民力度，“富”的成果更加丰硕。始终坚持发展为民、发展惠民，聚焦“八个更”目标要求，全面完成脱贫攻坚任务，推动基层基本公共服务功能配置标准化，持续解决民生领域突出问题，民生福祉实现系统性改善。财政用于民生支出占比保持78%以上，累计实施民生实事项目66件，居民人均可支配收入年均增长9.4%、城乡收入比缩小至2.06∶1，城乡社会保险覆盖率98%，城镇登记失业率控制在2%以内。获批全国义务教育发展基本均衡县（市、区），省四星级普通高中实现全覆盖，人民医院、中医院建成三级乙等医院，区域供水三期工程竣工通水，全面完成镇级民营医院、民营水厂公益性回归整合。

五年来，我们恪守绿色发展理念，持之以恒提升城市品质能级，“美”的底色更加鲜明。始终坚持生态优先、精明增长，以提供高品质生活空间为目标，全面提升要素集聚力、生态竞争力、城市承载力，城乡格局实现全局性蝶变。新城建设与老城更新统筹推进，城镇化率提高到62.5%。突出用水点亮城市，改造提升城市河道15千米。农村人居环境显著改善，生态河道覆盖率超过40%，美丽宜居乡村建成率86.9%，建成省级特色田园乡村6家。长江大保护纵深推进，建立生态环境执法司法联动和镇区生态补偿机制，市考以上断面水质均达优Ⅲ类，地表水环境质量全省领先，优良天数比例、PM2.5平均浓度创历史最好水平。获评中国人居环境奖城市。

五年来，我们倡树社会文明风尚，持之以恒推动治理能力创新，“高”的成效更加彰显。始终坚持崇德向善、善治善成，深化“五治融合”，着力打造和谐稳定、充满活力的社会环境，文明程度实现整体性提高。高分蝉联全国文明城市称号，实现省级双拥模范城创建“四连冠”、新时代文明实践中心（所、站）全覆盖。获国家级非遗项目1个，省群众文艺“五星工程奖”2件。高水平推进法治如皋建设，社会治理现代化指挥体系高效运转，“大数据+网格化+铁脚板”治理机制全域覆盖，安全生产专项整治扎实推进，信访总量持续下降，扫黑除恶专项斗争取得实效，群众安全感满意度逐年提升，获评省平安县（市）、省法治建设示范县市。

各位代表，五年风雨兼程、攻坚克难，五年冬耕夏耘、春华秋实。我们能够取得这样的成绩，靠的是以习近平同志为核心的党中央举旗定向、掌舵领航，靠的是市委坚强领导，靠的是市人大、市政协有效监督，靠的是历届政府团结带领全市人民接续奋斗、同心共建。在此，我谨代表市人民政府，向全市人民，向人大代表、政协委员和离退休老同志，向驻如部队、武警官兵、公安干警和消防救援指战员，向为这座城市繁荣发展作出贡献的每一位奋斗者表示衷心的感谢、致以崇高的敬意！

在前进的道路上，我们还面临着一些问题和不足，主要是：新旧动能转换速度还不快，重特大项目的支撑度和产业链的集聚度还不高，创新驱动发展的动力还不足，主功能区发展贡献度还需加速提升；生态环保、安全生产等领域风险点依然存在，全口径债务存量仍然很大；共同富裕的步伐还需加快，发展的普惠性还有待增强；少数党员干部科学发展、主动服务的意识还需提升，作风建设和党风廉政建设还需持续加强，等等。对此，我们必须高度重视，采取有力措施，切实加以解决。

今后五年工作发展目标和总体思路

今后五年是如皋“弘扬治沙精神、全面乘势聚力，高质量建设南通跨江融合发展样板区”的关键五年，也是如皋高质量发展的攻坚期、转型创新的加速期、城市能级提升的突破期、民生福祉持续提高的普惠期。面对新形势，我们唯有科学识势，努力抢抓稍纵即逝的“如皋机遇”，坚持以新机遇厚植优势、顺势而为，不断把各类叠加优势转化为发展胜势，才能在危机中抢先机、于变局中开新局。立足新起点，我们唯有系统谋势，精准发力争先进位的“如皋路径”，坚持以新理念倡树导向、引领发展，主动把高质量发展要求贯穿各领域全过程，才能在新的赶考之路上谋求新突破、开辟新境界。迈上新征程，我们唯有全面起势，充分展现砥砺奋进的“如皋作为”，坚持以新期盼抬高标杆、善作善成，拿出不负时代的使命担当和敢于探路的勇气锐气，才能跑出加速度，打好主动仗，奋力开创如皋现代化建设新局面。

今后五年工作的指导思想和总体要求是：坚持以习近平新时代中国特色社会主义思想为指引，深入贯彻落实中央及省、南通各项决策部署，弘扬伟大建党精神，坚持稳中求进工作总基调，坚持改革创新，完整、准确、全面贯彻新发展理念，围绕“打造跨江融合发展样板区”定位和“挺进县域二十强、争创文明典范城”目标，突出高质量发展主题，坚持以供给侧结构性改革为主线，统筹发展和安全，深入推进产业兴市、创新强市、生态立市，勇当长三角北翼高质量发展排头兵，奋力谱写“强富美高”新如皋现代化建设新篇章。

围绕上述指导思想和总体要求，今后五年，全市经济社会发展的主要目标和总体思路是：

——奋力蹚出转型升级、追赶超越的发展之路，致力打造高质量发展先行区。坚持以新发展理念引领高质量发展，突出产业兴市，狠抓六大优势产业链建设，推动“3232”产业质效全面提升，主要经济指标年年进位，发展水平持续攀升，地区生产总值突破2000亿元，一般公共预算收入130亿元，战略性新兴产业产值占工业总产值比重48%以上，综合实力挺进全国百强县（市）前20名，高质量建成南通跨江融合发展样板区。

——全力构建如鱼得水、如鸟归林的创新生态，致力打造创新要素集聚区。坚持创新强市，全面提升创新能级，以高层次创新园区、高效率成果转化、高水平人才支撑为核心的创新体系初步建成，加快形成以创新为主要支撑的发展方式，使创新成为经济社会发展的主引擎，全社会研发投入占地区生产总值比重3.5%，人才综合竞争力、营商环境评价继续保持全省前列，高标准建成省级创新型县（市）。

——大力建设特色鲜明、近悦远来的品质城市，致力打造生态宜居样板区。坚持生态立市，持续加大生态建设力度，绿色发展取得更大进展，城市加快转型、镇村特色更加鲜明，城乡融合水平稳步提升，以更高标准建设宜居宜业美丽家园，林木覆盖率、城市绿化覆盖率完成上级下达任务，城镇化率逐年提升，高品质建成沿江生态景观带，申报国家历史文化名城、国家全域旅游示范区、国家生态园林城市。

——倾力写好共同富裕、温暖厚重的民生答卷，致力打造民生幸福先导区。坚持以人民为中心的发展思想，加快构建优质均衡的公共服务体系，建立健全多层次广覆盖的社会保障体系，奋力朝着幼有善育、学有优教、劳有厚得、病有良医、老有颐养、住有宜居、弱有众扶的目标迈进，城乡居民可支配收入增长与经济增长基本同步，创建全国义务教育优质均衡发展县（市），争创全国文明典范城市。

——协力共创现代智慧、安定和谐的美好生活，致力打造社会治理示范区。市域治理体系和治理能力现代化取得新突破，“五治融合”的基层治理体系基本形成，重大风险防范化解能力、突发公共事件应急能力、防灾减灾救灾能力显著增强，本质安全水平更加巩固，群众安全感、满意度稳步提升，建成全国平安建设示范市、全国信访工作示范县（市）、省级安全发展示范市。

2022年主要工作安排

今年是党的二十大召开之年，是全面落实省、南通和市党代会精神的关键之年，是新一届政府履职的开局之年，做好今年政府各项工作，事关全局、意义重大。我们必须全面贯彻中共十九大和十九届历次全会精神，坚持稳字当头、稳中求进，更好统筹疫情防控和经济社会发展，统筹发展和安全，继续做好“六稳”“六保”工作，持续改善民生，保持经济平稳健康发展和社会安全稳定，高质量建设南通跨江融合发展样板区，以优异成绩迎接党的二十大胜利召开。

今年经济社会发展的主要预期目标为：地区生产总值增长7%以上，一般公共预算收入增长8.6%，高新技术产业产值占比48%，全社会研发投入占地区生产总值比重2.75%，固定资产投资增长9%，制造业投资占固定资产投资比重65%以上，规模以上工业应税销售增长

24% 以上，规模以上工业增加值增长 12% 左右，规模以上服务业重点行业营业收入增长 15% 以上，社会消费品零售总额增长 8%，实际利用外资 3.6 亿美元以上，城乡居民人均可支配收入与经济增长基本同步，万元地区生产总值单位综合能耗下降、主要污染物减排完成上级下达任务。围绕上述目标，重点抓好九个方面的工作：

一、千方百计聚资源、谋创新，聚力构建科创生态，着力推动发展动能全面增强。坚持创新在全局中的核心地位，以省创新型示范县市建设为引领，加速集聚创新资源，深度推动产创融合。

培育多元创新主体。深入实施高企培育“倍增”计划和“小升高”行动，新认定高企 166 家、科技型中小企业 620 家。引导企业加大研发投入，确保实施产学研合作项目 230 个以上、技术合同成交额超 60 亿元。积极争取省级科技计划项目立项，推动重大成果转化、重点研发计划、国际合作、揭榜挂帅等项目取得新成效。支持力星钢球、海泰科特等企业建设细分领域重点实验室，鼓励日达精密建立国家级实验室，围绕精密滚动体、人工金刚石、高纯半导体、汽车轻量化材料、光电显示等领域，积极推动产业、技术、制造业创新中心建设实现突破，新增省级工程（企业）技术研究中心 6 家以上。深入推进标准化和质量提升行动，主导或参与制定各级标准 21 项，每 10 亿元地区生产总值发明专利拥有量 26.6 件。深度对接知名高校院所、孵化平台、创投机构，用好基金、平台、人脉等资源，新招引落户科创项目 120 个、人才项目 30 个。

全力构筑科创矩阵。积极融入南通沿江科创带，加快编制龙游河科创走廊概念性规划、特色空间风貌提升规划，同步推进产业、交通、生态等专项规划，重点推进雉水科学城和龙游湾科创智谷规划建设，加快启动省级农高区实质性建设。完善“众创空间—孵化器—加速器—产业园”全链条培育体系，鼓励吴窑等有条件的镇利用闲置资产改造建设科技企业孵化器，新增国家级孵化器 1 家、省级众创空间 3 家，双创载体新招引项目不少于 100 个。组建如皋产业研究院、科创投集团、人才资本服务中心，深化“双飞地”合作模式，加快打造上海交大如皋科技成果转化创新平台，支持化合物半导体产业研究所与中科院深度合作，加快青年人才公寓国际社区建设，推动创新资源和高端人才加速集聚。

构建立体创新生态。深入实施“创新如皋”三年行动计划，推动科创委高效运作，建立科技创新双月例会制度，开展季度创新创业大赛。强化政策激励，定期开展绩效评估和调整优化，提高奖励精准度。实质化运行科创产业引导基金，激发市场主体创新活力。持续推进“苏科贷”“高企融资服务直通车”和科技担保服务，确保新增贷款 9 亿元。深入实施“148 高层次人才梯队”培养工程、“雉水英才”引进计划，力争新引进顶尖专家和高端团队 4 个、高层次创新创业人才 40 名、名校优生 200 名以上，培养技能型人才 6000 人。弘扬张謇企业家精神，实施企业家培育工程。

二、久久为功上项目、扩投入，持续狠抓落地转化，着力推动经济发展行稳致远。树立“大抓项目、抓好项目”的鲜明导向，不断扩增量、优存量，全力以赴推进项目建设持续发力。

抓实精准招商。创新在资源紧约束条件下项目建设的体制机制，坚持重大制造业项目与科创项目并重，更加关注投资强度、亩均税收、单位能耗、科技含量等指标，在源头上提升项目质量。扎实开展“项目招引突破年”活动，更加聚焦资本招商、乡贤招商、以商引商，全力推进与苏南、上海、深圳等地的精准对接，办好“一会两节”，新签约 10 亿元以上项目 36 个，力争 50 亿元级、100 亿元级重特大项目实现再突破。

聚力项目攻坚。认真落实项目“全生命周期、全要素保障”服务机制，不断健全联合预审、协调会办、月度观摩单挑制度，力争全年新开工 10 亿元以上项目 28 个，其中，50 亿元级 4 个、100 亿元级 2 个，入选南通市高端制造业项目 5 个以上。完善重大项目市领导挂钩制度，实现清单式管理、专班化推进，推动金鹰产业园、斯堪尼亚商用车、思源储能等一批重特大项目早开工快建设，正海磁材、赛杰艾迪、国石石墨烯等在建项目快竣工快投产，全力提升项目竣工率和转化率。鼓励现有企业加大技改投入扩项目，实施超 1 亿元技改项目 30 个，确保纳税 500 万元企业技改全覆盖、规模以上企业技改面超 60%。

强化要素支撑。建立“三张清单”闭环机制，落细落实支持市场主体发展的政策举措。深入推进工业用地质效管理，加快低效资产盘活利用，盘活闲置用地 2666.67 公顷。探索新型科创产业用地政策。推动专业园区、乡镇工业集中区提质增效、空间再造，支持高新区创建国家级高新区、如皋工业园区做强东西部园区，扎实推进下原、磨头等共建园区建设，打造一批产业合作“区中园、园中园”。强化金融服务，深入开展“银政企”对接，新增制造业贷款 30 亿元以上。树立“投行思维”，充分发挥产业引导母基金作用，积极引入社会资本和优秀管理团队，确保新增子基金 2 支以上。完善上市企业培育梯队，新培育上市企业 2 家、报会 2 家。

三、坚定不移调结构、促转型，培育壮大实体经济，着力推动产业升级步伐加快。深入实施产业倍增三年行动，促进产业链与服务链、价值链精准衔接、深度融合。

做大做强先进制造业。大力培育生态主导型企业，构建“龙头带动、配套跟进、全产业链发展”的集群式发展格局，重点推动汽车及零部件、高端成套设备及关键零部件、新型电力装备等产业加紧突破关键领域，支持新材料、电子信息产业向高附加值方向提升规模和能级，鼓励生命健康产业围绕健康食品加工开辟新动能，确保六大优势产业链应税销售占规模工业比重82%以上，战略性新兴产业产值占工业总产值比重40%。加大“2523”大企业、制造业单项冠军、专精特新“小巨人”企业培育力度，新增应税销售超50亿元企业1家、1亿元企业40家、规模以上工业企业180家以上，国家级专精特新“小巨人”企业2家、省级4家。

提档升级现代服务业。推动生产性服务业向专业化和价值链高端延伸，积极培育科技服务、金融服务等新兴业态，大力发展港口物流、冷链物流等专业化物流，开工建设金融集聚区。推动生活性服务业向高品质和多样化升级，做好消费业态升级、存量市场改造、文旅IP打造等文章，开工建设西部片区商业综合体、文创产业园，推进水绘园AAAAA级景区、省级长青沙旅游度假区创建，争创国家全域旅游示范区。积极发展总部经济，坚持本土培植和对外招引并举，新增综合型总部、功能型总部各1家。新开工服务业重大项目6个，确保服务业增加值增长7%以上。

推动产业数字化转型。坚持把数字经济作为产业转型发展的关键增量，大力开展数字赋能行动。开展智能制造诊断服务，鼓励企业“触网”融合，促进数字技术与制造业融合发展，新增国家级两化融合贯标企业4家、省级工业互联网标杆工厂1家、五星级上云企业1家、智能车间3个。推动服务业数字化转型，积极培育数字贸易、数字物流、数字直播等新业态新模式，加快软件园二期项目招引落地，不断做强软件和信息服务业。推进建筑业企业混合所有制改革，组建如皋建筑产业联盟，鼓励应用精益建造、数字建造等技术，全面增强“如皋建造”核心竞争力，确保建筑业总产值超1700亿元。

四、坚持不懈补短板、优品质，不断完善城市功能，着力推动城市内涵日益彰显。以创建文明典范城市、申报国家历史文化名城为抓手，补齐短板、提升功能，让城市更具颜值、更富魅力。

提升中心城区首位度。科学谋划城市发展布局，精心编制国土空间总体规划和各类专项规划。加大“新城建”推进力度，整合新建城区污水处理厂，建成西部片区“两河两岸”景观带和滨河路、桃源路，完成龙游河三期、宏坝河生态廊道、惠政路茅雉河大桥、老北门大桥等重大工程建设。加强集贤里广场改造提升和通城巷、冒家巷等历史街巷保护修缮，守护好乡愁记忆。继续推进老旧小区改造五年攻坚，新开工30.56万平方米，完成19万平方米。支持长江镇主动融入南通西部片区，打造港产城融合的城市副中心。完善地价房价“双控”机制，合理把握土地出让结构、节奏和规模。

提升城市管理精细度。狠抓拆违控违，扎实开展主要道路两侧箱体、建筑立面、背街小巷等专项整治行动。全面推广生活垃圾分类，新增“三定一督”试点小区40个，建筑垃圾资源化利用率百分之百。加快推进环卫一体化改革和老旧小区物业管理市场化，扩大既有住宅加装电梯覆盖面，积极探索分时停车、夜间停车等新模式，城区新增停车泊位500个、智能化管理停车位3000个。

提升内外交通通达度。高标准规划如皋西站综合枢纽，启动S30如常高速和东如高速前期研究。全面推进张靖皋长江大桥、通皋大道二期、S226南段、G40如皋段及长江镇互通等重大交通工程，做好北沿江高铁征地搬迁等前期工作。深化如港路、沿江路快速化研究成果，确保中山路“白改黑”、紫光路北延等城市主次干道全面通车。持续推进道路安全“生命防护工程”三年攻坚行动，完成李平线、如泰线、东搬线、大长线、沿江公路等5条省道116千米安全隐患治理，实现省道安全隐患治理全覆盖。亮化提升干线公路87千米，优化城乡公交线路4条，新增、改造公交站台24座。

五、全力以赴创特色、美环境，更加突出三农优先，着力推动乡村振兴走深走实。以国家农业绿色发展先行区建设为抓手，推动乡村全面振兴走在前列。

特色化发展现代农业。坚决遏制耕地“非农化”、防止“非粮化”，确保粮食面积和产量稳中有升。优化花木盆景和“三黑三白”特色产业格局，推动地理标志农产品产业链式发展，新增小微盆景基地1333.33公顷，建成黑塌菜标准化基地800公顷，新建高标准农田7413.33公顷。大力发展高效精品农业、休闲观光农业和都市农业等新业态，建成省级示范点2个。放大“苏·皋长寿”品牌效应，加快标准化生产、全程化追溯、品牌化建设全产业链发展进程，打造省市农产品品牌4个。

融合化推进镇村建设。深入实施农村人居环境整治提升五年行动，持续推进土地“双整治”，系统开展农房建设管理、老镇区提升改造等专项整治，完成农村危桥改造20座、通居工程40千米，全力推动河道管护向庭院环境治理拓展，广泛发动群众参与“最美庭院”评比，村（社区）垃圾分类覆盖率40%，创成省级特色田园乡村1个、南通特色村庄2个，美丽宜居乡村建成率90%以上。深入实施城镇污水处理提质增效精准攻坚“333”

行动，改造提升污水管网12千米，建成分散农户生活污水处置设施1.5万户，打造生态河道36条段。

多元化推动强村富民。深入推进乡村振兴示范村、先进村培育，支持低收入村整村推进分布式光伏建设，探索发展物业经济、资源经济、“飞地”经济等新路径，促进村集体收入稳步增长。充分发挥乡贤能人作用，助力农业农村产业发展、公益事业等工作，加快推进乡村振兴。培育壮大新型农业经营主体，完善农民利益联结机制，新增省级示范家庭农场5个、南通市级农民专业合作社示范社5家，培训高素质农民2000人。深化农村土地“三权分置”和农村产权制度改革。巩固拓展脱贫攻坚成果，健全防止返贫动态监测和帮扶机制。

六、持之以恒攻改革、拓开放，全力加快跨江融合，着力推动内生动力持续激发。主动融入重大发展战略，强攻更深层次改革，拓展更高水平开放，加快形成区域发展叠加优势。

更大力度优化营商环境。开展“营商环境提升年”活动，打造“如意”服务创新品牌，确保营商环境评价保持全省前列。落细落实新的减税降费和助企惠企政策，及时研究制定更多“合身”“解渴”“有感”的政策措施。纵深推进“放管服”改革，扩大“不见面审批”“一网通办”覆盖面，放大“一件事”“一证准营、一码亮证”改革效应。落实重点企业执法司法“白名单”制度，推进市场主体分类分级监管系统上线运行，积极争创国家信用示范城市。

更高水平扩大双向开放。推动制度性开放，以先进制造业和生产性服务业为主方向，以四大主功能区为主阵地，全力引进高质量外资项目，新增超3000万美元项目12个。实施“走出去”战略，用好出口退税、信用保险补贴等外贸政策，支持外贸企业参加各类展会和交易平台，引导建筑企业和梦百合、明德、超达等优势企业布局海外产业链，力争外贸进出口总额310亿元。打造“双循环”支点，提升跨境电商产业园载体能级，推动如皋港积极争创国家综合保税区，开辟国际国内航线5条，集装箱年吞吐量突破60万标准箱。

更深层次加快跨江融合。扎实推进跨江融合五年行动，积极承接上海五大中心和苏南自主创新示范区建设溢出效应，推动开发区与上海嘉定和临港新片区氢能产业园深度共建，支持长江镇通过跨江合作实施低效园区空间再造，深化如皋港与上海港、南通港等港口合作，力争各重点园区均与上海苏南1～2家园区建立紧密合作关系，在产业发展、基础设施、协同创新、公共服务等方面开展深层次、广领域合作，确保从沪苏引进重大项目占比超80%。

七、标本兼治抓攻坚、强保护，协同推进减污降碳，着力推动美丽如皋加快建设。深入打好污染防治攻坚战，全方位推动绿色低碳转型，全力走好生态优先、绿色发展之路。

推动绿色低碳发展。坚定不移抓好长江大保护，落实长江禁捕退捕长效管控机制，促进如皋港化工新材料产业集中区升格化工园区。持续推进沿江生态景观带建设，腾退沿江企业14家，建成堤顶公路7.2千米。科学编制碳达峰行动方案，推进纺织印染等重点行业节能减排、清洁能源替代，严把“两高”项目准入关，积极争取省级碳达峰碳中和专项资金支持。推进整县（市）屋顶分布式光伏开发，规划建设容量100兆瓦。倡导绿色生活和消费方式，推广应用新能源公交车20辆。

持续改善环境质量。强化重要水体保护、地下水污染防控、关键断面水质监测，实施3个片区230平方千米的水环境治理，扎实开展长江排污口整治，建设控导工程25座，市考以上断面优Ⅲ比例继续保持百分之百。强化PM2.5和臭氧浓度“双减双控”，开展建筑扬尘、餐饮油烟、车船污染治理，严格落实重污染天气应急管控措施，确保PM2.5浓度、空气优良率达到省定目标。完善危险废物全生命周期监管系统，强化重点地块风险评估和治理修复，保障土壤环境安全。全面推行林长制，加强森林资源管理和湿地保护修复，提升生态系统碳汇能力。

健全生态治理体系。强化“三线一单”管控，严格落实生态环境保护共同监管责任，加强水源地风险、排污、空间和执法管控。继续实施水环境“双向”补偿机制。强化生态环境保护执法司法联动中心常态化运行，拓宽环保信用评级运用领域，完善环境违法“黑名单”制度，严厉惩治环境违法行为。持续健全基层环保网格体系，全域实施“自己的河道自己管护”，充分发挥“两代表一委员”监督作用，切实增强治理合力。

八、精准发力防风险、除隐患，牢固树立底线思维，着力推动发展安全良性互动。坚持把高水平安全作为高质量发展的前提和基础，全力防范化解风险隐患，切实增强城市韧性。

科学精准抓好疫情防控。全面压实“四方责任”，落细落实“外防输入、内防反弹”各项措施，坚持人、物、环境同防，做好进口冷链食品、货物和入境人员的全流程闭环管理。严格重点场所规范管理，持续做好新冠病毒疫苗接种工作，确保目标人群应接尽接。配齐配强疾病预防控制专业技术人才，推进6家发热门诊规范化建设，增强居民个人防护意识，从本质上提升疫情应急处置水平和基层应急处置能力，切实筑牢疫情防控铜墙铁壁。

毫不放松抓好安全生产。严格落实安全生产责任制，紧扣“务必整出成效”“两个不放松”要求，抓好两个专题八个专项整治，坚决遏制重特大事故发生，确保安全生产专项整治三年“大灶”圆满收官。从严抓好食品药品和燃气安全监管，切实推进防汛减灾，防范重大环境风险，切实筑牢保障人民生命健康的坚固防线。落实高质量安全发展实施方案，完善应急管理体系，实现基层消防站建设全覆盖。

一着不让抓好风险防范。加强全口径债务管理，严控新增非标融资和高成本融资，严控经营性债务增量，完善常态化监测和风险评估预警机制，确保债务余额得到有效控制、债务率逐年下降、债务综合成本持续压降。加强金融法治建设，充实金融执法力量，防范金融风险，强化非法集资风险源头防控，促进建筑业和房地产市场平稳健康发展。深化国企改革三年行动，完善国有资产监管机制和公司治理结构，聚焦主责主业，提升运营质效。

九、用心用情办实事、惠民生，切实优化服务供给，着力推动民生福祉不断增进。以推进共同富裕为追求，办好急难愁盼的“头等大事”和“关键小事”，切实增强群众获得感幸福感。

推进社会保障精准化。坚持就业优先导向，强化人口导入，新增城镇就业1.1万人、首次来如就业1万人，引进高校毕业生4700人。完善“一老一小”服务体系，全面推广“机构+社区+居家”链式养老服务模式，加快普惠托育机构标准化建设，新增养老护理床位300张、普惠托育托位300个。健全多层次社会保障体系，推动法定人员社会保险动态全覆盖，深化长期照护保险制度，大力发展慈善事业，落实好社会救助、抚恤优待、大病保险等托底政策。

推进公共服务优质化。围绕打造“高质量教育县域样板、长三角北翼教育名城”，加快建设如皋初中新校区、如皋中学品质提升等14项重点工程，扎实开展两所中专升格工作，认真做好“双减”工作，加强青少年身心健康教育。深化紧密型医共体建设，加快建设人民医院新院区、精神病防治医院，加强重点学科与专科建设，招引本科及以上卫技人才160名，免费培养农村订单定向医学生80人。实施新时代文明实践中心提档升级工程，扎实推进古运盐河遗址考古、李昌钰博物馆二期工程等重点工作，举办第四届国际司法警政刑侦科学大会和市第十二届运动会，建成广电智慧镇3个，水绘园风景区实行免费开放。

推进社会治理现代化。深化基层治理“三整合”改革，融通全域数据要素和治理体系，建好建强城市大脑示范应用，试点推进网格服务管理标准化，开工建设社会治理综合服务中心。推进“八五”普法，全面推动法治建设示范创建。深入实施信访工作“三年攻坚”，健全领导接访下访、包案化解机制，创成全国信访工作示范县（市）。以新一代雪亮技防工程为载体，强化立体化、智能化社会治安防控体系建设，常态化开展扫黑除恶斗争，严厉惩治各类违法犯罪行为，确保社会大局长治久安。

加强政府自身建设

各位代表，政贵在行，事成于实。我们将切实加强自身建设，着力提升能力水平，努力打造人民满意的服务型政府。

一、不断加强政治建设，永葆绝对忠诚的政治本色。坚持以习近平新时代中国特色社会主义思想为指导，深刻领悟、自觉落实“两个确立”的伟大意义和实践要求，切实增强“四个意识”、坚定“四个自信”、做到“两个维护”，始终胸怀“两个大局”、牢记“国之大者”，不断提高政治判断力、政治领悟力、政治执行力，敢于斗争、善于斗争，把党对一切工作的领导贯彻到政府工作各领域各方面，以政治上的主动赢得发展和全局上的主动。

二、不断加强能力建设，锤炼善作善成的过硬本领。时刻保持本领恐慌的“危机感”、补课充电的“紧迫感”，自觉增强“八个本领”、锤炼“五个过硬”、提高“七种能力”，突出战略机遇转化、产业体系构建、城乡协调发展等重点任务，注重前瞻性思考、全局性谋划、战略性布局、整体性推进，深入学习历史知识、厚植文化底蕴、强化生态观念，不断提升履职尽责的专业能力，以过硬本领应对复杂形势、完成艰巨任务。

三、不断加强作风建设，激发功成有我的实干担当。悟透以人民为中心的发展思想，积极投身“两在两同”行动，深入开展“机关作风建设提升年”活动，扎实组织如皋治沙精神大讨论，厚植为民情怀，凝聚发展共识。牢固树立正确的政绩观和科学的发展观，秉承“真抓实干、马上就办”的优良作风，拿出“发展有我、实干看我、奋斗忘我”的精气神，打通落实的“最后一公里”。切实加强调查研究，坚持“三严三实”，坚决防止简单化、乱作为，坚决反对不担当、不作为。

四、不断加强廉政建设，涵养风清气正的良好生态。坚决贯彻全面从严治党各项要求，持之以恒落实中央八项规定及其实施细则精神和省委具体办法。严格按照法定权限和程序行使权力，自觉运用法治思维和法治方式推动工作，慎重决策，慎重用权，主动接受人大、政协和各方面监督。坚持政府过紧日子，严控“三公”经费。严守廉洁从政规定，构建亲清政商关系，加强家庭家教家风建设，永葆为民务实清廉的政治本色。

如皋市国民经济和社会发展第十四个五年规划和2035年远景目标纲要（摘要）

（2021年2月23日如皋市第十七届人民代表大会第五次会议批准）

序言（略）

第一篇 奋力开启社会主义现代化建设新征程

第一章 “强富美高”建设谱写新篇章（略）

第一节 综合实力跃上新台阶（略）

第二节 改革开放获得新突破（略）

第三节 民生幸福得到新改善（略）

第四节 城乡环境呈现新面貌（略）

五年来，我们持续深化对新时代经济社会发展的规律性认识，牢牢把握重大机遇，聚焦突破、奋进拼搏，各方面工作迈上新台阶。我们始终坚持定向领航，以习近平新时代中国特色社会主义思想为指导，以习近平总书记对江苏工作的重要讲话指示精神统一思想，坚决破除思维定式和路径依赖，努力做到知行合一，确保中央、江苏省委、省政府和南通市委、市政府各项决策部署在如皋落实。始终坚持系统谋划，持之以恒抓好“做实产业、做优城市、做好民生、建强队伍”四大重点工作，抢抓长三角一体化发展机遇，加快推进“一城两区三基地”建设，将“强富美高”新如皋的宏伟蓝图逐步变成生动现实。始终坚持产业攻坚，全力抢占区域发展主动权，注重产业链和创新链双向融合，招商引资用功发力，营商环境持续优化，一批龙头型产业项目加快落户，一批重点企业加速崛起。始终坚持改革创新，积极推动开发园区“区街分设”，主功能区与五大镇工业集中区共建全面启动，国有企业加快实质性市场化转型。始终坚持党的领导，纵深推进从严治党，切实增强“四个意识”、坚定“四个自信”、做到“两个维护”，健全“三项机制”，各级党组织的创造力、战斗力和凝聚力全面提升，广大干部“行行争第一”的担当意识充分激活。

在全面总结“十三五”发展成效的同时，如皋经济社会发展仍存在瓶颈和短板：发展不平衡不充分的问题仍然存在，经济总量不大、均量较小；实体经济发展面临困难，经济下行压力较大，政府性债务压降任务还很艰巨；主导产业规模偏小，产业链尚不完整，产业转型升级步伐需进一步加快，创新能力有待提升；主功能板块承载能力还不够强，龙头型、创新型企业不多，产业集聚度、支撑度和贡献度亟待提高；在深度开放和区域融合方面与先进发达地区相比仍存在一定差距，内外资利用质效有待提高；交通区位优势尚未充分释放，基础设施建设仍有不少短板，城市功能和品质有待提升，地区发展不均衡问题仍较突出；公共财力支出与高品质公共服务供给之间尚未有效匹配，与群众需求还有差距；生态环境治理有待巩固提升，绿色发展机制有待完善；城市精细化管理水平仍显不足，城乡融合体制机制有待完善，安全生产基层基础仍需强化；干部队伍的法治观念、担当意识、服务能力和工作作风与高质量发展的要求还有差距。这些问题，“十四五”期间必须采取有力措施切实加以改进和解决。

第二章 进入高质量发展转型突围期

初步判断，“十四五”时期我国仍然处于重要战略机遇期，但机遇和挑战都发生变化。如皋必须准确把握内外发展环境的深刻复杂变化，科学研判发展趋势特征，坚定信心、锐意进取、奋发作为，在危机中育先机、于变局中开新局。

第一节 发展环境

世界进入百年未有大变局加速演变时代。“十四五”时期，全球竞争优势重塑、经贸规则重建、力量格局重构的叠加态势日趋明显。国际经贸规则主导权争取更趋激烈，跨国公司近岸化本土化布局趋势更加明显，我国将面临制造业中高端回流和中低端分流的双重压力。同时，“十四五”时期是新一轮科技革命发生颠覆性变革的重要关口，以信息网络、智能制造、新能源和新材料为代表的技术创新浪潮，正在掀起新一轮科技和产业变革，生物医药、人工智能、数字经济、服务贸易将成为新的爆发式增长点。这将有利于如皋依托自身成本较低、空间较多、教育资源丰富等基础优势，全面融入全球创新网络，推动新兴产业加速成群成链。

我国从高速增长进入高质量发展的时代。“十四五”时期，我国将处于转变发展方式、优化经济结构、转变增长动力的攻坚时期，全方位高质量发展和深化供给侧改革将成为最鲜明的主题与主线。从基本面看，我国经济潜力足、韧性强、回旋空间大，外资与我国供应链全面脱钩可能性较小。从变化面看，我国劳动力、土地、资源等要素成本上升，城市化减缓、老龄化加速及居民收入增速放缓、杠杆率快速提升，未来支撑我国长期快速发展的低成本优势将减弱。这些重大变化将为如皋依托江海河铁联运新优势，抢抓区域一体化机遇，融入国内国际双循环发展新格局，率先布局新基建，发展经济新业态提供重要机遇；同时国内经济增速回落、结构转型阵痛不减，国内传统产业面临新一轮洗牌，也将对如皋部分传统产业带来较大冲击。

长三角进入更高质量深度一体融合时代。“十四五”时期，我国高质量区域经济布局逐渐明显，长三角一体化发展进入快车道，在率先形成新发展格局、勇当科技和产业创新的开路先锋、加快打造改革开放新高地方面，将成为我国发展强劲活跃的增长极。同时，长三角同构竞争压力空前加剧，各城市纷纷构建重大载体平台、推出开放创新举措、加强招商引资，区域重大项目、高端资源竞争日趋激烈。随着沪苏通铁路通车和北沿江高铁在“十四五”时期如期开通，如皋与上海和苏南地区的通勤距离大幅缩短，既为如皋带来中心城市高端要素外溢的重大利好，也为如皋带来产业竞合关系更加复杂、虹吸与辐射相互交织影响等重大挑战。

南通进入区位条件和发展能级跃升时代。“十四五”时期，南通全域进入国家重大战略叠加期、产业扩量提质攻坚期、中心城市能级提升期，并成为长江以北唯一纳入上海“1+8”都市圈的城市，区位优势、发展机遇和前景预期日益凸显。随着南通行政区划的重大调整，如皋在南通全域发展格局中，与周边城市竞合压力进一步加大；但作为南通经济总量最大的县市，如皋也将在长三角一体化和沪苏通核心三角强支点格局发挥更大作用。

第二节　阶段特征

“十四五”时期，空间优化整合和产业转型升级将成为如皋现代化建设和高质量发展的新主题。总体判断，如皋经济社会发展将呈现以下趋势性阶段特征：

城市势能进入集中释放期。“十四五”时期，如皋将形成“1235”（一个深水良港、两条过江通道、三座高铁站点、五条高速公路）的区域交通新格局，“轨道上的如皋”时代已经来临。如皋将在上海大都市圈中承担更多先进制造、中试转化、运输配送等支持功能，产业转型升级、物流贸易集聚、城市品质提升、跨江一体融合将迎来黄金发展期。

空间布局进入优化整合期。“十四五”时期，随着“一城两区三基地”实施、公铁水多式联运枢纽打造、高铁枢纽和如皋港新城建设推进，如皋－张家港组合港谋划实施，如皋城市发展重心将继续南移，全域将迎来主城品质提高、副城能级跃升、主城副城全面融合、如皋与南通一体发展的新时期，城市发展格局将全面打开。

产业体系进入重塑转型期。“十四五”时期，如皋将面临国家扩大开放、拓展内需、促进投资的历史机遇，将迎来新一轮科技产业革命蓬勃发展、长三角地区产业链式布局、自身江海河铁联运的重大利好，全市产业体系将进入优化重塑、转型升级的关键时期，将通过加强重特大项目招商引资和产业政策支持，推动优势产业和新兴产业快速成群成链。

内外开放进入一体融合期。“十四五”时期，随着如皋—张家港、如皋—锡山高质量跨江融合发展实验区建设启动，全域纳入上海和苏锡常两大都市圈 1 小时高铁通勤圈，如皋迎来扬子江城市群和长三角一体化发展战略叠加、全面融入南通主城和上海与苏锡常都市圈、借势发力面向太平洋开放的新时代，全市将成为南通和苏中苏北对接苏南的桥头堡。

宜居城市进入提质共建期。“十四五”时期，如皋将进入增进民生福祉、锻造城市品质、带动产业发展的关键时期，必须聚焦提档升级、固本强基，加强城市更新改造、丰富优质服务供给、强化生态环境保护、实施智能精细管理，擦亮宜居、长寿、健康、教育等金名片，全面提升如皋在长三角的口碑美誉和诗意魅力。

第三章　全面建设长江以北最强县市

辩证认识和把握发展大势，系统谋划、精准施策，把高质量要求落实到发展的全过程、各领域，在新一轮发展中抢占先机、赢得主动，一张蓝图绘到底，高质量建成长江以北最强县市。

第一节　指导思想

高举中国特色社会主义伟大旗帜，深入贯彻中共十九大和十九届二中、三中、四中、五中全会精神，坚持以习近平新时代中国特色社会主义思想为指导，全面贯彻党的基本理论、基本路线、基本方略，落实习近平总书记对江苏的系列讲话指示精神，统筹推进“五位一体”总体布局，协调推进“四个全面”战略布局，坚定不移贯彻新发展理念，坚持稳中求进工作总基调，以推动高质量发展为主题，以深化供给侧结构性改革为主线，以加强需求侧管理为着力点，以改革创新为根本动力，以加快融入国内国际双循环、全面提升城市能级为突破口，以满足人民日益增长的美好生活需要为根本目的，坚持系统观念统筹发展和安全，按照“强富美高”新江苏再出发和南通“一个龙头、三个先锋”战略部署，围绕建设“长江以北最强县市”的总体目标，紧扣“陆海江黄金交汇点、沪苏通开放桥头堡”的功能定位，实施人才科创、产业转型、开放融合、空间整合、绿色优先和特色品牌六大战略，打造产业创新强磁场、开放融合桥头堡、多式联运组合港、历史文化旅游城、生态宜居康养地五大愿景，全面提升城市的核心竞争力和特色品牌优势，为南通勇当全省“争当表率、争做示范、走在前列”排头兵作出如皋贡献。

第二节　历史使命

从“强富美高”到“争当表率、争做示范、走在前列”，习近平总书记对江苏工作一系列重要讲话指示精神既一以贯之、一脉相承，又饱含着对江苏人民深切关怀、对江苏发展殷切厚望。如皋要积极响应省委、省政府和南通市委、市政府的号召和部署，全方位推进现代化建设和高质量发展，主动服务和融入国内国际双循环新发展格局，积极构建长江以北综合实力最强县市，勇做习近平总书记赋予江苏“争当表率、争做示范、走在前列”新使命的生动实践样本。

在改革创新、推动高质量发展上争当表率。聚焦高质量发展重点领域和关键环节，推进实施县域体制集成改革，着力解决发展中的难点痛点。谋划建设高科技产业新城、争取创建国家级高新区，着力打造长三角产业科创高地。着力盘活资金、土地、人才、技术、政策等要素资源，推动优势产业数字化改造、链式化延伸，促进新兴产业植入式打造、规模化发展，形成一批领跑全国的企业品牌和产业集群。

在服务全国构建新发展格局上争做示范。抢抓长江经济带、长三角一体化发展等国家重大战略机遇，全面对标苏南地区，全面融入上海大都市圈，全力打造长三角地区“陆海江黄金交汇点、沪苏通开放桥头堡”。坚定不移扩大对外开放，鼓励外资功能性大项目落地集聚，鼓励本土企业加强对“一带一路”地区投资布局，努力成为推动区域一体化和内外一体化的链接点。

在率先实现社会主义现代化上走在前列。紧扣“强富美高”新江苏再出发和南通建设长三角一体化沪苏通核心三角强支点城市发展目标，立足促进人的现代化，着力做大经济总量、厚植产业基础、提升城市能级、建设美丽如皋、提升治理效能、增进民生福祉，奋力将如皋打造成为长江以北经济总量乃至综合实力最强县市，切实成为全国率先基本实现社会主义现代化的县域范例。

第三节　发展战略

人才科创战略。坚决将创新摆在全市现代化建设全局核心地位，持续加大科技创新投入，加快建设一批重大创新平台，攻克一批产业核心技术。深化科技体制改革，推动创新要素集聚，优化区域创新布局。深入实施“雉水英才”计划、“148高层次人才梯队”培育工程（在全市专业技术人才队伍中择优选拔10名中青年首席专家、40名中青年科技领军人才和80名中青年科学技术带头人）等重点人才计划，全面加强对创新人才及其团队的招引。突出企业主体地位，培育一批科技创新型企业，大力提升自主创新能力，努力提升如皋产业科创能级。

产业转型战略。聚焦构筑“3232”现代产业体系（构建以智能装备制造、汽车及零部件、高端新材料为主导产业，新一代信息技术、生命健康为新兴产业，商贸物流、信息服务、文化旅游为特色服务业，现代建筑和现代农业为传统优势产业），围绕现有主导产业基础，着力打造裂变式发展的硬核产业集群。联合龙头企业和头部基金，聚焦产业链关键环节开展垂直整合，推动形成资本市场如皋板块。大力发展创新经济、枢纽经济、线上经济、文娱经济等新业态，全面增强如皋产业的“含金量”“含新量”和“含绿量”，持续做大经济总量规模，提高人均产出水平。

开放融合战略。加速融入以国内大循环为主体、国内国际双循环相互促进的新发展格局，深度扩大对“一带一路”沿线国家（地区）及欧美日韩的全面开放，吸引强赋能、高端化外资项目，补齐外向型经济短板。全面打开产业、城市、交通、机制等方面有机联动的现代化大城市发展框架，推动构筑如皋－张家港跨江组团和上海－苏南大都市圈生产配套供应链，深度融入长三角一体化和全球开放创新网络。

空间整合战略。推动主城强核和副城强芯，注重沿江、沿河、沿路联动发展，谋划发展临站、临江、临空经济，统筹推进中心城区产业、配套、文旅、创新、生态建设，推动中心城区成为引领创新转型的核心区。支持如皋港推进港产城贸一体化发展和产业体系重塑，推动长江镇由“一个镇”转型蝶变“一座城”，鼓励各园区突出特色、错位发展。

绿色优先战略。扎实开展美丽如皋建设，全力抓好长江大保护，坚持减量、节约、集约发展、淘汰落后产能，健全低碳循环的能源利用制度，不断完善生态保护体系和生态文明统筹协调机制，鼓励绿色生产生活方式，促进经济社会发展绿色转型，全面打造“蓝天、碧水、净土、无废”的绿色城市，实现人与自然和谐共生。

特色品牌战略。坚持将城市品牌塑造作为品质提升的关键抓手，将人文、教育、长寿、生态、宜居等优势资源打造成为深入人心的城市标签。整合丰富的自然人文资源，打造宜居宜业的历史文化旅游城。充分发挥教育强市优势，吸引产业人才集聚。探索实施长寿品牌打造计划，构建生命康养产品和服务体系。

第四节　2035年远景目标

落实中共十九大提出的分两步走全面建成社会主义现代化强国的战略安排，2035年如皋经济社会发展的远景目标是：人均地区生产总值和居民收入在2020年基础上实现翻一番以上，主要发展指标基本达到发达经济体水平，经济动力、创新能力、开放张力、文化软实力和城市综合竞争力实现新跃升，“五大愿景目标”成为如皋最鲜明的内在发展特质。现代产业科创体系全面建成，主导产业完整筑链、新兴产业成为支柱，高科技产业新城形成地标，集聚一批国内外知名品牌和创新型企业集群，成为长三角地区先进制造业科创中心。全面融入国内国际双循环相互促进的发展新格局和长三角一体化新布局，江海河铁联运枢纽和公铁空水联运网络全面建成，成为长三角区域和长江经济带的开放经济和枢纽经济高地。全域生态环境得到根本好转，长江生态屏障更加牢固，长江岸线成为靓丽风景，绿色生产生活方式全面普及，碳达峰后率先实现碳中和，资源节约集约利用程度显著提高，基本建成秀美和谐的美丽新如皋。基本实现市域治理体系和治理能力现代化，城市运行更加安全高效，依法执政能力全面提高，智慧如皋、平安如皋、文明如皋、法治如皋等目标全面达成。市民素质和社会文明程度达到新高度，人民群众过上高品质生活，基本公共服务实现均等化，教育强市、人才强市、文化强市、体育强市全面建成。通过十五年努力，全面绘就“强富美高”新如皋壮美蓝图，切实成为我国长江以北综合实力最强县市。

第五节　“十四五”时期发展目标

按照2035年远景目标的阶段性部署安排，到“十四五”期末，如皋要在全面建成高水平小康社会的基础上，实现社会主义现代化建设的良好开局，战略核心竞争优势逐步凸显，现代产业集群基本形成，开放竞胜通道全面打开，江海河铁联运枢纽功能开始释放，社会文明、城市面貌和宜居品质持续提升，人民生活水平持续改善，“美丽如皋”和现代化市域治理体系基本建成，“长江以北经济总量最强县市”形象和“陆海江黄金交汇点、沪苏通开放桥头堡”功能基本确立，全国百强县市挺进前二十。

经济质量效益显著提升。“一城两区三基地”建设取得标志性成果，地区生产总值和一般公共预算收入确保达到1900和120亿元。经济结构更加优化，创新能力明显增强，“3232”产业体系迈向中高端水平，制造业增加值占地区生产总值比重不少于40%，工业投入年均300亿元，研发经费支出占地区生产总值达到3.3%，高新技术产业产值占规模以上工业产值比重48%以上，高新企业数在2020年基础上实现翻番，上市企业数累计达到20家。

民生发展水平显著提升。城乡居民收入增幅与经济增长同步，其中农村居民收入增长快于城镇居民收入。公共服务产品供给能力和共享水平大幅提升，率先创成全国义务教育优质均衡发展县（市、区），高质量公共卫生健康体系基本建成，多层次的社区生活便利圈实现全域覆盖，社会保障和养老服务体系更加完善，人口结构更加优化，高素质人才和年轻人比重显著提高，人民群众的获得感、幸福感、安全感和满意度不断增强。

城市发展能级显著提升。国土空间布局持续优化，城乡一体融合发展水平、生态宜居品质显著提升，成为美丽江苏如皋样板。以沿江岸线、高铁干线和高速公路为基干的多维度、骨干型集疏运体系初步建立。主、副城区功能和品质全面提升，经济和人口承载能力明显增强。如皋港成为长三角地区公铁水联运、内外贸并举、商业港与工业港相结合的综合贸易港。城市管理现代化水平显著提高，生态环境和人居环境显著改善，争创国家生态园林城市、国家历史文化名城，城市集聚度和美誉度进一步提升。

改革开放优势显著提升。畅通内外“双循环”，内外开放协同推进格局初步确立，五年累计实际到账外资20亿美元。深度融入上海－苏南大都市圈，区域竞争力及对南通的贡献度显著提升，切实成为跨江融合、对接上海的桥头堡。国家和省级平台载体、科学设施、专业机构布局力争突破，初步实现国内外高端要素资源的吸纳集聚和优化配置。深化国家基层标准化改革创新先行区建设，打造区域最优营商环境。

社会文明程度显著提升。习近平新时代中国特色社会主义思想深入人心，社会主义核心价值观融入社会发展各方面。现代公共文化服务体系基本建成，文化事业繁荣发展，文化产业活力迸发，文化品牌更加响亮，文化自信充分彰显。城市文化与精神守正创新、与时俱进，多元文化兼容并生、现代文明与历史文明交相辉映的生动局面初步显现，全国文明城市和文化强市建设迈上更高水平。

市域治理效能显著提升。政治生态更加优化，社会主义民主法治更加健全，法治化水平全面提升。重大风险防范化解能力、突发公共事件应急能力、防灾减灾救灾能力显著增强，平安建设体系更加完善，发展安全保障更加有力，城市管理和社会治理的智慧化水平、自治化程度、网格化能级显著提升。社会治理共同体初步建构，富有特色的市域治理制度体系基本建成。

如皋市“十四五”经济社会发展主要指标一览表

表 81

类别	序号	指标名称		2020 年完成值	2025 年目标值	属性
经济强	1	地区生产总值（亿元）		1305.00	1900.00	预期性
	2	一般公共预算收入（亿元）		72.00	120.00	预期性
	3	研发经费支出占地区生产总值比重（%）		2.60	3.30	预期性
	4	每万人口高价值发明专利数（件）		7.00	10.50	预期性
	5	制造业增加值占地区生产总值比重（%）		37.10	40.00	预期性
	6	高新技术产值占规模以上工业产值比重（%）		37.10	48.00	预期性
	7	数字经济核心产业增加值占地区生产总值比重（%）		—	与南通目标一致	预期性
	8	累计实际到账外资（亿美元）		17.80	20.00	预期性
	9	累计上市企业数（家）		7.00	20.00	预期性
	10	港口吞吐量	货物吞吐量（万吨）	8000.00	12000.00	预期性
			集装箱吞吐量（万标准箱）	50.00	100	预期性
	11	常住人口城镇化率（%）		62.50	67	预期性
百姓富	12	居民收入	城镇居民人均可支配收入（元）	49118.00	72000	预期性
			农村居民人均可支配收入（元）	23599.00	34500	预期性
	13	城镇调查失业率（%）		—	与南通目标一致	约束性
	14	人均预期寿命（岁）		82.38	83.00	预期性
	15	每千人口执业医师数（人）		2.65	3.00	约束性
	16	城乡基本养老保险参保缴费率（%）		98.60	98.70	约束性
	17	每千人拥有 0 ~ 3 岁婴幼儿托位数（个）		1.90	2.50	预期性
	18	接受上门服务的居家老年人数占比（%）		20.00	25.00	预期性
环境美	19	单位地区生产总值能源消耗降低（%）		完成上级下达目标	完成上级下达目标	约束性
	20	单位地区生产总值二氧化碳降低（%）		完成上级下达目标	完成上级下达目标	约束性
	21	非化石能源占一次能源消费比重（%）		完成上级下达目标	完成上级下达目标	约束性
	22	地表水省级以上考核断面达到或好于Ⅲ类比例（%）		100.00	完成上级下达目标	约束性
	23	空气质量达到优良天数比例（%）		84.30	83.90	约束性
	24	林木覆盖率（%）		25.20	完成上级下达目标	约束性
社会文明程度高	25	法治建设满意度（%）		90.00	90 以上	预期性
	26	劳动年龄人口平均受教育年限（年）		10.20	11.5	预期性
	27	社会文明程度测评指数		90.00	90.00 以上	预期性
保障安全	28	粮食综合生产能力（万吨）		—	67.00	预期性
	29	耕地保有量（公顷）		79840.00	完成上级下达目标	约束性
	30	生产安全事故起数和死亡人数下降（%）		完成上级下达目标	完成上级下达目标	约束性
	31	公众安全感（%）		98.70	99.00	预期性

第四章　构筑“三生融合”的空间布局

坚持以生产空间集约高效、生活空间宜居适度、生态空间山清水秀为目标，强化规划设计、注重联动发展、全面构建集萃智慧、功能完备、和谐共生的城市形态，打造长江以北最具特色的“三生融合”样板县市。

第一节　城镇空间布局

推进城市空间布局形态多元化，合理确定城市规模，加强全域统筹均衡发展，构建“一主一副、双轴串联、组团发展”的城镇空间布局。

“一主一副”双核驱动。推动“中心城区－前沿区”双子星联动发展。中心城区（城南街道、城北街道、如城街道）要推动城市更新、优化功能配套，加快布局智慧化应用场景和国际化公共服务设施，提升城市精细化管理水平，提升城市品位和吸引力。前沿区（长江镇）按照港产城贸一体化发展思路，大幅提升岸线利用率，改善跨江交通联系，完善公共服务设施布局，到 2025 年基本建成如皋城市副中心。

双轴功能串联。形成两条南接沪浙皖、北进晋鲁豫、向苏南苏中苏北地区拓界延伸的创新发展功能轴，加快资源整合、辐射带动、共赢发展。建设高等级的如港路快速通道，贯穿北沿江高铁如皋西站，沿快速通道建设产业科创轴，布局产业科创载体，打造链接双核的南北产业科创走廊。推进通皋大道（二期）快速路建设和 S356 港通快速通道改造，布局城市功能轴，畅通如皋城区与南通市区的快速联系，促进如皋与南通主城一体化发展。

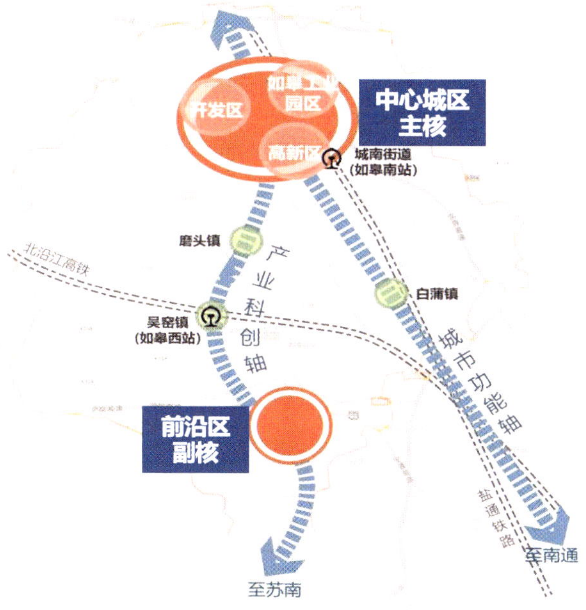

如皋市“十四五”时期空间布局图

组团协同联动。凸显“主城—副城”和“三临三沿”（临站、临港、临空，沿江、沿河、沿海）区位优势，以区镇联动、园区共建、产城融合为抓手，以全域一体、错位协同为目标，探索打造科创新城、高铁临站、沿江临港、城市功能等四大功能组团。依托区域资源禀赋，前瞻布局一批临空产业园、新兴产业基地、高端农产品和中央厨房冷链基地。聚焦吴窑－磨头组团镇域规划提档升级，加快重构以高铁枢纽为地标、临站经济为特色的都市发展新高地。

> **四大功能组团**
>
> **科创新城组团：**由高新区—开发区—如皋工业园区—丁堰镇—下原镇组合形成科创新城组团，重点发展高技术产业。
>
> **高铁临站组团：**由吴窑镇—磨头镇等组合形成高铁临站组团，重点发展临站经济。
>
> **沿江临港组团：**由长江镇—九华镇—石庄镇—白蒲镇等组合形成沿江临港组团，重点发展港口经济。
>
> **城市功能组团：**由搬经镇—江安镇等组合形成城市功能组团，重点发展文旅产业、都市农业。

第二节　产业空间布局

优化“4+5”产业空间布局，提档升级四大主功能区，统筹推动五大工业集中区共建，加强周边地区产业协同带动。

高新区（城南街道）力争升格国家级。依托国家级软件园，以集成电路、激光及智能装备制造系统集成、软件外包和信息服务产业为主导产业，以承接配套长江两岸经济带中高端制造业为定位，将集成电路产业打造成在全国有一定影响力、在全省有较高地位的“地标产业”。加快形成智能制造装备与软件设计集成互相融合的产业生态圈，打造江苏省核心软件服务外包基地、国家级特色视频产业基地，建成国家级软件产业基地。“十四五”期间，力争创成国家级高新区，经济总量实现翻一番，规模工业应税销售三年实现翻一番，高新技术企业数三年净增超百家，跻身省级高新区前 15 强。

开发区（城北街道）力争晋位升级。发挥如皋经济技术开发区“国字号”品牌效应，大力发展智能装备制造、汽车及核心零部件两大主导产业，培育电子信息科技、氢能两大新兴产业，大力发展现代服务业，推动先进制造业和现代服务业深度融合。加快推动斯堪尼亚重卡等重特大项目开工建设，积极招引高质量外资制造业项目。“十四五”期间，工业投入三年 300 亿元，实际利用外资三年超5亿美元，综合实力跻身全国开发区前40强。

如皋工业园区（如城街道）力争形成上市公司群。聚焦5G新材料、新一代信息技术、智能制造、金融服务、文化旅游、都市农业等重点产业，积极培育专精特新“小巨人”企业和上市企业，推动产业向中高端转型。大力发展总部经济、数字经济，打造金融集聚区。加快城东工业区和西部工业园区基础设施建设，加快与磨头镇共建精密制造产业园。“十四五”期间，工业投入三年200亿元，规模工业应税销售三年实现翻一番，上市公司五年累计15家。

长江镇（如皋港区）争创省级开发区。聚焦发展智能装备，积极布局电子信息，培育发展汽车零部件，做精做专特种设备及智能终端精密模组，推动船舶制造提档升级，着力提升产业自主创新能力和成套设备生产能力。转型发展高端新材料产业，重点发展绿色环保、科技高端的化工新材料产业，大力发展通讯半导体新材料、建筑新材料、高端金属结构材料、胶粘新材料等行业。积极打造枢纽经济新业态，依托如皋港一类开放口岸、保税物流等优势，以港口物流为核心，增强综合贸易功能，提升供应链全流程服务能力。“十四五”期末，力争创成省级开发区，初步建成核心环节自主可控的智能装备制造和新材料产业新增长极，构筑形成长江中下游地区重要物流节点和流量经济新高地。工业应税销售三年突破千亿大关，工业投入三年内达到500亿元。

四大主功能区“十四五”期间产业定位

表82

主功能区	重点产业	产业细分领域	重大载体
经济开发区	智能装备	输变电、液压机、数控装备、工业机器人	智能装备制造产业园
	汽车及核心零部件	整车制造、电池、电机、电控、关键零部件及材料、配套设施及相关技术服务业	新能源汽车特色产业基地
	电子信息	电子元件、电子器件、电子信息机电及专用设备、通信设备、集成电路	金属表面处理中心电子信息产业园
	氢能产业	制储氢、加氢设备制造、氢燃料电池系统及相关零部件制造、氢燃料电池研发及检测平台、氢能产品示范应用	氢能小镇 氢能检测中心
	生命健康	肝素钠提取、医疗健康	肠衣城
	休闲旅游	生态农业观光	平园池村
高新区	新一代信息技术产业	光电、第三代半导体	光电科技产业园
	激光和智能装备	激光装备，智能装备	激光和智能制造产业园
	软件外包和信息服务	软件研发、服务外包、数据处理、动漫设计、短视频、物联网、人才实训、总部经济	软件服务外包产业园
	建筑业	建筑工程、市政道路工程、装饰工程、管道及设备安装	—
如皋工业园区	新材料	5G新材料、金属新材料、前沿新材料	城东5G产业园
	智能装备	高端装备、输变电、光学仪器制造	—
	金融服务	—	金融城
	文化旅游	工业旅游、花木盆景、生态文化、刑侦科学	盆景风情小镇、水绘园风景区、盆景博物馆、李昌钰刑侦科学博物馆
	都市农业	观光农园、休闲农场、花木盆景、生态农业	顾庄社区顾家庄、大明社区大镠马、钱长村夏家庄
如皋港区	新材料	化工新材料、前沿新材料	金鹰产业园、化工产业园
	高端装备制造	智能设备、海上风电、汽车零部件和电子信息	广大特材产业园
	商贸物流	大宗产品供应链管理、贸易中转、冷链物流	如皋港现代物流园
	生命健康	医药新材料	—
	康养旅游	—	金岛生态园、药用植物园

统筹推动镇工业集中区共建。即由高新区共建丁堰镇工业集中区，重点打造智能装备、高端新材料、健康家居三大主导产业，转型升级纺织、日化、机械三大传统产业；共建下原镇工业集中区，重点发展以医疗器械和养老设备为主的大健康产业和智能装备产业。如皋工业园区共建东陈镇工业集中区（城东工业区），重点发展智能装备、5G 新材料、汽车及零部件、新一代信息技术等产业；共建磨头镇工业集中区，重点发展精密模具智造、电子通信、高端设备智造等主导产业。如皋港工业园共建九华镇工业集中区，重点发展高端装备制造、汽车及零部件、电子信息等产业。各共建园区要统筹产业方向、优化推进机制、规范指标统计，聚焦 500 强、央企、行业百强等企业，在各主导产业领域加快建立补强一批特色产业链。探索对区镇园区分级赋权、各主建园区享有的政策全部推广到共建园区，充分调动和激发基层的积极性。

第三节 生态空间布局

根据生态红线、基本农田、灾害避让等要求，以区域生态公园、主要河流、主要交通干道为依托，构建“三横四纵、两圈多点”的区域生态空间。

三横：即白茅港 – 南凌河及其沿岸绿带、大寨河 – 大明河及其沿岸绿带、立新河 – 跃进河及其沿岸绿带。

四纵：即焦港河及其沿岸绿带、引河 – 如皋港 – 夹江及其沿岸绿带和湿地、如海运河及其沿岸绿带、丁堡河—通扬运河及其沿岸绿带。“三横四纵”构成全市最重要的绿色生态屏障，也是市域森林和动植物资源最为丰富的地区。

两圈：即北部苗木生态圈：包括顾庄生态园、东方大寿星园、花木大世界、江源植物造景园等生态节点。南部湿地生态圈：以长江湿地为依托，包括长江湿地、水源保护区、长青沙旅游度假区在内的生态保护圈。

多点：即湖泊生态节点：包括龙游湖、车马湖、千翠湖等生态节点。苗圃生态节点：包括邓元、东城、何庄、纪庄、大明、石庄、九华等生态节点。

第二篇 建设最具吸引力的产业创新强磁场

第五章 建设长三角产业科创新高地

以创建国家创新型县市为引领，突出创新核心地位，深入实施创新驱动、人才强市战略，围绕创新链部署服务链、资本链和人才链，集聚创新资源要素，壮大创新型企业集群，优化创新生态系统，将如皋打造成为长三角地区产业科创新地标、新兴产业增长极。

第一节 构筑长三角产业科创新城

谋划建设产业科创高地。推进国家创新型县（市）、国家级高新区创建工作，充分发挥各主功能区的辐射带动作用，推动园区共建共创，实现要素的合理流动和高效组合，加快形成一体化创新发展格局。全面开展系统性、前瞻性的顶层设计和整体规划，重塑产业科创物理空间，谋划构建以高新区为策源、以开发区和如皋工业园区为支撑、以如皋南站为依托的产业科创新城，打造长江以北最高水平的产业科创核心载体。支持开发区聚焦新能源及汽车零部件产业链，搭建产业公共研发平台，推动核心技术攻关，打造国内有竞争力的新能源及汽车零部件研发生产基地。支持高新区推进国家级高新区创建，推动形成在全国有影响力的电子信息、科技服务、软件外包等特色产业。支持长江镇积极融入长三角科技创新布局，努力打造接轨上海、融入苏南的科技创新前沿阵地。

科技创新领域重大改革

表 83

序号	项目名称	目标定位
1	如皋争创国家创新型县（市）	布局建设创新型县（市）是新形势下国家实施创新驱动发展战略和乡村振兴战略，因地制宜探索差异化的县域创新驱动发展路径的重要举措，强化科技与县域经济社会发展有效对接。
2	如皋高新区创建国家级高新区	探索县域经济高质量发展、向中高端迈进的新路径，以省级如皋高新区为主体创争创苏中苏北首家县域国家高新区，进一步推动创新环境优化、产业转型升级、产城融合发展。

实施产业核心技术攻关。围绕国际科技发展趋势和主导产业发展战略需求，深入开展产业跟踪研究，进一步明确产业创新发展的目标定位和主攻方向，强化原始创新和集成创新，推动重点领域实现突破。支持半导体材料及设备、生物医药、新能源等领域开展关键共性技术研究，在新一代信息技术、汽车零部件、智能装备、高端新材料、特高压输变电等重点领域，加快形成一批技术含量高、优势明显的产业链。支持各镇（街道）结合产业基础，推进光电显示、精密模具、化工设备、船舶海工、纺织新材料等优势产业突破关键核心技术，获取重大科技成果，加快高端化品牌化发展。

构建区域创新共同体。推动以企业为主体联合海外知名大学、科研机构、跨国公司设立离岸研发中心，拓展与德国、日本等创新大国的合作深度与广度，加强与以色列、新加坡、荷兰、乌克兰等关键创新小国合作与交流。努力在上海、南京、杭州等创新要素丰富的城市建立产业技术创新合作平台，强化与苏州、无锡等苏南先进科创城市、重点园区联动发展，吸引高质量科技项目落户如皋。承接上海全球科创中心溢出效应，积极推动重大科研基础设施、大型科研仪器、高端科技服务业等资源合理流动与开放共享，促进科技成果跨区域转化。加强与南通高新区协同发展，加强南通省级以上开发园区既有资源整合，努力打造产业功能契合、基础设施联合、公共服务统合的科创生态实践区。

第二节　搭建高能级科创载体集群

高质量引育新型研发机构。启动省技术创新中心建设，统筹推动联合实验室、院士工作站、企业工程技术研究中心、产业研究院、高校成果转移中心等建设。发挥北京大学如皋创新中心、清华大学人工智能产业研究院、哈尔滨工程大学如皋研究院等高能级创新平台引领作用，开展产业关键技术研发，提高科技创新成果在地转化效率。支持新能源汽车产业研究院、半导体研究院、智能制造与机器人研究中心等新型研发机构建设，集聚形成产业前沿技术创新、转移中试、孵化加速、人才培养平台，实现功能扩展和内涵提升。发挥中科院化合物研究院、吉林大学汽车产业研究院、中乌第三代半导体研究院、江南大学（如皋）食品生物技术研究所和扬州大学（如皋）花木产业研究院等作用，加快建设测试中心、数据中心、信息发布、设备共享等公共服务平台，探索建立科技成果转移中心和交易市场，为企业创新活动提供技术支撑。充分发挥科技镇长团作用，持续推进产学研合作。

高标准构建创新孵化平台。支持社会资本参与投资兴建和运营一批低成本、便利化、全要素、开放式的众创空间、孵化器、加速器、创业园。支持高校及社会专业团队托管现有创新孵化平台，为创新创业者提供更为优良的专业化服务。围绕“3232”产业体系，深化实施“苗圃＋孵化＋投资”三位一体的资源配置模式，支持高新区创建软件开发、光电科技、纳米技术应用、第三代半导体等专业化众创空间。利用“梦想之家”“蜗壳道场·高起点”“如商汇”等省级众创空间的创新氛围和社群场景，打造创业服务链。进一步提高如皋科技创业园、科技城创业中心等国家和省级科技企业孵化器能级，到2025年新增国家级孵化器4家、省级孵化器3家，新建加速器4家，累计孵化面积30万平方米以上。

第三节　培育壮大高科技企业梯队

壮大创新型领军企业。实施引航企业培育计划，发挥重点企业的“链主”效应，培育一批掌握全产业链和关键核心技术的产业生态主导型企业。加大招引培育力度，建立覆盖企业初创、成长、发展等不同阶段的政策支持体系，根据“科技创新型企业－高成长性科技企业－科创板上市培育企业”“瞪羚企业－独角兽企业”等路径进行精准培育、差异扶持，加快发展一批专精特新“小巨人”企业和产品市场“单打冠军”。到2025年，力争新增国家级制造业单项冠军2家、国家级专精特新“小巨人”企业5家、省级专精特新“小巨人”企业15家。鼓励企业加大技术创新、产品创新、品牌创新和管理创新力度，培育壮大一批具有国际竞争力、行业引领力的植根型、创新型领军企业，鼓励有条件的企业开展多种形式的资本运作，通过产业链上下游垂直并购，成长为行业旗舰型企业。到2025年，高新技术企业力争达到600家。

集聚中小创新型企业。进一步完善“创业孵化、创新支撑、融资服务”的科技型中小企业培育体系，激发中小微企业创新活力。实施“千企升级”计划，优化产业配套半径，加强精准扶持，开展“小升高”“小升规”专项行动，促进科技型中小企业向新技术、新模式、新业态转型，加速成长为高新技术企业和规模以上企业。深入推进大众创业万众创新，实施如皋“创客家园”行动，鼓励镇（街道）创业服务平台努力吸纳、孵化培育一批有活力、有潜力的科技型中小企业，积聚发展新势能。到2025年，努力实现科技型中小企业数量质量双提升。

重大企业创新平台提升工程

开发区创业中心建成国家级孵化器，麦腾智慧天地建成国家级众创空间；推进金鑫岛、麦腾智慧天地、智汇空间建成省级众创空间。

提升企业自主创新能力。完善高新技术企业培育机制，不断充实高新技术企业培育库，建立高新技术企业申报预评审制度，分类分级有针对性地制订培育计划，支持企业通过技术创新、技术转移等途径改良产品、改进工艺、提高质量、降低成本，推动传统产业向科技型、高端化迈进。推动传统企业嫁接创新资源，支持外来生产加工型企业强化属地研发创新。鼓励龙头企业牵头组建产业技术创新联盟、产业技术研究院，支持重点企业参与国家、省等重大科技计划。

第四节　持续优化科创服务生态圈

完善科创政策服务体系。有效落实企业研发费用加计扣除、高新技术企业所得税减免、省级以上项目地方配套资金等优惠政策。健全以政府投入为引导、企业投入为主体、社会投入为补充的多元化科技创新投入体系，力争本级财政科技投入年均增长与地区生产总值年均增速同步。探索制定无偿资助与有偿使用并行、事前激励与事后补助结合的财政扶持办法。加强创新资源统筹协调和优化配置，探索企业创新积分制管理模式，建立市场化的成果评价、绩效评估机制，重点在科技项目申报、创新平台建设、产学研合作、双创载体建设等方面给予支持。

推动科技金融精准赋能。完善"苏科贷""如科贷"合作机制，贯彻落实省"高企金融服务直通车"和"科技金融三年行动计划（试点）"，鼓励拓展合作银行，降低融资门槛，减少融资成本。鼓励金融机构适当提高对科技型中小企业不良贷款比率的容忍度，实行差异化信贷管理。面向重点产业和重点企业，设立由政府主导、社会资本参与的产业科创引导基金、产业链并购基金，增加创新创业资本供给，推动科技型项目落地转化，助力产业发展壮大。积极搭建银企多元合作平台，大力引进科技担保公司、天使基金、风投基金等科技金融服务机构，创新推出实用性、操作性强的金融产品。支持国有企业、科技企业孵化器、众创空间等独自设立或联合企业设立科技金融机构，为技术研发和成果转化提供有效资本支撑。到2025年，累计新增科技金融产品5个以上。

实施知识产权强市计划。加快高价值专利培育，引导和支持企业开发具有自主知识产权的核心技术，形成一批以知识产权为支撑的新兴产业集群和优势企业，推动知识产权从数量驱动型向质量效益型转变。搭建知识产权公共服务平台，努力构建集政策发布、专利申请、专利查询、维权援助、产业预警等服务于一体的全链条知识产权服务体系，推动知识产权服务机构向高端化、优质化发展。鼓励企业积极开展知识产权质押、许可、转让和组建专利池等方式，推动知识产权转化、交易、运营和知识产权金融发展。增强全社会知识产权保护意识，完善知识产权保护相关机制，提高知识产权违法侵权成本，加大知识产权执法力度，坚决查处和制裁各种违法和侵权行为。加快建立南通（如皋）知识产权维权援助分中心，健全知识产权快速维权与维权援助机制。到2025年，全市新培育50家以上知识产权试点示范企业和贯标企业，开展知识产权质押融资的企业突破30家，每万人口高价值发明专利数10.5件。

加快科技成果转移转化。打造系统、高效、便捷的科技企业服务机构和专业集成服务平台。构建以企业为主体、以市场需求为导向、以市场机制为保障的常态化、紧密型产学研合作机制，实现企业、高校、科研院所"优势叠加"，产业链、资金链、技术创新链"多重融合"。发挥高校技术转移中心和专业技术经纪人的桥梁纽带作用，充分挖掘企业技术需求，加快科技成果向现实生产力转化，依托第三方智库开展创新战略、产业图谱、行业分析、政策评估等专题研究。培育壮大社会化科创中介机构，激发全社会创新活力。

第五节　全面升级"雉水英才"计划

围绕产业链部署人才链。充分发挥市人才工作领导小组的作用，健全领导挂钩联系重点人才制度，深入实施"雉水英才"计划、建立海内外"人才飞地"和招智引才联盟，加快汇聚一批海内外高层次团队和人才。探索建设人才大数据平台，编制重点产业急需紧缺技术人才和产业工匠技师目录图谱。以"一事一议、特事特办"方式，大力引进符合国家重大战略和优势产业需求的"高精尖缺"领军人才及其团队，实现"引进一个领军人才、带动一支创新团队、培育一个龙头企业、撬动一个新兴产业"。深入实施"如皋工匠"培育工程，探索特色学徒制，引导企业对接国内外知名高校和职校，设立产教融合实践基地，培育一批高素质的工程师、技能人才和产业工人。持续推进"148高层次人才梯队"培养工程、落实省乡土人才"三带"计划，加快培养教育人才、医卫人才、农技人才、专业社工等各领域人才队伍，努力实现本土人才向"扩数量、提质量、优结构"转变。到2025年，累计引进省级以上重点人才40人，市"雉水英才"计划100人，人才综合竞争力保持全省县域前列。

培养高素质企业家队伍。大力弘扬"张謇精神"，加快培育企业家领军人才，选树一批"如商"领军人物和"科技强企人物"，充分发挥"头雁效应"，吸引如皋籍企业家回乡投资创业。梳理高素质企业家、新生代接班人和企业高级经营管理人才目录清单，探索实施中生代企业家"磐石"工程、新生代企业家"雏凤"工程、开展企业高级经营管理人才素质提升行动。积极与中外知名商学院、高校经管学院（专业）开展战略合作，构建适应企业家多元化需求的优质平台。面向企业家开展多层次、多渠道、全方位定向培训，提升企业负责人和职业经理人的决策创新能力、高级管理人才的理论实践水平、中级管理人员的基层管理素养，打造能力突出、特色鲜明的企业管理人才队伍。加强对优秀企业家的思想引领和政治吸纳，培养一批政治坚定、开拓进取、创新发展、道德高尚、具有国际视野的现代企业家。

完善人才激励服务机制。持续完善"1+N"人才政策和相关配套办法，鼓励各条线、板块结合自身人才发展需求制定针对性人才政策，形成全方位、多层次的人才政策体系。常态化实施市领导联系服务专家制度，加大对有突出贡献人才的表彰和奖励力度。充分发挥财政资金的杠杆作用，探索建立人才项目引导基金。推进实施财政性人才发展资金“拨改投”模式，鼓励发展“人才投”“人才贷”等金融产品，推进金融、科技和人才的深度融合。撬动社会资本共同投资人才创新创业，促进人才、技术、资本有效对接。设立高层次人才“一站式”服务窗口，为各类人才提供项目落户、人才公寓、医疗教育、租房购房、社会保险、子女入学及出入境等全方位精准服务。实施人才安居工程，整合市级及主体功能区资源，统筹推进人才公寓建设，努力打造交通便捷、社群友好、生活舒心、社区服务功能完备的人才宜业安居环境。

第六章　培育“3232”现代产业体系

围绕推进产业基础高级化、产业链现代化，打造智能装备制造、汽车及零部件、高端新材料三大高辨识度的主导产业集群，培育新一代信息技术和生命健康两大高成长性的新兴产业集群，提高商贸物流、信息服务、文化旅游等三大现代服务业贡献份额和发展水平，巩固建筑和农业等两大传统优势产业，全力打造长三角最具资源和成本优势的中高端产业制造基地、生态休闲旅游基地、优质农产品供应基地。到2025年，“3232”现代产业体系基本成型。

第一节　提升三大主导产业能级

打造智能装备制造产业。推动“5G+工业互联网”等新兴技术应用，提升智能装备制造产业核心竞争力。聚焦高档机械设备、输配电及控制装备、精密机器装备、激光成套设备、智能光学仪器设备、船舶海工等细分领域，强化龙头企业整合能力，提升产品层次、产品价值，不断提高本地配套率，形成互为支撑的产业闭环。鼓励成套液压设备和液压元件、化工机械和轻工机械为主体的各类高端通用专用机械设备发展，积极拓展多元发展场景。加强精密零部件、精密模具、高档五金件等精密机器细分领域的技术研发统筹突破能力，推动特高压、智能电网、高端线缆等输配电及控制设备和专用设备，抢占未来新基建主流市场和细分市场。鼓励船舶海工企业主动调整产品结构，向海洋工程、特种船舶、智能船舶等高技术高附加值产品转型。前瞻布局工业机器人等智能制造装备领域，在高端数控装备、数控专机、数控系统等功能部件及减速器、伺服电机、控制器、高精度新型传感器等核心零部件研发制造领域力争取得突破，大力发展工业机器人本体与系统集成。到2025年，智能装备制造产业规模超500亿元。

打造高端新材料产业。重点聚焦航空航天、石墨烯、精细电子化学品及高铁滚子新材料、化工新材料、前沿新材料、高端纺织材料等优势领域，加快发展技术含量及附加值高、消耗及污染少的高端专用和功能性化学品。推动新面料、新工艺开发，加快纺织产业向高端纺织提档升级，提升和完善纺织服装产业链、价值链。完善新材料基础研究、应用转化、生产制造重点环节，推动新材料产品示范应用，探索打造新材料创新中心。到2025年，高端新材料产业规模力争超1000亿元。

打造汽车及零部件产业。聚焦汽车整车、通用燃油汽车和新能源汽车核心零部件与系统领域，建设产业规模、创新能力和品牌影响均达到国内前列的汽车零部件产业集群。积极发展轻型车用结构件、车用超级电容、动力电池系统、大功率永磁电机及其控制系统、整车控制系统、混合动力多能源管理系统等产品和技术，积极对接上海和苏南智能互联汽车研发平台，推动核心零部件和核心应用软件研发制造环节落地如皋。大力推动氢能源燃料实现产业化，完善氢能和氢燃料电池产业链条。鼓励开展高性能氢燃料电池、电堆电控系统、制氢设备、输储装置及辅助设备研发，探索推进燃料电池公交车、物流车、港区集卡、叉车等应用示范。到2025年，汽车及零部件产业规模超300亿元。

第二节　培育两大新兴产业集群

打造新一代信息技术产业。主动跟踪上海和苏南地区智能芯片、智能传感器、智能硬件、智能机器人、智能驾驶等高附加值新兴产业发展动态，在关键电子元器件等方面寻求突破，推动中试和制造环节、产业技术研发机构等落地如皋。加强与张江集成电路产业链和化合物半导体量产线的对接，建设以射频、毫米波、光电、电力电子为代表的核心器件研发制造产业基地。聚焦柔性显示、半导体设备、集成电路设计、封装测试等产业，在消费电子、工业控制芯片等细分领域，推动关键装备、材料和封测环节配套发展，形成局部领先、与长三角区域协同发展的集成电路产业集群。到2025年，新一代信息技术产业规模超500亿元。

打造生命健康产业。加快构建以“长寿如皋”城市品牌为基底的生命健康特色产业链。大力发展健康养生服务，支持知名健康体检、高端养老、医养结合、老年病护理等专业机构和连锁企业，以及早期筛查诊断、心血管植介入器械、人工智能诊疗解决方案、医疗机器人等新型医学生产服务商在如皋布局设点。支持绿色化、轻量化、特色化的新型功能食品配料及相关营养保健品、功能食品研发生产。重点对接苏州工业园区、上海国际医学园区、泰州医药城等先进园区，探索以园区合作共建、技术转移转化等多元模式，支持创新型新化合物药物产业化，促进医药医械企业延伸产业链。到2025年，生命健康产业规模超100亿元。

第三节　提档三大现代服务产业

集聚发展信息服务业。放大高铁枢纽优势，以省级如皋软件服务外包产业园为载体，以创建国家级软件产业基地为目标，抢抓云计算、物联网、大数据、人工智能等新技术、新产品、新业态发展趋势，发挥骨干企业研发、招引、培训功能，集聚一批优势软件企业，在软件技术产业细分领域上形成特色和品牌。依托电子商务产业园等载体，鼓励企业抢抓“互联网+”机遇，深耕视频直播、科技服务、研发设计服务、数据服务、动漫游戏、信息咨询服务、电子商务等信息服务领域。到2025年，信息服务业规模超150亿元。

大力发展商贸物流业。以大宗商品及散杂货物流、集装箱物流、化学品仓储贸易物流、粮食仓储物流、保税物流，冷链物流、电商物流等为基础，拓展煤炭、矿石、木材、粮食等大宗商品贸易，落地一批大宗商品现货交易中心和物贸结算中心，积极构建“港口+物流+仓储+贸易+互联网+金融”于一体的智慧物流供应链体系。通过线上线下互补叠加，推动网络市场和实体市场共同发展，重点打造华东煤炭矿石交易中心、花木大世界等专业交易市场，形成集加工、展示、交易、仓储、配送等功能于一体的商贸物流体系。大力发展连锁经营、物流配送、电子商务等现代流通业态，推动形成“多层级实体店+跨区域网店+高效率物流配送网络”的新型商业布局体系。到2025年，实现物流商贸业能级大幅跃升。

培育发展文旅产业。大力推动文体旅深度融合，创成“国家全域旅游示范区”。围绕世界长寿福地、中国盆景之都等品牌，创新宣传营销方式，深入挖掘旅游资源内涵，推出更多个性化、精品化旅游路线及产品，不断扩大旅游目标市场，打造长三角生态休闲旅游基地。加快推进长江药用植物园、平园池民俗文化园创建国家AAAA级旅游景区。推动古城片区提档升级，加快水绘园度假区省级旅游度假区创建进程。整合长青沙资源，加快长青沙度假区省级旅游度假区创建步伐。规划建设古掘沟历史文化遗址公园、古龙游河湿地公园、雉水郊野公园，推进东大街、花木大世界、龙游湖、华夏电影等文旅消费集聚街区建设。持续放大“世界长寿之乡”品牌影响力，优化整合白蒲长寿美食、长青沙药植养生、如城康养医疗等资源，发展一批融养老养生、康体美食等为特色的健康旅游项目。到2025年，文旅产业规模超300亿元。

文化旅游重点工程建设

省级水绘园旅游度假示范区：以水绘园景区为核心，推进古城片区提档升级，推动如皋建设成为底蕴深厚、影响力扩大、高质量发展的文体旅强市和长三角知名长寿旅游目的地。

省级长青沙旅游度假区：长江药用植物园全面提升改造，积极创建国家AAAA级旅游景区。长青沙夹江江堤慢行绿道、自行车运动公园借助夹江沿岸生态修复及江堤加固提升工程，沿江堤建设绿道、驿站等慢行服务基础设施；同时建设内外圈自行车骑行系统。

古掘沟历史文化遗址公园：大运河如皋段承载着历史、军事、外交、经济社会等方面丰富的文化内涵，该项目植入春秋战国时期“郧地会盟”、汉代吴王“煮海为利”、唐代“中日邦交”、北宋岳飞抗金、南宋文天祥抗元、明清冒辟疆反清、育成“东方莎士比亚”李渔等诸多文化元素，将有力推动保护、挖掘、传承和利用大运河文化，促进文旅深度融合。

古龙游河湿地公园：通过充分挖掘历史文化，依托如皋母亲河打造绿色、生态、养生旅游项目，在提升主城区周边环境的同时，有利于不断放大长寿之乡特色品牌，实现旅游强市。

雉水郊野公园：作为打造水绘园度假区的配套项目，建成后将提升城市形象，拉动内需发展，优化文旅产品供给，为市民游客提供休闲娱乐和养生度假服务。

李渔纪念馆：有“东方莎士比亚”之称的李渔是中国乃至世界戏剧文化的巨匠，建设其纪念馆将极大提升如皋对外文化形象，成为舞台艺术精品创作表演和对外交流的重要平台。

胡安定纪念馆：胡瑗是中国首开分科教学的鼻祖、理学先驱，建设胡安定纪念馆将极大提升如皋文化形象品位，打造青少年学生游学基地。

第四节　巩固两大传统优势产业

提升建筑业发展质效。鼓励建筑企业通过收购、兼并、重组，做大做强南通六建、中如、江中等旗舰型企业。加强特级资质企业与国有企业对接合作，推进六建股权制改革、中如借壳上市，鼓励六建、中如等企业参与重大基础设施建设，江中、标龙等企业主攻“超高特大难”房建项目和业态转型，大力培育“营收超200亿元、500亿元”的企业。依托金融科技力量和特级资质企业信用，探索打造建筑业供应链金融公共服务平台，通过使用电子签章、远程签约、区块链、手机APP、接口标准、加密通道等技术，实现采购流程、物流追踪、资金划拨远程操作、全程可溯。加快现代建筑向建筑装备、节能环保、轨道交通等领域拓展，推动传统单一房建施工向基础设施、智能环保、项目投融资等高端市场延伸跨越。全力拓展高端市场，努力构建以市场为导向、产学研相结合的建筑技术创新体系，深入推进“BIM+”数字建造技术在国内外高端工程建设市场研发应用，提升市政、路桥、交通、水利、绿色建筑、智能建筑等高附加值领域市场份额，做大做强如皋现代化建筑品牌。到2025年，实现建筑业产值2000亿元，创成鲁班奖（国优奖）5项。

打造现代农业产业体系。加快形成农业“3+N”（构建花木盆景、生鲜果蔬、绿色稻米及创意休闲农业“3+N”产业格局，并推动与之相关联的优质畜禽、特色水产、高效蚕桑等一批产业蓬勃兴起，打造现代农业产业体系）产业布局，打造长三角地区的“后花园、后菜园、后粮仓”。做大“花木盆景+旅游+文创”文章，探索发展“花海经济”。以中国（如皋）国际园艺产业园、盆景小镇、城北街道温泉特色小镇及城北街道黑鱼产业链供应链等重点项目为载体，加快建设一批高档花卉、苗木、盆景等研发－旅游－贸易基地。推进“三黑三白”和如皋地理标志产品规模化、产业化，加快直供长三角农产品生产基地建设，加强与长三角蔬菜集团、农贸市场、大型企业等主体合作，畅通农产品进入长三角的销售渠道。持续打造优质农产品供应基地，加快高标准农田和农业设施建设，推广现代高效农业机械，稳定粮食生产，保障国家粮食安全。到2025年，粮食生产全程机械化水平稳定在80%以上，高标准农田面积占耕地面积比重80%以上。

现代农业重点项目

温泉特色小镇建设项目：新建温泉特色小镇、建设温泉农庄、温泉民宿、乡村风情街、休闲旅游田园综合体，举办泡温泉、系乡情、忆乡愁等系列乡村旅游活动，打造江海平原乡村旅游特色景区。

黑鱼产业链供应链项目：总用地10.71公顷，一期新建黑鱼加工车间及配套用房约5.6万平方米；二期建设科研中心、大型冻品冷藏库、产品分拣配送中心、食品（黑鱼）精深加工车间等，打造黑鱼产品物流电商平台。

中国小微盆景基地：以夏庄村原美树城为核心区，向周边镇、村（社区）四周辐射，总面积333.33公顷，着力建成最具专业性、规模性、创造性、科技性的一流小微盆景集聚区。

第五节　推进现代产业载体建设

打造特色产业园区。高标准编制如皋特色园区发展规划，深入实施规划引领工程、项目招引工程和基础设施及功能配套建设工程，梳理形成园区供地热力图和产业地图，探索混合用地和综合型产业用地等试点，谋划引进知名园区和开发运营商，采取委托管理的方式加强与如皋园区合作，大幅提升特色产业园区发展能级。健全省级开发区“区街分设”机制，全力推进5G新材料产业园、金鹰（如皋）产业园、汽车及零部件产业园等重点园区基础设施建设，重点打造城东工业区、氢能小镇、光电及第三代半导体等一批产业园区，推动如皋港化工新材料产业园升格为化工园区。构筑以主功能区专业园区为引领、镇级共建园区为支撑的建设格局。到2025年，新增3个1000亿元级工业经济增长极、4个100亿元级工业经济增长点。

做优现代服务业集聚区。推动如皋港物流园、软件信息产业园和花木大世界创意产业园向省级现代服务业集聚区发展，支持中央商务区、金融集聚区、长寿文化产业集聚区、医疗器械集聚区等加快发展，加快形成一批集聚程度高、服务功能完善、辐射带动能力强的集聚区。推动人力资源产业集聚发展，整合优化劳务派遣、职业中介、技能培训等人力资源相关服务，建设专业化、信息化、规范化人力资源市场，打造特色人力资源产业园。

金融集聚区项目

金融城项目是推进金融集聚区建设，策应长三角金融发展新趋势、南通金融发展新思路的重大载体。项目总建筑面积14万平方米（含地下二层），建设12栋楼，其中，9栋高端写字楼、1栋会议室、2栋宿舍楼，项目建成后将招引入驻银行、证券、基金、保险等金融服务机构。

第六节　加快推进产业转型升级

加快构筑优势产业链。深入实施“链长制+链主制”，加快形成“一条产业链、一位市领导、一个工作专班、一名专班负责人、一个专家团队”的产业链服务模式，统筹推进产业链企业发展、招商引资、项目建设、人才引进、技术创新等重大事项，共同推进产业链发展。探索编制链主企业目录，鼓励链主企业整合产业链上下游资源，建立产供销各方信息流、物流和资金流协同一体的运作体系。升级实施“2523”工业大企业培育计划（根据《如皋市“2523”工业大企业培育实施方案（试行）》设置的目标，到2022年年底，全市力争形成应税销售超100亿元企业2家，50亿～100亿元企业5家以上，20亿～50亿元企业

20家以上，10亿～20亿元企业30家以上），采取“一企一策”方式予以集成支持。到2025年，力争培育100亿元级工业企业5家、50亿元级工业企业10家，净增1亿元工业企业100家、规模以上工业企业400家。

实施标准质量品牌行动。巩固提升国家基层标准化改革创新先行区创建，打造如皋样板。推动标准、质量、品牌“三位一体”工程，聚焦支持以力星钢球、力威机械为标杆的重点企业积极承担国际、国内标准化技术机构秘书处工作，参与制（修）订国际、国家及行业标准。鼓励企业对照国际先进标准开展对标达标提升行动，力争在高端装备制造、海洋船舶、新能源汽车等新兴产业领域整合计量标准、认证认可和检验检测体系。鼓励企业建立全方位、全过程的质量监管体系，实施质量进步、质量改进、质量管理创新项目。支持传统产业聚焦核心业务和产品制造，发展品牌化营销、个性化定制、体验式消费，延伸渗透高端市场，提升专业化、标准化、品牌化水平。到2025年，新增国际、国内标准化技术机构秘书处单位5个，主导或参与制修订国际、国家、行业、先进团体标准30项。

第七章　加速推动如皋数字化转型

以数字产业化和产业数字化助推高质量发展，着力优化数字经济创新生态，有效释放数据要素新动能，探索在数字政府建设、数字治理探索、数字应用示范等领域形成特色亮点，不断推动如皋构建数字经济和数字化发展新体系，打造长江以北最高水平的数字经济和数字化发展新高地。

第一节　大力推动数字产业化

做强做优智能软件产业。围绕“智能＋安防”“智能＋生活”“智能＋金融”“智能＋教育”等领域，支持智能软件企业开展数字技术创新，加快技术攻关和成果转化，培育一批“智能＋行业”应用软件企业。培育发展人工智能产业。加快推动人工智能在智能制造、医疗健康、金融商贸、交通运输、数字教育、文化旅游、智慧农业等场景的融合应用，布局人工智能领域的关键技术研究，全面提升人工智能领域研发、投资、产业化和创新服务的核心能力。前瞻布局区块链产业。强化区块链技术和生产性服务业的结合，重点推进数字金融、智能制造、政务服务、供应链管理、数字资产交易、智能网联汽车等应用场景融合创新，探索推进区块链服务网络建设，鼓励现有软件企业积极使用区块链技术。探索布局数字内容产业。推动5G、人工智能、虚拟现实、大数据等数字技术与文化创意产业融合发展。依托如皋资源禀赋和人文特色，探索培育数字影视、数字娱乐、数字传媒、数字出版等新兴业态。

第二节　加快产业数字化融合

探索“5G+工业互联网”试点示范。促进区块链、人工智能等技术与工业互联网的深度融合，推动制造业向更多依靠数据、信息、知识等新型生产要素的增长模式转变。高标准建设工业互联网，推动传统工业云平台向工业互联网平台演进升级，工业大数据应用“上云”，全面支撑智能制造、“互联网＋”协同制造发展。加大现有企业技术改造力度，推动船舶海工、纺织服装等传统产业生产、管理和营销方式变革，促进产业高端化、智能化发展。到2025年，培育省级工业互联网平台4个、星级上云企业260家，力争建成省级示范智能工厂1家、智能车间15个。

数字赋能激发服务辐射能力。支持长江镇建设区域性跨境电子商务产业集聚中心、大数据信息中心、创新创业中心、配套服务中心，探索搭建市级数字服务贸易公共服务平台。提升数字研发创新活力，支持科技研发咨询、产品检测验证、成果转移转让等研发服务充分运用数字化手段提升服务能级。促进人工智能、大数据、云计算、区块链、5G等新兴技术与金融产业融合发展，增加有效金融供给，支持金融科技应用场景落地和标准化。加强数字技术商务商业应用，推动智慧商圈开展基于智能交互技术集成创新的业务模式创新，鼓励大数据、精准营销等技术应用。大力培育智慧新零售企业，支持传统商贸业向无人零售、直播电商、社群电商等新零售模式发展，实现线上线下业务、品牌、渠道、顾客等多方面融合，打造新零售“试验田”和“竞技场”。

传统产业数字化改造

以智能制造为重点推动企业数字化转型。通过“机器换人”、智能化改造，全面提升传统制造方式自动化、网络化、智能化水平，并以此为基础催生个性化定制、智能化生产、网络化协同、服务型制造等新模式、新业态。

以平台赋能为重点推动行业数字化转型。以制造业龙头企业、互联网平台企业等为主导，引导通过完善运营机制、共享数据资源，选择多种方式推动行业数字化转型。

以生态建构为重点推动园区数字化转型。推进园区数字化建设，建立以园区管理、运营平台为基础，以产业服务平台为核心，以大数据运营平台为支撑的智慧园区，全方位有效服务传统企业，更好培育新动能，打造良性循环的数字化生态。

第三节 着力推进数字政府建设

提升一体化平台能力。深化技术融合、数据融合和业务融合，形成横向多维协同、纵向垂直贯通的数字政府发展格局。全力推进“云、网、数、端”一体化集约化建设，夯实基础设施支撑，完善数据要素体系，强化公共平台赋能，提升服务感知体验，深化安全防护，实现共性设施“一云承载”、数据资源“一池融通”、公共服务能力“一体赋能”、应用服务“一端智联”。

推进一体化应用示范。以“数字化治理”为抓手，整合优化各部门政务服务，推动极简审批、智能审批，实现政务服务从“一网通办”向“一网好办”转变。推动全域相关治理要素汇聚融通，全面提升城市运行前端感知能力和线上线下整合治理能力，实现城市治理“一网统管”。打通经济领域信息“共享融合”，建设如皋“经济大脑”，形成全要素产业发展服务体系和决策支持体系，实现经济发展海量数据“一网提优”。聚焦智能高效，推进政务网站与政务新媒体融合发展，实现政府运行“一网协同”。以“全息全景图构建”为目标，以“大中小屏互动”为手段，实现科学决策“一屏总览”。

第四节 打造新型数字基础设施

加快城市数字化设施建设。加快建设5G基站和全光纤高速宽带网络，基本实现全市域5G网络全覆盖。加大窄带物联网（NB-IoT）网络部署力度，提供良好的网络覆盖和服务质量。推进互联网协议第六版（IPv6）网络信息设施规模化部署，推动工业互联网基础设施建设，力争在关键环节取得核心技术和应用突破。探索推动卫星导航、监测与物联网、移动互联网的广泛融合，加快集成接口统一的市级融合通信平台，织密城市及智能感知网络。力争打造一批新兴绿色数据中心、协同构筑通皋一体化的城市信息模型（CIM）平台体系，逐步推进以传统基建为主的市政基础设施数字化升级。

拓展丰富数字化应用场景。探索成立政府主导、各方参与的大数据专业运营机构和各类云平台，推动民生服务、社会治理、城市管理、生态环境、公共安全等领域的数据开放共享，促进政务数据融合应用。试点一批数字多维应用场景，支持新产品、新技术、新服务首购先用。系统推进实施智慧农业、智慧文旅、智慧教育、智慧医疗、智慧养老、智慧交通、智慧消防、智慧建筑等新兴业态和公共服务的数字应用示范工程，推动数字化应用全社会覆盖。

数字技术应用场景示范导向

智慧政务示范区建设。依托人工智能和大数据技术，打造智慧政务示范区，建设实体“智慧服务大厅”，设立“智慧政务自助体验区”、7×24小时自助服务区、创业者驿站、投资者之家，线上线下行政审批服务实现同步发展融合推进。

智慧卫生信息平台。建设智慧卫生信息平台，对接现有的各级医疗卫生机构信息系统，形成统一数据采集与交换、数据整合与存储、业务系统集成的应用服务体系，支撑医共体内远程医疗和分级诊疗服务，支撑互联网＋医疗健康服务。

治超信息一体化平台。建立与公安机关交通管理部门、道路运输管理机构和其他有关行政主管部门的相关信息系统互联的公路超限运输管理信息系统。同时有效纳入超限超载检测站的称重和视频信息，并与省、市治超平台互通。实现治超信息在相关业务系统中的一体化管理和互通。

智慧体育。建设体育公共服务平台，提供体育场馆预订、健身场所查询、在线健身指导、健身处方等服务，推动智慧体育场馆建设。

第八章 全力推进产业链精准招商

加大招商引资统筹力度，创新招商引资方式，突出专业化招商、精准化招商、全产业链招商，加强招商引资政策集成，全力提升招商实效。

第一节 创新招商引资方式

探索推动招商中心和主功能区开展市场化招商，推进招商市场化改革，探索政府购买招商服务，选聘和培养国内外专业招商人才，组建专业化、市场化招商队伍，实行政府主导、企业主体、专业化运营的招商模式。完善“产业研究、项目研判、滚动推进”三位一体的跟踪筛选机制，提升招商水平。加强与知名咨询机构、会计师事务所、律师事务所、科研院所等专业投资中介和产学研机构联系，积极探索战略合作方式和招商激励机制，充分发挥第三方平台的国内外招商网络资源作用。探索到上海、深圳、杭州、苏州等地设立如皋招商中心，精心办好各类招商活动，积极组织北京、上海等重点项目招商推介，加强与国内外经贸组织联系。

第二节 提升招商引资能级

围绕“3232”现代产业体系，聚焦壮大产业优势、补齐产业短板，定点瞄准行业500强、独角兽准独角兽企业、“双高”企业、科研机构、技术团队、载体平台等高端要素，探索制定如皋“3232”产业链招商目录图谱，全面开展精准招商、靶向招商。聚焦日韩欧美、港台等地区，深耕上海、苏南浙北、珠三角等区域，主攻跨国公司、上市公司及产业链上下游配套、前后道延伸的重大项目，着力引总部、抓龙头、优选高新技术企业，努力实现优质企业快速集聚，放大产业规模扩张效应。聚焦产业链关键环节，支持产业链链主企业加大国内外垂直并购力度，实现强链补链延链展链。

第三节　加强招商政策集成

优化招商统筹管理体制，完善资源要素流动、财政转移支付等机制的顶层设计，实现全市层面上招商政策的协同统一、信息资源的共享共管、区域布局的功能整合。围绕建设完备的产业链和企业的集聚集成，研究制定重点工程清单、政府性投资项目清单和产业项目清单，严格按照项目管理推进要求组织实施，确保建成一批有影响、可示范的带动性项目。完善重大招商项目全流程管理服务机制，保障优质项目落地。

第三篇　建设最具优势的开放融合桥头堡

第九章　全面对接长三角一体化

围绕“一城两区三基地”建设目标，充分发挥高铁、高速、港口等枢纽节点优势，深入落实长三角一体化发展战略江苏实施方案和南通行动计划，精准对接上海“五大中心”和苏南现代化示范区建设带来的合作空间，全面促进产业、人才和创新资源的自由流动和优化配置。

第一节　全面融入上海大都市圈

加强产业配套共建。全面对接上海“五大中心”建设，加快承接上海金融、航运、贸易、科创等领域优质要素溢出和产业转移，推动产业承接、金融延伸、技术转移、功能配套，统筹做好重点合作项目落地建设。优化现有产业园区和功能载体布局，以如皋西站（吴窑镇）为重要节点，沿北沿江高铁（如皋段）前瞻布局集疏运功能性载体，全面打通接轨上海产能向北转移和异地合作的通道。抢抓上海重构高端制造业版图的战略机遇，探索构建高端装备、集成电路、物联网、生命健康等既有发展基础又有发展潜力的特色产业链，实现链式互补、融合互动、网络共建和品质再造。

承接高端要素外溢。主动对接上海临港开发区、虹桥商务区、张江高新区、漕河泾开发区、紫竹高新区等产业要素和人才要素高度富集的区域，探索设立“反向飞地”，引进高能级科研院所合作共建新型研发机构，就地吸引上海的创新团队和创新企业入驻。探索项目制、候鸟制、兼职制、组合式等人才柔性流动机制，推动上海高层次人才带团队、带技术、带项目、带资金来如皋创新创业。争取在智能制造中试等先进技术研发等领域做前瞻布局，全方位打造产业发展共同体。深入对接上海自贸区临港新片区，支持复制运用投资便利化和贸易自由化政策措施。

聚力推动协同合作。探索在专业服务、文旅服务、公共服务、民生服务、社会治理等领域，构建沪皋协同合作平台。密切加强与上海相关行业协会、产业联盟等社会组织及会计、咨询、律师、培训等知名专业服务机构的合作。积极引进上海各类金融机构落户，鼓励赋能本地企业。加强与上海虹桥开展展会合作，积极参与世界智能制造大会等国际品牌展会，探索申设苏中地区中国国际进口博览会专业配套展会。加强两地在高等教育、基础教育、职业教育等方面的资源对接，探索共同打造上海知名高校教学点、职业培训基地、中小学网课平台。支持上海优质民营养老机构、三甲医院重点科室、特色专科医院入驻，为市民提供更高水平的公共服务。

第二节　跨江融合全面对接苏南

全面对接对标张家港。全力推进如皋－张家港高质量跨江融合发展，推动产业共进、设施共建、民生共享、生态共美。依托长江黄金水道，统筹推进江海直达和江海河铁联运体系发展，聚焦提高物流服务效率、推进联运信息共享、加强资源整合和优化配置，探索两地航运、港口、铁路企业业务合作，打造万里长江“江海河铁联运组合第一港”。推动建立跨区域交通基础设施合作推进机制，充分发挥通苏嘉甬铁路发展轴作用，加快张皋过江通道建设，推动如皋与张家港共建产业园区和物流、信息、资金、人才、公共服务等平台，全面推进各类省级以上园区与张家港重点产业平台对接合作，力争实现产业平台紧密型合作全覆盖。支持长江镇与张家港凤凰镇、金港镇开展跨江共建，探索引入两地国有资本、社会企业参与打造若干“区中园、园中园”。抢抓盐通高铁如皋段通车战略机遇，大力发展道口经济，探索构建苏南北进苏中、苏北、山东等地的长三角南北陆路最佳物流节点。

深化苏南地区战略合作。加密过江通道、扩能高速公路，依托城际轨道路网，构建“1小时城市通勤圈”，实现与苏南重要节点城市的公交化通达。推动如皋与苏南各地在港口、产业、生态、治理、公共服务等方面协同布局，不断探索创新合作模式和机制。积极推动建立与昆山（集成电路、光电显示）、江阴（纺织服装）、苏州工业园区（生物医药、纳米新材料、人工智能）等地产业互促、优势互补、资源互换的战略合作联盟，进一步提升区域发展的紧密度、协同度和融合度。

融入长三角创新共同体。深度融入长三角科技创新、产业创新、开放创新共同体，学习借鉴江苏自贸区和苏南国家自主创新示范区先进经验，主动对接长三角生态绿色一体化发展示范区、G60科技创新走廊、G50绿色发展走廊、G42高端智能制造走廊、南通临海临港战略性新兴产业走廊、无锡太湖科创带等高能级载体平台，构筑长三角都市圈的配套供应圈层，在关联的产业领域开展上下游协作，积极打造长三角产业合作发展试验区。深度嵌入长三角创新链，在园区发展、产业培育、营商环境等方面实现分工协作、同频共振，构建同质异构的发展生态，争当更高质量融入长三角区域一体化先锋。

第三节　加快推进通皋一体化

主动融入南通市域统筹发展大局。全面融入南通“长三角一体化沪苏通核心三角强支点城市”和“江苏高质量发展新增长极”建设，在重大规划共统、园区发展共联、科技创新共促、基础设施共建、社会保障共通、公共服务共享、文旅载体共融、社会治理共治等方面，不断深化市域统筹机制，大力推进通皋一体发展。积极启动南通市域轨道、城际铁路、货运铁路、普速铁路如皋段的改造与建设，全面加密与南通主城的快速联系通道。加快推动与南通新机场建设的无缝衔接，做好交通基础设施前瞻布局和规划论证。不断提高基本公共服务统筹层次，促进人力资源自由有序流动，推动医疗卫生跨区域流转衔接制度，支持通过名院建分院、名校办分校、校际联盟、委托管理等方式，争取在医联体、集团办学、赛事联动、人才交流等方面合作取得实质性突破。

加强与南通各地市协同竞合发展。扎实推动如皋与南通其他地区在产业建设、交通设施、文化旅游等领域开展协同合作，在沿江开发管控、区域生态补偿、社会协同治理、市场公平准入等方面，探索建立跨域协商机制，加快实现通皋全域的空间共构、设施共建、产业共谋、功能共生、大事共力、优势共享。加快推进铁路、公路、城市道路、城市轨道、内河航道等不同功能需求的交通体系建设，形成多维便捷的都市通勤圈。以重大基础设施建设为牵引，稳步推进与南通各县（市、区）在高新技术产业、先进制造业、现代服务业等领域的协同合作。

第十章　构建更高水平开放型新体系

落实国家“一带一路”“长江经济带”等重大战略，以争取对外开放先行试点为抓手，加快打造高能级开放载体，积极推动外贸、外资和对外投资高质量发展，深度融入全球创新和投资贸易网络，着力形成新时代开放竞争新优势。

第一节　打造对外开放载体平台

争创国家级综保区。加快如皋港现代综合物流园建设，积极申报综合保税区。促进保税物流中心和港口联动发展，重点发展保税加工、保税物流、保税服务、进口转口贸易、国际物流配送等多元化业务。加快现代物流基础设施和公共服务平台建设，增强运输、物流、贸易、商务等服务功能，建设大宗商品交易中心、智慧物流中心、全供应链服务平台。突出发展仓运配一体化、多式联运、冷链物流，全力构建集内河、长江、海运、公路、铁路“五位一体”的集疏运体系，打造“一带一路”及“长江经济带”物流节点城市，努力打响“如皋物流通天下”的国际化品牌。

争取和推进各类改革试点。探索以跨江融合为纽带，积极推动江苏自贸区苏州片区张家港联动创新区、张家港苏南国家自主创新示范区政策延伸覆盖到如皋港。复制推广上海自由贸易试验区监管创新制度，加快构建负面清单管理制度，积极争取生物医药保税监管、药品上市许可持有人制度试点、集成电路保税监管及海外投资、跨境融资、海外并购等试点。重点推进标准化综合改革、农村综合改革试验区建设、生态环境司法保护集成改革等6项国家级、7项省级、10项自主改革试点任务，打造一批在全国全省有较大影响力的改革品牌。

第二节　全方位融入国际大循环

提高外资利用质量效益。推进外商投资管理体制改革，突出招大引强、集群承接、纵向延伸、横向配套，培育以技术、品牌、质量、服务为核心的外资竞争新优势，大力引进世界500强、知名跨国公司和科技创新公司等全球价值链高端龙头企业。加快一批补链、育链、强链的外资创新型企业项目落地，争取推动战略性新兴产业、制造业、服务业、农业领域扩大开放，提高外资利用溢出效应，推动现有外资企业增资扩股、提档升级。精准对接国际资本流向和产业布局动态，探索拓展引进境外战略投资者、境外上市返程投资、并购重组等新渠道。“十四五”期间，实际到账外资累计20亿美元。

深度参与“一带一路”建设。深化与“一带一路”国家共建合作，推动一批条件好、有实力的企业紧抓“一带一路”倡议契机，探索将如皋的产能优势、核心技术、管理经验和企业诉求与“一带一路”沿线国家发展需求充分融合，打开国际市场空间。加快如皋双马印尼东加里丹曼岛农工贸经济合作区建设，推进开发区与老挝共建中老磨憨－磨丁经济合作区。支持一批优势企业抓住RCEP签署和中欧投资协定完成谈判的机遇，赴“一带一路”国家（地区）开展多元化项目合作，布局境外产业链。引导企业在“一带一路”沿线国家（地区）探索医疗卫生、基础教育、信息通信等公共服务和社会民生领域的投资机会。

> **建设如皋双马印尼东加里丹曼岛农工贸经济合作区**
>
> 双马化工承建的印度尼西亚东加里曼丹岛农工贸经济合作区于2014年1月被江苏省商务厅、财政厅认定为江苏省首家境外产业合作集聚区，并写入“五大计划”中的重点园区提升计划。“十四五”期间将支持双马印尼东加里曼丹岛农工贸经济合作区建设境外产业合作集聚区，建立企业对外投资联合帮带机制，引导大企业与中小企业产业协同合作，带动产业链配套环节的中小企业“走出去”，加快形成海外企业集群。

深化国际产能多元合作。引导本地企业高效利用和整合全球创新资源，加快探索总包服务、供应链管理、资源开发、园区共建、投资办厂、科创飞地、技术并购、劳务合作等国际合作模式，扩大国际营销网络，增强产品国际竞争力。支持高端装备制造、汽车零部件、新材料、纺织轻工等优势产业通过集群式发展、园区化经营方式扩大国际产能。继续发挥南通六建境外承包工程的支柱作用，形成境外工程承包新增长点。

第三节　多措并举发展高质量贸易

保持外贸稳定增长。打造流程畅、时间短、效率高、竞争力强的贸易机制，稳住外贸产业链核心环节，引导企业提高出口商品科技含量和附加值。创新服务模式和渠道，推进贸易促进体系建设。主动承接中国国际进口博览会的辐射、带动和溢出效应，鼓励龙头企业优化整合供应链采购和分销体系，有效融入全球产业链。鼓励外资企业融入本土产业链、供应链，鼓励支持外贸企业实施内外销产品“同线同标同质”工程，开拓国内市场，提高内循环发展水平。

推动外贸转型发展。充分发挥开放口岸、海关特殊监管区功能，大力招引集聚国内外知名跨境电商和物流服务商入驻如皋保税物流中心，大力培育进出口贸易集散地。引导外贸和实体企业积极拓展海外建仓、线上参展等外销渠道，推动自主品牌出口和境外直接销售。探索与国内外电商龙头企业对接合作，适时推进纺织服装、家电家居家具等传统产品跨境电商出口，打造全产业链跨境电商生态圈。积极开展知识密集型离岸服务外包，促进设计、维修、咨询等领域离岸服务贸易发展。

不断提升贸易便利化水平。充分发挥海关特殊监管区功能优势，深化“电子口岸”建设，加快国际贸易“单一窗口”建设，进一步提高口岸通关效率和贸易便利化水平。持续加快出口退税办理进度，探索“先入区退税后出口”的跨境电商业务模式，便利跨境电商外汇结算。严格执行口岸收费目录清单制度，持续清理规范进出口环节涉企收费，进一步减并港口收费项目。探索公共服务平台企业直连模式，建立海关、税务、外管、市场监管等政府部门数据交换和信息共享平台，为跨境电商企业、支付机构、物流企业等市场主体提供“一点接入”综合服务。

第十一章　全面促进投资和消费升级

立足扩大内需战略基点，注重需求侧管理与供给侧结构性改革有机结合，持续扩大有效投资，充分挖掘消费潜力，形成需求牵引供给、供给创造需求的更高水平动态平衡。

第一节　强化有效投资支撑

着力优化投资结构。编制实施一批打基础、利长远、补短板、提品质的“两新一重”（新型基础设施、新型城镇化，以及交通、水利等重大工程）项目，加快建设信息基础设施提升、融合基础设施提速、创新基础设施提效等重大工程，形成储备一批、建设一批、投产一批的滚动发展机制，推动全市固定资产投资稳定增长、投资效益稳步提升。关注全球制造业供应链缺口，摸排一批供应链缺失的原材料、零部件等核心环节企业名单，加强精准对接和招商引资，挖掘产业发展新增长点。聚焦产业扩能、城市更新、港口扩容、交通织密、民生提档等领域，广泛引入各类社会资本多元参与，形成与高质量发展相匹配的投资效益增长模式。

优化投资要素配置。构建项目与财政建设资金、银行贷款、社会资本等要素匹配机制，推动用地、用能等向重大项目、优质项目倾斜。引导民营企业聚焦战略性新兴产业、先进制造业、现代服务业等领域加大投入，促进产业提升发展。放宽社会资本投资领域，鼓励和引导社会资本以独资、合资、合作、联营、项目融资等方式进入法律法规未禁入的基础设施、公用事业及其他行业和领域，参与项目建设和运营。

第二节　充分释放消费潜力

培育消费新增长点。引导市场主体精准对接居民多元消费需求，支持住房改善、汽车升级等服务消费提质扩容，加大中高端移动通信终端、可穿戴设备、智慧家庭产品等新型消费产品供给力度，推动旅游休闲、家政幼托、健康养老等服务消费提档升级，促进消费回补和潜力释放。支持“老字号”“名牌系”企业探索产品创意策划和品牌运营，开展品牌输出文创服务和体验式消费。挖掘绿色消费、智能消费、时尚消费等新兴消费热点，培育壮大线上文娱、在线教育、在线健康医疗服务、智慧旅游、智能体育等各类消费新业态新模式。将农贸市场建设列为民生工程，完善“菜园子”与“菜篮子”对接机制。

营造更优消费环境。优化消费场景和消费体验，依托城市客厅和核心商圈，布局地标型高档消费中心。加快传统商圈向生态化、智能化、服务化转型，推动形成“多层级实体店+跨区域网店+高效率物流配送网络”的新型商业布局。积极引进国内外大型商贸连锁企业入驻如皋，大力发展连锁经营、物流配送、电子商务等现代流通业态。支持企业依托自建平台或入驻第三方平台的方式提供线上下单、线下“无接触”配送服务模式。有序发展乡镇商业综合体，积极推进连锁商品品牌向镇村延伸，完善城乡末端配送节点网络。推动社区、社群电商发展，促进网络消费下沉社区。开展农商互联农产品供应链建设，提升农产品流通现代化水平。支持具有发展潜力的特色街区打造“夜经济”生活圈，持续开展“皋兴购”等促消费活动，营造放心消费良好氛围。

第十二章　争取集成改革纵深突破

坚持全产业链、全生命周期和全业务流程系统集成改革，争取在激活金融资本市场、激发国企民企活力、提高土地利用效率、提升政府治理效能、完善公共服务体制等方面实现改革突破，着力打造长江以北最优营商环境。

第一节　探索放大资本带动作用

探索组建金融资本运作平台。探索发挥国有资本引领带动作用，建立以如皋市属国资集团为主体的金融控股平台，整合区域国有土地资源、股权基金、国有资产等可控资源，统筹成为市政府重要的投资主体、融资平台和经营实体，努力成为优质“政府合伙人”。围绕高端装备制造、汽车及零部件、新材料、新一代信息技术、集成电路等先进制造业领域，建立国有资本引导的产业投资基金丛林。探索联合社会资本、龙头企业建立市场化产业引导母基金和产业链并购基金，引导社会资本广泛参与放大基金规模，加强对海内外关键技术、核心部件、配套环节的资本招商和垂直并购。提高财政专项资金使用绩效，整合各类专项资金，探索“基地+基金”“融资+孵化”等创新运营模式，对符合产业导向的优质项目提供资金支持。

打造资本市场“如皋板块”。按照“培育一批、股改一批、挂牌一批、上市一批、融资一批”的工作要求，着力推动企业对接资本市场，扩大直接融资规模。引导上市企业规范经营，鼓励上市挂牌公司通过再融资、并购重组等方式做大做强，加强对上市挂牌公司重大事项和经营情况的关注。通过主攻企业上市挂牌、加大并购重组、推动上市公司再融资，形成资本集聚效应，推动企业实现资本驱动下的裂变式发展，做大做强产业链。推动在高端装备、集成电路、生命健康、新材料等领域打造一批优质上市企业。到2025年，新增上市企业13家，累计20家。

完善区域金融发展生态。制订金融业空间布局规划，打造具有区域影响力的城南商务区与福寿路沿线“一片一带”金融街区。推动证券、保险、期货、信托、金融租赁、商业保理、基金公司等各类金融机构和准金融机构在如皋设立分支机构，鼓励金融机构根据产业特色进行产品创新、服务创新。积极引进高端金融人才来如创业，大力引进高层次会计师事务所和律师事务所、金融代理服务类、金融技术和信息服务类等各类金融服务机构。

探索基础设施证券化试点。积极开展资产证券化、REITs（不动产投资信托）和类REITs试点，有效盘活存量资产，探索将已产生持续稳定收益及现金流的产业园区、仓储物流、水电气热、城镇污水和垃圾处理、固废危废处理等项目进行证券化打包上市，拓展基础设施建设的融资渠道和社会资本的投资渠道。加强与保险资金合作，大力发展债券投资计划、股权投资计划等融资工具。

第二节　有效提升土地利用效率

强化土地节约集约利用。鼓励通过“退二进三”“退二优二”“腾笼换凤”等多种举措，大力推进闲置和低效产业用地再开发。围绕产业集聚发展、资源利用效率、管理服务水平等方面，编制全市、园区和各乡镇工业用地绩效图，明确不同时期盘活土地的重点范围和具体地块，逐步腾退低效产业用地。以工业企业综合评价为抓手，探索工业发展“零地增长”模式，提高存量土地亩均产出和效益。到2025年，单位地区生产总值建设用地面积年均下降5%以上，五年累计盘活存量建设用地1000公顷以上。

采用多种模式有效盘活土地。结合年度城建项目实施计划，定期编制土地征收成片开发方案。鼓励通过土地收储后出让模式吸引资金和资源密集型企业入驻，辅以节余土地转让模式降低资金投入成本。鼓励国有企业以土地回购、合作开发、使用权作价入股等模式提高盘活效率，探索“以房换地”等市场化利益平衡机制，综合采用多种路径收回低效产业用地。鼓励社会资本等多元主体参与土地开发，明确社会资本参与土地开发范围，合理确定投资收益并将投资收益纳入土地开发成本，采取提高容积率、产权转让等土地盘活方式，有效弥合政府资金、技术和管理需求缺口，提升公共供给质量和效率。鼓励用地企业联合其他市场主体在符合规划要求和产业导向的前提下，共同完成土地开发，引导企业自主招商，转让或出租自有土地。

第三节 激发各类市场主体活力

增强国有经济发展活力。优化国有资产资源配置和国有资本布局，完善“2+1+1”（实现2家国有企业AA+主体信用评级、培育1家国有企成功申请AAA+主体信用评级、1家国有企业主板上市）国企运营体系。引导国企聚焦主责主业，向重要行业和关键领域集中。鼓励国有企业以市场化方式投资控股、参股非公有制企业，或与非公有资本共同投资，建立混合所有制企业。加快推进市场化经营机制改革，强化资本运作，推动有条件的国企整体上市，提高国有资本参与重特大项目的能力。发挥国有资本效益，提高国有资本收益上缴公共财政比例，更多用于保障和改善民生。明确企业党组织、董事会、监事会、经理层职责，形成各治理主体权责边界清晰的公司治理架构和制度体系。到2025年，打造3家同行业中具有较强市场竞争力和品牌影响力的国有企业集团。

促进民营经济健康发展。营造公平竞争的市场环境，大力培育龙头型、骨干型、植根型民营企业，探索开展民营企业总部认定工作。支持民营企业技术创新，鼓励民营企业自主搭建或联合搭建工业互联网，加快对设备、工艺实施智能化改造。进一步降低民营企业经营成本、融资成本和制度性交易成本，切实减轻企业负担。鼓励支持民营企业参与实施国有企业重大投资项目和资产整合项目。支持民间资本通过合作合资、收购兼并、公办民营等多种方式，参与医疗、教育、体育、养老等领域建设。构建“亲”“清”新型政商关系，建立规范化机制化政企沟通渠道，支持民营企业实现事业新老交替和有序传承。

第四节 打造区域最优营商环境

营造便捷高效的政务环境。全面提升企业“全生命周期”服务水平，不断深化商事制度改革和工程建设领域改革，探索实施“一业一证”“一区一照”“一照多店”，推行“多规合一”“多测合一”。优化“一次申请、一窗受理、一套材料，内部联办、限时办结、证照同发”服务模式，完善“不见面审批”服务，推进“网上办、集中批、联合审、区域评、代办制、快递送”标准化建设。对照省“3550”要求，将开办企业、不动产登记、施工许可流程时间分别优化到2天、3天和40天，审批提速70%以上，实现审批速度全省领先。推动智慧政务示范区建设，加大电子证照、电子印章互认共享应用，实现数据共享。推进“互联网+政务服务”体系向基层延伸，合理增设政务服务网镇村站点，加快形成线上服务平台和线下服务大厅融合发展格局。

营造守信公平的市场环境。健全“政府承诺+社会监督+失信问责”机制，优化完善跨部门联动响应的守信激励和失信惩戒机制，参与建设信用长三角一体化平台，率先形成“失信行为标准互认、信用信息共享互动、惩戒措施路径互通”的跨区域信用联合奖惩模式。加大信用信息安全和市场主体权益保护力度，对市场主体开展全覆盖、标准化、公益性的公共信用综合评价，引导失信主体依法依规开展信用修复，强化信用承诺。推进信用监管全面渗透，加强和规范事中事后监管，依托“互联网+监管”系统开展协同监管、联合监管，推动监管信息全程可追溯和“一网通享”。

营造规范透明的法治环境。全面实施政府权责清单制度，以负面清单制度明确市场准入条件。严格执行决策目录管理制度，全面规范决策法定程序，实现重大行政决策网上运行率、规范率、及时率百分之百。围绕如皋重点产业建立全流程全方位法律服务机制，为科技创新、产业转型提供法律支撑。对新产业新业态实行包容审慎监管，依法平等保护民营企业产权和企业家权益。鼓励、引导企业家参与涉企政策制定，让企业家在制度建设上发言留声。到2025年，法治建设满意度90%以上。

第五节 推进公共服务体制改革

提升公共服务内涵质量。全面深化基本公共服务标准化试点，打造一批具有专业特色的公共服务机构集群。将创新服务、信用服务等纳入清单管理，促进公共资源均衡配置和整合优化，推动城乡之间、区域之间公共服务均等化、普惠化、便捷化。丰富公共服务内容和供给方式，以精细化服务为目标，建立人力资源社会保障、公安、卫计、民政等部门相衔接的一体化公共服务信息平台，开展跨部门、跨领域、跨地区、跨层级的业务联动，进一步完善服务管理、运行和保障机制，促进公共服务供给侧结构性改革取得实效。

加大政府购买服务力度。细化政府购买公共服务指导性目录，扩大政府购买服务范围，优化公共服务财政支出结构，提升公共服务供需精准度。探索在市政、环卫、消防、养老、社会救助、群众文化等领域进行试点，通过合同外包、特许经营、使用者付费、凭单制等机制灵活、供给多元的服务方式，提升优质民生产品服务供给能力。扶持地方特色服务活动，实现精准供给、多样供给、品质供给、特色供给。注重信息公开、阳光透明及决策实施的公众参与，加强公共服务领域需求预判、投入测算、供需对接，有效提升社会资源匹配效率。

构建多元合作供给格局。公平开放基本公共服务准入，支持、组织和引导非营利性民间组织、公益性社会组织、志愿者组织参与公共服务。探索与红十字会、中福会、志愿者协会等社会组织共建专项基金，促进公共服务活动市场化、社会化运作，加快建立政府主导、市场调控、社会参与、公民同权的供给格局。积极对接上海、南京、南通、苏州等资源富集地，通过政策衔接、结对共建、人才培养等方式，加快建立区域互联互通与资源共享机制，全面推动教育、医疗、文化、体育等公共领域交流与合作。

第四篇　建设最具活力的多式联运组合港

第十三章　打造枢纽经济新高地

充分释放如皋港、高铁枢纽和内外交通网功能，提升岸线利用效率，加强江海河铁多式联运，逐步将如皋港打造成为综合贸易港，将如皋建设成为长江以北重要物流与供应链枢纽。

第一节　全面提升如皋港综合功能

强化港口基础能力。加快港口码头、航道及配套服务设施建设，打造“铁路连港区、内河到码头、港口通大洋”的集疏运体系。进一步优化港口装卸存储主业，探索建设下一代智能港口设施，加快推进原熔盛、长源等岸线打造新一代自动化码头和集装箱堆场建设。大力推进港口无纸化作业，完善“一站式”“一网通”等信息服务系统建设，加快实现主要作业单证电子化和业务项目在线办理。推动船岸港信息互联互通，实现船舶航行、靠离泊、营运管理、货物装卸等服务智能化。

提高岸线利用水平。改造提升长青沙作业区熔盛段岸线资源，改造2个20万吨矿石泊位和3个2万吨级通用散货泊位。加快推进又来沙作业区5个5000吨级件杂货泊位、2个3000吨级件杂货泊位和1个出运泊位建设，新建长源码头二期3个50000吨级通用泊位，在泓北沙建成2座万吨级件杂货公用散货泊位。完善城北、搬经、石庄、丁堰、白蒲等作业区内河港口建设，完善内河港口功能，全面提高江河海联运综合能级。

优化航道网结构。充分发挥水运比较优势，加快构建高标准贯通的内河高等级航道，实现与长三角高等级航道网和其他运输方式的有效衔接。按三级航道标准启动通扬线如皋段整治，将东西司马港、提水引河（如皋港引河）、如海运河提升至五级航道，打通区域内河水运主通道，着力提高千吨级航道覆盖率和连通度，带动江海联运、干支联运、多式联运等先进运输方式加快发展。

推动港口协调联动。加快S259北延及南延和张皋跨江通道建设，向南构筑如皋—张家港跨江港口组团，共同完善大宗物资海进江、江出海分拨体系。探索如皋港与上海港以资本为纽带开展战略合作，优化港航资源，积极拓展航运金融业务，做大做强港口产业规模。依托如皋港集团、长源集团等龙头企业，吸引国际货物中转、集拼等业务，提高对国际航线、货物资源的集聚和配置能力。

第二节　加快推进高铁枢纽建设

加强高铁枢纽协同联动。围绕打造“轨道上的如皋”和全国铁路枢纽重要节点，以如皋南站为龙头、如皋站为联动，加快推进如皋西站建设，构建服务全域、辐射周边、集聚高效的高铁枢纽群。推动发展临站经济、道口经济，建成集综合客运、换乘中转、商贸服务等功能为一体，规模适宜、无缝衔接、设施齐全的交通综合体，成为赋能如皋生产生活提质、人才汇聚提速的城市功能新地标。

综合提升区域发展能级。强化同城效应，完善枢纽对外交通网络，提高聚流辐射能力。推进高速铁路、城际铁路、市郊铁路、城市轨道交通“四网”融合发展，实现多线并站、多轨交汇，促进枢纽间交通互通、信息互联、业务对接。探索在如城、城南、吴窑规划建设高铁枢纽经济区，突出产城融合、站城一体，建设高铁枢纽门户、商业商务中心、生活宜居新城，加速形成地区聚集效应。

第三节　着力构建多式联运体系

发展江海联运。优化集装箱航线航班网络，积极开通近洋航线，丰富外贸内支航线，推动内贸干线覆盖全国沿海主要港口，内河支线延伸至苏北、浙北等长三角内陆地区，打造快速高效的集疏运集装箱运输网络体系。进一步发挥内河航运资源优势，合理布局内河港区、作业区，加快发展江海河联运和江海直达班轮运输，提升内河港口集约化水平。

发展河铁联运。增强中转集散功能，挖掘宁启铁路资源，提高普速铁路通行能力，释放货运功能。争取如皋港区接入干线铁路，推动如皋港区铁路专用线与军用支线同步规划建设，谋划铁路专用线港前站布局，打通铁路进港“最后一公里”。进一步提升港口集装箱、大宗件散货物“公转铁”“公转水”“散改集”比例。利用S603如港公路快速化改造、S356港通快速通道改造和通皋大道至如皋港快速通道建设，完善港口公路集疏运网，实现如皋港公铁水无缝衔接和转换，推进公铁水多式联运。

提升多式联运协同水平。推动制定统一的多式联运服务规则，完善多式联运转运、装卸场站等物流设施标准，推动在货物交接、合同运单、信息共享、责任划分、货损理赔等方面实现突破。积极培育多式联运经营人，鼓励应用电子运单、智能合同等互联网服务新模式，实现多式联运全程“一次委托”、运单“一单到底”、结算“一次收取”。

第四节　探索打造智慧物流陆地港

加快陆地港枢纽特色发展。加快整合现有零担专线资源，在城市外围布局干支衔接、区域集散分拨等功能性物流园区。探索在产业基础较好、干线交通便利的高速道口、高铁站前规划新建陆地港枢纽经济区。围绕物流信息枢纽、智慧集配枢纽、供应链组织枢纽三大枢纽功能，重点发展智慧物流、区域分销、分拨配送、智能物流装备制造、物流信息、物流金融等产业，打造智慧物流产业集群。发展以车（船）货智能匹配、车辆（船舶）智能调度、交通智能引导为核心的公共物流信息平台，实现对货运资源的全面整合与规范化管理。

推进物流园区转型发展。以如皋港现代综合物流园为引领，探索开展全域物流园区转型发展行动计划，推进要素集聚、功能提升、产业升级、互促发展。优化物流园区与工业园区、道口港口的空间布局，不断提升物流园的服务效度和赋能强度。加强物流业与制造业深度融合，积极发展多式联运、制造业供应链、保税物流、电商快递物流、公路集散分拨等新业态。围绕主要制造业集聚区、商贸集聚区的物流需求，加快构建干支配一体化区域物流网络，增强供应链管理、物流信息服务、分销分拨等功能。

第十四章　完善城市内外交通体系

紧密衔接南通建设上海大都市北翼门户城市战略，积极创建省交通强国试点先行区，加快形成公铁并联、衔接高效的客货运枢纽体系，努力跻身沪苏1小时交通圈和上海大都市1小时辐射圈，全面提升城市发展能级。

第一节　形成畅通高效的立体交通

完善铁路网布局。规划形成“三纵两横一支”格局，全力做好铁路建设服务保障工作，确保北沿江高铁如期开工建设。积极推动南通市域轨道如皋段前期研究工作。到2025年，铁路运营里程120千米以上，北沿江高铁快速连接南通新机场枢纽。

铁路“三纵两横一支”网络

“三纵”：宁启铁路、新长铁路、盐通高铁；

“两横”：规划新增的北沿江高铁、海洋铁路；

“一支”：如皋港区铁路专用线。

推动高速公路成环成网。在建成“两横一纵”高速公路网布局基础上，推动S30如常高速启动建设，推进东如高速纳入高速路网规划，构建如皋环射高速网，形成“三横两纵一联”高速网。重点做好G40沪陕高速如皋路段扩容工程服务保障工作，形成16个高速出口，实现城区10分钟、各乡镇15分钟可到达高速公路入口，通过高速体系接入南通绕城高速，快速通达南通新机场。

“三横两纵一联”高速网

“三横”：S28(启扬高速)、如常高速、G40(沪陕高速)；

“两纵”：G15(沈海高速)、张皋过江通道－东如高速；

“一联”：S19(通锡高速)。

第二节　建设快速路网和干线网

加快建设快速路网。持续完善新“八纵八横”市内交通网络，加快城区“一环六射”快速路规划建设，推进城南大道快速路、海阳南路快速化，推动通皋大道（二期）等快速路建设，推进S603如港公路和丁磨路（海阳路–S603）快速化改造，新建通皋大道至如皋港快速通道。

如皋市新“八纵八横”路网体系

八纵：S403江曲线（纵一）、王石线（纵二）、东如高速（纵三）、G204（纵四）、S603如港路（纵五）、通皋大道（纵六）、沈海高速（纵七）、S226李平线（纵八）；

八横：启扬高速（横一）、S355（横二）、S334（横三）、如常高速（横四）、X314林吴线（横五）、G345如江线（横六）、沪陕高速（横七）、S356（横八）。

形成便捷快速干线公路。推进345国道如皋段新改建工程，推进226省道如皋新建段、355省道中段西段、G204九华镇区段改线建设，适时推进S403如皋段和S404西延工程，总体形成“五横六纵”普通干线公路网布局，推动建设南通长泰路西延至如皋港等工程。

如皋城市“一环六射”快速路网

一环：惠民路、紫光路、城南大道、花城大道；

六射：花城大道（惠民路以北）接启扬高速海安南出口、中山路（紫光路以东）接沈海高速东陈出口、334省道（紫光路以东）接沈海高速丁堰出口、海阳南路（城南大道以南）接通皋大道、城南大道西延

（花城大道以西）接204国道、惠民路西延（花城大道以西）接204国道。

提升道路联通水平。编制出城道路改造规划，加强城市道路与市域公路衔接，推进603省道至张皋连接线（长江镇）、603省道至G40国道连接线（石庄镇）的规划建设，提升重要节点的疏解能力，缓解进城和出城“最后一公里”拥堵问题。完成新一轮县道公路网规划调整，构建层次有序、衔接顺畅的集散公路网络，推进X314等重要县道公路改扩建，提升县乡道路通达质量和覆盖范围。

第三节　着力完善城乡客运网络

完善客运枢纽体系。放大高铁如皋南站带来的同城化效应，提高运营组织效率，打造集约高效的综合交通枢纽。配套建设如皋西站，构建以铁路高铁站、如皋客运站为中心枢纽、乡镇客运站为二级节点的客运枢纽体系。围绕南通西站、海安、通州区及北沿江高铁沿线等毗邻地区出行需求，以大站快车形式开通如城专线、白蒲专线、石庄专线、如皋港专线、黄桥专线等毗邻公交，满足乘客跨区域出行需要，强化与南通站、南通西站、黄桥站等交通枢纽的公共客运服务。

推动公共绿色出行。制订落实城乡客运一体化及线网规划，加快建设城北公交枢纽、城南公交枢纽，提升乡镇客运站、公交首末站联通水平，逐步调整城市、城乡、镇村三级公交线网。优化公共交通线路和站点配置，加密公交班次，大力发展智能公交，积极发展定制公交、夜间公交、社区公交。合理利用新建和改建公交枢纽场站设施，加强重点地区与节点公交配套服务。推进城市道路交通疏堵保畅，探索设置公交专用车道。推广分时停车、错时停车及差别化收费政策，有效缓解停车矛盾。“十四五”期间，每年新增公共停车位不少于300个。

改造提升“四好农村路”。巩固深化省“四好农村路”示范县（市）创建成果，对现状不达标县道进行加速改造。实施“宽路窄桥”改造计划，确保农村公路运营安全。深入推进“走如意路、往皋处行”农村公路品牌创建，全面形成“成网成环”的美丽农村公路网络。

第五篇　建设最具特色的历史文化旅游城

第十五章　争创国家级历史文化名城

坚持以社会主义核心价值观为引领，加快构筑道德风尚高地，持续巩固文明城市创建成果，争创国家级全域旅游示范区，优化公共文体服务体系，争创与优秀传统文化相承接、与现代文明发展相贯通、与经济社会发展相辉映的国家级历史文化名城。

第一节　强化社会主义核心价值观引领

深入推进思想理论武装。坚持用习近平新时代中国特色社会主义思想定向领航，健全重大决策专题学习制度、领导干部带头宣讲党的创新理论制度，以新思想引领推动高质量发展。建强用好“十百千”理论宣讲队伍（如皋理论宣讲志愿服务支队首批志愿者下设领导干部、村党支部书记、大学生村官、教育工作者、社科工作者、新媒体工作者、法律工作者、商会秘书长、道德模范事迹宣讲者、群众名嘴等10个小分队；建立如皋市理论宣讲志愿服务支队，姚呈明等100名志愿者为首批队员；通过不断充实，目前如皋市、镇、村三级的理论志愿宣讲人员2000余人），持续抓好理论“七进”（推进全民阅读进农村、进社区、进家庭、进学校、进机关、进企业、进军营）工作，积极推动理论话语体系转化，让党的创新理论“飞入寻常百姓家”。坚决落实主管主办和属地管理原则，全面加强各类思想阵地管理，加强风险研判和防范化解能力。

做大做强主流新闻舆论。创新开展正面宣传，健全统筹策划、指导协调、阅评反馈制度，组织开展主题宣传、形势宣传、成就宣传、典型宣传，构建网上网下一体、内宣外宣联动的主流舆论格局。深化融媒体中心全国试点建设，加快“如e融媒”等新平台建设，提升融合生产、综合服务、资源整合和可持续发展能力。加强新闻舆论传播阵地建设与管理，建设新广播电视塔，建好用好“1+2+N”（如皋发布+“如e融媒”客户端、如皋市委新闻网+全市新媒体联动发布）新媒体平台矩阵，落实网络管理“两个责任”（党委主体责任和纪委监督责任）和“两个所有”（所有从事新闻信息服务、具有媒体属性和舆论功能的传播平台都要被纳入依法管理范围，所有新闻信息服务和相关业务从业人员都要实行准入管理）要求，发展积极健康的网络文化。

深化核心价值观教育实践。推动理想信念教育常态化、制度化，用好“红十四军精神”“援疆支边精神”“沿江开发精神”“新时代治沙精神”等丰富的精神资源，加强党史、新中国史、改革开放史、社会主义发展史教育。做好道德典型、“中国好人”“江苏好人”推荐评选工作，力争入围全国、全省道德典型人数全省全市领先。推进诚信建设制度化，落实守信联合激励、失信联合惩戒措施，着力营造知信、用信、守信的良好氛围。加强未成年人思想道德建设，持续开展“扣好人生第一粒扣子”主题活动，高质量建好劳动教育实践基地。

第二节　巩固全国文明城市创建成果

深化高质量全国文明城市建设。坚持以人民为中心的发展思想，积极开展群众性精神文明创建活动，持续擦亮全国文明城市品牌。在市民群众可感可见的文明细节上实现精细化常态管理，推动城市环境秩序、形象面貌、公益氛围进一步优化。深入开展市民素养教育，策划开展内容丰富、形式多样、引人竞相参与的主题实践活动，增强市民参加文明城市建设的主动性和自觉性。争取到 2023 年，蝉联“全国文明城市”荣誉称号。

深化新时代文明实践中心建设。巩固深化新时代文明实践中心建设全国试点成果，继续以“微笑之城·大爱如皋”志愿接力马拉松文明实践主题活动为统领，进一步健全新时代文明实践各平台资源清单，加强志愿者队伍建设，丰富志愿服务内容，提高志愿服务能力，着力打通宣传群众、教育群众、关心群众、服务群众的“最后一公里”。

第三节　激发传统文化新活力

加强历史文化遗产保护。优化文物和历史建筑保护利用，统筹开展大运河考古遗址公园、古运盐河的保护，科学有序推进古邗沟勘探工作、古掘沟历史文化遗址建设，推进古城片区提档升级。深入挖掘车马湖等历史文化资源，促进历史文化传承、生态环境打造和城市现代化建设有机融合。重点做好全国重点文物保护单位水绘园、如皋公立师范简易学堂的保护性修缮，推进文庙大成殿、集贤里民居等省级文保单位升格为国保单位，加快推进王学士宅、戴联奎宅等核心点位保护修缮工程。加大李渔文化园、胡瑗文化园、冒襄纪念馆、非遗博物馆、长寿博物馆等建设，做好各级别文物的管理保护，确保如皋文物数量质量达到南通首位。

提升非遗保护传承水平。深入开展非遗文化科普工作，持续开展非遗进校园、进社区、进企业，在宣传推广过程中做好活态传承。全面梳理非遗名录，不断丰富非遗展现形式，探索非遗项目品牌化建设，促进非遗在生活中弘扬、在实践中振兴，讲好如皋“非遗故事”。鼓励拓宽非遗产品服务的呈现渠道和体验场景，支持非遗元素的研发设计、信息服务、文化消费与产业相结合，提高如皋非遗文化影响力，打造如皋非遗文化名片。到 2025 年，争取如皋杖头木偶、如皋风筝等非遗项目升格为国家级非遗项目，新增非遗项目 3 个，力争建设 10 个非遗生产性保护示范基地。

第四节　提升公共文体服务水平

完善公共文体设施体系。推动综合文化服务中心服务效能提升，大力提升基层文化阵地，发挥村级文化设施服务效能。支持少儿馆争创国家一级馆，加快智慧图书馆、智慧博物馆、数字文化馆和音乐剧院建设，全面形成覆盖城乡的全民阅读推广体系。大力加强农村电影公益放映转型试点工作，实现镇级电影院全覆盖。以创建“全民运动健身模范县市”为抓手，推进全民健身“六个身边”（健全群众身边的体育健身组织、建设群众身边的体育健身设施、丰富群众身边的体育健身活动、支持群众身边的体育健身赛事、加强群众身边的体育健身指导、弘扬群众身边的体育健身文化）工程建设，推进奥体中心 3.5 万座专业足球场和奥体运动主题酒店、餐饮、商业等配套设施、龙游河三期智慧体育公园、100 千米健身步道建设。推动基础公共体育服务均等化建设，构建便捷可达的 15 分钟文体生活圈。到 2025 年，全市人均公共文化体育设施面积 3.8 平方米。

加强公共文化精品创作。加强高质量公共文化产品创作和供给，支持创作具有时代精神、如皋特色的代表作品，力争在全国“群星奖”“五个一工程”奖评选中取得突破。按照“一镇一特色”的思路，打造一批群体性文化阵地品牌、团队品牌和活动品牌，健全公共文化服务政府采购制度，引导和鼓励社会力量参与公共文化建设，丰富公共文化供给。积极举办“雉水之夜”文艺巡演、镇村“4·6”计划、村（社区）“乐一天”文体艺术节等文化惠民品牌活动。

促进文化体育融合发展。支持文化体育依托“互联网 +”实现与健康、教育、医疗、旅游等领域融合发展。做优“长寿之乡·诗意小城”文化节、“如皋长寿特色美食节”等文化节庆和乡土节会品牌。积极承办国家和省、市级群众文化与体育赛事，促进竞技体育、群众体育、体育产业、体育文化等高质量发展。建设文化体育人才集聚高地，加快文化艺术、影视动漫、文化创意等人才队伍建设。支持支云足球俱乐部进入中超行列，打造足球城市新名片。

第十六章　高标准推动城镇协调发展

聚焦城南、城北和如城三大板块，全面提升中心城区发展品质和集聚辐射能级，鼓励带动中心镇与特色镇依托各自优势协同发展，持续提升特色小镇在全国和全省的影响力。

第一节　提升中心城区首位度

高标准建设集约城市，构筑“垂直城市 +24 小时城市 + 海绵城市”发展格局，优化文化绿廊、景观节点、城市 T 台、公共交通、居住空间布局，构建一批高能级的城市综合体、高端社区住宅、高品质街区等城市新地标。探索打造市级商圈—特色商业街—社区商业等多层次商业设施体系，支持线上赋能实体商圈，持续提升中心城区商圈发展能级，强化商务办公、生活居住、文化创意、旅游购物等功能。谋划产城人文深度融合的中央商务区、科创综合体、信息服务园、智能制造园、文创产业园、商贸会展地和双创社区群，切实成为全市高端服务发展主阵地。加快补齐教育、卫生等民生事业短板，有序推进高品质学校、医院、文体设施等城市配套建设，着力提升人民群众居住生活品质。到2025年，主城区基本成为如皋经济政治文化核心区、开放创新策源先导区、现代都市产业示范区、产城融合发展样板区。

第二节 带动中心镇与特色镇协同发展

突出集约发展、功能完善，加大开发力度，优化发展定位，形成协调错位、空间合理、特色鲜明、和谐宜居的城镇布局。加快提升搬经、白蒲、磨头、江安等四个中心镇基础设施和教育、医疗、文体旅等公共服务功能，力争培育成为综合实力较强、功能配套齐全、人口相对集聚的小型城市格局。充分挖掘丁堰、石庄、九华、东陈、吴窑、下原等六个特色镇的主导产业、自然山水、历史人文、村庄格局、建筑风貌等独特要素，推动建设各类画像鲜明的产业强镇、宜居城镇、文化名镇、山水小镇。推动各镇强化乡村地区的农业生产经营服务和新产业新业态发展的功能服务，努力打造类型有别、韵味各异、魅力独具的新时代先导镇、示范镇和样板镇。全面提升氢能、盆景两家省级特色小镇建设发展水平，培育形成产业特色鲜明、体制机制灵活、人文气息浓厚、生态环境优美、多种功能叠加、宜业宜居宜游的城乡融合发展重要载体。

第十七章 提升城市副中心形象功能

举全市之力、集全市之智，以国际化视野推进前沿区（长江镇）高水平规划、高标准建设、高效能保障，推动前沿区全面融入长三角地区一体化，构筑形成如皋高质量发展主阵地、现代城市化发展副中心，实现由“一个镇”到“一座城”的转变。

第一节 提高城市副中心集聚度

持续打造前沿区（长江镇）“一心一带三片区”的城市空间结构，完善商业服务功能，强化城市特色塑造，加速创新资源集聚，引导产业转型升级。加快布局一批功能错位、体量适度的图书馆、体育馆、博物馆、科技馆等城市客厅综合体，编制一批产城融合、配套完整的传统基建项目和新基建项目，推进交通、环保、电力、信息等基础设施建设，增强产业承接、要素集聚、高端服务和科技创新能力。加快与长三角城市群接轨步伐，推动张皋过江通道建设。注重与中心城区的无缝衔接，加快结构性主干道建设，提高城市副中心发展的辐射承载能力，有效带动九华、石庄等周边乡镇组团集聚发展。

第二节 强化港产城贸深度融合

充分发挥跨江融合桥头堡的区位优势、长江口岸优势和保税区功能优势，加速构建智能装备制造、高端新材料和现代物流“2+1”产业发展体系，大力发展总部经济、枢纽经济和流量经济。加快人文城市、智慧城市、绿色城市建设，合理规划城乡义务教育资源布局，力争建成一家三甲医院，积极发展教卫文体、购物消费、娱乐休闲等服务功能，实现常住人口基本公共服务全覆盖，基本形成“15分钟便捷通勤圈”和“便利生活圈”。整合建立数字化城市管理平台和智慧化社会治理平台，推进数字化城市管理向智慧化升级。落实长江沿江生态规划，加快构建滨江生态廊道，推进文旅景区、湿地公园等建设。到2025年，力争将前沿区（长江镇）打造成为港产城贸深度融合的宜居宜业美丽滨江新城。

第十八章 增强城市综合服务功能

以生活空间宜居适度为目标，不断完善各类市政设施建设布局，提升城市精细化、智能化管理水平，持续改善城市面貌，全面提升城市服务功能和发展能级。

第一节 完善城市基础设施体系

提升能源保障能力。健全电网主干网架结构，推进电网建设改造与智能化应用，提高区域电力交换和供应保障能力。加快天然气管网与配套设施建设，保障天然气网络化供给，做好油气管道保护和安全用气应急管理。推动储备煤基地、华电如皋热电扩建、大唐如皋分布式92MW燃气轮机创新发展示范项目加快建设，探索编制一批新能源微电网、能源物联网、“互联网＋智慧”能源等综合能源示范项目，推动绿色能源变革。加快新能源汽车充电桩和加氢设施布局，开展燃料电池汽车新技术、新车型的示范应用，积极加入燃料电池汽车示范城市群。

能源保障建设重大工程

华电如皋热电扩建项目：总投资10亿元，“十四五”期间将完成华电如皋热电2×60MW煤电项目扩建，建成后将有效弥补江苏华电如皋热电有限公司现有机组供热能力不足问题，为金鹰项目落户投产提供稳定供热保障。

大唐如皋分布式92兆瓦燃气轮机创新发展示范项目：总投资7.8亿元，是国家能源局批复的第一批燃气轮机创新发展示范项目。作为如皋市东北部片区唯一热源点，承担着丁堰镇、如皋东部工业区等区域的供热任务，主要包括燃烧室、燃气发生器涡轮和动力涡轮通道部件的自主化制造及应用。

加强水利设施建设。开展长江堤防防洪能力提升、高低水系整治、沿江老旧水利建筑物更新改造工程，提高防洪除涝标准，提升引排能力，保障重要险工和节点岸段稳定。加强城区水系综合治理及骨干河道治理，增强如泰运河、如海运河、通洋运河和城区内外城河等重点河道防洪排涝功能，开展农村河道水系连通工程建设，构筑完善的城市防洪排涝体系。完善农村水利设施，开展大、中型灌区节水配套改造，打造现代港区农村水利体系。

水利基础设施续建重大工程

积极推进区域治水片区化治理、沿江生态景观带建设——江堤提升、碾砣港闸拆建工程、如海运河如皋段整治工程、如泰运河如皋段整治工程、通扬运河如皋段整治工程、黑臭水体治理、生态河道建设、高低水系控制建筑物工程。

加快避难设施建设。建立平战结合、统一高效的防空防灾信息化指挥系统，加强战略物资储备基地建设和人防工程分级分类管理，合理规划布局和建设应急避难场所，打造功能配套、布局合理的人防工程体系和灵敏可靠、覆盖全局的通信警报体系。到2025年，城区人均人防工程面积2平方米，应急避难场所面积2平方米，建成防空防灾一体的多功能体验馆，为防空防灾宣传教育提供平台。

第二节　系统推进城市有机更新

提升城市内涵品质。推动地上地下空间高强度复合开发，统筹做好地下综合管廊建设，实现城市绿网、水网、路网有机结合。重点实施惠政路综合改造提升工程，有序推进城市支路延伸工程，畅通城市路网体系，提升城区通行效率。加强重点地区风貌管控和精细化设计，制定城市色彩、滨水岸线、建筑退让距离等控制要求和标准，打造通扬河、如泰河“两河”风光带。推进既有建筑改造提升，推行新建住宅设计、施工和装修一体化建设模式。到2025年，确保城镇绿色建筑占新建建筑比例80%，新建成品住房比例30%。

城市品质提升工程

龙游河生态廊道工程（含贯通）：北起中央大道、南至大明河，全长约2.1千米。西至海阳南路紧邻规划如皋中央商务区，东至观风路，景观带宽度450～650米，用地总面积约104公顷。通过三期工程的实施，充分延续如皋母亲河的历史，将龙游河从外城河到大明河连动起来，提升城市生态环境和文化品位。

乡镇自来水管网综合改造工程：饮用水提质增效配套项目。

区域供水三期工程续建：主要内容为净水厂及60万吨深度处置，目标为解决如皋、海安两市供水需求。乡镇自来水管网综合改造工程，加强饮用水提质增效配套项目建设。

加大城市改造力度。加快推进城市老旧小区改造提升，深入推进城中村整体片区改造，扩大城镇棚户区改造覆盖面，完善城镇老旧小区改造提升长效工作机制。充分挖掘老旧工业片区的文化内涵和再生价值，强化老旧工业片区及周边集中连片改造，打造一批老旧工业片区更新典范项目。

第三节　加强城市精细化管理

建立健全城市管理机制。加强协作联动，深化乡镇（街道）综合执法体制改革，强化老建制镇执法管理，构建权责明晰、服务为先、管理优化、执法规范、安全有序的城市管理体制，推动城市管理从单项整治向综合治理转变，从突击整治向长效管理转变，促进城市高效有序运行。依托如皋时空大数据基础信息库，推动网格化管理模式向乡镇扩面，实现各区域、各部门协同联动，形成监督指挥系统、协同工作系统和考核评价系统“三大系统”，构建“一体化”的“大城管”管理监管体系。

提升城市智能管理水平。建立智慧城市运行管理体系，全面推动智慧城管、智慧环卫、智慧停车及综合执法等系统互融互通、平台整合，形成“一平台管理一座城”。完善城管“执法通”系统、健全户外广告巡检系统、工地扬尘和渣土车辆实时监控系统、“市民随手拍”第三方监督系统，构建数字城管云平台，全面拓展数字城管监管和采集范围，推动数字城管硬件设施全域覆盖，力争实现城市管理“一张网”全覆盖。

强化市容市貌整治提升。着力对市容市貌、环境卫生、园林绿化、市政设施、道路交通、工地管理等重点领域进行全面提升。推进违法建设、无序设摊、违规停车、户外广告等专项整治行动，加强背街小巷环境整治。优化共享单车、公共厕所等城市重点设施设置，提高城市基础设施承载力。全面提高环卫保洁质量，提升环卫作业机械化和人机一体化水平。加强建设工程施工管理，实现工地围挡美观化、现场监控智能化、文明施工常态化，有效控制工地扬尘污染。

第十九章　全面实施乡村振兴战略

坚持以实施乡村振兴战略为总抓手，巩固全国农村产业融合发展试点示范县建设成果，以建设国家农业绿色发展先行区为引领，深化农村综合体制改革，不断完善城乡协调发展体制机制，加快形成工农互促、城乡互补、共同繁荣的新型城乡关系。

第一节　大力提升农村发展品质

提高乡村规划建设水平。按照“城乡融合、一体设计、多规合一”原则，科学推进国土空间总体规划编制，优化完善镇村布局规划，促进土地节约集约利用、落实永久基本农田保护、明确城镇开发边界划定。合理布局城镇空间，强化传统村落保护和保护性开发，优化产业发展、农田保护、村庄布点和区域基础设施配置。合理确定乡村生活设施的位置、规模和建设标准，统筹公共服务基础设施配置。

推进美丽田园乡村建设。坚持典型引路，以培育乡村振兴示范村、先进村为抓手，加快农业农村现代化步伐，聚焦高标准农田、新型合作农场、特色产业、生活污水处理、农村垃圾分类、卫生设施改造、厕所革命、“河长制”管护、乡村旅游、农村住房、新型农村社区、乡村治理、乡风文明、农民增收致富等重点工作，深入推进美丽田园乡村建设。加大配套设施投入，完善农村公路、供水、环保、供电、网络、物流、信息等基础设施，加快建设数字乡村，提升公共服务水平。

推进农村现代化建设。加快建设都市农业强镇、农业园区、田园综合体等新载体，推进农业与文化、教育、康养、旅游等产业深度融合，打造一批农业特色品牌。全面提升农业信息化水平，建立区域性现代农业产业技术体系。创新发展数字农业、农村电商、农业社会化服务等新模式，激发现代农业速度变革、动力变革、效率变革。扎实推进“百企联百村、共走振兴路”行动，实现村企发展共赢。完善物流运输网络体系，推进超市、邮政、快递末端融合，助推乡村振兴。健全农业绿色技术支撑体系，推进农业标准化生产、全程化监管，保障农产品质量安全，推进农产品质量安全县创建。

第二节　深化农村综合体制改革

完善农村基本经营制度。稳步推进农村土地“三权分置”制度改革，积极探索集体经营性建设用地入市等改革试点，依法保护集体所有权和农户承包权，平等保护并进一步放活土地经营权。加强高素质农民培育，构建以农业龙头企业为引领、农民专业合作社为纽带、家庭农场和专业大户为基础的现代农业经营体系。强化规模经营管理服务，允许土地经营权入股从事农业产业化经营。到2025年，培育1家10亿元级行业领军农业龙头企业，新型合作农场10个以上。

深化农村土地制度改革。稳妥有序推进农村土地制度改革，促进工商资本有序入乡。健全土地流转规范管理制度，鼓励农村集体经济组织及其成员盘活利用闲置宅基地和闲置房屋。建立与经济发展水平相适应的征地补偿调整机制，支持农村集体经济组织有偿收回多余、空闲宅基地复垦利用。鼓励农民住宅向城镇、中心村、农民集聚点和新型农村社区集中，提高农村建设用地使用效率。

完善农民增收长效机制。统筹推进农村劳动力转移就业和就地创业就业，推动形成平等竞争、规范有序、城乡统一的劳动力市场。扩大农业农村有效投资，推进项目农业建设。筹建农业投资公司，探索建立乡村振兴产业专项基金，完善涉农保险、信贷等金融支持体系。推进“双联双助”（单位联村，助推小康建设；党员联户，助推增收致富）帮扶活动，实施村企对接，建立农民创业创新基地。加强高素质农民培训力度，增强农村发展活力。强化农民转移性收入保障机制，建立相对扶贫长效帮扶机制。创新农村集体经济运行机制，探索混合经营等多种实现形式，完善农民对集体资产股份占有、收益、有偿退出及担保、继承权，确保集体资产保值增值和农民收益。到2025年，争取农村居民人均可支配收入3.4万元。

第三节　推进城乡全面融合发展

鼓励高端资源入乡扶持。统筹推进城乡要素合理配置，深化户籍制度改革，有序推动农业转移人口市民化，鼓励和引导人才向乡村流动。建立城市人才入乡激励机制，制定财政、金融、社会保障、参与集体分红等激励政策，鼓励原籍普通高校和职业院校毕业生、外出农民工及经商人员回乡创业兴业。推动职称评定、工资待遇等向乡村教师、医护人员倾斜，优化乡村教师、医护人员中高级岗位结构比例。

完善乡村公共服务体系。统筹城乡融合发展和新型农村社区建设，加快推进农村基础设施建设，健全乡村基础设施建管长效机制，实现公共服务一体化建设、一体化管护、一体化运营。推进城乡教育、卫生、文体、市政配套、社会福利整合，推动城乡集团化办学、医共体建设。建立城乡居民基本养老保险待遇和基础养老金正常调整机制，完善被征地农民社会保障政策。推进农民重特大疾病医疗救助工作，畅通城乡居民医保全国异地住院就医联网结算渠道。统筹城乡社会救助体系，逐步健全农村留守儿童关爱保护体系。

健全乡村现代化治理体系。持续完善村党组织领导的自治、法治、德治相结合的乡村现代化治理体系。深化乡镇机构能力建设，强化村民小组自治，推动社会治理和服务重心向基层下移，提升基层治理能力。加强村民自治组织体系建设，保障居民平等参与基层治理，促进乡村治理机制创新。深化乡村德治建设，完善村规民约，发挥家庭家教家风在乡村治理中的重要作用。推进农村社区网格化管理体系建设，推动矛盾问题、治安隐患通过网格化治理机制得到及时有效解决，积极争创全国乡村治理示范县。

第六篇　建设最具品质的生态宜居康养地

第二十章　打造诗意美丽新如皋

全面落实长江“共抓大保护、不搞大开发”要求，围绕“美丽江苏”建设工作部署，从生态系统整体性和流域系统性出发，加强生态环境系统保护修复，全面提高资源利用效率，谱写生态优先绿色发展新篇章，绘就如皋山水人城和谐相融新画卷。

第一节　全面强化长江大保护

实施长江保护修复攻坚。编制沿江岸线功能优化“一张图”和沿江生态带发展规划，打造龙游湾生态景观带，优化生态空间布局，统筹规划港口、环保、防洪、取水、跨江通道、生态景观等功能岸线，合理布局建设项目及相关涉水设施，减少对优质港口岸线资源的占用和分割。强化长江生态岸线保护力度，提升腹地自然生态系统稳定性，构建生态廊道和生物多样性保护网络。有序利用岸线资源，实施长江干线及洲岛岸线开发总量控制，着力打造一批特色示范段。巩固非法码头专项整治工作成果，逐步建立如皋岸线利用准入标准，积极探索港口岸线与后方土地统筹开发等管理新模式。

推动沿江经济带绿色转型。加快推动沿江产业转型升级，严格对照省定产业限制、淘汰和禁止目录，从严开展“散乱污”企业排查和综合整治。推进临港工业码头公用化、低效液体化工码头整合搬迁，深入开展化工产业转型升级行动。积极构建涵盖源头减量控制、加强网络监测、多措系统治理、推进生态修复、完善生态补偿、绿色金融支撑的长江流域生态保护综合解决方案。

第二节　深化污染防治攻坚战

推进蓝天城市建设。聚焦产业结构调整、能源结构调整，以工业炉窑整治、重点行业减排、VOCs治理等为重点领域，加强大气污染防治。强化区域联防联控，加强挥发性有机物排放量管控，加强酸雨防治力度。严格控制煤炭消费总量和新建燃煤发电项目，碳达峰后力争率先实现碳中和，大幅削减二氧化硫、氮氧化物等主要污染物排放总量，实现减污降碳协同效应。全面加强应对气候变化工作，开展降低碳排放专项行动，持续降低碳排放强度。完善人工影响天气体制机制，推动智慧气象发展，提高作业水平，助力蓝天保护。

推进碧水城市建设。加快推进城镇污水处理设施收集系统建设，持续提高污水集中处理设施运行效率。加大农业污水整治力度，推进村庄生活污水治理设施建设，减少化肥施用总量，推行生物防治技术。完善并落实好水环境“双向”补偿制度，建立实施河长制、断面长制、支流长制，持续推进重点流域水环境治理，确保国考省考断面全面达标、主要入江支流全部达标、黑臭河道整治率百分之百。开展饮用水源地安全保障达标建设，全面取缔饮用水源保护区内的违法违规设施，加强有毒有害物质监测。

推进净土城市建设。深入实施土壤污染防治行动计划，加强白色污染治理，提高环境工程消纳及废弃物资源化无害化利用水平。推进重点行业企业用地污染状况详查，推动污染地块全面纳管、持续减量、安全利用。推进土壤污染整治行动，强化土壤污染源头预防、调查评估与风险管控，整合优化土壤环境质量监测点位，组织开展重点地区和重点地块土壤污染修复。深入推进农用地土壤分类管理，建立耕地土壤环境质量类别划定分类清单。

现代化区域治水体系

按照“系统化思维、片区化治理、精准化调度”的思路，严格落实“河长制”“断面长制”“支流长制”，大力组织实施全市区域治水工程，构建全市现代化区域治水体系。

实现河长制管理全覆盖。全面推进长江经济带“三水共治”，按照“一河一策”的原则，发挥各级河长在管河、治水方面的主导作用，落实属地管理、分级负责责任制。

落实水质改善“断面长”制。强化断面达标整治，推进重点断面“一点一策”，实现市考以上断面水质优Ⅲ比例持续提升。加快消除劣Ⅴ类断面，深入推进河岸共治与重点断面水质提升，推进实施生态河湖行动计划，编制实施水体达标方案，推进水环境精细化管理，加快构建沿江生态环境监测网络，确保国家、省考核断面达到考核要求。

深入推进“支流长”制。加强入江支流环境综合整治，编制整治方案，加快入河排污口整改提升工作，优化入河排污口设置布局，启动入河排污口规范化建设，健全污染物排放总量管理及目标分解考核机制，加强排污许可证管理，推动排污权有偿使用和交易试点。

推进无废城市建设。强化固危废监管和处置，持续推进固体废弃物源头减量化发展。围绕工业废弃地、垃圾堆放场、固废拆解场等污染场地，有效监测重金属重点防控区和重点防控行业企业，持续推进危险废物规范化管理。严厉惩治非法转移、倾倒、填埋行为和违法违规处置危险废物的违法犯罪行为，全力构建危险废物处置全过程监管体系。

第三节　加强生态空间源头治理

坚决守住生态红线。巩固国家生态市建设成果，强化“三线一单”（生态保护红线、环境质量底线、资源利用上线和生态环境准入清单）管控，严格落实生态环境保护共同监管责任，强化水源地风险、排污、空间和执法管控。聚焦水源保护区、风景名胜保护区、特殊物种保护区等重要生态红线保护区域，加大对区域内江、河、湖、山等生态敏感空间的保护。鼓励各镇增加生态红线区域面积，推进生态保护工程项目建设，确保全市生态空间保护区域面积（生态保护红线和生态空间管控区域面积之和）占国土空间面积比例保持在15.5%以上。

保护修复生态系统。标本兼治推进长江生态环境修复，开展沿线造林绿化。积极配合南通五洲国家森林公园建设，以增绿增质增效为主攻方向，引导资金投入植树造林。强化湿地生态系统保护和修复，扩大退耕还湿、退渔还湿范围，构建沿江湿地保护网络体系，自然湿地保护率52%以上，建设上海北翼生态屏障。强化水生生物多样性保护，加强长江如皋段水生生物种质资源的养护，全面推进长江流域禁捕退捕工作。

构建全域生态管控制度。全面对接江苏省生态空间管控区域规划及各行业专项规划，系统梳理全域山林河湖、自然保护区、水源保护区、生态廊道、生态绿楔等资源性结构性生态要素，统筹蓝绿空间、村庄缮建、农田保护、农业发展及生态休闲旅游配套设施，支持生态功能合理注入，打造全域生态管控如皋样板。

第四节　推动绿色低碳发展方式

加快产业绿色转型。优化调整能源资源结构和运输结构，提高终端能源消费中清洁能源占比、推动企业实施节水技术改造和废水“近零排放”改造，推动传统制造业绿色转型。依法依规关停退出能耗、环保、安全、技术达不到标准和生产不合格的落后产能，确保淘汰类产能应退尽退。深入实施耕地休耕轮作制度，大力发展生态循环农业，推进农业废弃物资源化利用和化肥、农药减量增效。

大力发展循环经济。实施南通市级节能和工业循环经济重点项目，加强重点行业节能管理和绿色改造，推广“环保管家”新模式。实施固体废弃物循环综合利用工程，提高新能源汽车动力电池、电子废弃物等再生利用水平。开展禁塑行动和塑料污染治理，健全塑料制品生产、流通、消费、回收等环节的管理制度。大力实施工业节水工程，全面开展工业园区循环化改造。深入实施农业节水工程，加快循环型和节水型农业建设，继续推进灌区配套建设和节水改造。提高秸秆综合利用水平，推进秸秆机械化还田，鼓励多种形式秸秆离田利用。

着力构建绿色生活。完善政府绿色采购制度，健全绿色消费政策体系和环保信用评价体系，大力推广节能建筑、绿色建材。推进环保基础设施和城市污水垃圾处理设施向公众开放，大力宣传节水节能、倡导绿色消费理念。围绕衣、食、住、行、游，引导公众自觉践行绿色生活，形成改善环境质量、推动绿色发展的良好风气和社会氛围。大力宣传生态绿色交通，鼓励民众优先选择新能源汽车、公共交通、公共自行车等绿色低碳出行

全省生态河道建设示范样板如泰运河沿线生态景观　　（吴树建　摄）

方式。加大节约型机关和绿色学校、绿色社区、绿色商场创建力度。

第五节　完善生态文明长效机制

健全绿色发展考核体系。完善绿色发展综合考评体系，明确考核内容。围绕资源利用、环境治理、环境质量、生态保护、增长质量、绿色生活、公众满意程度等重点领域，制定差异化、可量化、可操作化的绿色发展指标体系。依法依规开展自然资源资产离任审计，强化生态环境执法司法联动中心常态化运行，形成生态文明建设全行业全领域齐抓共管的良好格局。

完善现代化污染治理机制。完善水、土、气生态环境、固体废物监测体系，推广物联感应和移动遥感监测应用，强化动态预测、精准治污。严抓沿江涉河建设项目监管，控减存量，遏制增量。强化在线扬尘监测，严格落实建筑施工“六个百分百”（施工工地周边百分百围挡、物料堆放百分百覆盖、出入车辆百分百冲洗、施工现场地面百分百硬化、搬迁等施工扬尘作业现场百分百湿法作业、渣土车辆百分百密闭运输）。全链条实施城乡生活垃圾分类处置和资源化利用，打造生活垃圾分类示范样板，主城区垃圾分类设施覆盖率和生活垃圾无害化处理率保持百分之百。实施差别化环境监管，开展企业环境信用等级评定，强化对环境信用评级绿色企业的服务力度。建立资源环境承载能力监测预警长效机制，完善全域监测网络布设。

第二十一章　打造长三角现代化教育强市

深入实施教育强市战略，深化教育领域综合改革，全面提高教育现代化水平，争创国家级义务教育优质均衡发展示范县市，全力打造“高质量教育县域样板、长三角北翼教育名城”。

第一节　优化优质教育资源布局

科学制定、动态调整学校布局规划，解决中心城区和乡镇的教育资源不足问题。逐步化解部分学校无证用地问题，保障教育用地供应。做好教育资源增量提质工作，并纳入城镇规划严格实施，构建高质量教育资源布局。推进中心城区仙鹤幼儿园、红星幼儿园、如皋初中新校区等工程建设，杜绝大班额现象。加强乡村小规模学校建设，促进乡村小规模学校小而优、小而美。打造新城板块高品质“教育圈”，将新城幼儿园打造成高品质、示范性的现代化幼儿园，如皋初中新城校区打造成高质量、高定位的新优质学校，新城高中打造成有特色、有影响的高品质高中。支持如皋中学、白蒲中学加快建成省高品质示范高中。创造条件创办高职院校，满足全

现代化教育强市建设重大工程

表 84

序号	名称	主要内容	重大意义
1	新城高中	总建筑面积 10.5 万平方米，包括土建、安装及配套工程	打造新城区有特色、有影响的高品质高中
2	如皋初中新校区	项目拟选址在中山路以南、李渔路以西，占地约 10 公顷，16 轨 48 班，建筑面积约 4 万平方米	缓解如皋初中大班额和城区教育资源不足矛盾
3	如皋中学品质提升项目	分三年实施，包括改造 6.5 万平方米，扩建 2.1 万平方米。	支持如皋中学加快建成江苏省高品质示范高中
4	志颐小学	总建筑面积 3.6 万平方米，包括土建、安装及配套工程	缓解如城实验小学大班额和城区教育资源不足的矛盾
5	附小新城幼儿园	总建筑面积 2.3 万平方米，包括土建、安装及配套工程	缓解城区学前教育资源不足的矛盾，打造新城区高品质学前教育
6	下原小学	学校计划征地约 4.67 公顷，计划建设总建筑面积约 2.5 万平方米，包括土建、安装及配套工程	解决下原小学用地严重不足、无发展空间等问题，为全市创建优质均衡示范区通过可能
7	仙鹤幼儿园	项目拟选址在中山路以南、东皋路以东，占地 1.33 公顷，6 轨 18 班，建筑面积约 1.6 万平方米	缓解东皋园大班额和城区学前教育资源不足的矛盾
8	如师一附及附小北开园	项目拟选址在特教学校校园内西南角，占地 0.4 公顷，3 轨 9 班，建筑面积约 4500 平方米	缓解光华园大班额和城区学前教育资源不足矛盾

市对高层次应用型技术人才的需求。

第二节 丰富高质量教育服务供给

提高教育服务供给质量。实践集团化办学新模式，以如皋初中、如师附小、安定小学、如城实验小学、如师附小幼儿园等名校为龙头，实现教育资源共享、学校文化共建、学校特色共融。大力完善学前教育公共服务体系，争取到2025年公办园、普惠园占比95%。推动高中阶段教育实现高质量、特色化、多样性发展，“十四五”期间高中教育毛入学率保持百分之百。完善城乡教育一体化发展机制，进一步缩小义务教育城乡之间、校际办学差距，统筹推进办学条件、教学改革、教师队伍、教育管理等优质均衡发展。充分保障残疾儿童少年、困难家庭子女、外来务工人员随迁子女等群体受教育权。

打响如皋基础教育品牌。加强与互联网教育巨头合作，打造“互联网+如皋教育”的模式，探索实现教育在线化，培育和孵化一批新型线上教育企业集团。积极推动校外教育与学校教育协同发展，推动社区教育形成文化共同体特色品牌、家庭教育形成有效实施体系、民办教育有效满足不同层次教育需求。

第三节 创建教育现代化示范区

全面开展“全国义务教育优质均衡发展县（市、区）”“江苏省教育现代化示范区”“江苏省县域学前教育普及普惠县”创建工作。聚焦教育现代化建设，确保教育现代化进程继续领跑南通、教育现代化发展水平位居于全省前列。加强对外开放和合作交流，鼓励中小学、职业教育学校与长三角高端优质教育资源、国际优质教育资源开展合作，提升如皋教育的国际开放度与影响力。

第二十二章 全面推进健康如皋建设

坚持人民至上、生命至上，深化医疗卫生体制改革，健全基本医疗卫生制度，全面提升卫生防控和救治能力，加快提升全生命周期的公共卫生和健康管理服务水平，努力实现“病有良医”的高品质生活。

第一节 健全公共卫生防控体系

强化公共卫生应急管理体系建设，健全疾病监测和预警制度，完善重大疫情防控体制机制。完善公共卫生应急管理体系，继续推进二级以上医院PCR实验室建设，全面提升应急处置能力。加强对新冠肺炎疫情等新发传染病、不明原因传染病等突发公共卫生事件主动监测预警，加强对职业病、慢性非传染性疾病的综合防治工作，逐步控制职业病和慢病发病率的上升趋势。强化公共卫生专业队伍建设，合理配置疾病预防控制工作人员，健全人员培养、保障、考核和激励机制。推动疾病防控与医疗服务高效协同、无缝衔接，形成防治结合、联防联控、群防群治工作机制。

第二节 完善医疗供给服务体系

立足提升市域内就诊率和群众就医满意度，加快建成以市人民医院和中医院为龙头的2个紧密型医共体，实现市镇村卫生服务一体化管理。健全医疗卫生服务功能，完成市人民医院新院区建设，建成市妇幼保健院、市公共卫生临床中心、市老年医院，扩建如皋市精神病防治医院。积极探索与长三角优质医疗资源开展紧密合作，推进异地就医直接结算相关工作，将医保定点医院纳入跨省、省内和长三角异地就医直接结算平台。强化政府办医主体责任，推动基层医疗机构提档升级，实施如城、城北、长江、搬经、江安、东陈等镇（街道）卫生院（社区卫生服务中心）异地重建工程，完成城南、丁堰、白蒲、九华、石庄、吴窑、下原、磨头等镇（街道）卫生院改造提升工程，力争所有镇卫生院（社区卫生服务中心）达到国家推荐标准，九华、搬经、磨头镇卫生院建成农村区域医疗卫生中心。到2025年，每千人口执业医师数3人以上。

推进健康如皋建设重点工程

如皋市人民医院新城院区建设项目：总投资25亿元，包括市妇幼保健院、市公共卫生临床中心、市老年医院建设。建成后将增加县域医疗服务能力，满足全市人民就医需求。

如皋市精神病防治医院扩建项目：总投资2亿元，将增加住院床位，扩大精神病防治医院建设规模，提高收治精神病人能力。

第三节 探索发展互联网+医疗

加强与上海、南通等地区优质医疗资源合作，探索“互联网+医疗健康”、远程诊疗等新型医疗服务方式，满足群众多元就医需求。打造全民健康信息平台，达到国家互联互通标准化成熟度测评四级甲等水平。推动健康服务模式转型升级，依托云计算、大数据、人工智能等新一代信息技术，加快以治病为中心转向以人民健康为中心，构建“医、防、康、养、护、健”全周期健康信息服务工程。深化居民“电子病历”“健康档案”“家庭服务”系统建设，让“家庭医生”进家入户到人。

第二十三章 擦亮长寿如皋服务品牌

积极主动应对人口老龄化挑战，建立完善居家社区机构相协调、医护康养相结合的养老服务体系，推动健康养老产业提质升级，打响“世界长寿之乡”的城市品牌。

第一节　推动养老服务多层次布局

完善养老服务供给体系。推动老年活动中心、老年大学、居家养老服务站和敬老院三种服务载体有机结合，实施养老机构提质增能改造，完善居家社区机构相协调、医养康养相结合的养老服务体系。做实“链式养老”试点，加大社区居家养老服务内涵建设，整合各类社会资源，充分运用“互联网+”等技术手段，加强社会养老志愿服务，为老年人提供助餐、助医、助行、助洁等便捷服务。

加快推进养老设施建设。统筹规划养老服务设施建设，充分利用存量闲置资源，增加养老服务设施供给。新建住宅小区按每百户 20 ~ 30 平方米的标准配套建设社区居家养老服务用房，已建成住宅区按每百户 15 ~ 20 平方米标准由所在镇、街道通过购置、置换或租赁等方式调剂解决。到 2025 年，确保城乡标准化社区居家养老服务站建成率百分之百，每镇标准化社区嵌入式养老驿站（长者之家）不少于 2 家。推进护理型床位和认知症照护床位建设，合理配置床位资源，加快床位流转率。到 2025 年，每 1000 人拥有养老床位数 25 张，护理型养老床位占机构养老床位数比例 65% 以上。

第二节　促进养老服务多元化发展

鼓励发展养老服务产业。引导各类社会资本投资养老服务业，兴办面向不同收入人群的养老机构和康复护理机构。依托丁堰长寿星养老服务中心、吴窑福康老年康复护理中心，支持养老机构规模化、连锁化、品牌化经营，力争培育一批有品牌、有影响力的新型养老产业集团。打造一支好学习、懂健康、善沟通的为老服务专业人才队伍，到 2025 年养老护理人员持证上岗率 90% 以上。

放大“长寿如皋”品牌效应。培育旅居养老、文化养老、健康养老、休闲颐养等新兴业态，满足多元化、便利化、个性化服务需求。围绕老年人衣、食、住、行、医等需要，支持相关企业利用新技术、新工艺、新材料开发为老年人服务的产品用品，重点推进老年服装、老年保健食品、老年电子产品、老年康复辅具的研发、制造和销售，推动特色养生养老产业新业态发展。

第二十四章　稳步实施富民增收工程

坚持就业优先战略，构建和谐劳动关系，加强社会保障，优化收入分配结构，打造民富村强的幸福如皋。

第一节　确保更高质量就业

拓展就业创业空间。完善“三位一体”人力资源服务平台建设，充分依托大数据健全优化线上线下一体服务体系，建立信息互联互通机制，促进供需有效对接。加强重点企业跟踪服务，提供用工指导、政策咨询、劳动关系协调等服务。管好用好创业贷款，合理增加贴息资金投入。发展社会化、专业化创业服务平台，建设市级创业培训项目库。建设小微企业创业创新基地，形成线上与线下、孵化与投资相结合的开放式综合服务载体。

加强职业技能培训。全面开展企业职工技能提升、转岗转业培训，组织就业重点群体参加技能培训、创业培训。创新职业培训方式，增强职业培训的针对性和有效性。围绕农业特色产业，加强政策引导，落实创业帮扶、奖补措施，引导农民向新型职业农民转型。

保障重点群体就业。落实企业吸纳重点群体就业的定额税收减免政策，支持企业稳定就业岗位。强化困难人员就业援助，拓宽高校毕业生就业渠道，鼓励开发乡村公益性岗位，优先安排建档立卡低收入农户就业。对就业困难人员开展实名制动态管理和分类帮扶，提供一对一就业援助。

第二节　稳步增加居民收入

促进城乡居民增收。增加居民工资性、经营性、财产性、转移性收入。建立职工收入与经济效益协调增长机制，健全低收入群体社会保障标准动态调整机制，开展企业薪酬调查和制造业人工成本监测，柔性引导企业工资合理有序分配。积极拓宽增收渠道，提高居民财产性收入。强化各类支农惠农政策，发展壮大村级集体经济，实行免费定向培训与企业自主培训相结合，促进农村富余劳动力就地就近转移就业，大力提升农民收入水平。

强化困难群体保障。落实特困供养基本生活标准与当地低保标准挂钩联动机制，确保特困人员基本生活标准不低于当地低保标准的 1.3 倍。重点关注低保户、五保户、重病户、残疾人户、独居老人户、收入边缘户等六类重点户，确保“零就业”家庭动态清零。完善分散供养特困人员委托照料制度，提高农村特困人口集中供养服务水平。

巩固脱贫攻坚成果。扎实做好对已脱贫群体的监测及跟踪回访，确保脱贫不返贫。建立贫困人口健康跟踪机制，完善健康档案，加强疾病预防，定期排查和诊疗地方病，防止因病致贫、因病返贫。建立贫困人口生产生活跟踪机制，及时发现和解决其面临的难题。

第三节　健全社会保障体系

推进社会保险全覆盖。确保城乡居民基本养老保险基础养老金足额发放，引导城乡居民合理选择缴费档次。加快全民参保登记成果转化应用，重点对中小企业职工、农民工、灵活就业人员、新业态从业人员等群体实施精准扩面。深入推进工伤保险“同舟计划”、养老保险“助保贷款”，确保城乡居民养老保险做到参保、缴费和待遇享受全覆盖。

完善社保制度机制。健全城乡居民基本养老保险待遇确定机制和基础养老金正常调整机制，逐步提高城乡居民基础养老金标准。深化机关事业单位养老保险制度改革，深入推进改革后退休人员按新制度待遇计发工作，优化职业年金经办管理。落实企业职工基本养老保险全国统筹和省级统筹工作。严格落实被征地农民社会保障制度，做到“刚性进保、即征即保、应保尽保”。

提高保障救助水平。建立城乡低保标准与居民收入增幅挂钩的自然增长机制，逐步提升临时救助等专项社会救助标准。持续创新“物质＋服务”的社会救助方式，探索将救助范围向因病、因学、因残等原因致贫致困的支出型贫困型家庭延伸。积极发展慈善事业。到2025年，形成分层分类、城乡统筹的社会救助体系。

第四节　完善住房保障体系

加快建立多主体供给、多渠道保障、租购并举的住房制度，建立健全货币化保障和实物保障相结合的住房保障机制。通过发放租金补贴、共有产权保障性住房购房补贴及配租公共租赁住房等多种保障途径，基本解决中低收入家庭、新就业人员及稳定就业的外来务工人员等市民住房困难。降低各类保障对象准入门槛，扩大公共租赁住房保障覆盖面。完善保障住房供应管理机制，提高保障住房分配的信息化监管水平，推动保障住房管理更加科学、精准和高效。

第五节　强化重点人群服务保障

着力促进妇女全面发展，保障妇女平等获得就学、就业、婚姻财产和参与社会事务等权利。开展儿童友好城市创建，保障儿童优先发展。建立完善市、镇、村三级弱势妇女儿童群体的基本信息档案，实行动态跟踪管理，精准开展关爱关注和预防侵害工作。建设市未成年人救助保护中心项目，落实未成年人救助保护机构职责，拓展市福利院的儿童福利机构社会服务功能。建立健全退役军人服务保障体系，落实普惠加优待规定。

第二十五章　促进人口长期均衡发展

以促进人的全面发展为根本目的，按照“稳总量、优结构、提素质、调分布”的思路，建立健全人口与区域经济、社会、资源、环境承载能力相适应的发展模式。

第一节　创新人口服务和管理

优化人口空间布局，聚焦“产城人”互动关系，科学引导人口流动，推动人口合理分布。加强人口精准服务，推动人口服务管理工作重心下移，优化社区流动人口社会融合服务。完善人口基础信息库，加强人口数据开放和利用，建立健全人口预测预报制度。推进落户政策全面放开，深化居住证政策，实现人才落户“零门槛”。加快形成外来人口积分管理新机制，优化以家庭迁移为导向的非户籍人口落户。持续扩大和完善常住人口基本公共服务范围，稳定提高服务标准，实现常住人口基本公共服务全覆盖。

第二节　实施积极人口政策

构建科学的人口决策服务机制，统筹人口规划、政策和服务管理，构建涵盖常住人口的公共资源配置机制和社会治理长效机制，深化计生服务管理改革，开展生育意愿调查和全面两孩政策评估工作，深入实施好全面两孩政策。打造人口基础信息大数据平台，加强人口发展战略研究，科学研判人口形势，优化完善税收、住房、教育、社保、就业等系统性协调性的人口政策体系。

第三节　健全家庭发展支持体系

增强家庭发展能力，提高家庭福利水平，促进家庭和谐幸福。增强生育保险保障功能，完善妇幼保健等保障体系，合理配置妇幼保健资源，促进妇幼保健机构标准化建设。加强生育全程基本医疗保健服务，稳定与经济社会发展相匹配的生育水平，降低出生人口性别比。积极推动工作创新，常态化开展“国家家庭日”纪念活动，全面开展“幸福家庭活动示范市”创建工作。推动婴幼儿照护服务事业发展，健全普惠安全的公共托育服务体系，争取到2025年，每千人拥有0～3岁婴幼儿托位数2.5个。

第二十六章　推进社会治理现代化建设

坚持党的领导、人民当家做主、依法治市有机统一，不断提升法治如皋、法治政府、法治社会一体化建设水平，切实保障社会公平正义和人民权利。

第一节　发展社会主义民主政治

坚持和完善人民代表大会制度。支持和保证人民群众通过人民代表大会制度行使国家权力，保障公民有序政治参与。完善人大对“一府一委两院”监督制度，健全专题询问、专项评议和满意度测评制度，增强人大监督刚性和实效。落实人大讨论决定重大事项、政府重大决策出台前向本级人大报告制度，完善重大事项报告沟通协调机制和审议决定程序。健全人大组织制度、选举制度和议事规则，完善论证、评估、评议、听证制度。完善人大常委会联系代表、代表联系群众制度，扩大公民有序政治参与，积极回应社会关切。

坚持和完善政治协商制度。发挥政协作为政治组织和民主形式的效能，完善政协专门协商机构制度，丰富协商形式，科学制定协商规则，建立协商议政质量评价体系，健全民主监督员和专项民主监督工作机制，进一步健全建言资政和凝聚共识双向发力、政协协商与社会治理紧密结合的制度机制。探索完善民主党派和无党派人士开展民主监督的制度机制，健全支持民主党派和无党派人士履行职能工作机制。加快建设智慧政协，组织开展网络议政。完善政协委员履职工作机制，健全委员履职档案制度。建立健全各党派参加人民政协工作的共同性事务情况交流机制。

第二节　深化推进法治如皋建设

建设法治政府。严格执行重大行政决策，公众参与、专家论证、风险评估、合法性审查、集体讨论决定“五大程序”。提高政务透明度，完善信息公开、新闻发布、突发事件信息发布等制度。做好规范性文件“立改废释”工作。加强行政执法队伍建设，依法行政成为共识，遵法循规成为普遍行为。加强和改进行政复议工作，纠正违法、不当的行政行为。构建职责明确，依法行政的政府治理体系，不断优化法治营商环境，确保政府工作全面纳入法治轨道。

推进公正司法。巩固以司法责任制为核心的改革成果，大力推进政法领域改革，强化执法司法制约监督体系建设。深化司法体制综合配套改革，完善审判权、检察权运行机制，推进法院、检察院入额领导办案常态化。强化检察机关法律监督职能，完善刑事、民事、行政检察和公益诉讼检察案件办理机制。加快政法大数据共享应用平台建设，完善政法业务协同系统，实现公检法司刑事案件、涉案财物网上一体化办理，执法过程网上全流程监督。

建设法治社会。贯彻落实国家《法治社会建设实施纲要（2020—2025年）》，弘扬社会主义法治精神，建设社会主义法治文化，推动全社会增强法治观念。深入宣传以宪法为核心的中国特色社会主义法律体系，广泛宣传与经济社会发展和人民群众利益密切相关的法律法规，使人民群众自觉尊崇、信仰和遵守法律。广泛开展群众性法治文化活动，不断提升人民群众法治建设满意度。完善公共法律服务体系建设，推动公共法律服务与科技创新手段深度融合，尽快建成覆盖全业务、全时空的公共法律服务体系。

第三节　加强和创新社会治理

健全社会治理体系。主动适应社会治理面临的新情况新问题，聚焦解决社会治理突出问题，突出“防风险、解难题、补短板”主线，不断提升社会治理效能。完善党委领导、政府负责、民主协商、社会协同、公众参与、法治保障、科技支撑的社会治理体系，完善基层民主协商制度，实现政府治理同社会调节、居民自治良性互动，建设人人有责、人人尽责、人人享有的社会治理共同体。

完善社会治理机制。健全信息互通、资源共享、工作联动机制，实现社会治理资源整合、力量融合、功能聚合、手段综合。积极探索扁平化治理模式，提高快速响应、精准落地能力，推动问题在基层解决。巩固“三活四清五必报”网格化基层社会治理模式，完善“大数据+网格化+铁脚板”治理机制（基层社会治理大数据赋能服务机制、网格化联动共治机制、“铁脚板”力量组织机制），全域打造“智慧网格”，深化网格化社会治理在促进平安建设、服务群众、保障高质量发展等方面的实战应用。打造专业化、规范化、实战化网格员队伍，深化城乡社区网格化管理，构建网格化管理、精细化服务、信息化支撑、开放共享的基层管理服务平台。

创新社会治理方式。探索党组织领导下的党建融合社区全要素联动机制，促进“党建、治理、服务”三网联动，推动“法治、德治、自治、共治”四治融合。坚持党建引领，深入推进“三官一律一员”（法官、检察官、警官、律师、网格员精准对接社区，依托社区网格，围绕矛盾纠纷化解、法律咨询服务、网格员业务指导、普法宣传活动等开展工作，进一步打通服务群众“最后一公里”）进网格，打造市域社会治理“党旗红”、平安如皋建设“政法蓝”、网格服务管理“马夹黄”三色品牌。完善基层自治架构，重视居民议事规则建设，畅通和规范社会工作者、志愿者等参与社会治理的途径，引导和开展企居联建活动。建立组织动员机制，有效吸引广大群众参与社区建设，引导群众积极参与并建言献策。

第四节　增强纠纷矛盾化解能力

加强纠纷矛盾预防化解。深化信访领域改革，畅通人民群众诉求表达、利益协调、权益保障通道，全面推进多元化纠纷解决机制建设。利用智能化手段，搭建县镇村信访联动机制，提高纠纷矛盾即时响应处理能力。加强社会舆论引导，提高防范和处置群体性突发事件、处理人民内部矛盾的能力。夯实非诉讼纠纷解决综合平台，综合运用人民调解、公证、行政复议、仲裁等多种手段，构建非诉讼纠纷多元化解综合体系，化解社会矛盾纠纷，打造非诉纠纷解决“如皋模式”。到2025年，全市矛盾纠纷化解率95%以上。

集合纠纷矛盾化解力量。充分发挥工会、劳动监察在职工权益维护上的作用，引导职工群众理性表达、合法维权。关注家事纠纷、家庭暴力、未成年人权益侵害等重点问题，发挥妇联、共青团等群团组织在社会建设中的作用，实施柔性治理与刚性约束相结合，有效化解婚姻家庭矛盾纠纷。加强社会心理建设，通过购买社会服务，实施精准有效的心理救助，增强人民群众自主化解危机的能力。扩大法律援助服务标准化试点范围，建设法律援助服务“如皋样本”。

第五节　完善社会治安防控体系

强化社会治安防控。全面构建社区警务网格化服务管理体系，实行“1（社区民警）＋1（网格长）＋1（网格员）＋N（八大员）”运行模式，建立分工协作工作机制。全面加强“智慧公安”“平安前哨”建设，持续完善人防、技防、物防、心防为一体的新时代社会治安防控体系。通过搭台智慧警务、牵引数据赋能，推动形成一批高水平的“智慧小区”“智慧校园”“智慧医院”等智慧技防建设示范点，打造新时代智慧技防“雪亮工程”体系。加强基层巡防能力建设，完善等级巡防工作机制，完善治安顽症问题发现机制，加大技防加密补盲和资源汇聚力度，推进技防升级改造、智能整合。到2025年，公众安全感测评99%。

深化平安基础建设。加强市镇村三级综治中心规范化建设，完善平安建设工作协调机制，严格落实平安建设领导责任制。加强对道路交通、寄递物流、危爆物品、群租房等领域的安全监管。加强社会治安巡逻防控，推动扫黑除恶和惩治黄赌毒工作常态化，落实“打、防、管、控”措施，严厉惩治各类违法犯罪活动。深化群防群治工作，探索开展实有房屋管理、建立流动人员电子档案、实施高危人员列管、重点人员联管和基层平安联创。积极开展平安创建系列活动，广泛开展平安宣传，促进提升群众参与度、满意率和安全感。

第二十七章　高水平推进平安如皋建设

以落实责任、精准预警、联动高效为重点，构建全域覆盖的公共安全体系、重大风险防范体系和安全应急管理体系，争创省级“安全发展示范城市”。

第一节　加强公共安全保障

大力加强生产安全。落实最严格的安全生产责任和管理制度，完善安全工作职责清单，持续做好违法违规“小字头”“停产停业”企业等专项整治，坚决杜绝重特大事故，有效遏制较大事故，实现生产安全事故、死亡人数“双下降”。建立健全安全隐患排查治理和安全预防控制体系，推进智能监管监测预警系统、安全风险管理信息系统和高危企业在线监测联网工程建设，形成全市全行业安全监测“一盘棋”、安全管控“一张网”。

强化食品药品安全。巩固“江苏省食品安全示范市”创建成果。聚焦药品零售、医疗器械、化妆品、保健食品等高风险产品经营使用单位，加大智慧食药监建设步伐。健全食品药品全链条质量安全保障体系、应急处置体系，着力提升食品药品安全工作能力水平，切实防范化解食品药品领域重大风险。推动食品药品安全科普宣传教育，提升公众药品安全素养。

第二节　做好重大风险防范

深化国家安全建设。坚持总体国家安全观，把安全发展贯穿如皋发展各领域和全过程，防范和化解影响全市现代化进程的各类风险，筑牢国家安全屏障。加强国家安全宣传教育，增强全民国家安全意识。切实维护政治安全、政权安全、意识形态安全，全力化解政治安全风险。健全“平安如皋”安全运行机制，推动重点领域协调机制更加顺畅，推进风险防控“四项机制”更加扎实。

全力保障经济安全。高度重视粮食保障工程，提高粮食、生猪等重要农产品自给率，千方百计确保粮食安全。实施能源和资源安全战略，维护油气战略通道和关键节点安全，推进能源安全储备。密切跟踪新一轮科技革命可能引发的安全隐患、观念冲击和风险传导，前瞻实施、研判防范。

加强生物安全防范。建立健全生物安全风险防控体系，实施定期评估，强化生物安全资源监管，提高预警和防御能力，从源头检测并遏制生物威胁。深化生物资源和生态平衡研究，推动生物安全领域研究和技术突破，加强涉及生物安全的实验室体系建设和运行管理，促进生物科技健康发展。

强化网络信息安全。加强互联网管理体系建设，在信息传播、内容管控、网络法治、社会协同治理等方面加大建设力度，进一步巩固网络安全保障体系。有效净化网络环境，构建党委领导、政府管理、学校教育、企业履责、社会监督、网民自律有机统一的网络治理格局，有效维护网络安全，促进社会健康运行。

有效化解金融风险。强化金融风险管控，加强风险预警监测，以高风险领域、涉险企业为重点，持续强化日常监管、预警监测、应对处置，筑牢金融安全防线，提升政府债务化解水平。依法严厉惩治各类非法金融活动和恶意逃废债务行为，着力提高金融案件执结率，引导金融机构严守金融生态公约，政银企共筑风险防控“防火墙”。

第三节　完善应急管理体系

增强应急反应处置能力。推进应急服务指挥中心建设，制订公共突发事件应急预案，健全监测预警、风险评估、处置救援、社会动员、舆论引导、恢复重建等相关机制，为应急管理提供制度保障。在防范措施层面不断优化升级，强化灾难知识的宣传和普及教育，增强应急意识，提高人民紧急避险和自救互救能力。加快森林火灾应急处置项目建设。加强应急处置实训，将应急演练成为新常态，提高应急反应和处置能力。

加强城市应急物资储备。加强平灾结合应急管理队伍建设，在监测、抢险、救护、医疗等方面储备专业人才，提高统筹调配、联合作战的能力。强化城市应急保障，优化关键物资的生产能力和布局，逐步构建政府储备与社会储备、实物储备与能力储备、集中储备与分散储备相结合的多层次储备体系，形成规范的救灾物资、生活必需品、医药物资和能源储备物资供应系统。

第七篇　共同绘就长江以北最强县市新蓝图

第二十八章　完善规划落地机制

建立和完善规划实施的组织协调机制、责任落实机制、公众参与机制，提高规划的管理水平和实施质效，把“十四五”规划任务落到实处。

第一节　坚持和加强党的全面领导

持续增强“四个意识”、坚定“四个自信”、做到“两个维护”。适应客观形势变化，改进工作机制和方法，提高党把方向、谋大局、定政策、促改革的能力和定力。贯彻新时代党的组织路线，加强党的各级组织建设，注重培养选拔政治强、懂专业、善治理、作风正的领导干部，提高各级领导班子和干部适应新时代新要求抓改革、促发展、保稳定水平和专业化能力，进一步发挥“三项机制”（鼓励激励机制、容错纠错机制、能上能下机制）作用，大力营造“干部为事业担当、组织为干部担当”的浓厚氛围。加快提升基层党建水平，选好用好管好带头人，提高各领域基层党组织覆盖率和覆盖质量。落实全面从严治党主体责任、监督责任，不断增强党自我净化、自我完善、自我革新、自我提高能力。健全党统一领导、全面覆盖、权威高效的监督体系，强化对公权力运行的制约和监督。坚持无禁区、全覆盖、零容忍，一体推进不敢腐、不能腐、不想腐，营造风清气正的政治生态。

第二节　明确规划任务的分工落实

全面建立以市级发展规划为统领、空间规划为基础、专项规划和区域规划为支撑的规划体系。统筹规划全过程管理，按照规划纲要确定的目标任务，加强分工落实，明确进度要求，确保各项任务按计划、有步骤得到落实。明确规划实施责任主体，强化对全局性、战略性及跨领域目标任务的统筹协调，落实分类分级协调制度，形成各部门实施规划的强大合力。充分调动和依靠各方力量，形成上下齐心、各方协力的发展态势。加强重大政策协调配合，规范重大项目财政资金的管理和使用，加强政策资源要素供给。

第二十九章　创新规划实施机制

创新规划实施机制，以重大事项落地为抓手，完善规划评估和纠偏机制，建立规划实施多元监督制度，确保规划制订的各项目标任务顺利实施。

第一节　抓好重大事项的推进实施

充分发挥重点项目对规划落实的支撑作用，以规划确定项目，以项目落实规划。加强财政、投资、土地、环保等政策的统筹，切实推进包括重大项目、重点工程、重大平台、重点产业、重大政策和重点要素等重大事项落地落实。健全重大事项推进工作机制，建立重大项目绿色通道、目录清单、责任进度表，实行动态管理、滚动推进，全力推动优质项目吸引落地和开工建设。各部门要深化细化落实计划，明确措施、责任、期限，加强合作、切实推进，提高规划执行力，确保规划目标和任务落到实处。

第二节　强化规划绩效的评估考核

健全规划绩效考核评估机制，对规划确定的发展目标、重点任务和政策措施进行分解，明确牵头部门和工作责任，作为落实绩效考核的重要内容。建立发展规划中期评估与后期评估相衔接、定量评估与定性评估相配套、政府自我评估与第三方评估相结合的规划评估体系，提高规划评估的客观公正性。强化规划执行督查机制，自觉接受各级人大对规划实施行为的监督检查，虚心听取各级政协对规划实施工作的建言献策，保障规划严格实施。加强发展规划实施的社会监督，发挥新闻媒体和群众社团的桥梁和监督作用，健全政府与企业、市民的信息沟通和交流机制。

——摘自 2021 年 3 月 8 日市政府《关于印发〈如皋市国民经济和社会发展第十四个五年规划和 2035 年远景目标纲要〉的通知》（皋政发〔2021〕10 号）

部分文件目录

中共如皋市委（皋委发）

1 号　关于印发《中共如皋市委常委会 2021 年工作要点》的通知

2 号　中国共产党如皋市第十二届委员会第十二次全体（扩大）会议决议

5 号　关于印发《中共如皋市委关于制订如皋市国民经济和社会发展第十四个五年规划和二〇三五年远景目标的建议》的通知

6 号　关于公布 2020 年度如皋市文明行业、文明镇、文明村、文明社区、文明单位、文明校园、文明家庭认定结果的通知

7 号　关于表彰 2018—2020 年度如皋市深化高质量全国文明城市建设突出贡献集体和个人的决定

39 号　关于印发《"创新如皋"三年行动计划（2021—2023 年）》的通知

40 号　印发《关于促进村（社区）组织振兴的试行意见》的通知

42 号　关于做好中国共产党如皋市第十三次代表大会代表选举工作的通知

45 号　关于印发《如皋市"文明典范城市"创建三年行动计划（2021—2023 年）》的通知

51 号　关于印发《法治如皋建设规划（2021—2025 年）》的通知

52 号　中国共产党如皋市第十三次代表大会关于十二届市委工作报告的决议

67 号　关于加快建设人才高地推动如皋高质量发展的若干政策意见

68 号　关于表彰第五届如皋市道德模范的决定

76 号　中国共产党如皋市第十三届委员会第三次全体（扩大）会议决议

78 号　转发《市委宣传部 市司法局关于开展法治宣传教育的第八个五年规划（2021—2025 年）》的通知

如皋市人民政府（皋政发）

5 号　关于分解落实 2021 年民生实事项目任务的通知

8 号　关于印发《如皋市突发事件总体应急预案》的通知

10 号　关于印发《如皋市国民经济和社会发展第十四个五年规划和二〇三五年远景目标纲要》的通知

11 号　关于授予倪华军等 6 名同志如皋市见义勇为先进个人称号的决定

12 号　关于明确 2021 年财政收入预期目标的通知

13 号　关于调整长江镇城乡规划授权管理事项的通知

14 号　关于印发如皋市 2021 年度国有建设用地供应计划的通知

16 号　关于在各镇（街道）开展相对集中行政处罚权工作的通知

18 号　关于落实"管行业就要管工资支付"责任完善欠薪长效治理机制的意见

19 号　关于印发《如皋市市长质量奖管理办法》的通知

20 号　关于赋予各镇（街道）部分县级经济社会管理权限的通知

23 号　关于印发《如皋市政府投资基金管理暂行办法》的通知

26 号　关于推行涉企免罚轻罚清单、加强柔性执法进一步优化营商环境的实施意见

27 号　关于印发《关于赋予或委托各镇（区、街道）部分县级经济社会管理权限的实施方案》的通知

28 号　关于印发《如皋市高质量安全发展实施方案》的通知

30 号　关于做好 2022 年度居民基本医疗保险和居民长期照护保险基金筹集工作的通知

32 号　关于印发《如皋市镇（街道）行政权力事项清单》的通知

37 号　关于推进养老服务高质量发展的实施意见

38 号　关于印发《如皋市镇级债务提级管理方案（试行）》的通知

中共如皋市委办公室 如皋市政府办公室（皋办发）

1 号　关于做好 2021 年市四套班子领导、"法检"两长挂钩联系工作的通知

2 号　关于印发《〈如皋年鉴（2021）〉组稿意见》的通知

3 号　关于颁发 2020 年下半年重大高端制造业项目开工节点奖的通知

6 号　关于印发《2021 年城建、交通项目计划》《2021 年城建重点工程项目计划》和《2021 年城市搬迁项目计划》的通知

14 号　关于印发《如皋市沿江生态景观带建设实施方案》的通知

15 号　关于印发《2021 年度持续深化新时代文明实践中心建设实施方案》的通知

16 号　关于开展相关共建园区委托管理的试行意见

17 号　关于对 2020 年度全市先进企业进行奖励的决定

18 号　关于印发《如皋市政府国有资产监督管理办公室职能配置、内设机构和人员编制规定》的通知

19 号　关于印发《如皋市市域治理现代化指挥中心职能配置、内设机构和人员编制规定》的通知

21 号　关于做好 2021 年代表建议和委员提案办理工作的通知

22 号　关于表彰 2020 年度优秀建议提案和办理工作先进集体先进个人的决定

23 号　关于印发《如皋市 2021 年现代服务业考核办法》的通知

24 号　关于 2021 年推动经济高质量发展的激励意见

25 号　关于实施创新驱动战略推动经济高质量发展的激励意见

26 号　关于印发《如皋市 2021 年度信访工作考核奖惩暂行办法》的通知

27 号　关于印发《2021 年如皋市开放型经济工作考核办法》的通知

28 号　关于印发《2021 年如皋市重点招商活动计划》的通知

29 号　关于印发《2021 年如皋市产业项目建设综合考评办法》的通知

30 号　关于进一步加强和规范全市统计基层基础工作的意见

31 号　关于印发《2021 年度如皋市深入打好污染防治攻坚战工作计划》的通知

32 号　关于印发《2021 年度如皋市深入打好污染防治攻坚战考核办法》的通知

33 号　关于 2021 年秸秆禁烧禁抛与综合利用工作的实施意见

34 号　关于印发《如皋市“大数据 + 指挥中心 + 综合执法队伍”试点工作方案》《如皋市综合行政执法联动指挥联席会议制度》的通知

35 号　关于印发《2021 年各镇（区、街道）党委政府和市安委会成员单位履行安全生产工作责任考核评价指标》的通知

36 号　关于印发《“文明典范城市”创建管理工作实施方案》的通知

37 号　关于印发《如皋市市属国有企业领导人员管理办法（试行）》的通知

38 号　关于印发《镇（区、街道）领导班子成员信访包案工作责任制规定（试行）》的通知

39 号　关于印发《市领导挂钩联系优势产业链工作方案》的通知

40 号　关于印发《2021 年如皋市新型工业化考核办法》的通知

41 号　印发《关于加强企业家队伍建设的实施意见》的通知

42 号　关于印发《如皋市深化国家基层标准化改革创新先行区建设 2021 年行动计划》的通知

43 号　关于印发《2021 年如皋科技人才洽谈会工作方案》的通知

44 号　关于印发《2021 年勇当南通排头兵、追赶跨越比贡献发展指标月度评估办法》的通知

45 号　印发《关于加强新型农村社区建设的实施方案》的通知

46 号　印发《关于改革完善社会救助制度的实施意见》的通知

49 号　印发《关于进一步优化科技创新体制组建市科技创新委员会的实施方案》的通知

50 号　关于印发《2021 年加快农业高质量发展、全面推进乡村产业振兴的激励意见》的通知

52 号　关于成立进一步减轻义务教育阶段学生作业负担和校外培训负担领导小组的通知

53 号　关于印发《如皋市生态环境保护责任清单》的通知

54 号　关于印发《如皋市关于进一步减轻义务教育阶段学生作业负担和校外培训负担的实施意见（试行）》的通知

55 号　关于印发《如皋高质量教育县域样板建设纲要》的通知

56 号　印发《关于加强和完善市政府部门与工商联、知联会、新联会、海联会对口联系工作的意见》的通知

57 号　印发《关于建立健全特约人员工作制度的意见》的通知

59 号　印发《2021 年如皋市科创项目考评办法》的通知

60 号　印发《如皋市关于贯彻落实〈省安全生产第十一巡查组巡查南通反馈意见整改方案〉的实施方案》的通知

61 号　关于印发《如皋市全面推行林长制实施办法》的通知

65号　关于印发《如皋市能耗双控重点工作实施方案》的通知

68号　关于印发《关于在全市开展“访民情、解企忧、聚人心”调研走访活动的实施方案》的通知

69号　关于明确十四五期间及今后各类群体享受生活补助正常增长机制的通知

中共如皋市委办公室（皋委办发）

4号　关于印发《2021年如皋市委巡察工作计划》的通知

5号　关于转发《如皋市关心下一代工作委员会2021年工作要点》的通知

7号　印发《关于进一步优化如皋市“两代表一委员”密切联系群众工作机制的实施意见》的通知

12号　印发《关于建立市委大督查机制的实施方案》的通知

22号　印发《关于在全市党员干部中开展“两在两同”建新功、“攻坚有我”显担当行动的实施方案》的通知

25号　关于提升对村（社区）巡察工作质效增强村（社区）党组织战斗力的通知

如皋市人民政府办公室（皋政办发）

7号　关于印发《如皋市危险化学品使用安全专项治理行动工作方案》的通知

8号　关于印发如皋市农村房屋安全隐患排查整治督导方案的通知

9号　关于公布2020年如皋市标准创新奖获奖名单的通知

10号　关于公布2020年如皋市市长质量奖获奖名单的通知

11号　关于编制2021年度国有建设用地供应计划的通知

14号　关于印发《如皋市路长制实施方案》的通知

15号　关于印发《如皋市森林火灾应急预案》的通知

16号　关于严格耕地保护坚决制止耕地“非农化”行为的通知

17号　关于印发《如皋市能源等行业领域危险化学品使用安全专项治理行动实施方案》的通知

18号　关于印发《如皋市非法流动加油专项整治行动方案》的通知

19号　关于印发《全市道路交通安全“生命防护工程”实施方案》的通知

20号　关于2021年全市造林绿化工作的实施意见

21号　关于印发《如皋市征地工作流程（试行）》的通知

22号　关于转发《南通市应急救援队伍管理办法（试行）》的通知

23号　关于转发《南通市社会应急力量使用办法（试行）》的通知

25号　关于印发《如皋市美丽宜居城市建设工作方案》的通知

27号　关于印发《如皋市政府投资非营利性工程建设项目集中建设管理实施细则》的通知

28号　关于印发《城区街道包干负责市级搬迁项目试行办法》的通知

31号　关于分解落实2021年粮食生产目标任务的通知

34号　关于印发《关于委托镇（街道）行使农村宅基地行政执法权的实施意见》的通知

37号　关于明确农村供水管网改造提升工程相关事项的通知

38号　关于印发《如皋市新冠病毒疫苗接种工作实施方案》的通知

39号　关于印发《关于推进市交通产业集团、如皋港集团和富港建设集团整合改革的工作方案》的通知

40号　关于印发《如皋市城市疏堵工程2021年工作任务》的通知

42号　关于印发《如皋市依法没收违法用地上建筑物移交处置办法》的通知

43号　关于印发《全市新一代雪亮技防工程（新时代技防城）建设实施方案》的通知

44号　关于开展全市燃煤、燃气锅炉整治“回头看”专项行动的通知

46号　关于印发《如皋市2020—2021年农村水利工作实施意见》的通知

47号　关于印发《全国第六届“万步有约”健走激励大赛如皋赛区实施方案》的通知

48号　市政府办公室关于印发《如皋市慢性病防治“十四五”规划（2021—2025年）》的通知

49号　市政府办公室关于印发《如皋市慢性病综合防控示范区建设实施方案》的通知

50号　关于下达2021年度警务辅助人员队伍建设经费统筹指标的通知

51号　关于拨付2020年度文化产业奖励资金的通知

56 号　关于印发《长江如皋段水上突出违法行为联防联控指导意见》的通知

57 号　关于开展废品收购行业专项整治“回头看”行动的通知

58 号　关于印发《关于 12345 在线平台建设“一企来”企业服务热线的工作方案》的通知

59 号　市政府办公室关于印发《2021 年“四好农村路”建设实施方案》的通知

60 号　关于进一步做好 2021 年夏季秸秆禁烧禁抛与综合利用工作的通知

61 号　关于印发《如皋市城镇既有房屋结构安全和外立面墙砖隐患排查整治实施方案》的通知

63 号　关于下达 2021 年度水利工程水费征收及解缴任务的通知

64 号　关于转发市教育局《2021 年如皋市中小学（幼儿园）招生工作意见》的通知

65 号　关于印发《如皋市深化农村公路管理养护体制改革实施方案》的通知

69 号　关于印发《如皋市金融服务乡村振兴工作实施方案》的通知

70 号　关于印发《2021 年如皋市犬类管理集中整治行动方案》的通知

71 号　关于明确生态空间管控区域内有关项目论证和评估程序的通知

73 号　关于印发《如皋市 2019 年度棉花目标价格补贴实施方案》的通知

74 号　关于印发《2021 年如皋市城市环境综合整治行动方案》的通知

77 号　关于开展行政规范性文件清理工作的通知

82 号　关于印发《全面贯彻落实国务院安委会开展深化江苏安全生产专项整治指导工作实施方案》的通知

83 号　关于印发《基本公共服务领域市与镇（区、街道）财政事权和支出责任划分改革方案》的通知

85 号　关于印发《如皋市 2021 年价格调控目标责任制实施意见》的通知

86 号　关于印发《如皋市 2021 年农业支持保护补贴（耕地地力保护）实施方案》的通知

87 号　关于印发《如皋市专精特新“小巨人”企业培育三年行动方案（2021—2023 年）》的通知

90 号　关于印发《如皋市 2021 年水污染防治工作计划》的通知

91 号　关于印发《如皋技师学院创建方案》的通知

92 号　关于印发《江苏省如皋中等专业学校创建江苏联合职业技术学院如皋分院和独立高职院校实施方案》的通知

93 号　关于印发《关于调整部分群体居民养老保险待遇水平的意见》的通知

96 号　关于印发《如皋市公共停车收费管理专项整治实施方案》的通知

97 号　关于印发《如皋市创建省级农业高新技术产业示范区工作方案》的通知

98 号　关于贯彻落实南通市分类办《关于进一步推进全市建筑垃圾资源化利用的实施意见》的通知

99 号　关于印发《如皋市改革完善医疗卫生行业综合监管制度实施方案》的通知

100 号　关于印发《如皋市实际种粮农民一次性补贴发放实施方案》的通知

101 号　关于印发《如皋市 2021 年稻谷生产者补贴实施方案》的通知

102 号　关于印发《如皋市 2021 年大气污染防治工作计划》的通知

103 号　关于促进 3 岁以下婴幼儿照护服务发展的实施意见

105 号　关于印发《如皋市房屋建筑违法建设和违法违规审批专项清查实施方案》的通知

106 号　关于调整全市社会救助保障标准的通知

107 号　关于印发《如皋市优化营商环境重点企业执法司法“白名单”制度实施细则》的通知

108 号　关于印发《如皋市餐厨废弃物全域全量收运处置实施方案》的通知

109 号　关于加强全市建设领域农民工工资支付管理的通知

110 号　关于印发《推进真抓实干积极争取国务院省政府督查激励工作方案》的通知

111 号　关于印发《如皋市流浪乞讨人员救助管理工作联席会议制度》的通知

112 号　关于印发《如皋市既有建筑安全隐患排查整治专项行动方案》的通知

114 号　关于印发《如皋市城区停车建设管理整治三年提升行动方案》的通知

115 号　关于贯彻执行《江苏省地方政府储备粮管理办法》的通知

117 号　关于印发《关于进一步加强税费协同共治的实施意见》的通知

119 号　关于印发《如皋市国三及以下排放标准柴油货车提前淘汰报废补贴方案》的通知

120 号　关于开展突出生态环境问题“大排查、大整治”专项行动的通知

121号　关于印发《关于支持创建省级农业高新技术产业示范区的政策意见》的通知

122号　关于印发《如皋市农村道路公交线路安全通行条件联合审核机制》的通知

123号　关于兑现我市2020年度"2523"工业大企业培育相关奖励政策的通知

124号　关于印发《如皋市全面推行证明事项告知承诺制工作方案》的通知

125号　关于印发《如皋市创建"全国义务教育优质均衡发展县（市、区）"实施方案》的通知

126号　关于印发《促进中医药传承创新发展的若干措施》的通知

128号　关于印发《加强全市农（集）贸市场长效管理工作方案》的通知

130号　关于印发《如皋市污染地块环境管理联动实施方案（试行）》的通知

131号　关于印发《关于进一步加强全市校园保安队伍建设工作的意见》的通知

132号　关于进一步做好2021年秋季秸秆禁烧禁抛与综合利用工作的通知

133号　关于印发《如皋市—洋县对口协作2021年度工作计划》的通知

135号　关于印发《如皋市镇（街道）综合行政执法规范化建设工作方案》的通知

136号　关于贯彻落实《江苏省为民服务中心标准化评价指标（试行）》的通知

137号　关于印发《全面推行政务服务市镇村三级代办帮办工作实施办法》的通知

139号　关于转发《如皋市"十四五"消防救援事业发展规划》的通知

144号　印发《关于做好整市屋顶分布式光伏开发项目的实施意见》的通知

145号　关于印发《如皋市"十四五"安全生产规划》的通知

146号　关于印发《如皋市"十四五"综合防灾减灾规划》的通知

147号　关于印发《如皋市"十四五"应急管理体系和能力建设规划》的通知

149号　关于印发《如皋市"十四五"财政发展规划》的通知

150号　转发市发展改革委等部门《关于如皋市电力接入工程政企共担管理机制实施办法（试行）》的通知

151号　关于印发《进一步优化营商环境提升企业开办便利度的实施方案》的通知

152号　关于印发《如皋市迎接环保督察组下沉督察工作方案》的通知

153号　关于印发《2022年市级部门预算编制方案》的通知

154号　关于印发《如皋市城乡环卫市场化改革实施方案》的通知

155号　印发《关于加快科技企业孵化器建设与发展的补充意见》的通知

157号　关于印发《如皋市2021—2022年农村水利工作实施意见》的通知

159号　关于公布2020年度如皋市级农业产业化龙头企业名单的通知

160号　关于印发《如皋市耕地耕作层土壤剥离和再利用工作实施意见》的通知

161号　关于印发《关于进一步优化政务服务便民热线的实施方案》的通知

162号　关于公布2021年如皋市标准创新奖获奖名单的通报

163号　关于公布2021年度如皋市市长质量奖和市长质量奖提名奖获奖名单的通报

165号　关于印发《如皋市"十四五"现代服务业发展规划》的通知

166号　关于印发《如皋市"三线一单"生态环境分区管控实施方案》的通知

167号　关于印发《如皋市"十四五"先进制造业高质量发展规划》的通知

168号　关于印发《如皋市清理规范城镇供水供电供气供暖行业收费、促进行业高质量发展实施方案》的通知

169号　关于印发《如皋市辐射事故应急预案（2021年修订版）》的通知

170号　关于印发《如皋市社会治安防控体系示范城市创建工作方案》

171号　印发《关于如皋市交通产业集团有限公司、江苏如皋港集团有限公司和长江镇国有企业整合改革的实施方案》的通知

172号　关于印发《如皋市城市桥梁突发事件应急预案》的通知

174号　关于印发《如皋市重大林业有害生物防控应急预案》的通知

175号　关于印发《如皋市市级党政机关和事业单位经营性国有资产集中统一监管改革的实施方案》的通知

176号　关于印发《如皋市政务信息化项目管理办法》的通知

媒体聚集

2021 年南通市级及以上新闻媒体报道如皋题录（选录）

表 85

日期	媒体名称	标题
11 月 12 日	新华社	如皋税务："线上 + 线下"滴灌式辅导 提振企业科研创新信心
11 月 16 日	新华社	江苏如皋：盆景变成"摇钱树"农民走上致富路
11 月 29 日	新华社	江苏探路失能失智老年人群照护难题 长期照护保险"如皋模式"初显效
11 月 29 日	新华社	江苏如皋：90 后大学生返乡创业引种生石花
1 月 25 日	人民日报	涵养文明乡风良好家风淳朴民风
6 月 2 日	人民日报	智慧健身 让运动更科学更有趣
6 月 15 日	人民日报	就业门路广 保障织密网
7 月 1 日	人民日报	谱写工人阶级奉献的赞歌
7 月 6 日	人民日报	社会安定和谐 人民安居乐业
8 月 25 日	人民日报	江苏如皋 建成水上绿色综合服务区
12 月 24 日	人民日报	"我为群众办实事"实践活动扎实推进
4 月 10 日	人民日报海外版	首季"开门红"
5 月 7 日	人民日报海外版	江苏退运固废维护生态安全
7 月 20 日	人民日报海外版	清废增绿 岸阔水清
7 月 31 日	人民日报海外版	税收数据反映经济运行稳中向好
8 月 10 日	人民日报海外版	我是一名巡护员
2 月 10 日	光明日报	军民同心渡长江
7 月 7 日	光明日报	"中国共产党江苏如皋县委印"被认定为国家一级革命文物
7 月 16 日	光明日报	江苏南通：上半年如皋港集装箱吞吐量达 26.7 万标准箱
10 月 6 日	光明日报	江苏：专精特新"小巨人"为何批量诞生
10 月 14 日	光明日报	"那金石碰撞出的一簇火焰"
12 月 16 日	光明日报	江苏如皋大力提速环城水系贯通建设项目
11 月 24 日	光明日报	基层群众学习党的十九届六中全会精神
2 月 8 日	新华每日电讯	"诚信奶奶"如何让更多的人见贤思齐
4 月 14 日	新华每日电讯	108 个孤困儿 90 个妈 14 年育孤济困练就"爱的磁场"
8 月 27 日	新华每日电讯	贴地生活：菜市场里的女作家
1 月 6 日	新华日报	"国字号"明星村的小康密码
1 月 26 日	新华日报	法护绿水青山"9+1"环资审判谱写美丽江苏新篇章

续表 85

日期	媒体名称	标题
2 月 16 日	新华日报	搬走人情债 轻松过大年
2 月 19 日	新华日报	如皋百亿高新项目迎“开门红”
2 月 22 日	新华日报	爱心邮路吹响“红喇叭”
3 月 3 日	新华日报	红红火火的云闪付为县域注入新活力
3 月 11 日	新华日报	聚焦“诚、信、融”加强信用体系建设
3 月 22 日	新华日报	红十四军：一面“不倒的红旗”
3 月 22 日	新华日报	努力打造丰水地区节水典范
5 月 7 日	新华日报	“三驾马车”引领如皋奔向“江北最强”
5 月 11 日	新华日报	如皋发力打造创新强市
5 月 25 日	新华日报	如皋“特事特办”解决病人“买药难”
5 月 28 日	新华日报	石俊：信仰坚如磐 初心不可撼
6 月 13 日	新华日报	长江南通段水上绿色综合服务区投运
6 月 22 日	新华日报	坚定不移走创新驱动高质量发展之路
6 月 29 日	新华日报	“中国共产党江苏如皋县委印”被认定为一级文物
7 月 9 日	新华日报	如皋：党建共建促发展 银税携手惠民生
7 月 1 日	新华日报	小小印章 镌刻磐石初心
7 月 2 日	新华日报	“党建＋金融”共谱“强村富民”协奏曲
7 月 5 日	新华日报	如皋：聚力建设长江以北最强县市
7 月 8 日	新华日报	如皋高新区：打造“核芯”创新引擎更强劲
7 月 8 日	新华日报	长江镇：在跑赢新赛程中唱响长江之歌
7 月 8 日	新华日报	如皋工业园区（如城街道）：千年古城快步走在蝶变路上
7 月 19 日	新华日报	村级河长：细心呵护“家门口”每一条河
8 月 10 日	新华日报	如皋：“惠农之笔”绘就乡村振兴新画卷
8 月 19 日	新华日报	退役老兵，倒在战疫一线
8 月 19 日	新华日报	如皋：“安全管家”让企业安全隐患无处可遁
9 月 8 日	新华日报	如皋“点线面”基层法治建设展现新气象
9 月 13 日	新华日报	如皋：奋力描绘高质量发展绿色画卷
9 月 28 日	新华日报	如皋优化赛道再奋蹄
10 月 28 日	新华日报	如皋贯通监督力量 提高执纪问责实效
11 月 25 日	新华日报	使命催征 不负嘱托谱新篇
12 月 6 日	新华日报	全省首家刑事执行“云检察室”挂牌
12 月 10 日	新华日报	规模化养殖 引领畜牧业提质增效

续表 85

日期	媒体名称	标题
12 月 13 日	新华日报	如皋全力打造极具标志性和吸引力的科创“皋地”——让“关键变量”变“最大增量”
12 月 15 日	新华日报	创新培育路径 探索“张謇式”企业家实现形式
12 月 23 日	新华日报	如皋突出“三个一”提升群众普法满意度
12 月 25 日	新华日报	如皋下好换届选举“一盘棋”
9 月 4 日	文摘报	菜市场里的女作家
3 月 22 日	农民日报	江苏如皋市 草莓飘香带来丰收喜悦
9 月 3 日	农民日报	“秸”尽其用 利村民 美乡村
12 月 22 日	中国青年报	我要找债主
1 月 14 日	南通日报	打造产业创新强磁场 厚植跨越增长新动能
1 月 17 日	南通日报	香港立讯智能终端精密模组项目落户如皋
1 月 24 日	南通日报	如皋：打造精神文明建设新高地
1 月 27 日	南通日报	只争朝夕 建设长江以北最强县市
2 月 11 日	南通日报	如皋凝心聚力冲刺开门红
3 月 29 日	南通日报	如皋一村一品做强富民产业
4 月 5 日	南通日报	深耕技术创新 激发澎湃动力
4 月 16 日	南通日报	建设美丽乡村 加快产业富民
4 月 20 日	南通日报	如皋高新区特色产业展翅飞
4 月 22 日	南通日报	“强村加油站”为强村加油
4 月 23 日	南通日报	如皋：最厚“政策包”激发企业创新力
5 月 14 日	南通日报	锻造“如皋如意”一流营商环境
5 月 2 日	南通日报	布局高端装备制造 建设百亿级园区
6 月 21 日	南通日报	“如皋制造”让航天员吃上热饭热菜
6 月 22 日	南通日报	薪火相传守初心 接续奋斗担使命
7 月 4 日	南通日报	“党建 + 金融”共谱“强村富民”协奏曲
7 月 7 日	南通日报	近百落后村变成富裕文明村
7 月 12 日	南通日报	诚信之风劲吹雉水大地
7 月 18 日	南通日报	如皋创建省级农高区吹响冲锋号
8 月 22 日	南通日报	如皋：勇当长三角北翼高质量发展排头兵
9 月 22 日	南通日报	如皋品质教育“智启”城市未来
10 月 9 日	南通日报	如皋培育做强一批 5G 骨干企业
10 月 27 日	南通日报	如皋抢占“智”高点迸发新动能
10 月 29 日	南通日报	如皋科技人才洽谈会收获满满

续表 85

日期	媒体名称	标题
10 月 29 日	南通日报	抢抓新机遇 增创新优势 奋力打造跨江融合发展样板区
10 月 1 日	南通日报	如皋开发区科技创新激发澎湃动能
11 月 18 日	南通日报	对标新赛程优化赛道再奋蹄
12 月 18 日	南通日报	如皋：以诚信为基 筑文明之城
11 月 3 日	央视 1 套《新闻联播》	秋粮上市 收购总体顺利
11 月 17 日	央视 1 套《新闻联播》	“十四五”优质粮食工程实施“六大提升行动”
4 月 24 日	央视 13 套《朝闻天下》	江苏如皋 第 26 个“世界读书日”红色阅读主题公交车上线
5 月 21 日	央视 13 套《朝闻天下》	江苏南通如皋水上绿色综合服务区建成
6 月 2 日	央视 13 套《朝闻天下》	江苏南通 红色木偶戏进校园 党史教育润童心
10 月 13 日	央视 13 套《新闻直播间》	江苏如皋：小黑鱼“游”出完整产业链
11 月 2 日	央视 13 套《法治在线》	在我国《个人信息保护法》正式施行的背景下 突出保护个人信息的重要性
11 月 4 日	央视 13 套《朝闻天下》	秋粮上市 收购总体顺利（江苏如皋粮食产业园）
3 月 3 日	央视 13 套《午夜新闻》	江苏如皋 一问到底：保护野生动植物 我们能做些什么 杀大量野生鸟类 被告人获刑并处罚金
2 月 28 日	央视新闻客户端《正直播》	云赏春光 春天里的中国等你来看
3 月 24 日	央视新闻客户端《正直播》	春天里的中国丨江苏如皋：阳春三月吃春季 探寻舌尖上的春天
4 月 2 日	央视频	如皋江安：传承红色基因 弘扬“三牛”精神
4 月 27 日	央视频	“江海名嘴”姚呈明：让党的创新理论飞入寻常百姓家
7 月 7 日	央视频	江苏如皋交警：唱响主旋律，忠诚铸警魂！
7 月 16 日	央视频	南通如皋：4 岁女童独自出门 暖心交警护送回家
7 月 6 日	江苏卫视	从穷乡僻壤到花木之乡 咱们的小康路：“花样”生活在新港
9 月 25 日	江苏新时空	践行嘱托开新局
12 月 18 日	江苏新时空	创新引领 质效提升 1—10 月民营工业增速高于全省工业
12 月 4 日	江苏新时空	技术赋能 开拓新的增长点

统计资料

2002—2021年如皋市经济社会主要指标

2002—2021年如皋地区生产总值一览表

表86

年份	地区生产总值（万元）	第一产业增加值（万元）	第二产业增加值（万元）	其中		第三产业增加值（万元）	人均地区生产总值（元）
				工业增加值（万元）	建筑业增加值（万元）		
2002	879540	198496	375645	297609	78036	305399	6069
2003	1028140	208852	469966	374535	95431	349322	7129
2004	1259800	219600	627200	498900	128300	413000	8795
2005	1549659	238726	802838	651619	151220	508095	11456
2006	1914203	259091	1007451	835563	171888	647661	13922
2007	2385155	283104	1290257	1097201	193056	811794	17001
2008	3199952	342300	1807700	1549700	258000	1049952	22206
2009	3551519	369685	1982800	1671200	311600	1199034	28394
2010	4359748	413466	2495232	2122652	372580	1451050	34296
2011	5275235	469898	2952532	2514679	437853	1852805	41178
2012	5990369	527722	3267439	2772645	494794	2195208	46801
2013	6859000	570416	3586149	3004188	581961	2702435	53641
2014	7563056	575976	3893434	3231834	661600	3093646	59158
2015	8268608	604732	4154132	3472684	681448	3509744	64761
2016	9205700	629900	4442500	3741900	700600	4133400	73557
2017	10258000	660500	4923000	4138900	784100	4674500	82149
2018	11351804	690784	5642768	4729451	915246	5018251	91212
2019	12121836	724030	5944303	4955907	990206	5453503	96913
2020	13052228	777100	6233040	5174739	1060135	6042088	104858
2021	14324125	822179	7076026	6028114	1049278	6425919	116201

2002—2021年如皋经济社会主要指标一览表

表87

年份	年末户籍人口（万人）	粮食产量（万吨）	农林牧渔业总产值（现价）（亿元）	社会消费品零售总额（万元）	进出口总额（万美元）	全社会固定资产投资（万元）	财政总收入（万元）	财政总支出（万元）	金融机构各项存款余额（万元）	其中：居民储蓄存款（万元）	金融机构各项贷款余额（万元）	城镇居民人均可支配收入（元）	农村居民人均可支配收入（元）
2002	144.56	65.14	33.99	343727	14554	309790	65518	56802	997000	785100	430400	6659	3321
2003	143.87	61.16	34.04	398618	18760	433419	90358	80742	1221300	931800	537600	7639	3538
2004	142.61	65.24	39.95	546060	28973	644835	106788	95222	1452700	1093000	588100	8755	3967
2005	142.01	65.37	42.38	744628	27082	937104	130166	124387	1764771	1317721	720218	10071	4455

续表 87

年份	年末户籍人口（万人）	粮食产量（万吨）	农林牧渔业总产值（现价）（亿元）	社会消费品零售总额（万元）	进出口总额（万美元）	全社会固定资产投资（万元）	财政总收入（万元）	财政总支出（万元）	金融机构各项存款余额（万元）	其中：居民储蓄存款（万元）	金融机构各项贷款余额（万元）	城镇居民人均可支配收入（元）	农村居民人均可支配收入（元）
2006	141.85	64.13	43.74	867212	54054	1245407	175010	157749	2055451	1554022	1067360	11515	5002
2007	141.01	63.72	47.05	1023187	83443	1520335	270693	224741	2404278	1751182	1162774	13503	5742
2008	140.92	65.54	54.68	1287846	132539	1808468	391141	352213	2975431	2210399	1367966	15756	6695
2009	140.72	67.66	61.86	1508023	154173	2131130	517513	474775	3867200	2637979	1749175	17709	8012
2010	141.21	69.63	68.59	1772483	193161	2533727	780841	696741	4869138	3167965	2343747	19852	8695
2011	142.26	72.80	77.13	2073575	304200	2720169	1107470	993749	6034540	3712528	2989488	23028	10312
2012	142.50	74.02	85.02	2402648	358800	3298620	1290984	1215639	6789282	4372389	3677998	26010	11663
2013	143.23	74.04	92.36	2692521	315443	3748616	1464161	1404773	7711186	5074785	4567491	28491	12814
2014	143.69	74.69	98.98	2853429	321230	4450800	1616385	1576881	8600067	5778489	5302176	31026	14210
2015	143.63	74.94	104.19	3142011	305285	5031500	1687358	1634704	9925453	6462553	6103150	33792	15532
2016	143.68	70.95	108.88	3471095	1666900	5752500	1437170	1444420	11502720	6969250	7158042	36590	16883
2017	142.55	68.91	114.47	3910391	2125400	6002700	1357000	1483800	12580500	7256800	7731300	39918	18463
2018	141.97	68.17	120.57	4351490	2447200	4008200	1594300	1679800	12927200	7451100	8836800	43255	20166
2019	141.30	66.94	118.93	4580640	2461439	4327489	1968700	1867600	14930800	9254588	10367253	46958	21912
2020	140.39	67.46	127.73	4578349	2489000	4764400	2218441	2289344	16724243	10445858	13062620	49118	23599
2021	139.45	67.68	135.72	5325535	3239900	4994751	2611810	2574700	17897444	11617112	15429262	53735	26280

2021 年如皋市主要经济指标在全省县（市）位次

2021 年如皋市地区生产总值在全省县（市）位次表

表 88

位次	县（市）名称	绝对量（亿元）	增幅（%）	位次	县（市）名称	绝对量（亿元）	增幅（%）
1	昆山市	4748.06	7.8	14	沭阳县	1162.10	8.6
2	江阴市	4580.33	8.1	15	靖江市	1142.38	10.6
3	张家港市	3030.21	8.0	16	邳州市	1108.22	9.5
4	常熟市	2672.04	9.2	17	兴化市	1020.94	9.5
5	宜兴市	2082.17	8.8	18	东台市	986.07	8.9
6	太仓市	1574.05	9.7	19	高邮市	929.31	7.8
7	如皋市	1432.41	8.5	20	沛县	926.36	8.9
8	启东市	1345.94	8.4	21	仪征市	910.71	7.6
9	海安市	1343.09	9.1	22	宝应县	841.41	7.5
10	丹阳市	1324.01	11.0	23	新沂市	781.43	10.1
11	泰兴市	1273.44	9.9	24	句容市	736.75	9.3

续表 88

位次	县（市）名称	绝对量（亿元）	增幅（%）	位次	县（市）名称	绝对量（亿元）	增幅（%）
12	如东县	1272.24	8.9	25	睢宁县	675.81	8.7
13	溧阳市	1261.30	10.1	26	建湖县	665.52	8.5
27	射阳县	663.31	8.1	34	扬中市	550.77	11.1
28	涟水县	650.48	13.2	35	丰县	538.05	9.5
29	阜宁县	645.45	7.2	36	盱眙县	501.94	11.2
30	东海县	632.85	9.1	37	灌南县	452.57	8.4
31	泗阳县	596.31	9.0	38	响水县	446.33	6.0
32	泗洪县	584.42	8.7	39	灌云县	424.02	10.3
33	滨海县	565.14	8.4	40	金湖县	386.51	10.1

2021 年如皋市一般公共预算收入在全省县（市）位次表

表 89

位次	县（市）名称	绝对量（亿元）	增幅（%）	位次	县（市）名称	绝对量（亿元）	增幅（%）
1	昆山市	466.90	9.1	21	兴化市	46.16	11.3
2	江阴市	273.94	5.5	22	新沂市	43.71	16.6
3	张家港市	264.10	5.5	23	睢宁县	42.69	10.9
4	常熟市	230.80	8.0	24	高邮市	39.00	2.9
5	太仓市	190.00	11.0	25	扬中市	38.01	8.6
6	宜兴市	142.39	11.6	26	建湖县	34.53	9.1
7	泰兴市	93.12	9.0	27	射阳县	33.87	9.6
8	溧阳市	87.33	18.3	28	丰县	33.02	10.0
9	如皋市	77.81	8.1	29	泗阳县	31.98	19.8
9	启东市	77.81	8.0	30	泗洪县	31.78	16.4
11	丹阳市	71.11	11.1	31	阜宁县	30.43	7.5
12	海安市	69.50	7.7	32	东海县	30.01	21.6
13	如东县	68.50	14.1	33	灌南县	27.19	13.6
14	靖江市	67.51	11.0	34	滨海县	26.56	9.0
15	沭阳县	62.01	21.6	35	涟水县	26.49	10.5
16	东台市	60.26	10.4	36	灌云县	25.33	12.0
17	句容市	57.64	5.1	37	金湖县	25.30	7.5
18	沛县	50.74	10.0	37	响水县	25.30	9.5
19	仪征市	48.21	0.4	39	宝应县	25.14	1.1
20	邳州市	47.34	7.8	40	盱眙县	20.60	6.8

2021年如皋市社会消费品零售总额在全省县（市）位次表

表 90

位次	县（市）名称	绝对量（亿元）	增幅（%）	位次	县（市）名称	绝对量（亿元）	增幅（%）
1	昆山市	1625.70	16.3	21	兴化市	295.27	23.0
2	常熟市	1214.20	17.7	22	阜宁县	278.53	21.6
3	张家港市	800.10	16.2	23	滨海县	276.29	21.6
4	江阴市	704.84	4.4	24	射阳县	274.27	23.4
5	宜兴市	588.62	14.9	25	东海县	268.39	10.1
6	沛县	563.40	31.8	26	靖江市	243.16	23.1
7	如皋市	532.55	16.3	27	建湖县	231.35	23.1
8	睢宁县	517.52	22.6	28	涟水县	224.73	9.7
9	太仓市	510.50	20.1	29	高邮市	185.20	7.9
10	启东市	482.57	16.7	30	泗洪县	183.59	17.1
11	如东县	477.80	17.4	31	盱眙县	181.34	9.9
12	海安市	414.38	16.4	32	句容市	177.85	16.5
13	邳州市	408.70	22.9	33	泗阳县	177.81	16.6
14	溧阳市	388.98	22.5	34	宝应县	170.46	6.9
15	新沂市	368.33	28.5	35	扬中市	156.49	17.4
16	丹阳市	358.07	18.5	36	金湖县	131.74	9.4
17	沭阳县	356.41	16.3	37	响水县	124.20	18.3
18	泰兴市	323.85	17.9	38	仪征市	123.51	7.8
19	丰县	318.95	22.7	39	灌南县	99.00	9.0
20	东台市	300.90	22.5	40	灌云县	81.14	6.8

2021年如皋市实际利用外资在全省县（市）位次表

表 91

位次	县（市）名称	绝对量（亿美元）	增幅（%）	位次	县（市）名称	绝对量（亿美元）	增幅（%）
1	昆山市	12.25	16.9	14	邳州市	3.24	10.5
2	江阴市	7.96	−13.5	15	新沂市	2.31	11.0
3	常熟市	7.59	20.4	16	仪征市	2.30	−8.0
4	张家港市	5.68	29.0	17	沛县	2.26	12.8
5	太仓市	5.65	22.1	18	兴化市	2.23	32.6
6	宜兴市	4.90	8.7	19	丹阳市	2.02	8.9
7	泰兴市	4.27	13.6	20	涟水县	1.75	30.5
8	启东市	3.85	12.3	21	高邮市	1.65	9.9
9	如东县	3.79	11.6	22	宝应县	1.50	49.3
10	溧阳市	3.62	8.4	23	丰县	1.50	40.3
11	海安市	3.61	0.7	24	睢宁县	1.48	0.3
12	靖江市	3.52	45.2	25	金湖县	1.43	14.0
13	如皋市	3.24	2.9	26	句容市	1.42	20.3

续表 91

位次	县（市）名称	绝对量（亿美元）	增幅（%）	位次	县（市）名称	绝对量（亿美元）	增幅（%）
27	东台市	1.23	10.5	34	泗阳县	0.81	−27.6
28	灌南县	1.22	40.7	35	盱眙县	0.72	−42.1
29	灌云县	1.21	147.6	36	滨海县	0.67	10.9
30	东海县	1.20	20.0	37	阜宁县	0.59	158.1
31	沭阳县	1.19	8.4	38	响水县	0.48	23.3
32	射阳县	1.10	20.8	39	建湖县	0.24	8.8
33	扬中市	0.99	34.7	40	泗洪县	0.21	−76.4

2021 年如皋市全社会用电量在全省县（市）位次表

表 92

位次	县（市）名称	绝对量（亿千瓦时）	增幅（%）	位次	县（市）名称	绝对量（亿千瓦时）	增幅（%）
1	张家港市	321.70	5.4	21	高邮市	45.13	13.0
2	江阴市	292.91	6.9	22	泗阳县	43.12	19.2
3	昆山市	280.00	12.6	23	新沂市	40.78	5.0
4	常熟市	210.20	11.4	24	邳州市	40.76	9.2
5	宜兴市	118.96	11.4	25	句容市	34.93	7.5
6	太仓市	115.10	10.8	26	泗洪县	33.26	15.1
7	溧阳市	110.71	9.6	27	灌南县	33.06	5.8
8	丹阳市	102.22	16.4	28	射阳县	32.22	14.6
9	泰兴市	88.14	9.7	29	阜宁县	31.43	14.0
10	兴化市	77.26	11.1	30	建湖县	31.20	15.6
11	如东县	75.10	12.3	31	睢宁县	30.10	13.0
12	如皋市	73.10	13.9	32	东海县	30.01	12.5
13	沭阳县	71.66	16.2	33	丰县	28.81	7.0
14	海安市	67.83	13.7	34	滨海县	28.62	15.6
15	响水县	59.49	3.4	35	宝应县	28.08	11.4
16	沛县	57.73	18.6	36	盱眙县	26.07	14.6
17	东台市	55.63	13.3	37	涟水县	24.17	18.5
18	仪征市	53.82	10.0	38	扬中市	18.27	8.0
19	靖江市	49.91	9.1	39	灌云县	17.56	19.2
20	启东市	49.02	14.0	40	金湖县	16.83	16.0

2021年如皋市居民人均可支配收入在全省县（市）位次表

表93

位次	县（市）名称	绝对量（元）	增幅（%）	位次	县（市）名称	绝对量（元）	增幅（%）
1	昆山市	67871	9.1	21	建湖县	35165	9.1
2	江阴市	67555	9.2	22	金湖县	34539	9.8
3	张家港市	66101	9.0	23	盱眙县	33235	9.8
4	常熟市	65755	8.8	24	邳州市	32742	10.1
5	太仓市	64890	9.2	25	射阳县	32578	9.3
6	宜兴市	55852	9.5	26	宝应县	32327	9.3
7	扬中市	53720	9.3	27	沛县	32242	10.3
8	溧阳市	49521	9.7	28	东海县	30908	9.9
9	丹阳市	48075	9.4	29	滨海县	30795	9.3
10	靖江市	47400	10.2	30	阜宁县	30492	9.1
11	句容市	44497	9.3	31	新沂市	29686	10.2
12	启东市	44191	10.2	32	响水县	29603	9.4
13	海安市	42973	10.5	33	沭阳县	28700	10.1
14	泰兴市	42628	10.6	34	涟水县	28470	10.3
15	如东县	41551	10.1	35	泗阳县	28430	10.3
16	如皋市	41545	10.4	36	泗洪县	27760	10.2
17	仪征市	40255	9.2	37	睢宁县	27579	10.1
18	东台市	39645	9.2	38	丰县	27545	10.4
19	兴化市	37862	10.3	39	灌南县	26773	9.9
20	高邮市	35549	9.2	40	灌云县	26218	10.0

说　明

1. 本索引采用主题分析法编制，按汉语拼音顺序排列，同字同音按声调排列，音调相同按下一字的音序排列。
2. 特载、大记事、附录3个部分，以及综述类分目词条、概况类条目词条未列入索引。
3. 标引词后的数字，表示内容所在页码；数字后的字母a、b、c分别表示左栏、中栏、右栏。
4. 由分目（副分目）提取的索引用黑体字标示。

P

Q

R

T

W

X

《如皋年鉴（2022）》条目主审人员名单

（以姓氏笔画为序）

丁　炜	丁　群	于　俊	马　俊	王　岳	王　瑛	王志斌	王晓云	王爱军
石卫明	石留权	卢小勇	叶伟锋	印国华	吉小燕	吉俊国	吕娟娟	朱　建
任　锋	刘亚峰	刘加峰	刘佩骏	江　宇	汤春华	许海霞	阮强舟	孙海云
孙海卿	纪　勇	纪成如	纪树华	严金宏	李小标	李宝华	杨海鹏	吴小红
吴小燕	吴旭东	吴晓燕	吴海燕	邱　晔	沙　进	张　龙	张　明	张　恒
张小凤	张小波	张建明	张勇祥	张晓春	陆　冉	陈洪波	陈强燕	陈新育
范　彦	范亚林	金　霞	周　杰	周小荣	周奇彬	周海丽	周逸旋	郑　伟
单友兰	宗　晓	冒　妍	冒建勋	夏　勇	顾新生	顾燕枫	钱钰璐	倪存波
倪锦祝	徐东建	徐玮萌	徐晓兵	高　玮	高生健	黄国建	曹培荣	崔亚云
崔建备	章　军	章礼君	葛明明	葛剑利	蒋　颖	蒋楠隽	韩　欣	韩海军
鲁　骏	谢　健	谢万华	蔡　琴	蔡建兰	管　峰	缪剑云	薛小青	薛宜发
薛桂平	戴世燕	戴海娟						